Introduction to Management 3rd Edition

管理学通论

第三版

胡川 李绍和◎主编

PEKING UNIVERSITY PRESS

图书在版编目(CIP)数据

管理学通论/胡川,李绍和主编.—3版.—北京:北京大学出版社,2022.1
(21世纪通才系列教材)
ISBN 978-7-301-31903-1

Ⅰ.①管… Ⅱ.①胡… ②李… Ⅲ.①管理学—高等学校—教材 Ⅳ.①C93

中国版本图书馆CIP数据核字(2020)第247435号

书　　名 管理学通论(第三版)
GUANLIXUE TONGLUN (DI-SAN BAN)
著作责任者 胡　川　李绍和　主编
责任编辑 周　莹
标准书号 ISBN 978-7-301-31903-1
出版发行 北京大学出版社
地　　址 北京市海淀区成府路205号　100871
网　　址 http://www.pup.cn
微信公众号 北京大学经管书苑(pupembook)
电子信箱 em@pup.cn
电　　话 邮购部010-62752015　发行部010-62750672　编辑部010-62752926
印 刷 者 三河市博文印刷有限公司
经 销 者 新华书店
787毫米×1092毫米　16开本　27.75印张　753千字
2005年3月第1版　2008年3月第2版
2022年1月第3版　2022年1月第1次印刷
定　　价 66.00元

第三版前言

随着中国经济的不断增长与改革开放的深入发展,中国企业迎来了发展的高峰,但也面临着日益增多的挑战。时代呼唤在国际市场上进击的中国企业家,呼唤深谙国际市场规则的职业经理人。中国的工商管理教育事业也迎来了快速发展的良机。北京大学出版社与中南财经政法大学正是为了适应这样一种时代需要,从2005年开始就组织一批有着丰富管理教学与研究经验的教师编写《管理学通论》第一版,并凭借其新颖独特、通俗易懂等特色入选普通高等教育"十一五"国家级规划教材。为提高教材质量以满足广大读者的需要,于2008年出版《管理学通论》第二版。近年来,随着我国工商管理教育事业的快速发展以及环境的不断变化,国内管理类教材的品种越来越多,出版和更新速度明显加快。因此,编写组决定将《管理学通论》适时更新至第三版,增加新的内容,并对部分结构进行调整,以顺应管理教育发展的大趋势。

为深入贯彻落实习近平总书记关于教育的重要论述、全国教育大会精神以及中共中央办公厅、国务院办公厅《关于深化新时代学校思想政治理论课改革创新的若干意见》,本教材的编写按照《高等学校课程思政建设指导纲要》等文件精神,将课程思政内容融入教材,以坚持正确导向,强化价值引领,落实立德树人根本任务,立足中国实践,形成具有中国特色的管理学教材。

本教材的适用对象是非管理学专业的高校大学生。编写本书的目的主要有两个:一是试图向读者全面而准确地介绍管理学的基本原理;二是要说明如何运用管理学理论来解决实际问题。第三版教材中涉及的管理学方法非常简单,语言通俗易懂,其相较于第二版的重要增补是:第一,每章起始部分和最后思考题部分均增加"案例讨论"等内容,通过引导读者对经典案例的分析,帮助其提高运用管理学原理分析实际问题和从事管理决策的能力。第二,原上篇第一章中的"管理环境"部分单独列为一章,即第二章"管理环境与社会责任"。第三,原下篇的专业管理部分增加"创新和创业"一章。

除了以上新增内容,第三版教材还对部分章节的内容结构做了一些调整:第一,原第三章"决策"中的"个体决策和群体决策"部分独立出来自成一节。第二,第六章"领导"扩充为"领导与领导者""领导理论与领导风格""领导类型""领导体制与领导团队建设"

四节内容。第三，第七章“激励与沟通”中增加“沟通的内涵与作用”“沟通的类型与组织沟通网络”“有效沟通障碍”等内容。

参加本次教材修订的人员有：李绍和（第一、二、四章）、李克克（第三章）、王娟娟（第五章）、刘培松（第六章）、黄兰萍（第七、九章）、胡川（第八章）、马守宇（第十章）、杜丽虹（第十一章）、吕飞（第十二章）、唐尧（第十三章）、熊会兵（第十四章）、胡铭（第十五章）、万华（第十六章）。全书由胡川和李绍和任主编。

希望本书能够帮助读者更方便地掌握管理学的相关知识。但由于受时间和理论水平所限，特别是管理者面对的世界瞬息万变，我们的传统管理学知识和方法也在不断更新，所以这套教材还存在许多不足之处。由衷地希望广大读者给予批评指正。

编写组

2021 年 1 月

目　录

上篇　管理学原理

下篇　专业管理

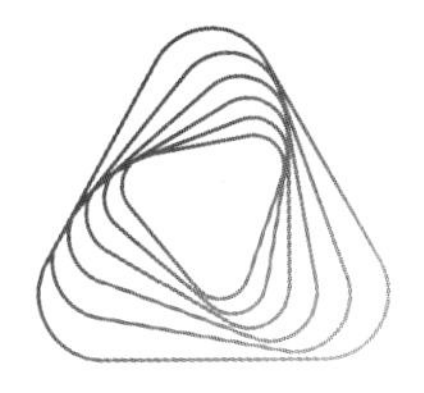

上 篇

管理学原理

第一章　管理导论

【学习目标】

1. 理解管理、管理学、管理者的含义。
2. 了解管理的产生和发展历史。
3. 明确管理的性质、职能和管理环境对管理活动产生的影响。
4. 掌握管理的基本手段及管理学的特征和发展趋势。

案例讨论

【基本概念】

管理　管理者　管理学　技术技能　人际技能　概念技能

第一节　管理的产生、发展与对象

一、 管理的含义

管理是对一定组织所拥有的资源进行有效整合以达成组织既定目标与履行责任的动态创造性活动。

理解这一定义需要把握以下几点：

(1) 管理的核心是协调。协调就是对组织资源的有效整合，即对组织人、财、物等资源的优化配置。资源的整合必须通过计划、组织、指挥、协调和控制等活动予以实现。因此，计划、组织、指挥、协调和控制等活动，在管理的理论层面是作为管理的职能而确立的，但在管理的实践上，又作为管理的手段或方式发挥着有效整合组织资源的作用。

(2) 管理的目的在于实现组织目标。这一目标具有两方面的含义：一是对于一项具体的管理活动，必须有一个具体的目标；二是由各个具体目标相互衔接与组合所形成的组织终极目标，即组织既定目标。组织既定目标既是组织得以存在的依据，又是管理活动最终要达到的目的。

(3) 管理的基础是组织。管理必须是两人以上的集体活动，而集体的有序形态就是组织，管理必须通过一定的组织，并且必须在一定的组织中进行。现代社会条件下，离开了组织的管理是不存在的。

组织有很多类型，如企业、机关、学校、医院、军队甚至国家等。组织可分为正式组织和非正式组织。对于正式组织而言，必须有明确的目的性和系统的组织结构。目的性即组织的既定目标,为实现这一目标就必须开展有效的管理。因此,管理是任何一个组织必不可少的活动。

(4) 管理是一种动态的创造性活动。组织系统的运行过程,实质上是组织活动所表现出来的"人流""物流""资金流"与"信息流"的不断变动与整合过程。尽管"四流"的内部运行有其规律性,但由于外界环境的变化,"四流"的具体内容和运行方式总处在不断变化和调整的过程之中。组织的管理者必须依据环境条件的变化不断采用新的管理方法,创造性地处理好"四流"之间的相互关系,才能取得预期的管理绩效。

二、 管理的产生与发展

尽管管理理论作为资产阶级工业革命的产物在近代才出现,但管理作为一种实践活动则自古有之。

最早的管理实践起源于原始社会人们的共同劳动与分工,其具体的劳动形态就是人们的狩猎和采摘活动。为了取得狩猎或采摘的成功,人们必须分工协作,由此产生了人类历史上最早的管理活动。原始社会开展管理活动的基本组织单位就是氏族和部落。人们正是在氏族长和部落首领的带领下从事各种活动的,氏族长或部落首领就是最早的管理者。当然,由于原始社会的生产力十分落后,其管理的内容主要局限在劳动管理与公共事务管理等狭小的范围内,管理的方法和手段比较简单,管理没有从劳动中分离出来,仍处于一种自发的状态。

由于社会生产力的发展,到了奴隶社会和封建社会,人们的管理实践与原始社会相比实现了突飞猛进。埃及的金字塔、中国的万里长城和都江堰等巨大工程的建造,如果没有较高的管理水平是难以实现的,它们集中反映了古代劳动人民高超的管理智慧和技能,至今仍闪耀着文明的光芒。正是在这种较高水平的管理实践的基础上,在古今中外的历史上,产生了一些具有一定深度的管理思想萌芽。中国古代军事思想家孙武在其《孙子兵法》中阐述的"知己知彼,百战不殆",体现了统筹兼顾、出奇制胜的管理理想;古希腊学者苏格拉底认为各行各业,乃至国家政权都应该让经过训练、有知识才干的人来管理,体现了管理的普遍性。此外,奴隶社会和封建社会的管理内容也较之原始社会大为丰富,除了劳动管理和公共事务管理,还包括因国家的出现而产生的行政管理和军事管理;因社会分工的出现和封建社会国家发行货币而产生的经济管理等内容。此阶段,管理开始从劳动中分离出来,管理内部也出现了分工,宏观的经济管理思想得到较快的发展。

到了资本主义社会,随着工业革命的出现,以机器和机器体系为主的企业取代了原来的工场手工业,企业规模日益扩大,内部分工日益复杂,这些使得管理的内容及方法呈现出空前的复杂化,由此引发了一大批管理学者对管理问题的系统研究和深入探讨:独立的管理理论开始诞生,管理科学正式形成,资本主义社会的管理因此开始由自发走向自觉、由经验走向科学。这一时期,企业内部也出现了管理从劳动中的分离:专业的管理者和机构开始出现;管理的手段和方法因科学技术的迅猛发展而越来越先进;管理的内容进一步丰富,除行政管理、经济管理和军事管理以外,还首度出现了法制管理的内容。

三、 管理的对象

管理的对象是指管理者所作用的对象,包括组织的人力、财力、物力及信息等资源。

(1) 人力资源。人力资源是最主要的管理对象,管理者的任务就是要充分利用人力资源,发挥每个员工的智慧和潜力,以达到提高劳动生产率、调动每个员工的积极性和创造性的目的。

(2) 财力资源。财力资源是其他各种资源的货币表现。市场经济中的货币运动支配着商品运动。因为财力资源的使用和分配是否合理,直接决定和影响着人力和物力资源的利用和分配是否合理。管理财力资源的目的,就是要实现财尽其用,保证资产的保值和增值。

(3) 物力资源。物力资源是开展一切管理活动的物资技术基础,没有一定的物力资源作为保障,任何管理活动都难以切实进行。物力资源包括一个组织系统正常运行所必需的设备、厂房、原材料及其他所有生产经营活动所必需的各种技术装备。管理物力资源的目的,一是对各种物力资源进行优化配置;二是最充分地利用各种物力资源,以最大限度地提高管理的效率和效果。

(4) 信息资源。信息是指组织管理工作所必需的各种情报、资料和数据,信息管理就是对信息的收集、管理、储存和传递。信息是现代组织的生命。组织系统的运行及其管理过程,实质上是信息的处理和不断加工与利用的过程。如果没有信息,现代组织系统就无法运行;如果信息不准或不灵,现代组织系统就难以有效运行。管理信息资源的目的,就是要全面、准确、及时、经济地收集、处理和利用各种信息,充分利用电脑网络,根据“信息共享”的原则,建立一个高效的、反应灵敏的信息反馈系统,最大限度地为各项管理工作服务。

上述四方面资源的动态形式,就是人们所说的企业“四流”——人流、资金流、物流和信息流。从企业组织的层面来看,合理、有效地保证这“四流”的通畅运行,就是企业管理的主要内容。

第二节　管理的性质、职能与方法

一、 管理的性质

(一) 管理的自然属性和社会属性

管理的自然属性也叫管理的生产力性质,它是指管理是人类所有共同劳动的必然结果,是社会化大生产的必然要求,是合理组织生产力的必要手段。

现代社会生产力的发展在很大程度上是依靠现代化的管理来推动的,没有现代化的管理,就没有现代化的生产力。正因为如此,有些学者将管理与劳动者、劳动资料及科学技术并列称为现代生产力的四大构成要素,即管理也是生产力。

管理的社会属性也叫管理的生产关系性质,它是指管理是一定生产关系的发展要求,是维护和巩固一定生产关系和社会制度的必要手段。

在阶级社会中,管理者都是一定的阶级利益的代表,管理的权力来源于财产权力,掌握财产权力的管理者必须利用管理来为其所代表的阶级服务。而且,任何生产关系都必须通过生产、交换、分配和消费等活动来实现,这些活动的开展都离不开管理,管理是社会生产关系的实现方式之一。

社会主义条件下的管理与资本主义管理在自然属性方面具有相同的性质,并无根本区别。因为两者都具有相同的生产方式——社会化大生产,都必须通过管理来组织社会化大生产及发展生产力。如果说有区别,只是组织生产力的方式在水平上的差异,但其本质内容是相同的。

但是,社会主义条件下的管理与资本主义管理在社会属性方面具有根本区别,因为两者的生产关系性质不同,要通过管理来维护和巩固不同的生产关系,为不同的社会制度服务。由此,决定了我们对资本主义管理的基本态度——"取其精华,去其糟粕",凡资本主义管理中属自然属性方面的、有利于提升组织生产力的一切先进的管理方法和经验,我们都应引进、学习和吸收;而对资本主义管理中属于社会属性方面的管理方法,有些可以借鉴,有些则要批判。

(二)管理的科学性和艺术性

著名美籍华人、诺贝尔物理学奖获得者李政道博士曾经说过:科学与艺术是一枚硬币的两面。这句话生动地说明了科学与艺术是紧密相连的一个问题的两个方面。管理同样既具有科学性又具有艺术性。

所谓管理的科学性是指管理必须遵循管理活动的客观规律,并通过对这种规律的总结形成一整套科学的管理原理和原则,以及标准的管理模式、程序和方法。人们从事管理活动,必须遵循这些科学的管理原理和原则,按标准的管理模式、程序和方法办事。否则,正如美国著名的管理学家哈罗德·孔茨(Harold Koontz)所指出的那样,高级管理人员如果不具备管理科学知识也只能是碰运气、凭直觉,或者是老经验办事。管理需要科学的理论来指导。

所谓管理的艺术性是指管理不应套用一成不变的原则或模式,而应因地制宜、因时制宜,创造性地开展各项管理活动。这是因为:一方面,管理活动总是在一定的环境条件下进行的,而环境总处在不断变动之中;另一方面,管理的主要对象是人,不同的人,其受教育程度、所处环境、性格爱好等存在差异,不可能有"放之四海而皆准"的管理标准,必须根据不同的人、不同的环境灵活地采用多种管理方法,并对这些方法创造性地加以运用。

管理的科学性与艺术性告诉我们,管理活动的开展首先要遵从管理活动的客观规律,按一定的管理原则和标准的管理模式办事,但对于一些具体的管理问题又应有一定的灵活性和创造性。管理活动必须要有标准,但又不能拘泥于标准。管理需要有科学的理论作为指导,管理艺术性的发挥只能是在科学理论的指导下进行,没有科学的理论基础,就不可能有真正的艺术。但是将管理灵活而有效地运用于实践,这是需要创造性的方式和方法的。没有管理的艺术性发挥,那是根本不可想象的。

二、 管理的职能

管理的自然属性和社会属性决定了管理具有两个基本职能,即合理组织生产力的一般职能和维护生产关系的特殊职能,两个基本职能又派生出多个具体职能。

法国近代著名管理学家、一般管理理论的代表人物亨利·法约尔(Henri Fayol)早在1916年发表的《工业管理和一般管理》一书中首次提出了管理具有计划、组织、指挥、协调和控制五大职能的观点。在其后的管理学的发展历史中,随着管理领域不同理论派别的不断涌现,不同的管理学者纷纷从自己理论观点的角度对法约尔提出的管理五大职能进行了补充和修改。如决策理论认为决策也应作为管理的重要职能;行为科学理论认为现代管理的重心是对人的管理,因此领导、激励与沟通等应包含在管理的职能之中,于是,在管理学的学科体系中,产生了多个不同的管理职能派别。

现代管理理论认为,决策与计划是密不可分的管理内容,广义的计划包含了决策,因此决策应作为计划职能的一部分而没有必要在管理职能中单列;激励与沟通本身就是领导的功能之一,应归并到广义的领导职能之中;至于指挥和协调,在管理的实践中往往融合到其他管理职能之中,可以不单列为一项管理职能。因此,我们以法约尔提出的管理五大职能为基础,综合各学派的理论观点,将管理的具体职能划分为计划、组织、领导和控制四个方面:

(1) 计划。计划就是对组织未来活动进行的一种预先筹划,其内容包括对未来环境进行分析,以此确定组织活动目标并对目标的实施进行具体的规划和安排。计划职能是管理的首要职能,它指明了组织活动的方向并保证各项活动有序进行。

(2) 组织。组织就是为保证计划的顺利实施而对组织系统的设计及对各单位、各成员在工作执行中的分工协作关系做出合理的安排,其内容包括组织设计、人员配备、组织运行和组织变革。

(3) 领导。领导就是指管理者利用组织赋予的职权和自身所拥有的影响力去指挥、影响和激励他人为实现组织目标而努力工作的管理活动过程,其内容包括通过指挥、激励与沟通去调动组织的所有成员,指引组织活动的方向。

(4) 控制。控制就是为了保证组织各部门、各环节能按既定的计划开展工作从而实现组织目标的一项管理活动,其内容包括制定控制标准、检验实际运行、发现实际与标准的偏差、查明产生偏差的原因、采取措施对偏差予以纠正等。

三、 管理的方法

除了哲学、政治经济学及一些自然科学(如数学、计算机等),作为管理方法的直接具体的理论依据是系统论、信息论和控制论。无论是何种管理方法的运用,都必须遵从这三大理论的基本原理。

不同的组织,由于业务性质有区别,其具体采用的管理方法也千差万别,但各个组织采用的带有共性的一般管理方法是相同的,都要采用行政方法、经济方法、法制方法与教育方法来保证组织系统的正常运转。

(一) 行政方法

行政方法是指在一定的组织内部,以组织行政权力为依据,运用行政手段,按行政隶属关系来执行管理职能,实施管理的一种方法。行政手段包括行政命令、指示和各种规定等。现代组织实质上是一个按分工协作原理建立的一个多层次的行政指挥系统,行政管理方法的使用是组织系统得以有效运行的保证。行政方法的特点有:

(1) 强制性。它以权威和服从为基础,属于硬约束。

(2) 范围性。它只在所属的行政系统内发挥作用。

(3) 速效性。它产生效果的速度要快于其他方法。

行政方法的使用要求管理者具备较高的素质,并配套健全的组织管理制度,切忌官僚主义和长官意志;同时需要与其他方法相结合,才能真正发挥其效果。

(二) 经济方法

经济方法是指以人们的物质利益为基础,按客观经济规律的要求,运用经济手段执行管理职能,完成管理任务的方法。经济手段分宏观经济手段和微观经济手段。宏观经济手段一般指国家或某行业为调节宏观或中观经济而采用的价格、税收和利率政策等;微观经济手段则指企业等微观组织在其系统内部为实现管理职能而使用的工资、奖金、罚款等经济措施。经济方法的特点有:

(1) 非强制性。它不是靠命令和服从来执行管理职能的,遵循的是经济规律(如价值规律等),属于软约束。

(2) 利益性。它主要是利用人们对物质利益的追求来引导被管理者。

(3) 关联性。它必须与其他方法结合才能发挥作用,单独使用经济方法往往带有一定的盲目性。因为现代社会条件下,经济利益并非是决定人们行为取向的唯一因素,人们的行为决策也越来越多地受到非物质利益的影响。

(三) 法制方法

法制方法是指根据国家的法律法规,对人们的经济活动和其他活动依法进行管理,以执行管理职能的方法。一方面,法律法规的制定过程及健全程度是一个国家的管理活动运行过程和管理水平的反映,没有健全的管理体制,就难以有健全的法律法规体系;另一方面,人们在处理各种关系时,常常需要参照法律条文,依法办事。

法制方法的特点是具有强制性,属于硬约束。法制方法的使用,要有健全的法律法规体系,做到有法可依。

(四)教育方法

教育方法是指按照一定的目的,对受教育者从德、智、体诸方面施加影响,以改变被管理者的行为,执行管理职能的方法。

除思想品德教育以外,教育方法还包括对管理者的工作技能培训。教育方法的作用首先在于它能影响人们的精神状态,使其更好地配合行政、经济和法制方法,更好地执行管理职能。此外,它能提高员工的技术和管理水平,使其有效地完成组织任务。教育方法的特点有:

(1)非强制性。它属于软约束。

(2)渐进性。教育方法是以转变人们的思想和价值观为特征,以提高人们的素质为目的的,其作用的发挥是一个既缓慢又持久的过程。

(3)灵活性。教育方法的使用是不确定的,因人、因环境而异,可分别采取思想品德教育、企业文化建设、工作岗位培训等。管理者可依据组织目标,有针对性地在不同的时期采用不同的方法。

在法律法规的施行中,要通过教育方法提升人们的法律意识,创造一个良好的法制环境,严格执法,做到有法必依。

第三节 管理者

管理活动的主体是管理者,所有管理活动都是由管理者来组织的,离开了管理者,管理的各项职能就无法实现。

一、管理者的含义及其分类

管理者是指拥有组织合法权利,并以这些权利为基础指挥他人活动的人。

管理者与领导者是两个不同的概念。管理者是指那些拥有合法权利的人;而领导者,除包含管理者外,还包括那些虽不拥有合法权利,但仍对他人有影响力的人。管理者是组织任命的,而领导者既可以是任命的,也可以是自发产生的。最后,管理者必须执行一定的管理职能,而领导者不一定。

一般来说,一个组织中从事管理工作的人可能有许多,可以将这些管理者按所处的管理层次和从事管理工作的领域进行分类。

(一)按管理者所处的管理层次分类

(1)高层管理者。这是指对整个组织的管理负全面责任的人。其主要职能是制定组织的总目标、总战略,掌握组织的大政方针并评价整个组织的绩效。高层管理者往往以组织代表人的身份与外界发生交往。高层管理者管理的内容主要是战略性的。

(2) 中层管理者。这是指处于高层管理者和基层管理者之间的一个或若干中间层级的管理者。其主要职责是贯彻执行高层管理者所制定的重大决策,监督协调基层管理者的工作。中层管理者管理的内容一般为战术性的。

(3) 基层管理者。这是指处于组织最低层级的第一线管理者,他们所管辖的仅仅是作业人员而不涉及其他管理者。他们的主要职责是给下属分派具体的工作任务,直接指挥和监督现场作业活动,保证各项任务的有效完成,管理的内容一般是作业性的。

(二) 按管理者从事管理工作的领域分类

(1) 综合管理者。这是指对组织的活动负全面责任的管理者,其管理的内容涉及组织管理的多个方面。

(2) 专业管理者。这是指只负责组织中某一类活动(职能)的管理者。根据管理者所处的专业领域性质的不同,可将专业管理者具体划分为生产管理者、营销管理者、人力资源管理者、财务管理者及研究与开发管理者等。与综合管理者相比,对专业管理者的专业技能要求较高。

传统组织由于规模较小,组织的综合管理者仅仅指高层管理者;而现代组织由于规模扩大,除高层管理者以外,有些中层管理者也是综合管理者,如事业部组织结构中的事业部经理就属于综合管理者。

二、 管理者的技能

管理者虽然有很多种类,其工作内容也各不相同,但他们发挥作用的大小在很大程度上取决于他们是否真正具备了相应的管理技能。

(一) 管理者的技能分类

1. 技术技能

它指使用某一专业领域有关的工作程序、技术知识和方法完成组织任务的能力。如财务管理人员的会计核算技能、市场营销人员的产品营销技能、技术人员的技术开发技能等。没有一定的技术技能,管理者就很难与他们所管理的领域内的专业技术人员进行有效的沟通,从而也就无法对其所管辖的业务范围内的各项管理工作进行具体的指导。外行往往是难以领导内行的。

2. 人际技能

它是指处理人际关系的能力,即理解、激励他人,与他人进行沟通的能力。人际技能的内涵远比领导能力广泛。因为管理者除了领导下属人员,还得与组织内各层级人员及组织外部的有关人员进行沟通与交流,建立一种复杂的协调关系。人际技能对组织内各层级的管理者都非常重要,是各层级管理者必备的一项重要技能。

决定人际技能的主要因素是人的性格,其次是学习和培训,即先天因素在人际技能中占据首要地位。

3. 概念技能

它是指总揽全局,洞察组织与环境要素之间的相互影响和作用关系,以引导组织发展方向的能力。概念技能实质是一种抽象思维的能力,即对组织战略性问题进行分析、判断和决策的能力,故概念技能又称思维技能。

管理者概念技能的高低取决于管理者个人的知识、经验和胆识等,其提高是一个循序渐进的、潜移默化的过程。

(二) 管理者的技能结构

无论是什么样的管理者,都应该具备上述三种技能。但不同类型的管理者,由于其从事的管理工作的性质及重要性的不同,对其管理技能的要求有所区别。一般来说,管理者在组织中所处的层级越高,其面临的问题越复杂,就越需要管理者有很强的洞察与思维能力,即需要有较强的概念技能;而对于基层管理者,因其从事的是具体的业务工作,需要有较强的技术技能;人际技能则对高、中、低层管理者有效地开展管理工作都非常重要,因为各层级的管理者都必须在组织内外进行有效沟通的基础上,通力合作,才能实现组织的目标。管理者的技能结构如图 1-1 所示。

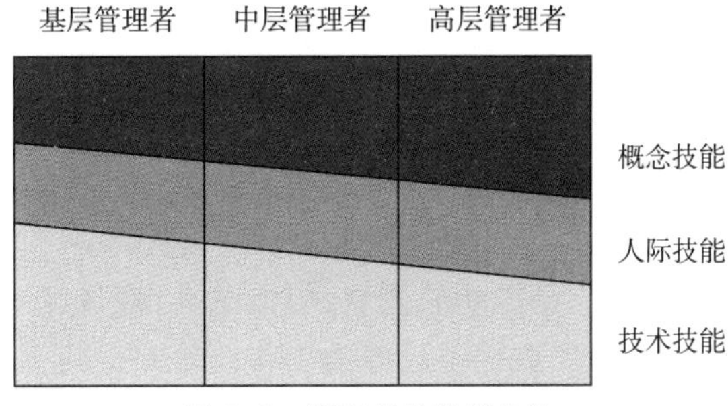

图 1-1　管理者的技能结构

三、 管理者的时间分布

管理职能及活动都是由管理者在一定的时间中完成的,一个有效或成功的管理者应把时间和精力用在主要工作上,否则就是浪费时间和精力,会给管理工作带来不必要的损失。

美国学者弗雷德·卢桑斯(Fred Luthans)及其助手曾调查了美国企业 450 多位管理者,经过统计研究发现,不同层级的管理者尽管从事的管理职能活动基本相同,但其工作重心有别,花费在不同管理职能和管理活动上的时间不尽相同,从而带来了不同的管理效果。

(一) 不同层级管理者的时间分布

一般情况下,任何层级的管理者,都要完成四大管理职能活动,即计划工作、组织工作、领导工作与控制工作,但高层管理者的主要时间应用于计划工作和组织工作;而基层管理者的主要时间往往用于领导工作,如图 1-2 所示。

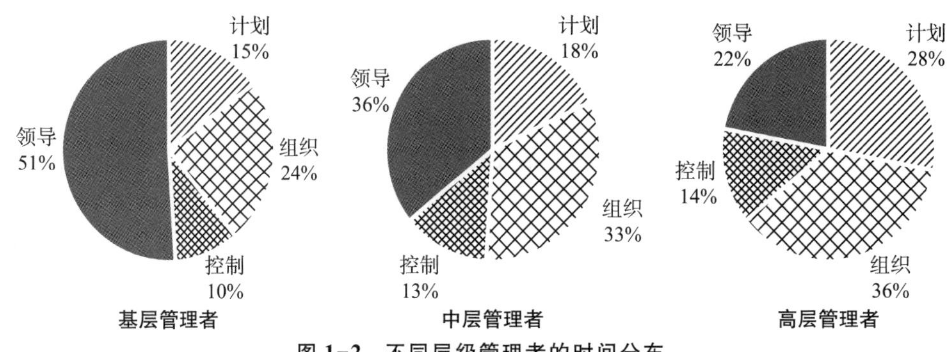

图 1-2　不同层级管理者的时间分布

资料来源:斯蒂芬·罗宾斯,玛丽·库尔特.管理学[M].7 版.孙健敏,译.北京:中国人民大学出版社,2004。

(二)成功管理者与有效管理者的时间分布

衡量成功管理者的标准之一是其在组织中的晋升速度,一般而言晋升速度越快,越是成功管理者的体现,反之亦然。衡量有效管理者的标准之一则是管理者的工作绩效及下属对其满意和承诺的程度,一般而言工作绩效越高,或者下属对其满意和承诺的程度越高,越是有效管理者的体现,反之亦然。

无论是成功管理者还是有效管理者,都要从事基本相同的四大管理工作:第一,传统管理,包括决策、计划与控制;第二,沟通,包括信息交流和文书处理;第三,人力资源管理,包括激励、惩罚、调解冲突、人员培训和配备等;第四,网络联系,包括社交活动、政治活动和外界交往等。

一般情况下,有效管理者应是成功管理者,但有时候,两者并不完全一致,即有效管理者不一定是成功管理者。仅仅取得了较好的工作绩效并得到下属较高程度的满意和承诺,不一定在组织中能得到较快的晋升,这种现象在中外管理实践中并不鲜见。其原因之一就在于他们在各项管理工作中花费的时间不一样。如果管理者的主要时间和精力不能用在主要的工作上,他是难以成为成功管理者的。

成功管理者的主要时间用于网络联系;而有效管理者的主要时间则用于沟通。具体时间安排如图 1-3 所示。

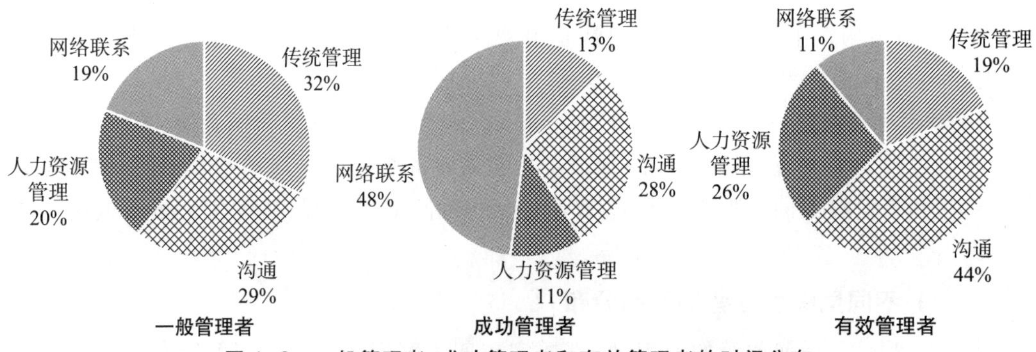

图 1-3　一般管理者、成功管理者和有效管理者的时间分布

资料来源:斯蒂芬·罗宾斯,玛丽·库尔特.管理学[M].7 版.孙健敏,译.北京:中国人民大学出版社,2004。

四、 管理者的角色

加拿大管理学者亨利·明茨伯格(Henry Mintzberg)指出,管理角色是指特定的管理行为类型。他通过广泛的调查研究发现,管理者面临一个由竞争者、供应商、顾客和政府等因素组成的复杂环境,必须扮演多重角色,才能在竞争激烈的市场环境中取得优势地位。明茨伯格将管理者应扮演的角色分为三大方面、十种类型:

第一是人际关系方面,管理者应扮演挂名首脑、领导者和联络者三种角色。挂名首脑必须履行许多法律性或社会性义务,如迎接来访者、签署法律文件等;领导者主要负责人员配备和激励下属;联络者主要负责对外关系,并处理好组织内外的信息交流。

第二是信息传递方面,管理者应扮演监听者、传播者和发言人三种角色。监听者主要负责搜寻组织内外的信息;传播者主要负责将获得的信息传递给组织的其他成员;发言人主要负责向外发布组织的计划、政策、行动和结果等。

第三是决策制定方面,管理者应扮演企业家、混乱驾驭者、资源分配者和谈判者四种角色。企业家主要负责寻求组织和环境中的机会,发动组织的变革;混乱驾驭者主要负责纠正组织面临的重大的、意外的混乱;资源分配者主要负责组织内的资源分配,即负责制定和批准有关的决策;谈判者主要负责作为组织的代表参与各种谈判。

虽然管理者扮演的角色是多重的,但组织内不同层级的管理者的角色重心有所区别。一般而言,高层管理者应主要扮演挂名首脑、联络者、传播者、发言人和谈判者的角色,而基层管理者应主要扮演领导者的角色。

管理角色与管理职能的本质含义是相同的,都是指管理者要从事的活动,只是从不同的角度进行的描述。事实上,管理者的很多角色可以归并到相应的管理职能之中,如人际关系方面的三种角色都可归为领导职能,资源分配者角色可归为计划职能等。

五、 管理者的选任与培训

一个成功的企业或其他组织,往往与一个或一批高素质的管理者密不可分。组织管理的重要任务之一,就是通过科学的方法培养和选拔出高素质的管理者。

(一) 管理者的素质要求

管理者除应掌握一定的科学文化基础知识、专业科技知识和管理科学知识之外,还应具备以下基本素质:

(1) 较高的思想品德素质。管理者应有远大的理想、较好的精神风貌、较强的工作责任心和较高的品德修养,具有奉献敬业的精神。

(2) 良好的心理素质。管理者应有坚强的意志、宽广的胸怀和充分的自信。

(3) 良好的身体素质。管理者要有健康的体魄和充沛的精力,注意身体锻炼。

(二) 管理者的选任途径

从管理者的来源看,选任管理者的途径不外乎两条:一是从组织内部选任,叫内升制;二是从组织外部招聘,叫外求制。

(1) 内升制。内升制的优点在于能使选任者较快地适应工作,对组织成员能起到一定的激励作用,选任的手续简便、费用较低。其缺点在于易形成“近亲繁殖”,不利于组织的变革与创新;容易犯任人唯亲的错误,使选任的人员难以公正、公平地开展工作;受范围的限制,难以选任高素质的人才。

(2) 外求制。外求制的优点在于它可以在更大的范围内选拔出高素质的人才;可为组织带来新思想、新观念和新管理方法,增强组织活力,促进组织变革;可摆脱原有关系网的约束,公正、公平地选拔人才。其缺点在于了解选任者的时间有限,对其素质难以进行准确度量;选用费用高;不利于鼓舞组织内部员工的士气。

无论是何种选任途径,都要做到公平竞争、机会均等、用人所长,大胆启用年轻人并帮助、指导其成长。

(三) 管理者的培训

对管理者进行培训的目的,一是传递信息,使所有管理者通过培训了解组织现状和发展历史;二是传递组织文化,使所有管理者的价值观都统一到组织的共同理想与信念上来;三是更新知识,使所有管理者掌握适应知识经济时代技术飞速发展要求的新知识;四是提升工作水平和能力。

对管理者培训的方法有以下四种:

(1) 学习培训。学习培训的主要目的是扩充知识和更新知识,包括自然科学、社会科学等各方面的知识。培训的方式因人、因地、因时而异,可根据不同的需要和条件,分别采用脱产培训、不脱产培训、自学培训等多种灵活的方式。

(2) 实践锻炼。学习培训重在理论水平的提升,但要想成为一名成功的管理者还必须在实践中锻炼,在实践中提高。实践锻炼的方式很多,如上级对下级进行工作指导、启发和帮助,扩大工作内容等。

(3) 工作轮换。这是让管理者更多地接触不同的工作环境,培养并提高其处理不同问题能力的有效方法。

(4) 设置助理职务。设置助理职务不仅可以将高层管理者从繁杂的管理事务中解放出来,也可以作为培养接班人的一种有效途径。该方法一般适用于组织的高层。

第四节 管理学的发展历史及特征

一、 管理学的含义及研究对象

管理学是指研究管理活动的基本规律和方法的科学。

前面已经指出,管理作为一种实践活动自古就有,但管理成为一门科学则是近代资本主义社会的产物,它是人们通过对管理实践的总结、概括和提炼而形成的。管理学诞生以后，人们才能用科学的管理理论来指导管理实践，管理才由自发走向自觉，由经验走向科学。

由此可见，管理学相对于其他学科而言仍属于一门年轻的学科。正因为如此，人们对管理学科学性的理解尚不够深刻，有关这方面的争论一直存在。

所谓科学是指反映自然、社会、思维等事物客观规律的知识体系。可见，衡量一门学科科学性的标准有两个：一是能否反映学科所研究事物的客观规律；二是能否形成知识体系。

管理学反映了管理活动的客观规律，因为管理活动本身有内在的客观规律，管理学通过对这些规律的总结已形成了一整套标准的管理模式、程序和方法。同时，管理学通过对管理活动规律的总结而形成了很多较成熟的理论，构建了一个完整的知识体系。

管理学的知识体系可以从两个层面来分析。一是管理学课程本身按管理的职能来研究管理活动的一般规律已形成了一个系统的学科框架；二是管理学的研究范围十分庞大，其内部又可分为很多分支学科，如企业管理学、建筑管理学、交通运输管理学、行政管理学等。管理学将这些学科的共有规律和方法进行探讨，形成了一个多层次的、复杂的学科知识体系。

由此可见，管理学的科学性是不容置疑的。

管理学的研究对象就是管理活动的客观规律，它具体又涉及三个方面：

(1) 生产力规律。包括社会资源的配置、技术进步、企业生产经营活动的安排等。研究生产力规律的目的是合理组织生产力。

(2) 生产关系规律。包括国民经济的发展规律、价值规律、按劳分配规律、劳动分工与协作、工资奖励等。研究生产关系的目的是调整生产关系，以适应或促进生产力的发展。

(3) 上层建筑规律。包括国家各项方针政策的制定与执行、组织规章制度的建立与执行以及思想政治工作等。

二、 管理理论发展史

19 世纪末 20 世纪初出现的西方工业革命开创了人类历史的新纪元，科学技术和生产力得到较快的发展，生产方式发生了质的变化，其主要表现就是工厂制取代了原来的手工作坊，生产规模迅速扩大。在此态势下，传统管理中单纯依靠经验和习惯的管理方式显然无法适应新的管理要求，人们迫切需要在理论的指导下遵循科学的原理自觉而不是自发地从事各种管理活动。于是，众多学者开始对管理的客观规律进行探索，管理理论开始出现。

管理理论的出现，标志着管理科学的正式形成。随着管理理论的不断丰富和发展，管理科学也日趋走向成熟。

（一）传统管理理论

1. 古典管理理论

该理论又分三大派别：

（1）科学管理理论。该理论的主要代表人物是美国管理学者弗雷德里克·泰勒（Frederick Taylor）。泰勒在20世纪初对管理理论和方法进行了深入的研究，发表了很多管理方面的论文和著作，代表作是1911年出版的《科学管理原理》一书，其主要观点有：

第一，作业管理理论。泰勒提出：①实行定量作业和标准化管理；②科学地选拔和培训工人；③实行计件工资。

第二，组织管理理论。泰勒提出：①将计划职能与执行职能分开；②实行“例外原则”，即企业将日常重复发生的管理问题的处理方法和程序制定成标准，授权下级按标准实施管理，上级只是管理那些标准中所没有规定的例外事项；③创建职能制的管理组织机构。

第三，劳资双方为实现科学管理应开展一场“心理革命”。泰勒认为，实行科学管理对劳资双方都有好处，双方应由过去的对立转为协作。

除泰勒外，对科学管理做出贡献的还有动作研究专家——弗兰克·吉尔布雷斯（Frank Gilbreth）夫妇，他们设计了手的17种基本动作元素；亨利·甘特（Henry Gantt），他发明了进行计划和控制工作的线条图——甘特图。

科学管理理论的实质就是极力主张将管理建立在科学的基础上，用各种标准和制度取代传统的经验和习惯，目的是提高生产效率和管理工作效率。当然，科学管理理论也有其局限，它极端地把工人当作“经济人”，仅重视技术因素而忽视了工人的社会动机、心理动机等因素对管理的影响，并局限于企业基层作业问题的研究而对一些企业高层管理的原理和规律研究不多。

（2）一般管理理论。该理论的主要代表人物是法约尔，他跳出了泰勒将管理研究的范围局限在企业内部生产的狭小领域，从组织高层的角度研究管理的一般原理和原则。他的《工业管理和一般管理》的主要内容是：

第一，提出了企业的六大职能，即技术、商业、财务、安全、会计和管理，并认为管理职能是核心。

第二，提出了管理的五大职能，即计划、组织、指挥、协调与控制。

第三，提出了管理的十四条原则，即分工、职权、纪律、统一指挥、统一方向、个人利益服从整体利益、报酬、集中、等级链、秩序、公平、人员稳定、首创精神和团结精神。

一般管理理论从组织高层的角度研究管理的一般原理、原则和规律，在更高的层次上弥补了科学管理理论的不足，使管理理论更加系统化。

（3）管理组织理论。该理论的主要代表人物是德国学者马克斯·韦伯（Max Weber）。韦伯提出了“理想的官僚行政组织体系”理论，该体系揭示了组织与权威的关系并划分了权威的类型；归纳了“理想的官僚行政组织体系”的基本特征，即劳动分工、权威等级、正式的选拔、正式的规则和法规、非人格性、职业定向；概括了该体系的组织结构——多层次的科层结构。

管理组织理论适应了传统封建社会向现代工业社会转变的需要，奠定了近一个世纪以来组织管理工作的理论基础。

2. 行为科学理论

行为科学理论从古典管理理论侧重于对物质技术的研究转为对人的研究，重视人在组织中的作用,适应了组织发展的新要求。

行为科学理论的产生和发展可分为两大阶段:

(1) 早期的行为科学理论阶段,主要研究人群关系,故又称为人际关系学说阶段。此阶段,很多社会学者、心理学者开始关注人的问题的研究,从工人的心理、工作条件等方面研究如何调动人的积极性,其中最有代表性的是美国哈佛大学管理学教授乔治·埃尔顿·梅奥(George Elton Mayo)主持进行的"霍桑试验"。从1924年到1932年,梅奥带领其研究小组在美国芝加哥西方电器公司所属的霍桑工厂进行了长达8年的人群关系实验,即著名的"霍桑试验"。以此为基础,梅奥于1933年出版了《工业文明的人类问题》一书,其主要观点是:第一,工人是社会人;第二,存在非正式组织;第三,应以满足职工需要为出发点建立新型领导方式。

(2) 正式的行为科学理论阶段。1947年,一次有社会学、心理学、人类学等领域的学者参加的跨学科会议在美国芝加哥召开,会上正式将有关人的问题的研究命名为行为科学。正式的行为科学理论诞生以后,其研究的范围除了个体行为、团体行为,还包括组织行为等多方面的内容,其理论观点包括人性假设理论、需求层次理论、激励理论、领导风格理论等。

行为科学理论将员工视为需要予以保护和开发的宝贵资源而不是简单的生产要素,这改变了人们对管理的思考方法和行为方式,是管理科学的一大进步。

3. 管理科学理论

管理科学理论的主要观点是主张将数学、运筹学、统计学和计算机等数理学科的原理和方法用于管理决策,以提高管理效率,目的是实现管理的科学化、精确化和高效化。故该理论又称为数理技术理论。

(二) 现代管理理论

第二次世界大战以后,科学技术和生产力得到了迅猛的发展,企业规模进一步扩大,市场竞争日趋激烈,管理工作进一步复杂化。传统管理理论中的一些原理和方法难以全面地指导人们的管理实践。于是,众多管理学者纷纷从不同的角度研究管理问题,提出了很多不同的管理理论,由此出现了管理理论派别林立的局面,有人称此阶段为管理理论丛林阶段。这一时期最有代表性的理论派别有:

(1) 管理过程理论。该理论以孔茨为主要代表,其基本观点是试图将各理论派别的理论综合起来,统一到计划、组织、领导、控制等管理职能的角度并将其视为相互联系的管理过程进行研究。

(2) 系统理论。系统是指由若干相互联系又相互制约的组成部分综合而成的一个具有特定功能的有机体。系统具有集合性、关联性、目的性和适应性等特征。由此,人们总结出系统的三大基本原理:整体最优原理、相互协作原理和环境适应原理。系统理论主张按系统的原理来处理一切管理问题,它改变了人们对管理问题的思维方式和处理方法。

(3) 权变理论。该理论强调管理应依据环境的变化,灵活运用各学派的成果,采用不同的组织管理模式和方法,随机应变。该理论将管理视为环境这个变量的函数,环境变了,管理的原理和方法也要发生变化。环境变量包括组织规模、技术和任务的不确定性、市场的不确定性和个人间的差异等。

(4) 决策理论。该理论的主要代表人物是美国著名的管理学者赫伯特·西蒙(Herbert Simon)。西蒙认为管理就是决策,并系统地提出了决策准则,归纳了决策类型和方法,分析了决策在组织中的作用。决策理论是管理方法走向定量化、科学化的主要代表。

(5) 组织文化理论。组织文化指组织成员共有的能够影响其行为方式的价值观、原则、传统和做事方式,其核心是价值观念。

组织文化作为一种实践最早产生于日本,而作为一种理论则是由美国人提出的,是美国人对日本的管理经验进行总结后提出的一个概念。

组织文化包括物质文化、精神文化和制度文化三个层面。物质文化是表层的、外显的;精神文化是深层的、内隐的,是渗透在员工心灵之中的一种意识形态;制度文化作为物质文化的工具和精神文化的产物,既构成了组织成员行为的习惯和规范,也制约或主导了物质文化与精神文化的变迁。

此外,第二次世界大战之后还出现了经验学派、艺术学派、信息中心学派、社会技术系统学派等众多理论派别。

(三) 未来管理理论要探讨的主要问题

1. 管理全球化问题

经济的全球化必然带来管理的全球化,未来的管理将冲破国界的限制,其主要表现就是大量跨国公司的出现。跨国公司的管理必须要有一种国际化的管理观念和方法。原来在一个国家和地区范围内行之有效的管理观念和方法可能难以适应国际环境。因此,我们必须深入研究新的环境、新的管理方法和新出现的管理问题,如世界贸易组织(WTO)规则及其运行机制、适应新时代的企业商务运作方法以及区域经济合作与区域市场的管理规制等。

2. 跨文化管理问题

当管理打破国界的限制以后,跨文化管理就成为难以回避的问题。在跨国公司及其他企业国际化的管理事务中,我们要与来自不同国家和地区的人员打交道,而不同国家和地区员工的宗教信仰、风俗习惯有较大的差异。因此,我们要深入研究不同国家和地区间的民族文化差异,如在个人主义与集体主义、权力距离、不确定性规避等方面的异同,这样才能适应国际化管理的需要。

3. 管理道德问题

道德是指判断行为是非的标准,该标准不是法律标准,而是法律以外对组织和个人行为进行约束的行为规范。企业基于管理道德的要求,所承担的高于自身目标的义务就是社会责任。现代管理观念认为,作为市场经济实体的企业除了要履行一定的社会义务,即遵守国家法律并谋求利润最大化外,还应承担一定的社会责任,如资助慈善机构、资助公共基础设施的建设、不污染环境、不欺骗消费者、不歧视各类员工、融入所在社区等。尽管从短期来看,企业因承担社会责任要付出一定的成本而影响短期经济绩效,但从长远来看,企业承担社会责任会得到政府和社会的更多支持并树立起良好的企业形象,从而带来企业长远经济效益的提高。提高道德水准、承担社会责任是中国企业当前和今后较长一段时间内必须重点研究并解决的问题。

4. 管理的变革与创新问题

按照权变理论的观点,管理的理论和方法总是随环境的变化而调整的。面对复杂多变的当代环境,管理的变革与创新成为摆在中国企业面前亟须解决的问题。有关企业制度、企业战略、企业组织、企业技术、企业文化、企业营销、企业财务和企业运营等方面的变革与创新有待我们持续、深入地研究。

5. 知识管理问题

人类已进入知识经济时代,知识取代资本成为企业主要的生产经营要素和主要的利润源泉。谁获取了新的知识并加以有效地利用,谁就能在竞争激烈的市场环境中占据优势地位。这就使知识管理成为学界和业界要重点研究的课题。

三、 管理学的特征

1. 综合性

这是指管理学的知识体系涵盖了自然科学、政治经济学、哲学、心理学等多学科的知识内容,为此要运用多学科的研究成果,为管理学提供学科基础。

具体来讲,哲学为管理学的研究提供了方法;政治经济学是管理学研究的理论基础;数学、计算机、运筹学等自然科学是管理学的研究工具;心理学等社会科学是管理学研究不可或缺的重要依据;环保学、法学等则是管理学研究要涉及的内容。

2. 复杂性和实践性

管理学的研究对象决定了管理学研究范围和内容的宽泛性和丰富性,管理学由此而具有复杂性。

与自然科学及其他社会科学比较,管理学的实践性更强,因为管理学的理论和方法均是人们通过大量的实践经验的总结和提炼而形成的,管理学的基础是实践,其检验标准也是实践。当然,强调管理学的实践性并不是要否认或排斥在管理学研究中逻辑推理、演绎方法的应用,因为对管理实践的总结、分析和归纳必须要用到逻辑推理、演绎方法。

3. 科学性与社会性

一方面,管理学揭示了管理活动的客观规律并通过对这些规律的总结形成了一整套标准的管理模式、程序和方法,这就是管理学科学性的表现。

另一方面,管理学除了研究生产力的发展问题,还要研究生产关系和上层建筑问题。不同社会制度下的管理学要为一定的生产关系和社会制度服务,由此带来了管理理论和方法在不同社会制度下的差异性,管理学因而具有社会性。

四、 管理学的学习研究方法

管理学的学习研究要遵循两个基本原则:一是理论联系实际,二是继承发展与批判相结合。在此原则的指导下,管理学的学习研究可采用以下基本方法:

(1) 观察总结法。学习研究管理学,必须通过观察总结管理实践,抽象地提炼和概括,使其上升为科学的管理理论。在管理实践中,很多优秀管理者的管理经验蕴藏着深刻的管理真谛,对其进行总结提炼,可以取得好的学习效果。

(2) 归纳比较法。该方法就是在对管理实践观察的基础上,从掌握管理的典型案例入手,进而分析研究事物之间的因果关系,从中找出事物发展变化的一般规律,即管理的实证研究。

(3) 实验研究法。该方法是指有目的地在设定的环境条件下认真观察研究对象的行为特征,并有计划地变动实验条件,反复考察管理对象的行为特征,从而揭示管理的规律、原则和方式的方法。

(4) 案例分析法。该方法是指通过对典型的案例进行分析、讨论,从中总结出管理的经验、方法和原则,加强对所学管理理论和方法的理解与运用。案例分析法目前在西方发达国家的管理学教学中得到了广泛的运用,取得了良好的效果。

(5) 历史研究法。该方法就是运用管理理论与实践的历史文献,考察管理的起源及历史演变、重要管理思想家的理论和重要的管理案例,从中找出规律性的东西,寻求对当今社会仍有意义的管理经验、方法和原则。

本章小结

思考题

1. 为什么说管理既具有科学性,又具有艺术性?了解管理的这种属性对管理实践有什么指导意义?

2. 你了解中国哪些成功的企业家?他们成功的原因是什么?

3. “三个和尚没水喝”与“三个臭皮匠顶个诸葛亮”说明了什么样的管理问题?

4. 中国加入 WTO 后,企业面临的环境发生了什么样的变化?

5. 有人说,转型过程中的中国企业家处在高负荷的工作状态中,你认为造成该局面的原因是什么?

6. 市场经济条件下,政府应如何管理企业?

7. 从管理理论的发展历史中,你能得到什么样的启示?

8. 不同层级的管理者的管理技能有何区别?

9. 与自然科学及其他社会科学相比,管理学有何特点?

案例讨论

第二章　管理环境与社会责任

【学习目标】

1. 理解管理环境的内涵及分类。
2. 掌握管理环境分析的内容与方法。
3. 理解企业进入国际环境的全球观念及阶段。
4. 了解区域性的贸易联盟与全球贸易机制的内容及其对企业国际化经营的作用与影响。
5. 掌握国际经营过程中跨文化研究的内容与方法。
6. 理解社会责任的内涵及争议。
7. 明确社会责任、社会义务与社会响应的联系与区别。
8. 了解社会责任与经济绩效的关系及企业履行社会责任的必要性。
9. 理解共享价值观的作用与绿色管理的阶段。

【基本概念】

管理环境　跨国公司　社会责任　社会义务　绿色管理　共享价值观

案例讨论

第一节　管理环境

管理总是在一定的环境中进行的,管理的方法因环境不同而有所区别。只有与环境相适应的管理方法才能取得好的管理效果。

一、 环境的含义及分类

环境是指对组织绩效起潜在影响的外部因素、机构或力量。

环境是任何一个组织生存发展的土壤,它在为组织活动提供必要条件的同时,又对组织活动起着制约作用。在现代社会条件下,环境有两个最基本的特征:一是环境的变动性,即环境经常处在不断地变化之中;二是环境的机会与风险并存,即环境既可能为组织发展提供很多新的机会,也可能为组织的生存与发展带来某种不利的威胁或风险。因此,管理者必须很好地研究环境、认识环境,掌握环境的变化规律,最大限度地创造和利用环境提供的机会,规避环境带来的风险。

管理环境可以从以下角度进行分类:

(一) 按环境对管理的影响程度分类

1. 一般环境

这是指对所有组织都产生间接影响的环境,故又叫间接环境。一般环境由下列因素构成:

(1) 政治法律环境。它指一个国家的政治制度、政局的稳定程度、政府的方针政策以及国家制定的有关法律法规等。一个企业或其他组织的所有管理活动要有效进行,就必须对国家的各项方针政策及法律法规进行细致的研究,在不违反国家政策和法规的前提下,最大限度地利用政策和法规提供的有利条件谋求组织的不断发展。至于一个国家的社会制度和政局,更是企业参与国际竞争所必须重点研究的问题。

(2) 社会文化环境。它指一个国家或地区的人口数量及其增长趋势、人们受教育程度和文化水平,以及宗教信仰、风俗习惯、审美观念及价值观等。人口数量多,意味着劳动力资源丰富,总体市场规模较大,这些为企业的经营活动和社会经济发展创造了有利条件;但如果人多而受教育程度低,则意味着劳动力素质低下,进而构成经济发展的障碍。人们的宗教信仰、风俗习惯和价值观等的差异,也会形成对产品的不同需求,从而对市场产生相当复杂的影响。任何一个组织,要想在这种复杂的社会环境和市场环境中生存和发展,必须很好地研究上述社会文化环境因素的影响。

(3) 经济环境。它指一个国家或地区的经济体制、经济发展水平和速度、居民收入水平及消费习惯等。经济环境又分两类:一是宏观经济环境,如国民收入、国民生产总值及其变化情况,以及国民经济的发展水平和速度等;二是微观经济环境,如一个地区或市场区域的居民收入水平、消费偏好、储蓄情况和就业程度等。

(4) 技术环境。它指一个国家或地区的科学技术发展水平及科技原理应用于生产的机制及其能力。技术环境不但会对一个组织的管理效率及生产效率产生重要的影响,而且是变动最快的外部环境因素。一个组织如果不能适应技术进步的速度,迟早会被市场淘汰。

(5) 自然环境。它指一个国家或地区的自然条件,包括地理位置、气候条件、资源状况等。自古以来,人们从事各种管理活动,都十分重视"天时""地利""人和",如果说"天时"更多地取决于机会和国家政策的话,"地利"则主要与地理位置、气候条件和资源状况有关。对管理工作而言,"地利"只是个既定条件,如何利用才是我们应重点研究的问题。

2. 具体环境

这是指对某一个特定的组织产生直接影响的环境,故又叫直接环境或特殊环境。一般而言,具体环境由下列因素构成:

(1) 供应商。即组织活动所需的各类资源和服务的供应者,包括原材料供应商、设备和工具供应商、资本供应商、人力供应商及各类劳动服务机构等。商品经济越发达,供应商的队伍就越庞大。

(2) 顾客。即组织产品或服务的购买者,既包括以直接使用产品或服务为目的的个体,又包括以再加工或再销售为目的而购买的团队组织;既可以是组织产品或服务的最终消费者,又可以是某些中间商。

(3) 竞争者。即与本企业存在资源和市场争夺关系的其他同类组织,包括现有竞争者、潜在竞争者及替代品厂商等。

(4) 政府机构。广义的政府机构指中央和地方的全部立法、行政、司法和官僚机关。

(5) 其他利益集团。这主要是指对一个组织的活动产生影响的一些公共团体组织,如工会、妇联、消费者协会、环保组织及新闻媒体等。

任何组织,离开了政府的支持、供应商的配合、顾客的信赖、其他利益集团的理解,是难以生存和发展的。

一个组织面临的上述具体环境要素还可以按照数量和变动性进行以下分类。

(二) 按环境要素的数量分类

(1) 简单环境。指组织所面临的具体环境要素及各要素中的子要素较少,如企业只有一个稳定的供应商、面临的竞争者不多等。

(2) 复杂环境。指组织所面临的具体环境要素及各要素中的子要素较多,如上述5个具体环境要素都对企业产生影响,且各要素包含的子要素较多,如多个供应商、众多顾客、多个竞争者等。

(三) 按环境要素的变动性分类

(1) 稳定环境。指组织所面临的具体环境要素比较固定,如稳定的供应商、不变的顾客、固定的竞争者等。

(2) 动态环境。指组织所面临的具体环境要素的变动性大,如不断变动的供应商、经常更换的竞争者、不断变动的市场需求(由顾客的变动所决定)等。

二、 管理环境分析

进行管理环境分析的目的是掌握环境的性质、特征和变化趋势,为制定经营战略和决策、开展各项管理工作提供各种信息。

(一) 环境的稳定性分析

环境的稳定性分析主要是依据具体环境要素的数量及变动性来进行的。具体环境要素的数量可分为多与少两大类,对应地就存在一个复杂环境与简单环境的划分问题。将上述环境类型进行组合,又可形成多种稳定程度有别的环境类型。

(1) 简单稳定环境:环境要素少且变动性较弱,要素间的相似性强。

(2) 简单动态环境:环境要素少但变动性强,要素间的相似性强。

(3) 复杂稳定环境:环境要素多但变动性弱,要素间的相似性弱。

(4) 复杂动态环境:环境要素多且变动性强,要素间的相似性弱。

环境总处在不断地变动之中,如过去的简单稳定环境可能在未来变成其他的环境类型。为此,一方面,管理者要积极地适应环境,寻求和把握组织生存和发展的机会,避免环境可能造成的威胁;另一方面,组织并非只能被动地适应环境,更应主动地选择环境甚至创造环境、改变环境,为组织的生存和发展营造一个良好的环境氛围。

（二）环境的机会与风险分析

环境给组织发展带来的有利条件就是机会，不利条件就是威胁或风险。如果将机会与风险各分为大与小两个方面，就可形成多种不同的环境类型。

机会小但风险大的是恶化环境，它是任何一个组织都力求避开的。机会大但风险小的理想环境并非总是存在（一般情况下较少出现）。实际组织面临的一般只是在风险环境（机会大且风险大）和萎缩环境（机会小且风险小）中做出抉择。由于东西方文化的差异，中外管理者对环境的抉择有不同的标准。因此，增强我国管理者承担风险的能力是极其必要的。

（三）环境的竞争性分析

掌握环境的竞争程度及规律，明确组织在竞争中的地位，是组织制定经营战略难以回避的问题，为此，需要进行环境的竞争性分析。

环境的竞争性需要分析以下内容：

（1）现有竞争者分析。首先是分析行业内竞争的基本情况，包括竞争者的数量、分布、生产经营规模和技术实力等；其次是主要竞争者的实力分析，包括竞争者的销售增长率、市场占有率和产品获利能力等；最后是竞争者的发展方向分析。

（2）潜在竞争者分析。主要分析潜在竞争者的加入使现有企业可能做出的反应，以及由行业特点决定的进入壁垒。

（3）替代品生产商分析。具有相同功能或使用价值，能满足消费者的同种需要的不同种类的产品称为替代品。显然，替代品生产商越多，市场的竞争越激烈。其分析的内容主要是两方面：一是替代品销售增长率；二是替代品生产商的生产能力和盈利情况。

（4）顾客分析。这里一是要分析顾客的需求潜力，包括总需求及其结构和顾客的购买力；二是顾客的讨价还价能力分析，包括顾客购买数量、企业产品形成的重要性和顾客后向一体化的能力。

（5）供应商分析。主要分析供应商所处行业的集中度、企业有无替代的供应渠道、寻找替代品的可能性、企业后向一体化或供应商前向一体化的可能性等内容。

第二节　国际环境与国际化经营

一、国际环境与经营理念变迁

（一）国际环境

国际环境是指在国际经营中对组织绩效产生影响的外部机构、因素或力量。

组织面临的国际环境与国内环境的类型基本类似，也有一般环境与具体环境之分，如一般环境也包括政治法律环境、社会文化环境、经济环境、技术环境及自然环境等。所不同的是国际环境比国内环境更复杂,竞争更加激烈。

同理,国际环境的分析方法与国内环境类似,但分析的过程更复杂,把控的难度更大。

(二)经营理念变迁

(1) 母国取向。该理念认为本国拥有其他国家所不具备的文化、技术、知识和经验,故不放心让国外员工掌握关键的决策技术。

(2) 东道国取向。该理念认为东道国员工知道经营业务的最佳工作方式,故给予国外机构独立经营的权力。

(3) 全球取向。该理念认为无论是东道国还是母国都有优秀的人才,故应不受地域的限制寻求最佳工作方式和最优秀的人才。

现代组织参与国际化经营应秉承全球取向,但其难度较大,管理者必须同时具备当地知识和全球知识。

二、企业的国际化经营

(一)企业国际化经营过程

在国际环境中开展的经营活动就是国际化经营。企业国际化经营过程即一个企业发育成一个全球性公司所经过的阶段。

1. 初级阶段

其主要方式是全球采购,即从全世界最廉价的地方采购原材料或劳动力,目的是利用更低的成本以变得更有竞争力。

2. 中级阶段

该阶段企业参与国际化经营的方式有:

(1) 商品进出口。此阶段企业面临的风险较小,适用于众多的中小型企业。

(2) 许可证贸易。它是指企业为获得国外某企业的商标、技术或专利的使用权而向其支付一定费用的国际化经营方式,适用于制造企业。

(3) 特许经营。该方式与许可证贸易类似,指企业为获得国外某企业的品牌和运营方式而向其支付一定费用的国际化经营方式,主要适用于服务业。

3. 高级阶段

该阶段企业往往采用直接对外投资的方式深度参与国际化经营,具体有:

(1) 组建战略联盟。指企业与某外国公司建立一种伙伴关系,使双方在开发新产品或建设生产设施时可以分享资源和知识。

(2) 成立合资企业。合资企业是一种特定的战略联盟,是合作双方为了某个商业目的而共同组建的一个自主经营、独立运行的组织。

(3) 设立国外子公司。即跨国公司在国外设立独资企业。该举措的投资大,风险也大,是企业参与国际化经营的高级阶段。

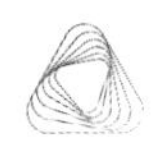

(二) 国际化经营的高级形式——跨国公司

跨国公司又分为多国公司和全球公司。

(1) 多国公司。指同时在两个或两个以上的国家或地区从事重要的经营活动,但以本国为基地对国外经营进行分权管理的跨国公司。

(2) 全球公司。指同时在两个或两个以上的国家或地区从事重要的经营活动,并将管理权与决策权集中在母公司的跨国公司。

多国公司不实行集中管理,而是在东道国雇用当地员工,产品和市场战略完全依东道国的文化特点来制定。

三、 区域性贸易联盟与全球贸易机制

开展国际化经营的企业必须充分利用区域性贸易联盟与全球贸易机制提供的便利条件,抓住机遇,规避风险,同时承担相应的责任。

(一) 区域性贸易联盟

此种联盟为跨国公司的国际化经营提供了舞台,创造了十分便利的条件。

1. 欧盟(EU)

它是由德国、法国、意大利等 27 个欧洲国家组成的一种经济和政治伙伴联盟。欧盟统一的货币——欧元的使用,标志着欧盟向完全统一迈出了一大步。目前,在欧盟范围内有 19 个国家在使用欧元。

2. 东盟(ASEAN)

其成员包括泰国、越南、柬埔寨、老挝、缅甸、菲律宾、文莱、马来西亚、新加坡、印度尼西亚。它是东南亚地区以经济合作为基础的政治、经济、安全一体化合作组织。

3. 北美自由贸易区(NAFTA)

它是由墨西哥、加拿大、美国三国组成的贸易联盟。它是典型的南北双方为共同发展与繁荣而组建的区域经济一体化组织。

区域性贸易联盟使参与联盟的各成员通过降低关税或非关税壁垒以及提供其他便利条件,为跨国公司及其他参与国际化经营的企业创造了良好的国际经营环境。

(二) 全球贸易机制

1. 世界贸易组织(WTO)

WTO 是由 164 个成员组成的处理成员间贸易规则的全球组织,其目标是通过一个规则体系来帮助各成员处理贸易事项。WTO 成立于 1995 年,由关税与贸易总协定(GATT)演变而成。中国于 2001 年加入该组织。

2. 国际货币基金组织(IMF)

IMF 由 185 个成员组成,它的目标是促进成员间货币合作,为各成员实现和维护金融稳定、加强经济实力提供政策建议、临时贷款和技术支持。

3. 世界银行集团(WBG)

它是由国际复兴开发银行、国际开发协会、国际金融公司、多边投资担保机构和国

际投资争端解决中心5家紧密联系的机构组成的集团,它为发展中国家提供重要的金融和技术支持,目标是通过为成员提供技术和金融支持来促进长期经济发展和减少贫困。

4. 经济发展与合作组织(OECD)

这是一个总部位于巴黎的国际经济组织,其使命是帮助36个成员实现可持续的经济增长和就业,并在维持金融稳定的同时提高国民的生活水平,从而为世界经济发展做出贡献。

四、 国际化经营中的跨文化管理

跨文化管理是任何参与国际化经营的企业必须面对的问题,它关系到企业国际化经营的成败。

同一民族内不同组织的组织文化有一定的共性,但不同民族的文化有较大差异,民族文化对员工的影响要大于组织文化。

不同国家和地区的民族文化的差异很大,但主要有以下几点:

(1) 社会结构。社会结构松散是个人主义,紧密则是集体主义。有些国家和地区的人重视个人主义,表现为个人的独立性强;而有些国家和地区的人更重视集体主义,一般表现为个人的独立性差,过于依赖于集体。

(2) 对权力的态度。权力距离大的地方,人们敬畏权力;权力距离小的地方,人们不太敬畏权力,尽可能追求平等。

(3) 不确定性规避。不确定性规避有高低之分。高不确定性规避,意味着人们对风险的承受力弱;低不确定性规避,意味着人们对风险的承受力强。

(4) 生活的数量和质量。强调生活数量的文化表征为追求金钱和物质财富。强调生活质量的文化重视人与人之间的关系以及对他人的幸福较为敏感和关心。

此外,民族文化的差异还体现在对工作的态度、时间观念、管理科学方法的使用及人本管理等方面。

第三节　社会责任

任何组织要想获得政府与社会公众的大力支持以营造一个良好的外部环境,就必须履行对社会的责任,处理好与各利益相关者的关系。

一、 社会责任的内涵

社会责任指一个组织在其法律和经济义务之外愿意去做正确的事,并以有益于社会的方式行事的意向。它不等价于法律和经济义务。

社会责任的实质就是企业将部分资源用于制造社会产品,其内容包括安排劳动者就业,贡献社会福利,资助公共基础设施建设,保护环境,不欺骗、不歧视等。

二、有关社会责任的两种观点

(一)古典观

持有该观点的代表人物是诺贝尔经济学奖得主米尔顿·弗里德曼(Milton Friedman)为代表。

古典观认为,企业的社会责任就是创造利润,企业不应承担利润以外的其他社会责任。企业作为市场经济实体,它的唯一目标就是谋求利润的最大化,否则,就削弱了企业市场机制的基础。如果企业承担了社会责任,就会增加企业成本,从而减少企业利润,并降低企业的投资收益率,其结果是多方的利益受损。

(二)社会经济观

社会经济观认为利润最大化是企业的第二位目标,企业的第一位目标是保证自身的生存,为此企业必须承担一定的社会责任。因为企业是社会的产物,离开了社会和政府的支持,企业就不能生存。企业为了追求长期资本收益率的最大化,必须承担一定的社会责任。

三、有关社会责任的争议

(一)赞成的依据

(1)迎合公众的期望。公众都希望企业承担社会责任,切实履行对社会的义务。

(2)获得长期利润。承担社会责任,增加企业成本,从而降低利润,这只是短期内的现象。从长远来看,承担社会责任会带来企业长期利润的上升。

(3)履行道德义务。越是道德水准高的企业越愿意承担社会责任。

(4)提升公众形象。承担社会责任有利于提升企业形象,而企业形象是一个企业的宝贵财富。

(5)营造更好的环境。企业参与社会事务更利于解决社会难题,同时获得政府与公众的更多支持。

(6)减轻政府负担。承担社会责任会帮助政府解决很多问题,减轻政府负担。

(7)维护股东利益。从长期来看,承担社会责任会提高企业的股票价格。

此外,企业拥有各种资源,可以向需要帮助的公共项目和慈善事业提供支持。

(二)反对的依据

(1)违反利润最大化原则。企业追求利润最大化就是企业应履行的唯一责任。

(2)淡化使命。企业的使命就是谋求经济利益,利润最大化是企业的首要目标。

(3)增加成本。没人为企业承担社会责任付出的成本买单。

(4) 权力过大。企业已经拥有很大的权力,而如果追求社会目标,可能会拥有更大的权力。

(5) 缺乏技能。企业可能缺乏解决社会问题的能力。

(6) 缺乏对责任的明确规定。企业并没有被强制要求承担解决社会问题、制造社会产品等责任。

四、 社会责任、社会义务与社会响应

社会责任是指一个组织在其法律和经济义务之外愿意去做正确的事,并以有益于社会的方式行事的意向。其前提是遵守法律,并追求经济利益,基础是管理道德。

社会义务是组织由于承担履行特定经济和法律义务的责任而从事的社会活动。它是法律对企业的最低要求,包括经济与法律两大方面。经济义务就是要谋求经济利益,寻求利润的最大化;法律义务就是要遵守国家法律法规。

社会响应是组织为应对某种普遍的社会需求而从事的活动,其基础是社会准则。

社会义务是基础,是法律对企业的最低要求,在此基础上企业按照一定的道德标准和社会准则去履行社会责任,做出适当的社会响应。

五、 社会责任与经济绩效

(一) 企业承担社会责任产生的影响

影响主要集中在社会绩效和经济绩效两个方面:

(1) 社会绩效。承担社会责任对社会绩效的作用是明显的,企业承担的社会责任越大,越有利于提升社会绩效。

(2) 经济绩效。这是争议的焦点,即企业承担社会责任到底会不会减少企业利润、降低企业的经济绩效。这里涉及衡量经济绩效的方法问题。从短期的财务收益来看,社会责任与经济绩效可能呈反向变化,因为承担社会责任的确会增加成本,减少利润;但从长期的经济绩效来看,社会责任与经济绩效呈正向变化。

(二) 企业承担社会责任获得的利益

(1) 有利于树立企业良好的形象。

(2) 有利于培养出目标明确且讲奉献的员工队伍。

(3) 有望得到来自政府和社会的更多支持。

以上获得的利益足以弥补企业承担社会责任所付出的成本。因而从长远来看,企业承担社会责任能带来良好的经济绩效。

六、 共享价值观与绿色管理

(一) 共享价值观

共享价值观是一个组织中能为全体员工所接受和承诺的价值观,它反映了组织赞同

什么以及信奉什么,影响着组织的运营方式和员工的行为方式。当然,它也影响着组织所承担的社会责任。

共享价值观可以指导管理者的决策行动,塑造员工的行为,影响企业的经营绩效,有利于培育一种和谐奋进的团队精神。

(二) 绿色管理

绿色管理就是将环境保护的观念融于企业的经营管理之中,是一种密切关注并处理组织对自然环境的影响的管理方式。

组织走向绿色管理的方式具体包括:

(1) 法律方式。以法律的要求为基本标准,仅仅在法律许可的范围内开展活动,这是企业绿色管理的最初级阶段。

(2) 市场方式。除遵守国家法律外,企业的活动只按市场的要求进行。

(3) 利益相关者方式。除考虑法律和市场的需求外,企业的活动还必须考虑各利益相关者的要求,处理好与利益相关者的关系。

(4) 活动家方式。该方式考虑尊重和保护地球及自然环境,是企业绿色管理的高级阶段。

(三) 绿色管理的评估

企业采用一些标准或参照报告要求来评估自己的绿色管理成果,并对绿色管理做出承诺。用于评估的标准有以下三种:

(1) 全球报告倡议组织(Global Reporting Initiative, GRI)指导原则。目前,全世界有超过 1 300 家企业采用全球报告倡议组织制定的指导原则,来自愿报告它们为促进环境可持续发展所付出的努力。这些报告可以在全球报告倡议组织网站上找到,报告描述了该组织实施的所有绿色行动。

(2) 国际标准化组织(International Organization for Standardization, ISO)制定的绿色管理标准。国际标准化组织制定的 ISO 9000(质量管理)标准和 ISO 14000(环境管理)标准可系统地用于评估企业的绿色管理成果。

(3)“全球可持续发展企业 100 强”榜单。达沃斯世界经济论坛每年都会公布该榜单,完整地展示了这些企业在环境和社会治理等领域的超凡能力。

综上所述,社会责任的实质是管理者对谁负责的问题。

不同的管理者受其道德水平的影响,所愿意承担的社会责任的多少不尽相同。管理者所处的社会责任阶段不同,其愿意负责的对象也具有明显差异。

阶段一:对股东和管理层负责。

阶段二:对员工负责。

阶段三:对具体环境要素负责。

阶段四:对社会整体负责。

从阶段一到阶段四,企业承担的社会责任越来越大。

本章小结

思考题

1. 什么是管理环境？一般环境与具体环境有何区别？
2. 如何进行管理环境分析？为什么要进行此项分析？
3. 如何增强中国企业管理者承担风险的能力？
4. 如何抓住市场提供的机遇,规避环境带来的风险？
5. 如何理解企业参与国际化经营的阶段？企业应如何选择参与国际化经营的方式？
6. 全球贸易机制有何作用？企业如何利用该机制？
7. 何为社会责任？你认为企业是否应该履行一定的社会责任？
8. 社会责任与经济绩效的关系如何？
9. 企业如何实施绿色管理？
10. 如何理解社会责任的本质？

案例讨论

第三章 决 策

【学习目标】

1. 了解决策的类型和特点。
2. 理解决策的影响因素。
3. 掌握决策程序。
4. 掌握不同信息环境下的决策方法。
5. 了解管理者常见的决策偏见和错误。
6. 理解群体决策的优势和劣势。

案例讨论

【基本概念】

满意原则　决策程序　非程序化决策　风险型决策　非确定型决策

第一节 决策及其分类

一、决策的含义

决策是在内外环境条件的约束下，对于一定时期内组织的目标以及达成目标的多种备选方案，进行评价、优选的一系列管理职能活动。作为计划职能的一个重要组成部分，决策在管理活动中居于核心地位。美国管理学家、决策理论学派代表人物赫伯特·西蒙甚至认为管理即决策。

决策水平的高低，直接决定了组织的绩效。据中国企业家调查系统发布的报告显示，决策失误已成为国内企业的首要问题。接受调查的企业经营者认为，“最容易出现的问题”中，“决策失误”排第一位；“用人不当”位列第二，远远高出“经济问题”“独断专行”“生活腐败”和“弄虚作假”等。企业决策失误已引起众多经营者的警觉。因此，全面、深入地认识决策的内涵，有助于人们系统掌握决策活动的客观规律，科学地开展决策并积极地实现预期的目标。

制定决策通常被描述为在不同的方案中做出选择，而实际上决策是一个比较复杂的过程，把认识的焦点仅放在“做决定”这一环节上是不正确的。以高中毕业生填报高考志愿为例，在做出最后的决定之前，他们往往还会收集高校的招生信息，了解以往的报考和录取情况，向父母、朋友或老师征求意见，结合自身条件选择一些备选学校，在此基础上进一步地分析和比较,最后决定自己合意的院校。因此,决策并非只是“做决定”。就社会组织而言,决策至少包括查明决策的环境和进行问题诊断,研究行动的目标和可行性方案,并在各方案中进行评价和优选。由于组织管理运作的连续性,广义的决策还包含了选择方案的执行过程。“做决定”仅是其中的一部分,往往花费较少的时间。

在实际工作中,大部分决策是管理者在依靠科学的决策技术和方法的基础上,依据个人丰富的经验和直觉而形成的。决策过程充分体现出管理科学性和艺术性的融合。

二、 决策的普遍性

(一) 决策者角色的普遍性

首先对个人来说,每个人在日常生活中需要做出各种决策,既包括每餐吃什么、网购什么商品、看什么电视节目等诸如此类的简单决策,也包括对职业和生活产生重大影响的一些复杂决策;对社会组织来说,组织中各个层级、各个部门中的每一个人都要在各自的领域内做出或大或小的决策。因此,决策者角色具有普遍性。

(二) 决策活动的普遍性

几乎管理者所做的每一件事都包含决策,制定决策是管理者所有职能的重要组成部分,是管理的核心。表 3-1 列举了各管理职能中所面临的部分决策问题。

表 3-1 各管理职能中的决策问题

计划	领导
组织的长期目标是什么?	我怎么处理员工情绪低落的问题?
什么战略能够最佳地实现这些目标?	在给定的条件下,什么是最有效的领导方式?
组织的短期目标应该是什么?	某项具体的变革会怎样影响员工的生产效率?
个人目标的难度应当有多大?	什么时候是鼓励冲突的适当时间?
组织	**控制**
直接向我汇报的员工应当有多少?	需要对组织中的哪些活动进行控制?
组织应当有多大程度的集权?	怎么控制这些活动?
职位应当怎么设计?	绩效差异偏离到什么程度是显著的?
什么时候组织应当实行不同的结构?	组织应当具有什么类型的管理信息系统?

资料来源:斯蒂芬·罗宾斯,玛丽·库尔特.管理学[M].7版.孙健敏等,译.北京:中国人民大学出版社,2004。

三、决策的类型

由于决策涉及组织管理的各环节、各方面,决策者所处的层级、环境不同,决策问题的内容、性质和信息条件不同,会相应形成不同种类的决策。认识不同类型决策的特点,有助于研究决策活动的规律,从而提高决策的效率和改善决策的效果。

(一)按例行性分类

1. 程序化决策

它是指涉及经常重复发生的例行性事物,能按一定的制度、方法和标准予以处理的决策。如企业签订销售合同、接受订货、购买原材料、选择运输路线等,政府公务员的离退休、国家机关法定节假日的值班等,均系此类决策。程序化决策多针对日常业务活动和常规性技术活动做出。由于此类决策问题简单明了,而且具有相关性、重复性,有明显的规律可循,因此我们可以使用程序化决策方法——依照办事程序、组织规定和相关政策,并应用数理模型、电子数据等现代科学技术加以解决。值得强调的是,程序化决策问题的处理同样需要坚持探索精神。一方面,一定的制度、方法和标准,是探索相关事物活动规律的结果;另一方面,由于主客观条件的动态性,处理问题的制度、方法和标准不能一成不变,而应适时修订和完善。

2. 非程序化决策

它是指与某些新出现的或其结构尚未被认识的一次性、突发性事件有关,无常规可循而必须按非程序方法进行处理的决策。许多非程序化决策都涉及战略计划的问题,因而不确定性很大,相关决策也是复杂的。非程序化决策大多属于战略决策和新兴、重要的战术决策。非程序化决策问题的处理,很大程度上依赖于决策者的专业技术经验、直觉、智慧和创造性,同时需辅之以定量决策方法。

(二)按决策信息的确定性程度分类

1. 确定型决策

决策者掌握准确、可靠、可衡量的信息时,能够确切地知道决策的目标以及每一个备选方案的结果,因此可以很容易地迅速对各个方案进行合理的判断。例如,某家公司考虑投资 100 万元购买新设备的时候面临两种方案,假如公司能够很清楚地知道在未来 5 年内,第一种方案每年将节省 4 万元的成本,第二种方案每年可以节省 3 万元的成本,那么管理者在将这两个方案进行对比时,必然会选择第一种方案。然而,在现实生活中,大部分决策都含有不确定性或风险性。

2. 非确定型决策

当只能获得有限信息,影响备选方案的环境因素又具有较高的不确定性和随机性时,决策者无法得知各种自然状况发生的概率,这时决策者面临的是非确定型决策。由于各备选方案的结果不确定,决策者无法直接进行方案的比较并做出优选。例如,某企业生产的高科技产品在两个地区销售,一个地区销量大,获利丰厚,但该地区的地方保护主义色彩较浓;另一个地区的销量比前一个地区小,但该地区的开放程度比较高,那么,如何确定该企业的长期营销方略呢?这就属于非确定型决策问题。

3. 风险型决策

对于这种类型的决策,决策者虽然不能准确地预测出每一种备选方案的结果,但是通过历史数据能够把不同备选方案下的各种状况发生的概率测算出来。风险性指标引起了我们对未来事件致使方案不成功的可能性的关注。例如,有些石油公司使用定量模拟方法来估算某种元素的存量,这就使得石油公司的高级管理者在开采和生产的每一个阶段都能够评估风险的变动情况,并就此做出更好的决策。

(三)按不同组织层级决策的内容分类

1. 战略决策

它是指与组织生存有关的、能确定今后发展方向的具有长远性、全局性的重大问题的决策。如在企业中,有关经营目标、投资方向、生产规模、重大科研项目、新产品开发、技术改造、人力资源开发、领导体制改革及市场开拓目标的抉择;政府关于国家机构的撤并、区域经济的发展规划、公共风险的应对预案、外贸政策的制定等,都是战略决策。战略决策主要是为了根据国内外经济、社会文化环境的变化,确定组织长远的、整体的发展目标及实施方案。战略决策是制定战术决策的依据,但在制定战略决策的阶段,也必须考虑战术及战术决策问题。应该在战术条件基本具备、预估战术决策结果满意的前提下,进行战略决策,以增强战略决策的可行性和有效性,防止决策脱离实际、闭门造车。

2. 战术决策

它是指在战略决策的指导下,针对实现战略决策目标过程中的方式、手段和资源等具体问题而制定的决策。如果企业开发某种新产品的战略目标既定,那么有关资金筹集、组织变更、设备更新、产品定价、广告宣传等问题的决断,便属于战术决策。战术决策具有局部性、阶段性的特点,直接影响的范围较小,需要经历的时间也较短。战术决策主要考虑组织中近期的内外环境因素,根据组织的现实条件,结合战略决策的需要而制定。在执行中,战术决策有较大的灵活性,可依环境、态势和组织条件的变化而相应改变。但无论是方案的制订,还是方案的执行和调整,战术决策都必须在战略决策的框架之内,符合、服从或服务于战略决策所规定的目标、方向。

3. 业务决策

它是指为实现战术决策,提高业务工作效果而对日常业务工作所做出的决策,如人力的调度、具体任务的分配、按订货点进行订货等都属于业务决策。业务决策是针对组织近期的具体情况,遵循程序化、常规性标准而进行的,目的是合理而有效地利用现有的人力、财力、物力和信息资源。由于业务决策主要是依据既定标准做出的,因此做好管理的基础性工作至关重要,尤其是在定额、计量、标准化、规章制度等方面必须做到"有章可循、有据可依",否则组织将会陷入"一事一决"的低效率状态。

(四)按决策的序贯性分类

1. 静态决策

静态决策又称单项决策或一级决策,是指针对一定的目标变量(x)一定时段内(t)的既定约束条件(s),一次性做出决断和选定行动方案,并予以贯彻执行。例如,制造企业为提高生产效率革新工艺(x),若只是根据规划期间(t)较强的企业技术力量和外协条件(s)做出采用何种工艺方案的抉择,而对于改造过程中可能遇到的挫败及需要采取的补救措施,或者工艺革新成功导致产品改良、成本下降之后如何重新定价和拓展市场销路(x,t,s 都已发生变化),均不考虑或是另案研究,即属静态决策。静态决策通常适用于处理独立事件属性的确定型决策问题。

2. 动态决策

它与静态决策的特征相对应,也称为序贯决策或多级决策,是指针对一定目标变量(x)一定时段内(t)的既定约束条件(s)做出一次性决断和选定行动方案的同时,随着时间推移、自变量变化、约束条件改变,而相机采取一系列应变行动或后续方案。譬如上述关于工艺改革方案的决策,在做出采用某种新工艺的决定之际,也预测规划期内技术市场的变化,制订应对新工艺改革失败的预案(预案一:仍采用旧工艺;预案二:外购关键零部件);或者预测工艺革新成功之后的产量增长和市场态势,制订促销预案。动态决策通常用于处理非确定型决策和风险型决策问题。

此外,决策还可以按组织层级分为高层决策、中层决策和基层决策;按业务内容分为生产技术决策、物流供应链决策、销售决策、财务决策及组织人事决策等;按时间长短分为中长期决策和短期决策;按目标的多少分为单目标决策和多目标决策;按使用的分析方法分为定性决策和定量决策;按决策主体分为个体决策和群体决策。

在实际工作中,决策方法的类别通常是根据决策信息的确定程度进行划分的。但应指出,一项具体的决策可能兼具多种类型的特性;决策者应善于从不同的角度进行分析,综合认识决策活动的特点,科学、合理地开展决策活动。

四、 决策的影响因素

(一) 决策者

决策者可以是单个人,也可以是由多个决策者组成的群体,如委员会(公司最高层的委员会是董事会)等。由于决策问题的确立,以及决策备选方案的设计、选择和评价等系列活动都是由决策者来完成的,因此决策者自身的能力和素质、价值观、性格及风险偏好等是影响决策效率和效果的关键因素。例如,有些决策者由于知识和能力的局限,可能会对决策问题做出误判,未能对决策环境做出正确的评估和预测。还有些决策者由于过度自信,选择了不恰当的决策方案,从而导致决策的失败。

(二) 决策环境

任何一项决策,都是在一定时期内、一个特定的环境中做出的,而客观环境是不以人的主观意愿为转移的,很多因素的变化在决策时难以完全预计,从而可能导致决策方案在执行过程中因环境变化而面临重重障碍。因此,对决策环境的分析显得尤为重要。组织所处的外部环境包括一般环境和具体环境。一般环境是指对决策活动产生间接影响的因素,主要有政治法律环境、经济环境、技术环境、社会文化环境、自然环境等。具体环境是指对决策产生直接影响并与实现组织目标直接相关的因素，主要有顾客（服务对象）、供应商、竞争者、政府和公众压力集团。组织的外部环境充满不确定性，如果外部环境发生改变，而决策者未能及时感知并做出正确的判断，将会导致组织战略决策的重大失误。

（三）组织条件

进行科学决策还需要认真考虑组织的内部条件，主要包括以下三个方面。

1. 组织文化

组织文化影响着组织及其成员的行为方式，它对决策的影响也是通过影响人们对组织、对改革的态度而发挥作用的。涣散、压抑、等级森严的组织文化容易使人们对组织的事情漠不关心，不利于调动组织成员的参与热情；团结、和谐、平等的组织文化则会激励人们积极参与组织的决策。任何一个决策都会受到组织文化的影响。

2. 组织资源和能力

组织内部的资源条件是动态变化的，由此也可能导致决策方案因组织资源缺乏或能力失衡而执行困难。这些因素可能限制组织目标的选择，制约实现目标的方式，影响决策方案的实施效果，因此在决策过程中必须始终予以关注。

3. 过去的决策

在实际管理工作中，决策问题大多都是建立在过去决策的基础之上的，具有一定的路径依赖性。因此，过去的决策总会有形无形地影响现在的决策。所以，决策者必须考虑过去决策对现在的延续影响。这种影响有利有弊，利是有助于实现决策的连贯性和维持组织的相对稳定，并使现在的决策建立在较高的起点上；弊是不利于创新，不适应剧变环境的需要，不利于实现组织的跨越式发展。过去的决策对现在的决策的影响程度，取决于它们与决策者的关系，这种关系越紧密，现在的决策受到的影响就越大。

（四）决策信息

决策的制定和执行过程，实质上就是一个信息流的过程。它由信息的输入、处理、输出和反馈四个环节组成。决策方案制订得正确与否及其执行得顺利与否，很大程度上取决于信息的数量和质量。有些决策是在相对简单、稳定的信息环境中做出的，还有些决策则因环境的动态变化而具有风险性。因此，对决策的信息条件进行正确的分析和判别，是准确判别决策问题类型、把决策风险降到最低的有效手段。决策者只有不间断地获取真实、适量的信息，决策活动方可进行；决策目标及其实现方案确定以后，才能有效地实施控制，达成预期的组织目标。

第二节 决策过程

一、决策的基本原则

决策的种类很多，它们的特征互不相同，处理的具体方法、手段及技术也各有差异。

但决策作为管理活动中一个以优化组织目标及其行动方案为宗旨的、复杂而漫长的过程，本身具有客观性，也有共同的规律可循。鉴于决策正确与否关系到组织的当前生存和长远发展，人们无论采用何种方式、处理何种决策问题，都必须遵循一定的基本原则，恪守一定的基本程序，以避免盲目性，消除主观随意性，实现决策的科学化、规范化和现代化，最终提高决策活动的准确度和有效性。

（一）满意原则

这是由现代决策理论学派代表者赫伯特·西蒙提出并已为管理学术界普遍认可的一项重要决策原则。它是指在抉择前预先拟定一套令人满意的标准，只要备选的替代目标及其实现方案达到或超过了这些标准，就是可以选用的。满意原则是对传统的所谓“最大化”或“最优化”原则的扬弃。西蒙认为，当代组织是处于不断变动、不确定的外界环境影响之下的，人作为“管理人”而非“理性人”，搜集到的信息和主观的预见不一定全面；备选方案不一定能完全囊括各种可替代的技术路径；用以评估替代方案的直觉、经验也不一定充分可靠。故而绝对化的“最优”决策是无法实现的，绝大多数决策者实际上都是在寻找和选择令人满意的方案。西蒙的观点不仅合于哲理，而且具有实践指导意义，有助于人们从现实的主客观条件出发，本着不断探索、追求完善的精神开展决策；把握决策优化的“度”，有助于降低决策成本，提高工作效率。

（二）整体优化原则

它是指在决策目标的确定和方案的选择过程中，必须持系统观念，全面、综合、动态地处理影响组织发展的各种因素，不断探求优化的行动方案，以获得既定主客观条件下满意的长远的整体效益。社会组织是由多个相互联系和制约、各具一定权责利益、相对独立的组织体（子系统）所构成的，不同的社会组织之间也相互关联。在经济与社会生活中，决策者面对的是人、资源、自然生态及持续发展目标之间错综复杂的“博弈”关系。系统论揭示出“结构重于要素”，某些决策从局部（子系统或个别组织的当前利益）来看，可能是“最优”的，但从全局（组织整体或社会的长远利益）来看，则是不利甚至是有害的；反之，暂时牺牲某些局部的利益，有利于全局获得长期的效益。

（三）应变原则

它是指决策应具有一定的灵活性，在确立目标、设计方案时，人们应充分预估未来可能出现的有利或不利因素，并尽可能周密地制定对策预案，以指导执行者适时调整策略，达到组织预期。决策是对于组织未来行动的运筹谋划，而组织环境未来的发展是不以人们的主观愿望为转移的。当今世界，经济、技术、市场形势飞速更替、“未知”因素层出不穷，往往令组织始料未及。今日之长，或为明日之短；眼前顺利平安，难保之后不问题丛生。因此，决策时必须缜密研究组织环境未来可能出现的各种情况及制约因素，做到未雨绸缪、积极应变。一般而言，贯彻应变原则的措施主要有科学预测，开展敏感性分析（测算变量的影响），采用模拟技术（制定预案），预留机动力量等。

（四）可行性原则

它是指任何一项决策都应该实事求是地评估其实现的条件，确保方案能够付诸实施并取得预期的良好效果。其内容包括:确立的目标适应社会、经济、文化发展的当前或长远需要;设计的路径、方法符合法律规范与工程技术规律;开展业务活动的组织具有人、财、物、信息等各种资源的可靠保证。根据这一原则,在决策方案的评价选择中,人们应对每一方案都从技术、经济、管理等多个维度进行认真的可行性研究,综合分析和论证方案的技术先进性、经济合理性及实际可行性。

(五)定性分析与定量分析相结合的原则

决策技术的采用,应针对客观事物质、量两方面的规定性,注重质与量的研究相统一。定性分析是指依靠个人或集体的经验、智慧和判断能力,对事物的性质及其发展趋势做出逻辑推断。定量分析是指运用相关的科学原理收集数据资料,建立一定的数学模型进行计量分析,揭示事物的特征及其发展规律。定性分析与定量分析的目的、手段和侧重点各有不同,前者目的在于明了事物的本质及发展方向;后者目的在于掌握事物的规模和速度等。但两类方法的运用,都必须建立在深入调查研究、科学认识事物客观规律的基础之上。而且,两类方法密切联系、相辅相成,彼此不可或缺。

二、决策程序

决策程序(Decision-making Process)又称为决策步骤,它是一个遵循理性和逻辑提出问题、分析问题、解决问题的完整动态过程。由于决策程序是基于决策者的理性假定提出的,因此也被称为理性的决策程序。决策程序主要包括四个基本步骤,这些步骤可以帮助决策者专注于事实和逻辑,以尽量避免不适当的假设以及个体因素的影响。

(一)诊断问题并确定目标

目标反映组织一定时期内所要达到的目的,是组织活动的基本指南,起着激励、约束、凝聚、协调全体成员行为的重要作用。合理确定目标因而成为决策工作的首要环节。

合理的目标,一般应该符合下列要求:首先,目标必须是单义的,只能有某种具体、清晰、确切的“唯一性”解释。其次,目标必须是可衡量的,有一定的标准来衡量目标实现的程度。再次,多个目标之间存在主次及轻重缓急,其实现有先后顺序。最后,多项不同决策方案所确立的目标,必须相互协调一致,并且服从组织的总目标。

目标的确定,通常需要经过三个步骤:第一,开展调查研究,进行问题诊断。此处所谓的“问题”,指的是“应有现象”(期望结果、既定标准等)与“实际现象”(现有情况、实际成果)之间的差异。通过调查研究组织内外的环境条件,决策者不仅要明了现存问题及潜在问题之所在,还要查清导致各种差异产生的根本原因。第二,针对存在的问题及其原因,从不同角度提出解决问题的方向和途径。第三,比较并优选目标。

在提出和确定目标的环节,首先值得注意的是,为避免遗漏最切合实际、最令人满意的目标,应该预设多个目标备选;社会的复杂多样,也决定了解决一个问题实际上可以提出多个目标。但是,当最后选定的目标为多个时,又必须进行适当的技术处理。因为多个目标固然考虑问题比较全面,能客观地反映复杂的现代管理活动的多样化要求,但也可能导致不易抓住重点或中心,增加决策的难度。基本的技术处理思路是在满足决策需要、区分目标重要程度的基础上,结合线性规划等计量方法的采用,简化或整合多个目标为单一目标。此外,在设立目标的同时,须相应明确其约束条件,使目标的“满意度”和预期水平保持在各种约束条件的范围内,增强决策目标的现实性和可行性。

(二)制订备选方案

决策目标确定之后,应立足开拓、集思广益,采用各种科学技术方法,探寻并制订实现决策目标的多种可行方案,以作备选之用。

方案的制订必须遵循详尽性和互斥性的原则。所谓详尽性,是指尽可能毫无遗漏地将既定主客观条件下实现某一决策目标的备选方案全部罗列出来,以获得最令人满意的方案。所谓互斥性,是指实现同一目标所拟订的各种可行方案由于特定时空资源的约束而具有排他性,执行其中某一方案,就不能同时执行另一个或另几个方案。

制订备选方案是一项十分复杂的工作,一般需要经历两个阶段:一是大胆探索,即破除陈规、摆脱束缚,自由思考、勇于探索,创造性地提出备选方案的构思或设想。大胆探索、除旧布新自然不是完全否定过去的经验,而是要总结过去行之有效的经验,集中群体智慧发现新问题、研究新办法,争取有所突破和创新。二是精心设计,即在大胆探索的基础上,精心设计出一个个完整的方案。其主要内容包括:研究并陈述方案与决策目标的关系;列举方案在理论基础、科学技术原理和经验上的依据;说明方案提出和实施所依据的条件;介绍方案的内容框架和实施细节;全面衡量和测算方案的预期效果。

(三)评价和选择方案

评价和选择方案就是对各备选方案的经济效益与社会效益进行比较,选择出能够达到决策目标要求的“令人满意”的方案。

决策者通常可以从以下四个方面评价和选择方案:

(1)审查方案的可行性。即组织是否拥有实施这一方案所要求的资金和其他资源,该方案是否能够有助于组织履行法律上或伦理上的义务;是否同组织的战略和内部政见保持一致;能否使员工全身心地投入到决策的实施中去,等等。

(2)审查方案的可比性。主要是审查满足需要的可比性(备选方案必须是满足相同的需要);耗费的可比性(不同方案费用消耗所涉及的范围是一致的,现代条件下要求在全社会范围内考核耗费,如计算环境成本);价格的可比性(保持各方案计价时间的一致性,并考虑货币的时间价值)等。

(3)审查方案的有效性。即行动方案能够在多大程度上满足决策目标,是否同组织文化和风险偏好一致等。值得强调的是,在实际工作中,某一方案在实现预期目标时很可能会对其他目标产生积极或消极影响。因此,目标的多样性在一定程度上增加了实际决策的难度,这又从另一角度反映了决策者分清目标主次的必要性。

(4)系统分析,综合评判。方案的取舍,不能孤立地依据某个单项技术经济指标的水平高低,而应遵循整体优化原则,综合比较备选方案的各项技术经济指标及社会效益。可预先将方案的各项效果指标计量化,适当综合,以方便评价和优选。评选过程中,要注意发挥群体智慧,如组织有代表性的专门评审组进行分析论证;还要注意发现方案可能带来的不良影响和潜在问题,选择那些正面效果大、负面影响小的方案。

(四) 实施方案和追踪检查

决策是一个动态过程,方案的选定并不意味着决策活动的完结。首先,只有将优选出来的方案付诸实施(这需要综合发挥计划、组织、领导、控制等管理职能的作用),在实施中不断完善原有决策方案(修改或提出新目标、补充新方案等),使蓝图变为现实,才算达成了决策目标、完成了一项决策任务。此外,社会组织可持续发展的使命决定了决策职能的连贯性,通过对一项决策的执行和追踪检查,验证其科学性和合理性,才能更有效地开展下一轮的决策活动。所以,包括西蒙在内的许多管理学者都主张将方案的实施和追踪检查作为决策过程的第四个步骤(如图 3-1 所示)。

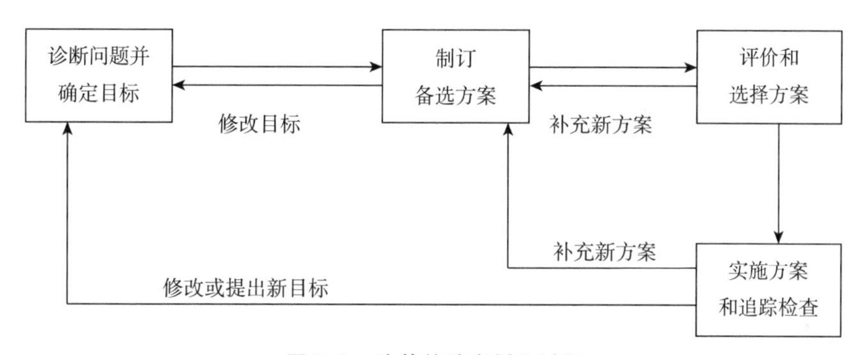

图 3-1 决策的动态循环过程

由图 3-1 可知,决策的四个基本步骤之间客观上存在严格的先后顺序,反映了决策活动的内在规律性,是不能主观随意地超越或颠倒的。每一个程序都是下一程序的前提或先决条件,只有依序一环扣一环地开展工作,才能顺利地完成决策的任务、实现预期的组织目标。否则,决策工作将无法进行;在一定的环境条件下,甚至可能导致组织盲目行动,造成重大的失误。

三、 直觉与承诺升级

虽然理性的决策程序是决策科学化外在表现的核心内容,但是在实际情况中,有时很难完全依照这样的步骤去做。即使严格遵循了决策程序,仍有可能无法做出有效的决策。但是,有些完全依靠直觉、经验、预感等主观判断做出的决策也可能非常成功。究竟是什么因素影响了决策过程呢? 一方面,决策信息不完备、决策者的有限理性,以及“满意原则”会导致决策过程中的认知偏差和能力局限;另一方面,诸如直觉、承诺升级、组织政治(如联合行为)、风险倾向与伦理等其他行为因素也是影响决策过程的重要因素。下面,我们将重点介绍直觉与承诺升级对决策过程的影响。

(一) 直觉(Intuition)

直觉是对事物的一种内在信念,不需要经过有意识的思考。决策者的决定有时只是因为“感觉对”或“预感”。不过,这种感觉并非凭空而来,而是基于多年来在类似情况下做出决策的经验。直觉可以帮助管理者无须经过全套理性决策的步骤就可以做出快速的决策。例如,纽约扬基棒球队曾经找到3家运动鞋生产商——耐克、锐步和阿迪达斯,希望签订一份赞助合同。当耐克和锐步还在仔细和理性地评估其可行性时,阿迪达斯的管理者们很快认识到同扬基队的合作对他们非常有利,于是迅速做出反应,很快地拟订出一份合同,而此时竞争对手们还在进行细节分析,最终贻误了时机。

当然,管理者(特别是经验不足的管理者)必须注意不要过分依赖直觉。如果一味强调“感觉对”而贬低理性和逻辑,将很容易做出错误的决策。

(二)承诺升级(Escalation of Commitment)

影响决策的另一个重要行为过程是承诺升级。承诺升级是指在特定的情况下,决策者做出一个决定并且过分执着于这一决定,即便事实已经证明该决定是错误的。例如,人们在购买某公司的股票之后往往不愿意抛售,即便是损失不断增加,他们仍然会说服自己当初的选择是正确的,眼见亏损越来越多,依然选择一味等待。

多年来,泛美世界航空公司(以下简称“泛美航空”)是航空业的霸主,并且通过多元化战略进入了不动产和其他产业。但是当航空市场的政府管制解除之后,航空业的竞争日益加剧,泛美航空的市场份额开始不断丧失。按照今天专家的观点,泛美航空“理性的”决策本应是出售现有的航空业务,重点经营已有的更加赚钱的业务。但是由于公司的高层管理者仍然将自己视为航空业的老大,反而开始出售赚钱的业务来维持效率低下的航空业务。最后,公司只剩下既无效益又无效率的航线服务,甚至开始被迫出售其赢利的航线,直到最终整个公司被德尔塔航空公司接管。假如当初泛美航空早几年做出更加理性的决策,这家公司还是有机会成为今天仍在赢利的企业,只不过不再是一家航空公司罢了。

因此,决策者必须注意不要长期执着于已被证明为错误的决策,另外,也不应该轻易放弃一个看上去似乎不正确的决策。以阿迪达斯为例,阿迪达斯一度主导着专业运动鞋市场,之后它又进入了休闲运动鞋市场。有一段时间,阿迪达斯的销量有所下降,管理层将其误判为运动鞋市场的高峰已经过去,对先前进入休闲运动鞋市场的决策后悔不已,于是迅速退出该市场。可是出人意料的是,运动鞋市场又再度繁荣起来。这次,把握住机会的耐克公司成为市场新的领导者,而阿迪达斯却未能恢复之前的市场地位。幸运的是,新的管理团队调整了阿迪达斯的决策方式,这家公司已经重新成为运动鞋和运动服装市场上的重要力量。

四、管理者常见的决策偏见和错误

当管理者制定决策时,他们不仅具有自己特定的风格,而且可能利用“经验法则”或启发法(Heuristics)来简化决策制定的过程。“经验法则”虽然能够帮助决策者更好地理解复杂的、不确定的、模糊的信息,但是很多时候并不可靠,它有可能导致决策者在处理和评估信息时产生偏见和错误。图 3-2 展示了管理者常犯的 12 种决策偏见和错误。下面将逐一进行考察。

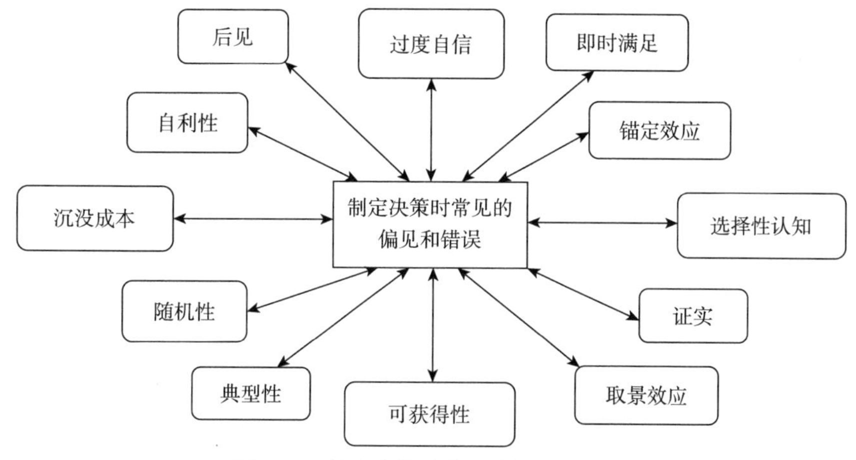

图 3-2 制定决策时常见的偏见和错误

（1）过度自信。当决策者时常高估自己的知识和能力，或者对自己的表现持有一种不切实际的正面看法时，他们将表现出过度自信的偏见。

（2）即时满足。当决策者追求即时回报和避免即时成本时，就产生了即时满足的偏见。对于这些人来说，能够提供快速收益的决策选择比具有长远利益的选择更有吸引力。

（3）锚定效应。锚定效应描述的是决策者把注意力放在作为起点的原始信息上，相对于后来的信息，最初的印象、观点和估计被赋予了更多的权重，因此，他们很难根据新的信息做出充分调整。

（4）选择性认知。当决策者基于自己有偏见的认知选择性地解读某些事件时，他们就具有了选择性认知偏见，这对他们将关注哪些信息、确定什么问题以及形成什么备选方案都会产生影响。

（5）证实。当决策者努力寻找那些能够证实其以往选择的信息，并忽视那些与其以往判断相左的信息时，他们就表现出证实偏见。这些人往往偏爱肯定他们之前观点的信息，而对质疑这些观点的信息持怀疑和批判的态度。

（6）取景效应。当决策者有重点地选择和强调事物的某些方面并且摒弃其他方面时，取景效应偏见就会产生。他们曲解了所看到的事物，也创造了不正确的基准点。

（7）可获得性。可获得性偏见是指决策者往往对最近发生的和印象最深刻的事情记忆犹新。这种偏见扭曲了他们客观回忆事件的能力，也导致失真的判断和评价。

（8）典型性。当决策者根据某一事件与其他事件的相似程度来评价事件发生的可能性时，他们会表现出典型性偏见。表现出这种偏见的管理者会使用类推法来观察相似的情况，但实际上这两者之间并无相同之处。

（9）随机性。随机性偏见描述了决策者试图从随机性事件中归纳出某个结论。之所以产生这样的偏见，是因为每个人都会遇到偶然事件，而绝大多数决策者都难以得心应手地应对偶然性,也无法对偶然事件做出预测。

(10) 沉没成本。现在的选择无法纠正过去的决策,如果决策者忘记这一点,就产生了沉没成本错误。在评价备选方案时,他们会把注意力过于集中在过去所耗费的时间、金钱和精力上,而不是聚焦于未来新的选择机会。

(11) 自利性。当决策者把成功迅速归于自己名下而把失败归咎于外部因素时,他们表现出来的是自利性偏见。

(12) 后见(事后聪明)。当决策者得知某一事件的结果后,会错误地认为他们原本可以准确地预测到这个结果。这样的倾向便称为后见偏见。

决策者如何避免这些决策偏见和错误呢?首先要充分认识到人类的认知局限,努力避免使用上述带有偏见甚至是错误的决策方法;其次,应该重新审视自己做出决策的方式,批判性地评价我们依据经验所做出的各种备选方案,并根据具体情况选择恰当的决策方案;最后可以请求周围值得信任的人来帮助他们识别自己决策风格中的缺陷并努力改进。

第三节　决策方法

随着决策实践和决策理论的发展,出现了越来越多的决策方法,总的来说可以概括为两大类:一类属于定性决策方法,也称主观决策方法;另一类属于定量决策方法。定性决策方法的主要优点是运作灵活、简便,节约决策成本,尤其适用于“是非”昭然的非程序化决策。缺点是应用中易受决策者知识类型、精神状态及胆略等因素的影响,对决策者综合素质和能力的要求比较高。定量决策方法是遵循事物由量变到质变的规律,通过建立数学模型模拟决策问题,其优点是分析和评价较为精确。但定量决策方法也存在一定的局限性:一是量的分析本身并不等于质的规定性的揭示和描述;二是在实际生活中,某些社会现象和人们的心理行为是难以直接计量的(如音乐爱好者鉴赏古典音乐时的“愉悦”)。因此在决策过程中,有必要将定量决策方法与定性决策方法结合起来使用。

需要注意的是,很多决策方法是从其他学科领域借鉴而来,并在管理决策中广泛应用的。因此,决策方法呈现出较浓的跨学科特点,涉及管理学、经济学、心理学、社会学、自然科学等多学科的理论与方法。基于这一特点,决策者应提高自己的科学和人文素养,具备较丰富的知识与复合型技能;同时做到理论与实践相结合,不断增长自己的经验和才干。

一、定性决策方法

(一) 头脑风暴法

头脑风暴法可分为直接头脑风暴法(通常简称为“头脑风暴法”)和质疑头脑风暴法(也称“反头脑风暴法”)。前者是专家群体决策,旨在尽可能地激发创造性,产生尽可能多的设想和方法,后者则是对前者提出的设想、方案逐一质疑,分析其现实可行性的方法。这两种方法如果运用得当,可以起到互相补充的作用。

采用头脑风暴法组织群体决策时,要集中有关专家召开专题会议,主持者以明确的方式向所有参与者阐明问题,说明会议的规则,努力营造轻松融洽的会议气氛;让所有参与者在自由愉快、畅所欲言的气氛中,自由交换想法或点子,并以此激发与会者的创意及灵感,使各种设想在相互碰撞中激起脑海的创造性"风暴"。它适合于解决那些比较简单、严格确定的问题,比如研究产品名称、广告口号、销售手段等,以及需要大量构思、创意的行业,如广告业。

采用头脑风暴法应遵守如下原则:

(1) 严格限制预测对象的范围,使参与者把注意力集中于所涉及的问题,并就所讨论的问题提出具体要求,规定所用术语;

(2) 不能对别人的意见提出怀疑,不能放弃和中止讨论任何一个设想,不管这种设想是否适当和可行;

(3) 鼓励参与者对已经提出的设想进行补充、改进和综合,为准备修改自己设想的人提供优先发言权;

(4) 创造一种自由发表意见的气氛,使参与者能消除思想顾虑,激发参与者的积极性;

(5) 发言简单,无须详细论述;

(6) 不允许参与者宣读事先准备好的发言稿。

(二) 德尔菲法

德尔菲法最早出现于20世纪50年代末,是当时美国为了预测"遭受原子弹轰炸后,可能出现的结果"而发明的一种方法。1964年,美国兰德(RAND)公司的赫尔默(Helmer)和戈登(Gordon)发表了《长远预测研究报告》,首次将德尔菲法用于技术预测,随后便迅速地应用于美国和其他国家。除了科技领域,德尔菲法还几乎可以用于任何领域的预测,如军事预测、人口预测、医疗保健预测、经营和需求预测、教育预测等。此外,它还被用于评价、决策和规划工作,并且在长远规划者和决策者心目中享有很高的威望。

德尔菲法本质上是一种采取函询形式的集体匿名思想交流过程,在围绕所要预测的问题征得专家的意见之后,进行整理、归纳、统计,再匿名反馈给各专家,再次征求意见,再集中,再反馈,直至得到稳定的意见。它有别于其他专家预测方法的三个明显的特点:匿名性、多次反馈、小组的统计回答。

德尔菲法中的调查表与通常的调查表有所不同。通常的调查表只向被调查者提出问题,要求回答。而德尔菲法的调查表不仅提出问题,还有向被调查者提供信息的责任。它是专家们交流思想的工具。在德尔菲法的实施过程中,始终有两方面的人员在活动:一是预测的组织者,二是被选出来的专家。

以往,一个小组最典型的预测结果是反映多数人的观点,少数派的观点至多概括地提及一下。但是这并没有表示出小组不同意见的分布状况。统计回答却不是这样,它会报告一个中位数和两个四分点,其中一半落在两个四分点之内,一半落在两个四分点之外。这样,小组内的每种观点都会被置于该统计中,从而避免了专家会议法存在的缺点。

德尔菲法的程序是以“轮”来说明的。在每一轮中,组织者与专家都有各自不同的任务。

第一轮:首先,由组织者发给专家的第一轮调查表是开放式的,没有任何限制,只提出预测问题,邀请专家围绕预测主题提出预测事件。然后,组织者要对专家填好的调查表进行汇总整理,归并同类事件,排除次要事件,用准确术语列出一个预测事件一览表,并作为第二轮调查表发给专家。

第二轮:专家针对第二轮调查表所列的每个事件做出评价。例如,说明事件发生的时间、叙述争论问题和事件或迟或早发生的理由。组织者收到第二轮专家意见后,对专家意见进行统计处理,整理出第三轮调查表。第三轮调查表的内容包括事件发生的中位数和上下四分点,以及事件发生时间在四分点外侧的理由。

第三轮:把第三轮调查表发下去后,请专家重申争论;对上下四分点外的对立意见做一个评价;给出自己新的评价(尤其是在上下四分点外的专家,应重述自己的理由);如果修正自己的观点,也请叙述为何改变,原来的理由错在哪里,或者说明哪里不完善。专家们的新评论和新争论返回到组织者手中后,组织者的工作与第二轮十分类似:统计中位数和上下四分点;总结专家观点,重点在争论双方的意见,由此形成第四轮调查表。

第四轮:请专家对第四轮调查表再次进行评价和权衡,做出新的预测。至于是否要求做出新的论证与评价,则取决于组织者的要求。当第四轮调查表返回后,组织者的任务与上一轮的任务相同:计算每个事件的中位数和上下四分点,归纳总结各种意见的理由及争论点。

在运用德尔菲法时需要注意以下两点:第一,并不是所有被预测的事件都要经过四轮。可能有的事件在第二轮就已达到统一,而不必在第三轮中出现;第二,在第四轮结束后,专家对各事件的预测也不一定都达到统一。事实上,总会有许多事件的预测结果是不统一的。

二、 定量决策方法

定量决策方法非常多,尤其是随着信息技术的发展和大数据的运用,各类专业决策工具和方法得到快速发展。下面将对不同信息环境下的基本决策方法做简单介绍。

(一) 确定型决策方法

确定型决策是指影响决策的因素、条件和发展前景比较清晰明确,并且容易做出判断,根据决策目标可以选择最优方案的一种决策方法。

最简单的一类确定型决策方法是单纯选优法。它是将已经掌握的每一个方案的每一个确切的结果进行比较,直接选择最优方案的方法。例如,某企业采购某种零部件,假设该零部件产品具有高度的同质性,甲企业的单件报价是 21 元,乙企业的单件报价是 21.5 元,丙企业的单件报价是 19.8 元,则采购者只需把各生产厂商提供的零部件价格进行对比,然后选取从价格最低的丙企业进货。

还有一类运用比较广泛的确定型决策方法是系统分析决策法。这种方法的主要目的是对某一项具体任务进行全局性、综合性的研究,分析系统内各组成部分在全局中所处的地位及对全局的影响,从系统的角度,即从全局的观点来进行决策。实践证明,采用系统分析决策法,有其独特的优点。

例如,设某企业生产甲产品,年生产能力为 11 万件。预计下一年度的经营情况如表 3-2 所示。

表 3-2 某企业的年度经营状况表

项目	单价(元/件)	总计(万元)
已订货量 8 万件	100.00	800
变动成本	50.00	400
固定成本	31.25	250
生产成本	81.25	650
毛 利	18.75	150
运 费	5.00	40
固定摊销费	5.00	40
净盈利	8.75	70

由表 3-2 可见,该企业产品的单件生产成本为 81.25 元,如考虑运费和固定摊销费,实际成本为 91.25 元,年净盈利为 70 万元。由于订货量只有 8 万件,小于该生产能力 11 万件。现假定有一商人愿意试销此产品,但只愿出 80 元/件,运费商人自理,今年先订 2 万件试销,如果销路好的话可逐年追加订货量,价格另定。试问:该企业是否要接受此项订货?一般来说,由于新增加 2 万件,订货价只有 80 元/件,低于生产成本 81.25 元/件,比实际成本 91.25 元/件更低,企业似乎要亏损,不宜接受此订货。但实际并非如此。下面对此进行具体分析和计算。

首先,进行成本分析。由于单位产品成本是随产品产量增加而降低的。如接受订货,企业产量可由 8 万件增加到 10 万件,相应的成本由 91.25 元/件下降到 83 元/件。所以对生产企业是有利的。

再进行下列经济效益计算:

由于增加订货 2 万件产品,所以总成本的情况为

$$固定成本 = 250 + 8 \times 5(固定摊销费) = 290(万元)$$

$$变动成本 = 400 + 8 \times 5(运费) + 2 \times 50 = 540(万元)$$

由于新增订货由商人自己运输,故运费未因订货增加而增大。由此可得生产 10 万件时的总成本为

$$总成本 = 290 + 540 = 830(万元)$$

而总收入为

$$总收入 = 8 \times 100 + 2 \times 80 = 960(万元)$$

$$企业净盈利 = 960 - 830 = 130(万元)$$

从上述计算结果可见,不接受该商人订货时,年盈利只有 70 万元;接受该商人订货时,年盈利增至 130 万元,从而企业多得 60 万元利润,企业的生产能力也得到了充分利用。如果该商人试销顺利还可以开辟新市场,有利于企业长期经营目标的实现。由此可见,企业的正确决策应该是接受订货。

(二) 风险型决策方法

更为常见的决策环境是风险状态。在此状态下,决策者虽然不能准确预测出每一种备选方案的结果,却因拥有较为充分的信息,能够预知各备选方案及其结果发生的概率;但未来究竟出现哪一种状态及结果,事前则不能确知,从而使决策具备了风险性。处理一般风险型决策的基本方法是概率论中的期望值法。

在概率论中,期望值的定义是:设某随机试验的各种结果为 $A_1, A_2, \cdots, A_m$,其与相应概率 $P_1, P_2, \cdots, P_m$ 乘积的总和,称为该试验的期望值;期望值不能当作单独一次试验必然发生的实际数值[①]。因此,利用期望值法来解决风险型决策问题与该类决策的基本特点恰好相符。

在一般风险型决策中,某一备选方案(表示为 j 方案)的期望值通常以 EVM_j 表示。期望值的计算公式如下:

$$EVM_j = \sum_{j=1}^{m} P_i Q_{ij} \tag{3-1}$$

式(3-1)中:Q_{ij} —— j 方案在第 i 种自然状态下的条件损益值。

设有 j 个备选方案,计算出它们的 EVM_j 以后,优选标准为

$$EVM_j \rightarrow EVM_{max}$$

风险型决策问题在具体分析时一般采用两种形式:一是决策收益表,二是决策树。二者本质上相同,仅是表达形式上不同而已。下面分别加以介绍。

1. 决策收益表法

决策收益表又称决策收益矩阵,它包括可行方案、自然状态及其概率、各方案的收益值等。

例 3-1:某冷饮公司进行 W 产品生产能力的决策。已知市场需求有高、中、低三种自然状态,概率分别为 0.3、0.5、0.2;对应的商品的年销售量分别为 10、8、5(单位:万件)。为此,公司的生产能力可以有 10、8、5(单位:万件)三种设计方案(依序表示为 A、B、C 方案)。生产能力设计方案不同,单位产品的成本也不同,分别为 6、7、8 元。但是当"产量>销量"时,未售出的产品将因滞销而报废,其成本在销出的产品上分摊;假设产品单价为 10 元,试用期望值法做出优选。

解:(1) 编制决策收益表,计算各方案不同状态下的条件收益值(见表 3-3)。

---

① 萨公强.管理数学入门[M].石家庄:河北人民出版社,1982:103—104.

表 3-3　不同生产能力下的条件收益矩阵

	自然状态及其概率			期望利润（元）
	市场需求高（10 万件，0.3）	市场需求中（8 万件，0.5）	市场需求低（5 万件，0.2）	
方案 A：10 万件	10×10－6×10＝40	8×10－10×6＝20	5×10－10×6＝－10	20
方案 B：8 万件	8×10－8×7＝24	8×10－8×7＝24	5×10－8×7＝－6	18
方案 C：5 万件	5×10－5×8＝10	5×10－5×8＝10	5×10－5×8＝10	10

（2）计算期望利润：

方案 A：$EVM_A = 40 \times 0.3 + 20 \times 0.5 - 10 \times 0.2 = 20$（万元）

方案 B：$EVM_B = 24 \times 0.3 + 24 \times 0.5 - 6 \times 0.2 = 18$（万元）

方案 C：$EVM_C = 10 \times 0.3 + 10 \times 0.5 + 10 \times 0.2 = 10$（万元）

A 方案的期望利润最高，应选 A 方案。

由例 3-1 可以看出：决策收益表的主要功用在于帮助人们计算确定条件收益值，即 EVM_j 计算公式中的 Q_{ij}（不同自然状态下的条件收益值）。而决策的正确、科学与否，最终仍取决于期望值的计算和比较，否则无法做出决定。

运用期望值法处理风险型决策问题时，有两点值得注意：第一，如概率论所揭示的，期望值具有平均值（加权平均值，概率可视作加权因子）的性质，所以，备选方案和优选方案的收益期望值不能当成某次决策必然发生的实际结果。第二，正确认识期望值法与决策表法、决策树法等风险型决策方法之间的关系：在我们学习研究的风险型决策方法中，期望值法是最基本的方法，而决策表法、决策树法都只是期望值法的某种辅助工具（或利用线型框图帮助思考，或利用矩阵表协助进行某个参数的计算）。

2. 决策树法

决策树法是以图解的方式分别计算各个方案在不同自然状态下的收益值，通过对各收益值进行比较，做出决策。决策树以决策点为出发点引出若干方案枝，每个方案枝都代表一个可行方案。在各个方案枝末端有一个自然状态节点，从状态节点引出若干概率枝，每个概率枝表示一种自然状态。在各个概率枝末端注有收益值。决策树结构如图 3-3 所示。

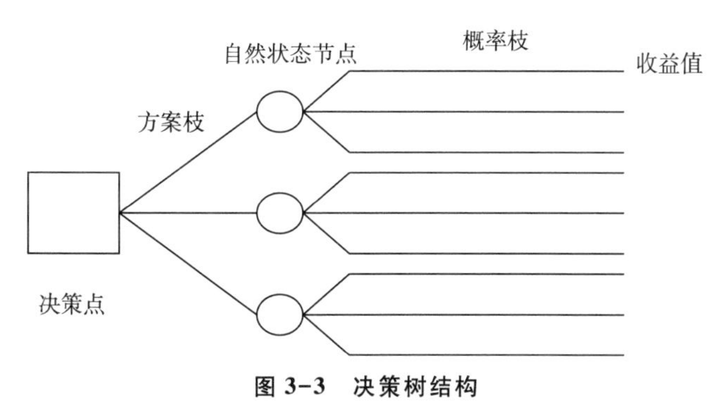

图 3-3　决策树结构

例 3-2:某工厂准备生产一种新产品,对未来 3 年市场预测的资料如下。现有三个方案可供选择,即新建一车间,需要投资 120 万元;扩建原有车间,需要投资 60 万元;协作生产,需要投资 40 万元。通过统计测算,未来为高需求、中需求、低需求的概率分别为 0.3、0.5 和 0.2,新建车间在市场具有高、中、低需求三种自然状态下的年收益值分别为 160 万元、90 万元以及亏损 6 万元,扩建原有车间在上述三种自然状态下的年收益值分别为 100 万元、50 万元和 20 万元,协作生产在上述三种自然状态下的年收益值分别为 60 万元、30 万元和 10 万元。试问:应该选择哪种方案?

解:(1)绘制决策树(见图 3-4):

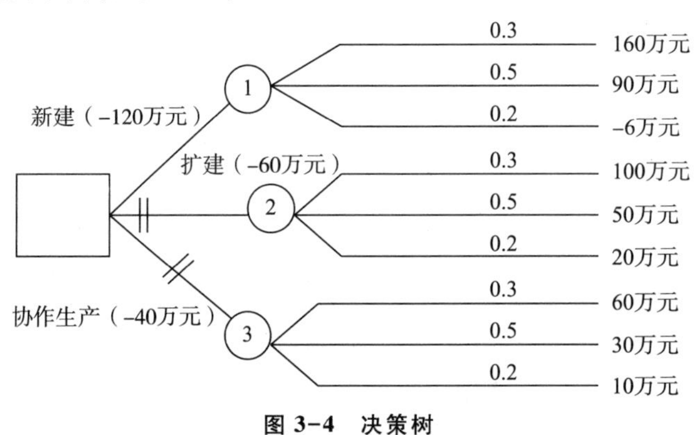

图 3-4 决策树

(2) 按 3 年计算不同方案的综合收益值:

新建车间$[160 \times 0.3 + 90 \times 0.5 + (-6) \times 0.2] \times 3 = 275.4$(万元)

扩建车间$[100 \times 0.3 + 50 \times 0.5 + 20 \times 0.2] \times 3 = 177$(万元)

协作生产$[60 \times 0.3 + 30 \times 0.5 + 10 \times 0.2] \times 3 = 105$(万元)

新建方案净收益 $= 275.4 - 120 = 155.4$(万元)

扩建方案净收益 $= 177 - 60 = 117$(万元)

协作方案净收益 $= 105 - 40 = 65$(万元)

(3) 方案选优:

比较三个方案的计算结果,新建方案的预期净收益为 155.4 万元,大于扩建方案和协作方案的收益,所以新建方案是最优的。

(三) 非确定型决策方法

非确定型决策与风险型决策相比,主要区别是各方案在不同自然状态下的客观概率不可知,无法通过计算期望值来评价和选择方案。因此,其处理技术较为特殊,只能按照条件收益的大小,依靠决策者的经验、胆略和能力选择方案;属于主客观参半、定性定量结合的方法。通常采用的决策标准有以下四种:

1. 悲观决策标准

即决策者认为事态总是朝着最坏的方向发展,因此他们估计每个方案的最坏结果,并在最坏结果中选择他们认为最好的选择方案。也称“坏中求好”“小中求大”标准。

例 3-3:某公司拟开发某种新产品,提出了 A、B、C 三个方案。各方案的有效期均为

5年,有效期内其条件收益值如表3-4所示。试根据条件选择方案。

解:按悲观决策标准,先确定各方案最小的收益值(本例中分别为低需求下的-5万元、4万元和3万元),然后选择最小收益值中收益最大的方案(B方案,扩建车间)。

表3-4 新产品开发方案的条件收益值

单位:万元

新产品开发方案	高需求	中需求	低需求
A. 新建车间	30	10	-5
B. 扩建车间	20	12	4
C. 改造车间	10	4	3

2. 乐观决策标准

即决策者认为事态总是朝着最有利的方向发展,因此他们会估计每个方案的最好结果,并选择结果最好的行动方案。也称"好中求好""大中求大"标准。

按乐观决策标准,上例中,各方案最大的收益值分别为30万元、20万元和10万元,故应选择A方案,即新建车间。

3. 折中决策标准

就是决策者对于未来态势的评估既不乐观,也不悲观,态度介乎两者之间;从而具体确定一个乐观系数α,利用α计算各方案的折中期望值,然后进行备选方案的优选。乐观系数α一般根据经验确定,大小取决于决策者的乐观程度,若决策者较乐观,乐观系数就可较大些,反之则可较小。α的区间为[0,1],其取值大小适当(α如为1,则为乐观决策标准;如为0,则为悲观决策标准)。折中期望值的计算公式及其优选标准为:

$$EP_j = Q_{\max} \times \alpha + Q_{\min}(1 - \alpha) \rightarrow EP_{\max}$$

如例3-3,设乐观系数为0.6,则各方案的折中期望值为:

$$EP_A = (30 \times 0.6) + (-5) \times (1 - 0.6) = 16(万元)$$

$$EP_B = (20 \times 0.6) + 4 \times (1 - 0.6) = 13.6(万元)$$

$$EP_C = (10 \times 0.6) + 3 \times (1 - 0.6) = 7.2(万元)$$

可见,应选择A方案,即新建车间。

4. 最小最大后悔值标准

该标准又称萨维兹决策标准。所谓后悔值,是指最大条件收益值和实际选用方案收益值之差(此种情形下人们往往产生后悔或遗憾,故而得名)。决策过程中的后悔值即以同一自然状态下的最大条件收益值减去该状态下其他条件收益值之所得;其中的最大值就是最大后悔值。最小最大后悔值标准,就是在比较每一自然状态下最大后悔值的基础上,选择其中数值最小的方案。目的是预计方案应选未选(错选方案)时产生遗憾的最大空间,使决策者在假定必将失误的情况下,选择一个后悔值最小的方案。

应用最小最大后悔值标准优选方案的步骤为:

(1)求各方案在各自然状态下的后悔值。

后悔值 = 某自然状态下的最大条件收益值 — 该自然状态下各方案的条件收益值

(2) 找出各方案最大的后悔值。例 3-3 中,各方案各自的最大后悔值分别为 9 万元、10 万元和 20 万元。

(3) 比较各方案的最大后悔值,选择其中最大后悔值最小的方案。

根据上述要求,本例应选择 A 方案,即新建车间的方案。选择 A 方案的最大后悔值为 9 万元,意味着即使选择不当,其机会损失在 A、B、C 三个方案中也是最小的。

各方案后悔值的计算及方案选择的过程如表 3-5 所示。

表 3-5 新产品开发方案的最小最大后悔值

			自然状态			最大后悔值
			高需求	中需求	低需求	
方案	A	条件收益	30	10	-5	9
		后悔值	30 - 30 = 0	12 - 10 = 2	4 - (- 5) = 9	
	B	条件收益	20	12	4	10
		后悔值	30 - 20 = 10	12 - 12 = 0	4 - 4 = 0	
	C	条件收益	10	4	3	20
		后悔值	30 - 10 = 20	12 - 4 = 8	4 - 3 = 1	

鉴于非确定型决策方案自身的不稳定性特点,在决策过程中对每一备选方案,都可采用上述多种方法逐一重复进行评价、论证和优选。一般来说,运用不同标准而数次获选的方案,可以作为最优方案。在例 3-3 中,运用 4 种方法而其中 3 种方法的结论都是选择 A 方案,因而 A 方案为最优方案。

第四节 个体决策和群体决策

根据决策主体是单个决策者还是多个决策者,可以将决策分为个体决策和群体决策。由于个体决策和群体决策各有利弊,在管理实践中,往往根据不同的决策问题和组织特点采取不同的决策方式,或者根据实际情况把这两种决策方式交叉或结合起来使用。

一、 个体决策

(一) 个体决策的优势和劣势

个体决策的最大优势就是决策迅速,特别是在许多时间紧迫的关键时刻,群体决策无法取代个体决策。但是个体决策的缺点也是显而易见的,一个人的智慧、知识、能力总有一定的局限性,对问题的判断难免有些偏颇,当面对非常复杂且需要用多种知识和技能进行决策的问题时,有时很难做出正确的抉择。面对同一个决策问题,不同的管理者也可能会做出不同的决策，因此个体决策体现出很大的个体差异。这些差异可以用个体的决策风格来解释。

（二）决策风格

一个人采用的决策方法受其思维方式的影响。思维方式由下面两个维度来体现：①通常使用的信息来源（外部的数据和事实，或者内在的经验和直觉）；②是否会以某种线性方法（理性的、逻辑的、分析的）或者非线性方法（直觉的、创造性的、顿悟的）来处理这些信息。据此可以划分为两种风格：第一种风格是线性思维模式，其主要特征是偏好使用外部的数据和事实，以及通过理性的、逻辑的思维来处理这些信息，并以此指导自己的决策和行为。第二种风格是非线性思维模式，其主要特征是偏好使用内在的信息来源（经验和直觉）来处理这些信息，并以此指导决策和行为。

管理者需要注意的是，他们的员工可能具有不同类型的决策风格。有些员工主要依赖自己的感觉做出决策，而另外一些员工则会依赖外部数据和逻辑推理做出决策，这些差异并不能说明哪种决策风格更好，这仅仅意味着两种决策风格不同而已。

二、 群体决策

现在越来越多的决策是由群体而不是个体做出的，例如通用汽车公司的执行委员会、德州仪器公司的产品研发团队和戴尔电脑公司的营销规划小组等。常见的群体决策形式既包括组织中现有的拥有决策职能的部门、常规的工作团队或常设委员会，也包括新组建的特别委员会、任务小组或新组建的工作团队等。正确理解群体决策的优势和劣势非常重要。

（一）群体决策的优势

（1）群体决策有利于集中不同领域专家的智慧，应付日益复杂的决策问题。专家的广泛参与可以对决策问题提出建设性意见，有利于在决策方案贯彻实施之前，发现其中存在的问题，提高决策的正确性。

（2）群体决策能够利用多元化的信息，形成更多的可行性方案。由于决策群体的成员来自不同的背景，从事不同的工作，熟悉不同的知识，掌握不同的信息，容易形成互补性，进而能挖掘出更多的令人满意的行动方案。

（3）群体决策容易得到普遍的认同，有助于决策的顺利实施。由于决策群体的成员具有广泛的代表性，所形成的决策是在综合各成员意见的基础上形成的对问题趋于一致的看法，因而有利于与决策实施有关的部门或人员的理解和接受，在实施中也容易得到各部门的支持与配合。

（二）群体决策的劣势

（1）决策效率低下。决策者经常在群体和团队会议上为那些具有新颖性和高度不确定性的非程序化决策寻求和协调解决方法。当决策成员之间缺乏共同观点的时候，有可能导致在问题的讨论上花费过多的时间；如果处理不当，就可能陷入盲目讨论、无法达成一致结论的误区之中,致使决策效率非常低下。在市场竞争日益激烈、竞争环境瞬息万变的今天,低效率的决策往往会使企业错失商业良机。

(2) 容易为个人或子群体所左右。群体决策之所以具有科学性,原因之一是群体决策成员在决策中处于同等的地位,可以充分地发表个人见解。但在实际决策中,这种状态并不容易达到,很可能出现以个人或子群体为主发表意见,进行决策的情况。

(3) 责任不清。群体成员对于决策结果共同承担责任,但是由谁对最后的结果负责并不明确,因此任何一个成员的责任感都会降低。但是对于个体决策来说,责任者是很明确的。

(三) 群体决策应遵循的原则

由于群体决策成员的价值观和目标的多样化,加之其各自的影响力及信息量上存在的差异,群体决策存在许多个体决策所没有的特殊问题。为了妥善解决这些问题,激发群体决策的创造力,群体决策应坚持以下几项原则。

(1) 有效决策,即能够迅速做出决策。追求一致,但不排除在难以达成共识的情况下接受大多数原则。这与决策者所期望的急迫程度、正确程度及创新程度有关,并由群体决策成员的知识、能力、参与的程度以及发挥影响的程度所决定。

(2) 开放决策,即群体决策不受个人特定的见解(有时可能是偏见)所支配。这是由群体决策成员的价值观的差异和思想的开放程度决定的。努力形成一个以能够促进创造性思考过程的决策者为领导,由与问题相关的不同种类的人才广泛参与的群体结构,以使组织获得所有相关领域的知识。有时,还可以邀请那些不受组织制约的外部专家参与。

(3) 合理决策,即采用合理的决策程序,做出合理的选择。这是由决策步骤的合理性和科学性决定的。注意不要倾向于与领导者交流,而是主动地与群体中的所有其他成员进行沟通。另外,要把形成思想与评价思想合理分开,把识别问题与制订行动方案合理分开,恰当地转移角色,增强成员间的理解和合作气氛,从而有利于产生更多、更好的行动方案。

三、 个体决策与群体决策的选择

一般来讲,到底是采用个体决策还是群体决策,主要取决于企业规模的大小、组织文化以及组织形式的正式化程度。例如,规模较大、民主化与制度化程度较高的组织中,对于重大问题一般采用群体决策方式。对于一个具体的问题而言,群体决策和个体决策孰优孰劣呢?这取决于人们衡量决策效果的标准。就准确性而言,群体决策优于个体决策。但就速度而言,个体决策优势更大。如果认为创造性最重要,那么群体决策比个体决策更有效。如果标准是最终方案的可接受性,那么群体决策更为适宜。因此,在决定是否采用群体决策形式时,应权衡一下群体决策在决策效果上的收益能否超过它在效率上的损失。

本章小结

思考题

1. 程序化决策和非程序化决策的划分是绝对的吗?

2. 为什么说绝对化的"最优"决策是无法实现的?

3. 某公司为生产某新产品,提出了两个方案:甲方案是投资300万元建大厂;乙方案是投资120万元建小厂。两方案的使用期均为10年,所面临的自然状态、概率及条件收益如表3-6所示。试根据上述资料采用决策收益表法或决策树法计算各方案的期望值并做出优选。

表3-6 甲、乙两方案的条件收益矩阵

单位:万元/年

自然状态及概率	方案	
	建大厂	建小厂
销路好(0.7)	100	40
销路差(0.3)	-20	30

4. 企业开发某新产品,预计5年内市场需求可能出现高、中、低三种自然状态。该产品的生产有新建分厂、扩建原厂和改造原厂三种方案,各方案有效期均为5年,其条件收益如表3-7所示。试分别用乐观决策标准、悲观决策标准、最小最大后悔值标准选择方案。

表3-7 企业新产品开发方案的条件收益矩阵

单位:万元

方案	自然状态		
	高需求	中需求	低需求
新建分厂	80	70	-10
扩建原厂	70	40	5
改造原厂	65	30	15

5. 案例分析:

某区政府领导拟将一长期亏损的国有副食冷库基地改造成一个副食品批发市场。为此进行了一系列前期准备,包括项目审批、征地拆迁、建筑规划设计等。没想到外地一开发商也在此地不远的地方率先投资兴建了一个综合市场,而综合市场中就有一个相当规模的副食品批发场区,足以满足附近居民和零售商的需求。面对这种情况,区政府领导陷入了两难境地:如果继续进行副食品批发市场建设,必然亏损;如果就此停建,则前期投入将全部泡汤。

(案例引自 https://wenku.baidu.com/view/22789dd3b14e852458fb57b7.html,访问时间:2020年4月17日)

【问题】

1. 你认为造成这种境地的原因是什么？
2. 你认为该区政府领导应该如何进行决策？
3. 试提出走出这一两难境地的应对方案。

第四章　计　划

【学习目标】

1. 理解计划的含义与特点。
2. 了解计划的形式、种类、影响因素及基本程序。
3. 明确计划在管理中的重要地位及组织开展计划工作的必要性和目的。
4. 掌握目标管理与滚动计划法的实质、原理及运用。
5. 掌握网络计划法、线性规划法及盈亏平衡分析法的原理和操作过程。

案例讨论

【基本概念】

战略计划　目标管理　滚动计划法　盈亏平衡分析法　网络计划法

第一节　计划的特点与目的

一、计划的特点

计划就是根据组织内外条件的变化,确定目标,制订和选择方案,并制定方案实施的战略,建立一个分层的计划体系等一系列统筹、规划活动的总称。

与其他管理手段相比,计划有如下特点:

(1) 计划着眼于组织的未来。虽然各项管理职能都必须考虑组织的未来,但都不可能像计划那样以谋划未来为主要任务。无论是规划、预算,还是政策、程序等,都是为未来的组织行动有明确的目标和具体的方案作指导。当然,对未来的一切谋划必须建立在过去和现在的基础上,只有这样,谋划未来的方案才可能科学、合理和可行。

(2) 计划的实质是要保证组织行动的有序性。计划是组织行动的标准。如果一个组织没有计划,对未来心中无数,走到哪儿算哪儿,这个组织必然会陷入混乱之中。计划通过明确组织行为的目标,规定实施目标的措施和步骤,来保证组织活动的有序性。

(3) 计划的本质是要经济地使用组织内的各种资源。“经济”一词在这里的含义是节约。计划不仅要保证组织未来的行动有条不紊地进行,还必须使之在投入产出效果最好的状态下有序进行。任何一个组织的资源都是有限的,计划就是要对组织有限的资源在空间和时间上做出合理的配置与安排,即达到资源配置和使用的最优化。

二、 计划的目的

计划既是管理的首要职能,又是一种普遍性很强的管理活动。大到一个国家,小到每个人,都随时要与计划工作打交道。计划几乎无处不在,如国民经济发展计划、个人学习和工作计划等。之所以要做计划,是因为计划工作能使我们达到一些没有计划就无法达到的特定目标,提高工作的成功率。

具体来说,计划的目的在于:

(1) 为组织成员指明活动方向,协调组织活动。良好的计划可以通过明确组织目标和建立分层计划体系,将组织内成员的力量凝聚成一股朝同一目标方向的合力,从而降低成本、提高工作效率。

(2) 降低组织活动风险。计划是面向未来的,而未来的环境总处在不断地变化之中。计划工作可以让组织通过周密细致的预测变被动为主动,变不利为有利,减少环境变化带来的冲击,从而降低活动风险。

(3) 提高管理效率。计划的本质是合理配置和利用组织资源,用最小的投入求得最大的产出。良好的计划能通过设计好的协调一致、有条不紊的工作流程来最大限度地避免资源利用的盲目性,从而减少具有重复性和浪费性的活动,提高管理效率。

(4) 促进有效控制。组织目标在实现过程中必须有控制,而计划是控制的基础。没有计划,控制就失去了标准而无法进行;计划制订不科学,就无法进行有效的控制。

第二节 计划的种类及影响因素

一、 计划的种类

计划的普遍性意味着任何一个组织内的所有部门,以及组织管理的各个环节和每个方面都离不开计划,计划的类型十分繁多。以下是从不同的角度对计划进行的划分。

(一) 按重要性划分

(1) 战略计划。这是指有关组织全局的长远的重要谋划,即有关组织活动总目标和战略方案的计划。战略计划按组织的管理层次又分为总战略计划与经营战略计划。总战略计划是由组织的最高管理层制订的,而经营战略计划则由组织的中间管理层(如事业部)制订。

战略计划的特点是时间跨度长、涉及范围广、内容抽象,计划方案往往是一次性的,计划的前提条件及执行结果具有不确定性,因而要求计划的制订者要有一定的风险意识。

(2) 战术计划。这是指有关组织活动具体如何运作的计划,主要用来规定组织目标如何实现的具体实施方案和细节。战术计划是战略计划的具体化,对企业来说,就是各项业务活动开展的作业计划。

（二）按时间的长短划分

（1）长期计划。长期计划描绘了组织在一段较长时间（通常为3年或5年以上）的发展蓝图，它规定在这段较长时间内组织以及组织各部分从事活动应达到的状态和目标，它要解决的主要问题是组织活动能力的再生和扩展，即形成一定的发展能力。

（2）中期计划。中期计划规定了组织总体和各部分在目前到未来一个中等时间段（通常为1—3年）内所应从事的各种活动，以及从事该活动所应达到的水平和应采取的行动方案，以便为组织成员提供较明确的行动依据，是长期计划的分解。

（3）短期计划。短期计划是中期计划的具体化（时间跨度通常在1年以内），是对组织内某一局部日常业务活动行动方案的具体安排。

中期、短期计划的主要目的是利用组织已经形成的活动能力，其执行结果主要影响到组织活动的效率及由此而决定的组织生存能力。

一般情况下，战略计划就是一种长期计划，但长期计划不一定就是战略计划。长期计划一般只是根据历史和现状推算未来，但不一定反映外部环境的变化，也不把组织引导到体现活动目标和内容有重大变革的战略方向上来，而这些正是战略计划所要解决的问题。

（三）按空间范围划分

（1）综合计划。这是指对组织各方面的活动所做的全面规划和安排。综合计划可以是战略性的，如组织发展规划；也可以是战术性的，如年度生产经营计划的编制中就需要有综合经营计划。

（2）专业计划。这是指对某一专业领域职能工作的安排，一般是对综合计划某一方面内容的分解和落实。就企业可言，专业计划包括的类型较多，如产品销售计划、产品生产计划、物资供应计划、产品质量计划、利润计划、财务计划、成本计划、技术改造措施计划、设备维修计划等。

专业计划既有短期的，也有长期的，如表4-1所示。

表4-1 长期、短期专业计划示例

专业计划	长期专业计划	短期专业计划
产品计划	新产品及其系列开发	产品结构改进、功能完善
生产计划	生产规模扩张	各单位分季、分月的作业进度
营销计划	推销方式和渠道的选择建立	现有营销网络及手段的利用
财务计划	融资渠道、方式的建立与选择	供应、监督资金的使用
人事计划	建立员工队伍	安排人员岗位

（四）按详尽性划分

（1）指导性计划。指导性计划只规定一般方针，指出重点但不把管理者限定在具体目标和特定的行动方案上。当组织面临复杂的动态环境，为保持适当的灵活性以防意料之外的变化时，就需要根据指导计划进行活动安排。

(2) 具体计划。与指导性计划相比,具体计划必须要有明确的目标,不存在模棱两可,也没有容易引起误解的问题,即有明确的目标、明确的方案和明确的实施步骤。具体计划的使用前提是环境的确定性和可预见的条件,而这点在现实中并非总是能得到满足。

此外,计划还可分为正式计划与非正式计划。凡是用文字等形式形成书面文件的计划即正式计划,而非正式计划不形成文字,只是计划制订者在心里形成的一种筹划。

二、 计划的影响因素

组织的目标性质和管理业务工作的内容不同,其所需要的计划类型也是有区别的。即使同一组织,在不同的环境条件下也应制订不同类型的计划,如此才能更有效地实现组织目标。

决定计划有效性的因素有:

(1) 组织的规模和管理层级。一般地,大规模组织所需计划的类型比小规模组织要多,即大规模组织需要制订多种不同性质的计划,而小规模组织往往只需要制订符合组织自身特点和发展需要的少量计划。另外,组织的高层管理者需要制订指导性的战略计划,而组织的中层、基层管理者往往只需要制订具体的战术计划或作业计划。

(2) 组织生命周期。组织生命周期是指组织从形成到消亡所经历的全部时间。一般将组织的生命周期分为形成、成长、成熟、衰退四个阶段。组织处于生命周期的不同阶段,其计划内容的重点各不相同。当组织处在形成期时,由于面临的不确定性因素较多,只能制订指导性计划;当组织处于成长期时,由于面临的不确定性因素减少,加之成长期的时间一般不会太长,因而应制订短期的具体计划;当组织处于成熟期时,已经进入了一个最为稳定的经营阶段,且时间跨度长,故应制订长期的具体计划;而当组织处于衰退期时,面临的环境条件极不稳定,只能制订短期的具体计划。组织生命周期及对应的计划类型,如图 4-1 所示。

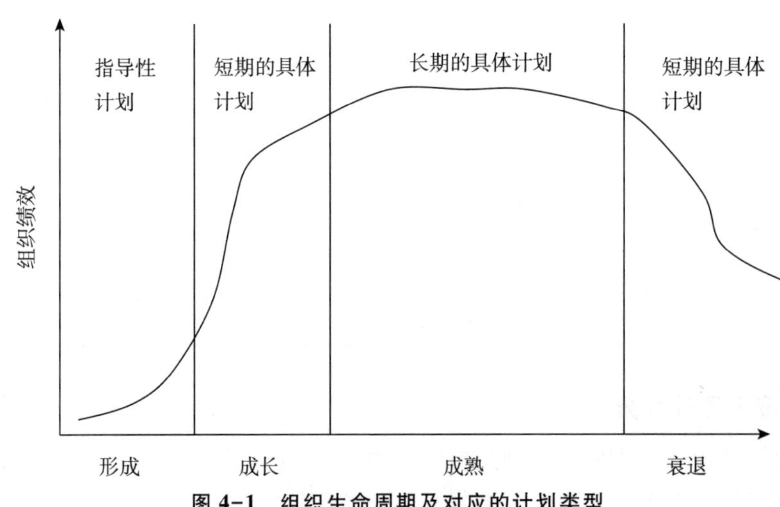

图 4-1 组织生命周期及对应的计划类型

(3) 环境的不确定性。若组织面临的是简单稳定环境,则应制订长期的具体计划;若组织面临的是复杂动态环境,则只能制订短期的指导性计划。

(4) 许诺。计划是面向未来的,许诺即对未来的承诺,许诺越大,计划的期限就越长,应制订长期的指导性计划;反之,许诺越小,计划的期限就越短,需要制订短期的具体计划。

(5) 组织文化。不同的价值观和经营思想也会对计划内容的重点产生影响。如在手段倾向型的组织文化中,组织更侧重于重具体操作的具体计划的制订;而在结果倾向型的组织文化中,组织更侧重于体现目标重要性的指导性计划的制订。

第三节 计划工作流程

一、 调查研究,确定计划的前提条件

计划的前提条件就是指组织所面临的外部环境的特点及组织内部所具备的资源和能力条件,如果不掌握这些条件,编制的计划就难以避免盲目性。

计划实际上是对未来条件的一种"情景模拟",这种"情景模拟"的准确性依赖于对未来环境的预测。因此,从广义的角度来讲,预测也应作为计划的内容之一。由于影响和制约计划的环境条件可能较多,组织通常只能就其中对计划内容有重大影响的主要因素做出预测,其内容包括:

(1) 宏观社会经济环境,包括总体环境及与计划内容密切相关的环境因素。

(2) 政府政策,如政府的税收、价格、信贷等政策。

(3) 市场环境,包括市场需求、供应商及顾客的变化等。

(4) 竞争者,包括国内外竞争者、潜在竞争者等。

(5) 组织资源,如资金、原料、设备、人员、技术、管理等完成计划所需的各项资源等。

这些环境因素,有些是可以量化的,有些则不能量化;有些是可控的,有些则不可控。

二、 确定目标,制订总体行动方案

计划目标即计划的预期成果,它为计划的所有工作确定了一个明确的方向。目标的确定首先要考虑计划目标对组织总目标的效用,并保证两者之间的相互协调;其次,目标的确定要科学合理并处理好多个目标的优先顺序,因为它直接关系到组织资源的分配次序;最后,目标应具体明确,尽可能量化,以便度量和控制。

目标因组织管理层级的存在而具有层次性,这就要求在确定了组织的总目标之后,应将总目标任务层层分解到组织的各中层、基层单位和各横向部门,形成一个纵横交错的目标体系。

计划目标确定之后,应制订多种总体行动方案并从中选择最合理的方案。行动方案

的拟订必须集思广益、开拓思路、大胆创新,才能保证备选方案的质量。然后,对备选方案从经济效益、技术效益及社会效益等角度进行评价。最后,基于各评价选择最合理的方案。

由此可见,从某种意义上讲,计划工作是以决策为中心的。

三、分解目标,形成合理的目标结构

如前所述,确定目标后,需要按组织的系统结构进行分解。目标的分解是从空间和时间两方面进行的。目标的空间分解是指把总目标分解到组织内的各部门、各环节直至个人,形成目标的空间结构;目标的时间分解则是把总目标(长期)分解到各阶段,形成目标的时间结构。

目标分解可以保证组织各部门、各环节的行动和目标的一致性,为资源分配提供依据,促进良好工作秩序的形成,指导各部门工作方向,形成详细的控制指标体系。

四、综合平衡

此处的平衡即协调。我们知道,一方面,任何计划要受组织内外环境条件的制约;另一方面,各种计划之间必然存在相互影响、相互依赖的关系。处理好计划与各种制约条件的协调,以及计划之间的相互衔接就是计划的综合平衡。

平衡原理揭示,若系统的各部分不平衡,则系统的功能只能由产生能量最小的部分决定。因此,处理好计划的综合平衡,对最大限度地发挥计划的效率,实现组织目标有重要的意义。

计划综合平衡的内容很多,而以下几点是必需的:组织各部门在各阶段内任务的相互协调,组织活动与资源供应的协调,以及各环节在不同时期的任务与能力的协调。

五、编制并下达执行计划

经过上述步骤确定组织总计划之后,还需要具体的执行计划的支持和保证,完成执行计划是实现总计划的基础。

执行计划是以组织内的各单位、各部门(如生产、销售、财务、人事、供应等)为范围编制的在各阶段(年、季、月等)内的行动计划,它可分为两种:

(1) 单一用途计划。这是指只用来指导一次行动的计划,其表现形式是:①工作计划。也称方案或规划,是针对某一特定行动而制订的综合计划,如企业并购计划、融资计划等。②项目计划。这是指针对组织的特定课题而制订的专业性更强的计划,它通常是工作计划中的一个组成部分。③预算。这是一种数字化的计划,即用数字表示预期成果的一种特殊计划形式。

(2) 常用计划。这是指在多次行动中得到重复使用的计划,其表现形式是:①政策,它主要用来指导决策和行动,而不要求采取行动。②程序,它主要用来规定决策和行动的步骤。③规则,它主要用来规定程序中的各步骤应遵循的原则和规章。

第四节 目标管理与滚动计划法

一、目标管理

目标管理(Management by Objectives, MBO),又称成果管理,它是由美国著名管理学家彼得·F. 德鲁克(Peter F. Drucker)在1954年出版的《管理的实践》(*The Practice of Management*)一书中首先提出来的,由美国通用电气公司最先采用,并取得了较显著的成效,其后,在美国、日本、西欧等国家和地区得到迅速推广。

(一)目标管理的特点

所谓目标管理,就是指组织自上而下地确定一定时期的管理工作目标,并自下而上地保证目标实现所进行的一系列组织管理工作的总称。它最主要的特征是一切计划工作都围绕着目标进行,并在目标实施的全过程中始终强调自主管理和控制,以积极主动地追求目标成果的实现来代替消极被动地接受任务。具体来说,它的特点主要有:

(1)自始至终以计划目标为中心。即组织的一切工作都从确定目标开始,在执行计划的过程中,一切活动都以确保计划目标的实现为指针;工作成果的大小,以完成计划目标的程度作为主要评价标准。

(2)目标的执行者就是目标的制定者。在目标管理中,各级计划目标不是以命令的形式下达的,而是在计划的执行者及各有关单位的参与下,根据上级目标的要求及目标计划执行者自身的条件,经过上下级之间充分协商和讨论,由目标执行者自行制定的。

(3)重点是强调目标的实现。即目标管理的重点是实现目标,上级只是以目标的实现与否来考察下级的计划管理工作,至于按什么样的方式和程序去实现,由执行者自己决定,强调自主管理和控制。

(4)强调自我检查和评价。对计划目标的执行结果,不是简单地由上级来考核和评价,而首先要由目标的执行者自己对照计划目标的要求,自我测定目标的完成程度,总结经验教训,以促进其主动改进工作。

由此可知,目标管理的实质是:领导授权、下级参与、自主管理、自我控制。目标管理不是用目标来控制员工,而是用目标来激励员工。目标管理有利于上下级之间的交流和联系,激发员工的积极性和创造性,使个人目标同组织目标保持一致,使目标与行动统一起来,确保组织目标的实现。

(二)目标管理的步骤

目标管理的实施过程,大致可分为三个步骤:

1. 总目标的制定与展开

首先要制定组织的总目标,然后对总目标进行层层分解,确定各层级的计划目标。

总目标是组织在一定时期内各项活动所要达到的总目的,它是推行目标管理的出发点,是组织全体人员的奋斗目标。总目标的内容一般包括四个方面:一是贡献目标,即组织对社会做贡献方面的目标。为社会做贡献是一个组织生存和发展的必要条件,因此每个组织都应根据社会的要求,确定自己的贡献目标。贡献目标可以用组织在一定时期内为社会提供的产品品种、质量、数量等表示。二是利益目标,指组织和员工经济效益方面的目标,它是组织生产经营活动的内在动力。利益目标可用企业实现的利润总额和利润率等表示。三是市场目标,它是组织赖以生存和发展的条件,可用企业的市场占有率等指标来表示。四是发展目标,上述三个目标的实现,都要以组织的自身发展为前提,因此企业应确定合理的发展目标。发展目标可用企业资源开发目标、技术改造目标、生产规模扩大目标及管理水平提高目标等表示。

制定总目标后,就要对其进行展开,经过层层分解,落实到每个单位和个人,确定各单位和个人的目标(如图 4-2 所示)。

对总目标进行展开时,应注意以下几点:

(1) 要采用上下协商的方式进行。首先参照总目标,通过上下协商,各单位制定自己的目标;再用同样的方法,制定出组织内每个成员的个人目标。

(2) 明确各层级目标的关系。各层级目标间的关系是:总目标指导分目标,分目标服从总目标,并保证总目标的实现。即上层目标是下层目标的目的,下层目标是实现上层目标的手段。

(3) 掌握分解的原则。分解的总原则是:自上而下,层层分解;自下而上,层层保证。

无论哪一层级的目标,都必须达到下列要求:①目标数目不宜过多,要突出重点,分清主次,以一定时期内组织亟须解决的问题为主;②目标要明确具体,尽可能量化;③目标水平要适当,不能过高或过低;④实现目标的期限要适当,不能过长;⑤目标要统一,无论哪个单位的目标都应在总目标的指导下进行分解确定,并左右协调,上下一致,形成一个纵横交错的、多层级的组织目标体系。

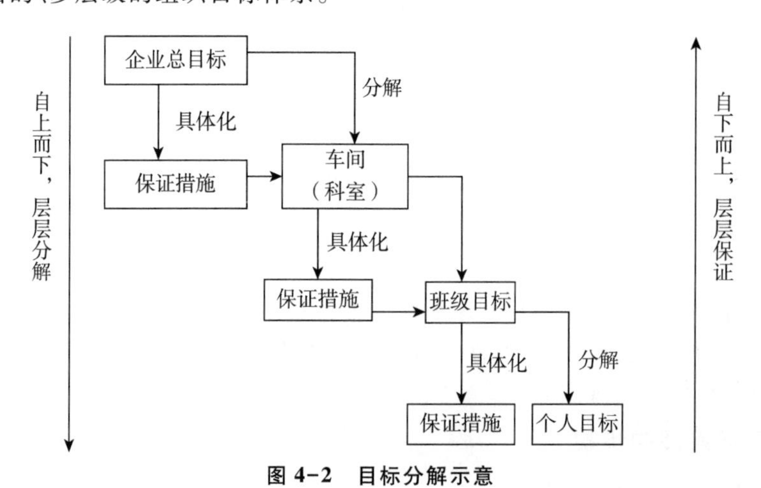

图 4-2 目标分解示意

2. 目标的实施

目标实施是目标管理的重要环节。在目标的实施过程中,应做好以下工作:

(1) 逐级授权。前文已阐明,目标管理的重要特征就是强调自主管理,因此不但在目标的展开时要上下协商,而且在其实施过程中要授予下级各单位和个人相应的权力,使他们有权行使自己的职责,做好自己的工作,至于用什么样的方式和程序去实现目标均由他们自行决定。这样才能激发他们的责任感和信任感,调动他们的积极性。

(2) 加强指导和帮助。虽然目标管理强调自主管理,但上级并非对其下级撒手不管,而是要积极指导,给予帮助。

(3) 组织支援和协调。在目标实施过程中,上级要为下级完成其目标创造有利的条件,加强信息沟通和交流,特别要做好各单位、各部门之间的协调工作,以保证组织总目标的实现。

3. 目标成果评价

目标成果评价是目标管理的最后阶段。目标成果评价的目的,就是要通过评价掌握各单位和个人实现目标的情况,为奖励提供依据,并在此基础上总结经验教训,发扬成绩,克服缺陷,提高目标管理水平。

目标成果的评价一般可按下列步骤进行:

(1) 确定评价目标的依据。评价目标的依据主要有三个:一是目标的实现程度;二是目标实现的复杂程度;三是实现目标的努力程度。评价时,应将这三个方面综合考虑,以确定成果的大小。但在实际工作中要分清主次,区别对待。多数情况下,将目标实现程度作为主要因素进行评价,其他两个因素可以作为目标实现程度的修正因素,即

$$A = B \times (1 + C + D) \tag{4-1}$$

式(4-1)中:A——目标成果;B——目标的实现程度;C——目标实现的复杂程度所占目标实现程度增加(或减少)的百分比;D——实现目标的努力程度所占目标实现程度增加(或减少)的百分比。

式(4-1)也可用乘法计算,即

$$A = B \times C \times D$$

(2) 自我评价。即由各单位和个人自己评价成绩,总结经验和存在的问题,确定自己的目标完成等级。评价时,应按上述的三个评价依据进行。

(3) 群众民主鉴定,总结成绩,找出不足,给出初步结论。

(4) 在上下协商的基础上,上级帮助总结,给出最后结论,确定各单位和个人的目标实现等级。

做出目标成果评价后,对于达到目标要求的,应给予表彰和奖励,以激励他们为实现新的目标更加努力;对未实现目标者,一般不惩罚,而应帮助其分析原因,总结教训,拟定改进措施,以恢复或保持他们的信心,争取实现下一个新的目标。

(三) 推行目标管理的注意事项

从国内外一些组织推行目标管理的经验教训来看,要使目标管理收到应有的成效,应当注意以下事项:

(1) 统一认识,坚定信心。目标管理作为一项现代化的管理方法,我们可以借鉴它的科学内容,将其作为加强计划管理的一种有效手段。目标管理的要点是让目标执行者

自己制定和实现目标。因此,必须统一认识,使大家目标一致,为实现组织的总目标而共同努力,并且坚定实现目标的信念。

(2)把短期目标和长远目标结合起来。目标管理中的有些计划目标,是比较短期的目标,执行时易发生只注意短期目标而忽视长远目标或两者脱节的倾向。为防止这一倾向,在确定组织目标时,应考虑组织的长远发展。

(3)把目标的严肃性与灵活性结合起来。目标是人们努力的方向,一经确定,就不应轻易变更,否则会挫伤员工的积极性。但是,当组织的内外环境条件发生明显变化时,就应向员工讲明情况,并同员工一起协商,对原定目标进行必要的调整和修改,以保证组织目标符合实际情况。

二、滚动计划法

关于计划的方法很多,如线性规划法、盈亏分析法、甘特图法、网络计划法以及利用各种定额进行计算等。这些方法将结合后面章节的各种专业管理,另作详细介绍。这里仅介绍滚动计划法。

(一)滚动计划法及其适用范围

滚动计划法就是按照"近细远粗"的原则制订一定时期内的计划,然后根据计划的执行情况和客观环境的变化,调整和修订未来的计划,并逐期向前滚动,将计划期不断延伸的一种计划方法。

在竞争激烈的市场环境中,组织的外部环境十分复杂,且变化快速,因此组织的任务很难保持长期稳定和一成不变。为了使组织更好地适应外界环境和市场需求的变化,尽可能保持业务的长期稳定和均衡,就急需一种能灵活反映组织外部条件变化的计划方法,滚动计划法就是为适应这种需要而产生的。

滚动计划法从时间跨度来看,主要适用于长期计划的编制,因为时期越长,各种影响经济发展的因素都难以准确地预测出来,只能采用"近细远粗"的办法,把近期的计划制订得细致具体,而远期的计划则只做概略的制订,然后逐期进行调整。滚动计划法从内容上来看,主要适用于具有一定的连续性,可以按期进行不断滚动的管理工作,如生产计划、物资供应计划等。

(二)滚动计划的编制程序

滚动计划的编制,一般按下列步骤进行:

(1)通过调查和预测,掌握各种有关情况,然后按照"近细远粗"的原则,制订一定时期的计划。如五年分年计划、一年分季计划等。

(2)在一个计划期终结时,摸清计划的执行结果,找出差距,了解存在的问题。

(3)分析组织内外条件的变化,对原计划尚未执行的部分进行必要的调整和修订。调整时应考虑各种对计划有影响的因素,我们称之为计划修正因素,主要有:①计划与实际的差异分析。即将计划的执行情况与原计划进行对比分析,以了解两者的差异,总结经验,找出问题,以此作为调整下期计划的依据之一。②客观条件的变化。包括组织内部条件的变化与组织外部条件的变化。一般来说,组织内部条件的变化是相对稳定的,易于掌握;而组织外部条件的变化则是经常的,不易掌握。因此对客观条件变化的分析,主要是分析组织外部条件的变化。③组织经营方针的调整。组织在一定时期内的经营方针如果发生了变化,其计划内容也就有所不同。如某企业的经营方针由“以质量取胜”转向“以多品种取胜”时,其计划内容就要做较大的调整。因此,企业在编制滚动计划时,一定要把经营方针的变化作为计划的修正因素加以考虑。

(4)根据修改和调整的结果,再按“近细远粗”的原则,将计划期向前滚动一个时期。

如此重复以上步骤,就是我们要编制的滚动计划。例如五年计划的编制,按滚动计划法的要求,其步骤如图 4-3 所示。

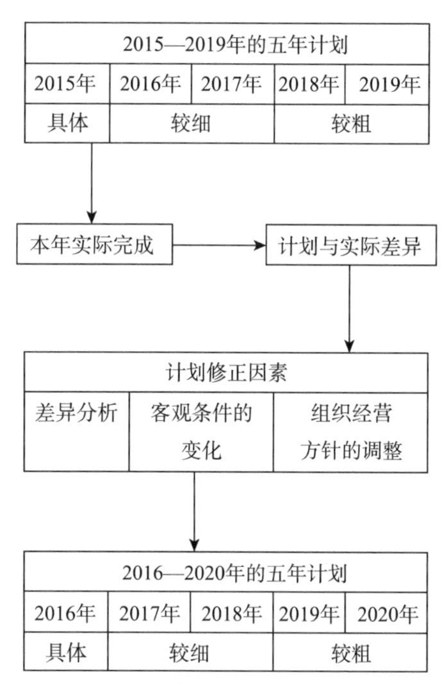

图 4-3 滚动计划的编制程序

(三)滚动计划法的优点

与传统的计划方法比较,滚动计划的编制要复杂和频繁一些,但是,它能较好地适应现代生产技术复杂化和市场需求多样化的需要,为组织活动提供明确而又适用的目标。具体来说,它有如下优点:

(1)由于按照“近细远粗”的原则编制计划,并逐期滚动,使近期计划与远期计划结合起来,因而既能使计划具有严肃性和灵活性,又能保证计划的相互衔接。

(2)由于每次制订计划都要对组织内外条件的变化和计划的执行情况进行对比分析,因而能把不断发展变化的主客观条件有效地反映到计划之中,使计划能更切合实际以避免盲目性。

(3)能充分发挥长期计划对短期计划的指导作用,把生产和准备工作有机地结合起来,既能为未来的发展做好各种准备,又有利于更好地完成当前的各项任务。

(4) 由于调整计划时需要不断地了解外界条件的变化,因而能够不断促进组织搞好环境预测工作,使长期计划在不断调整和修改过程中逐步完善。

第五节 计划的定量方法

一、盈亏平衡分析法

盈亏平衡分析法,又叫量本利分析法,其基本原理就是根据产量、成本、利润之间的内在联系,进行综合分析,来确定有关计划指标的方法。

产量、成本、利润之间的内在联系如图 4-4 所示。

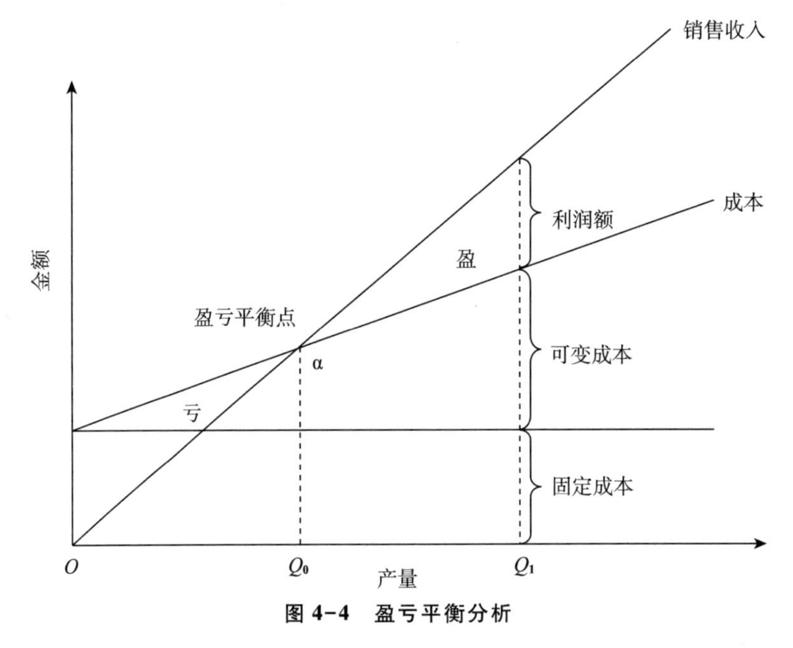

图 4-4 盈亏平衡分析

如果设固定成本为 F,单位产品可变成本为 V,产量为 Q,产品单价为 P,利润为 M,则产量、成本、利润之间的关系可用下列公式表示:

$$PQ = F + VQ + M$$

若 $M=0$,则盈亏平衡点所对应的产量 Q_0为

$$Q_0 = \frac{F}{P - V}$$

盈亏平衡点所对应的产量 Q_0,称为临界产量。它是计划工作的一个基本界线。在一般情况下,企业的计划产量不得小于临界产量,否则就会发生亏损。

图 4-4 中,固定成本指其总额不随产量变化而变化的生产费用,如固定资产折旧费、企业管理费等。这些费用即使不生产也要照常支付。但是,摊入单位产品成本中的固定

成本却是随产量变化而变化的。可变成本指其总额随产量变化而变化的生产费用,如原材料费、工艺用燃料费和动力费等。盈亏平衡点是指销售收入与产品总成本相等时的产品销量或销售额。在这一点企业不亏不盈,产品利润为零。

根据产量、成本、利润之间的内在关系进行分析,就可以为确定计划指标提供必要的依据。例如,当单位产品可变成本 V、单价 P、产量 Q_1 一定的情况下,预期可获得的税前利润 M 为

$$M = PQ_1 - VQ_1 - F$$

当单位产品可变成本 V、单价 P、目标利润 M 一定的情况下,保证实现目标利润的计划产量 Q_1 为

$$Q_1 = \frac{F + M}{P - V}$$

当单位产品价格 P、产量 Q_1、目标利润 M 一定的情况下,保证实现目标利润的单位产品可变成本 V 为

$$V = \frac{PQ_1 - F - M}{Q_1} = P - \frac{F + M}{Q_1}$$

运用盈亏分析法,关键在于正确划分固定成本和可变成本。为此,必须注意积累各种成本资料,并采用适当的方法,找出它们与产量变化之间的关系。

二、 线性规划法

线性规划是运筹学的一个重要分支,它主要研究两方面的问题:一是研究在人力、物力、财力一定的条件下,如何合理利用这些资源获取最大利润;二是在任务一定的条件下,如何统筹安排,以最小的资源消耗来完成任务。计划管理的重要任务,就是要合理利用组织的有限资源,获取最优的经济效益。因此,线性规划法可以在计划管理中广泛应用。它具体可以解决以下一些最优化问题:资源的合理利用、生产任务的合理分配、工作的合理安排、机床负荷的合理安排、零件加工顺序的合理安排、物资运输的最优调配、原材料的合理下料、厂址的选择和工厂的合理布置等。

(一) 线性规划法的运用条件

运用线性规划法必须具备以下基本条件:

(1) 有明确的目的。如追求最大利润、最低成本、最短时间等。

(2) 资源有限。如果可供利用的资源是无限的,则无须进行合理规划。

(3) 有多种可行方案。如果只有一个达到目的的方案,则无优选的必要。

(4) 线性相关。即各因素(变量)之间必须线性相关,可以用线性方程式来表示。

(二) 线性规划的数学模型

线性规划所要解决的问题,就是要求一组变量在同时满足一定约束条件下使目标函

数最优化。因此,线性规划问题的数学模型一般包括目标函数和一组约束条件方程。

目标函数:

$$f(x) = c_1x_1 + c_2x_2 + \cdots + c_nx_n \text{(取最大值或最小值)}$$

约束条件:

$$\begin{cases} a_{11}x_1 + a_{12}x_2 + \cdots + a_{1n}x_n \leqslant \quad (=, \geqslant) \quad b_1 \\ a_{21}x_1 + a_{22}x_2 + \cdots + a_{2n}x_n \leqslant \quad (=, \geqslant) \quad b_2 \\ \quad \vdots \qquad\qquad\qquad\qquad\qquad \vdots \quad \vdots \\ a_{m1}x_1 + a_{m2}x_2 + \cdots + a_{mn}x_n \leqslant \quad (=, \geqslant) \quad b_m \\ \quad x_1 \geqslant 0 \quad (i = 1, 2, \cdots, n) \qquad \text{(决策变量的非负要求)} \end{cases}$$

(三)线性规划法的应用步骤

第一步:建立线性规划模型。即根据所提出的问题和希望达到的目的,建立目标函数;根据所给出的限制条件,建立约束条件方程组。

例 4-1:设某企业生产 A、B 两种产品,A 产品每件可获利润 70 元,B 产品每件可获利润 120 元。两种产品都要用甲、乙、丙三种原材料,各产品的材料消耗定额及原材料下月的可供量如表 4-2 所示。试决定下月的生产计划,使其利润最大。

表 4-2 A、B 产品原材料消耗定额表

材料	材料消耗定额(千克/件)		下月材料可供量(千克)
	A 产品	B 产品	
甲	9	4	3 600
乙	4	5	2 000
丙	3	10	3 000

解:设 x_1,x_2分别为 A、B 产品下月的计划产量(决策变量),S 为利润额。

第一步:依题意,其线性规划数学模型如下。

目标函数:

$$S = 70x_1 + 120x_2$$

约束条件:

$$\begin{cases} 9x_1 + 4x_2 \leqslant 3\ 600 \\ 4x_1 + 5x_2 \leqslant 2\ 000 \\ 3x_1 + 10x_2 \leqslant 3\ 000 \\ x_1, x_2 \geqslant 0 \end{cases}$$

第二步:求解。即找出在同时满足约束条件下使目标函数(利润)最大的计划方案。此处可用图解法求解。

首先,以 x_1为横轴,x_2为纵轴,根据约束条件方程在平面直角坐标系中绘制图形(见图 4-5),找出可行解区域。

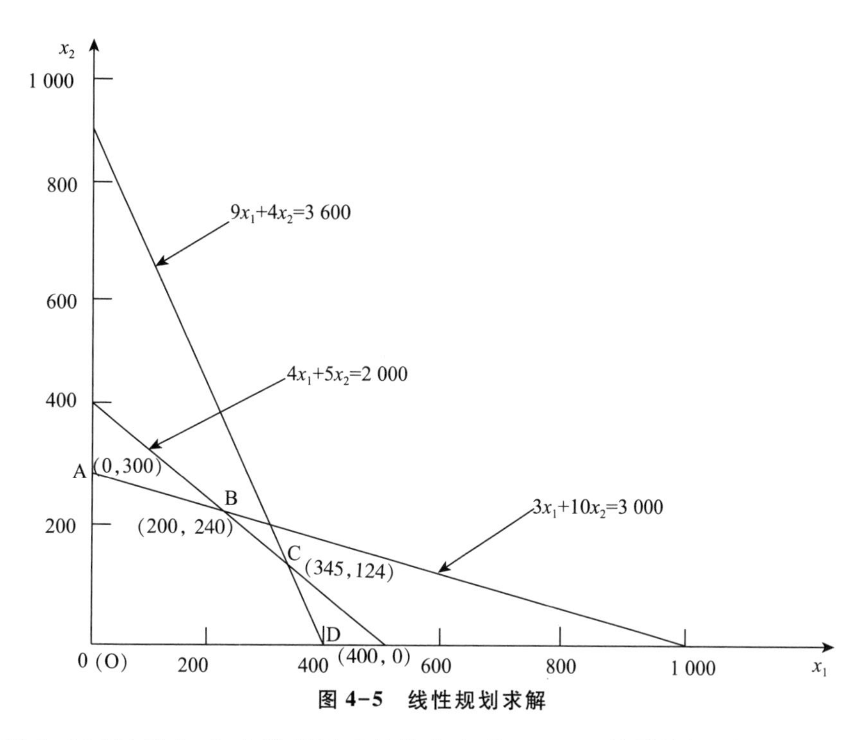

图 4-5 线性规划求解

从图 4-5 可以看出,各直线所围成的凸多边形 OABCD 就是该问题的可行解区域。

其次,从可行解区域中找出最优解。办法可采用枚举法,将凸集各顶点的坐标值分别代入目标函数求值,进行比较,取最大值。目标函数最大值所对应的变量值即为所求。

在本例中,利用约束条件方程组,很容易求出各顶点的坐标值:

O(0,0),A(0,300),B(200,240),C(345,124),D(400,0)

分别代入目标函数方程求值得:

$S_0 = 0$(元)

$S_A = 70 \times 0 + 120 \times 300 = 36\ 000$(元)

$S_B = 70 \times 200 + 120 \times 240 = 42\ 800$(元)

$S_C = 70 \times 345 + 120 \times 124 = 39\ 030$(元)

$S_D = 70 \times 400 \times + 120 \times 0 = 28\ 000$(元)

比较得知:在 B 点的目标函数值最大,即当 $x_1 = 200, x_2 = 240$ 时,利润最大。所以,下月应安排生产 A 产品 200 件,B 产品 240 件。

虽然用图解法求解比较简单,但它只适用于含有两个决策变量的问题。要解决含多个变量的问题,应采用“单纯形法”,限于篇幅,此处不作介绍。

计划工作的一个重要步骤是综合平衡,其中协调好计划与各种资源限制间的关系尤为重要。线性规划法正是进行综合平衡,并由此选择最优方案,而在实践中常用的一种计划工具。

三、网络计划法

(一)网络计划法的含义和适用范围

网络计划法是指以网络图的形式反映和表达计划的安排,控制和协调生产或工作的进度和资源消耗,选择最优方案的一种科学有效的计划方法。

网络计划法最适用于一次性的大规模工程项目,此外还广泛适用于企业、行政事业单位,甚至个人或家庭的生活。在工业企业管理中,诸如设备维修、新产品试制及小批量生产计划的安排较适合运用网络计划法。

(二)网络图的构成

网络计划法的基础是网络图,掌握网络图的结构是正确绘制网络图的首要条件。一个完整的网络图,应由以下要素构成:

(1) 活动。这是指在工艺技术和组织管理上相对独立的工作、任务或作业等,因此活动也叫工作、任务或作业。在网络图中,活动用一条箭线(→)表示,箭尾代表活动的开始,箭头则代表活动的完结,箭线之长短与活动大小无关。在箭线的上下方可标明一些符号或数据,如△或□等,以表示活动的代号或活动对某种资源的消耗量。

(2) 事件。这是指相邻活动在时间上的分界点,也叫节点。在网络图中,节点用圆圈(○)表示,并可以进行编号。一个网络图只能有一个起点节点和一个终点节点,起点节点代表整个计划的开始,而终点节点则代表整个计划的完工。除起点节点和终点节点以外,中间的任何一个节点都具有双重含义,它既代表前面活动的完结,又代表后续活动的开始。

(3) 路线。这是指从网络图的起点节点开始,顺着箭线的方向,连续不断地达到终点的一条通路。一个网络图往往有多条路线,其中周期最长的路线称为关键路线,关键路线的周期也即整个计划的周期。在网络图中,关键路线用粗线、双线或有色线表示。

(三)网络图的绘制规则

作为网络计划法基础的网络图,如果绘制出错,则整个计划的安排就会出现失误。为此,绘制网络图时需遵循以下规则:

(1) 任意相邻的两节点之间只能连一条箭线,并仅表示一项活动,即同一活动在网络图中不能重复表达。

(2) 网络图中不能出现封闭的循环路线。所谓封闭的循环路线,是指从某节点出发,顺箭线方向经过若干活动后又回到原节点所形成的路线,如此情况的出现说明计划项目总在某局部循环而始终难以到达终点,计划任务永远无法最终完成。

(3) 网络图中不能出现缺口。所谓缺口,是指出现了无法到达终点的活动。网络图中任何一项活动都应能顺箭线方向到达终点,否则,就无法完成计划任务。

(4) 网络图中的平行活动必须用虚箭线进行连接。所谓平行活动,是指两个以上的活动,其先行活动和后续活动相同且必须同时进行;而虚箭线则指作业时间为零的箭线,用“--------►”表示，它不占用时间，也不消耗资源，主要用来衔接活动的相互关系。

如某设备大修，要经过4项活动：先进行设备解体(a)，之后同时进行电气修理(b)和机械修理(c)，最后安装(d)。则据此绘成的网络图如图4-6所示。

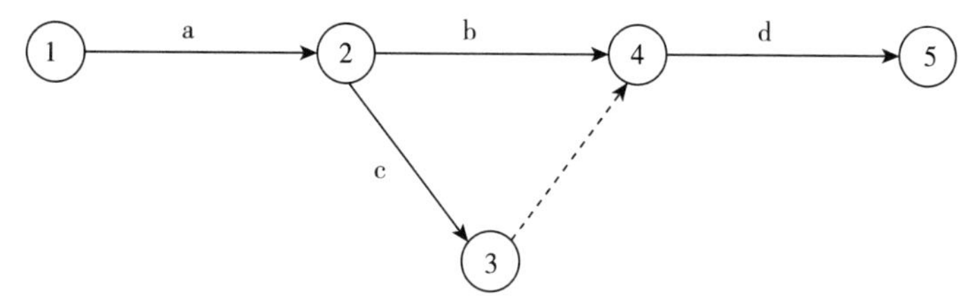

图4-6 网络图示意

(5) 网络图中的节点必须编号，且箭尾节点编号应小于箭头节点的编号。

(四) 网络图的绘制步骤

1. 调查研究工程项目的有关情况

凡计划项目涉及的所有资料都必须进行收集、调查和分析，其中最主要的内容有两项：一是项目的工艺流程；二是整个计划及计划内各活动的资源消耗。否则，就无法进行网络计划安排。

因为网络计划法最适用于那些一次性的大规模工程项目，以前没有进行过，故计划的资源消耗并无现成资料可以借鉴。这就需要我们深入地进行调查研究，用科学的方法进行环境预测，尽可能准确地掌握所需要的计划资料。

2. 进行工程项目的分解

这里主要指将整个计划项目分解成若干独立的活动。分解时要掌握每个活动的紧前活动、紧后活动，了解有多少平行活动。在此基础上，可绘制出一张活动逻辑关系表。

设某企业进行某新产品试制，共经过10项活动，各项活动的逻辑关系及所需时间如表4-3所示：

表4-3 活动逻辑关系表

单位：天

活动	紧后活动	天数	活动	紧后活动	天数
A	B、C	5	F	G、I	3
B	D、E	3	G	H	4
C	F	2	H	J	5
D	H	4	I	J	3
E	G、I	6	J	—	5

3. 按规则绘图

绘图时，必须遵循网络图的绘制规则。如上例，绘制的网络图如图4-7所示。

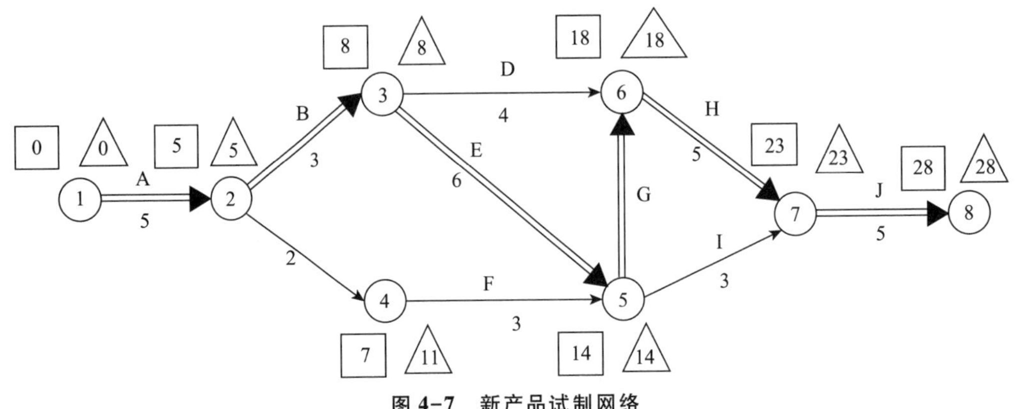

图 4-7　新产品试制网络

（五）网络时间参数的计算

1. 作业时间

即某活动从开始到完结的延续时间。作业时间分肯定型和非肯定型两类。所谓肯定型作业时间，是指以前进行过的活动，其时间长短有资料可以借鉴，经过整理后可直接求出时间；而非肯定型作业时间是指以前没进行过的活动，其所需时间无资料可借鉴，此时用三点估计法进行估算，然后求其加权平均值得出的时间，即对各项活动先估计出最乐观时间（a）、最悲观时间（b）和最可能时间（m）三个值，然后求其加权平均值，以此作为该活动的估计作业时间（T）。

2. 节点时间

节点时间有两个：

（1）节点最早开始时间（ES_i），指从某节点出发的活动最早可能的开始时间，在这之前不具备开工条件。节点最早开始时间在图中用□表示，计算时顺箭线方向按节点编号逐一进行。

先令 $ES_1=0$，其他节点最早开始时间按式（4-2）计算：

$$ES_i = \max\{ES_j + T\} \tag{4-2}$$

箭头节点最早开始时间，等于箭尾节点最早开始时间加该箭线的作业时间，如果有多条箭线指向该节点，则取其相加后的最大值。

（2）节点最迟完结时间（LF_i），指所有指向该节点的活动最迟必须完结的时间，否则，就会影响后续活动的开始甚至整个计划的完结。节点最迟完结时间在图中用△表示，计算时按逆箭线方向进行。

令 $LF_{终}=T_p$，其他节点最迟完结时间按式（4-3）计算：

$$LF_i = \min\{LF_j - T\} \tag{4-3}$$

箭尾节点最迟完结时间，等于箭头节点最迟完结时间减该箭线的作业时间，如果有多条箭线从该节点出发，则取其相减后的最小值。

3. 活动时间

活动有四个时间：

（1）活动最早开始时间（ES_{ij}），$ES_{ij} = ES_i$

（2）活动最早完结时间（EF_{ij}），$EF_{ij} = ES_{ij} + T$

（3）活动最迟完结时间（LF_{ij}），$LF_{ij} = LF_i$

（4）活动最迟开始时间（LS_{ij}），$LS_{ij} = LF_{ij} - T$

即活动的最早开始与最迟完结时间直接利用节点的最早开始与完结时间进行转换。

（5）总时差（S）。它是指某活动的开始与完结时间可以提前或推迟的机动余地。若某活动从最早开始时间延续到最迟完结时间，则该活动拥有允许的最大活动范围，该范围如果超过了活动的作业时间，就会产生时差。一般而言，$S = LF_{ij} - EF_{ij}$ 或 $S = LS_{ij} - ES_{ij}$。

（六）关键路线和计划周期的确定

以总时差为零的活动为关键活动，由关键活动连接起来的路线即关键路线（CP）。关键路线的周期就是网络计划的周期。

根据表 4-3 信息，所有时间参数的计算结果如表 4-4 所示。

表 4-4 网络时间参数计算表

单位：天

活动	T	ES	EF	LS	LF	S	CP
A	5	0	5	0	5	0	√
B	3	5	8	5	8	0	√
C	2	5	7	9	11	4	
D	4	8	12	14	18	6	
E	6	8	14	8	14	0	√
F	3	7	10	11	14	4	
G	4	14	18	14	18	0	√
H	5	18	23	18	23	0	√
I	3	14	17	20	23	6	
J	5	23	28	23	28	0	√

关键路线为 A—B—E—G—H—J，计划周期为 28 天。

上述网络计划的内容只是对网络计划的最初安排，网络计划还有个优化问题，包括时间优化、成本优化、资源优化等，运筹学中对此有深入的分析和介绍，限于篇幅，本书不进行深入探讨。

本章小结

思考题

1. 为什么组织的资源要通过计划才能合理利用?

2. 计划与决策是什么关系?

3. 目标管理与我们过去的计划管理有何区别?

4. 滚动计划法是万能的吗?

5. 如何评价目标管理?

6. 计划为什么要综合平衡?

7. 计划的定性与定量方法各有何优缺点?

8. 计划还有哪些方法?

9. 影响计划的因素有哪些?

10. 你制订过自己的学习或生活计划吗? 你是如何制订的?

11. 某工厂只生产一种产品,目前年销售量为15 000件,单价为100元/件,单位产品原材料成本为20元,单位产品的生产工人工资为30元,工艺用燃料和动力费用为4元,单位产品负担废品损失为1元,全年车间经费为400 000元,全年企业管理费为500 000元。试问:

(1) 该厂目前是否亏本? 亏本多少? 如果市场对该工厂产品的需求量估计可达21 000件,该厂应否关闭? 并说明理由。

(2) 如果市场上对该厂产品的需求估计可能增长至25 000件,但该厂能力不足,需要更新设备,每年将增加固定费用100 000元。但采用新设备后不仅可增加产量,满足市场需求,完成计划任务,而且可减少单位产品的生产工人工资5元,提高质量,单位产品负担废品损失减少0.5元,但工艺用燃料和动力费用增加1.5元。试问:该工厂采用新设备后一年至少应生产多少件产品才不会亏损? 在满足市场需要的情况下,该工厂能否获利,利润是多少?

12. 某厂生产甲、乙两种产品,均需经过加工与装配两个生产阶段。两种产品的单位利润及两道工序的工时定额如表4-5所示:

表4-5 产品的单位利润与工时定额

产品	装配工时定额(小时/件)	加工工时定额(小时/件)	单位利润(元/件)
甲	4	4	6
乙	5	3	5

现已知计划期内加工设备可用工时为300 000小时,装配设备时间可用工时为400 000小时;甲、乙两种产品均生产多少即可销售多少。试用线性规划图解法求可使该厂获得最大利润(在充分利用生产设备能力的情况下)的甲、乙两种产品的产量。

13. 某工程所包含的作业内容和各项作业的时间及其相互关系如表4-6所示。试根据表中资料:

（1）绘制网络图。

（2）计算各节点的最早开始和最迟完结时间，并据以推算作业 B、F 的最早开始时间、最迟开始时间和完结时间。

（3）找出关键路线并确定工程的计划完工时间。

表 4-6 作业内容、时间及其相互关系

作 业	先行作业	作业时间(天)
A	—	10
B	—	15
C	A	7
D	A	10
E	B	8
F	C	10
G	D、E	8
H	F、C	15

案例讨论

第五章　组　织

【学习目标】

1. 了解组织工作内容和任务。
2. 掌握管理组织的含义及管理组织设计的内容。
3. 理解各种管理组织形式的优缺点及适用范围。
4. 理解在组织工作过程中必须处理好的关系。
5. 提高对做好组织变革工作和组织文化建设工作重要性的认识。

【基本概念】

组织职能　管理组织　管理组织形式　管理幅度　职权　组织变革　组织文化

案例讨论

第一节　组织设计

一、组织职能与组织工作

组织既可作名词，也可作动词。作名词用，指的是按一定规则建立起来的人的集合体；作为动词，指的是组织工作，即对人的集合体中各个成员的角色安排和任务的分派。

组织职能是管理的重要职能。具体来说，它是指根据组织的目标，将实现这个目标所需进行的各项工作加以适当地划分和归类，设立必要的部门，委派适当的人员，赋予适当的职责，授予相应的权力，分工负责并进行协调的一系列管理活动。

根据上述关于组织职能的含义，我们把组织工作概括为以下四个方面的内容：

（1）设计各类组织。即确定组织内需设立的部门和单位，并使之形成一个有机的系统。

（2）规定组织关系。明确各部门、各单位之间的相互关系，确定它们之间的信息沟通渠道和方式，以及相互协调的原则和方法。

（3）明确职责。为组织系统内各部门、各单位规定相应的职责和权限，确定工作程序和方法，建立责任制度。

（4）组织变革。依据外部环境和内部条件的变化，针对实际存在的问题，调整和完善组织结构。

管理既要靠人去筹划，又要通过有效的管理机构去实施。从一定意义上讲，组织工作效率的高低，决定了管理水平的高低。

组织工作的任务，就是组织各类人员，适当处理各种关系，有效运用各种资源，充分发挥组织系统的力量，实现组织目标。

要完成上述任务，组织工作必须以系统理论为指导，对组织结构进行精心设计，并制定相应的工作规范及制度，正确处理人与人之间、人与工作之间的各种关系，以保证组织系统按照预定的目标协调一致地有效运转。

二、组织的分类

（一）按组织的目标性质划分

（1）政治组织。指以完成各种政治任务、实现一定的政治目的为主要目标的组织，如各种政党、政治团体等。

（2）经济组织。指参与市场交换，通过生产经营活动获取利润的组织，主要是各类企业。

（3）军事组织。指保卫国家安全、维护社会秩序的各种武装力量，如军队、警察等。

（4）学术组织。指以从事科学研究、推动科学技术发展为目的的组织，如各种学术研究机构、学术团体、协会和学会等。

（5）教育组织。指从事文化教育、培养人才、传授知识的组织，主要是各类学校。

（6）宗教组织。指从事宗教活动的各种组织。

（二）按组织的人数多少划分

（1）大型组织。指组织人数较多、规模较大的组织。

（2）小型组织。指人数较少、规模较小的组织。

（三）按组织的外部系统划分

（1）独立组织。按一定的规则组建、内容结构完整、能够独立对外的各种组织。组织的独立性一般由法律规定。

（2）非独立组织。指一个独立组织内部，不能直接与其他独立组织发生权利义务关系的组织。例如，依法成立的股份有限公司是独立组织，隶属于总公司的分公司则是非独立组织。

（四）按组织的运行机理划分

（1）机械式组织。机械式组织也称为官僚式组织。它是综合使用传统的组织设计原则的产物。这种组织最突出的特点是有严格的层级关系，每个职位都有固定的职责，坚持统一指挥原则并产生一条正式的职权层级链，每个人只受一个上级的领导，从而形成了一种典型的、规范化的结构，成员之间按照正式的渠道进行沟通，组织的权力最后集中到组织金字塔的顶层。

（2）有机式组织。有机式组织也称为适应性组织，它是一种低复杂性、低正规化和分权化的组织。这种组织与机械式组织不同,它强调的是灵活、适应和变化。在这种组织中,员工多是职业化的,具有熟练的技巧,并且在经过训练之后能够处理多种多样的问题。教育已经将职业行为标准注入他们的思想之中,所以工作不需要太多正式的规则和监督。这种组织的特点是员工之间存在高度的合作和非正式的沟通。

一般来说,创业阶段的企业近似于有机式组织,而发展到一定规模之后就可能演化为机械式组织,而向优秀的企业发展之后又会成为有机式组织。

三、 组织设计的内容与程序

在这里,我们主要以制造型企业管理组织设计问题为例,论述怎样做好组织设计工作。

管理组织是指管理者行使管理职能的协作指挥系统。这个系统是一个由企业各职能部门及其成员所组成的相互联系的有机整体。

管理组织设计就是对组织活动和组织结构的设计过程。组织结构的设计,就是把为实现组织目标而需完成的工作,划分为若干性质不同的业务工作,然后再把这些工作组织划分成若干部门,并确定各部门的职责与职权。组织结构设计解决的主要问题就是对组织内的层级、部门和职权进行合理的划分。管理组织设计的主要目的是建立一个完善的管理组织系统。

(一) 管理组织设计的内容

管理组织设计主要包括以下内容:

1. 上层决策组织系统的设计

这主要包括企业领导制度的设计和顾问(咨询)组织的设计。我国国有企业的领导制度主要解决企业党委、行政和员工群众的地位和作用问题,要划清他们的职责与职权,并明确其相互关系。顾问(咨询)组织,是指由企业内外一些有丰富知识的专家、学者组成的小组。它是企业领导的“智囊团”,其主要任务是对企业重大决策提出咨询意见。

2. 生产经营指挥系统的设计

生产经营指挥系统,是指以经理为首的各级生产经营单位及其负责人和成员所组成的垂直形态的管理组织系统,其任务是在经理的直接领导下,负责统一指挥企业的日常生产经营活动,保证企业的生产经营活动顺利进行。生产经营指挥系统设计的任务,就是要从企业的实际出发,合理确定管理层级,并根据授权原则,把生产经营指挥权逐级下放,建立一个多层级的生产经营指挥系统,以此来行使对企业生产经营活动的统一指挥。

3. 职能或参谋组织系统的设计

职能或参谋组织系统,是由各级职能或参谋机构及其负责人和成员所组成的水平形态的管理组织系统。各职能或参谋组织是同级生产负责人的参谋和助手,分别负责某一方面的管理业务。职能或参谋组织系统设计的任务,就是要根据实际需要,按照专业分工的原则设置必要的职能或参谋组织,并配备相应的职能人员;具体规定其职责要求,以保证深入、细致、有效地开展各方面的管理工作。

4. 组织体的设计

任何组织系统都是由许多具体的组织体(单位和部门)所构成的。因此,组织体的设计是组织设计的重要内容之一。每个组织体的设计都应包括以下具体内容:设定该组织体的目标;确定实现该目标所必须进行的活动项目,以及完成全部活动项目必须配备的职务人员;设置管辖这些职务人员的机构,并明确该组织体在组织系统中的地位和作用。

5. 信息系统的设计

信息系统是管理组织的构成要素之一。信息系统犹如管理组织的神经系统,要使管理组织系统的各组织体为实现组织目标而协调活动,必须建立一个完善的管理信息系统。管理信息系统的设计,应保证迅速、准确、全面地收集、传递、处理、反馈各种管理信息。

(二)管理组织设计的基本程序

为了有效地发挥管理组织的作用,必须认真做好对管理组织的设计工作。一般来讲,管理组织设计应按以下程序进行:

1. 明确组织目标

组织目标是进行管理组织设计的基本依据。任何组织都是实现一定目标的工具,没有明确的目标,组织就失去了存在的意义。建立管理组织的根本目的,就是要促进组织目标的实现。因此,管理组织设计的第一步,就是要依据组织生产经营活动的根本目的,确定组织目标。

2. 确定业务工作内容

任何系统的目的、目标、业务工作都是一致的,但概念的层次不同,应在目的指引下制定具体目标,依据所定目标确定必须要做的业务工作。因此,不仅目标要明确,而且业务工作内容更要明确具体。要依据组织目标的要求,考虑客观条件,确定实现组织目标所必须开展的业务工作内容,并按各项工作的性质适当进行分类。

3. 确定管理组织结构

在确定业务工作内容并进行适当分类的基础上,根据各类业务工作量的大小,确定管理的层级,以及需要设立的单位和部门,并把同类或性质相近的业务工作划到适当的单位和部门。

4. 规定职责权限

根据组织目标的要求,明确规定各单位和部门及其负责人对所管业务工作应负的责任,以及评价工作成绩的标准。同时,还要根据做好业务工作的需要,授予各单位和部门及其负责人相应的权力。

5. 确定管理业务工作程序

它是指把经常重复出现的管理业务工作按照客观要求定出标准的程序,形成行动准则,同时借助职权关系和信息系统,把各单位和部门联成一体,形成一个能够协调运行并有效实现组织目标的管理组织系统。它的实质是解决管理组织方法的科学化问题;目的是通过解决好组织系统的协调问题,提高管理组织工作的效率。

6. 挑选和配备工作人员

根据各单位和部门所分管的业务工作的性质及对人员素质的要求,挑选和配备称职的工作人员,并明确其职务。这是管理组织能否发挥作用的关键,必须认真地做好这项工作。在挑选和配备工作人员的过程中,要注意有计划地对管理组织中的工作人员进行培训,使其工作态度、管理知识水平能适应工作的需要。

上述所讲的程序,仅是就一般情况而言,在实际工作中,应根据组织的具体情况来确定组织设计的程序。

四、 组织设计的原则

要建立一个完善的管理组织系统,在设计中必须遵循以下原则:

(一)目标一致原则

管理组织是实现组织目标的载体。一方面,管理组织设计应当与组织的目标相一致,应当有利于组织目标的实现。另一方面,作为一个系统,它的内部各组织体及其成员的具体目标必须与总体目标保持一致,要有利于总体目标的实现。

(二)统一领导原则

统一领导是现代化大生产的客观要求。现代企业的生产,是以机器体系进行的现代化大生产,实行统一领导无疑是保证企业生产经营活动正常进行的必要条件。

要保证统一领导,首先企业管理组织的结构一定要有利于实行统一领导,要按照统一领导的原则来进行设计。任何下级都直接接受一个上级的领导,不得受一个以上的上级的直接指挥;在一般情况下,上级可以越级检查工作,但不得越过直属下级进行指挥,下级可以越级向上级反映情况,但不得越过直接上级接受更高一级的指令;职能管理部门只能是同级直线指挥系统的助手和参谋,尽管有权提出建议、提供信息,但无权向下发号施令。否则,就是破坏统一领导原则,就会造成令出多门,使下级无所适从。此外,在组织设计中要正确处理集权与分权的关系,注意将关系到企业全局的重大问题的处置权集中于高层决策组织系统。哪些问题事关企业全局,这要视企业内外环境的具体情况而定。需要注意的问题是,该集中的权力一定要集中,以保证实行统一的方针、政策和制度,合理利用人力、物力和财力资源。

(三)权责对等原则

权责对等是指组织中的任何个人在其职位上所拥有的权力要同其所承担的责任相适应。权责对等是逻辑的必然结果,也是组织中的每个成员做好工作的客观要求。如果只要求一个人对工作承担责任而不授予其必要的权力,那么该成员就缺乏做好工作的条件,难以履行职责;相反,如果只授予成员权力而不要求其承担相应的责任,就可能诱发成员不顾后果、滥用权力的现象,进而影响其他人完成职责工作,干扰其他人行使职权。因此,在企业组织工作中必须贯彻权责对等原则。

贯彻权责对等原则,关键在于合理授权。所谓合理授权,就是上级根据下级的职位、能力及其所负责任的大小和实现目标的要求,从保证做好工作的实际需要出发,授予下级独立处理问题的权力。任何人不得要求拥有超过职责范围的权力,否则就是破坏权责对等原则。当然,权力和责任的大小是难以量化的,不可能确定一个权责对等的数量标准,只能以授予的权力要保证做好工作、实现目标为度,以此来衡量权责是否对等。

五、影响组织设计的因素

(一)战略

组织结构必须服从组织所选择的战略需要。因此,战略是组织设计中最为重要的影响因素,战略是实现组织目标的各种重大行动方案、方针和方向选择的总称。为实现同一目标,组织可在多种战略中进行选择。

战略选择的不同,将在两个层次上影响组织结构:一是不同的战略对组织开展的业务活动有不同的要求,这会影响组织设计中的职务设计和部门划分;二是组织战略重点的改变,会导致组织的工作重点乃至各部门与职务在组织中重要程度的改变,因此要求对各管理部门及职务之间的关系进行相应的调整。

(二)规模

这里的规模指的是组织的人数。组织的规模越大,组织结构越是趋于复杂化和规范化。它表现在:第一,随着规模的扩大,在有效管理幅度的约束下,不可避免地需要分层,因此会形成多层级的组织结构。第二,随着规模的扩大,组织的关系更加复杂,协作也更加困难,因此需要对员工进行部门划分,形成多部门结构组织。伴随着组织的发展,规模会越来越大,组织的结构也需要随之调整。

(三)技术

制造型企业的生产,实质上就是一种投入转化为产出的过程。为使这一过程顺利进行,必须处理好人与人、人与物以及物与物之间的关系问题。为此,必须将员工、设备组合到一定的类型和形式中。技术以及技术设备水平的高低,对怎样组合起着决定性的作用,这种作用还表现在投入产出活动内容的划分、职务的设置和对工作人员的素质要求上。

(四)环境

任何组织作为社会的一个单位,存在于一定的环境之中,组织外部环境必然会对内部的结构形式产生一定程度的影响,这种影响主要表现在三个不同的层次上。

(1) 对部门和职务设计的影响。组织与外部存在的其他社会子系统之间也存在分工问题。社会分工方式的不同影响着组织内部的工作内容,从而所需完成的任务、所需设立的部门和职务也不一样。

(2) 对各部门关系的影响。由于环境的不同,组织中各项工作完成的难易程度及其

对组织目标实现的影响程度也不相同。同样在市场经济条件下，当产品的需求大于供给时，企业关心的是如何增加产量，此时生产部门显得非常重要；而一旦市场供过于求，从卖方市场转为买方市场，此时营销职能会得到强化，营销部门的地位就会增强。

（3）对组织结构总体特征的影响。外部环境稳定与否，直接影响着组织结构的设置。稳定环境中的经营，要求设计出机械式组织；而多变的环境则要求有机式组织与之相适应。

第二节　管理组织形式的选择

管理组织形式，也称管理组织结构形式，是组织内部各层级、各部分关系的模式化表现。选择管理组织形式是组织设计的重要内容。下面我们介绍企业中常用的几种管理组织形式。

一、直线制

直线制组织的特点是：组织管理的全部职能由各级行政负责人承担，不另设职能管理机构，最多在厂部一级配备少数职能人员协助厂长进行工作，各单位只接受上一级行政负责人的指挥，直线制组织结构如图 5-1 所示。

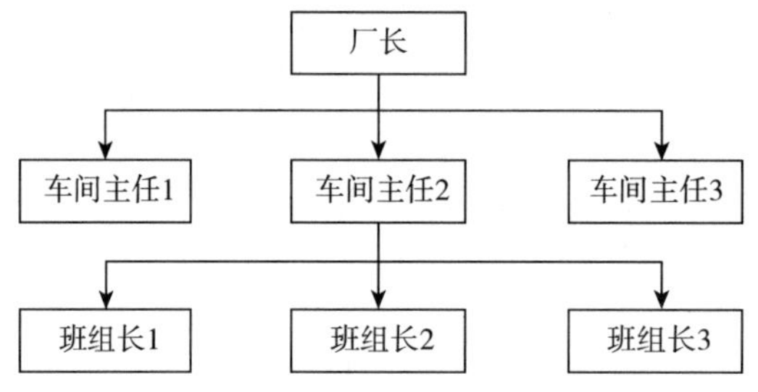

图 5-1　直线制组织结构

直线制组织结构简单，权力集中，职责明确，联系方便，便于统一指挥。但是它要求各级行政负责人具有全面的业务知识，亲自处理全部管理业务。一旦企业规模扩大，产品生产复杂，各级负责人势必因知识、精力有限而顾此失彼，难以进行有效的管理。因此，这种组织形式仅适用于规模不大、员工人数不多、生产比较简单的小型企业。

二、职能制

职能制组织的特点是：组织内部各级除行政负责人外，还设有相应的职能机构。这些职能机构在各自负责的业务范围内，有权直接向下级组织下达指示和命令，其组织结构如图 5-2 所示。

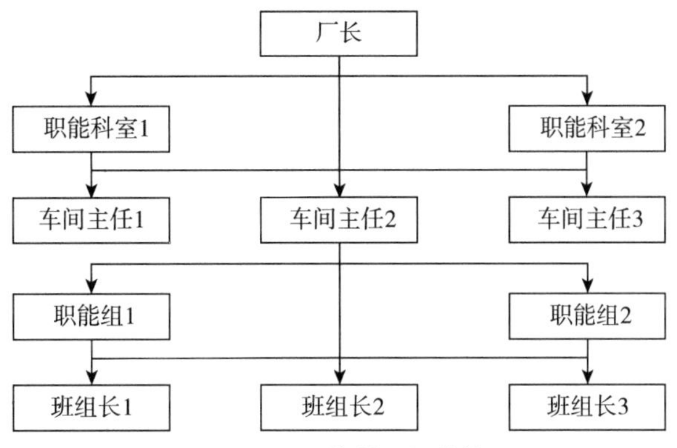

图 5-2 职能制组织结构

职能制组织是由弗雷德里克·泰勒(Frederick Taylor)最早提出来的,它的突出特点是将管理工作按职能分工,大大提高了管理工作的专业化程度。但是,在这种组织形式下,各级行政负责人除接受上一级行政负责人的领导以外,还要接受上一级职能部门的领导,因而形成了多头领导,使下级无所适从,不符合统一指挥的原则。所以,单一的职能制组织形式并未在管理实践中得到推广。

三、直线职能制

直线职能制,又叫生产区域制,它实质上是上述两种组织形式的结合,其特点是:

(1) 各单位的行政负责人统一负责管理本单位的生产行政事务并直接对上级负责。

(2) 各级管理组织根据需要设置必要的职能机构,但这些职能机构只是同级行政负责人的参谋和助手,有权提出建议、提供信息并对下级职能机构进行业务指导,但无权对下级组织的行政负责人发号施令。

(3) 各级生产行政单位实行自上而下的逐级领导,一般不应越级指挥。

直线职能制组织结构如图 5-3 所示。

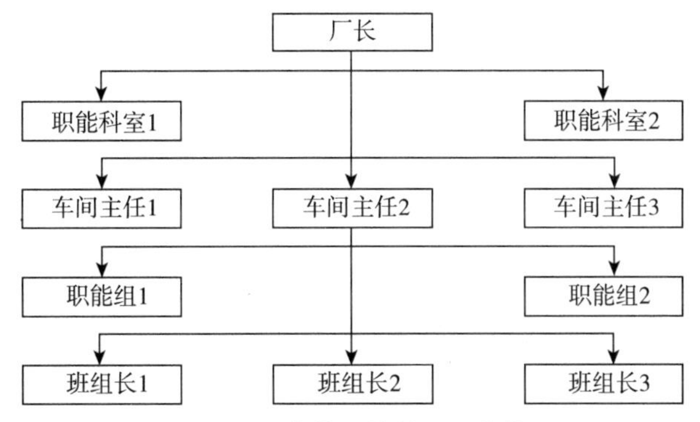

图 5-3 直线职能制组织结构

由于直线职能制组织是直线制组织和职能制组织的结合,因而具有这两种组织形式的优点,既能保证集中统一指挥,又能发挥职能机构专业管理的作用。这种组织形式在

规模较大的企业中被广泛采用。但是这种组织形式也有其缺点:第一,各级行政负责人容易产生过分强调直线指挥而对职能机构的职权不够重视的倾向。为此,在保证直线统一指挥的前提下,可以根据实际需要授予某些职能部门(特别是协调性部门和控制性部门)一定的决策、协调和控制的权力。这样一来既能充分发挥这些职能部门的作用,又可以减轻行政负责人的工作负担,有利于实行更有效的统一领导。第二,各职能部门之间的横向联系不容易协调。为此,更需要加强信息沟通,建立健全管理信息系统,使各部门的工作能协调进行。

四、 事业部制

事业部制是西方经济从自由资本主义过渡到垄断资本主义以后在企业规模大型化、企业经营多样化的背景下出现的一种分权式管理组织,其主要特点是集中决策、分散经营,即在集中领导下进行分权管理。在这种管理组织形式下,企业按产品或地区分别成立若干事业部,每个事业部对所属产品或地区的全部业务,从产品设计、原材料供应、产品制造到产品销售和服务,承担全部责任,各事业部单独核算,在经营管理上拥有很大的自主权。企业(总公司)最高管理机构只保留人事决策、财务控制、规定价格幅度和监督等权责,并利用利润等指标对各事业部进行考核。事业部制组织结构如图 5-4 所示。

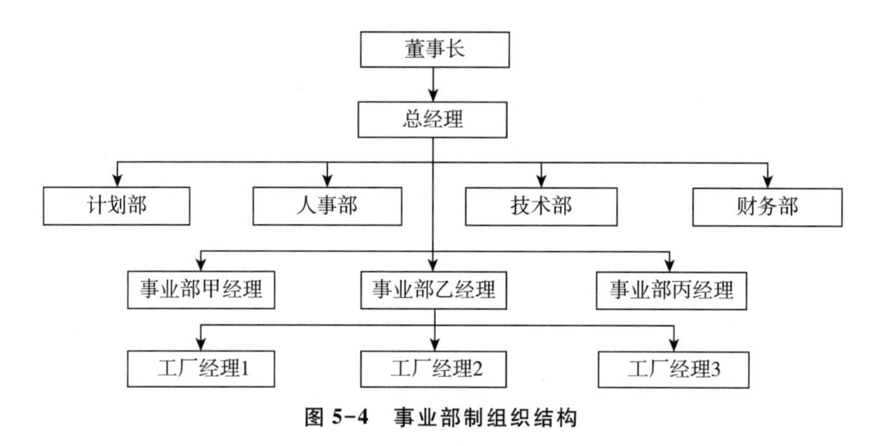

图 5-4 事业部制组织结构

(一) 事业部制的主要优点

在企业规模较大、产品多样化且地区分散的情况下,事业部制具有以下优点:

(1) 可以使企业最高管理部门摆脱日常行政事务工作,集中精力做好有关企业大政方针的决策。

(2) 各事业部在生产经营上拥有较大的自主权,有利于调动各事业部的积极性和主动性,从而增强企业对环境变化的适应能力。

(3) 便于各事业部之间开展竞争,促进企业的良性发展。

(4) 每个事业部独立经营、单独核算、自成系统,有利于培养和训练高级管理人才。

(5) 便于组织专业化生产。

（二）事业部制的主要缺点

由于各事业部独立经营、单独核算、自成体系，各事业部之间工作不易协调，容易产生不顾整体利益的本位主义和分散主义倾向。此外，管理层级较多，管理者数量和管理费用也随之增加。

五、 超事业部制

超事业部制是直接在事业部制的基础上发展起来的。它与事业部制的主要区别在于，在企业最高领导者和各事业部之间增设一级"超事业部"或"事业总部"，其结构如图 5-5 所示。

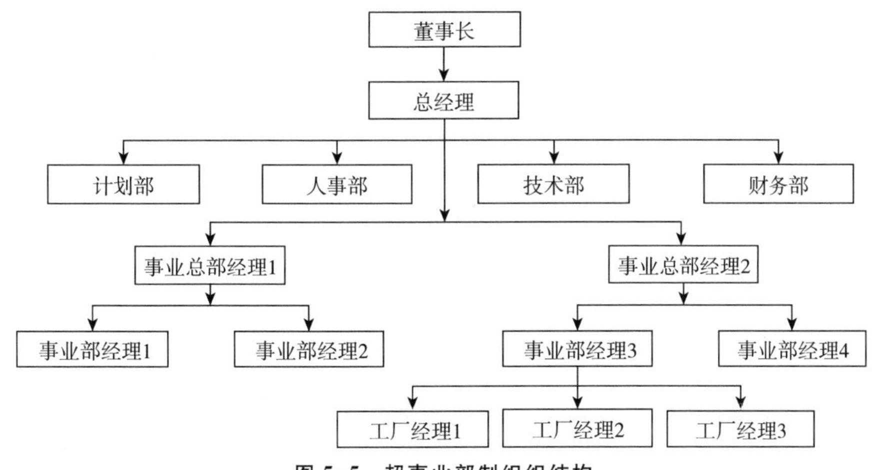

图 5-5 超事业部制组织结构

增设事业总部的目的在于使集权和分权更好地结合起来，协调各事业部之间的活动，克服本位主义和分散主义倾向等缺点，以便有效地利用各事业部的技术力量和生产能力来开发和制造新产品，增强企业的竞争能力，进一步减少企业最高领导者的日常事务（在一般情况下，各事业部只向事业总部报告工作），从而加强最高层的领导。

六、 矩阵制

矩阵制又叫目标规划制，它实质上是在直线职能制建立的纵向垂直领导系统的基础上，再增加一种横向的领导系统，即从垂直领导系统的各单位中，抽调各有关专业人员，组成为完成特定规划任务（如研制某种新产品或完成某项工程）的工作小组或委员会。参加该项规划任务的成员一般都要接受两个方面的领导，即在日常工作业务方面接受原单位和部门的垂直领导，而在执行具体规划任务方面接受规划任务负责人的领导。一旦任务完成，人员即可回到原来单位。这种组织形式是一种二维矩阵组织，如图 5-6 所示。

矩阵制组织结构能够把横向联系与纵向联系、集权与分权较好地结合起来，不仅便于加强各部门之间的协作,使各部门能够比较灵活地执行任务,提高工作效率,而且有利于集中具有专门知识和技能的人员来制订计划和解决问题。但是,在矩阵制组织结构中,由于每个成员都要接受两个或两个以上的上级领导,因此有可能由于意见分歧而增加工作困难。

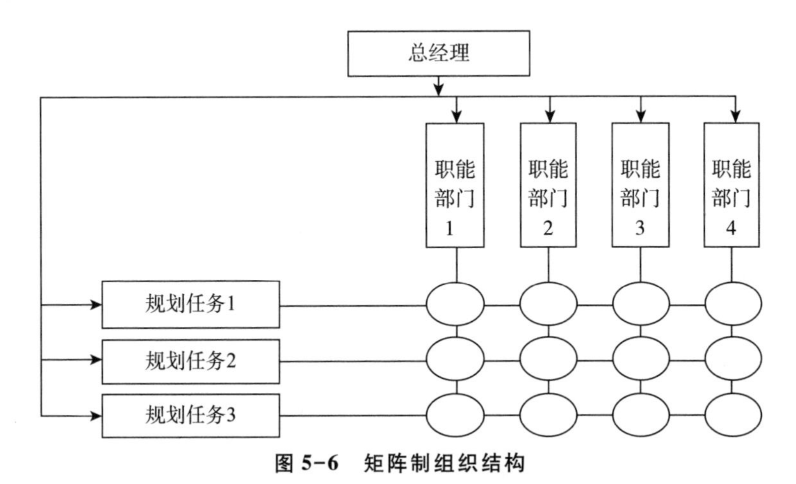

图 5-6　矩阵制组织结构

以上各种管理组织形式各有所长,适用于不同情境。具体到每一个企业究竟应选用何种组织形式,必须根据具体情况,考虑多方面因素来确定。所考虑的因素,除了前面所讲的战略、规模、技术和环境,还要考虑行业特点、企业的地域分布以及管理水平和人员素质等因素。

第三节　组织工作过程

管理组织是实现组织目标的载体。要使管理组织更好地发挥为实现组织目标服务的功能,必须处理好管理幅度与管理层级、直线职权与参谋职权、集权与分权的关系,以及做好组织变革工作。

一、管理幅度和管理层级的划分

(一)管理幅度

管理幅度是管理学中的基本概念。它是指一个行政主管所能直接领导的下属人员的数量。每个管理者的知识和精力总是有一定限度的,因而其管理幅度也是有限的。由于管理幅度的限制,一个人数众多的企业不可能由一个厂长或经理包揽全部管理业务,而必须逐级授权,实行分级管理。

一个行政主管应当直接领导多少下属人员并无统一规定,也不可能做出统一规定。最适当的管理幅度应当从有利于充分发挥管理者和被管理者的积极性,有利于提高工作效率、做好工作出发,视具体情况而定。若管理幅度过宽,则管理者精力不济,必然管理不周从而影响下属积极性的发挥,甚至贻误工作;若管理幅度过窄,则不能充分发挥领导者的才能,同时会增加管理层级,增加管理者数量和管理费用,而且不利于信息沟通,同样不能提高工作效率。

在确定管理幅度时,应综合考虑以下因素:

(1) 处理问题的复杂程度和工作量的大小。如果需要处理的问题比较复杂且工作量大,管理幅度就宜窄一些,反之宜宽。一般来说,越是高层管理,处理的问题越复杂,工作量也越大;越接近基层,处理的问题越简单,工作量也越小;因此,管理层级越高,管理幅度越窄;越接近基层,管理幅度越宽。大量调查研究表明,高层管理者的管理幅度以4~8人为宜,大企业偏少,小企业偏多。基层管理者的管理幅度以8~15人为宜。

(2) 管理者及其下属的素质水平。在下属人员条件一定的情况下,领导者的知识、技能、思想觉悟、组织能力、健康状况等水平越高,可以管理的幅度就越宽。同样,在管理者的素质水平一定的情况下,下属人员的知识、技能、思想觉悟、自治能力等水平越高,管理幅度也越宽。反之,管理幅度就越窄。

(3) 标准化和授权程度。如果一个管理者善于同下属成员一起,制定出若干工作标准,放手让下属按标准行事并把一些较次要的问题授权下级处理,自己只负责重大问题的决策,处理例外事项,其管理幅度自然可以拓宽。相反,管理幅度则不宜过宽。

(4) 信息沟通技术。把现代通信技术运用于管理,可以大大缩短信息收集、传递、处理、反馈的过程,管理幅度自然可以拓宽。即使在没有运用现代通信技术的情况下,如果有关职能部门和助手能及时为领导者提供简明扼要的建议和报告,也可以提高领导者的工作效率,拓宽管理幅度。

(二) 管理幅度和管理层级的关系

当组织的规模一定时,管理幅度与管理层级之间就呈反向变化关系,或者说是相互制约的关系。管理者的管理幅度宽,管理层级就少;管理幅度窄,管理层级就多。随着组织规模的扩大,进行一定的管理层级划分是十分必要的。但层级过多,会给组织带来许多问题,如:信息传递时间长,效率低,并且容易失真;管理者数量和管理费用增加。

二、 职权分类及相互关系

(一) 职权的种类

职权是管理者在职务范围内的管理权限,是其履行管理职能的前提,一个正式组织的职权可分为:

(1) 直线职权。直线职权是指组织内的直线管理系统的管理者所拥有的管理权力。

(2) 参谋职权。参谋职权是指作为主管人员的参谋所拥有的辅助性职权,主要是建议、咨询的权力。现代组织中,参谋人员已成为不可缺少的组成部分。组织的规模越大,越是在较高的管理层级,参谋人员的角色也就越重要。

(3) 职能职权。职能职权是指参谋人员或职能部门的主管人员拥有的权力。在纯粹参谋的情形下,参谋人员所拥有的只是建议权。当组织的规模较小,管理职能相对集中时,参谋人员的职能是比较宽泛的。随着组织规模的扩大,许多职能将日益独立化、专业化,原来专门为实施这种职能而出谋划策的参谋人员也就获得了一部分专门履行这种职能的权力,我们称其为职能职权。

职能职权是部门职能划分与分权的结果,形成职能职权就必然设置职能管理部门。

(二)正确处理直线人员与职能部门的关系

组织常常在不同的层级设置同一类职能部门。这样,在不同层级之间,为了做好某一方面的职能管理工作,就存在一个如何处理好直线人员与职能部门的关系问题。

处理这一关系的原则是,上一层级的职能部门对下一层级的职能部门只有业务指导的权力,没有直接指挥的权力,后一权力只能为该层级的直线主管人员所拥有。上一层级的职能部门对下一层级的直线主管人员的决策有建议参考权,但没有命令指挥权。总之,职能部门不能直接干预直线指挥权的行使。

(三)正确处理参谋人员与直线人员的关系

从理论上讲,直线人员与参谋人员之间是不应当产生矛盾的,因为设置参谋人员的目的是服务于直线人员。但在实际工作中,两者往往会存在一定的冲突。一般来说,为了避免直线人员与参谋人员的矛盾,对于直线主管人员来说,应当尊重参谋人员的意见,注重发挥他们的积极性;对于参谋人员来说,应当明确自己的角色和职责,不能越俎代庖。

三、 集权与分权的关系

集权与分权指的是组织决策权的集中化与分散化。集中化就是趋向于把较多和较大的决策权集中到组织最高层,中下层则处于决策权少而且小的地位;反之,如果趋向于将较多和较大的决策权授予中下层,高层只保留较重要的决策权,则称之为决策权的分散化。

任何组织既需要有一定程度的集权,也要保持一定程度的分权,两者必须形成符合组织具体条件的平衡状态,哪一个方面都不可过度膨胀。为此,必须处理好集权与分权的关系。

实行较高程度的集权,有利于集中领导、统一指挥,顺利贯彻组织共同的发展战略;有利于合理利用各类资源,加强控制和组织内的横向协调。但是,过度集权会限制中下层管理者的主动性、积极性和创造性的发挥,使最高层领导者陷入琐碎的日常事务工作中,使组织缺乏适应性。

加大分权程度,有利于中下层组织对所负责的工作,从实际出发灵活决策,从而提高组织的工作效率和适应性;有利于发挥中下层管理者的主动性和创造性。但是,如果过度分权也会产生种种问题,如滋生本位主义,加大各部门之间的横向协调难度,影响组织整体效率和效益的提高。

总之,集权与分权各有利弊,两者是一对矛盾体,它们体现了各自不同的管理要求,因此,必须根据组织的具体条件,处理好两者的关系,使之相互协调。所谓根据组织的具体条件,就是全面考虑影响集权与分权的客观因素,实事求是地确定组织集权与分权的程度。影响集权与分权程度的主要因素有:

(1) 组织规模。如果组织规模大,则分权应多些;反之,则集权应多些。

(2) 管理专业工作的性质。一般来说,人权、财权和规划权等权力,宜于集中;其他属于执行性的管理工作,则宜于分权。

(3) 各单位的管理水平和管理者素质。如果管理水平和管理者素质高,就应多些分权;反之,就应多些集权,待该单位的管理水平和管理者素质在实践锻炼中有所提升后,再适当放权。

总之,不同组织的情况各不相同,集权与分权的状况应有所差别。一个组织处于不同的发展时期,集权与分权的程度也应相应地发生变化,不能僵化不变。

权力分散可以通过两个途径来实现:一是组织设计中的权力分配(我们称之为制度分权);二是主管人员在工作中的授权。

制度分权是指在组织设计时,考虑到组织规模和组织活动的特征,在工作分析、职务和部门设计的基础上,根据各管理岗位工作任务的要求规定必要的职责和权限;而授权则是担任一定管理职务的领导者在实际工作中,为充分利用专门人才的知识和技能,或在出现新增业务的情况下,将部分解决问题、处理新增业务的权力委任给某个或某些下属。

四、 组织变革

组织变革又称为组织发展,指的是组织根据外部环境和内部条件的变化,及时地调整并完善自身的结构和功能,提升组织的生存与发展能力的过程。

组织所面临的外部环境和内部条件总是在不断变化的,任何组织结构在经过合理的设计并实施后,都不是一成不变的。如同生物的机体一样,它们必须具备随着环境和条件的变化而不断进行调整和变革的能力,以顺利地成长,延缓老化和消亡。

(一) 组织变革的内容

(1) 结构变革。结构变革就是对组织结构进行调整,重新划定权力与责任、部门之间的关系以及信息沟通的形式,如将组织从直线职能制转变为事业部制。这种变革是一种重大的调整,容易受到组织内部的抵制。

(2) 规模收缩。自 20 世纪 80 年代以来,许多大公司都进行了形式和力度不同的“瘦身运动”,也就是收缩企业的经营范围。这也可以视为组织的一种变革,影响的是组织的规模。

(3) 权力再安排。权力再安排主要指在组织内部进行权力的再分配。这种权力的再分配可能涉及组织的结构调整,也可能不涉及,仅仅是在上下层级之间进行权力的集中与分散的改革。

(4) 行为规范变革。主要包括管理者的重新安排、职能权限的重新划分、各种规章制度的修订等。

(二) 组织变革的形式

1. 激进式变革与渐进式变革

激进式变革指管理者力求在短时间内,对企业组织进行大规模的全面调整,以求彻底打破现状并迅速建立目标模式。渐进式变革则是通过对组织进行小规模的局部调整,力求实现向目标组织模式的转变。

激进式变革之所以能够以较快的速度达到目标模式,是因为这种变革对组织进行的调整是大幅度的、全面的;但与此同时,这种变革也容易导致组织的平衡性差,严重的时候会导致组织崩溃。这就是为什么许多企业的组织变革反而加速了企业灭亡的原因。与之相反,渐进式变革依靠持续的小幅度变革来达到目标,这样有利于组织的稳定。两种模式各有利弊,企业应当根据组织的承受能力来选择组织变革形式。

2. 自上而下的变革与自下而上的变革

组织变革的形式还可以划分为如下两种:一是自上而下、由上层推动的变革。这样的变革是由组织的管理层发起的。一般来说,这种变革的进程要迅速一些,因为它首先解决了领导层的问题。二是自下而上的变革,即由下层或基层组织率先开始改革。

(三) 组织变革的阻力与克服

1. 变革阻力的来源

在组织变革的过程中,不可避免地会遇到一定的阻力。阻力的来源主要有:

(1) 传统习惯。习惯成自然,改革往往需要改变一些传统的习惯。在一个组织中,工作的程序、方式、方法经过长期的实践,很容易形成比较固定的习惯。带来某些习惯改变的组织变革,容易引起人们的不同意见。

(2) 风险预期。变革往往伴随着一定的不稳定性。在组织中,一定的预期是人们满足安全需求的一个重要方面。组织变革需要消除人们不稳定的预期。

(3) 既得利益受损者。变革在很大程度上是利益分配格局的再调整,因此,在变革中利益受到损失的成员常常成为变革的阻力。

(4) 观念的冲突。变革中一般要引进一些新的观念,当这些观念与组织中的传统观念发生冲突时,也容易引起一些员工的反对,从而形成变革的阻力。

2. 变革阻力的克服

要使组织变革顺利进行,做好克服阻力的工作是相当重要的。在克服阻力的过程中,要注意做好以下几个方面的工作:

(1) 做好变革的舆论准备工作。一些人对改革的抵触、观望,在很大程度上是由于对组织变革的不了解甚至是误解而产生的。对于组织的管理者来说,做好变革的舆论宣传工作和准备工作是必不可少的。组织的管理者应当通过多种渠道、采取多种形式宣传变革,提高员工对于组织变革必要性的认识,消除人们的疑虑、恐惧和不安。

(2) 为组织成员提供参与变革的机会。在变革的过程中,管理者应在最广泛的范围内动员员工积极地参与组织变革的工作,而且组织变革的方案、所采取的措施应当由广大员工来参与确定。总之,要通过广大员工的参与,变阻力为动力。

(3) 平衡利益,注意特殊情况特殊处理。变革会不可避免地使一些人的利益受损。除了要做这些利益受损成员的思想工作,还应当注意利益的均衡,将改革中利益受损的人数及其利益损失降至最低。

(4) 变革过程要做到公平、公正和公开。变革的过程是利益格局再调整的过程,因此在这个过程中所有工作环节都应该公平、公正和公开地进行。只有如此,变革才会得到人们的理解和支持。

(5) 巩固变革的成果。变革能否得到人们最终的支持,关键要看变革之后组织能否获得更快的发展,员工能否获得更大的满足。因此,正确的变革,必须做好变革后的巩固工作,尽可能地缩短变革不稳定阶段,使组织发展能够尽快走上正轨。

第四节 组织文化

组织文化是指一个组织在长期的生存与发展过程中所形成的一种具有特色的、为全体员工所认同并对员工的行为产生约束力和激励力的价值系统。

组织文化的核心内容是组织的价值观,它为组织员工提供了一种共同意识以及日常行为的指导方针。组织文化通过以价值观为核心的文化意识,说服、感染、约束组织成员,把全体成员凝聚在一起,最大限度地调动成员的积极性,为组织的发展提供源源不断的动力。

一、 组织文化的特性

(一) 普遍性

组织是个人的集合体。组织目标和个人目标的统一是个人和组织获得发展的必要条件。要保证两者的统一,除了建立必要的制度规范,组织的管理者还必须让员工了解组织的目标,让个人目标自觉地与组织目标相协调。为此,组织内部必然会建立起一系列整合员工行为、观念的规范和判断这些行为和观念的标准,形成员工共享的符合组织宗旨和发展需要的价值观念和行为准则。即使组织内部没有下意识地去建立这些价值观念和行为准则,在组织的生存与发展过程中,它们也会逐渐地自然形成。可以说,只要有正式的组织,就会有组织文化。

(二) 客观性

组织文化虽然是通过有目的的活动建立起来的,而且管理者必须为之付出一定的努力,但是组织文化的形成并不完全取决于管理者的主观意志。组织文化能够发挥作用,首先必须为成员所接受,自然也就必须满足成员的要求。一种组织文化能够稳定并为社会所感知,也就必须符合组织的实际。这是对组织文化的客观性要求。现代组织不仅是人们工作的场所,也是人们社会生活的一部分,是人们社会性得到满足的重要途径。人们有理由希望工作本身具有意义。管理者在建设组织文化的过程中必须意识到这一点并积极实践。在组织文化的形成过程中,组织的结构、性质、规模以及所处的社会环境等都将对其产生直接的影响。这就是组织文化的客观性所在。

(三)实践性

每个组织的文化,都是在组织长期实践的基础上,通过有目的的实践活动有意识地培养起来的,离开了组织的实践,就不可能有组织文化。组织的实践是组织文化产生、发展及不断丰富的源泉。实践的含义还在于组织文化不是空洞的口号,而是要付诸实践的价值观和信仰体系。不结合组织实际的文化,只是一种文化形式;不能够指导组织实践的文化,只是一种文化理念;不能够与组织实际有机结合的文化,肯定是没有生命力的文化。

(四)可塑性

组织文化的可塑性指的是组织文化是可变的,受外部环境、组织的内部结构和组织目标等因素的影响。因此,组织文化的塑造必须紧跟时代的步伐,适应组织的发展,且有利于充分发挥组织成员的积极性。

二、组织文化的作用

(一)凝聚员工

组织中最重要、最活跃的因素是人。而人在一个组织中能否结成一个有机的整体,不仅需要制度化的组织分工,对全体成员进行制度化安排,还需要员工具有共同的价值观、行为准则和行为方式,能够认同自己工作的组织,能够与组织同呼吸、共命运,能够自觉地为实现组织目标而努力。这些都是制度和规则难以替代的。优秀的组织文化能统一员工的价值观、行为准则,把员工凝聚为一个团结的整体。这就是组织文化所发挥的凝聚作用。

(二)激励员工

组织文化的形成有助于员工获得较高的心理满足。因为在具有优秀组织文化的组织中工作,员工在组织中能够感受到温暖,进行深度的沟通,并获得多方面的满足。基于优秀的组织文化树立的良好的组织形象会使员工感到自豪,从而愿意为这样的集体努力工作,贡献自己的力量。

(三)规范行为

价值观是组织文化的核心。一旦这样的价值观深入人心,就会成为人们自觉的行为准则,以此约束自己的行为。优秀的组织文化可以通过教育,使人们在心目中形成一个强有力的内在约束机制。这个约束机制可以强有力地对员工行为进行规范,使全体员工的行为与组织的要求保持高度一致。

（四）树立组织的良好形象

组织同个人一样，也应有自己的形象。以企业为例，企业形象是提升企业竞争力的重要手段。塑造企业形象，离不开优秀的企业文化。一种优秀的企业文化，会通过企业的外在物质特征和员工的行为展示给社会。好的企业文化能够提高员工与社会的融合程度，容易为社会所接受，有助于企业更好地获得社会的支持。

三、 组织文化的构成

组织文化的构成以及各个部分之间的相互关系，是把握组织文化内在规律、主动建设组织文化的前提。从文化的角度来看，一般可将组织文化分为三个部分。

（一）物质层文化

物质层文化是以实体性的文化设施，如带有本组织文化色彩的图书馆、俱乐部等为载体所形成的组织文化体系。物质层文化是组织文化中的表层部分，组织内外的人们都可以通过这些实体性的载体直接感知组织的文化特色，是从直观上把握组织文化的一条基本途径。

（二）制度层文化

制度层文化是通过组织成文的规章制度、工作流程、行为守则，以及在组织长期的实践中所形成的不成文的、但是在组织中对员工行为具有约束作用的道德规范所表现的组织文化。制度层是组织文化的第二层（或称中间层），它构成了各个组织在管理上的文化个性特征。制度层在组织文化的形成过程中起着十分重要的作用。

（三）精神层文化

精神层文化主要表现为组织员工所具有的共同的价值观、经营理念。它是组织文化中最深层、最稳定的内容，是组织文化发挥作用的源泉。同时它是组织文化建设的最终目标，也是最为困难的目标。精神层的组织文化一般要通过员工的行为方式分析才可能真正感受与把握。所以，精神层组织文化的形成，就标志着组织员工的基本价值观的统一。

上述组织文化的三个组成部分不是并列关系，而是具有一定的层次性。这些层次以一定的规律互相影响，从而构成一个有机的整体。它们之间的关系是：

（1）精神层文化决定制度层文化和物质层文化。精神层是组织文化中相对稳定的层次，它的形成受到政治、经济、文化以及本组织的实际情况的影响。精神层一经形成，就处于比较稳定的状态。精神层文化是组织文化的决定因素，有什么样的精神层文化，就有什么样的制度层文化和物质层文化。领导者头脑中的组织哲学、价值观念、道德规范等，使他们制定或推动企业形成一系列的规章制度、行为准则来实现他们的目的，从而体现出他们特有的精神层的内容。可见，精神层文化对制度层文化的影响是最直接的。在推行或实施这些规章制度和行为准则的过程中，组织的领导者就会创造出一定的工作环境、文化设施等，从而形成独特的物质层文化。可见，精神层文化对物质层文化的影响是间接的。

(2) 制度层文化是精神层文化和物质层文化的中介。精神层文化直接影响制度层文化,并通过制度层文化影响物质层文化,因此,制度层文化是精神层文化和物质层文化的中介。制度层文化的中介作用,使得许多卓越的组织者都非常重视制度层文化的建设,使其成为本组织的重要特色。

(3) 物质层文化和制度层文化是精神层文化的体现。精神层文化虽然决定着物质层文化和制度层文化,但精神层文化具有隐性的特征。它隐藏在显性内容的后面,必须通过一定的表现形式来体现。就领导者和全体员工来说,他们的精神活动也必须付诸实践。因此,组织文化的物质层和制度层就是精神层的体现和实践。物质层文化和制度层文化以其外在的形式体现了组织文化的水平、规模和特色,体现了组织特有的组织哲学、价值观念、道德规范等方面的内容。因此,当我们看到一个组织的工作环境、文化设施、规章制度,就可以想象出该组织的文化精髓。组织文化的物质层和制度层除了体现精神层的作用,还能直接影响员工的工作情绪,直接促进组织哲学、价值观念、道德规范的进一步成熟和定型。所以,许多成功的组织都十分重视组织文化中物质层和制度层的建设,明确组织的特征和标志,完善组织制度的建设和规范,从而以文化的手段激发员工为实现组织的目标而不懈努力。

四、 组织文化建设的原则

(一) 思想认识领先原则

组织文化建设是以塑造个人及群体的价值观为核心,使个人及群体行为长期自觉地保持预定方向的管理活动。因为人的行为都是在一定的思想意志的支配下进行的,因而组织文化的建设首先必须解决人们的思想认识问题。为此,不仅组织的领导者要认识到这一点,而且组织的每一个员工都应该具有这样的认识。只有如此,组织文化建设才能全面、系统地开展。

(二) 领导者身体力行原则

组织文化是组织精神的体现,组织的领导者必须首先带头,身体力行地提出组织文化要求。没有领导者的带头实践,组织文化就难以建设,即使建设起来也难以稳定。领导者身体力行意味着,领导者不仅应按照组织文化的基本内容要求自己,而且在建设组织文化的工作中,应像对待组织的业务工作那样,投入足够的时间和精力。

(三) 全员努力原则

组织文化建设是一个组织各单元的共同任务。在工作中,各个部门、各个层级都要遵循组织文化建设的自身规律和要求,将工作流程以一定的程序固定下来。组织文化建设涉及组织内的各个部门,范围广泛;工作角度不同,承担组织文化建设的具体任务也不同,但各方面的工作必须保持默契的配合。只有做到纵向贯通、横向配合,工作网络建设才会逐步完善,组织文化建设才能够深入人心。

（四）持之以恒原则

组织文化的形成，特别是一种优秀组织文化的形成，不是一朝一夕或一蹴而就的事情。所以，在组织文化的建设中，一旦找准了方向，明确了方针，就应当坚持下去。这可能需要几任领导、几代员工的努力。这也是组织文化建设的艰巨所在。

五、 组织文化建设的具体措施

（一）深入研究，提出文化核心

组织文化应当是一个庞大的组织价值系统。在文化建设中，组织文化应当有相当精练的核心内容，便于组织内外了解和贯彻。一种文化核心的提炼，是一个比较困难的过程。领导组织文化建设的管理者一定要从外部形势与内部实际出发，认真研究，提出能够凝聚人心、鼓舞人心的文化核心。

（二）实施恰当的文化仪式

一种恰当的文化仪式在文化建设中的作用是不可低估的，如一些企业的朝会、升旗制度等，都是强文化建设的重要形式。但是，一种仪式要发挥作用，必须符合组织所在文化环境的习惯、特点，不能够为形式而搞形式。

（三）树立榜样

文化中的价值观在榜样的行为中体现最为充分。在组织文化的建设中，树立榜样、宣传文化理念、动员员工向榜样学习是必不可少的途径。组织应当按照文化建设的要求，实事求是地在组织中树立榜样。

（四）恰当地物质化，树立形象

本章小结

组织文化具有物质层。物质层面的文化表现不仅可以形成文化氛围，强化教育的作用，也有对外宣传、树立形象的作用。但是，组织文化的物质化一定要恰当，不能弄巧成拙；一定要全面考虑，精心设计。

思考题

1. 什么情况下集权可能比分权对组织更有利？
2. 为什么大企业往往采用事业部制？
3. 组织采用矩阵制的主要原因有哪些？
4. 有机式组织的主要优点是什么？
5. 在本地找两家不同的组织（零售店、制造厂等），了解它们的组织结构，说明它们之间的异同。

案例讨论

第六章　领　导

【学习目标】

1. 理解领导的内涵，弄清领导者与管理者的区别。
2. 理解领导者的能力、影响力的含义，分析如何提高领导的影响力。
3. 掌握管理方格理论、权变理论、生命周期理论和途径—目标理论的含义。
4. 明确领导类型的含义，分清各种领导类型的特点。
5. 了解领导体制的含义与领导团队建设的方法。
6. 了解领导的艺术。

【基本概念】

领导　领导者　管理者　领导者的影响力　领导理论　领导类型　领导艺术

案例讨论

第一节　领导与领导者

一、领导的内涵

什么是领导？对于这样一个众所周知的名词，管理学者有着许多不同的解释，例如：

领导是组织内群体或个人施加影响的活动过程。

领导是一门促使下属充满信心，满怀热情来完成他们任务的艺术。

领导是影响人们为达成群体目标而努力的一种行为。

领导是一种说服他人热心于一定目标的能力。

领导是一种影响过程，即领导者和被领导者之间作用和反作用的互相影响的动态过程。

……

把上面各种表述归纳起来，对领导的实质可进行如下表述：领导是引导和影响个人、群体或组织，在一定条件下实现所期望目标的活动过程。领导是一门科学，是探索领导者、被领导者、环境三要素如何相互作用的科学。领导又是一门艺术，是寻求如何达到领导者、被领导者、环境三要素和谐统一的艺术。

领导者和领导不同,领导者是组织中的一种角色或者职务,是在领导过程中承担指引任务或者发挥影响作用的个体。领导者在三要素中居于核心地位,其行为对被领导者具有支配和强化作用,其素质和领导水平是企事业单位成败的关键。在企业中,领导者是企业法人代表,是员工利益的代表者和维护者,是信息的使用者和传播者。

二、 领导者与管理者

在我们日常的汉语使用习惯中,对领导和领导者的概念是不加以区分的,但是,事实上,领导和领导者是两个不同的概念。领导者是指担任某项职务、扮演某个角色、实施领导过程的个人或集团。领导者可以是任命的,也可以是从一个群体中产生出来的,领导者可以不运用正式权力影响他人的活动。管理者是指通过他人来完成工作,他们负责做决策、分配资源并指导他人的行为以达到工作目标。管理者是被任命的,他们拥有合法的权力进行奖励和处罚,其影响力来自他们就任的职位所赋予的正式影响力。

领导者与管理者的区别在于:领导者主要就是创造影响,这种影响可能来自组织中正式的管理职位,也可能来自组织的正式结构之外。管理者主要是通过他人来完成工作,要在成本最小化的条件下实现预定的活动目标,即追求活动的效率和效果。效率涉及的是活动的方式,就是正确地做事。效果涉及的是活动的结果,就是做正确的事。从领导者与管理者的工作行为来看,领导者是在“做正确的事”,实现的是管理的效果问题;管理者是在“正确地做事”,实现的是管理的效率问题。

三、 领导者的能力

领导者在群体中起关键作用,一个有效的领导者必须同时将工作领袖和情绪领袖两种角色集于一身。领导者的主要能力有如下四个方面:

(一) 组织功能

这属于一般管理的研究范围,领导者领导群体成员采取一定的手段实现组织目标,就是组织功能。具体内容包括:

(1) 领导者遵循科学的决策程序,根据组织的需要和内外条件确立组织目标。

(2) 建立科学的管理系统,以提高管理的科学性与有效性。

(3) 合理地组织和利用人力、物力、财力,以保证组织目标的实现。

(二) 激励功能

这是管理心理学研究的核心内容之一。一个领导者如果仅缺乏技术性知识与能力,还不足以影响他继续担任领导岗位,因为只要他能够充分发挥激励功能,调动全体员工的聪明才智来实现领导者的组织功能,就可以实现企业的组织目标。但激励功能必须由领导者自身来完成,不能借助他人的能力来完成。激励功能包括以下几个方面:提高被领导者接受和执行目标的自觉程度,激发被领导者实现组织目标的热情,提高被领导者的行为效率等。

(三)指挥功能

在一个组织内部,需要头脑清晰、胸怀全局、面对困难和危机能够运筹帷幄的领导者帮助成员认清企业组织当前所面临的处境和形势,为成员指引工作的目标和实现组织目标的途径。领导者只有站在被领导者的前面,做好带头作用,才能真正起到指挥的作用。

(四)协调功能

在许多集体工作中,即使有了明确的组织目标,但由于组织中每个人的才能、工作态度、理解能力、性格等方面的不同,再加上外界因素的干扰,成员之间很容易产生分歧,行动上往往出现偏离目标的情况,这个时候组织中就需要领导者来协调大家的工作活动,让大家团结起来,使组织内部的分歧和矛盾最小化,从而促进组织目标的实现。

四、领导者的影响力

(一)影响力的类型

一个领导者要实现领导的功能及作用,关键在于影响力。影响力是一个人在与他人交往中,影响与改变他人心理和行为的能力。影响力人人都有,但一般人的影响力远远小于领导者的影响力。领导者的影响力具有举足轻重的作用,从影响性质来看,可将其分为强制性影响力和自然性影响力。

1. 强制性影响力

它也叫权力影响力。这种影响力是由社会赋予个人的地位、职位、权力等构成的。只有领导者才具有这种影响力,该影响力具有强迫性、不可抗拒性,并以外部压力的形式表现出来,如服从、被动。这种影响力的激励作用是有限的。构成强制性影响力的因素有传统因素、职位因素、资历因素等,以上因素都不是领导者的实际行为造就的,而是外界赋予的,这些要素的核心是权力。

2. 自然性影响力

它也称非权力影响力,这种影响力没有正式规范,没有上级授予形式,是自然产生的影响力,它强调的是顺从与依赖。影响自然性影响力的因素有品格因素、能力因素、知识因素和情感因素等,上述因素都是领导者的自身素质与行为造就的,它与权力无直接关系,这种影响力对别人产生的心理影响是自然的,较强制性影响力更有力量。

(二)提高领导者影响力的途径

对一个领导者来说,提高自己的影响力应从如下几个方面着手:

1. 合理、合法地运用组织赋予的权力

领导者拥有了权力,就拥有了一定的影响力。但一个领导者如果不是为了组织的利益使用权力,而是以权谋私、滥用权力,其非权力影响力必然无法建立起来,并且其权力

影响力也会大打折扣。要想建立权力影响力,必须合理、合法地运用组织赋予的权力。为此,要做到大公无私、自觉地为组织和被领导者服务、为其谋利益;此外,要赏罚分明、一视同仁、人人平等,不能拉帮结派、打击异己。

2. 注重修养,以身作则

在领导者的非权力影响力形成的过程中,品格是第一位的因素。一个领导者只有具备了优秀的品格,才能为下属所敬仰和尊重。这就要求领导者必须严格要求自己,时时处处带头示范,以身作则。一些领导干部在实践中体会到:要当好一个领导者,就应做到"要群众做到的自己要先做到,要群众不做的自己绝不做"。这可以说是领导者树立非权力影响力的座右铭。

3. 努力学习,丰富知识,提升能力

在现代社会中,管理者必须具有丰富的知识和卓越的能力,否则就完成不了管理任务。从非权力影响力的形成来看,领导者也必须具有丰富的知识和卓越的能力,这样才能为下属所佩服和信赖,下属也才会相信其指挥的正确性,自觉地服从其领导。所以,领导者必须努力学习,不断地汲取新知识,增长才干,提升能力。

4. 密切联系群众,与群众"打成一片"

一个人权力再大,能力再强,如果高高在上,脱离群众,就会成为孤家寡人,得不到组织中他人的支持和拥戴,这样就难以带领被领导者一起完成组织任务,难以形成强大的非权力影响力,提高其自身影响力。因此,领导者必须重视与其下属的关系,主动与下属及其他组织成员交流感情,和他们"打成一片"。只有这样,人们才会真心实意地拥护并支持领导者,上下齐心地实现组织的目标。

第二节 领导理论与领导风格

管理心理学家对领导的有效性问题进行了长期的研究,按其发展阶段形成了三种理论:领导特质理论、领导行为理论和领导权变理论。

一、 领导特质理论与风格

领导特质理论认为,有一组能用来识别领导者是否有成效的个人特质和特征。这种特质与特征主要是指领导者个人所具有的品德、能力、知识、修养和领导艺术等。

心理学家和管理学家们对于领导者应该具备哪些特质有较多的表述,这里介绍有代表性的两种。

(一) 六类特质理论

有学者认为,领导者的特质可分为下列六大类:体质特征、社会背景、智力、性格、与工作相关的特征和社会特征,如表 6-1 所示:

表 6-1 研究领导者特质的实例

体质特征	年龄、体重、身高、外貌等
社会背景	教育、灵活性、社会地位、同事关系等
智力	判断力、果断性、说话流利程度等
性格	独立性、自信心、支配或依赖、进取性、急性或慢性等
与工作相关的特征	成就的需要、创造性、毅力、责任的需要、对人的关心、对成果的关心、安全的需要等
社会特征	领导能力、合作精神、与人共事的技巧、权力的需要等

(二)十大条件理论

这是由美国普林斯顿大学教授威廉·鲍莫尔(William Baumol)提出的,他认为企业领导者应该具备下列十大条件:

(1)合作精神。愿意与他人共事,能够使别人愿意与之合作;对人不用压制,而用说服和感化。

(2)决策才能。能根据客观实际情况而不凭主观想象做出决策,具有高瞻远瞩的能力。

(3)组织能力。善于发现下属才智,善于组织人力、物力和财力。

(4)恰当授权。能把握方向,抓住大事,而把小事分派给下属去做。

(5)善于应变。能随机应变,不墨守成规。

(6)勇于负责。对国家、员工、消费者以及整个社会都有高度的责任心。

(7)勇于创新。对新事物、新环境、新技术、新观念都有敏锐的感受力。

(8)敢于冒险、有雄心,敢于承担风险,能开创新局面。

(9)尊重他人意见。能听取别人的意见,不狂妄自大,知人善任。

(10)品德超人。品德为社会和企业内部的人所敬仰。

然而,经过多年的调查研究,人们对成功领导者的性格、品质特征难以达成共识。其原因有:用来表述性格、心理特征的一些概念,其内涵不清,有时在语义上相互交叉和矛盾。而且根据这些特征,实践中还是难以挑选领导者,甚至难以区别领导者与被领导者。德鲁克曾说,有效的管理者,就像医生、教员和音乐家一样各有不同的类型;而缺少有效性的管理者,也同样具有各种各样的类型。因此,有效的管理者与无效的管理者之间,在类型、性格及才智方面,是难以加以区别的。

二、领导行为理论与风格

领导行为理论是一种着重研究领导者如何以自己的不同行为和作风来影响被领导者,以及分析判断领导是否有效的理论。从20世纪40年代起,心理学家和行为学家们对领导者在领导过程中所采取的领导行为,以及不同领导行为对员工的影响进行研究,以寻求最佳的领导方式。最终,形成了以下三种具有代表性的领导行为理论。

(一) 领导行为四分图法

1945 年,美国俄亥俄州立大学首先开创了从领导方式来探讨领导行为模式的研究,他们对一千多个描述领导行为的特征不断进行提炼、概括,最终归纳为“抓组织”与“关心人”两大类。“抓组织”就是以工作为中心,领导者为实现工作目标,规定了下属应完成的任务。它包括设置组织机构、明确职责和互相关系、确定工作目标、建立信息网络。“关心人”就是以人际关系为中心。它包括建立互相信任的气氛、尊重下属意见、注重下属的感情和问题等。用这两个标准进行划分,将其设计成领导行为四分图。

这项研究发现,“高‘关心人’,高‘抓组织’”的领导行为将收到最佳效果。后来,一些学者补充修正了这一理论,他们以无故旷工、事故、过失记录、营业额、流动率为指标,考察企业 11 个月后发现,生产部门“抓组织”与效率有明显的正比关系,“关心人”则与效率具有反比关系;而非生产部门恰好相反。

(二) 管理方格理论

1964 年,美国得克萨斯州立大学的两位管理学家罗伯特・布莱克(Robert Blake)和简・穆顿(Jane Mouton)在《管理方格》(*The Managerial Grid*)一书中提出领导管理方格图,又称管理方格坐标图。

他们将“关心工作”作为横坐标,“关心人”作为纵坐标,画出坐标图;每个坐标轴细分为 9 个刻度,形成 9 × 9 = 81 种方格组合。该理论认为,任何一个领导者的行为都或多或少地体现在两个要素上,相应地,都会投射到坐标图上,如图 6-1 所示:

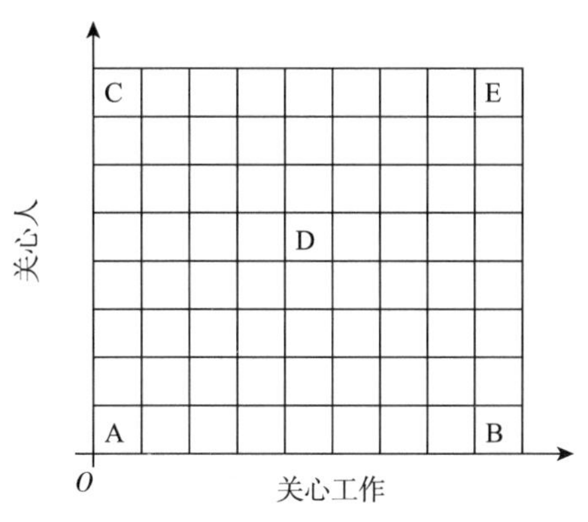

图 6-1 领导管理方格图

要评价领导者,则按其“关心人”与“关心工作”的程度找到其交叉点。例如,某领导者关心工作的程度为 1,关心人的程度为 9,那么他就是(1,9)型领导者。

基于管理方格图,他们提出了 5 种类型的领导方式。

1. A(1,1)型领导方式

这种领导方式又称“贫乏管理型”或“虚弱管理型”。该类型的领导者不关心人,也不关心工作,他们的特征是在其位、不谋其事。他们宁可熬时间也不做有益于同事和组织的贡献;他们所求不多,但所给甚微。

A(1,1)型领导者能胜任单调、重复又没有挑战性的工作。他们的下属可能将其对自己的忽视视为认可,但一旦看清一切之后,就可能会失望离去。在竞争激烈的情况下,可能会导致工作情绪一蹶不振。

2. B(9,1)型领导方式

这种领导方式又称"任务管理型"。这种类型的领导者只关心工作,不关心人。他们追求成功,把提高生产率放在第一位,喜欢运用控制、监督、统治等权力行事;他们意志坚强,做出决策后绝不改变,在管理中表现得独断专行。

B(9,1)型领导者的问题很明显,他们使被领导者变得冷漠疲劳,公开或暗地里反对领导者;虽然在激励竞争的有限时间里可能取得高的生产效率,但由于不关心人,不能提高员工士气,最终会导致生产效率的下降。

3. C(1,9)型领导方式

这种领导方式又称"乡村俱乐部式管理"。这种类型的领导者只关心人,不关心工作。该类型领导者最大的特点是重视下属的态度和情感,他们渴望被认可、被拥戴,不将自己的意愿强加于人,对下属过多赞扬,并且能够容忍下属的各种行为;他们鼓励下属之间的交往,从而在组织中形成了一种慵懒的乡村俱乐部式的气氛。

C(1,9)型领导者的优点是可以提高员工的满意度,但他们不重视效率,随便为员工减压,生产效率无论从长期或短期来看都不可能提高。

4. D(5,5)型领导方式

这是一种管理上的"中庸之道"。这种类型的领导者追求问题"平衡"解决,在对待组织目标上,他们寻求员工与组织能妥协的目标,但不一定是最佳目标;在关心人上,他们注意听取下属意见并能采纳,但采纳的目的是分散责任、搞好关系。

D(5,5)型领导比B(9,1)和C(1,9)型领导好一些,适用于日常事务较多、规章制度比较健全的企业,但易使下属变得圆滑、看上级眼色行事。从长远来看,这种领导方式是无法帮助企业立足于激烈的竞争市场之上的。

5. E(9,9)型领导方式

这种领导方式即"团队管理型"。这种类型的领导者既关心人,也关心工作,能切合实际地分析问题,善于将组织需求与个人需求统一起来,使员工积极、高效地完成任务。他们乐于学习、掌握新知识和有效方法,被认为是处在自我实现层次的人。

E(9,9)型领导方式是最完善的领导方式。他们能激发员工的创造热情,发挥个人能力,进而更好地实现组织目标,是组织共同追求的领导方式。

(三)领导连续流理论

美国学者罗伯特·坦南鲍姆(Robert Tannenbaum)和沃伦·施密特(Warren Schmidt)认为,领导方式是多种多样的,从专权型到放任型存在多种过渡类型。根据这种认识,他们提出了"领导连续流理论"。图6-2概括描述了该理论的基本内容和观点,列出了七种典型的领导方式。

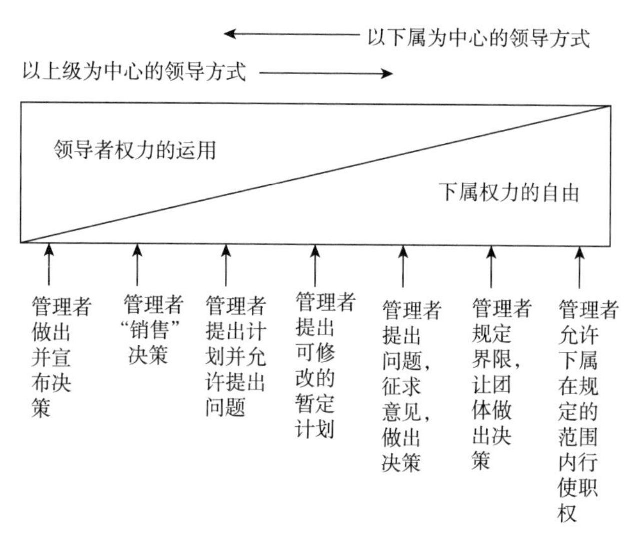

图 6-2　领导连续流理论

（1）领导者做出并宣布决策。在这种方式中，上级确认一个问题，考虑各种可供选择的解决方式，从中选择一个，然后向下属宣布，以便执行。他可能考虑，也可能不考虑下属对他决策的想法。但不管怎样，他不给下属参与决策的机会，下属只有服从他的决定。

（2）领导者“销售”决策。在这种方式中，如同前一种方式一样，领导者承担确认问题和做出决策的责任，但他不是简单地宣布这个决策，而是说服下属接受他的决策。这样做是表明他意识到下属中可能有某些反对意见，他企图通过阐明这种决策给下属带来的利益以消除这种反对。

（3）领导者提出计划并允许提出问题。在这种方式中，领导者做出了决策，并期望下属接受这个决策，但他向下属提供一个有关他的想法和意图的详细说明，并允许提出问题。这样，他的下属就可以更好地了解他的意图和计划。这个过程使领导者及其下属能深入探讨这个决策的意义和影响。

（4）领导者提出可修改的暂定计划。在这种方式中，允许下属对决策发挥某些影响作用。确认问题和决策的主动权掌握在领导者手中。他先对问题进行考虑并提出一个计划，但只是暂定的计划，然后把这个计划交给有关人员征求意见。

（5）领导者提出问题，征求意见，做出决策。在这种方式中，虽然确认问题和进行决策仍由领导者来进行，但下属有建议权。下属可以在领导者提出问题后，提出各种解决问题的方案，领导者从他自己和下属提出的方案中选择满意者。这样做的目的是充分利用下属的知识和经验。

（6）领导者规定界限，让群体做出决策。在这种方式中，领导者把决策权交给群体。这样做以前，他解释需要解决的问题，并给要做的决策规定界限。

（7）管理者允许下属在规定的范围内行使职权。在这种方式中，群体有极度的自由，唯一的界限是上级所做的规定。如果上级参加了决策过程，也往往以普通成员的身份出现,并执行群体所做的决定。

坦南鲍姆和施密特认为,上述方式孰优孰劣没有绝对的标准,成功的领导者不一定是专权的人,也不一定是放任的人,而是在具体情况下采取恰当行动的人。当需要果断指挥时,他善于指挥;当需要员工参与决策时,他能提供这种可能。只有这样,才能取得理想的领导效果。

三、 领导权变理论与风格

领导权变理论又称为环境或情景理论。领导行为研究成果表明,领导的有效性不仅与领导者的行为和素质有关,而且与领导者所处的环境的关系更大。权变理论正是研究领导者行为在一定环境下成为有效的环境变量的理论,它指明有效的领导随环境变化而变化。这里主要介绍菲德勒模式、途径—目标理论和生命周期理论。

(一) 菲德勒模式

弗雷德·菲德勒(Fred Fiedler)是第一个把人格测量和环境分类联系起来研究领导绩效的心理学家。他经过大量的调查和长达15年的研究,提出了一个“有效领导的权变模式”,通常也叫菲德勒模式。他认为,领导的好坏受三个环境因素的影响:一是领导者与被领导者的关系;二是工作任务是否明确;三是领导者所处位置的固有权力以及取得各方面支持的程度(地位权力)。菲德勒认为,如果这三个环境因素都是好的,那就是最有利的条件;如果三个环境因素都不好,那就是最不利的条件。

菲德勒对1 200个群体进行的调查分析证明,在最有利的环境条件下和最不利的环境条件下,采用以工作为中心的领导方式,效果最好;在处于中间状态的环境条件下,采用以人为中心的领导方式,效果最好。

根据上述三个环境因素的变化进行组合搭配,可形成8种领导方式,如表6-2所示:

表6-2 8种领导方式

序号	1	2	3	4	5	6	7	8
领导者与被领导者的关系	好	好	好	好	差	差	差	差
工作任务是否明确	明确	明确	不明确	不明确	明确	明确	不明确	不明确
领导者的地位权力	强	弱	强	弱	强	弱	强	弱
领导者的领导方式	以工作为中心	以工作为中心	以工作为中心	以人为中心	以人为中心	无资料	未发现什么关系	以工作为中心

从这8种领导方式可以看出,环境因素决定领导方式。比如1号,在领导者与被领导者关系好、任务明确、领导者的地位权力强的环境下,应采用以工作为中心的专制的领导方式。又比如8号,在领导者与被领导者关系差、任务不明确、领导者的地位权力弱的

环境下,也应采用以工作为中心的领导方式。再比如4号,在领导者与被领导者关系好、任务不明确、领导者的地位权力弱的环境下,则应采用以人为中心的领导方式。

菲德勒模式指出,要提高领导的有效性,要么改变领导方式,要么改变领导者所处的环境。在环境因素最好或最坏的条件下,应选择以工作为中心的领导方式;反之,应选择以人为中心的领导方式。

(二)途径—目标理论

途径—目标理论是由加拿大多伦多大学教授埃文斯(Evans)和罗伯特·豪斯(Robert House)提出的。该理论认为,领导者的有效性取决于其激励下属达到组织目标的能力,以及使员工在工作中得到满足的能力。这要求领导者帮助员工排除达到目标的障碍,在领导过程中提供或创造各种满足员工需要的机会。

途径—目标理论认为,有4种领导方式可供同一领导者在不同的环境下选择使用,分别是:

(1)指令性方式。领导者发布指示,决策时没有下属参与。

(2)支持性方式。领导者对下属很友善、关心,从各方面给予支持。

(3)参与性方式。领导者在决策时征求并采纳下属的合理化建议。

(4)以成就为目标。领导者向下属提出挑战性的目标,并相信他们能够达到目标。

途径—目标理论认为,最有效的领导方式必须考虑到情景因素,比如下属的工作环境和任务的性质等。例如,当下属觉得他有能力完成任务且很需要荣誉和交往时,就应选择支持性的领导方式;而当工作任务模糊不清、员工无所适从时,他们希望领导者通过指令性的领导方式,帮助他们对工作做出明确的规定和安排。当工作内容已经明确或者涉及一些比较熟悉的例行性工作时,如果领导者仍然不断地发出指令,就会使员工感到厌烦,引起员工的不满。因此,这时领导者最好采取支持性的领导方式。

(三)生命周期理论

美国心理学家卡曼把俄亥俄州立大学的领导行为四分图法与克里斯·阿吉里斯(Chris Argyris)的"不成熟—成熟"理论结合起来,创造了生命周期理论。

这个理论认为,领导者的行为要与被领导者的成熟度相适应,随着被领导者成熟度的不断提高,领导方式也要做出相应的变化。这里所说的成熟度主要是指心理的成熟度,如有成就感、有负责任的意愿和能力、有工作经验和受过一定的教育等。

一般来说,员工成熟度的平均水平有如下一个发展过程:不成熟—初步成熟—比较成熟—成熟。在这四个阶段中,领导的方式不能一成不变,否则将会影响到领导的效果。

卡曼指出,随着员工年龄的增长、技术水平的提高,员工由不成熟逐渐向成熟发展,因而领导行为应该按照下列顺序逐渐推移:高工作、低关系→高工作、高关系→高关系、低工作→低关系、低工作,如图6-3所示:

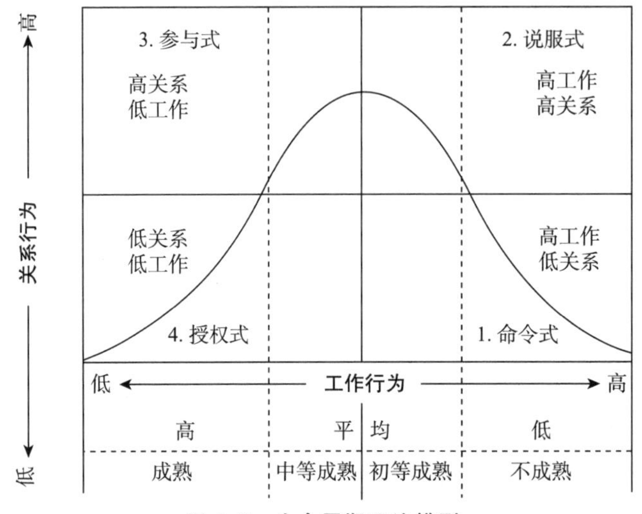

图 6-3　生命周期理论模型

图 6-3 中，横坐标表示以工作为主的工作行为，纵坐标表示以员工为主的关系行为。同时引进了第三个因素——成熟度。工作行为表示领导者用单向沟通模式来指示下属干什么、怎么干等。关系行为表示领导者用双向沟通方式来指导下属并关注员工的福利。就是说，当被领导者处于不成熟阶段时，可以采用高工作、低关系的命令式领导。当被领导者的成熟度进入初步成熟阶段时，可以采取工作行为和关系行为都略高的方式，即说服式最为有效。领导者与下属通过双向沟通方式，交流信息，互相支持。当被领导者进入中等成熟阶段时，可以采取高关系、低工作的领导方式，即参与式最为有效。领导者和下属分享观点，共同促进决策。当被领导者发展到成熟阶段时，领导者应采取低关系、低工作的领导方式，即授权式最为有效。领导者给予下属权力，自己起监督作用，通过充分授权、高度信任来调动下属的积极性。

第三节　领导类型

一、领导者—成员交换理论与交易型领导

（一）领导者—成员交换理论

1. 领导者—成员交换理论的内涵

领导者—成员交换（Leader-Member Exchange，LMX）理论认为领导者和组织成员之间的关系，是通过一系列的观望、试探、互动、谈判等活动在一段时间内发展起来的。这一过程所导致的结果，就是同一个领导者与不同的下属会有不同的或亲近或疏远的关系。例如，一个有 10 名下属的领导者就会有 10 种不同的领导者—成员交换关系。当领导者与下属之间的关系比较亲近时，领导者与这些下属互相认为对方是“圈内人”，反之则是“圈外人”。

所谓圈内（In-group）成员包括那些以具有高度的相互信任、尊敬、忠诚与影响为特征的、与其领导者有着强社会联系的下属。圈外（Out-group）成员包括那些以低互信与自上而下的影响为特征的、严格以任务为中心的、与其领导者有微弱的社会联系甚至没有任何社会联系的下属。圈内成员可以一起和谐地工作并接受领导，是因为他们具有优越感。而圈外成员也许不会减少团队合作，但肯定不会做出积极贡献。圈内成员与领导者之间是一种相互尊重、彼此信任、双方的职业关系与业务不断延续和增强的关系，这种关系是一种高质量 LMX。相反，圈外成员与领导者之间的关系就属于低质量 LMX。

2. LMX 理论的实际应用

LMX 以其独特的理论视角，引起了心理学界、管理学界的高度关注，人们在进行更高层次理论研究的同时，也渐渐开始注重它的应用研究。LMX 的理论进展已经为我们的实践提供了应用框架，在保持高质量上下级关系以及大幅度提高员工绩效方面已给予了领导者十分有效的工具。LMX 理论在组织中的应用，也使得传统的自上而下的单向管理变为上下级之间甚至于员工与团队或组织之间的互动式管理，这种互动式管理更加强调了相互之间的沟通、学习和塑造。除此以外，LMX 还可以在以下几个方面发挥积极作用：与领导者的培训发展计划有机地结合；与员工的职业生涯发展结合；建立组织内良好的信息沟通网络；提升团队合作精神，增强组织凝聚力。

（二）交易型领导

1. 交易型领导的内涵

该概念由贺兰德（Hollander）于 1978 年提出。他认为领导行为发生在特定情境之下时，领导者和被领导者相互满足的交易过程，即领导者借由明确的任务及角色的需求来引导与激励下属完成组织目标。交易型领导基于社会交换理论，认为领导者与下属之间的关系是一种现实的契约行为，目的在于交换特定有价值的事物。

2. 交易型领导的特征

交易型领导的特征是强调交换，在领导者与下属之间存在一种契约式的交易。在交换中，领导者给下属提供报酬、实物奖励、晋升机会、荣誉等，以满足下属的需要与愿望；而下属则以服从领导者的命令指挥，完成其所交派的任务作为回报。交易型领导建立在官僚制的权威性和合法性基础上。它强调任务目标、工作标准和产出，往往关注任务的完成和员工的顺从，更多地依靠组织的奖励和惩罚手段来影响员工。在一个交易型领导的企业组织中，我们将会看到如下特征：明确的界限、井然的秩序和严格的控制等。

领导者通过明确角色和任务要求，指导和激励下属向着既定的目标努力；领导者向员工阐述绩效的标准，明确自己希望从员工那里得到什么，如果满足了上级的要求，员工将得到相应的回报。交易型领导所强调的是成员与领导者之间的关系是互惠的，是基于经济的、政治的及心理的价值互换。它不能赋予员工工作上的意义，从而无法调动员工的积极性和开发员工的创造性。

3. 交易型领导在中国文化背景下的特征

（1）坚持中庸之道。做事情时把握问题的度，认为把握好度是成功领导的开始。领导者在要求下属做到之前会严格要求自己做到；主张用和平的原则来解决问题、化解矛盾,避免冲突和斗争,倡导建立和谐的人际关系;同下属建立相对平等的关系,在自身利益与下属利益发生冲突时,会选择折中的方式去解决问题。

(2) 典型示范。在不同时期树立、界定"典型",经常帮助和培养"典型",总结、宣传"典型"事迹和精神,让其变成员工的自觉行动,实现群体仿效。在员工心中树立起每个时期的榜样和模范,为员工的行为和工作提供学习的典范。

(3) 无为而治。领导者不会事事管得过细,对下属该放手时就放手,常选择适时授权,从烦琐的日常事务中解放出来,集中精力考虑企业发展的方向。在管理过程中,按规定程序办事,顺其自然;在市场竞争中,强调创新,出奇制胜。

(4) 关系支持。领导者努力团结员工,让大家同心同德地一起工作,向员工清楚地表达期望、关心和支持,让员工参与管理并经常鼓励、赞赏下属,及时对员工的工作表达认可,提供情感支持。

在企业的管理实践中,大多数管理者都会不同程度上存在交易型领导行为,因为这样能够有效地提高工作绩效。但交易型领导也存在一些问题:一是它可能成为谋取个人私利的操纵工具;二是它可能过度强调"底线",因而成为一种"短期行为",只顾追求效率和利润的最大化而忽视了一些更为长远的东西;三是它可能令下属在强大的压力和过度的奖惩之下,堕入不道德和非理性的误区。因此,企业领导者应该有选择地采用交易型领导方式。

二、 事务型领导与变革型领导

(一) 事务型领导

1. 事务型领导的内涵

事务型领导也称维持型领导。这种领导指通过明确角色和任务要求,激励下属向着既定的目标活动,并且尽量考虑和满足下属的社会需要,通过协作活动提高下属的工作效率。事务型领导者对组织的管理职能和程序推崇备至,勤奋、谦和而公正。他们以把事情理顺、工作有条不紊地进行引以为豪。这种领导者重视非人格的绩效内容,如计划、日程和预算,对组织有使命感,并且严格遵守组织的规范和价值观。

2. 事务型领导对组织的影响

(1) 增强下属的情感认同和信任。这种领导方式可能会在一定程度上牺牲效率,但它从人的动力和需求出发,强调个体在组织中的作用,可以调动员工的工作积极性,从而使组织的整体效率得到提高。领导者与员工经常进行沟通,关心和尊重员工的感受,帮助他们解决个人问题,友善而平易近人。在这种领导关系的指导下,每个员工都高度自信,领导者与被领导者之间相互信任,组织内部的摩擦显著减少,员工十分努力且努力是有效的,从而使个人动机、组织文化、战略与愿景相一致。只有这样的组织,才能做到业绩优良、员工归属感强、各方利益相关者认同。

(2) 提高组织生产效率。管理心理学的研究表明,当一个人对组织没有归属感的时候,其所作所为只对自己负责。当个人利益与组织利益发生冲突时,他会优先保证个人利益。当员工有较强的归属感时，他才会对组织负责，必要时甚至会为组织做出牺牲。事务型领导强调以企业精神、理念凝聚人，通过培养员工对企业的认同感和归属感提升工作绩效，从而从根本上保证企业人力资源投入的较高产出。

（3）降低离职率。事务型领导者会主动关心员工的物质和精神需求，并尽可能地在允许范围内满足下属，使下属对领导者和整个组织的满意度提升。当员工的工作满意度提升之后，其对领导者和组织的认同感也会增强，从而有助于降低员工的离职率。

（二）变革型领导

1. 变革型领导的内涵

变革型领导（Transformation Leadership）是一种向员工灌输思想和道德价值观，并激励员工的过程。变革型领导过程中，除了引导下属完成各种工作内容，领导者还以其个人魅力激励下属，影响并改变下属的工作态度和价值观，使他们能够为了组织的利益超越自身利益。该领导方式可以使下属产生更强的归属感，使组织获得更高的生产率和更低的离职率。变革型领导者关心每个下属的日常生活和发展需要，帮助下属用新观念分析老问题，进而改变他们对问题的看法，能够激励、唤醒和鼓舞下属为达到组织目标而付出加倍的努力。

2. 变革型领导的特征

詹姆斯·麦格雷戈·伯恩斯（James MacGregor Burns）将变革型领导者描述为能够激发追随者的积极性从而更好地实现领导者和追随者目标的个体，进而将变革型领导定义为领导者通过让员工意识到所承担任务的重要意义和责任，激发下属的高层次需求或扩展下属的需求和愿望，使下属将团队、组织和更大的政治利益置于个人利益之前。变革型领导行为的方式可概括为四个方面：

（1）智力激发（Intellectual Stimulation）。领导者激发追随者创造和革新，对自身的和领导者的信念和价值观提出疑问，对组织的信念和价值观也提出疑问。领导者支持追随者尝试新的理论，创造出革新性的方法来解决组织的问题；鼓励追随者独立思考和解决问题。通过对员工的智力激发，可鼓励员工为群体的目标、任务和发展前景而超越自我的利益，实现预期的绩效目标。

（2）个性化关怀（Individualized Consideration）。领导者创造一种支持性氛围，仔细聆听追随者的个别需求。领导者在帮助个体实现自我时扮演着教练和建议者的角色。领导者可以采取委派的方式帮助追随者通过自我挑战获得成长。员工不仅为了他人的发展，也为了自身的发展承担更多的责任。

（3）理想化影响力（Idealized Influence）。领导者通常有较高的道德标准、道德行为，追随者期望他们能够正确行事。领导者给追随者树立榜样，追随者认同领导者并效仿他们。因此，领导者受到对他们信赖的追随者的尊重，他们给追随者提供了一个远景目标，赋予了追随者一种使命感。领导者能够集中关注较为长期的目标，强调以发展的眼光，鼓励员工发挥创新能力，并改变和调整整个组织系统，为实现预期目标创造良好的氛围。

（4）鼓舞性激励（Inspirational Motivation）。在实践中，领导者利用信念和情绪感染力来凝聚组织成员的力量以取得比个人利益更大的成就，增强了团队精神。变革型领导能在组织中制造兴奋点，产生强大的影响力和冲击力，也能帮助个人发现工作与生活的价值与兴奋点。但如果其目标和价值体系与文明社会的基本准则相背离，则会对社会构成极大的威胁。

3. 变革型领导者对组织产生影响的过程

（1）变革型领导者开始在变化中授权和培养追随者，他们试图唤起个人为他人而超越个人利益的意识。

（2）为了创造变化，变革型领导者要成为追随者强有力的楷模，他们有一套成熟的道德观和自主的个性意识。他们自信、有竞争力、思路清晰，并且具有坚定的理念。他们倾听追随者的心声，能够容忍不同的意见。领导者和追随者之间的互动体现出良好的合作精神，追随者希望模仿变革型领导者，因为他们信任领导者并相信领导者所坚持的信念。

（3）变革型领导者为企业创造远景，向追随者和组织提供了未来的发展蓝图，阐明了组织的特点；而远景也在组织中给追随者提供了认同感，使员工有自我效能感。

（4）变革型领导者应当成为变革的设计师，这也意味着他们要明确组织的价值观和准则；要融于组织文化并帮助组织构建企业文化的具体内容；要了解他们自己的角色，以及他们在实现组织目标的过程中发挥了什么作用。

在我国，有些企业或工厂员工的文化素质并不是很高，这势必会影响变革型领导的发挥，那么很可能会出现两种极端：一方面，有的公司会照搬套用变革型领导理论；另一方面，有的公司会认为员工没有那种素质，完全不用这种理论。事实上，哪种领导方式更好并没有绝对的答案，变革型领导有它适用的条件，我们应该辩证地看问题，视具体情形来选用合适的领导方式。

三、魅力型领导与愿景规划型领导

（一）魅力型领导

1. 魅力型领导的内涵

在领导力的研究中，魅力是一种特定的领导品质。魅力型领导者热情、充满自信，具有非凡的勇气和决策力，能够深刻地影响他人的行为和情感。魅力型领导理论由罗伯特·豪斯（Robert House）首先提出，他在 1976 年出版了有关魅力型领导的著作。

2. 魅力型领导者的特征

关于魅力型领导者的特质，有许多不同的研究结果，也有许多不同的概括方式。如豪斯将魅力型领导者的性格概括为 4 个方面，即支配欲、自信、对他人施加影响的需要，以及确信他们的信仰在道义上的正当性；安弗莎妮·纳哈雯蒂（Afsaneh Nahavandi）将其概括为高度自信、对理想有强烈信念、高度热情和精力充沛、具备良好的表达与沟通能力，以及具有积极的形象和模范作用这 5 个方面；达布林（Dublin）则将魅力型领导者的性格特征概括为 11 个方面。综合他们的观点，可以将魅力型领导者的最主要特质概括为以下 6 个方面：

（1）精力充沛、充满热情、自我激励。魅力型领导者精神饱满、精力充沛，对实现目标充满激情；而且他们能够用各种方式充分和生动地表达自己的情感和热情。他们不需要别人的鼓励，而是自我激励。

（2）高度自信。魅力型领导者对自己的能力、正确性及道德感高度自信。他们在情感、动机、情绪和价值观上的内心冲突比其他人要少得多，在斥责团体成员时很少感到愧疚和不安。越是自信的领导者，越能够对下属产生激励，激励下属全身心地投入，以实现领导者的愿望。

（3）对未来有美好的憧憬。魅力型领导者是未来取向的，他能够感知到事物的现行运行方式与可能的或应该的运行方式之间的差距，能够认识到现存秩序的缺陷，并能够提出如何克服这些缺陷的令人兴奋的设想。他所设想的愿景不只是一种预测，还表达了整个组织的未来理想。这种愿景为追随者解释各种事件和行为提供了共同的概念框架，因而它对追随者既具有激励的效用，也具有凝聚的效用。

（4）敢于冒险。魅力型领导者通常都是冒险型的，敢于冒险会增加他们的魅力。魅力型领导者将关心追随者的需要转化为以一种大公无私的方式投身于受到追随者共同支持的事业之中，他们的示范行为在追随者看来充满了个人风险，需要付出极大的代价和精力。领导者为实现共同理想准备承担的个人风险或所带来的个人损失越大，他们在值得完全依赖的意义上就越有魅力。

（5）善于言辞。魅力型领导者善于表达自己的思想，擅长运用各种言辞和非言辞的表达技巧。他们有卓越的沟通能力，与下属交流时思想内容丰富，旁征博引，能够对追随者产生强烈的感染力。凭借这种表达能力，他们能够使追随者理解其愿景，激发追随者的热情，挑起其对现状的不满，推动他们对新的未来设想的支持。

（6）对环境敏感。魅力型领导者具有对现实的洞察力，他们实事求是地评估组织内的各种环境资源和条件限制，并基于对环境资源的现实评估来制定变革策略和非常规行动。领导者不是一旦形成某种目标就马上付诸行动，而是先进行基础准备工作，或者等待一个合适的时间、地点以及可利用的资源。当环境对他们比较有利时，他们才会实施其变革方案。

3. 魅力型领导者的影响力来源

魅力型领导者具有鼓励下属超越他们预期绩效水平的能力。他们的影响力来自以下几个方面：

（1）有能力陈述一种下属可以识别的、富有想象力的远景目标；

（2）有能力提炼出一种每个人都坚定不移赞同的组织价值系统；

（3）信任下属并获得他们充分信任的回报；

（4）提升下属对新结果的意识，激励他们为了部门或组织利益而超越自身的利益。

这种领导者不像事务型领导者那样看不到未来光明的远景，而是善于创造一种变革的氛围，热衷于提出新奇的、富有洞察力的想法，把未来描绘成诱人的蓝图，并且还能用这样的想法去刺激、鼓励和推动他人勤奋工作。此外，这种领导者对下属有某种情感的号召力,能和下属沟通并激励下属。

有关魅力型领导的研究表明,魅力型领导者与下属的高绩效和高满意度之间存在显著的相关性。下属受到领导者的激励而付出更多的努力去完成工作,并且由于他们与领导者具有较多的互动,因此也表现出较高的满意度。但是魅力型领导者有时也会成为组织的负担,因为魅力型领导者的过分自信,常常导致许多问题的产生,例如:不能聆听他人的言语;受到有进取心的下属挑战时会十分不快;对所有问题总坚持自己是正确的。因此,魅力型领导的选择也要根据组织的具体情况来定。

(二) 愿景型领导

1. 愿景型领导的内涵

1992年,伯特·耐纳斯(Burt Nanus)提出"愿景型领导"(Visionary Leadership)一词,并强调在所有领导功能中,领导者对愿景的影响最深远。

愿景包括组织长期的计划与未来发展的景象,是组织现状与未来景象间的桥梁。对于领导者而言,它提供了行动的目标,并帮助领导者超越目前的情境,实现组织的改进与成长。在组织发展的过程中,愿景型领导者常会提出真知灼见,并驱使成员采用新的行动,去完成新的目标,因此也常被视为革新者或理想的楷模。

愿景型领导的基本原理是通过高远的目标来激发组织强大的发展驱动力,使各级管理者沿着充满野心的、似乎是胆大妄为的理想不断前进。它是基于这样的一种哲学的基本假设,即人的生命是短暂而有限的,员工应将其个人发展融入到组织发展之中以共同实现社会价值,而人的潜能是无限的,并且应该以高不可攀的目标来激发这样的潜能。

2. 愿景型领导者的特征

(1) 重视分析决断因素。作为首要因素,它代表了领导者在管理过程中对组织内外环境的分析、理解,以及面对具体问题的洞察和判断能力。不管是处于什么背景下的组织,领导者都非常重视对环境的分析和洞察。这是他们形成战略选择、进行业务决策的首要前提。

(2) 具有机会意识。并不是所有组织在所有发展阶段都会提出一个非常长远的规划。相当多的领导者更看重的是短期或中期的业务发展机会。有些领导者甚至认为外界环境过于复杂,要对市场有一个整体、清晰的透视是很困难的,因此他们更乐于随机遇而动。因此,有了机会就想上、就想抓住。

(3) 关注现实。愿景型领导者并不只是专注于组织的长远方向,他们提出的方向都是基于现状的。这些领导者非常注意分析组织内部的实际情况,以及组织的外部环境。组织所处环境中的政治、文化、经济、社会等因素都会影响他们选择客户、回报社会等方面的决策。

(4) 勤奋务实。愿景型领导者强调实干,不虚谈理想;特别是那些处在上升期的企业,它们的领导者都很关注业绩、规模等具体发展指标。领导者本人或领导团队也都把勤奋务实视为实现理想发展目标的重要条件。

(5) 善于学习总结。作为愿景型领导者的重要特征,学习总结代表的是一种进取的心态。它既包括组织内的互帮互助,也包括向竞争对手、业务伙伴的学习。同时,它反映了领导者对组织发展道路的反思与回顾,是展望未来的重要基础。

(6) 战略前瞻意识强。获得成功发展的企业,其领导者都具有强前瞻意识。正因为他们看得比别人远,采取的行动更富有战略性,而不仅仅满足于短期目标的实现,因而在面对市场突变的困境时,它们的生命力比其他企业都强,发展得也比其他企业更快、更好。

3. 愿景型领导对组织的影响

(1) 构造共同体。随着组织的不断发展,组织的规模会越来越大,员工的组成也会越来越复杂,如不同的年龄、不同的工作经验与能力、不同的思维方式、不同的需求、不同的岗位与职位等,如何将这些不同的员工凝聚在一起,单单依靠组织制度是不够的,单单依靠各级管理者自身的领导能力也是不够的,而愿景能够为所有员工提供一个共同的目标,在这个共同目标的指引下,具有种种差异的员工才能成为一个共同体。另外,现实中的组织设计是以职能为基础的,组织的规模越大,职位的划分就越来越细,工作目标也越来越具体,到最后,每个岗位上的员工都不知道自己所做的与总体目标有什么关系,员工已不知道自己是在做什么了。只有实施愿景型领导,才能打破职能细分所造成的隔阂,将员工整合到共同的组织目标之上。

(2) 深层次激励员工。薪酬本质上不是一种真正意义上的激励措施,而只是一种保健因素,非物质的激励才更持久、更根本。愿景型领导就是一种非常有效的非物质激励方式,没有什么能够比清晰的愿景更能吸引和保留人才,特别是核心人才。简单地说,如果员工相信自己能够伴随着组织一同成长,相信自己所做的是有意义的,那么员工就会更加积极和主动。

四、 团队型领导

1. 团队型领导的内涵

团队型领导不同于传统领导,传统领导方式的影响力的发挥主要是靠法定授权、奖励权、强制权来达到的。虽然在传统领导方式下,决策过程会有下属不同程度的参与,但总的来说还是依靠命令来指挥下属的行动。团队型领导主要是通过引导来影响下属的行为,领导者在团队中的作用如同教练在球队中的作用。团队型领导给予下属充分授权,激发下属的工作热忱;团队型领导者则发挥教练的作用,营造良好的团队氛围。团队型领导的作用不是靠法定授权和强制权,主要是靠专长权和个人魅力的影响来实现的。

团队型领导通过引导来使团队成员设立团队目标,该目标会尽量地体现每个成员的意志及个人目标。当团队目标与个人目标出现不一致时,团队型领导致力于在团队目标与个人目标之间寻求动态的平衡。只有当团队目标体现了个人目标时,每个成员才能为实现团队目标而努力。团队目标是建立在全体团队成员的思想和认识达成一致的基础之上的,而不是妥协的产物。

2. 团队型领导者的特征

(1) 富有远见。那些见识卓越、富有远见的领导者懂得,未来属于那些今天就已经做好准备的人。他们往往用20%的时间去处理眼前大量紧迫的事情,这只是为了眼前的生计;而把80%的时间留给那些较少但很重要的事情,这是为了未来,它才会让我们拥有更多的财富。领导力专家埃米尼亚·伊巴拉(Herminia Ibarra)的研究表明:如果说领导的本质内容是实现变革,那么制定和阐明美好未来的愿景就必然是成为领导者的先决条件。具有远见卓识的领导者会“指明”总体趋势,并根据这些趋势来制定战略。

(2) 有效沟通。在管理活动中,很少有哪项工作是不需要相互沟通的,特别是从事领导工作的人在与其他部门人员进行接触时,沟通的技能显得非常重要。可以说,领导者与被领导者之间的有效沟通,是管理艺术的精髓。在我们研究过的成功企业领导者中,他们一般习惯用约70%的时间与他人沟通,剩下30%左右的时间用于分析问题和处理相关事务。

(3) 善于决策。决策是行使权力的主要表现形式,决策权是所有权力的核心,领导者的主要职责就是决策。一个成功的领导者往往能做到多听、善听、集思广益与敢拿主意、大胆决策的统一。领导者的价值在于能凝聚集体智慧“做正确的事”,同时能帮助各管理层的主管“把事情做正确”,把决策落实。

3. 团队型领导者的职责

团队型领导者在组织发展过程中具有重要的职责,一个好的团队型领导者能够使团队成员顺利地完成组织任务,并与组织成员建立良好的关系。其职责主要分为以下几个方面:

(1) 树立团队目标。团队型领导者在引导团队建立了共同目标、营造了良好的人际关系氛围、培育了团队的协作精神的基础上,充分调动团队成员的积极性、主动性、创造性,充分发挥团队成员的特长和能力,取长补短,优势互补,把每个人提供的分力整合成强大的合力,形成“1+1>2”的效能,并将合力指向团队目标,以保证团队目标高效地达成,从而把团队建设成为高效率的团队。

(2) 建立团队精神和规范。团队型领导者引导团队发展出团队精神和规范,使得团队成员产生强烈的归属感和忠诚度,使他们强烈地感受到自己是团队的一员,把自己的前途与团队的命运紧紧地维系在一起,愿意为团队目标和任务尽心尽力。团队成员间互相信任,互相依存,互相协作,互相帮助。团队成员士气高昂,不畏艰难,时刻保持旺盛的斗志。团队形成了强大的凝聚力。

(3) 重视团队成员的意见。团队型领导者让团队成员认识到他们所具有的不同的教育背景和工作经验、不同的专业知识和业务技能、不同的想法和意见对实现团队目标是有益的。团队成员应重视不同的意见,珍视不同的意见,把不同意见视为有利于团队集思广益、有效解决问题和冲突、提高团队决策质量、促进团队实现目标的宝贵资源。

第四节 领导体制与领导团队建设

一、领导体制的类型与选择

（一）领导体制的类型

领导体制简单地说就是关于组织内领导层的职责分工、权力划分、机构设置等的制度和规定的总称。领导体制是决定组织效率的重要因素。合理的领导体制不仅能够提高领导效率，创造性地实现领导功能，还能够使整个组织显得生机勃勃、欣欣向荣。领导体制不合理，领导层内部权责不清晰，甚至争权夺利，必然降低领导效率，最终导致组织失去效率，甚至会使组织走向衰亡。领导体制可以分为如下几种类型：

1. 一长制

一长制又称独任制、首长制、个人专责制，其特征是领导权力，特别是决策权和控制权都集中在一个最高领导者手中，由其对一切负责的领导体制。一长制在资本主义初期阶段的工业企业中比较常见。

一长制的优点是：权力集中，责任明确，领导程序简单，决策迅速。对于企业来说，一长制有利于统一指挥企业的生产经营活动，有利于调动领导者的积极性，特别是在市场竞争激烈、行情瞬息万变的情况下，有利于企业迅速决策、抓住时机。

一长制的缺点是：一个领导者，即使是精心遴选出的领导者，其能力、知识、经验和精力都是有限的，面对过于复杂的情况，难免因考虑不周或因精力不足导致决策失误。另外，最高领导者一个人独揽大权，缺乏监督和制约，容易产生滥用职权、个人独断专行的问题。在政府机构中实行这种领导体制，更容易滋生个人崇拜和个人迷信。

一般而言，规模比较小的企业适合采用一长制的领导体制。

2. 委员会制

委员会制又称合议制、集体领导制，其特点是组织的领导权，特别是法定决策权和控制权交给两个以上的领导者行使，按少数服从多数的原则进行决策。委员会制下的领导者实际上是一个领导集团。在这个集团中，最高领导者（指职位最高的领导者）缺乏一长制那样的实际权力，通常是活动的组织者和召集人。

在我国，委员会制是大量存在的，这是因为委员会制有很多优点：

（1）综合各种意见，提高决策的正确性。委员会制的集体讨论可增加方案的数量，可供选择的方案数量越多，被选方案的正确程度或满意程度就可能越高。委员会制下，成员之间可综合各种不同的专门知识进行集体讨论，相互启发，取他人之长、补自己之短，充分发挥集体的智慧。

（2）协调各种职能，代表各方利益，加强部门间的合作。由于各职能部门的活动是相互影响、相互依存的，而组织目标的实现有赖于这些不同职能部门的共同努力，所以组织中常常通过建立由主要职能部门经理组成的执行委员会或管理委员会来协调不同部门的活动和组织信息的交流,通过委员会的定期或不定期会议,使得各个部门经理交换情报,了解相关部门的工作计划、存在的问题以及相互要求,以保证取得或提供相互间必要的配合。

(3) 组织参与管理,调动执行者的积极性。委员会制不仅有利于决策的制定,而且有利于决策的执行。通过委员会研究和决定解决某个问题的方案,不仅可以使得更多的人参与整个决策过程,使他们了解信息、增加知识,从而为计划的执行提供更好的条件,而且参与本身就是一种重要的激励方式,能够推动人们在执行过程中更好地合作。

当然,委员会制也存在一些缺陷:一是容易造成时间的延误。为了取得大体一致的意见,制定出各方面基本上都能接受的决策,委员会需要召开多次会议,这些会议通常要消耗大量的时间。二是决策的折中性。由于委员会的成员各自代表不同的利益集团,只要某个利益集团的利益未能得到满足,委员会就难以做出决策。在满足各方利益集团的利益后,所做的决策就是各种势力妥协折中的产物,其决策质量是有限的。三是权力和责任的分离。从理论上讲,作为集体中的每个成员必须对委员会的每项决策及其执行情况负责,但在实际中,由于存在"法不责众"的惯性思维,就出现了"集体决策,无人负责"的情况,造成权力和责任的分离。

这说明,委员会制虽然是一种有效的领导体制,但如果使用不当,则有可能影响决策的速度和质量,增加决策的成本。因此,我们要不断探索,改进这些缺点,提高委员会的工作效率。

3. 双轨制

双轨制是将一长制和委员会制相结合的领导体制,这种领导体制兼有一长制与委员会制的特点。其具体形式是将决策划分为一般性决策和重大战略性决策。一般性决策由组织最高领导者负责,类似于一长制;重大战略性决策则由作为领导集团的委员会讨论决定。最高领导者此时只是一个组织者和召集人,以及形成最终决策的执行人,这又类似于委员会制。

显然,合适的双轨制能集一长制和委员会制两种领导体制之长,克服两者之短,可以说是一种较为理想的领导体制。然而,在现实生活中,一项组织决策是属于重大战略性决策还是一般性决策,界限并不是那么清晰。因此,组织最高领导者与领导集团委员会的职责界限也就难以划分,委员会不合时宜地干涉最高领导者的工作,或最高领导者凌驾于委员会之上的现象也同样难以避免。

4. 参谋制

参谋制是在一长制的基础上,设置决策参谋机构,协助最高领导者进行决策的领导体制,这是现代组织领导体制发展的方向之一。参谋制的优点是:保持了一长制中的最高领导者的决策权,权责对等,责任明确,有助于调动领导者的积极性并约束其权力,防止双轨制中领导集团委员会与最高领导者互相干涉的矛盾产生;决策十分迅速,有利于提高领导效率;通过设置参谋机构,在决策过程中汲取集体的智慧。

参谋制的缺点是:作为决策参谋机构,没有参与决策的法定权力,其提出的意见是否能对决策起作用,完全取决于最高领导者的意志。这种体制要求组织的最高领导者有良好的民主管理的工作作风，并有鉴别各种意见的能力。

从上述讨论可以看到，没有哪一种领导体制是十全十美的，合理的领导体制总是要视组织的具体情况而定。

（二）影响领导体制选择的因素

1. 组织的规模

组织的规模又称组织的大小。规模是决定管理复杂性和管理幅度的基本因素。组织的规模越大，领导者所面临的问题就会越复杂，所要掌握、分析的信息量越大，决策的压力也就越大。在这种情况下，大多数的个人能力和知识是难以胜任的。例如，大型或特大型组织常常拥有较多的员工数量，如果实行一长制，往往因领导者个人精力有限，心有余而力不足，以致出现失误。一般来说，组织的规模越大，越有必要实行集体领导，或是委员会制，或是双轨制。

2. 组织的性质

不同的组织具有不同的性质，所承担的任务也不同。企业的目的是营利，政府部门的任务是对社会经济活动进行管理。组织性质的差异决定了组织机构、行为模式、管理方式的差异。因此，所要求的领导体制也就不可能完全相同。例如，企业在综合考虑其他制约因素的条件下，可以执行一长制或参谋制；而在政府部门中，则实行委员会制或者是委员会制的改进形式比较合适。

3. 政策和法律

不同的国家对不同的组织实行不一样的政策。我国政策和法律明确规定了大多数组织的领导体制，或选择领导体制的基本原则。从目前来看，为了搞活国有企业，我国对国有企业的领导体制虽然做出了原则上的规定，但是选择的余地很大，这是为了保证企业的自主权。

二、 领导团队建设的措施

现代经济生活中的组织，其领导者已不再是某一个人，而是一个集团，这个集团就被称为领导团队。这一方面符合现代企业领导呈现出的明显的专家化、集团化和民主化的特点，另一方面也符合中国共产党历来所坚持的民主集中制的原则。领导团队建设在领导体制合理化、提高效率方面占据着十分重要的地位。搞好领导团队建设，应该从四个方面着手。

（一）选择合理有效的领导体制

领导体制的类型众多，组织具体选择其中的哪一种，是需要根据其具体情况而定的。例如，对于一般规模较小的企业适宜采用一长制。而在企业的规模更大、人员结构更加复杂的情况下，一长制就不再适应企业发展的需要，这个时候就要考虑采用委员会制、双轨制或参谋制。由于这三种领导体制都存在自身的优缺点，因此，企业在采用过程中应当取其优点，克服其缺点，达到企业内部决策权的制约和平衡。

(二)挑选高道德素质的领导者

领导者的挑选一般要坚持德才兼备的原则。在组织实践中,人们往往忽视了领导者的道德素质,只重视领导者的才能,这是非常危险的。西方哲学家德谟克利特(Demokritos)曾说过:如果没有德性,能力越大,创造的罪恶就越大。

具体来讲,领导团队成员的道德标准应该体现在以下几个方面:

(1)领导团队成员必须有远大的理想、崇高的信念和高尚的人格;

(2)领导团队成员应该做到为政清廉、以身作则和起模范带头作用;

(3)领导团队成员应该全心全意为人们服务,吃苦在前,享乐在后。

(三)领导团队成员的结构要合理

一个结构合理的领导团队,不仅能够使每个成员人尽其才,做好各自的工作,而且能够通过有效的组合,发挥巨大的集体力量。领导团队的结构一般包括年龄结构、知识结构、能力结构、专业结构等。

1. 年龄结构

不同年龄的人具有不同的智力和经验,因此,寻求领导团队成员的最佳年龄结构是非常重要的。领导团队成员应该是老、中、青结合,向年轻化的趋势发展。

随着现代社会的高度发展,知识老化的周期越来越短。尽管随着年龄的增长,知识的积累也会增加,但较之老年人,青年人更具有吸收新知识的优势,一个人的知识水平与年龄并不是正比关系。现代生理科学和心理科学研究表明,一个人的年龄与智力存在一定的定量关系,如表 6-3 所示:

表 6-3 人的年龄与智力的定量关系表

智力因素	年龄				
	10—17 岁	18—29 岁	30—49 岁	50—69 岁	70—89 岁
知觉	100	95	93	76	46
记忆	95	100	92	83	55
比较和判断力	72	100	100	87	67
动作及反应速度	88	100	97	92	71

从表 6-3 可知,在智力各因素中,中青年均占有明显的优势。人的经验与年龄一般是正比关系,年老的人经验往往比较丰富。因此,领导团队成员中老、中、青的结合,有利于发挥各自的优点。

领导团队成员的年轻化,是现代社会的客观要求,是组织现代化大生产的需要。但年轻化绝不是青年化,不是说领导团队成员的年龄越小越好,而是指一个领导集体中应有合理的老、中、青比例,有一个与管理层级相适应的平均年龄界限,既要防止领导者老化,又要保证领导的继承性。在不同的管理层级中,对年龄及对年轻化程度的要求应有所不同。一般情况下,越是基层的领导者,越应该年轻化;而在越高层,领导者的年龄则可大些,但也要注意尽可能地扩大中青年的比例。

2. 知识结构

知识结构是指领导团队中不同成员的知识水平的构成。

领导团队成员都应该具有较高的知识水平。没有较高的知识文化素养,就胜任不了管理现代企业的要求。在现代企业中,大量的先进科学技术被采用,在复杂多变的经营环境中,为了使企业获得生存,求得发展,企业领导者必须具有广泛的知识面。随着我国社会经济的发展,员工的文化水平在不断提高,各类组织的各级领导者都在向知识型转变。

3. 能力结构

领导者的效能不仅与领导者的知识水平有关,而且与其运用知识的能力有密切的关系。这种运用知识的能力对于管理好一个企业来说是非常重要的。能力是一个内容十分宽泛的概念,它包括决策能力、判断能力、分析能力、指挥能力、组织能力和协调能力等。每个人的能力是不同的,有的人善于思考分析问题,提出好的建议与意见,但不善于组织工作;有的人善于组织工作,但分析问题的能力较差。因此,领导团队成员中应包括不同能力类型的人才,既要有思想家,也要有组织家,还要有实干家。只有这样,才能形成最优的能力结构,在组织管理中充分发挥作用。

4. 专业结构

专业结构是指在领导团队中应配备各种专业人才,形成一个合理的专业结构,从总体上强化这个团队的专业力量。在现代企业里,科学技术渗透了一切领域,成为提高生产经营成果的主要手段。因此,领导团队的专业化,是做好现代企业生产经营的客观要求。

以上所述的领导团队的结构仅是主要方面的,此外,还有其他一些结构,如性格结构等也是需要注意的。按照这些要求形成的领导团队将是一个结构优化、富有效率的集体。

(四)加强领导团队成员之间的协调与沟通

在组织的管理中,要想正确处理好领导团队成员之间的相互关系,使其消除内耗、增强活力,就必须根据他们各自的行为特征,寻求协调与沟通的有效途径和科学方法。

(1)工作恪尽职守,淡化名利意识。领导团队成员之间关系的协调与沟通的基础是共同的事业目标。“看事业重如山,视名利淡如水”,这种崇高的思想境界和催人奋进的有益格言,应成为领导团队成员的一种自觉的行为规范。

(2)开诚布公,增进彼此了解。领导团队成员要正确处理好相互之间的关系,就必须在自己的行为活动中,坚持开诚布公,以增进相互之间的理解。

(3)分工不忘协作,竞争更重友谊。为了更好地履行工作职能,发挥各自的优势,强化组织效应,在各个领导团队成员之间实行明确的分工是非常必要的,不然就会造成一种“有事无人负责”的现象。但是也必须看到,分工负责不是各自为政,明确职责不是放弃合作。分工与协作是相互依存、相互作用的辩证统一体。所以,在组织领导团队成员中,要特别倡导互相支持、互相帮助的合作精神。

同时,各个领导团队成员从走上领导工作岗位的那一天起,实际上就是竞争的开始。

这里所讲的竞争,是讲团结、讲友谊的。当对方在工作中遇到困难时,要患难与共、慷慨相助,及时伸出友谊之手,不让其落后,以求一道前进。只有这样,才能增强领导团队成员之间的凝聚力和团结意识。

(4) 求大同坚持原则,存小异相互谦让。求大同的原则性和存小异的包容性,是组织领导团队成员之间和谐相处的又一重要方面。

作为一个战斗集体,各领导团队成员为了工作的需要,必须创造一个团结和谐的局面。但是,这种团结和谐不是无原则的一团和气,任意迁就的勉强统一,而是在坚持以事业为重、组织利益高于一切的基础上的团结。另外,各领导团队成员要互相谦让。为了团结和谐,为了组织的发展,对工作要大事清楚、小事糊涂,正确对待各方面的批评和建议;对他人要虚怀若谷,豁达大度,柔中带刚,刚中有柔。各成员千万不能从个人恩怨出发,借机整人,即使在误解很深、对立情绪相当严重的情况下,也要以大局为重,合作共事,容人之短,取人之长。这对于消除内耗、加强团结是非常必要的。

本章小结

思考题

案例讨论

1. 领导者与管理者有什么区别?

2. 从领导者影响力的角度分析“人走茶凉”这种社会现象出现的原因。

第七章　激励与沟通

【学习目标】

1. 理解激励的概念和作用。
2. 掌握主要的激励理论。
3. 明确激励原则与激励方法。
4. 理解沟通的含义与作用。
5. 把握沟通的类型。
6. 掌握克服沟通障碍的途径。

【基本概念】

激励　保健因素　激励因素　沟通　正式沟通　非正式沟通

案例讨论

第一节　激励原理与激励理论

一、激励过程及作用

（一）需要、动机、行为

心理学研究表明，人的行为具有目的性，而目的源于一定的动机，动机又产生于需要。由需要引起动机，动机支配行为并指向预定的目标，是人类行为的一般模式。

需要是一种心理反应过程，是指人对某种事物的渴求或欲望。当人们因缺乏某种事物而引起生理或心理紧张时，就会产生需要，并为满足需要而采取行动。因此，需要是一切行为的根源和原动力。人的需要是多层次、多方面的，并且随着社会的发展而不断发生变化。在管理中运用激励方法，就是利用需要对行为的原动力作用；组织通过提供外部诱因，满足员工需要，进而调动员工的积极性。

动机是个体通过努力来满足需要、实现目标的愿望。动机是在需要的基础上产生的。动机是一种信念和期望，一种行动的意图和驱动力，它推动人们为满足一定的需要而采取某种行动，表现为某种行为。动机是人们行为产生的直接动力和原因，它引起行为、维持行为并指引行为去满足某种需要。动机就是在需要与特定目标衔接基础上形成的、直接驱动行为的内在力量。动机的产生依赖于两个条件：一是个体的生理或心理需要；二是能够满足需要的客观事物，即外部诱因。运用激励手段调动积极性，就

是利用动机对行为的这种驱动作用,通过外部诱因激发动机,直接引导员工产生积极行为。

行为是人体器官对外界刺激所产生的反应,泛指人的各种活动,如学习、运动、工作等。行为是有目标的。当目标达到之后,原有的需要和动机也就消失了,这时又会产生新的需要和动机,为满足这种新的需要又会产生新的行为。一个人可能同时会有多种需要和动机,但是人的行为却是由最强烈的动机引发和决定的。因而,要使员工产生组织所期望的行为,组织可以根据员工的需要设置某些目标,并且通过目标导向使员工产生有利于组织目标的最强的动机,并按照组织需要的方式去行动。

(二)激励

激励就是通过对员工的需要给予适当的满足,激发员工的工作动机,使之产生实现组织目标的特定行为的过程。激励作为一种内在的心理活动过程或状态,不具有可以直接观察的外部形态。但是,由于激励对人的行为具有驱动和导向作用,因此,可以通过行为的表现及效果对激励的程度加以推断和测定。

从上面关于需要、动机和行为的分析中可知,需要产生动机,动机决定行为,三者彼此独立,又相互依存。所以,激励的过程可以概括为图 7-1:

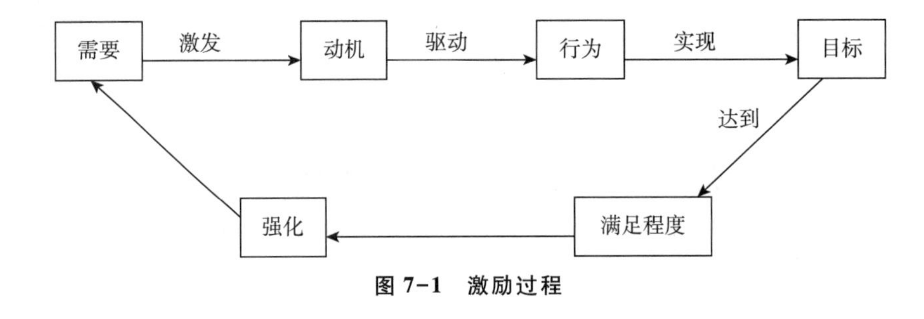

图 7-1 激励过程

(三)激励的作用

激励的主要作用在于激发和调动人的积极性,使人们能够努力且富有成效地工作,从而实现组织目标。研究表明,个人工作绩效取决于个人的能力和工作的积极性。如果通过有效管理,使个人能够胜任工作,那么决定工作绩效的关键因素就是工作的积极性。一般来说,个人的能力变化是比较缓慢的,而工作态度、积极性的高低则常常可能在短期内发生变化,从而对工作成效产生重大影响。而激励就是要使人保持旺盛的精力和工作热情。具体来说,激励的作用主要表现在如下方面:

(1) 激励可以充分发挥员工的潜在能力,激发员工的创造力。心理学家经过实地调查发现,按时计酬的员工一般只发挥了 20%—30% 的能力,如果通过激励能充分调动其积极性,那么人的潜力可以发挥到 80%—90%。可见,一个人平常的工作能力水平与激发后可以达到的工作能力水平之间存在较大的差距,而激励是发掘这部分潜力的重要途径。例如,日本丰田汽车公司通过采取合理化建议奖的办法鼓励员工提建议,不管这些建议是否被采纳,员工均会获得奖励和尊重。

(2) 激励可以为组织吸引并留住人才。有效的激励制度不仅可以充分调动组织内现有的人力资源,而且有助于吸引组织外的人才流向组织内部。这是因为人们都希望自己的需要得到充分满足,才能得到充分发挥。美国 IBM 公司通过多种有效的激励方法来吸引和留住人才,如提供高薪、养老金、集体人寿保险、优厚的医疗待遇、快捷的晋升途径等。

(3) 激励有助于增强组织的凝聚力,提高组织绩效。组织是由员工个体、工作群体组成的有机整体。为保证组织的正常协调运转,除用严密的组织结构和严格的规章制度加以规范外,还需要用激励方法,尊重员工,满足员工多方面的需要,鼓舞员工士气,协调人际关系,增强组织的向心力和凝聚力,促进员工个人目标和组织目标的共同实现,进而促进组织的发展。

二、 早期激励理论

早期激励理论是在二十世纪五六十年代逐渐形成的,主要包括道格拉斯·麦格雷戈(Douglas McGregor)的 X 理论和 Y 理论、亚伯拉罕·马斯洛(Abraham Maslow)的需求层次理论、弗雷德里克·赫茨伯格(Frederick Herzberg)的双因素理论。尽管这些理论受到后来学者一定的质疑,但其对现代激励理论的发展产生了不同程度的影响,并且在管理实践中得到了广泛的应用。

(一) X 理论和 Y 理论

激励就是调动人的积极性。采用什么样的激励手段与对激励对象的理论假定有关。对人性的假定理论中,最有名的是麦格雷戈的人性理论。通过观察管理者处理员工关系的方式,在进行大量研究的基础上,麦格雷戈于 1957 年提出了有关人性的两种截然不同的观点:一种是基本上消极的 X 理论,另一种是基本上积极的 Y 理论。

1. X 理论

X 理论对人性的假设是:

(1) 人天生不喜欢工作,只要有可能,他们常常会逃避工作。

(2) 人不求上进,不负责任,没有雄心大志。

(3) 人缺乏理智,很容易受别人影响。

(4) 人以自我为中心,漠视组织需要。

(5) 人追求基本的生理需要和安全需要的满足,所以他们“唯利是图”。

根据 X 理论的假设,管理者的职责和相应的管理方式是:

(1) 管理者关心的是提高劳动生产率、完成任务,其主要职能是计划、组织、经营、指引和监督。

(2) 管理者主要是利用职权,发号施令,使对方服从,让人适应工作和组织的要求,而不考虑在情感上和道义上如何给人以尊重。

(3) 强调严密的组织和制定具体的规范及工作制度来保证组织目标的实现。

(4) 采取胡萝卜加大棒的管理方法。

2. Y 理论

Y 理论对人性做了如下的假设:

(1) 人视工作如休息、娱乐一样,工作是人的本能。

(2) 员工喜欢工作,他们接受甚至主动寻求工作责任。

(3) 若员工对某项工作做出了承诺,他们就会自我引导和自我控制,积极努力地去完成任务。

(4) 大多数人都具有做出正确决策的能力。大多数人在解决组织的困难和问题时都能发挥较高的想象力、聪明才智和创造性。

(5) 外力的控制和惩罚并不是使人们为实现组织的目标而努力的方法,人往往追求欲望的实现,只要管理适当,人们就会把个人目标与组织目标统一起来。

(6) 一般情况下,人的智慧潜能只是部分得到了发挥,而并没有得到充分的利用。

麦格雷戈认为,Y 理论的假设相比 X 理论更接近现实,更实际有效。基于 Y 理论的假设,相应的管理工作的要点是:

(1) 管理者的重要任务是创造一个使员工得以发挥才能的工作环境,以充分施展员工的潜力和创造力,并使员工在为实现组织目标贡献力量时,也能达到自己的目标。

(2) 管理者对员工的激励主要来自工作本身的内在激励,为员工提供富有挑战性和责任感的工作,让员工担负更多的责任,促使其工作做出成绩,满足其自我实现的需要。

(3) 在管理制度上给予员工更多的自主权,实行自我控制,让员工参与管理和决策,鼓励员工参与自身目标和组织目标的制定。

(4) 应该用启发式代替命令式、用信任代替监督、用放权代替束缚的方法,来促使员工为了实现组织目标而努力工作。

(二) 需求层次理论

美国心理学家马斯洛于 1943 年在其出版的《人类激励理论》(*A Theory of Human Motivation*)一书中,初次提出了需求层次理论,1954 年他又在其代表作《动机与个性》(*Motivation and Personality*)中,对该理论做了进一步阐述。

马斯洛将人类的需求分为以下五个层次:

(1) 生理需求。这是人类为了维持其生命而产生的最基本的需求,包括衣、食、住、行等。如果这类需求得不到满足,人类的生存就成了问题。生理需求是需求层次的基础,也是推动力最强大的需求。马斯洛认为,当需求还未达到维持人们生存时,更高的需求就不能发挥作用,也就无法激励他们。

(2) 安全需求,它指在生理需求得到保障的同时,保护自身免受生理和情感伤害的需求,包括人身安全、财产安全、职业安全、劳动安全、生活保障、环境安全、心理安全、免除战争和意外灾害等。

(3) 社交需求。也称归属和感情的需求。主要包括:社会交往,与同事、上司、朋友、家属等保持良好的关系;自己有所归属,从属于某一个组织或团体,并在其中发挥作用,得到他人的认可;在社会生活中受到他人的注意、关心、接纳、支持;希望同伴之间保持友好和融洽的关系,希望得到亲友的爱、避免孤独;等等。当生理需求和安全需求得到一定满足之后，社交需求就会占主导地位。

（4）尊重需求。尊重需求包括内部和外部两方面的因素。内部因素包括自尊心、自信心、能力、知识和成就感等；外部因素包括希望自己在组织中有较高的地位和威望，能够得到他人的尊重、信赖及高度评价等。

（5）自我实现需求。马斯洛认为这是最高层次的需求。自我实现需求指一个人希望做他最适宜的工作，最大限度地发挥个人的潜力，展现自己的才能，希望在工作中有所成就，实现自己的理想和抱负，实现自我价值，并能不断地自我创造和发展。马斯洛认为，音乐家必须演奏音乐，画家必须绘画，诗人必须写诗，这样才会使他们感到最大的快乐。

以上五种需求的关系如图 7-2 所示。

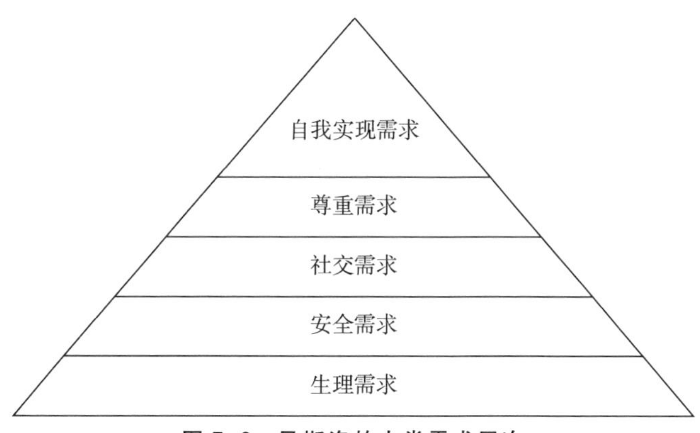

图 7-2　马斯洛的人类需求层次

马斯洛将这五种需求划分为高低两级。一般来说，生理需求和安全需求属于较低层次、物质方面的需求；社交需求、尊重需求和自我实现需求，则属于较高层次、精神方面的需求。较低层次需求的满足主要来源于外部因素，而较高层次需求的满足则来源于内部因素。马斯洛认为，人的需求遵循递进规律，在某一层次的需求得到相对满足之后，下一个层次的需求就会占据主导地位，成为驱动行为的主要动力。

上述五种需求，人们不能都得到满足，一般来说层次越低的需求越容易得到满足，层次越高的需求越不容易得到满足。在现代社会中，第一个层次的需求得到满足的概率约为 85%，第二个层次的需求得到满足的概率为 70%，第三个层次的需求得到满足的概率为 50%，第四个层次的需求得到满足的概率为 40%，第五个层次的需求得到满足的概率只有 10%。

人类需求的层次并不都是一定按这个顺序排列的，有时候人的需求是模糊不清的，对某种需求表现的强度也不一样，这种划分只是提供了一个大概的需求层次结构。在管理实践过程中，管理者应依据员工的具体情况进行区别分析和对待。

马斯洛的需求层次理论为研究人的行为提供了一个比较科学的理论框架，成为激励理论的基础，对管理实践起到了积极的推动作用。

（三）双因素理论

双因素理论是由美国心理学家赫茨伯格提出的。20 世纪 50 年代后期，赫茨伯格等人对美国匹兹堡地区的一些企业进行了一次大规模的调查研究。他们设计了许多问题,如"什么时候你对工作特别满意?""满意和不满意的原因是什么?"等,向一批工程师和会计师征询意见。在此基础上,赫茨伯格于 1966 年在其出版的《工作与人性》(*Work and the Nature of Man*)一书中首次提出了"激励—保健因素"理论,简称双因素理论。他把企业中影响员工积极性的因素,按其性质划分为两类:一类是起调动积极性作用的"激励因素",另一类是只能消除或减少不满情绪的"保健因素"。

赫茨伯格认为,使员工感到不满意的因素与使员工感到满意的因素是不同的。使员工感到不满意的因素往往是由外界环境引起的,使员工感到满意的因素通常是由工作本身产生的。赫茨伯格在调查中发现,造成员工不满的原因主要有公司政策、行政管理和监督方式、人际关系、工作条件、地位、工资水平、个人生活等。这些因素改善了,只能消除员工的不满,但不能使员工变得非常满意,也不能激发他们工作的积极性,促进生产率的提高。赫茨伯格把这类因素称为保健因素,即只能防止疾病,不能医治疾病。

赫茨伯格在调查中还发现使员工感到满意的原因主要有工作富有成就感、工作成绩得到认可、工作本身有挑战性、负有重大的责任、在职业上能够得到发展、个人得到成长等。这类因素的改善,能够激发员工的积极性和热情,从而提高生产率。如果处理不好,也会引起员工的不满,但影响不是很大。赫茨伯格把这类因素称为激励因素。

赫茨伯格认为,传统的关于满意与不满意的观点是不正确的。满意的对立面应该是"没有满意",不满意的对立面应该是"没有不满意"。这种观点与传统观点的比较如图 7-3 所示。

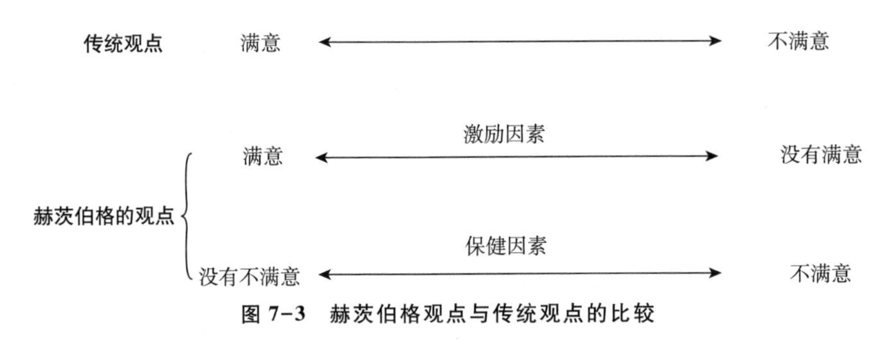

图 7-3 赫茨伯格观点与传统观点的比较

自 20 世纪 60 年代以来,双因素理论在管理界越来越为人们所注意。根据这种理论,要调动人的积极性,就需要提供使人感到具有价值实现意义的工作:工作内容具有挑战性,注重对人进行精神鼓励;注重给人以成才、发展、晋升的机会,而不能只把眼光局限在提高工资水平和改善生活条件上。从这个意义上来说,赫茨伯格的双因素理论与马斯洛的需求层次理论是相通的,重点在于试图说明员工重视某些与工作绩效有关的因素。激励因素就是人的高层次需求,而保健因素只是人的低层次需求。

三、 当代激励理论

经过早期激励理论的发展,当代激励理论在激励员工方面变得更加成熟,并在管理实践过程中得到广泛的应用。当代激励理论主要包括期望理论、公平理论、三种需要理论、目标设置理论、强化理论和综合激励理论等。

（一）期望理论

期望理论是美国心理学家维克多·弗鲁姆(Victor Vroom)于1964年在其《工作与激励》(*Work and Motivation*)一书中提出来的。该理论一出现就受到了管理学家和实际管理者的普遍重视。

期望理论的基础是,人之所以能够从事某项工作并达成组织目标,是因为这些工作和组织目标会帮助他们达成自己的目标,满足自己某方面的需要。弗鲁姆认为,某一活动对某人的激发力量取决于他所能得到结果的全部预期价值乘以他认为达成该结果的期望概率。用公式表示为

$$M = V \cdot E \tag{7-1}$$

式(7-1)中:M——激发力量,指调动一个人的积极性,激发出人的内部潜力的强度,它表明人们为达到设置的目标而努力的程度;V——效价,指达到目标后对于满足个人需要的价值的大小;E——期望值,指根据以往的经验进行的主观判断,达到目标并能导致某种结果的概率。

按照以上公式,激励对象对目标的价值看得越大,估计实现的概率越高,则激发力量越大,即可以调动更大的积极性。反之,如果目标对激励对象缺乏价值,加之实现概率低,就不会产生激发力量。这表明,管理者只有想方设法地把个人目标与组织目标结合起来,使员工从达到组织目标中看到自己的利益,才能有效地调动员工的积极性。

（二）公平理论

公平理论又称社会比较理论,它是美国心理学家约翰·S. 亚当斯(John S. Adams)于20世纪60年代首先提出来的。该理论主要解决分配过程中的公平程度对员工积极性的影响。

亚当斯认为,当一个人做出成绩并取得报酬后,他不仅关心自己所得报酬的绝对量,而且关心自己所得报酬的相对量。因此,他要进行种种比较来确定自己所获得的报酬是否合理,比较的结果将直接影响其今后工作的积极性。这里涉及两种比较的方法。

一种是横向比较,即用自己的所得与相关他人的所得相比,通常是用自己所得报酬与投入比和组织内其他人所得报酬与投入比来衡量。所得报酬包括工资、奖金、工作安排及获得的赏识等。投入是指个人的教育、能力、努力、贡献等。用方程式表示为

$$\frac{O_p}{I_p} = \frac{O_c}{I_c} \tag{7-2}$$

式(7-2)中:O_p——比较者所得报酬;I_p——比较者的投入;O_c——被比较者所得报酬;I_c——被比较者的投入。

如果员工感到自己的比率与其他人的比率是等同的,他才认为是公平的,即他觉得自己处在公平的环境中。当方程式两边不等时,如$O_p/I_p<O_c/I_c$,比较者就会产生一种不公平感,也就是说,他认为自己的报酬过低。不公平感出现后,比较者就会试图采取行动

来改变这种状况。比较者可能要求增加自己的收入或降低自己今后的努力程度，也可能要求组织减少被比较者的收入或让其今后提高努力程度。当 $O_p/I_p>O_c/I_c$ 时，比较者可能要求减少自己的报酬或之后自动多做些工作，但久而久之，比较者会重新估计自己的技术和工作情况，觉得自己确实应当得到那么高的报酬，于是对工作的投入便又会回到过去的水平。

另一种方法是纵向比较，即用自己目前所得的报酬与投入的努力，同自己过去所得的报酬与投入的努力进行比较。如果现在所得的报酬与过去所得的报酬相当，一般不会产生不公平感；如果比过去所得的报酬低了，就会产生不满情绪，从而影响工作的积极性。

公平理论揭示了公平分配对激励的重要作用，是一个具有很强影响力且被众多研究证据支持的理论。作为组织的管理者应注意对员工进行正确的引导，建立科学合理的绩效薪酬体系，为员工创造公平、公正的工作环境。最好能将如何制定分配决策的信息公开化，提高员工对分配程序公平的认同感，从而提升员工的满意度。

（三）三种需要理论

美国行为科学家戴维·麦克利兰（David McClelland）于 20 世纪 50 年代提出了三种需要理论，又称成就需要理论。

麦克利兰认为主要有三种后天的（而非先天的）需要推动人们从事各项工作，即成就需要、权力需要及归属需要，其中，成就需要居主导地位。

1. 成就需要

成就需要是达到标准、追求卓越、获取成功的内驱力。具有高成就需要的人，对工作的成功有强烈的需要，他们喜欢设立具有适度挑战性的目标；他们希望得到有关工作绩效的及时、明确的反馈信息；他们寻求能发挥其独立处理问题能力的工作环境；他们愿意接受工作的挑战，并能承担成功与失败的责任。

2. 权力需要

权力需要是影响或控制他人且不受他人控制的欲望。具有较高权力需要的人对影响和控制他人表现出极大的兴趣，这种人总是追求领导者的地位。组织管理者的权力可以分为两种：

（1）个人权力。追求个人权力的人表现出来的特征是围绕个人需要行使权力，在工作中倾向于亲自操作。

（2）职位权力。职位权力要求管理者与组织共同发展，自觉接受约束，从体验行使权力的过程中得到满足。具有较大权力欲的人一般健谈、直率、好辩论、头脑冷静、善于提出要求、喜欢演讲等。

3. 归属需要

归属需要指建立友好亲密的人际关系的愿望。具有高归属需要的人努力寻求友谊，喜欢合作性而非竞争性的环境，希望有相互理解和彼此沟通的关系；他们构筑融洽的社会关系，常从友爱中得到快乐，互相谅解，助人为乐。注重归属需要的管理者可能由于讲究交情而违背管理工作原则，导致组织效率低下。

麦克利兰发现，作为一名企业管理者，比较明显的是具有高成就需要和高权力需要，但归属需要却比较低。具体来看，小企业的管理者具有很高的成就需要；大企业的管理者对成就需要的追求较为一般，但其权力需要和归属需要比较高，处于企业中层的管理者们的成就需要比其上级要高得多。

三种需要理论对于我们把握管理者的高层次需要具有积极的指导意义。对于具有高成就需要的管理者，组织可以分配给他们具有挑战性和一定风险的工作任务，并给予其一定的自主权，以满足他们的成就需要，激发他们的工作积极性。而对于低成就需要的管理者，组织可以分配给他们一些例行的工作任务。

（四）目标设置理论

目标设置理论主要是由洛克（Locke）和休斯（Hughes）提出来的。该理论认为，在组织中设置员工达到的目标是一种强有力的激励，是员工完成工作的最直接的动机，也是提高激励水平的重要过程。

所谓目标，就是人们通过努力和行动所能完成的任务，它是人们期望的结果。这些结果可以是个人的、群体的，也可以是整个组织的。目标设置理论认为，组织为了提高工作绩效，目标必须是明确、具体且富有挑战性的，对具体而困难的目标进行清晰阐述，对员工来说是一种有力的激励。明确、具体且富有挑战性的目标影响激励效果的途径主要有：一是可以激励人们在工作中有更大的投入；二是可以帮助人们在正确的方向上投入。具体的目标一般是可以量化和切实可行的，例如一名工人计划每天生产 100 个 A 零件，一位销售代表每天承诺打 15 个销售电话等。目标的具体化具有内在的推动力，促使员工提高工作绩效，具体的目标比泛泛而谈的目标（如“尽力而为”）能产生更好的效果。有难度的目标不容易完成，但困难的目标一旦为人们所接受，将会比容易的目标产生更高的工作绩效。

研究表明，如果员工参与目标的设置，可以提高员工对目标的可接受程度，员工更愿意为达到目标而努力工作，因而可导致更高的绩效水平。此外，若员工可以获得自己在实现目标过程中工作表现的反馈，了解自己所做的与自己想做的之间是否存在差异，员工在工作中就会做得更好。

具体来讲，影响目标—绩效关系的因素主要有：

（1）目标承诺。目标设置理论的前提条件是员工对目标的承诺，假设员工既不会降低目标，也不会放弃目标，而是致力于目标的实现。当目标是公开的、员工是内控类型、目标是自己设定的而非他人设定时，这种承诺最有可能发生。

（2）自我效能感。自我效能感指的是员工对于自己能否完成任务的信念。自我效能感水平越高，员工越有自信能够成功完成任务。在困难的环境中，低自我效能感的员工可能减少甚至放弃他们的努力，而高自我效能感的员工则会更加努力地去面对挑战。

（3）文化的限制。如员工是否会寻求具有挑战性的目标，管理者与员工是否看重工作绩效等。

（4）反馈。反馈可以指导行为，但反馈的效果不尽相同。一般来说，自我反馈，即员工对自身的改进情况进行监督和控制，比来自外部的反馈有更为强大的激励作用。

(五) 强化理论

强化理论是由美国心理学家、行为学家伯尔赫斯·斯金纳(Burrhus Skinner)提出的。与目标设置理论不同,强化理论认为,人们的行为是由外部因素控制的,控制行为的外部因素被称为强化物。如果人们行为之后紧接着给予一个积极的强化物,就会提高该行为重复的可能性。

所谓强化是指通过不断改变外部环境的刺激因素来达到增强、减弱或消除某种行为的过程。根据强化性质和目的的不同,可以把强化分为四种类型:

(1) 正强化。正强化就是鼓励那些组织上需要的行为,从而加强这种行为。强化手段有物质性的奖励,如加薪、发奖金等,也有非物质性的奖励,如对某种行为的认可及赞赏、晋升、给予学习和成长的机会等。

(2) 负强化。负强化就是预先告知某种不合要求的行为或不良绩效可能引起的后果,从而减少不希望出现的行为。负强化和正强化的目的一样,都是要维持和增强某种有利的行为,矫正会产生不良后果的行为。

(3) 自然消退。自然消退有两种方式:一种是对某种行为不予理睬,以表示对该行为的轻视或某种程度的否定,使其自然消退;另一种是对原来用正强化建立起来的,认为是好的行为,不再给予正强化,使其出现的可能性下降,最终完全消失。大量研究表明,一种行为如果长期得不到正强化,就会逐渐消失。

(4) 惩罚。惩罚就是用批评、降薪、降职、处分、罚款等带有强制性、威胁性的结果,来减少直至消除某种不良行为的重复发生。

(六) 综合激励理论

美国心理学家、管理学家迈克尔·波特(Michael Porter)和爱德华·劳勒(Edward Lawler)在期望理论的基础上,讨论了绩效与满足感之间的关系,提出了一个比较完备的激励模式,较好地说明了整个激励过程,如图 7-4 所示。

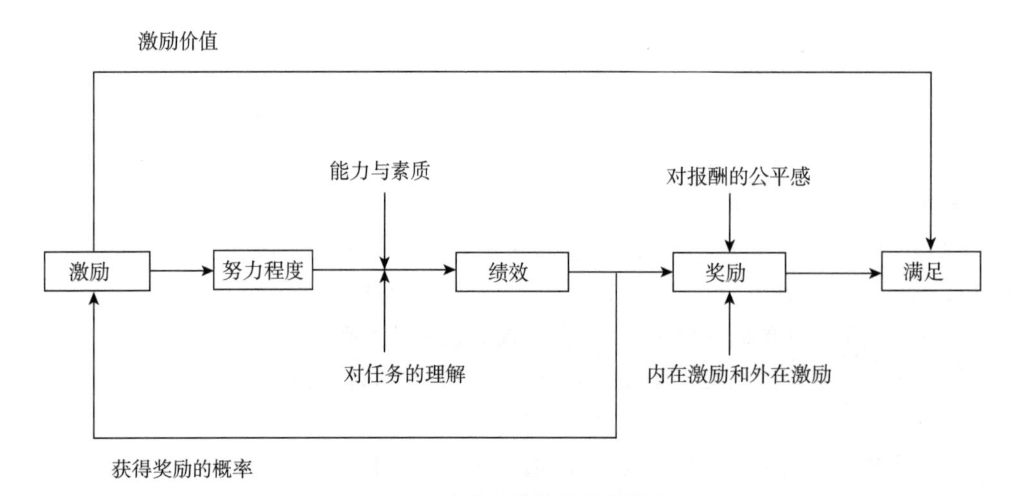

图 7-4　波特—劳勒的激励模式

从图7-4中可知，模式中激励价值、获得奖励的概率及努力程度反映了弗鲁姆期望理论的基本公式，能力与素质、对任务的理解、内在激励和外在激励，则是目标设置理论的补充。波特和劳勒强调的是绩效本身能导致满足感，同时加入了一个中间因素“对报酬的公平感”，使激励理论的内容更加丰富。从图7-4中我们可知，激励可分为内在激励和外在激励。一般而言，内在激励强调心理特征等因素，如认可、人际关系等，外在激励包括劳动报酬、工作条件、企业政策等。激励过程是内部激励和外部激励综合作用的结果。

波特和劳勒的综合激励理论告诉我们，激励不是简单的因果关系，并不是设置了激励目标就一定能获得所需要的行动与努力、使员工满意。要形成“激励→努力→绩效→奖励→满足”的良性循环，还要取决于多方面的因素。

第二节 激励原则与激励方法

一、激励的一般原则

激励是一门科学，正确的激励必须遵循以下基本原则：

（一）目标结合原则

在激励机制中，目标设置是一个关键环节。目标设置必须体现组织目标的要求，否则激励将偏离实现组织目标的方向。目标设置同时还必须能够满足员工个人的需要，否则无法提高员工的目标效价，达不到满意的激励强度。只有将组织目标与个人目标结合起来，使组织目标包含较多的个人目标，使个人目标的实现离不开为实现组织目标所做的努力，才能收到较好的激励效果。

（二）物质激励与精神激励相结合的原则

物质利益是人们行为的基本动力，但不是唯一动力。现实生活中，人们的需要是多方面的，既有物质方面的，也有精神方面的；尤其是随着生活水平的提高，人们对物质的渴望没有以前那么迫切，而是越来越重视精神上的需要。相应地，激励方式也应该注重物质激励和精神激励的有机结合，唯有这样才能更有效地调动员工的积极性。

（三）正激励与负激励相结合的原则

正激励是组织对员工正确行为的奖励和认可，负激励是组织对员工不当行为的惩罚和约束。正激励和负激励的最终目的是一样的，都是对行为进行强化。正激励是对恰当的行为进行正强化，负激励是对不当行为进行负强化。调动人的积极性，消除组织中存在的消极因素，可根据个人不同的情况，在偏重赏或偏重罚之间适当做出选择。但组织在建立激励制度时，应坚持以正激励为主、负激励为辅的原则，这是因为，实现组织的目标，最终要靠调动员工的积极性和主动性，要激励员工去努力工作，而惩罚是起不到这个作用的。

（四）内激励与外激励相结合的原则

内激励是员工在工作过程中获得的内在激励，表现为由个体内心产生的自我实现、自我锻炼、不断创造的乐趣与价值。外激励是由外界给予的激励，是员工完成工作之后所获得的物质激励或精神激励。一旦组织停止了对员工的外激励，员工的行为也随之停止，而内激励是一种持久性的、发自内在的激励。因此，组织应尽可能地激发员工的内激励，了解员工对外激励的依赖程度，将两者有机地结合起来。

（五）时效原则

时效原则指奖励必须及时，不能拖延。一旦时过境迁，激励就会失去作用。一般来说，正激励多在行为一发生就给予表扬，予以肯定。对不良的行为，先应及时制止，不让其延续或扩散，然后根据不同的情况采取批评或其他惩罚措施。

（六）民主公正原则

公正是激励的一个基本原则。如果不公正，奖不当奖，罚不当罚，那么不仅收不到预期的效果，反而会导致许多消极后果。公正就是奖罚严明，奖罚合理。奖罚严明就是不论亲疏，不分远近，一视同仁；奖罚合理就是从实际出发，实事求是，既不能小功重奖，也不能大过轻罚。民主是公正的保证，也是社会主义激励的本质特征。员工可以通过职工代表大会来行使自己的民主权利，这也是防止不正之风，确保公正的有力措施。

二、激励的方法

人的动机是由需要引发的，而人的需要又是多种多样的，且在不断变化，因而激励的方法也应多样化且灵活变动。组织的管理者在实施激励的过程中，只有针对员工的不同需要，选择恰当的方法，才能达到有效激励的目的。从激励的内容来进行划分，激励的方法可以分为精神激励法和物质激励法两大类。

（一）精神激励法

精神激励就是从满足人们的精神需要出发，通过对人们心理状态的影响来达到激励的目的。常见的精神激励方法有：

1. 目标激励

目标激励就是通过设置恰当的目标，来调动人们的工作积极性。所谓恰当的目标，需要具备如下条件：

（1）个人目标与组织目标相结合，员工在实现组织目标的过程中能实现其个人目标。只有符合个人需要的目标才能起到激励作用。

（2）目标应该是有价值的和有实现可能的。这就要求目标既要有一定难度，富有挑战性，同时员工通过努力也能达到的。

（3）目标必须是系统有序的。设置适当的目标，并使组织目标与个人目标相互一致，有机统一，才能够充分调动员工的积极性。

2. 榜样激励

榜样激励也即典型激励。榜样的力量是无穷的。榜样激励是通过满足员工的模仿和学习的需要,把员工的行为引导到组织目标所期望的方向。组织中的绝大多数员工都是有上进心的,在工作中都不甘落后,但往往不知道该怎么干,或在困难面前失去勇气与信心。通过树立先进典型与领导者的率先垂范,可以为员工找到一面镜子,使人们向先进看齐,以先进为榜样,增强成功的决心和信心。

3. 感情激励

感情激励就是加强与员工的感情沟通,对员工给予尊重、信任、关怀和支持,让员工体会到组织的关心和温暖,从而激发员工的积极性。尊重、信任是人的一种较高层次的需求。人们在工作中,只有得到他人的尊重、信任和理解,才能获得心理上的满足,才会对自己充满信心,对他人满腔热情,感到生活充实、人生有价值,从而产生一种积极向上、发奋进取的动力。

4. 荣誉激励

荣誉是组织对群体或个体的崇高评价,是满足人们自尊需求,激发人们积极进取的重要手段。荣誉激励包括颁发奖状、奖旗、奖牌、证书,给予记功,授予称号等。这种激励方式可以以极低的成本带来显著的成效。

5. 参与激励

参与激励就是鼓励员工参加企业的各项管理工作,培养员工的主人翁意识,使员工的个人利益与组织利益趋于一致。民主管理强调员工以企业主人的身份参与企业事务,这样员工在感情上就容易与组织融为一体,他们的工作热情也就可以保持高涨状态,从而使组织活动取得更大的成果,企业员工的主人翁地位也随之增强。

6. 培训激励

培训激励就是利用为员工提供学习的机会来激励员工。员工虽然因家庭背景、教育经历、个性兴趣的不同而有不同的需求,但就大多数员工而言,他们都渴求不断充实自己,提升自己,使自己的潜能充分发挥出来。培训不仅可以提升员工的素质和能力,改善员工的工作态度,激发员工的进取心和持久的工作动力,而且可以为员工承担更富有挑战性的工作及更大的责任创造条件。

(二)物质激励法

物质激励就是从满足人们的物质需要出发,通过对物质利益关系进行调节,从而激发员工的工作积极性。物质激励的方法主要有:

1. 提高工资

工资是人们工作报酬的主要形式,它与奖金的主要区别在于工资具有一定稳定性和长期性。给予工作有成效的员工提高工资的奖励,这毫无疑问是重大的物质利益。因此,提高工资的激励方法一般用于一贯表现良好、长期以来工作成绩突出的员工。同时,要注意薪酬制度的公平性、公正性和透明性,鼓励多劳多得,否则可能会产生适得其反的效果。

2. 颁发奖金

奖金作为一种辅助的工资形式,它具有灵活性、针对性和及时性等特点。奖金制度的设置应该合理,依据应该清晰明确,这样才能更加有效地激励员工。企业可以根据实际需要,设置不同的奖励项目,如技术革新、提出合理化建议、提高产品质量、节约物资消耗等。

3. 其他物质奖赏

除了货币性的工资与奖金,常用的还有提供住房、带薪休假等其他物质激励手段。特别是有些激励方法具有物质激励与精神激励相结合的特征,如办理高尔夫球俱乐部会员证,对于个人而言,参加高尔夫球运动不仅是一种休闲享受,而且在一定社会圈子中它还代表了一种地位和身份,给人以自尊需要的满足感。

现代企业实行股权激励也是一种物质激励手段,包括股票期权计划、员工持股计划。

除上述精神激励法和物质激励法之外,激励的方法还包括工作激励法。工作激励是指通过分配恰当的工作来激发员工内在的积极性和热情,具体包括岗位轮换、工作内容扩大化、工作内容丰富化等。

第三节 沟通的内涵与作用

一、沟通的内涵

所谓沟通是指主体与客体之间传达思想或交换信息的过程,简言之,即信息交流。人作为社会人,必然要与社会发生信息沟通,否则,人就无法生活,社会也无法维持。具体到一个组织,员工之间如果没有沟通,这个组织就无法正常运转;组织内部如果沟通不畅,组织的效率就会受到影响;部门之间如果缺乏沟通,其行为就难以协调;组织员工之间沟通不畅,组织内部就难以建立良好的人际关系,组织必然缺乏凝聚力。因此,沟通是组织赖以生存和发展的必备功能,也是管理的主要内容。沟通包含以下几层含义:

1. 沟通是双方的行为,并且要有媒介

沟通双方既可以是人,也可以是机器,因而就有三种表现形式:

(1) 人—人沟通。例如,主管人员发出信息,通过联络人员进行编排整理,然后传递给下属。

(2) 人—机沟通。即将人的语言转变为机器的语言,使机器接收并执行。

(3) 机—机沟通。如传真机等。

在本节中,我们主要阐述人—人沟通形式,重点放在组织内的信息沟通。

2. 沟通是一个过程

完整的沟通过程包括七个环节:

(1) 沟通的主体,即信息的发出者或来源。

(2) 编码,指主体采取某种形式来传递信息的内容。

(3) 媒介,或称沟通渠道,即信息交流的通道。

(4) 沟通的客体,即信息的接收者。

(5) 解码,指客体对接收到的信息所做出的解释、理解。

(6) 沟通的反应和反馈,指信息接收者承认已接收到发送者传来的信息,并向发送者表明对此信息的理解,体现出沟通效果。

(7) 噪声,是对信息传递过程产生干扰的一切因素,如沟通双方的个性差异,身份地位差异,不同的文化背景、健康状况、情绪态度,字迹难辨的打印材料,电话中的杂音等。

沟通过程模型如图 7-5 所示。

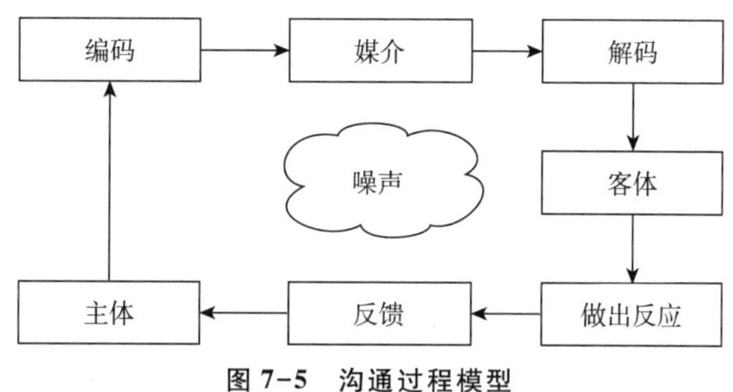

图 7-5　沟通过程模型

3. 沟通有三个关键环节

编码、解码和媒介是沟通过程取得成效的关键环节,它始于主体发出信息,终于得到信息接收者的反应和反馈。信息的主体首先要将希望传达的信息译成接收者能够理解的一系列符号,如语言、文字、图表、手势等,沟通的内容只有经过编码后才能传递。信息接收者要将发送者传递的一系列符号转换成自己能够理解的形式。经过编码的内容要通过各种信息传递渠道传递给信息的接收者,如口头沟通、书面沟通、电子邮件、形体动作等,信息接收者将沟通内容通过信息沟通渠道传递给信息的主体,完成了这一循环才是一个完整的沟通过程。

二、 沟通的要素

通过沟通过程模型可以看出,一个完整的沟通过程包括许多环节,而且这一过程极易受到噪声的影响,因此,为了实现有效沟通,需要充分考虑以下七个基本要素:信息发送者、信息接收者、目标、信息、渠道、情境及反馈。

1. 信息发送者

信息发送者是信息的来源,发送者可信程度的高低与信息是否可靠、沟通是否有效息息相关。通常而言,影响信息发送者可信程度的因素包括身份、地位、名誉、威望、专业背景、形象、气质、价值观等。

2. 信息接收者

信息接收者是沟通的客体,也是信息发送者传达内容的受众或听众。为了确保有效沟通,信息发送者要全面、深入地了解信息接收者及其需求。例如,了解信息接收者的年龄、职业、专业背景、知识水平、兴趣点、对于沟通内容的了解程度等。

3. 目标

沟通就是基于一定的目标,借助各种手段,在信息发送者和信息接收者之间进行的一系列信息、情感的交换过程。沟通是具有目的性的,所以,信息发送者应该明确其信息传递的目的。在工作中,信息传递的目标主要是基于工作目标及相应举措,一旦明确了工作目标及相应举措,就要及时确立沟通的目标。通常而言,沟通的目标一般有解决问题、交换观点、获得资源或支持等。

4. 信息

信息是指信息传递者试图传达给受众的内容,这种内容往往附加信息传递者的观念、态度和情感,并通过声调、语气、语速、附加词以及表情、神态、动作等方式加以传递。这种信息可能是直接明确的,即内容通俗易懂、直截了当,也可能是间接隐晦的,需要依靠当时的情境来深入理解。因此,信息发送者有必要策略性地组织信息内容,使信息能够顺畅地传达至受众并使其易于吸收和理解。

5. 渠道

沟通渠道即沟通媒介,是信息发送者将信息传递给接收者的方式和途径。在实际沟通过程中,沟通双方会根据高效、便捷的原则选择恰当的沟通渠道来完成沟通过程。一般而言,使用较多的沟通渠道主要有口头沟通、书面沟通、电子邮件、电子公告板、电话会议、视频会议、即时通信软件、内部网络等。

6. 情境

沟通总是在一定的情境下发生,相同的信息在不同的情境下会被赋予不同的内涵和意义。影响沟通情境的因素主要包括:

(1) 社会因素,如沟通双方的社会地位、角色、职业等;

(2) 心理因素,如沟通双方在沟通时的情绪、态度、认知等;

(3) 物理因素,即沟通发生的场所,如学校、家中、办公室、咖啡厅等;

(4) 文化因素,即文化背景导致的价值观、思维方式、心理状态及行为依据上的差异。任何形式的沟通都会受到各种情境因素的影响,沟通的情境对沟通过程和沟通效果产生的影响不可忽视。

7. 反馈

反馈是指信息接收者对信息的反应,是信息沟通的逆过程。反馈可以反映出信息接收者对信息的理解和接受状态,从而使信息发送者根据需要进行调整。从本质上看,反馈可分为正反馈、负反馈和模糊反馈。若反馈显示出信息接收者理解并接受了信息,则该反馈为正反馈;若反馈显示出信息没有被理解和接受,则该反馈为负反馈;若信息接收者对信息的反应处于不确定状态,则该反馈为模糊反馈。沟通只有在接收者感知、理解并给予反馈时,才会真正发生。

三、 沟通的作用

一般来说,沟通的作用在于使组织内的成员能够做到在适当的时候,将适当的信息,用适当的方法，传递给适当的人，形成一个健全的、迅速有效的信息传递系统，以利于组织目标的实现。具体来说，沟通的作用主要表现在以下三个方面：

（1）沟通是正确决策的前提和基础。一个企业的成败主要取决于重大经营方针的决策。在决策过程中，无论是问题的提出和认定，还是各种可供选择方案的比较，都需要国内外市场、技术、资源、竞争对手等相关情况资料。事实证明，许多决策的失误，都是由于资料信息不全、沟通渠道不畅造成的。因此，没有沟通就不会有正确的决策。

（2）沟通是统一思想、保持行动一致的手段。当组织做出某一项决策或制定某一政策时，由于所处的位置不同、利益不同、知识经验不同、掌握信息多少不同，因而组织成员对待决策或政策的态度是不一样的。为了使人们能够理解并愿意执行这些决策，降低管理的模糊性，提高管理效能，就必须进行充分有效的沟通，相互交换意见，统一思想，明确任务，统一行动，以达到组织目标。

（3）沟通是组织成员之间建立良好人际关系的关键。组织内人际关系如何，主要是由沟通的水平、态度和方式决定的。通过沟通，员工之间增进了解，增强感情，化解矛盾，和睦相处；上下级之间相互信任，相互尊重，建立融洽的工作关系。组织内人际关系良好，上下一条心，团结成一个整体，有利于增强组织的凝聚力。

第四节　沟通的类型与组织沟通网络

一、沟通的类型

沟通的方式和类型多种多样，可以从不同的角度对沟通进行分类。

（一）按沟通是否具有正式的组织系统划分

1. 正式沟通

正式沟通是指通过正式组织的沟通网络，如组织层级联系、横向协作关系而进行的信息传递和交流。正式沟通的优点是沟通效果好，严格可靠，约束力强，易于保密，沟通信息量大，并且具有权威性；缺点是因为靠组织层级系统层层传递，沟通速度一般较慢，灵活性较低。

2. 非正式沟通

非正式沟通是指在正式沟通网络之外进行的信息沟通。非正式沟通的优点是信息传递的速度快，灵活性强，形式不拘一格，并能提供一些正式沟通所不能传递的内幕消息；缺点是权威性低，传递的信息容易失真，传递越广，失真就越多，并且容易在组织内引起矛盾，可能导致小集团、小圈子，影响组织的凝聚力和人心稳定。此外，非正式沟通的控制比较困难。

（二）按沟通中信息流动的方向划分

1. 上行沟通

上行沟通是指下级向上级进行的信息传递，如各种报告、汇报等。为了保证上行沟通的顺畅,企业通常会设立意见箱、制定建议制度、组织意见座谈会等。上行沟通是领导了解实际情况的重要手段,是掌握决策执行情况的重要途径。因此,领导者不仅要鼓励上行沟通,还要确保上行沟通信息的真实性、全面性,防止报喜不报忧现象的出现。

2. 下行沟通

下行沟通是指上级向下级进行的信息传递,如企业管理者将计划、决策、制度规范等向下级传达。下行沟通是组织中最重要的沟通方式。通过下行沟通可以使下级明确组织的计划、任务、工作方针、程序和步骤,还可以使员工意识到自己的主人翁地位,从而激发他们的工作积极性。一般而言,常用的下行沟通方式包括书面指南、工作指示、政策陈述、会议纪要、口头交谈、公司出版物等。

3. 平行沟通

平行沟通是指正式组织中同级部门之间的信息传递。平行沟通是加强部门协作、增强部门凝聚力、弥补上行沟通和下行沟通不足的重要手段,有利于提升组织整体效能。组织应当明确各部门的职权范围,指明沟通渠道,为各部门成员间的有效沟通创造有利条件。

4. 斜向沟通

斜向沟通是指跨工作部门和跨组织层级的员工之间的沟通。斜向沟通常常伴随着上行沟通或下行沟通。其主要目的是增加不同部门或层级的员工在工作中的配合程度,并且加快信息的传递速度,增强信息的传递效果,这对于提升组织的整体利益具有十分重要的作用。

(三)按沟通所使用语言的方式划分

1. 语言沟通

语言沟通就是使用正式的语言符号进行的沟通。语言沟通又可以划分为口头沟通和书面沟通。

(1) 口头沟通。口头沟通是指采用口头语言进行的信息传递,如讨论、电话、面谈等。口头沟通是最常用的沟通方式。其优点是信息发送者与信息接收者当面接触,有亲切感,并且可以运用一定的手势、表情和语气、语调等增强沟通的效果,使信息接收者能更好地理解、接受所沟通的信息;信息传递快速,信息量大;可及时获得反馈意见,具有双向沟通的优点。其缺点是沟通范围有限;沟通过程受时间限制;沟通完成后缺乏反复性,同时对信息传递者的口头表达能力要求比较高。

(2) 书面沟通。书面沟通是指采用书面文字形式进行的沟通,如各种文件、报告、书信、传真等。书面沟通的优点是严肃、准确、具有权威性、不易被歪曲;信息接收者可反复阅读以增强理解,信息发送者对要传递的信息所采用的语言进行仔细斟酌,以使用最好的方式表达出来。不足之处主要在于应变性较差,效率较低,缺乏反馈,只适用于单向沟通。所以,对于需要反复强调、内容量大、涉及面广的信息,一般采用书面沟通的方式。

2. 非语言沟通

非语言沟通是指用语言和文字以外的符号进行的沟通,即通过面部表情(微笑、皱眉)、体态语言(点头、手势、肢体动作)、语调(平稳、轻柔)、声光信号(红绿灯、旗语、图形）等方式进行的沟通。非语言沟通能够辅助语言沟通，加强语言沟通的效果，使所要交流的信息更明确、内涵更丰富；其不足主要表现在传送的距离有限，信息只能意会，界限含糊。

（四）按沟通是否进行反馈划分

1. 单向沟通

单向沟通是指信息的发送者与接收者的地位不改变的沟通。在这种沟通中，不存在信息反馈。其优点是信息发送者不会受到信息接收者的询问，能保护发送者的尊严，信息沟通通常比较有秩序、速度较快；其不足之处是信息接收者不能进行信息反馈，没有理解的信息只能囫囵吞枣地强行接受，这样容易降低沟通效果，严重时甚至可能产生对抗心理。只有在比较特殊，特别是时间紧迫，不允许采用耗时较多的双向沟通时才采取单向沟通。

2. 双向沟通

双向沟通是指在沟通过程中信息的发送者与接收者经常换位的沟通。在这种沟通中，存在信息反馈，信息发送者可以及时知道信息接收者对所传递的信息的态度，有助于加强协商和讨论，增强对所发送信息的理解。但双向沟通一般费时较多，速度较慢，易受干扰。如果时间允许，为了保证信息传递的准确性和增强沟通的效果，应尽量采取双向沟通的方式。

（五）按沟通对象划分

1. 人际沟通

人际沟通是指人与人之间的信息传递和交流。其主要目的在于建立和维持良好的人际关系。人际沟通具有其特殊性，这主要表现在沟通中的社会性、选择性、主动性、互动性等方面。人际沟通的方式主要是语言沟通和非语言沟通。

2. 组织沟通

组织沟通是指组织中的人际沟通，即组织通过各种渠道、网络和系统进行的信息传递和交流。组织沟通最基本的功能是传达信息，如组织方针政策的传达、生产经营活动等情况的通报等。同时，组织沟通也要重视员工思想和感情交流的重要性，增强员工之间的相互了解，尽量满足员工在心理、归属、情感等方面的需要，培养员工高尚的情操，培育健康的组织文化。

（六）按沟通工具划分

1. 运用传统手段的沟通

运用传统手段的沟通是指运用诸如口头交谈、书面文件、会议报告等传统方式进行的沟通。

2. 运用现代沟通工具的沟通

运用现代沟通工具的沟通是指运用现代的信息网络（包括电子媒体、即时通信软件、内部网络等）进行的沟通。这类工具在现代社会沟通中的应用越来越普遍。它的优点是速度快、传递面广，可以在同一时间将信息传递给多人，信息的储存也比较容易，储存成本低。

二、 组织沟通

组织沟通就是组织通过各种渠道、网络和系统进行的信息传递和交流。随着组织规模的扩大,组织结构也趋向复杂化,组织活动的顺利有效进行越来越依赖于组织成员之间的相互协作,而组织沟通是实现组织成员协作的重要途径。

1. 正式沟通与非正式沟通

正式沟通是按照组织制度所规定的沟通方式,通过组织结构进行的信息传递和交流。正式沟通的内容与组织活动密切相关,如组织决策、经营计划、财务状况、生产任务完成情况等。正式沟通是组织内部信息传递的主要方式。大量的信息都是通过正式沟通网络传递的。

非正式沟通是在正式沟通网络以外进行的信息传递和交流。非正式沟通的内容一般是关系到组织环境,以及组织成员事务的问题。非正式沟通是正式沟通不可缺少的补充,也是一个正式组织中不可能消除的沟通方式。

2. 上行沟通、下行沟通、平行沟通与斜向沟通

上行沟通是组织中的下级向上级反映情况的沟通。对于一个管理者来说,掌握上行沟通的技能非常重要。做好上行沟通,既可以争取上级对自己工作的支持,有利于工作取得成就;又可以让上级了解自己,争取不断发展的条件。但是,上行沟通又是特别困难的。因为在上行沟通中,信息的接收者处于支配地位,而信息的发送者却居于被支配的地位,信息发送者往往会因信心不足而影响信息的传递。因此,有意识地锻炼自己上行沟通的能力,是每一个管理者都应当注意的。

下行沟通是组织中的上级对下级进行的信息沟通。下行沟通通常来自组织的高层,一般以命令、指示等形式出现,通过各中间层级下达到组织的基层直至成员个人。这种沟通方式能够协调和强化组织内各层级之间的关系。

平行沟通就是组织中同一层级机构或人员的沟通。平行沟通是在分工基础上产生的,是协作的前提。做好平行沟通工作,在规模较大、层级较多的组织中尤为重要,它有利于及时协调各部门之间的工作步调,减少相互间的矛盾。

斜向沟通就是发生在跨工作部门和跨组织层级的员工之间的沟通。斜向沟通有利于提高组织各层级间沟通的效率和速度。员工在进行斜向沟通时,应注意和自己的直接管理者进行联系通报,避免斜向沟通可能造成的问题。

三、 组织沟通网络

组织沟通网络是指组织中沟通渠道的结构和形式。一种网络不同于另一种网络的基本特征在于渠道的数量、分布及反馈的效果。不同的沟通网络具有不同的沟通效果。组织沟通网络可以分为正式沟通网络和非正式沟通网络。

（一）正式沟通网络

正式沟通网络是根据组织结构来设计的，它是传递与组织活动直接相关信息的沟通途径。常见的正式沟通网络主要有以下五种，如图 7-6 所示。

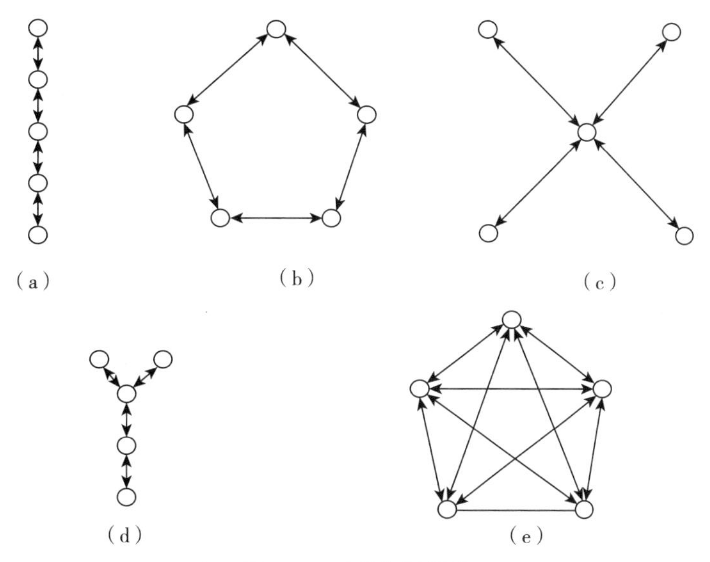

图 7-6　正式沟通网络

1. 链式沟通网络

链式沟通网络如图 7-6(a)所示，它是分层领导体制下，最高领导者与最低执行者之间进行信息沟通的一种概括模式。在链式沟通网络中，无论是上行沟通，还是下行沟通，都是沿着正式的指挥链流动，信息在沟通成员间是单线、顺序传递。所以，链式沟通网络中，信息传递的速度较慢、效率较低，信息在中间被过滤的可能性较大，易造成信息失真，信息接收者的信息载荷量较小。

链式沟通网络对组织结构的影响表现为：由于从下到上或从上到下经过的沟通线路太长，所以解决问题的速度很慢。同时，容易形成领袖人物，组织化过程较慢，不利于鼓舞士气。不过，这种沟通网络一经形成就比较稳定。

2. 环形沟通网络

环形沟通网络如图 7-6(b)所示，它表示一个由五人构成的沟通网络，在这个沟通网络中，组织分为三个层级：一级主管与两个二级主管联系，二级主管则与三级成员联系，三级成员之间存在横向联系。

环形沟通网络就其本身的效率而言，由于集中化程度较低，传递信息的速度较快，尽管中间也可能发生信息过滤、降低信息准确性，但较之链式沟通网络发生的概率要小。二级主管的信息载荷量由分权的程度决定。

环形沟通网络的组织效率表现为：沟通的渠道窄、环节较多，解决问题的速度较慢，不易产生组织化过程，也难以产生组织领导权威。但每个人都可与其两侧的人沟通信息，因此大家地位平等，有利于鼓舞士气，在组织内部的业务执行中，应鼓励这种沟通。

3. 轮形沟通网络

轮形沟通网络如图 7-6(c)所示,它是组织结构中一位明确的、强有力的领导者与参谋机构、职能机构之间进行信息沟通的模式概括。该网络中的信息是经由中心领导人物向周围多线传递,因此,轮形沟通网络中信息传递的速度较快,信息不容易被过滤,准确度高。由于处于轮形沟通网络中的领导者充当中心枢纽的角色,因而要接受较大的信息载荷量。

轮形沟通网络的组织效率表现为:解决问题的速度快,容易产生组织核心,并使这种组织化过程维持高度的稳定,但其他成员满意度低,不利于鼓舞士气,工作缺乏弹性。

4. Y 形沟通网络

Y 形沟通网络如图 7-6(d)所示,它是在链式沟通网络和轮形沟通网络的基础上发展起来的,其效率特征与链式沟通网络基本相同。与轮形沟通网络相类似,Y 形沟通网络中也有一个成员处于沟通网络的中心,拥有信息优势。如果上下级的沟通呈正 Y 形,一般来说,容易产生多头领导的局面,常使同时需要对两个上级汇报的下级在行动中陷于左右为难的困境。所以,一般来说,正式组织的正式沟通,在传递命令、决策时,不能利用正 Y 形沟通网络,而倒 Y 形沟通网络则是十分正常的。

Y 形沟通网络的组织效率表现为:由于有较多的中转环节,容易导致信息被扭曲或者失真,影响沟通的准确性,降低沟通的效率和解决问题的速度,影响组织成员的满意度,不利于鼓舞士气。

5. 全通道式沟通网络

全通道式沟通网络如图 7-6(e)所示,它是环形沟通网络的进一步发展。在这个网络中,所有成员之间都能进行沟通,没有权力、地位的区别,沟通在所有成员之间自由进行。

全通道式沟通网络的组织效率表现为:环形沟通网络的效率特征在这里得到了更进一步的强化,信息沟通渠道来源广阔,有利于提高沟通的准确性,鼓舞员工士气,培养合作精神,提高员工满意度,但不利于产生组织领导权威。由于该网络沟通渠道过多,易造成信息混乱,沟通费时费力,工作效率降低。

五种沟通网络各有所长,表 7-1 总结了五种沟通网络的不同之处。

表 7-1　五种正式沟通网络的比较

沟通网络形态	链式	环形	轮形	Y 形	全通道式
集中性	适中	低	高	较高	很低
速度	适中	慢	1. 快(简单任务) 2. 慢(复杂任务)	快	快
正确性	高	低	1. 高(简单任务) 2. 低(复杂任务)	较高	适中
领导能力	适中	弱	很强	强	很弱
成员满意度	适中	高	低	较低	很高

从以上对五种沟通网络的分析可知，没有一种绝对完美无瑕的沟通网络，没有任何一种沟通网络适用于所有情形。在不同的组织中，要根据组织的性质、成员特征、任务目标、时间限制等多种因素建立正式的沟通网络。

（二）非正式沟通网络

除了正式沟通网络，在组织沟通中还存在大量的非正式沟通的途径，这些途径所组成的结构形式就是非正式沟通网络。非正式沟通网络不是由组织固定设置的，而是组织成员在进行非正式沟通中自然形成的，信息流动方向的随意性较强，并具有较强的个人情感色彩。非正式沟通网络主要有四种形态，如图 7-7 所示。

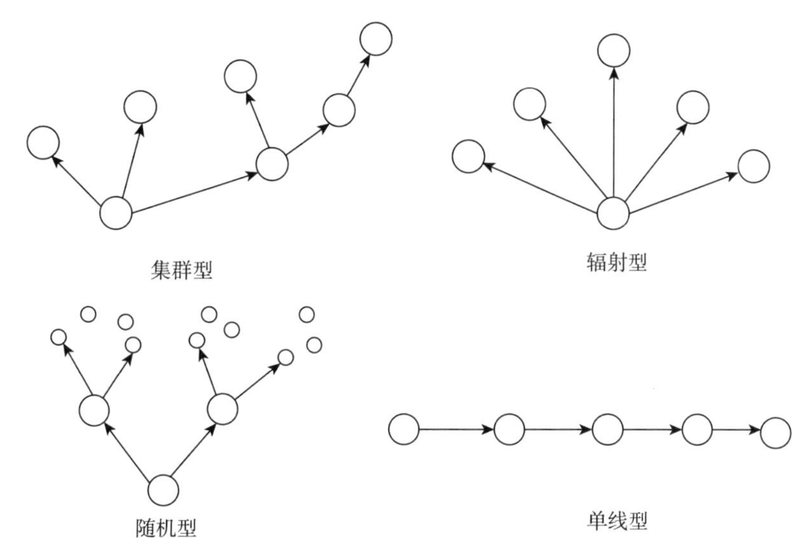

图 7-7　非正式沟通网络

（1）集群型，即在沟通过程中，可能有几个中心人物，由他们转告若干人，而且有某种程度的弹性。这是非正式沟通中最常见的一种形式。

（2）辐射型，由一个人告知所有其他人，犹如其独家新闻。

（3）随机型，即碰到什么人就转告什么人，并无一定中心人物或选择性。这种随机传播消息的方式使得消息的传播途径难以追溯。

（4）单线型，就是由一个人转告另一人，后者再转告下一个人，消息传递的速度较慢，这种情况最少见。

第五节　有效沟通障碍

一、有效沟通的原则

（一）准确性原则

当信息沟通所用的语言和传递方式能被接收者理解时，才是准确的信息，沟通才具有价值。沟通的目的是使接收者明确发送者的信息,这看起来似乎很简单,但在实际工作中,常常会出现接收者对发送者非常严谨的信息缺乏足够的理解。信息发送者的责任是将信息加以综合,无论是笔录还是口述,都应用容易理解的方式表达。这就要求发送者有较高的语言或文字表达能力,并且熟悉下级、同级和上级所用的语言。这样,才能克服沟通过程中的各种障碍,并对表达不当、理解错误、传递错误予以澄清。

(二)完整性原则

这项原则一个特别需要注意的地方,就是信息的完整性部分取决于主管人员对下级工作的支持。主管人员位于信息交流的中心,应鼓励他们运用这个中心职位和权力,起到这个中心的作用。但在实际工作中,有些主管人员忽视了这一点,通常越过下级主管人员而直接向有关人员发布指示、下达命令。这既违反了统一指挥的原则,又使下级主管人员处于尴尬境地。如果确实需要直接向下级人员下达指令,则上级主管人员应事先同下级主管人员进行沟通,只有在时间不允许的情况下,例如紧急动员完成某一项任务时,越级下达命令才是必要的。

(三)及时性原则

在沟通过程中,无论是下行沟通还是上行沟通,无论是横向沟通还是斜向沟通,除了注重准确性、完整性原则,还应关注及时性原则。这样可以使组织新近制定的政策、组织目标等尽快得到员工的理解和支持,同时也可以使主管人员及时掌握下属的思想、态度和情感,从而提高管理水平。在实际工作中,信息沟通经常因发送者不及时传递或接收者的理解、重视程度不够,而出现事后信息,或者从其他渠道了解信息,极大地削弱了沟通渠道的作用。

(四)非正式组织策略性运用原则

这一原则的实质就是,只有当主管人员使用非正式组织来补充正式组织的信息沟通渠道时,才会产生最佳的沟通效果。非正式组织传递信息的最初原因是一些信息不适合由正式组织来传递。因此,在正式组织之外,应该鼓励非正式组织传递并接收信息,以辅助正式组织做好组织的协调工作,共同为达到组织目标做出努力。一般来说,非正式渠道的消息,对完成组织目标有不利的一面。但是,小道消息的盛行,却反映了正式渠道的不畅通。所以加强和疏通正式渠道,在不违背组织原则的前提下,尽可能通过各种渠道把信息传递给员工,是防止那些不利于或有碍于组织目标实现的小道消息传播的有效措施。

二、有效沟通的障碍

有效沟通的特征是及时、充分和不失真,这也是沟通过程中要实现的目标。在实际沟通过程中,常常因为沟通要素的质量不高、沟通工具运用不佳、沟通网络状况不良等因素阻碍了有效沟通的实现。因此,要使沟通过程顺畅有效,必须克服沟通中的各种障碍。

沟通障碍的分析可以从两个方面进行:一是从沟通过程进行分析,即按沟通发生的阶段来分析存在的障碍;二是从因素进行分析,即分析可能会形成沟通障碍的各种因素。

（一）从沟通过程分析

1. 信息发送者的障碍

（1）表达障碍。指因信息发送者表达能力不足产生的障碍。语言是信息的载体，准确地选择语言是实现沟通目标的必要前提。准确的语言选择不仅包括选用最恰当的词句，使用正确的语法，还包括采用书面沟通形式时清晰的字迹、简明的图表等。由此可见，影响信息传递表达能力的因素，除了自身的语言文字水平，还有工作责任心等非文字方面的因素。所以信息发送者若要消除表达障碍，就必须努力提升自己的语言表达能力，同时在发送信息时，应具有高度的责任心。

（2）语义障碍。主要指因对语义的不同理解引起的障碍。对于信息发送者来说，不能仅从自己的角度来选择用语和理解事情；更重要的是要从信息接收者的立场来考虑用语，这样才能保证发送的信息能够被正确地理解。

（3）传递形式障碍。指传递形式不协调产生的障碍。信息发送者在发送信息时，形式要适当，如语言符号和体语应保持一致。例如，上级在批评下级所犯的错误时，态度和蔼，就可能使下级难以认识到错误的严重性；正式、重大的事件信息用很平常的方式传递，就可能使人怀疑信息的真实性。所以，在沟通过程中，信息沟通的形式应同沟通的信息内容相一致，消除因内容和形式不一致带来的沟通障碍。

（4）社会环境与知识局限产生的障碍。如果信息发送者与信息接收者之间有共同的经验区，就比较容易实现沟通信息的目标。如果双方不存在共同的经验区，沟通就会遇到障碍。例如，同一领域的科学家之间运用大量专业术语、数学公式、各种符号进行沟通，既简便又实用，但如果用这种方式同缺乏相应知识和经验的外行沟通，肯定会失败。

2. 信息传递渠道中的障碍

（1）信息传递手段的障碍。在现代信息沟通中，使用越来越多的新兴信息传递手段，大大提高了沟通效率。同时，一旦这些手段发生故障就会影响沟通。如召开大会时，广播的物理噪声过大，就会影响报告的效果；又如，使用即时通信软件，如微信、QQ、Skype进行视频通话时，网络信号的强弱就会极大地影响信息传递的效率和效果。在信息沟通中，要尽可能地选择高效率的沟通工具。

（2）传递层次的障碍。信息在传递过程中，同其他的物体运动一样，会发生损耗。在信息传递过程中，信息损耗现象被称为信息过滤。如果一个信息从发送者那里发出，到达接收者那里时经过的环节越多，这种过滤现象就会越严重，使到达最终接收者那里的信息大打折扣，或者被歪曲、曲解、篡改。所以，在沟通过程中，沟通的层次应尽可能减少，以防信息被过多地过滤。

3. 信息接收者的障碍

（1）对信息进行“过滤”或“加工”。接收者在接收到信息之后，有时会按照自己的要求和主观意愿，对信息进行“过滤”或“加工”，取其对味的信息，滤掉不对味的信息。例如，在组织的上行沟通中，下级对上级报喜不报忧，传递的信息经过层层过滤很可能已经面目全非；在下行沟通中，信息经由下级对上级思想的逐级领会而被添枝加叶或断章取义，从而导致信息扭曲、失真。

(2)理解能力的障碍。这同发送者表达能力的障碍是一样的。如果是一个发送者面对一个信息接收者,这种障碍还可以通过发送者与接收者的共同努力来消除。但如果是一个发送者面对多个接收者,其中一些接收者对信息不理解、存在障碍,就主要靠接收者自己提升理解能力来消除障碍了。

(3)信息过量障碍。接收者在收到过多的信息时,必然有一部分信息会被忽略,这对信息发送者来说要给予重视。同样也要引起信息接收者的重视。在信息化社会中,一个人所接收到的信息必然很多,信息接收者不能整天埋在信息堆里,而应有重点地筛选信息。

(二)从因素分析

1. 个人因素

个人因素主要包括两类:一是接受能力的差异;二是沟通技巧的差异。所谓有选择地接受是指人们拒绝或片面地接受与他们的期望不一致的信息。研究表明,人们往往选择听或看他们感情上有所准备的信息,或者他们想听或想看的信息,甚至只愿意接受中听的而拒绝不中听的信息。除了人们接受能力有所差异,许多人运用的沟通技巧也不尽相同。例如,有的人不善于口头表达;有的人阅读较慢,理解能力较差等。所有这些问题都会妨碍有效沟通的进行。

2. 人际因素

人际因素主要包括沟通双方的相互信任、信息来源的可靠程度和发送者与接收者之间的相似程度。

信息沟通传递是沟通双方的事情,沟通双方的诚意和相互信任至关重要。有的信息接收者在过去的人际沟通中有过不愉快的情感体验,就会对信息发送者心存疑虑和戒备,拒绝接收所传递的信息。上下级之间的相互猜疑只会增加抵触情绪,减少坦率交谈的机会,也就不可能进行有效沟通。信息来源的可靠性实际上是由接收者主观决定的,只要接收者认为发送者的信息来源可靠即可。信息发送者与信息接收者之间的相似程度越高,例如有共同的经验区,那么沟通的效果通常更好。影响信息发送者与接收者相似程度的因素主要有价值观、认知能力、职业背景、社会阶层、文化修养等。

3. 组织因素

组织自身的一些因素也会束缚组织成员之间的有效沟通,这主要有地位障碍和结构障碍。

地位障碍是指当某人在管理层中的地位大大高于另一个人时,就会产生沟通过程中的地位障碍。地位障碍是上下级之间进行有效沟通的最大障碍,它来源于对组织中地位差别的过分强调,例如上级爱摆架子、发号施令等。

结构障碍是指由于组织内的结构设置不当,也会阻碍组织的有效沟通。如传递层次越多,信息失真的可能性就越大。再如机构重叠而造成沟通缓慢,各职能部门之间缺乏沟通,以及沟通渠道单一而造成信息不充分等,都会影响组织内部的有效沟通。

4. 技术因素

技术因素主要包括语言、非语言暗示、媒介的有效性和信息过量等。

大多数沟通的准确性依赖于沟通者赋予字和词的含义。每个人表述的内容通常是由其独特的经历、个人需要、社会背景等决定的。因此，语言和文字极少对发送者和接收者双方都具有相同的含义。

当人们在进行交谈时，常常伴随一系列有含义的动作。这些动作包括身体姿势、手势、面部表情和眼神。这些无言的信号强化了所表述的含义。例如，沟通者双方的眼神交流，可能会表明相互感兴趣、喜爱、参与或者攻击。

主管人员十分关心不同沟通工具的效率。一般来说，书面沟通和口头沟通各有所长。书面沟通（备忘录、图表、公告等）常适用于传递篇幅较长、内容详细的信息；口头沟通（电话、讲座、会议）适合于需要翻译或精心编制，才能使拥有不同观念和语言才能的人理解的信息。此外，信息过量也使主管人员难以向员工提供有效、必要的信息，沟通也随之变得困难重重。

5. 文化因素

阻碍人们进行有效沟通的文化因素主要体现在跨文化、代沟和性别差异等方面。

很多跨文化因素增加了沟通的困难，这些困难包括词汇内在含义、认知差异等。

代沟指年龄悬殊的人们之间的沟通困难。不同年龄阶段的人生活在不同的社会背景下，具有不同的社会经历，因而对同一事物会有不同的认识。若不能正确处理代际差异，就会造成沟通困难。

男女沟通风格的差异往往造成两性之间出现沟通障碍。一般来说，男性是通过交谈来强调地位的，他们常常通过提供解决办法来维持自己的控制力。女性则通过交谈来发生联系，谈话内容重在建立联系和加强亲密感。

三、 克服沟通障碍

为了有效地克服沟通障碍，需要注意以下几个方面：

（1）明确沟通的重要性，正确对待沟通。主管人员十分重视计划、组织、领导和控制，对沟通常常疏忽，认为信息的上传下达有了组织系统就可以，对非正式沟通中的“小道消息”常常采取压制的态度。这些都表明沟通没有得到应有的重视。

（2）沟通的内容要确切。沟通内容要言之有物，具有针对性，语意明确，表述尽量通俗化、具体化和数量化，尽量避免笼统含糊的语言，更不要讲空话、套话和废话。

（3）沟通要有诚意，取得双方的信任。要提高沟通效率，就必须真心实意地去倾听对方的意见，这样对方才能把真实想法说出来。缺乏诚意大多发生在自上而下的沟通中，因此主管人员要有民主作风，要兼收并蓄、豁达大度，善于听取员工的意见，尤其是不同的意见。

（4）加强平行沟通。一般来说，在企业内部沟通中，上下沟通居多，部门之间、车间之间、班组之间的横向交流很少，而平行沟通则能加强横向的合作。

（5）缩短信息传递链，拓宽沟通渠道。信息传递链过长，减缓了信息流通速度，并造成信息失真，因此要解决组织机构重叠、层级过多的问题，以利于信息的畅通无阻。此外，在利用正式沟通渠道的同时，可开辟非正式沟通的渠道，以便于信息的传递。

（6）考虑文化因素的影响。在进行沟通时，应充分了解对方的文化背景，掌握文化对其价值观的影响，从而更好地理解对方对事物的看法和态度，以消除或降低沟通中的文化障碍。

本章小结

思考题

案例讨论

1. 分析需要、动机、行为三者之间的关系。
2. 什么是激励？请简述激励过程。
3. 激励的作用主要表现在哪几个方面？
4. 如何克服沟通障碍？

第八章　控　制

【学习目标】

1. 理解控制、有效控制系统的内涵。
2. 掌握控制的种类。
3. 明确控制的程序和要点。
4. 学会运用控制的基本方法等内容。

【基本概念】

控制　有效控制系统　预先控制　现场控制　事后控制

案例讨论

第一节　控制与有效控制系统

一、控制的概念及原理

（一）控制的概念

1. 控制的含义

控制是指为了实现组织各层次的目标，使其各层次的计划值与相应的实际运作成效保持有效的动态平衡，对组织内的运作活动与环境变化产生的机遇和风险，运用有效的方法和设备进行度量比照、监控纠偏、调整应对等，以保障组织目标实现的系统管理过程。

2. 控制的目标

控制的目标主要是限制各种偏差的累积，防止形成系统误差，使组织经营适应社会环境和市场需求的动态变化，保证预期目标和计划的实现。

3. 控制的先决条件

（1）计划是控制的前提。控制既围绕组织的目标、计划展开，又保障其实现。客观完善的计划，有利于提高控制的效果、节约控制成本。

（2）控制必须依赖于组织机构。组织机构设计是否合理与科学，决定着控制的效果。因此，组织机构必须拥有各级管理部门且各部门职责明确具体，管理人员与施控人员相互协同，以及作业员工自律，一旦出现偏差，就可由相应职能者纠偏。

（3）控制需要信息。管理者要提高控制工作的效率和效果，必须有效地收集和处理信息,使信息及时、准确、适用、经济地提供给组织的各级管理者及其他相关人员,以便根据变化的情况,调整计划修订标准,或者改进工作和作业,圆满完成计划。

在系统运作中,输出信息(成果)反馈到输入端,与输入信息(计划、标准)进行比较,若两者偏差超出允许范围,就应调整标准或改进作业,使其相符。

上述内容蕴含着管理控制具有系统整体性和动态平衡性、由人员司控、提高员工能力等特点。

(二) 控制原理

1. 控制论的基本原理

任何系统均是由因果关系链联结在一起的元素的集合。元素之间的这种关系称为耦合。控制论就是研究耦合运行系统的控制和调节的。

(1) 控制论研究表明,为了控制耦合运行系统的有效运行,就必须确定系统的控制标准(S)。控制标准 S 的值是不断变化的某个参数 C 的函数,即 $S=f(C)$。例如,要控制轮船的海洋航行,必须确定海上航线;由于轮船所处航线的位置 C 的值在不断变化,所以控制标准 S 的值也随 C 的变化而不断变化。

(2) 控制论研究表明,可以通过对系统的调节,来纠正系统输出与控制标准 S 值之间的偏差,从而达到对系统运行的有效控制。

随着社会的进步,控制论的基本原理运用得越来越广泛,在组织管理控制中也得到了广泛应用。

2. 控制原理应用于组织控制

通过分析,组织也是一个耦合运行系统。组织运营活动的全过程,就是由有机的因果关系链联结起来的。无论是组织的整个运营过程,还是其中的某个工作、作业阶段,为了得到一定计划的产出或成果,都必须按计划投入。只要依据计划和标准,控制投入运营过程的资源和各工作、作业阶段成果,就可获得相应的产出。

下面以某造船公司为例说明控制原理的应用,图 8-1 是造船公司制造轮船过程中耦合系统的示意图。由图 8-1 可知,公司的最终轮船产出的数量、质量和期限同时受到公司系统内系列因素及不断变化的外界环境的影响,形成了有机的因果关系链。为了保证公司目标的实现,除了计划和严密地组织生产运作过程,还会遇到公司系统内、外部环境变化的干扰,使公司运作的结果偏离计划值。此时必须把计划值、设计值作为控制标准值 S,然后通过调节各子系统和调整改进各生产运作环节,来保证公司计划的完成和目标的实现。

二、 有效控制系统

控制是企业组织架构中不可或缺的部分,其目的是保证组织活动能够有序和高效地运行。无论计划、组织和领导过程多么周全,没有适宜的控制或者控制失误,决策都可能无法得到有效的实施,最终偏离组织既定的计划与目标。因此,设计一个有效的控制系统可以保证各项行动完成的方向,实现组织的目标。

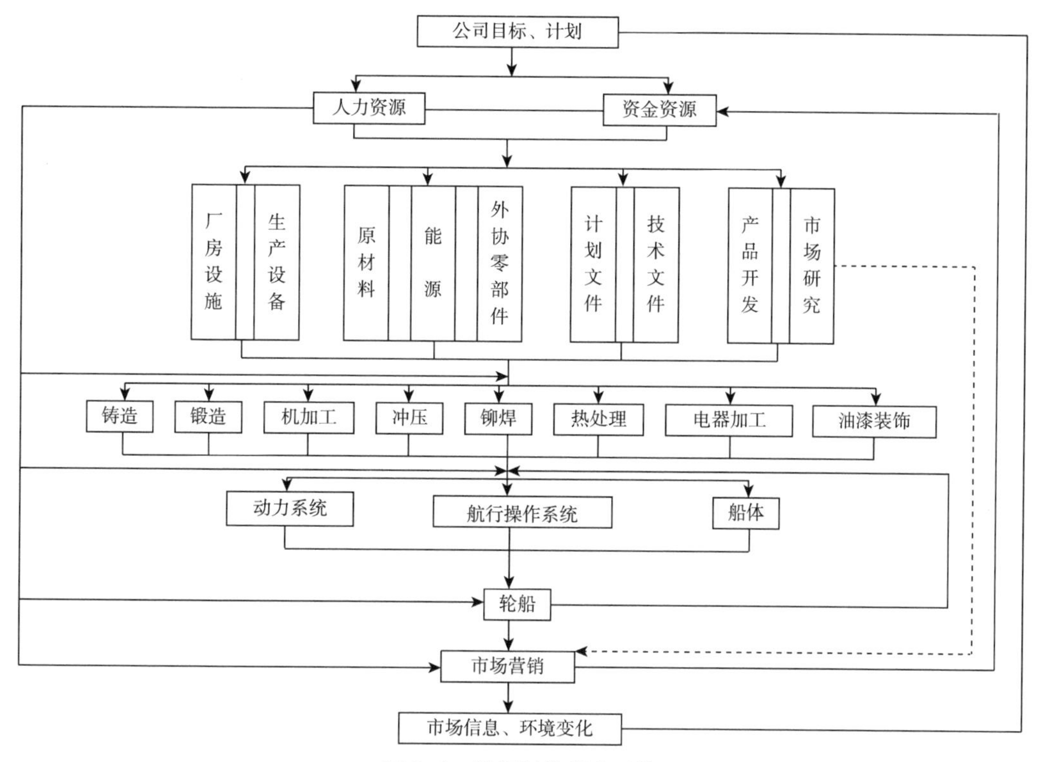

图 8-1　轮船制造耦合系统

（一）有效控制系统的含义

组织按目标、计划进行运营，从生产经营的控制方面来看，就是一个控制系统。这样的系统由系统输入（I）、被控系统（S）、系统输出（O）、控制器（R）所组成，如图 8-2 所示。

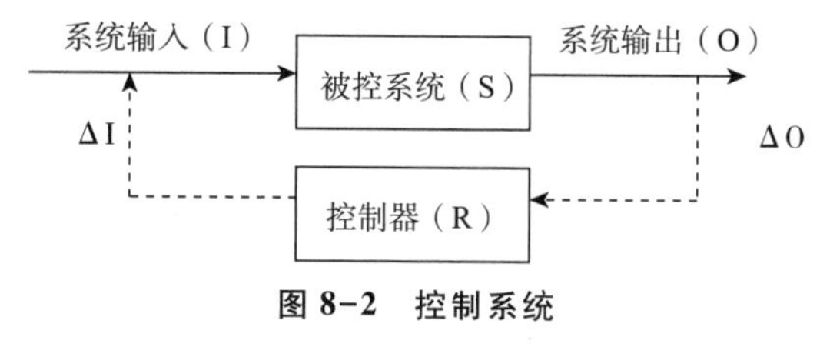

图 8-2　控制系统

在一个管理控制系统中，不仅施控人员或计划投入，对受控人员或产出有控制作用，后者对前者也有反馈作用。这两种互动的作用，可以提高控制的效率，增强组织的功能，推动组织的发展；有控制而无反馈，就难以产生良好的效果。所以，作为施控人员，既要重视控制的作用，更要注重反馈的作用。

（二）有效控制的基础

控制要有效，应该具备一定的基础，下面阐释有效控制的必备基础条件。

1. 科学的计划

计划本身就把组织的运营限制在一定范围，这本身就是一种控制。但它又不等于控制，因为它要以组织运营的结果——合格产品数量、销售利润等——来表达。其结果优

劣在于组织运作各个环节的控制程度,即有了计划才有控制。具体可表述为:

(1) 组织计划是控制的总体标准。有计划,才有控制。完成计划、实现目标是控制的最终目的。计划制订得越详细、明确、可行,控制也越容易有效。所以控制效果的优劣,计划是基础。

(2) 管理控制本身也要制订计划。对于管理者来说,一方面要建立控制标准、控制程序;另一方面还必须明确控制工作的重点、方法和目标。这就说明控制工作本身也需要计划。否则,控制就会无序,难以取得成效。

2. 及时收集准确的信息

信息是组织运营的要素,也是控制的基础和前提。有效控制必须有准确、及时的信息,控制过程实质上就是一个施控者向受控者传递指挥和决策信息,受控者向施控者反馈执行信息的过程。只有准确的信息得到及时传递和反馈,控制才能进行;只有收集准确、可靠、及时的信息,才能达到控制的目的。

有效控制下的信息必须符合以下几点要求:

(1) 有效控制下的信息必须是准确的信息。准确的信息必然导致正确的决策,其良好效果可期。

(2) 有效控制下的信息必须是及时的信息。只有及时的信息在控制活动中才是有价值的。

(3) 有效控制下的信息必须是完整的信息。完整的信息可以使计划、标准及其运作更有效。

为了保证获得有效的信息,在控制系统中必须要建立起完善的信息传递网络和机制。要保证信息畅通,还要建立必要的信息处理机构,运用先进的信息传递、处理、分析工具等,建立科学的报告制度。

3. 建立明确的责任制

标准只为有效控制提供了衡量组织运营状况的尺度,只有贯彻落实,这个标准才会起作用,否则,将是纸上谈兵。因此,有效控制必须建立起明确的责任制。这样才能使每一个人都明确知道自己的职责和要达到的标准,进而在工作中自觉地履行职责、按标准完成任务。这样做有助于把被动控制转化为主动控制,使有效控制得以实现。

4. 建立严密的组织

(1) 为了落实组织管理的有效控制职能,应建立起专门的施控机构,配备专职的施控人员,明确其职责。这项工作就是落实由谁来控制,解决控制职能人员缺位的问题。

(2) 有效控制应注重沟通协调。在一个组织中,控制是多方面的,各方面的工作和目的都不一样。为了保证组织的最终目标得到实现,各个部门的运作必须一致。因此,控制中必须充分注重沟通与协调。

(三) 有效控制系统的特性

为了对组织的运作做到有效控制,必须在充分认识其必备条件的基础上,掌握其特性。

(1) 精确性。有效控制系统能够提供准确、及时的数据,使管理者了解偏差情况,适时采取措施,因为滞后的行动会导致组织目标无法顺利实现。

(2) 经济性。任何控制系统产生的效益都必须与其成本进行比较,因控制而支出的费用必须要有所值。控制系统的相对经济性,在很大程度上决定了管理者只能在他们认为是重要的问题上,选择一些关键因素加以控制。所以,任何控制技术和控制方法,若能以最低的费用揭示造成实际运作偏离计划和标准的原因,并予以纠偏,才是有效的控制系统。

(3) 灵活性。组织处于变化的环境中,新的机会和挑战并存。有效的控制系统应当能够在出现未预见到的情况,乃至计划全盘错误时,报告失常情况,并且有充分的灵活性保持对失常情况下运行过程的管理控制。一般来说,灵活的计划有利于灵活地控制,考虑了各种可能而拟订的计划,能使控制更具灵活性。

(4) 合理性。有效控制系统的标准必须客观、准确,假如制定的标准过高或过低,都不能起到激励员工的作用。标准过高会使员工产生抵触情绪,积极性被压抑;而标准过低,易使员工形成懒散作风。所以,有效的控制标准应该是既富有挑战性,又能激励员工发挥主动性。

(5) 可接受性。有效控制系统应当容易接受,尽可能地用简单的控制手段来代替复杂的控制手段,或者把复杂的控制手段变得易于操作,既满足需要,又易于被员工接受。否则,一个难以接受的控制系统会导致不必要的错误,挫伤员工的积极性,甚至被遗弃。

(6) 战略高度性。管理者不可能也不会控制组织中的每件事项,有效控制系统就是对组织运作中有战略性影响的因素进行控制,包括组织中的关键活动、作业和事件。

(7) 强调例外。管理者应将控制工作的重点放在计划实施中出现的特别好或者特别坏的“例外”情况上,这样可以使他们把有限的精力集中于真正需要注意和重视的方面。有效控制系统的例外特性能够保证当出现偏差时,管理者不至于不知所措。

(8) 纠偏性。有效控制系统能够及时发现差错,并在此基础上,分析差错产生的原因,通过计划、组织、资源调配和指导等方法,纠正已显示出的或所发生的偏差,以确保组织目标的实现。

(四) 有效控制的影响因素

1. 信息不畅、不准

在组织运营中,如果信息不能顺畅流动,缺乏信息传递和反馈,控制就无法进行。所以,信息通畅与否直接影响着控制的效果。信息流通不畅的主要表现及原因有:

(1) 信息反馈不实,下级受多种因素影响,不及时向上级报告新发生的问题。下级不愿向上级如实汇报情况的主要原因有两个方面:一是上级好大喜功,下级报喜不报忧;二是下级故意隐瞒错误,逃避责任。

(2) 层次过多、环节过多、程序繁杂、文牍主义等,造成信息传递缓慢,等到情况传递到施控者时,问题已积重难返。此外层次过多造成层层过滤,施控者接收到的不是完整的信息,据此无法做出正确判断、决策和适当纠偏。

2. 管理者分权不当

分权和控制之间存在因果关系,分权的目的之一是控制,控制是分权的保障。如果管理者在管理中分权不当、权力失控,就会影响有效控制。管理实践中常见的分权不当有如下几种情形:

(1) 组织将不应下放的管理权力下放给下级,如企业对非独立性的车间、分厂,给予单独签订合同的权力,就有可能造成经营失控。

(2) 组织下放的权力和责任落实不对称。下级权大责小,下放的权力失去约束,造成权力滥用,失去控制。

(3) 组织分权不当造成内部争斗,组织内部各种矛盾变得错综复杂。这种局面使组织内的关系明争暗斗,控制变得更加困难。

3. 组织制定标准不实

标准是控制的依据,但控制标准必须实事求是、科学可行。标准不能太低,过低的标准缺乏压力,不利于调动员工的积极性,浪费某些资源。标准也不能过高、过严,标准过高,员工经过努力之后仍然不能达到,就会产生抵触情绪,致使施控者与受控者产生对立情绪,控制也将失去作用。

4. 组织控制制度不完善

控制制度决定着控制工作的有效性。控制制度规定了组织内施控人员的职责、权力、工作内容和程序等。若控制制度不完善,控制效率必然低下。控制制度不完善一般表现为:

(1) 检查考核制度不完善,不能及时获得信息。

(2) 控制机构和人员无约束,缺乏责任感。

(3) 控制机构和人员的身份不明确,纠正措施不能及时落实,无法了解纠偏措施的执行效果。

5. 组织各部门之间运作不协调

在一个较大规模的组织中,组织的目标和计划往往要进行分解,再落实到各个部门中去。在目标分解和执行过程中,稍不注意,就可能使各部门之间的目标不一致,甚至各部门的目标相互冲突,这会给施控人员的控制带来困难,以致降低控制的有效性。

(五) 提高控制有效性的举措

1. 树立现代控制理念

现代控制理念是现代管理理念的主要组成部分。虽然控制在管理科学的建立之初就被确立为管理的职能之一,但今天的控制所包含的内容比那时大大扩展了。概括起来说,应树立的控制理念包括:

(1) 建立新的施控者与受控者关系的理念。传统的控制管理理念认为,施控者处于绝对支配地位,受控者处于被支配地位,二者之间是命令和服从的关系。现代控制理念则认为,施控者与受控者是平等的,施控者的权威只有被受控者承认和接受才有意义,施控者只有靠威望才能施控,控制才能发挥作用,有效控制才能实现。

(2) 提高有效控制,必须重视反馈。反馈是现代控制的特征之一,有了反馈,控制才可能有效。施控者不是全能的,他必须依据受控者的反馈来判断、决策和纠偏。建立反馈理念,重视反馈,既要建立制度化的反馈机构,更要让下级畅所欲言,敢讲、愿讲真话,全面、及时地反馈真实信息。

2. 合理分权

分权是控制中的重要环节,也是组织机构设置的中心环节。分权的合理与否只能根据实际情况来确定。一般来说,合理分权应遵循下列原则:

(1) 权力下放和责任落实相一致,保证权责对等。

(2) 切忌越级授权。只有做到逐级授权,才有利于指挥和控制。否则,管理控制就会乱套甚至无效。

(3) 分权要从实际出发。分权是因人、因时、因地、因事而异的管理活动,管理者的分权必须从实际出发,不能盲目照搬他人的做法。否则,分权不仅难以调动下级的积极性,反而会造成失控的局面。

3. 建立控制制度

控制制度的建立包含广泛的内容,从某种意义上来讲,基本上与管理等同。就狭义的控制制度建立而言,应做好如下几项主要工作:

(1) 组织内应建立精干高效的控制机构,配备称职的施控人员。

(2) 组织内应建立明确具体的控制责任制。

(3) 组织应完善内部的信息交流体系,确保信息纵横传递顺畅、反馈及时。

(4) 组织内应做好沟通协调工作,形成有机的控制系统网络。

(六) 有效控制系统的成本与收益分析

组织的活动中,讲究以最低的成本获得最大的利润,或者取得最优的绩效。管理控制是组织管理的组成部分,因此组织要根据其所属行业、规模、产品特征和工作内容,选择恰当的管理控制类型,达到低成本、高绩效的目标。因此,要进行控制效益和成本分析。图 8-3 表明了控制收益与达到这种控制所耗费的成本之间的关系。由图 8-3 可见,控制成本(C)基本上随着控制程度的增强而提高,对于控制收益(W)来说,在组织运作开始阶段,由于计划进度有限,出现的问题和纠偏也就有限,控制收益也就较少,一般低于控制成本(A 点以下);随着组织的计划运作进入中间阶段,出现的问题和纠偏增多,控制的范围扩大,控制程度增强(从 P_1 到 P_2),控制收益随之增加(A 到 B),控制净收益(M)也随之增加;当组织计划运作进入结束阶段,出现的问题和纠偏减少,到 B 点时控制收益等于控制成本,控制净收益为零,B 点之后控制成本已大于控制收益。

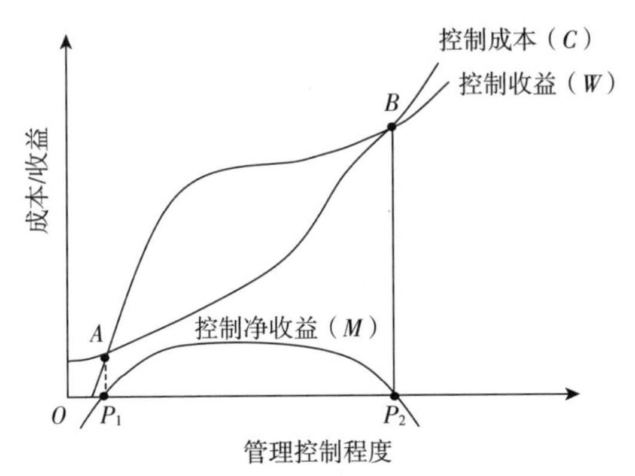

图 8-3　控制成本、收益和净收益的关系

上述内容也可与组织的总收益联系起来分析，假若组织的总收益为 G，仅受控制成本及收益的影响，则有：当 $C-W=0$ 时，则 $M=0$，G 不变；当 $C-W>0$ 时，则 $M<0$，G 减少；当 $C-W<0$ 时，则 $M>0$，G 增加。

综上，控制程度从 P_1 到 P_2 以内为可行范围，此时控制收益大于相应的控制成本，组织的总收益有所增加；在 A、B 两点上，控制收益等于控制成本，总收益不增不减；低于 A 点为控制不足，高于 B 点为控制过剩，两区间控制收益都小于控制成本，总收益相应减少。

第二节　控制的种类

控制按照不同标准分类，有多种类型，下面仅介绍两种分类方法。

一、按照控制标准分类

（一）程序控制

程序控制一般以时间为序，控制标准值 S 常常以时间 t 为自变量，其函数式为

$$S=f(t)$$

在工程技术中，如程序控制的机器人或各种设备，都严格按照预先规定的程序进行运作。某种运作开始的时间、运作的时间和结束的时间，都根据计算机给出的时间数值予以控制，到规定的时间就进行相应的运作，运作结束其作业任务也随之完成。

在企业生产经营活动中，大量的管理工作都属于程序控制性质。例如，计划编制程序、统计报告程序、信息传递程序、生产作业程序和产品出厂运输销售程序等，都必须严格按事前规定的时间进行运作，以保证整个系统运行的统一。否则，经营活动将陷入无序状态。

（二）追踪控制

追踪管理控制也称跟踪管理控制，其控制标准值 S 常常以控制对象所跟踪的先行变

量 C 为自变量，其函数式为

$$S=f(C)$$

例如，某企业按计划每月平均生产 500 台数控磨床。其生产速度就是先行量 C，企业实际产量就是跟随量，控制标准 S 就是 500 台。企业要不断地根据计划进行调整，控制每月的生产速度。

先行量也可以是某种运动中的变量，如图 8-4 所示的追赶曲线。甲、乙为同等规模、生产相同产品的两家企业，甲企业在某地区的销售量比乙企业多，乙为了追赶甲的销量，采取相应的营销策略。在图 8-4 中，甲企业从 O 点开始沿着横轴销售，乙企业从 K 点开始跟踪追赶。追赶过程中，乙企业跟随甲企业销售量随时改变追赶方向，使自己与甲企业始终保持相差最小的销售量。乙企业追赶的轨迹就形成了一条追赶曲线。甲企业的销售量是先行量 C，追赶曲线是跟随量，S_1、S_2、S_3、S_4 就是控制标准值。

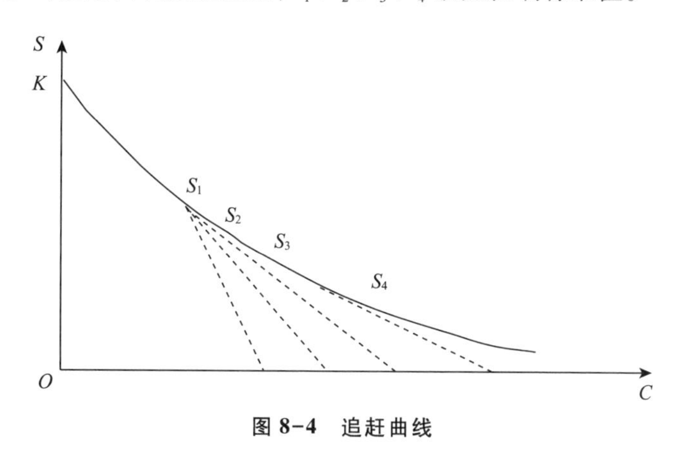

图 8-4 追赶曲线

在组织生产运营活动中，缴纳税金、分配利润、供应材料等都属于跟踪控制性质。例如某机床制造厂，计划用 1.1 吨钢质圆条，车削生产 10 台车床的轴件，规定每台车床用料 0.1 吨。其中，1.1 吨为先行量，10 台车床用料为跟随量，0.1 吨为控制标准值。

（三）自适应控制

自适应控制没有明确的先行量，控制标准值 S 是过去时刻（或时期）已达状态 P_t 的函数。也就是说，S 值是通过学习过去的经验而建立起来的。即

$$S=f(P_t)$$

例如，工程控制技术中的学习机器人，就是一种自适应控制的机器人。它通过学习过去的经验，即人们根据需要做的事情对机器人行动的设计，会对活动中遇到的各种情况采取相应的行动，即已设计了的行动。但如果遇到了它在学习中没有碰到过的或没有设计的问题，它将无法采取行动。因此，自适应是相对的、具有一定限度的。

在组织的生产经营中，市场是变化而复杂的，组织最高决策者对企业的发展方向，难以进行程序控制或跟踪控制，而必须进行自适应控制。他们往往要根据过去时期，组织所处的外部环境和内部已经达到的状态，凭借自己的经验、预感和判断，做出重大的经营决策，使组织适应外部环境的变化。如某机床厂，依据过去生产齿轮磨床达到的运作状

态,通过分析判断,结合外部环境的变化决定生产经营数控磨床。

(四)最优控制

最优控制又称最佳控制,其控制标准值 S 由某一目标函数的最大值或最小值构成。这种函数通常含有输入量 M,传递因子 G 和 P 及各种附加参数 K,即

$$S = \max f(M, G, P, K)$$

$$或\ S = \min f(M, G, P, K)$$

在前述追赶问题中,若以最优销售量 Q 作为乙企业追赶甲企业的最优控制标准,乙方就不应沿着追赶曲线追赶,而应从 $S(M_1, N_1)$ 直接沿着追赶曲线的切线朝着切线与横轴的交点 $B(t)$ 追赶。这样,就可用最优销售量追赶到甲方(见图 8-5)。

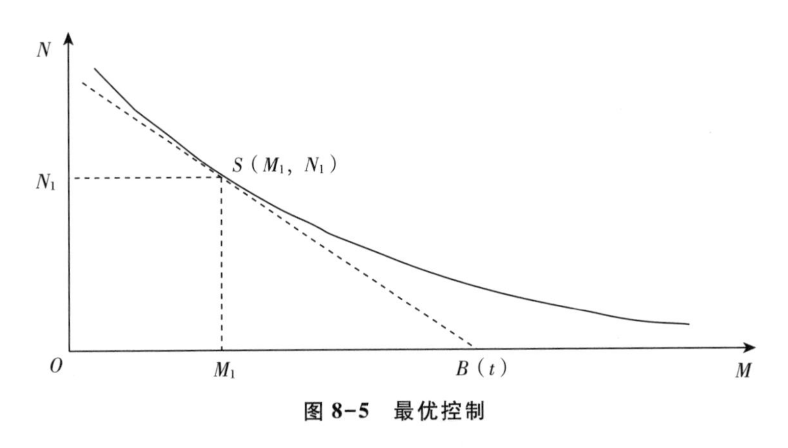

图 8-5 最优控制

企业的生产经营活动普遍应用了最优控制原理进行决策和管理。例如,以最小费用来控制生产批量,以最大利润率控制投资,以最短工艺路线完成工件的加工,以最短路程控制运输路线,以最小库存保证材料供应等。几乎所有可以用线性规划、网络技术等其他数学方法求解的问题,都毫无例外地得出了最优解,并以此作为对运作过程实行管理的控制标准。

二、按照运营过程分类

管理控制按照组织整个运营过程,可分为预先控制、现场控制和事后控制,如图 8-6 所示。

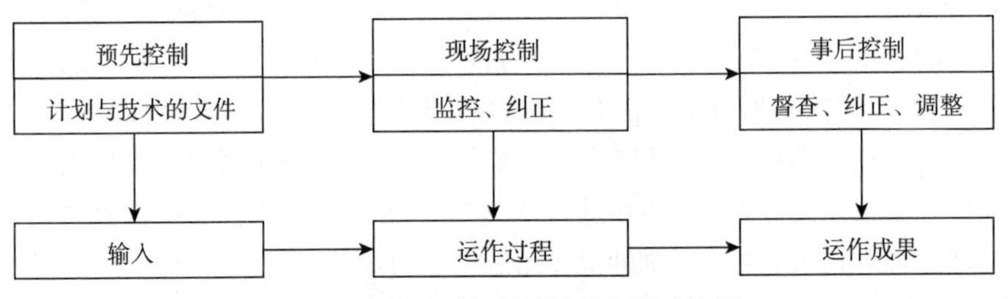

图 8-6 预先控制、现场控制和事后控制

（一）预先控制

预先控制，又称事前控制、前馈控制。它是根据可靠准确的信息，运用科学先进的方法，在组织运营之前，对运营中可能出现的潜在问题、产生的偏差进行预测和估计，并采取防范措施，将运营中可能发生的问题排除在产生之前。例如，组织在执行各类计划前，为完成计划制定的系列规章制度、资源保证措施等，都属于预先控制的形式。预先控制是事前控制，避免事后造成的损失。它适用于各领域和各组织的运营活动。预先控制对事不对人，是针对具体条件设置的控制防范措施，避免了心理压力引起的冲突，易于为员工所接受。但预先控制要求信息可靠准确，并有洞察行业运营景气的能力，控制及耗费成本较高。

（二）现场控制

现场控制，又称即时控制、过程控制。它是在组织运营活动中展开的控制，出现超标或标准不合理时，及时补救。它主要有监督、纠正两项职能。监督是根据计划、标准检查正在进行的工作和现场的作业，以保证计划的完成和目标的实现；纠正是管理者针对工作、作业中出现的问题和偏差，用自己的知识和经验指导下属改进工作，帮助员工纠正作业中的偏差，使其完成计划，提高其工作能力和作业技能。

现场控制主要用于对现场作业的控制，在组织高层管理中应用较少，因为许多高层管理工作无法现场控制。现场控制受管理者条件的制约，不能遇事即采取控制，因而效率受限。同时，现场控制容易使受控者产生心理失衡，影响其主动性。

（三）事后控制

事后控制，又称反馈控制、成果控制。它是将计划执行的结果与决策预期计划、标准进行对比、分析和评价，进而采取举措，改进控制方法，调整完善计划或修订控制标准。

事后控制虽然能总结过去、继往开来，但由于控制滞后，是无法挽回造成的损失的。

不同管理控制类型的特点和作用有相近之处，并不相斥，或者由于划分类型确定标准不统一，有些控制类型常常可以同时划入几种类型，各种管理控制类型是可以交叉的。在组织实际管理控制中，往往把几种控制类型结合起来运作，以达到有效地控制。

第三节　控制程式与要诀

控制是根据组织的计划和技术文件，确立度量绩效的标准，以标准对比实际运作结果，以确定组织运作中出现的偏差及其严重程度，并进行有效的纠正或调整，以确保组织资源的有效利用和组织目标的圆满实现。无论控制的对象是新技术的研究与开发，还是产品的加工制造、市场营销，抑或是企业的人力、物资、资金等资源，控制程式均包括三个阶段：①制定管理控制标准；②监控度量运作成效；③纠正运作偏差（见图 8-7）。

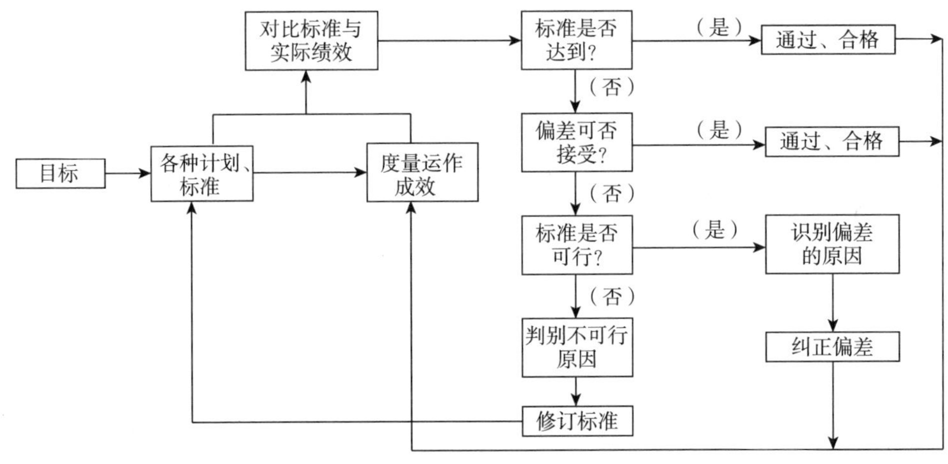

图 8-7 管理控制程式

一、制定管理控制标准

(一)控制标准的概念

1. 管理控制标准的含义

管理控制标准,是一种作为模式或规范而建立起来的度量单位或量化尺寸。它包括:①从组织的各类计划文件中,选出的对运作成效进行评价的指标;②根据计划和技术文件细化的量化作业指标。标准确定应具有科学性和权威性。

2. 管理控制标准的作用

控制标准的作用体现在两方面:一是为管理者和作业者提供明确的规范和指标,使计划在他们的心目中具体明确,以便其按标准运作。二是为监控运作提供判别标准,以便及时发现偏差和纠偏。

(二)制定控制标准

确定管理控制标准,应该根据影响组织运作绩效的因素,选择重要的因素。例如,美国通用电气公司,在研究影响和反映企业运营绩效的诸多因素的基础上,选择了对其运营起较大作用的八个方面建立管理控制标准:①利润率;②市场占有率;③生产率;④产品在行业的领导地位;⑤员工素质培训;⑥员工工作态度;⑦公共责任;⑧短期目标与长期目标的统筹平衡。目前,组织常用的管理控制标准有:①实物标准,如原材料、燃料、劳动力、合格产品数量等;②成本标准,指以货币度量的耗费标准;③资本标准,指组织的投资者投入的自有资本或借贷资本的标准,以及两者的比例;④收益标准,如利润等的期望值;⑤时间标准,指组织一切运作活动的时限;⑥作业标准,如运作中的技术、工艺和加工对象限值等。

(三)制定控制标准的方法

由于控制的对象不同,为其建立标准的方法也相异。一般来说,企业建立标准的方法有三种:

(1) 统计方法。它是对企业历史上各个时期的运营数据进行分析,然后为未来运营建立的标准。这些数据可能来自本企业的历史统计,也可能来自其他企业的经验。据此建立的标准,可能是历史数据的平均数,也可能是高于或低于平均数的某个数值。

利用本企业的历史统计资料为某项工作确定标准,成本低,简便易行。但是,据此制定的标准可能低于同行业的最佳水平或平均水平。此情况下,即使企业的各项工作都达到标准的要求,但也可能造成劳动生产率的相对低下,制造成本的相对高昂,从而造成经营成果和竞争能力劣于竞争对手。为了克服这种局限性,在根据历史统计数据制定未来工作标准时,应充分考虑到行业的平均水平,并研究竞争对手的运作战略和经验。

(2) 根据评估建立标准的方法。若统计资料缺乏或新上项目参考有限,则可以根据管理者的经验、判断和评估来为之建立标准。利用这种方法来建立标准时,要注意利用各方面管理者的知识和经验,综合大家的判断,使制定的标准先进、合理。此法运用较广,简便易行;但凭经验之举,往往科学性不足。

(3) 通过对工作活动分析制定标准的方法。它是通过对工作情况进行客观的定量分析来制定控制标准。例如,机器的产出标准,是其设计者依据正常情况而设计的最大产出量;工人操作标准是技术人员在对构成作业各项动作和要素的客观统计与分析的基础上,经过消除、改进和合并而确定的标准;劳动时间定额是测定受过训练的普通工人,以正常速度按照标准操作方法,对产品或零部件进行某个(些)工序的加工所需的平均必要时间。由此制定的控制标准较准确,但一般成本高且耗时长。

二、 监控度量运作成效

组织在制定管理控制标准后,管理者和全体员工就应该严格按计划、标准运作和作业。其过程由于各种原因,会产生偏离计划、标准的误差,这就需要管理者和作业人员及时按计划、标准监控和度量。

(一) 获取监控的信息

在实施控制中,必须获取被控对象的信息,具体可采取如下方法:

(1) 管理者的观察检查。管理者按照职责深入所管理的范围,依据计划和标准检查、观察和度量,掌握其执行遵守的第一手实际信息。

(2) 听取汇报。通过会议、谈话或书面汇报获得运营和实际作业的信息。

(3) 运用计算机等技术。计算机等现代技术为管理控制提供了平台。管理者可以借此即时获得图文并茂的统计信息。

上述方法各有利弊,应根据运作阶段和职责范围结合运用。

(二) 度量比较

在获得各种运营和操作信息后,要及时与计划、标准进行分析度量比较,然后予以分析处理。

(1) 经度量比较,符合计划、达到标准或在其限差内的,要注意分析成功的原因,总结交流经验,表彰做得好的员工,为后续制订计划积累经验和参考资料。

(2) 经度量比较,不符合计划、未达标准或在其限差外的,要分析失败的原因,是组织机构和人员的水平有限,还是计划、标准制定得不科学、不客观? 是所需资源不到位和分配不当,还是工装设备本身的不到位? 等等。同时要分析各种偏差的程度及其对运作成效的影响程度,分清轻重,提出解决措施。

三、 纠正运作偏差

在度量比较找出偏差产生的原因及影响程度的基础上,就要采取措施纠正偏差。

(一) 纠正计划不妥和标准不准的偏差

1. 修改计划

制订计划依据的信息有误,或对自身力量估计不足,或外界环境的变化等,会造成计划不科学、不客观,表现为决策目标和制订的计划过高或偏低。如某公司按实际每年可满足市场 15 万辆小汽车的需要,而计划生产 20 万辆或 10 万辆,此时就应重新评估并纠正计划。

2. 调整标准

如果对产品设计、员工配备、工装设备、原料供应等方面认识、判断有误,使制定的标准偏高或偏低,就应有针对性地予以调整。如在产品设计中,加大了不必要的参数,使其精度不必要地提高;或者盲目追求产品多功能,增加了不必要的功能,现有的工装设备和员工操作水平难以实现。此时就应调整工装标准,减少设计功能,改进工装,培训员工。除此之外,还有采购、仓储、运输、各类资源分配等标准,若运作中不切实际,就应及时调整。

(二) 纠正实际生产经营活动中的偏差

1. 纠正操作中的人为偏差

在组织各阶段的各种运作中,对于由人为疏漏造成的偏差,应及时纠偏,并教育他们下不为例;对于由员工水平不够造成的偏差,应及时纠偏,并专门对其进行培训。如对于由人为操作不慎导致的车削丝杆产生的偏差,质管人员就要及时审查操作问题,然后帮助纠正。

2. 纠正实际工作不合理造成的偏差

在组织的实际运作中,对于由资源分配不当、工装设备配置不妥、设备加工分工不明确、工序衔接不合理等,造成工作或作业的偏差,应采取针对性的措施进行纠偏。如不同类型的车床,同时分配加工几种零件,而没有按车床的加工能力,分配最宜加工的零件,出现“壮马拉小车,弱马拉大车”的不妥安排。这时就应对加工零件进行归类,然后分配各自适宜的车床加工。

上述三个阶段构成了管理控制程式的全过程。但三者往往不能绝对分开,如在观察中发现了偏差,有时就及时纠正了;但纠正后又可能发现新的偏差。特别是在现代化管理的大型炼钢、造纸等企业中,已实现了在控制中心用计算机等先进技术指挥生产和控制,当出现故障时,就亮红色信号,指示排障和纠偏,三个阶段浑然一体。

四、 控制过程的要诀

在控制过程中,要取得较大的成效,除了谨记和践行上述内容,还要娴熟地运用下述要诀。

(一) 运作中适时控制

企业经营活动中产生的偏差,只有及时采取措施加以纠正,才能避免偏差的扩大和数量的增多,防止偏差对企业不利影响的扩散。及时纠偏,要求管理者及时掌握能够反映偏差产生及其严重程度的信息。否则,对纠正偏差没有指导作用。

纠正偏差要防患于未然,即在偏差产生以前,就预感到偏差产生的可能性,采取必要的防范措施,防止偏差的产生;或者由于某种企业无力抗拒的原因,出现偏差不可避免,这种预感也可指导企业预先采取措施,消除或遏制偏差产生后,可能对企业造成的不利影响。

预测偏差的产生,虽然有许多困难,但也有可行的办法,如通过建立企业运营状况的预警系统来实现。即可以为需要控制的对象建立一条警戒线,反映运营状况的数据一旦超过这个警戒线,预警系统就会发出警报,提醒管理者或操作者采取必要的措施,防止偏差的产生和扩大。

例如,企业采用的质量控制图可以被认为是一个简单的预警系统。图 8-8 中,纵轴表示产品某加工件精确度数据或某项工作质量完善程度的数值,横轴表示取值(进行控制)的时间,中线 CL 表示质量的标准,UCL 和 LCL 分别表示上、下警戒线(或上、下允许限差值),加工件精确度的数据如果始终分布在 UCL 与 LCL 之间,则表示质量“在控制中”;而一旦超越此区间,则表示该产品加工件加工时出现了偏差。在这以前,质量控制人员就应重视质量变化的趋势及其原因,并制定或采取必要的纠偏措施。

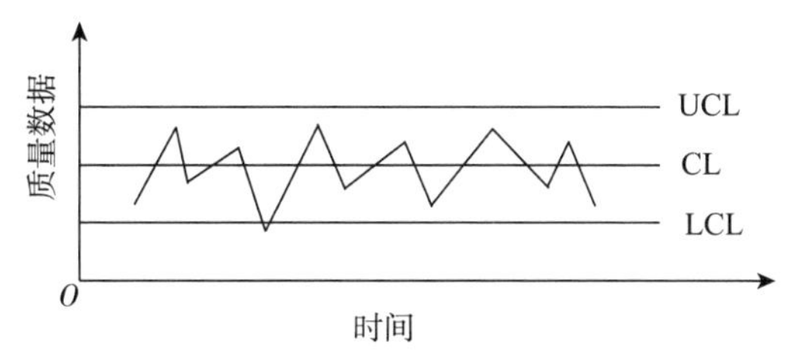

图 8-8 质量控制预警系统

其实,在计算机等先进技术广泛应用的今天,在许多现代化的大型企业中,已经建立了计算机等先进技术指挥控制中心、指挥控制平台和控制盘等,很好地发挥了预警、报警和指示纠偏的作用,并且还在进一步地扩展应用。

(二)运作中适度控制

适度控制是指控制的范围、程度和频度,只要在控制的标准之内就可以,不要求差异归零,但也不能超过标准放松要求。适度控制主要从如下方面展开。

1. 实施适宜的频度和程度控制

做任何事都有个限度,超过或达不到这个度,便会事与愿违。假定经济计划制订准确,但如果实际中存在超额,必定导致滥用资源,影响持续发展;而没有完成计划,则会浪费现有资源。管理控制也如此,不同的控制对象,因各自的组成元素和影响因素不同,其控制的度也相异。因此,我们要依据其需要控制的频度和程度,进行适度的控制。例如,对企业年度计划进行季度检查控制,对月度计划进行周检查控制;又如半自动冲床加工小型冲压件,一般5分钟就要检验一次,符合公差就继续作业,若接近公差限度,应调整冲床或更换模具。否则,就会发生过多控制或控制不足,这种失控就会给组织造成不同程度的损失。

这种损失表现为不能使组织运作有序进行,不能保证各部门运作进度和比例的协调,会造成资源的浪费;还可能使组织中的个人无视组织的规章,不好好工作,甚至利用在组织中的权力地位谋求个人利益,最终导致组织的涣散和崩溃。

2. 实施全面控制,抓住重点控制

任何组织都不可能每时每刻对每个部门、环节和个人的工作情况进行全面的控制。同时,由于存在对控制者的再控制,其全面控制甚至会造成组织中的控制人员远多于现场作业者的现象。但是,作为一个组织,对其运营进行全面管理控制是必要的,否则一个环节失控,就会造成不可挽回的损失。如不少企业只要产品数量而不控制质量,结果多出来的产品堆积在废品库。为了协调这一矛盾,这里需要明确界定管理控制是各级管理者的职责之一,既施控又接受控制,如最高管理者既是组织目标、计划的决策者,又是其控制者。还需要明文规定实际作业者自我检验控制是其岗位责任,没有必要每个运作环节都要委派专门人员监督控制。

由于运作各个环节的控制频度和程度各不相同,因而失控的损失也有所差异,这就要择其关键环节进行重点控制。一般来说,各种资源、关键技术、市场销售等是控制重点,有时需要派专门人员监控,有条件的应设立预警系统进行控制。重点控制在组织运作的不同阶段也有所变化,在初始阶段以控制资源及其分配为重点,在中期阶段以供应、生产、工艺技术为主,在后期则以销售、回收资金为主。

(三)运作中客观控制

客观控制指针对企业的实际状况,进行适宜的监督、量度和纠偏。客观控制源于对企业经营现状及客观变化的了解和分析。在此基础上,一方面,企业在控制过程中采用的检查、测量的技术与手段,必须能正确地反映企业经营在时空上的客观变化程度与分布状况,准确地判断和评价企业各部门、各环节的运作成效与计划、标准相符或相背离的程度。另一方面,企业还必须定期检查过去制定的标准和计量规范,使之符合变化了的客观要求。没有客观的标准和准确的检测手段，员工对企业实际工作就不易有一个正确统一的认识，也就难以采取正确的措施进行客观控制。总之，控制的标准、手段要符合变化的客观实际，脱离客观实际的过高或过低的控制，都会造成损失。

（四）运作中弹性控制

企业在生产经营过程中，有时会遇到某种没有预料到的、无力应对的变化，导致企业计划和标准与现实条件严重背离。此时，要注重弹性控制或灵活控制。

弹性控制通常与控制标准相关。例如，产品零件标定了一定的限差，加工时符合此标准是合格品，接近限差而不超过限差也是合格品，不能判为不合格。又如，预算控制通常规定了企业各部门、单位，在既定规模下能够用来购买原材料或生产设备的资金额度，其额度如果规定得绝对化，万一实际产量或销售量与预算额度发生差异，预算控制就可能失去意义。经营规模扩大，会使部门、单位感到经费不足；而销售量低于预测水平，则可能使经费过于富裕，乃至造成浪费。有效的预算控制应能反映经营规模的变化，预料到企业未来经营可能呈现出不同的水平，因而要根据经营规模的不同参数值，决定不同的经营额度，使预算可以在一定范围内变动。

一般来说，弹性控制要求企业制订弹性计划和确定弹性衡量标准。

第四节　控制的基本方法

一、预算控制及方法

（一）预算控制的概念和种类

预算（Budget）是运用广泛的一种传统控制法。预算是用财务项目（如收入与费用）或非财务项目（如生产数量与销售数量），来编制企业未来一段时期的计划，以表明其预期的成果。预算把计划货币数字化，把这些计划分解成许多部分，使之与组织结构和有关的计划相一致，以便使相应的职权得以分配，而又不至于失去控制。预算为评价经济效益、经济活动过程提供了控制标准。

组织的性质不同，预算也不尽相同，即便是同一组织的不同部门，预算也是各不相同。一般来说，基本可分为如下几种：

1. 收支预算

它指组织在预算期内以货币单位表示的收入和经营费用支出的计划预算。在收入一方体现为各种收入，在支出一方体现为产生收入所需要的各种支出的计划预算。

2. 实物量预算

它是用一些实物单位来表示的预算，如工时数、原材料数量等，以此弥补收支预算受价格影响产生的不足。

3. 投资预算

它是指组织为了扩大生产能力,计划增加其固定资产,以及开发新市场、科研等的预算。

4. 现金预算

它是对现金收入和支出的预测,以此来衡量实际的现金使用情况,控制现金利用效率。

5. 总预算

它是汇总各部门的所有预算而编制出来的,其形式是编制资金平衡表,用于总体活动的控制和平衡。

用预算进行控制时,应注意预算的编制不能太硬性化,应避免过于详细、烦琐,在细节上不要规定过死,应留有余地,以便管理者在实际控制协调时有一定的灵活性。在某些细节上过分重视预算的优先,有时反而会损害经济组织的整体目标,或者造成效能低下。

(二) 预算控制方法

1. 可变预算

可变预算又称弹性预算。它的依据是对费用目标进行分析,以此来确定哪些费用项目随企业产出的变化而变化,哪些不随其变化而变化。可变预算通常随销售量的变化而变化,主要用于费用预算。由于单位可变费用(成本)不变时,可变费用总数随销售量的变化而变化,因此实际中可变预算主要是用于控制固定费用(成本)的。图 8-9 示意了可变预算中固定成本和可变成本之间的关系。可变成本主要根据单位成本来控制,而固定成本则按总额来予以控制。

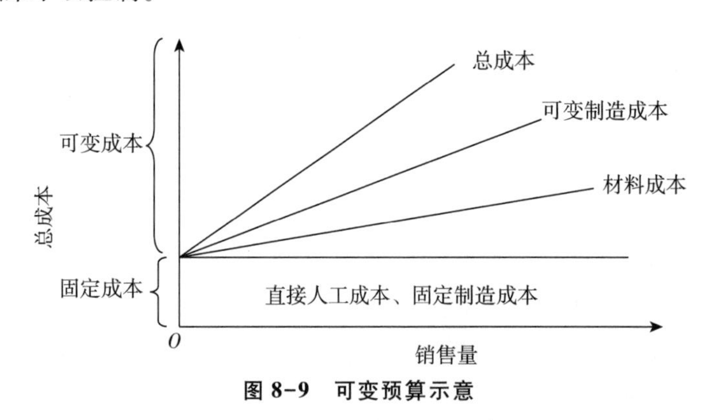

图 8-9 可变预算示意

数学公式为: $CB = FCB + VCB \times Q$

在公式中,CB 为成本的可变预算,FCB 为固定成本预算,VCB 为单位可变成本预算,Q 为预计销售量。

可变预算具有以下优点:一是能够适应不同经营活动情况的变化,扩大预算的范围,更好地发挥预算的控制作用,避免实际情况变化时,对预算做频繁的修改;二是能够使预算对实际执行情况的评价与考核,建立在更加客观可靠的基础之上。

此处需要说明的是，固定成本并非一成不变，而只是在一定的销售量范围内基本保持不变。一般而言，可变预算基于某个销售量幅度。在此范围内，各种固定费用要素是不变的，而如果销售量低于该范围的下限，则要采用更适合于较低销售量的固定费用，如裁员、处理闲置设备等；如果销售量高于此范围的上限，则应考虑扩大生产规模，如扩建厂房、增加设备等，于是随之产生另一个不同固定成本的可变预算。

2. 零基预算

传统编制预算的方法，一般都是以上次预算执行结果为基础，结合相关变动因素，加以适当调整。这种预算编制方法虽然比较简便，但其假设预算在过去是合理的、无须改变的，所以容易造成预算不足或浪费。

零基预算不同于上述传统增量或减量预算，其基本原理是：对任何一个预算期，任何一个项目的预算支出以零为基底，不是以上次预算执行结果为基础，而是从根本上研究、分析每项预算是否有支出的必要和预算支出规模的大小。其具体步骤如下：

(1) 组织各部门在明确组织目标的基础上，将长远目标与近期目标相结合，说明各项业务的性质、目的，以零为基底，详细制定各项业务所需要开支的预算。

(2) 组织决策者对各部门的预算方案，进行成本—收益分析，通过比较评价，权衡各预算项目的轻重缓急，根据组织目标排出各项业务的先后次序。

(3) 按次序分配可用资金，落实预算，如果分配到最后已无多少剩余资金可供分配，则应暂时放弃那些不是必须进行的项目，以免最终因资金不足而使计划落空。其具体步骤如图 8-10 所示。

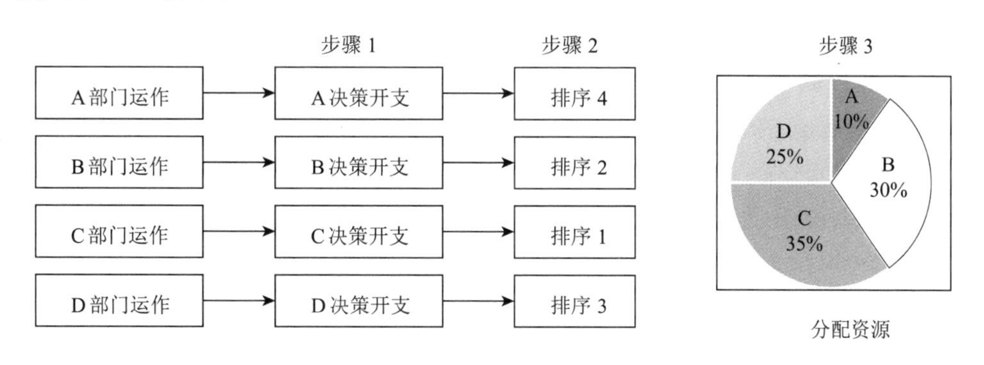

图 8-10　零基预算步骤

零基预算的优点有：①能压缩费用开支，切实做到将有限的经费用在最需要的地方；②它不受现行和传统预算的约束，能够充分发挥各级管理者的积极性和创造性，合理使用资金，提高经济效益；③有利于对组织做全面的审核，将组织的长远目标、当前以及预期的效益有机地结合起来。

零基预算也存在一定缺陷：①对各部门预算逐一进行审查的工作量很大，所投入的资源较多；②在对各项业务进行先后排序时，存在一定的主观性；③这种方法一般适用于事业单位、政府机关及企业内的辅助性部门，而不完全适用于有明显投入产出关系的组织，如生产领域。

零基预算要求,决策者一方面要透彻理解组织目标,参加项目评价,对先后排序负责;另一方面,决策者要发扬创新精神,一切从零开始,设计出既能提高效益又能降低成本的好方案。例如,有的企业每隔若干年进行一次零基预算,在后续几年里适当调整,于是既控制了费用,又在很大程度上减少了预算编制的工作量。

二、成本控制及方法

(一)成本控制中要明确的概念

1. 成本管理

它是指落实各部门管理者的成本责任制,提高管理者的成本意识,制定成本目标,并通过一系列活动提高成本效率的管理工作。成本管理的主体是负有成本责任的各级部门的管理者。成本管理的手段是制定成本目标,其目的是通过履行成本责任来提高成本效率。成本管理的核心是管理者的成本意识。

2. 成本意识

它是指管理者能够自动地将生产经营活动与成本、收益结合起来考虑,具备比较准确地判断成本效率的能力和提高成本效率的积极性。成本意识可以说是一种管理意识和创新意识。

3. 成本责任

它是指各部门的管理者必须承担的职责,是根据他们的职务和地位,授予他们在一定范围内选择和使用资源的权力。

(二)成本控制方法

企业在经营决策、预期计划、产品设计、设备配备、作业安排等已确定后,并按规范投入生产要素时,成本管理的中心任务是成本控制。即要使经营运作的各个环节、各个方面实现目标成本或低于目标成本。具体控制方法有:

(1) 制定控制标准,确定目标成本。确定目标成本的方法有计划法、预算法和定额法等。

(2) 成本核算的依据是原始记录和统计资料。原始记录反映了核算期人力、物力、财力等支出的全部记录,是进行成本核算和控制的最基本依据。成本控制所要进行的成本核算有可比产品总成本、可比产品单位成本、主要产品单位成本、可比产品成本降低率等。通过成本核算,了解实际成本,并为分析改进提供数据资料。

(3) 差异分析。差异分析就是通过比较,找到实际成本与目标成本的差异及变化趋势,寻求控制和降低成本的措施。差异分析的主要内容有:①直接材料费用分析;②直接人工费用分析;③管理费用分析;④销售费用分析。

(4) 采取措施,降低成本。一旦发现实际成本高于目标成本,就应采取有效措施,使两者趋于一致。一般来说,可采用的方法有:进行价值分析,严格控制投入,防止无效耗资;改进产品设计或生产工艺;精简机构等。

三、 审计控制及方法

审计控制是针对组织的整体运行和经营活动的。审计的形式诸多,下面介绍用于控制的三种方法。

(一) 外部审计控制

外部审计控制是由社会上独立的会计师事务所派审计人员,对企业财务报表及其反映的财务状况进行独立评估。为了检查财务报表及其反映的资产和负债的账面情况与企业真实情况是否相符,外部审计人员需要抽查企业的基本财务记录,以验证其真实性和准确性,并分析这些记录是否符合公认的会计准则和记账程序。外部审计控制实际是对企业内部可能出现的虚假、欺骗行为的一个重要而系统的检查,因此起着督促诚信的作用,使企业不做那些虚假、欺骗的账务和从事违法活动。

外部审计控制的优点是审计人员与被审计单位不存在行政上的依附关系,不需要看其脸色行事,只需对国家、社会和法律负责,因而可以保证审计的独立性和公正性。但是,由于外来的审计人员不了解企业内部的组织结构、生产流程和经营特点,在对具体业务的审计过程中可能产生困难。此外,被审计组织的成员可能产生抵触情绪,不愿配合,从而增加审计工作的难度。

(二) 内部审计控制

内部审计控制是由企业内部的机构或由财务部门的专职人员来独立进行的。内部审计控制兼有许多外部审计控制的目的。它一来要像外部审计控制那样核实财务报表的真实性和准确性,分析企业的财务结构是否合理;二来要评估财务资源的利用效率,检查和分析企业控制系统的有效性;三来要检查目前的经营状况,并提供改进的建议。

内部审计控制是企业经营控制的一种重要手段,其作用主要表现在三个方面:

(1) 它提供了一种检查控制程序和方法,用来检查组织在实现目标、完成计划、遵守规章法规等方面的情况。

(2) 根据其检查,内部审计人员可以提供有关组织决策、计划、工作程序和方法的改进建议,以促使公司计划等符合实际,工作程序更加合理,作业方法更加有效,从而更有效地实现组织目标。

(3) 它有助于推行分权化管理。从表面上来看,内部审计控制加强了对下属的控制,似乎更趋向于集权化管理。但实际上,企业的控制系统越完善,控制手段越合理,越有利于分权化管理。因为主管们知道,许多重要的权力授予下属后,自己可以很方便地利用有效的控制系统和手段来检查下属对权力的运用状况,从而可以及时发现下属工作中的问题,并采取相应措施。内部审计控制不仅评估了企业财务记录是否健全、准确,而且为检查和改进现有控制系统的效能提供了一种重要的手段,因此有利于促进分权化管理的创新。

内部审计控制为组织经营控制提供了大量的有用信息,但在使用中也存在一些局限

性,主要表现在:

(1) 内部审计控制,尤其涉及深入、详细的审计,可能需要投入很多的费用。

(2) 内部审计控制不仅要搜集事实,而且需要分析说明事实,并指出事实与计划的偏差所在。要很好地完成这些工作,又不引起被审计部门的不满,就需要对审计人员进行充分的技能训练。

(3) 即使审计人员具备必要的技能,仍然会有许多员工认为审计是一种"密探",从而在心理上产生抵触情绪。如果审计过程中不能进行有效的信息交流和思想沟通,那么可能会对组织活动产生负效应。

(三) 管理审计控制

管理审计控制相较内、外部审计控制,其对象和范围则更广。它是一种对企业所有管理工作及其绩效进行全面、系统评价和鉴定的方法。管理审计控制虽然也可由组织内部的有关部门进行,但为了保证某些敏感领域得到客观的评价,企业通常聘请外部的专家来进行。管理审计控制的方法是利用组织的公开记录资料,将其管理绩效及其影响因素等,与同行业其他组织或其他行业的领先企业进行比较,以判断组织经营与管理水平的高低。衡量组织管理绩效有以下评价指标:

(1) 组织的经济功能。检查组织的产品或服务对公众的价值,分析其对社会和国民经济的贡献。

(2) 组织的结构。分析组织结构是否能有效地实现组织经营目标。

(3) 组织的收入合理性。根据盈利的数量和质量(指盈利在一定时期内的持续性和稳定性)来判断组织盈利状况。

(4) 组织的研究与开发。评价组织的研究与开发部门的工作是否为组织的未来发展,进行了必要的新技术研究和新产品开发,管理部门对这项工作的态度如何。

(5) 组织的财务政策。评价组织的财务结构是否健全合理,是否有效地运用财务政策和控制来达到短期和长期目标。

(6) 组织的生产效率。保证组织按时提供符合质量标准和数量要求的产品,这对于维持组织的竞争能力是相当重要的。因此,要对组织的生产制造系统,在完成数量、保证质量以及有效利用资源等方面进行评估。

(7) 组织的销售能力。组织的销售能力影响其产品能否在市场上顺利流通变现。这方面的评估对象包括其商业信誉、代销网点、服务系统以及销售人员的工作技能和工作态度。

(8) 对组织主要管理者的评估。内容包括对其知识,能力,勤劳、正直、诚实等素质的分析和评价。

管理审计控制在实践中遇到了许多批评,其中比较重要的观点有:这种控制过多地评价组织过去的努力和结果,而不致力于预测和指导未来的工作,以至于有些企业在管理审计控制获得了极好评价后,不久就遇到了严重的财政困难。尽管如此,管理审计控制不是在一两个容易测量的活动领域进行比较,而是对整个组织的管理绩效进行评价,因此,它可以为指导企业在未来改进管理系统的结构、工作程序提供有益的参考。

四、质量控制及方法

质量控制是对物资转换成另一种形式的形状和精度的控制,其目的是确保生产过程在一个可被接受的方式下进行。采用统计方法可以检验生产过程的产品质量,以此来实现质量控制。

(一)质量检验

质量检验工作分为生产前、生产中和生产后三方面。在生产前的检验是要保证投入的原料符合质量要求;在生产中的检验是要确保投入产出转换过程以规定的方式进行;在生产后的检验是要对产品在提交用户之前,就其是否符合标准做出最后的确认。

生产前和生产后的检验是指抽样验收。生产中的检验是指生产过程控制。图 8-11 概括了抽样验收和生产过程控制这两种检验方法的分别应用。

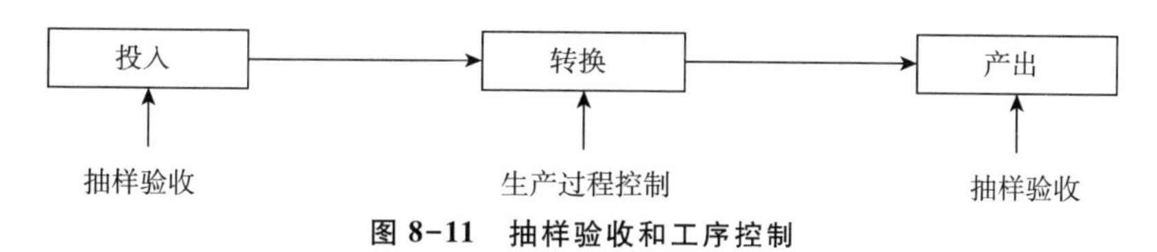

图 8-11 抽样验收和工序控制

判断一个工序是否处于设想的状态,还要核实装运的原材料和最终产品的缺陷率是否不超过规定的标准。这些都要求对某些项目实施物理检验,以确保它们没有质量问题。检验目的就是要提供有关检验项目符合质量要求程度的信息。涉及的基本问题有:①检查数量和检查频度;②检查点的确定;③是实行现场检验,还是实行集中检验。

1. 检查数量和检查频度

(1)检查数量。对于量大价值低的产品,通常只需进行小量抽检;对于量小价值高的产品,应逐个检验。毫无疑问,对人造卫星的每个关键部件都要进行仔细检查;对批量大的生产系统,可选择自动检验。

在实际质量控制中,检查数量介于不做任何检查和全数检查两个极端之间,有时少一些,有时多一些,但必须考虑检查费用与漏检损失的关系。检查数量根据检查费用和预期的漏检不合格品所发生的费用来决定。如图 8-12 所示,随着检查数量增加,检查费用也增加,而因漏检不合格品所发生的费用就减少。通常的目标是追求两者费用之和最小。换句话说,杜绝不合格品,可能是不经济的。尤其是当检查费用超过了与漏检不合格品有关的费用时,就应该减少检查数量。

当作业过程中手工操作占有较高比例时,检查数量多,成本高;靠机器操作的生产过程检查数量少,成本低。

(2)检查频度。检查的频度主要依赖于生产过程中处于非控制状态的比例或拟检查批量的大小。对一个稳定的生产过程,就不需要重复地进行检查;而对一个非稳定的或近期有质量问题的生产过程,就要加大检查频度。对大批量的生产过程检查就少些,而对小批量的生产过程则需要抽取大量样本。

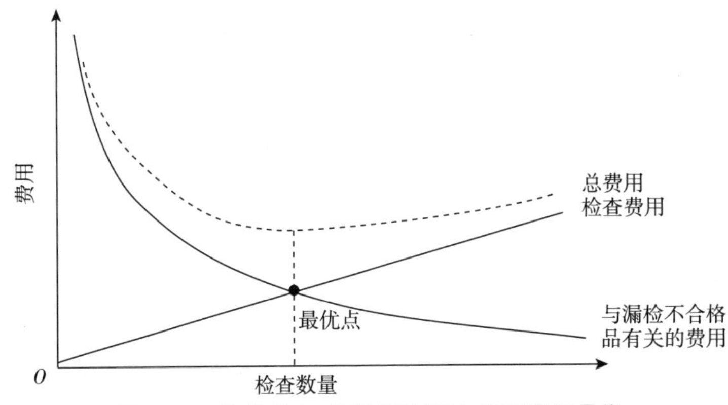

图 8-12　传统观点:总费用最低时,检查数量最优

2. 检查点的确定

一个操作过程的检查点可能很多,对每一项进行检验,会增加产品或服务的成本。为了控制成本,可以在最容易出现质量问题的地方进行检验。制造业中关键的检查点有:

(1) 原材料和外购件。购买能满足标准的物资是采购的职责,但仍应检验,不然损失较大。

(2) 成品。用户购得满意的成品,可提高公司的声誉,所以出厂检验非常重要。

(3) 在一个不可逆或不易返工的工序之前,应进行检验,以便出现问题产品能够被重新加工修正;一旦转入下一工序,就不能再对其进行修正。例如,陶器在烧制之前,可返工修正,一旦烧结,不合格品只能被丢弃或作为次品降价处理。

(4) 在一道属于覆盖性工序如电镀、安装等之前的工序要检验,不然会掩盖产品的缺陷。

在服务领域,检查点是采购的材料和物资的入库点、服务人员和服务窗口(如服务台)和已完成的服务项目,例如已修理好的设备、汽车。

3. 质量现场检验与质量集中检验

有些情况下,要进行现场检验。如机械生产企业的零件切削加工,需到加工车间检验。还有些情况下,需要在实验室里进行一些集中检验,如药品试验、食物样品分析、金属强度测试等。究竟采用哪种检验,要根据工件、检验设施及其人员、成效而定。

(二) 质量控制方法

质量控制的目的是保证生产过程中质量符合设计的规定,最后制造出来的产品与设计标准一致。为此,检验部经理可使用统计过程控制方法,来评价生产出的产品,以判断其合格性。为此,他们定期从生产过程中抽取样品,并同预定的标准比较。如果样本结果不合格,就暂停生产,纠正偏差。如果样本结果合格,生产过程继续。

质量控制可采用两种方法:控制图法和随机性检验。实际中人们常常把这两种方法结合使用。

1. 质量有效控制过程

抽样检验和纠正措施仅是控制过程的一部分工作,有效的控制包含以下几个步骤:

①定义;②测量;③与标准相比较;④评价;⑤必要时采取纠正措施;⑥评价纠正措施的效果。

2. 质量控制差异

组织在制造和服务时会产生一定的差异,图 8-13 说明了差异的抽样分布和生产过程分布,前者小于后者(分散程度小),这是由计算样本均值而引起的。样本中的较大数据与较小数据互相抵消,导致样本间的差异比个体间的差异小。虽然生产过程分布不是正态分布,但样本分布却是一个正态分布。两个分布具有同样的价值,即抽样分布的均值与生产过程的均值完全相等。

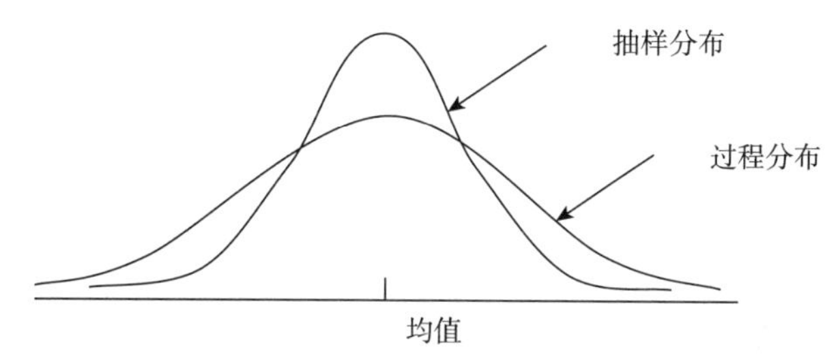

图 8-13 差异的抽样分布和生产过程分布

中心极限定理为以下假设的正确性提供了理论根据:即使对象总体(生产过程)不是正态分布,抽样分布也是正态分布或至少是近似正态分布。正态分布可用来帮助判断一个生产过程是否处于控制状态。如果产品只产生随机性差异,就可以说生产过程是稳定的,即在控制状态之下;如果证明存在非随机性差异,就可断定工序是不稳定的,即脱离了控制状态。

给定正态曲线下 95.44%的区间,即 95.44%的样本均值将在$\pm2\sigma$ 个分布均值标准偏差的范围内;而 99.74%的样本均值将在$\pm3\sigma$ 个分布均值标准偏差的区间内(见图 8-14)。这些数值常被用作极限的控制界限。

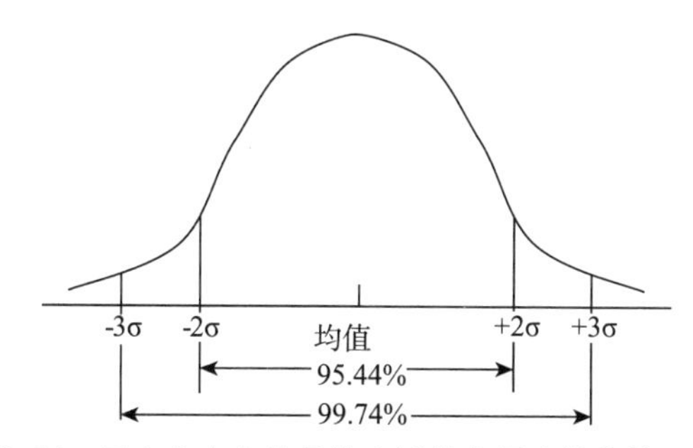

图 8-14 正态分布中位于给定域值范围内数值的百分数

3. 质量控制图

控制图就是按时间顺序绘制的样本统计量图形。控制图的原理是抽样分布。抽样分布主要用来描述随机性差异。可是,在使用正态抽样分布时存在一定的问题。从理论上讲,分布可以向两个相反的方向扩展直至无穷。所以,从理论上讲,任何值都是合理的,即偏离分布均值再大距离的值也是合理的。但在实际中我们知道,如上所述,99.74%

的值将在±3σ 个分布均值标准偏差以内。所以,我们就在代表±3σ 个标准偏差(以均值为标准基准值)的地方画一条线作为界限。由此我们可以推断,在这一界限以外的值都属于非随机性差异。事实上,这些界限就是控制界限,即分布均值的随机性偏差与分布均值的非随机性偏差之间的分界线。图 8-15 说明了如何根据抽样分布原理来确定控制界限。

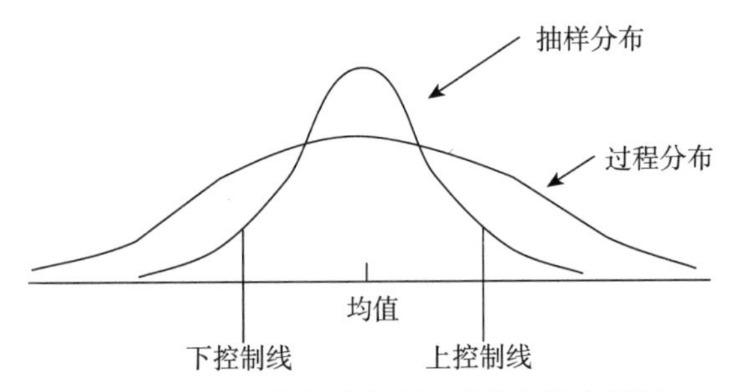

图 8-15 根据抽样分布原理确定的控制界限

控制图有两个将随机性差异和非随机性差异分开的界限。数值大的是上控制线(UCL),数值小的是下控制线(LCL)。在这两个控制线之间的样本统计量是(但并不完全是)随机性差异,而样本统计值位于控制界限以外或在任一条控制界限上说明(但并不完全说明)其是非随机性差异。

值得说明的是,因为范围再大的界限也会留下一定区间的“延续”分布,所以,就会出现这样的可能性(虽然很小):尽管只有随机性差异存在,有些值还是落在了界限以外。例如,如果采用±2σ 标准偏差作为界限,该界限将包含 95.44%的数值。因而,互补的那一部分(100%-95.44%=4.56%)就不包括在内。这一百分比(或可能性)有时指犯类型 Ⅰ 错误的可能性。这里的错误是当只呈现随机性差异时误认为有非随机性差异存在。它也称为 α 错误。这里 α 是数值落在两个延续区间的可能性之和。图 8-16 解释了这一概念。

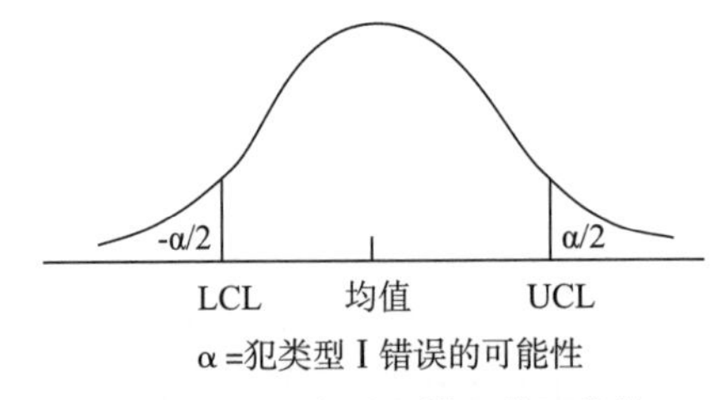

图 8-16 犯类型 Ⅰ 错误的可能性

采用范围更大的界限(如±3σ 界限)可减少延续区间,从而降低犯类型 Ⅰ 错误的可能性。可是,界限的范围增大时,难以检验到可能出现的非随机性差异。例如,生产过程的均值可能会变到利用±2σ 界限控制图就可检验到它的程度,但没有变到利用±3σ 界限控制图可以检验到它的程度。这里的均值变化是一种不可忽略的差异。如果出现这种情况就会导致第二种错误(类型 Ⅱ 错误)的发生。这种错误是指当工序脱离控制状态时,却推定过程处在控制状态,即非随机性差异存在但没有表现出来。理论上对任何一种错误来说其可能性越大,犯这种错误所造成的损失越大。在实际中,人们根据具体情况来选择±2σ界限或±3σ界限,而不偏重使用±3σ,以免增加犯第二种错误的可能性。

图8-17说明了控制图的各个组成部分。图8-17中的每个样本由一个单一值(样本均值)来代表。此外,把每个值与抽样分布的极限(控制界限)做比较,以判断它是否落在可接受(随机)范围以内。图8-18说明了这一比较过程。

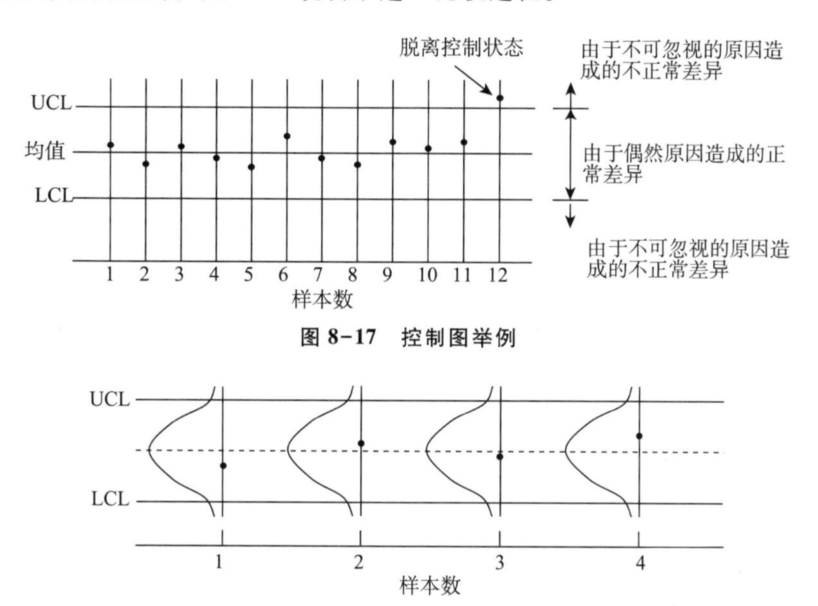

图8-17　控制图举例

图8-18　把每次观察值与选定的抽样分布的界限进行比较

一般来说,质量控制图可划分为两大类:一类是计数特性值控制图,一类是计量特性值控制图。计数特性变量是可计数的(例如,在样本中有缺陷产品零部件的个数等)。我们通常在一个连续区间内(例如,完成某项任务所需的时间,一个零部件的长度和宽度等)来描述计量特性变量。关于这两类控制图,不再做详细描述了。

五、风险控制及方法

(一)风险的概念与因素

1. 风险的概念

风险是指未来结果的变化,没有达到预期。当组织决策者对结果并非确定获知时,其决策将面对:

(1)决策者在相关条件下,可以列出决策的所有可能结果,以及与之相关出现的概率,可称为狭隘风险。给其结果确定概率的过程不乏相当复杂的分析,其分析基于决策者丰富的经验和有关数据,此种方式确定的概率称为客观概率。

(2)决策者在不确定条件下,或者此种情况较少遇到,由于经验不足和无有关数据,难以列出所有可能结果的决策,产生的风险可称为广义风险。此时分配于各种后果的概率是一种主观方式,称为主观概率。主观概率主要基于预感、直觉和个人偏好,而非科学的数据。

狭隘风险是由于组织经营的内部条件和外部环境的不利变化产生的;广义风险则是由于决策时不可能获得完整、准确、及时的信息而产生的,这种风险具有普遍性。

2. 风险的因素

风险因素是指隐藏在损失事件之中,增加损失的可能性和损失程度的条件。其条件不同,产生的风险后果也不一致。风险因素可分为两种:

(1) 有形风险因素。它是指看得见的、影响损失频率和程度的环境条件。概括来说,物体的位置、构造和使用代表了影响财产的有形风险因素。而一家企业的位置影响了它对火灾、水患、地震、所需物资供应地和产品销售地等风险因素的敏感性。① 一个靠近所需物资供应地和产品销售地的企业,相较于地处偏远的企业,其运营的风险小得多,如地处十堰的汽车公司比地处武汉的汽车公司运营风险就大些。② 物体的构造也会影响风险的可能性和程度。如果一件产品设计和制造了许多顾客不需要的功能,给主要功能使用造成了障碍,给操作和维修带来了困难,且价格也高,那么较之强化几项主要功能的同类产品其市场风险因素更大。③ 物体的使用和占有也产生了有形风险因素。如企业将自己的机床租赁给其他企业使用,相对于自己使用的风险因素要大些。

(2) 无形风险因素。它是指政策、法规、观念和文化等影响损失的可能性和损失程度的环境条件。

3. 风险偏好

在组织经营中,有的决策者为了降低风险而牺牲期望回报,称之为风险厌恶型;有的决策者为了获得更多的期望回报而承担更大的风险,称之为风险寻求型;有的决策者既不愿牺牲期望回报,又不愿承担风险,称之为风险中立型。为了了解这三种风险偏好,度量决策者对期望回报的不同满足程度(虽然满足程度无法度量,但仍假定满足程度是可以度量的),经济学界用了“效用”来度量其满足程度。这一假定是为了易于解释一些重要概念。一种效用期望值与期望货币值之间的相互关系如图 8-19 所示。

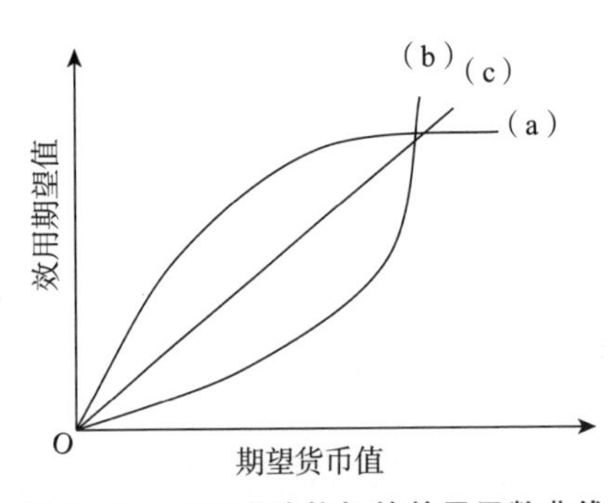

图 8-19　不同风险偏好的效用函数曲线

(1) 图 8-19(a),表示了效用期望值随期望货币值的增加而增加,但效用期望值的增加速度是递减的。因此,这一函数曲线凹向水平轴一面。这种凹形效用函数就是风险厌恶型。

(2) 图 8-19(b),表示了效用函数的斜率是递增的,其函数曲线凸向水平轴一面,这种凸形效用函数就是风险寻求型。

(3) 图 8-19(c),表示了效用函数的斜率为常数,其函数曲线是一条斜率为常数的直线,这种效用函数就是风险中立型。

(二) 组织风险控制的度量

1. 组织风险控制的概率

组织风险控制是指组织在运营中,为了减少损失和扩大收益,降低损失概率而采取的各种举措。对此可理解为:

(1) 管理风险控制的措施,是为了直接化解载体的潜在风险因素,改变实质的骤变,使之有效控制运营遭损的幅度和频率。如组织经过市场调查分析、专家论证评估,决定投资经营跨行业的项目。

(2) 因经济组织类型、规模相异,管理风险控制举措的有效性也不同。例如,新兴高科技企业与一般企业采取同样的管理风险控制举措,前者风险损失大,但效益高,而后者风险损失小,效益也低。

(3) 管理风险控制有其专属功能。如高科技风险投资基金,投资成功后能获得高收益,但失策后损失也严重。对经济组织而言,风险控制能保障其资源免遭损失和维持生产力的功效。

2. 风险的度量

为了对风险进行控制,必须要度量风险。下面介绍风险度量的方法。

(1) 风险度量的具体方法。组织为了进行管理风险控制,需要对可能产生的结果,以及每种结果发生的可能性有所了解。这种了解通常主要建立在一定的理论和以往的资料上,用其来评估和计算每一事件未来发生的可能性。所有可能结果及其可能性构成了概率分布(见表 8-1)。对于风险管理控制者而言,最重要的概率是那些关于风险损失发生的频率和风险损失程度的概率。事件发生的次数用频率来度量,如在某一时期,某一企业发生损害事件的次数。通常,风险管理控制者会将事件发生次数与基数联系起来,如计算平均频率。风险损失程度用于度量每个损害事件造成的损失。

表 8-1　风险损失概率

<table>
<tr><th>观测值</th><th>损失值</th><th>各损失类型概率</th></tr>
<tr><td>1</td><td>100</td><td rowspan="3">3/8 = 0.375</td></tr>
<tr><td>2</td><td>100</td></tr>
<tr><td>3</td><td>100</td></tr>
<tr><td>4</td><td>500</td><td rowspan="2">2/8 = 0.250</td></tr>
<tr><td>5</td><td>500</td></tr>
<tr><td>6</td><td>1 000</td><td rowspan="3">3/8 = 0.375</td></tr>
<tr><td>7</td><td>1 000</td></tr>
<tr><td>8</td><td>1 000</td></tr>
<tr><td>总计</td><td>4 300</td><td>8/8 = 1.000</td></tr>
</table>

平均值。概率分布既可度量未来预期结果的变化,还可度量那些预期结果。我们对未来的最优推测通常表示为平均值。样本平均值等于所有观测结果总和除以观测数。有些情况下平均值被定义为每种可能结果与其概率之积的总和。平均值用数学公式表示为

$$样本平均值 = \frac{\sum_{i=1}^{n} X_i}{n} \tag{8-1}$$

式(8-1)中,X_i为第 i 个观测值的值,n 为观测值的个数。

或
$$样本平均值 = \sum_{j=1}^{m} X_j P(X_j) \tag{8-2}$$

式(8-2)中,X_j为第 j 类事件的值,m 为类型的个数,$P(X_j)$为第 j 类事件发生的概率(相对频率)。

可以利用表 8-1 来说明公式。平均值通过式(8-1)和式(8-2)来计算:

$$4\ 300/8 = 537.50$$

或
$$(100 \times 0.375) + (500 \times 0.250) + (1\ 000 \times 0.375) = 537.50$$

结果的变化性。结果的变化性即风险,可以通过诸多方法来度量。其方法之一是用"差度"来度量结果的变化性,即度量风险。差度等于可能结果的最大值与最小值之差。在表 8-1 中,差度等于 1 000 减 100,即 900。需要说明的是:在大多数情况下,零也是一个可能结果。另一个常用方法是用"方差"度量结果的变化性,即度量风险。一个概率分布的方差等于每个观测值与平均值之差的平方的平均值。样本方差用数学公式表示为

$$样本方差 = \frac{\sum_{i=1}^{n} (X_i - \overline{X})^2}{n} \tag{8-3}$$

式(8-3)中, X_i 为第 i 个观测值的值, $\overline{X}$ 为分布的平均数,n 为观测值的个数。

或
$$样本方差 = \sum_{j=1}^{m} (X_j - \overline{X})^2 \times P(X_j) \tag{8-4}$$

式(8-4)中, X_j 为第 j 类事件的值,m 为类型的个数, $P(X_j)$ 为第 j 类事件发生的概率(相对频率)。

方差可以用来度量将均值作为估算可能结果的适用性。若就平均而言,每个观测值偏离平均值很大,这样估计的结果就不太可靠。方差的计算使用差的平方,可避免正负差值相互抵消,这样有助于我们知道结果的变化性。但方差值常常是个较大的数,不易理解。为了更好地度量风险,常常使用方差的平方根。因为方差是差的平方,所以将方差开平方,就可以将其还原为初始的度量单位,我们称方差的平方根为标准差。根据表 8-1 的数据,利用方差公式开方,求得方差平方根,即标准差为 390.31。就平均而言,每个观测值偏离 537.50 这个均值 390. 31 个单位。在均值相等的条件下,比较标准

差，标准差较大的概率分布，风险也较大。因此，在其他条件相同的情况下，标准差更大，代表的风险更大。不过概率分布很少拥有相等的均值。

如果比较两个均值相异的概率分布，此时则需要考虑“离散系数”，它等于标准差除以均值。“离散系数”给出了一个风险的相对值。在前面表 8-1 的例子中，离散系数 = 390.31 ÷ 537.50 = 0.73。离散系数越小，损失分布的相对风险就越小。

风险管理控制者可运用上述度量结果变化性的工具，更好地进行决策。但是，人们通常缺乏计算概率分布的资料。需要考虑的事件或决策的事项，常常是新的或少见的，这意味着要收集相关资料很困难。如一个小企业遭受一种年均 5 年才发生一次的特殊风险损失，但该企业可能在某一年发生 3 次风险损失，而在随后的 15 年中不发生任何风险损失。面对这样的情况，即便使用最先进的资料分析方法也难以达到目的。

（2）大数定律。在只能获得少量过去的资料甚至完全得不到资料时，就难以较有效地估算结果变化性。此时可以考虑使用大数定律弥补其不足。大数定律描述了使用大量观测值的重要性，它是成功进行风险控制的重要统计定律。

大数定律认为，随着观测值样本的增加，对均值的相对偏差就会减少。其要点是，样本容量越大，估计的结果就越可靠。

为了制订计划，一个风险控制者常常运用大数定律来估计未来的结果。如果其他条件相同，那么样本容量越大，相对风险就越低。因此，人们很希望能获取大容量观测样本。下面举例来描述大数定律。

假定组织风险控制者考虑产品生产的两组风险。一组包括 2 000 个样本，另一组包括 8 000 个样本。在某一特定时期内，如一年内，每组都将遭受 10%的损失。因此，第一组将发生 200 件损失，第二组将发生 800 件损失。这个例子属于二项分布，即只存在两种可能结果，有风险损失或者没有风险损失。二项分布的均值等于样本容量乘以损失的概率。并且使用以下符号：n = 样本容量；P = 损失的概率；nP = 均值。

那么，对于第一组，均值为 200，即 2 000 × 10% = 200；对于第二组，均值为 800，即 8 000 × 10% = 800。

概率分布的标准差度量风险即离散程度。对于二项分布，标准差为 $\sqrt{nPQ}$。

在这个例子中，第一组和第二组的标准差分别是 13.4 和 26.8。

因此，虽然随着样本容量扩大到原来的 4 倍，均值即损失的预期数量也扩大到原来的 4 倍，但标准差只扩大到原来的 2 倍。通过这个例子可知，随着样本数量的扩大，对预期结果偏离的比例是相对下降的，即相对的离散程度是降低的。离散系数（标准差除以均值）是度量风险的一个相对指标。在上例中，第一组的离散系数为 13.4/200，即 0.067，第二组的离散系数为 26.8/800 = 0.0335，这意味着风险降低了，即取样多的第二组的风险低于取样少的第一组。

为了进一步说明取样本的多少对损失结果评估计算准确性的影响，这里假设该组织风险控制仅取一个样本（n = 1），试图自留风险损失。那么该组织要么不遭受风险损失，要么遭受风险损失，尽管风险损失的概率只有 10%，该组织怎么知道自己是否将有 10%

的风险损失呢？运用二项分布,该组织的标准差(风险)为 $\sqrt{1 \times 0.1 \times 0.9} = 0.3$,离散系数为 0.3/0.1 = 3,相对于取 8 000 个样本而言,风险损失增加了 88.55 倍(3/0.0335)。说明试图自留风险损失很大,即取样越少,风险损失越大。

(三) 风险控制的方法

1. 运用多种经营控制风险

组织可以通过资产的多种经营来控制风险。即它可以把投资用于多种不同的业务,这样,一个业务领域的衰退就有可能被另一个业务领域的扩张抵消。

通过多种经营控制风险的原理,可以用企业生产两种不同的产品 A 和 B 的情况来说明。令两种产品的期望回报率相同,即 $r_A = r_B = 0.10$;风险也相同,即 $\sigma_A = \sigma_B = 0.20$。假定投资组合的 50%投于产品 A,即 $W_A = 0.50$;另 50%投于产品 B,即 $W_B = 0.50$。这样,投资组合的加权平均回报率为

$$r_p = W_A \times r_A + W_B \times r_B = 0.50 \times 0.10 + 0.50 \times 0.10 = 0.10$$

投资于两种产品,其期望回报率与只选择其中一种产品并无区别。多种经营的好处在于,它可以控制风险而不减少期望回报率。产品 A 和 B 的风险为 0.20。由两种产品组成的投资组合的风险可用下面的公式来计算:

$$\sigma_P = \sqrt{W_A^2 \sigma_A^2 + W_B^2 \sigma_B^2 + 2 W_A W_B \sigma_{AB} \sigma_A \sigma_B} \tag{8-5}$$

式(8-5)中,σ_{AB}为两种投资回报之间的相关性(两种投资回报一起变动的程度),如果两种回报是完全正相关的,$\sigma_{AB} = 1.0$,投资组合的风险就等于:

$$\sigma_P = \sqrt{0.50^2 \times 0.20^2 + 0.50^2 \times 0.20^2 + 2 \times 0.50 \times 0.50 \times 1.0 \times 0.20 \times 0.20} = 0.20$$

与只投资一种产品所面临的风险相比较,这里的风险水平并没有降低。但如果相关性是不完全的,那么,风险就会降低,为了降低风险,两种产品回报的相关性必须小于完全相关。不管 σ_{AB} 为何值,这一投资组合的风险为

$$\sigma_P = \sqrt{0.02 + 0.02\sigma_{AB}}$$

现在,如果两种回报之间是完全负相关的,就能最大限度地控制风险,减少损失。就是说,当 $\sigma_{AB} = -1.0$ 时,这一投资组合的风险为零,即

$$\sigma_P = \sqrt{0.02 + 0.02 \times (-1.0)} = 0$$

这里,风险被完全消除了。

当 σ_{AB} 为其他值时,投资组合的风险如下:

$$\sigma_{AB} = 0.5 \qquad \sigma_P = 0.17$$
$$\sigma_{AB} = 0.25 \qquad \sigma_P = 0.16$$
$$\sigma_{AB} = 0 \qquad \sigma_P = 0.14$$
$$\sigma_{AB} = -0.25 \qquad \sigma_P = 0.12$$
$$\sigma_{AB} = -0.50 \qquad \sigma_P = 0.10$$

这是一个重要的研究成果:通过建立一个高效率的资产投资组合,就可以在给定的回报水平上,降低其风险。在给定的风险水平上,与低效率的投资(不是多种经营的)相

比，多种经营可以增加其回报。

因此，企业或个人控制风险，减少损失的方法之一就是实行资产的多种经营。个人可以对各种各样的公司投资；企业可以把资金投于几种不同的产品线上，或者在国内外的不同地方设厂开店。只要资产的投资组合结构是合理的，就可以在不减少其期望回报的条件下，控制风险，增加收益。

2. 运用套头交易控制风险

企业还可利用期货合同进行套头交易，来控制因价格的不利波动产生的风险，使企业免受损失。这里的期货合同是指与人签订合同，规定将来可以按既定的价格，买或卖一定数量和质量的物品。例如，某农业生产者必须在小麦收割前的若干个月就播种小麦。在播种时，会有各种风险，包括因天气恶劣而歉收和价格下跌等。为此，他可以购买期货来防止因农作物歉收而遭受的损失。又如，生产厂商也可以通过签订所谓的期货合同，规定在约定时间可按既定的价格出售产品，无论到时产品的市场价格是多少，以此来控制价格风险免受或减少损失。

在这些市场里，这种合同的买卖是不断进行的。合同价值的高低与产品的价格变动负相关，即产品的价格上涨，按一定价格出售的权利就会贬值；产品价格下跌，按一定价格出售的权利就会升值。生产厂商最终得按现行价格出售产品，但如果这一价格下跌，生产厂商就能在期货合同上赚钱，从而抵消因价格下跌导致的亏损，风险得到控制。如果价格上涨，期货合同的价格就会减少，这样，因按较高价格出售而得到的利润增加，就会被期货合同价格的减少而抵消，风险得到控制。所以，如果运作得当，生产厂商的所有价格风险都得以控制，损失就可以基本上被消除。

3. 运用调整贴现率控制风险

这一风险控制的方法是，在确定因投资引起的未来利润的现值时，使用风险调整过的贴现率。如果已知将来的利润流 π_t，基本的评价公式为

$$PV = \sum_{t=1}^{n} \frac{\pi_t}{(1-r)^t} \tag{8-6}$$

式(8-6)中的 r 就应该用适宜的经过风险调整的贴现率或利率。多数企业决策者在选择方案时，只有预期能得到较大的回报时，才愿意接受风险较大的方案。例如，银行存款的回报是年利率 10%。显然，理性的投资者谁也不会把资金投向高风险事业，除非每年的期望回报率大大高于 10%。

图 8-20 中，曲线 R 代表一位投资者认为是没有区别的全部风险和回报的组合，表示该投资者在风险和回报之间进行权衡的意愿。显然，这一函数的形状因投资者而异，取决于其对风险的偏好。一个十分厌恶风险的投资者的权衡函数可能如虚线 R_1，即风险的任何增加能带来回报的较大增加；相反，另一投资者的权衡函数则如曲线 R_2，这里，风险的较大增加只要求回报率有少量增加。

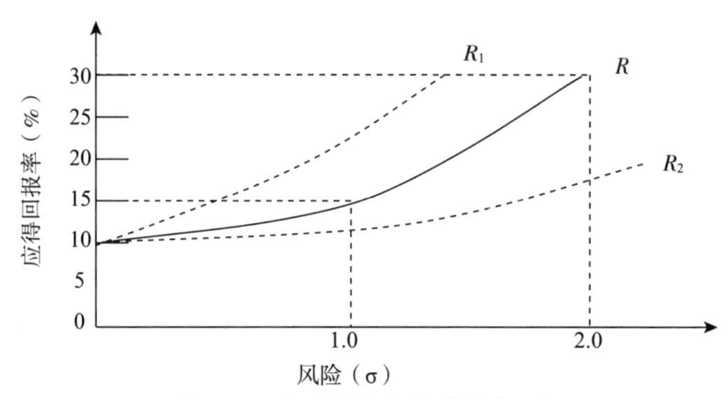

图 8-20 假设的投资者对风险回报

假定无风险投资的回报率为 10%,前面讲过,无风险产品投资方案的标准差为零。对权衡函数为 R 的投资者来说,如果风险增加到比如说 $\sigma=1.0$,就要求有 15%的回报率。这 15%的回报率与无风险回报率 10%之间的差额称为风险补偿率。如果 $\sigma=2.0$,根据权衡函数 R,此时要求的回报率为 30%。因此,风险补偿率为 20%。在评价产品投资方案时,应使用这些有差别的贴现率来评价将来产品利润的现值。就是说,与低风险的产品投资方案相比,高风险的产品投资方案的净现金流量,应该用较高的贴现率来进行折现。

这里应着重指出:没有相应的数学式子或表格可用来说明风险和贴现率之间的关系。但如果两者之间的关系是正相关,这种关系则必须由每个投资决策者的判断来确定。

4. 运用保险控制风险

企业和个人购买保险以保护不受因各种风险(如火灾、盗窃、洪水、地震和死亡)而带来的经济损失。保险市场的存在是因为人们厌恶风险。假定有一位经理,他知道其烟花爆竹生产企业每年能净赚利润 100 万元,但工厂着火的概率为 0.5,假定工厂被烧毁,重建的成本为 80 万元。现在有两种可能的结果:①工厂被烧毁,净回报为 100 万元减去 80 万元,即为 20 万元。②工厂没有发生火灾,净回报为 100 万元。每一结果发生的概率为 0.5(见表 8-2)。则期望的货币价值为 20 万 × 0.5 + 100 万 × 0.5 = 60 万元。

表 8-2 净回报的概率分布

事件	净回报(万元)	概率	净回报×概率(万元)
着火	20	0.5	10
不着火	100	0.5	50

假定经理的效用函数如图 8-21 所示。A 点对应于工厂被烧毁的结果(收益为20 万元,效用等于 1 000),B 点对应于未着火的结果(收益为 100 万元,效用为2 000)。因此,这一不确定前景的期望效用为 1 500,即 $P=0.5\times1\,000+0.5\times2\,000=1\,500$。

现在,确定性等价为 40 万元,即确定性的 40 万元能产生效用 1 500,见图 8-21 中的 C 点)。因此,决策者对下面两种选择认为是没有区别的,即或者是一种确定性前景,有 40 万元收入,或者是刚才讲到的冒险,有 60 万元期望值。

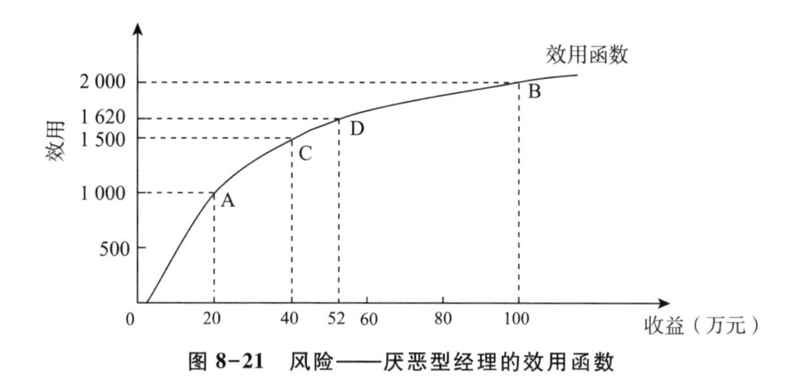

图 8-21 风险——厌恶型经理的效用函数

这意味着谋求利润最大化(但属于风险厌恶型)的经理最多愿意付出 60 万元为工厂购买火灾保险,因为不管工厂是否着火,有了这一保险就能保证确定性收入40万元,即经理知道企业净获利 40 万元是有把握的(即 100 万元利润减去60万元保险费)。如果企业着火,保险公司就为它重建工厂,不需要企业花钱。

从保险公司的角度分析:保险公司的期望支出等于着火概率乘以货币损失,即 0.5 × 80 万元 = 40 万元。再加上比如说 20%的经营费用和利润,保险公司就可以把火灾保险单的价格定为 48 万元。这样,烟花爆竹企业经理实际的确定性结果为净利 52 万元(100 万元利润减去 48 万元保险费)。这一结果的效用为 1 620(见图 8-21 中的 D 点),优于不确定性前景的效用 1 500。因此,在此例中,经理就能在效用为 1 620 的确定性前景和效用为 1 500 的不确定性前景之间做出选择。显然,理性的经理会选择购买保险这一确定性前景。

本章小结

思考题

1. 什么是控制？其先决条件有哪些？重要性表现在哪些方面？
2. 试述控制原理及其在组织控制中的应用。
3. 什么是有效的控制系统？它有哪些特性和影响因素？

案例讨论

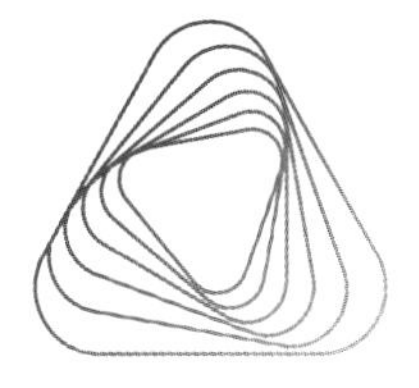

下　篇

专业管理

第九章　战略管理

【学习目标】

1. 理解战略和战略管理的含义。
2. 明确企业战略及其特征。
3. 分析企业的战略环境。
4. 把握企业战略的主要类型。

【基本概念】

战略　战略管理　总体战略　经营单位战略　价值链　多元化战略　成本领先战略　差异化战略

案例讨论

第一节　战略及战略管理的内涵

一、战略的含义及特征

（一）战略的含义

“战略”一词原为军事术语，在军事上的含义是指导战争的思想和谋略，即克敌制胜的良策和谋划。在英语中，战略一词为“Strategy”，它来源于希腊语的“Stratagia”，也是一个与军事有关的词。随着人类社会的发展，战略这一概念被广泛应用于军事以外的领域，诸如政治、经济、文化、科技、教育、社会等各个方面，其一般的含义是指重大的、带全局性的或决定全局的谋划。

大约从20世纪60年代开始，西方企业把战略的概念和思想引入企业的生产经营管理中。如今，企业战略思想和战略管理已受到中外企业的广泛关注和普遍重视，在企业经营管理中发挥着重要作用。

什么是企业战略？时至今日，不同的管理学家和实际工作者由于自身的经营管理经历和对管理的认识差异，对企业战略仍持有不同的看法。归纳起来，对企业战略的认识主要有两大类别：广义战略论和狭义战略论。

广义战略论者认为，企业战略包括企业希望达到的目标，以及为实现这些目标而运用的手段。同时，他们还认为企业确定目标的过程是整个战略制定过程的一部分。持这种观点的代表人物主要有美国管理学家肯尼斯・安德鲁斯（Kenneth Andrews）和魁因

（Quinn）等。安德鲁斯提出：战略是目标、意图和目的，以及为达到这些目的而制定的主要方针和计划的一种模式。这种模式界定着企业正在从事的，或者应该从事的经营业务，以及界定着企业所属的或应该属于的经营类型。

狭义战略论者认为，企业战略只包括为实现企业目标而采取的手段，而不包括企业事先确定的目标本身。他们认为，在实际的决策过程中，绝大多数人都是根据事先确定的目标，将所要研究和决策的问题分门别类，选择要解决的重点。如果将确定好的目标与所要解决的问题混为一谈，人们就很难处理好问题。因此，狭义战略论者坚持认为，战略只包括为实现企业目标而采取的手段。持这种观点的代表人物主要有美国管理学者安索夫（Ansoff）、霍夫（Hofer）和申德尔（Schendel）等。霍夫和申德尔认为，企业在制定战略时，应该考虑企业资源配置与外部环境的相互作用。他们给战略下的定义是：战略是企业目前的和计划的资源配置与环境相互作用的基本模式。该模式表明企业将如何实现自己的目标。

我们对企业战略定义如下：企业战略是企业在激烈竞争的市场环境中，为谋求长期生存与发展而对企业经营活动做出的长远的、系统的和全局的统筹谋划。

（二）企业战略的特征

（1）全局性。企业战略以企业全局为对象，它是根据企业总体发展的需要制定的。它规定的是企业的总体行为，追求的是企业的总体效果。虽然它包括企业的局部活动，但这些局部活动是作为总体行动的有机组成部分在战略中出现的。

（2）长远性。企业战略是企业谋取长远发展要求的反映，又是对企业未来一定时期生存和发展的统筹谋划，它通常着眼于未来三年至五年乃至更长远的目标。

（3）抗争性。企业战略是关于企业在激烈的竞争中如何与竞争对手相抗衡的行动方略，同时也是针对来自各方面的冲击、压力、威胁，迎接这些挑战的行动方案。市场如战场，企业制定实施战略就是为了在市场竞争中取得优势地位，战胜竞争对手，保证自己的生存和发展。

（4）纲领性。企业战略规定的是企业总体的长远目标、发展方向、经营重点，以及所采取的行动方针、重大措施和基本步骤。这些原则性的规定具有行动纲领的意义，必须通过展开、分解和落实等过程，才能变成具体的行动。

（5）风险性。企业战略是对企业未来发展的谋划。战略是建立在对环境预测的基础上的，但环境总是处于不断变化、难以确定之中，战略实施的结果与预期的目标也可能存在差异。因此，企业战略必然存在风险。

（6）相对稳定性。企业战略作为一个指导企业发展的纲领性文件，必须在一定时期内保持稳定，以利于企业各部门、各单位贯彻执行。若朝令夕改，管理者就会无所适从，从而造成生产经营的混乱，给企业带来重大的损失。但是，战略的稳定性是相对的，因为环境是变化的。因此，一个好的战略应当有适度的弹性，以适应外部环境的变化。

（三）企业战略层次

企业战略是有层次的，企业规模大小不同，企业战略的层次就不一样。一般来说，从事单一业务的中小企业，其战略一般分为两个层次，即企业总体战略和职能战略。从事多元化业务的大中型企业，其战略一般分为三个层次，即企业总体战略、经营单位战略和职能战略（见图 9-1）。一般而言，高层管理者负责总体战略，中层管理者负责经营单位战略，而基层管理者负责职能战略。

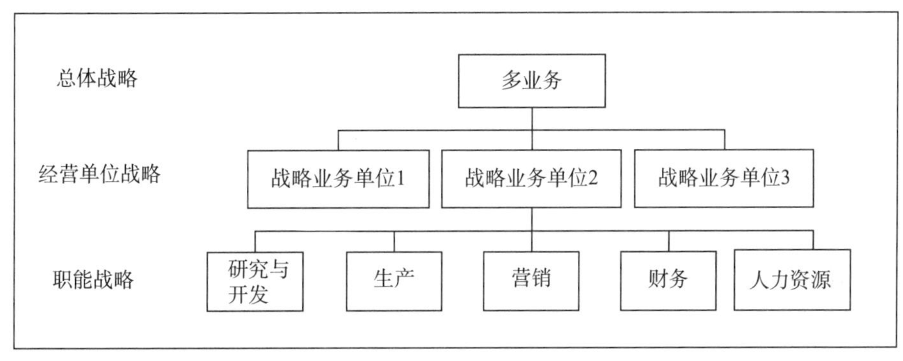

图 9-1 企业战略层次

1. 总体战略

总体战略又称公司战略。它是企业战略中最高层次的战略，可以帮助公司进行新的有望提高公司价值的战略定位。它需要根据企业的目标，选择企业可以竞争的经营领域，合理配置企业经营所必需的资源，使各项经营业务相互协调、相互支持。因此，总体战略主要关注两个问题：一是公司应该在哪些产品市场和业务领域进行竞争；二是公司总部应如何管理这些业务。例如，百事公司的目标是“成为世界上首屈一指、主营方便食品和饮料的消费品公司”。为了实现这一目标，百事公司采取的总体战略是把公司划分为不同的事业部，包括百事美洲饮料（饮料业务）、百事美洲食品（零食和方便食品），以及其他一些国际业务——百事欧洲和百事亚洲/中东/非洲。

2. 经营单位战略

经营单位战略又称事业部战略或竞争战略。企业的事业部或子公司及分公司是企业的战略经营单位，每个经营单位一般都有自己独立的产品和细分市场。经营单位战略是在总体战略的指导下，各个战略业务单位制定的部门战略，是总体战略之下的子战略。例如，法国路易·威登集团（Louis Vuitton）针对自身不同的业务实施不同的经营单位战略，包括唐娜·卡兰（Donna Karan）时装、路易·威登皮革产品、娇兰（Guerlian）香水、泰格豪雅（TAG Heuer）手表、香槟王（Dom Perignon）香槟，以及其他奢侈品。经营单位战略主要考虑的是产品和服务在市场上的竞争问题，其目的是在激烈竞争的市场上建立一定的竞争优势；在企业内部主要是有效地控制资源的分配和使用，协调企业内部的各种生产、财务、研发、营销等业务活动。

3. 职能战略

职能战略是为实施和支持总体战略与经营单位战略在企业特定的职能管理领域制定的战略。职能战略包括研究与开发战略、生产战略、营销战略、财务战略、人力资源战略等。职能战略的重点是提高企业资源的利用效率，使企业资源的利用效率最大化。例

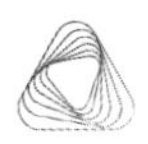

如,总部位于北京的中国纸业投资有限公司(China Paper)希望变得更有竞争力并投资于高科技数码印刷技术,为此,市场部门必须执行新的销售方案和促销价格,生产部门必须在印刷厂里配备数码设备,人力资源部门也必须更新员工选拔和培训项目。

企业的总体战略、经营单位战略与职能战略的有序组合形成了企业的战略体系。在企业内部,企业战略的三个层次之间是相互联系、相互配合的。企业上一层次的战略构成下一层次的战略环境,同时,下一层次的战略又为上一层次战略目标的实现提供保障和支持。因此,一个企业若要实现其总体战略,必须把三个层次的战略结合起来。

二、 战略管理及过程

(一) 企业战略管理的概念

企业战略管理就是根据战略思想,通过对企业外部环境和内部条件的分析,确定企业的使命和目标,使企业达到战略目标的一系列管理活动。战略管理属于一种高层次的管理,是一种创新性的管理思想和管理方式,是企业战略家确定目标、制定战略决策和实施战略的过程;其核心是对企业现在及未来的整体经营活动进行战略性管理。著名管理学者彼得・德鲁克(Peter Drucker)指出,战略管理是制定一种或几种有效的战略,以达到企业目标的一系列决策与行动。

战略管理作为企业的高层管理,不同于经营管理和作业管理。具体来说,战略管理是对企业战略的制定、选择、实施和控制,它涉及企业长远生存发展的重大问题。例如,开拓新市场、扩大生产规模、兼并重组、机构变革等。而经营管理是在既定战略的框架内,确保资源的获取和有效利用所进行的管理,它是为实现战略目标服务的,因此,经营管理要尽可能地把企业战略目标变成企业各部门和全体成员的总目标。作业管理则是在经营管理的框架内,确保高效率管理每项工作。

(二) 战略管理的过程

战略管理是一个系统的决策和实施过程,这一过程一般可以分为六个步骤(见图 9-2):

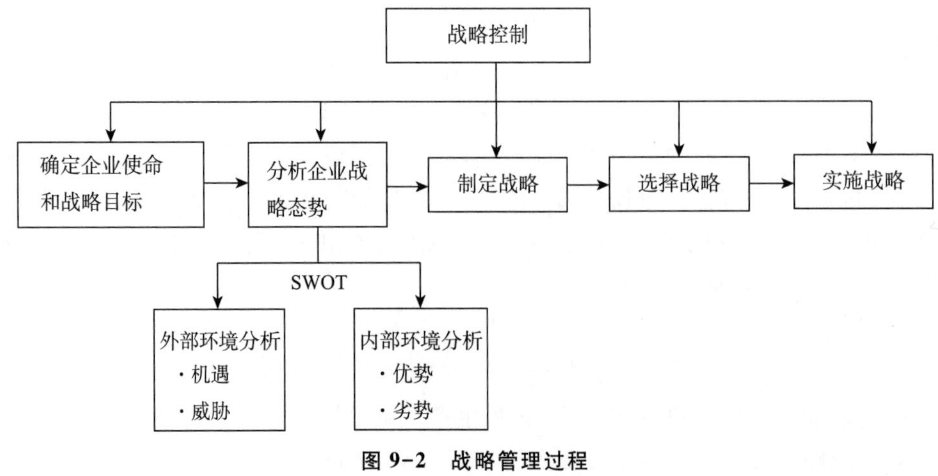

图 9-2 战略管理过程

1. 确定企业使命和战略目标

企业使命是企业组织存在的目的和理由,它包括企业哲学和企业宗旨两方面内容。确定企业使命是企业开展生产经营活动的前提。创建一个新的企业,或对企业的经营业务方向进行重大调整时,都要确定或重新界定企业的使命,这也是制定和实施企业战略的一项基础性工作。战略目标是在企业使命规定的经营方向内确定的,企业在一个较长时期应实现的目标。

2. 分析企业战略态势

主要分析企业的外部环境和内部环境。外部环境分析包括所有可能影响企业行为的现实与潜在的因素,如国内外的政治、经济、文化、技术和社会环境等。通过进行外部环境分析,管理者应该准确地找出组织可能利用的机遇(Opportunities)以及必须规避或抵制的威胁(Threats)。内部环境分析的目的是认识和评价企业各方面的资源条件及潜力,如企业的人力、物力和财力资源等。在完成内部环境分析后,管理者应该能够确定组织的优势(Strengths)和劣势(Weaknesses)。外部环境和内部环境的综合分析称为 SWOT 分析,这是对组织优势、劣势、机遇和威胁的分析。

3. 制定战略

在企业内外环境分析的基础上,管理者应该制定合适的战略,包括:①利用组织的优势和外部机遇;②阻止或避免组织的外部威胁;③弥补关键劣势的战略。根据外部环境的实际情况以及企业可获得的资源和能力,确定企业长远的发展方向、战略行动方案和战略重点。

4. 选择战略

对拟订的战略方案进行具体论证,对各个方案在技术上的可行性、经济上的合理性进行综合评价,通过比较各个方案的优劣,选出最优方案,并付诸实施。

5. 实施战略

一旦制定了战略,就必须实施战略。实施战略是实现战略目标的手段,为此,要将企业战略规定的目标分解为企业的各层次和各方面的战略目标,运用科学的方法和手段,合理配置资源,分阶段、按步骤地来贯彻落实。

6. 战略控制

战略控制伴随着战略管理的整个过程。所谓战略控制,就是将战略实施的结果与预期的目标进行比较,发现差异,查明原因,采取措施,予以纠正。例如,在评估了先前战略的实施结果并确定了必要的改变之后,施乐公司(Xerox)的首席执行官乌苏拉·伯恩斯(Ursula Burns)进行了战略调整以重新获得市场份额并改善公司的盈利情况。为此,该公司削减了职位,出售了资产,并且重组了管理层。

第二节 战略环境分析

企业环境是由多种因素构成的复杂环境,这些因素相互影响、相互制约。一般来说,构成企业环境的因素分为两类:一类是企业不可控的因素,构成企业外部环境;一类是企业可控的因素,构成内部环境。外部环境因素又因对企业生存和发展影响的方式和程度不同,分为宏观环境因素和行业环境因素。

一、宏观环境分析

(一)宏观环境分析的PEST模型

企业的宏观环境是指存在于企业之外,影响企业经营活动及其发展的各种客观因素和力量。从企业的战略角度分析企业的宏观环境,应把握环境的现状及其变化趋势,明确宏观环境因素是如何影响企业的,这些因素将会发生什么样的变化,以及这些变化将会以何种方式给企业带来何种性质的影响。为了更好地从总体上把握宏观环境分析的概貌,一般常用的分析工具就是PEST(Politics, Economic, Society, Technology)分析模型,具体内容如图9-3所示。

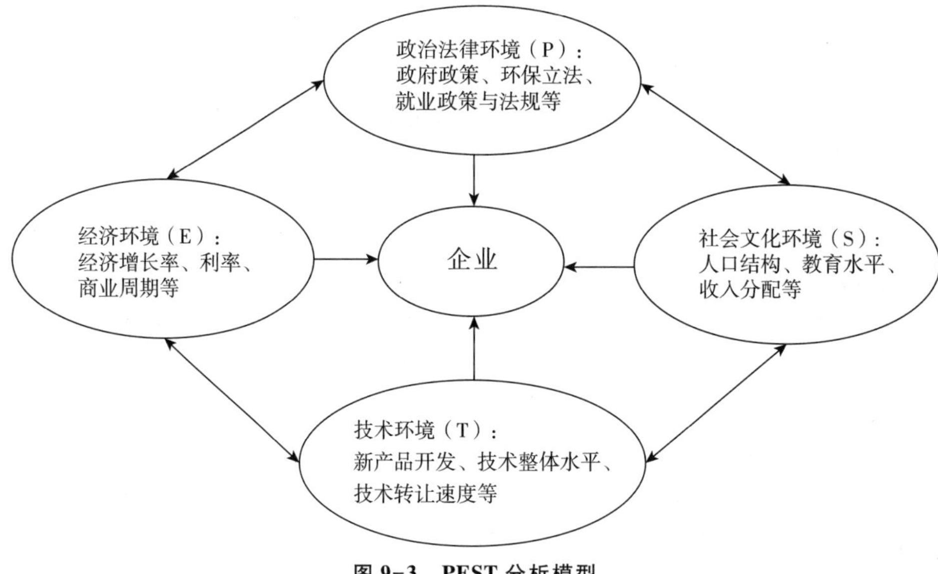

图9-3 PEST分析模型

(二)宏观环境分析的主要内容

1. 政治法律环境

政治法律环境是指对企业经营活动具有实际和潜在影响的政治力量以及相关的法律、法规。具体来说,政治环境主要包括国家的政治制度与体制、政局的稳定性等因素;法律环境主要包括国家制定的法律、法规,如税法、环境保护法、反不正当竞争法等。

2. 经济环境

经济环境是指影响企业经营活动的经济因素与条件,主要包括社会经济结构、经济体制、产业布局、资源状况、经济发展水平等。构成经济环境的关键战略因素有:GDP的变化发展趋势、利率水平的高低、财政货币政策的松紧、失业率水平、居民可支配收入水平、平均消费水平、汇率升降情况等。

3. 社会文化环境

社会文化环境是指影响和制约企业经营活动的文化因素和条件及人口因素等。文化可以分为两个层次：一是物质文化，如企业产品、厂歌、厂徽等；二是精神文化，主要指人们的价值观念、行为规范、思维方式、宗教信仰等。一般来说，物质文化决定了企业经营活动的空间范围、内容、方式等；精神文化决定了企业的道德水平。社会文化环境通过人们的价值观念、行为准则、道德规范、生活方式等来影响企业的经营决策，从而在一定程度上决定了企业经营的规模和方向。社会文化环境对企业经营的影响还可以间接地通过影响消费者的购买心理和购买行为来实现。人口因素是社会文化环境的重要组成部分，主要包括人口规模、地理分布、年龄结构、收入分布等。其中，人口规模制约了个人或家庭消费产品的市场规模；人口的地理分布决定了消费者的地区分布；年龄结构决定了消费品的种类及产品推广方式等；收入分布决定了企业经营品种的选择以及市场进入渠道等。

4. 技术环境

技术环境是指影响和制约企业经营活动的技术因素和条件，主要包括科技体制、技术政策、技术发展水平、技术发展趋势等。技术环境对企业的直接影响表现在由技术进步带来的生产力、产品发展速度、就业类型变化等企业经营要素的改变上；对企业的间接影响表现在由技术对个人消费观念和消费习惯的影响引起的对企业产出要求的改变上。随着科学技术的发展，新技术、新能源、新材料、新工艺等的出现与运用，企业在战略管理上需要做出相应的战略决策，以提升企业的竞争能力。

二、 行业环境分析

与宏观环境因素相比，行业环境因素对企业经营活动的影响更为直接和明显，宏观环境对企业的影响常常通过行业环境因素的变化对企业产生作用。因此，行业环境分析是企业外部环境分析的核心和重点。

（一）行业环境分析的主要内容

（1）行业的主要经济特征分析。包括行业的性质、行业在国民经济中的地位和作用、行业发展所处的阶段、行业的市场容量及发展前景等。这些特征是企业选择行业及企业在行业中如何经营要考虑的重要因素。

（2）行业的市场结构分析。行业的市场结构是指行业中相互作用的基本竞争力量以及它们之间的相互作用程度。基本竞争力量之间的相互作用决定了行业的赢利潜力。

（3）行业内战略群体分析。即分析行业中各企业的市场竞争地位。通过对行业中各企业市场竞争地位的分析，可以确定哪些是本企业最强或最弱的竞争对手，为分析竞争对手的情况提供依据。

（4）对本企业最主要的竞争对手进行分析。通过对本企业最直接和最主要的竞争对手进行分析，可以认清竞争对手的情况及其下一步的行动和目标，从而使企业可以有针对性地制定相应的对策，在市场竞争中取得优势。

通过上述四个方面的分析,可以使企业清楚地看到自己在行业中处于什么样的位置,面临什么样的机会与威胁。在此基础上,企业结合自身的条件制定相应的战略,采取适当的行动,以获得一定的竞争优势。

(二)行业竞争力量分析

根据美国著名战略管理专家迈克尔·波特(Michael Porter)的观点,在一个行业中,存在五种基本的竞争力量,即潜在进入者、替代品、供应者、购买者以及行业内现有企业的竞争(见图9-4)。

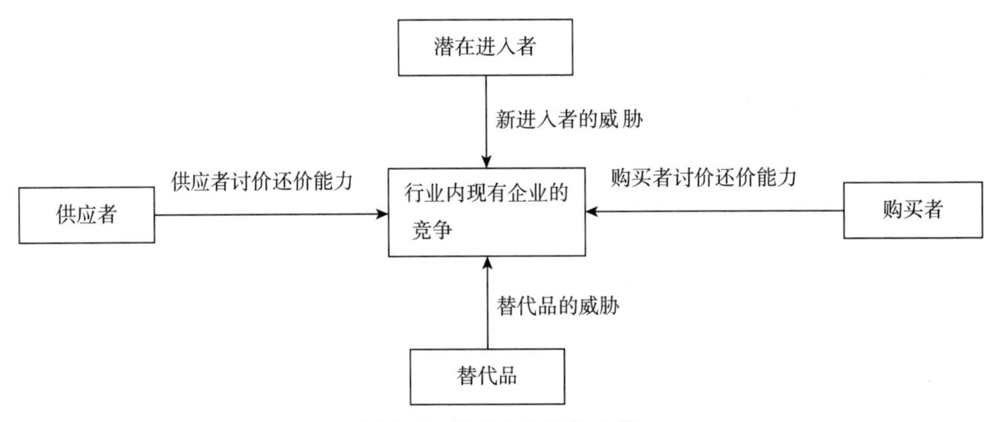

图9-4 行业中的竞争力量

在一个行业中,这五种基本竞争力量的状况及其综合程度,可以引发行业内在经济结构上的变化,从而决定行业内部竞争的激烈程度,以及行业中获得利润的最终潜力。从战略制定的角度来看,五种竞争力量共同决定一个行业的竞争强度和赢利能力。但是,各种力量的作用是不同的,常常是最强的力量处于支配地位,起着决定性作用。因此,企业制定经营战略时,应透过现象抓住本质,分析每种竞争力量的来源,把握企业面临的机会和威胁,寻求企业在本行业中的有利地位。

1. 潜在进入者

潜在进入者就是指行业外随时可能进入该行业而成为竞争者的企业。对于一个行业来说,潜在进入者会带来新的生产能力和物质资源,并要求得到一定的市场份额,因而会对本行业的现有企业构成威胁,导致现有企业的收入和回报下降。潜在进入者威胁的大小主要取决于进入障碍和退出障碍的高低。

(1) 进入障碍。如果一个行业的进入障碍较高,潜在进入者的加入就比较困难,对行业内现有企业的威胁就较小;反之,潜在进入者的加入就比较容易,对行业内现有企业的威胁就比较大。一般来说,构成行业进入障碍的主要因素有:①规模经济。规模经济是指在一定时期内,企业所生产的产品或服务绝对量增加时,其单位成本趋于下降。规模经济迫使潜在进入者在考虑进入某行业时面临两难选择:或者以大的生产规模进入该行业,导致市场投入量的增加,引发该行业现有企业的强烈抵制;或者以小的生产规模进入该行业,其结果是产品成本过高,造成新进入企业的竞争劣势。②产品差异化。产品差异化是指由于客户对企业产品质量或商标信誉的忠实程度不同而形成的产品之间的差异。产品差异形成的进入壁垒,会迫使新加入者在产品研发、客户服务等方面进行大量的投资,才有可能树立自己的品牌和信誉,进而获得一定的市场份额。③资金的要求。由于技术和规模的不同,不同企业进入一个行业所需要的资金成本也有所不同。在进入一个新的行业时,如果需要大量的资金投入,潜在进入者会考虑是否进入或如何进入。尤其对于资金密集型的行业,企业很可能由于缺乏成功进入该行业所需的资金而放弃该市场机会。④转换成本。转换成本是指企业从一个行业转向另一个行业,或从一种产品转向另一种产品生产经营时,所要支付的成本。它包括增加新设备、产品设计、职工培训等成本。如果转换成本过大,企业不能在内部消化掉,就会形成新的进入障碍。⑤分销渠道。企业在进入一个新的行业时,要面临与以往不同的分销渠道。一个行业原有的分销渠道一般都为现有企业服务。新加入者必须通过让利、合作、广告津贴等方式让原有分销渠道接受其产品,这势必减少新加入者的利润。然而,对于进行网络产品销售的公司而言,分销渠道并不会成为进入障碍。⑥与规模无关的成本优势。现有企业常常在其他方面还具有独立于规模经济以外的成本优势。如占据市场的有利地位、专利产品技术、独有的生产经验、优越的地理位置、唯一的原材料获取途径以及政府的某些限制政策等。这也为潜在进入者设置了进入障碍。

(2) 退出障碍。退出障碍是指那些迫使投资收益低、甚至是亏损的企业仍然留在行业中从事生产经营活动的各种因素。这些因素主要包括:①固定资产的专用性程度。在特定经营业务或地理位置上,企业拥有专用性程度高的资产,若其清算价值低,或者转换成本高,则难以退出现有行业。②退出成本。企业在考虑退出某一行业时,应考虑劳动合同、重新安置等成本。如果成本过高,会提高退出障碍。③内部战略关系。企业内的经营单位之间的协同关系是企业战略的重要因素。如果其中某一经营单位退出现有行业,则会使原有的协同关系遭到破坏。④感情障碍。企业在制定退出决策时,由于员工对原有经营业务的感情或担心自身利益的损害,往往会引发部分管理者和员工的抵触情绪。⑤政府与社会的约束。政府考虑到失业问题或对地区经济的影响,有时会劝阻企业轻易退出的决策。

进入障碍和退出障碍之间具有密切的联系。把进入障碍和退出障碍联系起来进行考虑,可以对行业的获利能力进行更好的分析。从行业利润角度来看,进入障碍高与退出障碍低是获利能力最好的行业,而进入障碍低与退出障碍高则是获利能力最差的行业。具体分析如表 9-1 所示。

表 9-1 进入和退出障碍与行业获利能力的关系

退出障碍	进入障碍	
	高	低
高	高利润、高风险	低利润、高风险
低	稳定的高利润	稳定的低利润

2. 替代品

替代品是指那些与本企业产品具有相同功能或类似功能的产品。例如,电子邮件和传真替代隔夜快递,塑料容器替代玻璃容器,茶替代咖啡,平板电脑替代台式电脑,互联网和手机替代报纸等。当本行业中存在替代品时,生产替代品的企业就对本行业的现有企业形成了一定的竞争压力。当替代品投入市场后,会使企业原有产品的价格处在较低的水平,从而降低企业的利润。替代产品的价格越具有吸引力,价格限制的作用就越大,对企业构成的威胁也就越大。决定替代品压力和威胁大小的主要因素有替代品的赢利能力、替代品生产企业的经营策略、购买者的转换成本等。

3. 供应者

供应者是指企业从事生产经营活动所需要的各种资源的供应单位。供应者常常通过提高产品价格或降低质量等手段,来获取行业利润。供应者的讨价还价能力越强,现有行业的赢利空间就会越小,反之则越大。供应者讨价还价能力的大小主要取决于以下几个方面:

(1) 供应者的行业集中程度。如果由少数大企业来控制资源等的供应,供应者通常能够在价格、质量等方面对购买者施加很大的影响。

(2) 交易量的大小。如果供应者的供应量占购买者购买量的比重大,则供应者的讨价还价能力就强。

(3) 供应者供应产品的差异化程度。当供应者的产品差异性较大,购买者对产品的依赖性就强,供应者讨价还价的能力就会增强。

(4) 转换成本的大小。如果购买者转换供应者的成本大,那么转换就会很困难,供应者的讨价还价能力就会增强。

(5) 供应者的前向一体化。如果供应者实现前向一体化的可能性大,供应者便具有较强的竞争能力,购买者在购买条件上很难与之进行讨价还价。

(6) 供应者掌握信息的程度。如果供应者充分掌握了购买者的相关信息,了解购买者的转换成本,就增强了讨价还价的能力。

4. 购买者

购买者希望购买的产品物美价廉、服务周到。它们通常采取的手段有:要求压低价格,要求较高的产品质量和服务水平等。影响购买者讨价还价能力的因素主要有:

(1) 购买者的集中度。如果购买者集中于少数几个企业,而且购买的数量占供应者产量的很大比例,购买者的讨价还价能力就强。

(2) 转换成本的大小。购买者从一个企业转向其他企业购买的转换成本越小,从而对企业施加影响的能力就越大,讨价还价的能力就越强。

(3) 购买者购买产品的标准化程度。如果购买的产品标准化程度越高,购买者的选择余地就越大,则讨价还价能力越强。

(4) 购买者的后向一体化。如果购买者采用后向一体化,就会威胁作为供应者的企业,这样就会增强购买者的讨价还价能力。

(5) 购买者掌握信息的程度。购买者掌握了有关市场需求、市场价格、所购产品成本等的详尽信息,就会具有较强的讨价还价能力。

5. 行业内现有企业的竞争

行业内现有企业的竞争是指行业内各企业之间的竞争关系与程度。不同行业竞争的激烈程度是不同的,其影响因素主要有以下几个方面:

(1) 竞争企业的数量和力量对比。在行业市场容量一定的情况下,行业内的企业数量较多,且对手的力量对比差距较小时,行业内竞争的激烈程度较高。

(2) 行业发展速度。一般在行业快速成长期,市场增长率快,各企业可以充分发挥自身的资金等优势发展自己,因而企业间的竞争相对缓和。当行业发展缓慢时,企业为了寻求发展,转向在市场占有率上进行激烈的竞争。竞争引起的行业不稳定性会导致所有参与竞争的企业的利润下降。

(3) 固定成本和库存成本。在行业存在剩余生产能力时,固定成本高,就会对行业内现有企业造成巨大压力,企业宁愿降价以扩大销售也不愿使生产能力闲置,因为产出的增加可以分摊固定成本。在企业库存成本较高的情况下,企业急于销售产品,也不得不采取降价的行动,或向客户提供回扣或其他特殊折扣。例如,一些易腐烂食品的价值会随着时间的推移而迅速降低,当库存增加时,制造商经常采用降价策略迅速甩卖这类产品。

(4) 产品的差异性及转换成本。当行业中的产品具有较大的差异性时,客户的转换成本高,行业的竞争强度就较低;当产品的差异性较小时,客户的转换成本低,行业的竞争强度就较高。例如,电脑就是一种同质化商品,并且消费者从某一电脑制造商转向另一电脑制造商的转换成本非常低。因此,戴尔、联想、惠普及其他电脑制造商之间的竞争异常激烈,这些企业也一直致力于使自己的产品具有更大的差异性。

(5) 生产能力的提高。行业生产能力的大幅度提高,会打破原有的供求平衡,使产品供大于求,造成竞争加剧。

(6) 退出障碍。若退出障碍较高,过剩的生产能力不能离开本行业,此时经营不善的企业也只能经营下去,从而加剧了企业之间的竞争。

三、 企业内部条件分析

对企业的内部条件进行分析,其目的在于掌握企业目前的状况,识别与竞争对手相比的优势与劣势,为制定经营战略提供可靠的依据。企业内部条件主要包括两个方面;一是企业的资源条件;二是企业的能力状况。因此,对企业内部条件的分析,也主要从这两个方面展开。

(一) 企业资源分析

企业资源是指企业从事生产经营活动的各种要素。它既包括那些看得见、摸得着的有形资源,如企业员工、厂房、设备、资金等,又包括那些看不见、摸不着的无形资源,如专有技术、企业信誉、企业文化等。

对企业资源进行分析最常用的工具是波特提出的价值链分析法。波特认为,企业每项生产经营活动都是创造价值的经济活动，企业所有互不相同但又相互关联的生产经营活动，便构成了创造价值的一个动态过程，即价值链（如图 9-5 所示）。

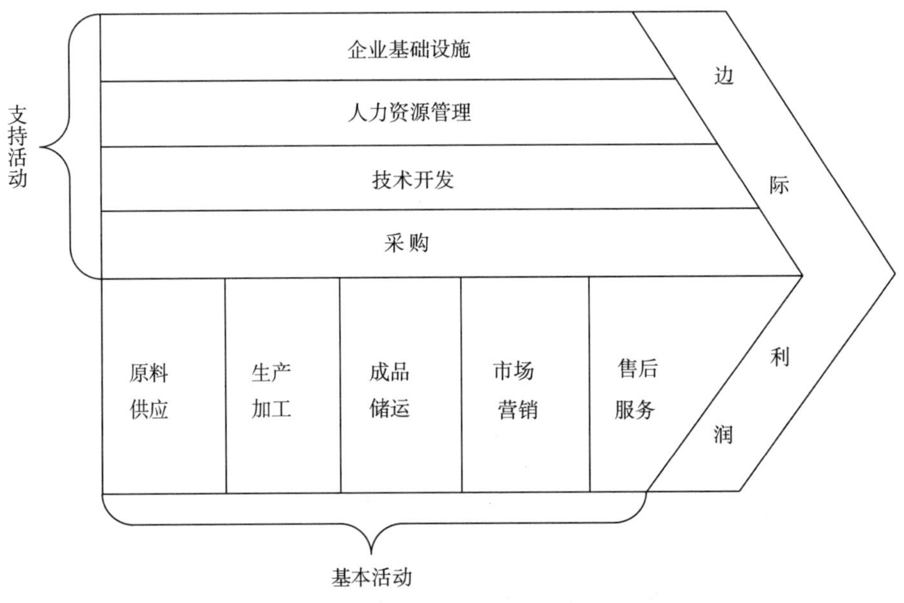

图 9-5 企业的价值链

根据波特的观点，企业价值活动可以分为两大类，即基本活动和支持活动。基本活动是实质性的生产经营活动，一般可细分为原料供应、生产加工、成品储运、市场营销和售后服务五种活动。这些活动与商品实体的加工流转直接相关，是企业的基本增值活动。支持活动是用以支持基本活动，而且内部之间又相互支持的活动，包括采购、技术开发、人力资源管理和企业基础设施等。

（二）企业能力分析

单独的一项资源并不能产生实际的能力，真正的实际能力来自将各种资源进行有效地组合。企业的能力是多种多样的，主要包括产品竞争能力、研发能力、生产能力、市场营销能力、产品获利能力等。

（1）产品竞争能力分析。即分析产品的品种、质量、成本、价格、包装等要素的水平是否符合客户的需要。

（2）研发能力分析。如果企业技术队伍素质高、技术装备程度高，开发新技术和新产品就比较容易，研发能力就比较强。

（3）生产能力分析。企业研发出适销对路的新产品，还需要有足够的生产能力保证其生产。因此，需要对企业的生产经营及其能力结构进行分析。一是对产品生产的各个工艺阶段的能力进行分析，看其是否平衡，有哪些薄弱环节；二是生产多种产品时，对各种产品的生产能力结构进行分析，看其是否合理，是否需要根据市场需求结构和提高企业经济效益的要求，进行生产能力结构的优化和调整。

（4）市场营销能力分析。一是分析企业选择销售渠道的能力，企业能够通过哪些营销渠道把产品顺利地投放市场；二是分析企业自销的能力，企业通过加强营销机构组建和扩充营销队伍，形成了多大的营销能力。

（5）产品获利能力分析。一是对产品进行盈亏分析，即每一种产品的保本产量是多少，找出其盈亏临界点；二是分析产品的资金利润率，以判断产品获利能力的强弱。

四、战略综合分析

战略综合分析，就是将企业外部环境和企业内部条件的各种因素结合起来进行的分析。企业外部环境反映了企业可利用的发展机会和存在的对企业的威胁。而企业能否把握机会，避开威胁，还需要通过与企业内部条件进行综合分析才能做出判断。企业进行战略综合分析的主要内容有以下两方面。

（一）企业外部环境存在的机会和风险分析

（1）企业外部环境存在的有利因素——机会。如国家产业政策的鼓励与支持，市场需求量的扩大，银行信贷的支持等。分析这些因素为企业的发展提供了多大的机遇。

（2）企业外部环境存在的不利因素——风险。如国家紧缩银根，限制投资规模；提高银行贷款利息率；提高税负；市场竞争剧烈；企业所需资源逐渐枯竭等。分析这些不利因素给企业的生存将会带来多大的风险。

（二）企业内部的优势和劣势分析

（1）企业的长处——优势。如企业在技术上和产品上有何优势；在管理上有哪些特色；这些优势发挥的程度有多大，以上都需要进行分析。

（2）企业的短处——劣势。如企业的劣势表现在哪些方面：是管理水平低，还是技术开发能力差？是产品质量不好，还是产品品种不对路，抑或是销售服务不到位？要分析产生劣势的原因，寻找解决问题的办法。

常用的战略综合分析的方法有 SWOT 分析法、波士顿矩阵分析法、麦肯锡矩阵分析法等。通过综合分析，可以为制订各种战略方案和做出战略决策提供科学的依据。

第三节　企业战略的类型及制定

在本章第一节中，我们已经指出，企业战略分为三个层次，即总体战略、竞争战略和职能战略。在这一节中我们对这三个层次的战略进行展开分析。

一、企业总体战略

企业的总体战略就是对企业整体的发展目标和发展方向所做出的谋划和方略。按照战略态势的不同，企业的总体战略可分为三种：发展型战略、稳定型战略和紧缩型战略。

(一) 发展型战略

发展型战略是企业充分利用外部环境的机会,充分发掘企业内部的优势,以求得企业在现有的战略基础上向更高一级目标发展的战略。常见的发展型战略主要有集约型成长战略、多元化战略、一体化战略等。

1. 集约型成长战略

集约型成长战略是指企业在原有生产范围内,充分利用在产品和市场方面的潜力来求得发展的战略。集约型成长战略源于美国战略管理专家安索夫提出的产品—市场矩阵(见表 9-2),其中市场渗透、市场开发和产品开发这三种战略合称集约型成长战略。

表 9-2　产品—市场矩阵

	现有产品	新产品
现有市场	市场渗透	产品开发
新市场	市场开发	多元化

(1) 市场渗透战略。市场渗透战略是指企业以现有产品渗透现有市场,扩大市场占有率,增加销量。在现有市场上如何扩大现有产品的销售主要取决于两个因素:产品使用人的数量和每个使用人的使用频率。因而,可以采用的经营策略主要有:维持现有客户、吸引竞争对手的客户、开发潜在的客户、增加产品的新用途、改进产品特性等。

(2) 市场开发战略。市场开发战略是指企业用现有产品去开发新市场的战略。它是发展现有产品的新客户群或新的地域市场从而扩大产品销售量的战略。当现有产品在原有市场上已无进一步渗透的余地,而新市场发展潜力大、竞争相对缓和时,企业可以实行市场开发战略。市场开发的主要途径有扩大新的市场范围、进入新的细分市场和增加新的销售渠道等。

(3) 产品开发战略。产品开发战略是指企业开发出新产品来增加企业在现有市场上的销量,以扩大市场占有率的发展战略。所谓新产品,是指与老产品在技术指标、性能、结构、用途和使用方式上具有本质不同或明显差异的产品。企业采用产品开发战略的前提条件是,企业要对原有的客户有比较透彻的了解,能够提供满足客户需要的其他产品。这种战略具有一定程度的创新开拓性,它鼓励企业积极开展研发活动,提升企业对技术进步的适应能力。

2. 多元化战略

多元化战略也称多角化、多样化战略,是指在现有业务领域基础之上增加新的产品或业务的经营战略。根据现有业务领域和新业务领域之间的关联程度,可以把多元化战略分为相关多元化和不相关多元化两种类型。

(1) 相关多元化。相关多元化是指虽然企业发展的业务具有新的特征,但它与企业的现有业务具有战略上的适应性,在技术、工艺、销售渠道、市场营销等方面具有共同的或相近的特点。例如,百度公司收购了很多业务,包括“Hao123.com”、点讯输入法、爱奇艺、番薯网、糯米网等,这些业务组合在一定程度上满足了百度公司信息搜索能力和效率之间的战略协调性。根据新老业务关联内容的不同,相关多元化又可以分为同心多元化和水平多元化两种类型。

(2) 不相关多元化。即企业通过收购兼并其他行业的业务,或者在其他行业投资,把业务领域拓展到其他行业中去,新产品、新业务与企业现有的业务、技术、市场毫无关系。这种战略是实力雄厚的大企业集团采用的一种经营战略。例如,海尔集团除生产空调、洗衣机、电视等家电产品外,还涉足医药、软件开发等领域。

多元化战略的优势主要体现在如下四个方面:一是可以增强企业的盈利能力,为股东创造价值。二是可以分散经营风险。通过投资的多样化组合使各行业的风险变动相互抵消,降低企业的非系统风险。三是获取范围经济的好处。范围经济是指由于企业经营范围的扩大而带来的经济性。其本质在于企业多项业务可以共享企业的资源。实现范围经济的主要形式为相关多元化。四是获取市场力量。市场力量是指企业对市场的控制力或影响力。多元化可以通过增强市场力量来提升企业的竞争能力,改善企业的盈利状况。

多元化战略的劣势主要体现在如下五个方面的风险:一是来自原有经营业务的风险。多元化经营会削弱原有经营的业务,造成资金方面及管理层注意力的分散。二是市场整体风险。市场经济中的广泛相互关联性使因企业多元化经营的资源分散而加大了风险。三是行业进入风险。企业进入新行业之后必须不断地注入后续资源,学习行业知识并培养自己的员工队伍,塑造企业品牌。四是行业退出风险。深陷一个错误的投资项目无法全身而退,很可能导致全军覆没。五是内部经营整合风险。新投资的业务会通过人流、物流、资金流给企业带来全面的影响,同时对企业的管理机制提出不同的要求。

3. 一体化战略

一体化战略是指企业充分利用自己在产品、技术、市场上的优势,使其经营业务向纵向和横向发展的战略。一体化战略主要有纵向一体化和横向一体化两种类型。

(1) 纵向一体化。也称垂直一体化,是指企业的活动范围沿着价值链向前或向后延伸。其中,向供应源方向的延伸叫后向一体化。向靠近最终用户方向的延伸叫前向一体化。例如,钢铁公司开采矿山,购置炼焦设施,就是后向一体化;又如,西班牙快时尚巨头Zara在全球拥有超过2 200家零售店来销售自己的产品,这就是前向一体化。

(2) 横向一体化。也称水平一体化,是指与处于相同行业、生产同类产品或工艺相近的企业实现联合,其实质是资本在同一行业和部门内的集中,目的是扩大生产经营规模,降低产品成本,巩固市场地位。例如,蔻驰公司(Coach)以24亿美元的价格收购了凯特丝蓓公司(Kate Spade),从而将Coach和Kate Spade这两个同样针对年轻消费群体的纽约国际化品牌连在了一起,让Coach在轻奢品市场进一步站稳了脚跟。近年来,横向一体化可见于多数行业中,包括金融服务业、消费品行业、航空行业、零售百货业和软件行业等。

实现一体化战略,能带来多方面的战略利益。它有利于企业的技术开发;有利于企业进入高回报行业;提升产品差异化的能力;确保企业的供给和需求;可以实现范围经济,降低经营成本;提高进入障碍;为企业带来较大的经济利益等。

(二)稳定型战略

稳定型战略是指受经营环境和内部条件的约束,企业在战略规划期内所期望达到的经营状况基本保持在战略起点的范围内和水平上的战略。它是对产品、市场等方面采取以守为攻、以安全经营为宗旨、不冒较大风险的一种战略。

稳定型战略主要有两种类型:一是无增长战略,即企业的各项工作都按照原有经营方针进行,各项经营指标均保持在原有水平,使企业的战略地位保持不变;二是微增长战略,即企业在保持稳定的基础上略有增长和发展。

稳定型战略的经营风险相对较小,对于那些处于需求平稳上升的行业和稳定环境中的企业来说,是一种有效的战略。稳定型战略的优点主要表现在:企业可以充分利用原有的产品和市场领域中的各种资源,避免开发新产品和新市场的巨大资金投入与开发失败的巨大风险;能够保持战略的连续性,避免因改变战略而重新分配资源的成本;可以保持人员安排上的相对稳定,减少人员调整、安置所造成的各种矛盾及招聘、培训等费用;能较容易地保持企业经营规模和经营资源、能力的平衡协调,防止发展过快、过急而导致的重大损失等。

但是,稳定型战略也蕴含着一定的风险。如果企业因对外部环境判断失误而采用了这种战略,就很可能会错过良好的发展机遇,被竞争者超越或拉大距离;稳定型战略容易使企业的风险意识减弱,甚至形成惧怕风险、回避风险的企业文化,大大降低企业对风险的敏感性和适应性,也会导致管理者染上墨守成规、不求变革的惰性。因此,稳定型战略只能是企业在一定的内外条件约束下,在一定时期内实施的阶段性战略,而不能作为企业的长远选择。

(三)紧缩型战略

紧缩型战略是指企业从目前的战略经营领域和基础水平收缩和撤退,且偏离战略起点较大的一种经营战略。它是企业对没有发展前景或前景渺茫的业务单位所采用的战略,如放弃某些市场和某些产品线,削减各项费用支出等。企业采用紧缩型战略的基本原因是企业现有的经营状况、资源条件不能适应外部环境的变化,难以为企业带来较好的收益,以致威胁企业的生存,阻碍企业的发展。只有采取紧缩的措施,才能抵御对手的进攻,避开环境的威胁,保存企业的实力,抓住外部环境中有利的机会重新组合资源,进入新的经营领域,实现企业的长远发展。

根据紧缩的方式和程度不同,紧缩型战略可以分为以下四种类型。

1. 转变战略

转变战略是企业经营由危机状况转变为正常状态的战略,其重点是改善经济效益。对企业经营不善、财务状况欠佳,而又值得挽救的业务单位,企业可以实施转变战略。转变战略包括三个阶段:

(1)收缩阶段,主要是削减人员和各项费用的支出;

(2)巩固阶段,即制定规划,扭转企业亏损局面,进一步巩固收缩阶段的成果;

(3)重建阶段,如果收缩和巩固两个阶段收到成效,就可以进入重建阶段。在这个阶段,企业经营活动走上正轨,经营业务范围逐步扩大。

2. 收获战略

收获战略是指企业在退出某项业务领域前尽可能多地从该项业务上获取收益。可以采取的方法有:削减或取消新投资,减少设备的维修,减少产品型号,缩减销售渠道,减少价格折扣,在交货时间、售后服务等方面降低水准等。

3. 放弃战略

放弃战略就是企业将其下属的某个战略经营单位(如分公司)、某个生产部门转让、出卖或停止经营。当转变战略无效时,企业可以考虑实施放弃战略。放弃战略的目的是收回资金,集中资源,加强其他部门的经营实力,改善企业的经营管理,抓住更大的发展机会。

4. 清算战略

清算战略是指企业受到全面威胁、濒于破产时,将企业的资产转让、出卖或停止整个企业的运行,结束企业的生命。清算时出售的基本上是企业的有形资产,不包括其相应的无形资产价值。清算是所有战略中企业最不期望的一种选择,只有在其他战略都失败时才考虑采用。

二、 竞争战略

竞争战略考虑的是在企业生产经营活动所在行业与市场中所运用的战略。企业选择竞争战略,是为了在所竞争的行业与市场中形成竞争优势,以获得超过竞争对手的利润率。在这里,我们重点分析基本竞争战略。

基本竞争战略,又称一般竞争战略或通用竞争战略,是指无论在什么行业或什么企业都可以采用的竞争性战略。波特在其著作《竞争战略》中提出了三种基本竞争战略,即成本领先战略、差异化战略和集中战略。他认为,企业要获得竞争优势,一般有两条途径:一是在行业中成为成本最低的生产者;二是在企业的产品和服务上形成与众不同的特色。企业可以在或宽或窄的经营目标内使用这两种战略。

(一) 成本领先战略

成本领先战略是指企业通过在内部加强成本控制,使企业的全部成本低于竞争对手的成本,从而获得竞争优势的一种战略。企业要实现成本优势这一目标主要有两个途径:一是比竞争对手更有效地开展内部价值链管理活动,提高运营效率,以降低成本;二是改造企业的价值链,省略或跨越一些高成本的价值链活动,从而降低成本。具体来说就是,简化产品,改进设计,节约原材料,降低管理费用,减少研发、推销、广告等方面的开支等。

1. 成本领先战略的优势和风险

成本领先战略是运用非常普遍的一种战略。处于成本领先地位的企业面对强大的竞争力量能获取高于产业平均水平的利润。采用成本领先战略的优势主要体现在:

(1) 保持领先的竞争地位。由于总成本低,企业可以以比竞争对手更低的价格提供相同或更高价值的产品或服务,与竞争对手争夺客户,扩大市场份额,保持竞争优势。

（2）增强讨价还价的能力。一方面，低成本能够为企业提供部分的利润保护；另一方面，低成本可以降低原材料投入等变化带来的影响，增强企业与供应者的讨价还价能力，更好地消化供应者的提价或迫使其维持原价。

（3）形成进入障碍。低成本企业可以利用大规模的生产和成本优势，为行业的潜在进入者设置较高的进入障碍。在新进入者获得成本领先者实现高效的经验之前，必须接受低于平均水平的利润。因此，那些在生产技术上没有经验或缺乏规模经济的企业均很难进入此行业。

（4）降低替代品的威胁。企业的成本低，可以利用其低价格的产品或服务来吸引客户，降低替代品的威胁，以保持有利的竞争地位。

采用成本领先战略虽然有较多优势，但是也存在很大风险。主要表现在：降价过度可能引起利润率降低；竞争对手开发出更低成本的生产方法和分销流程，使得企业原有的优势转变为劣势；丧失对市场变化的预见能力；生产技术的变化会降低企业资源的效用；容易受到外部环境的影响等。

2. 成本领先战略的实施条件

实施成本领先战略需要具备如下两个先决条件：

（1）外部条件。主要包括：整个行业进入成熟期，产品的性能、结构都已标准化，对客户来说有价值的差异化因素不多；现有企业之间的价格竞争非常激烈；品牌之间的差异对购买者不重要，价格成为关注的焦点；产品的价格弹性大；客户的转换成本低，客户有很大的购买灵活性。

（2）企业内部条件。主要包括持续的资本投资，高效的运营，领先的研发和制造的能力，低成本的分销系统，合理的组织结构，严格的成本控制，详尽的控制报告，优质的售后服务等。

（二）差异化战略

差异化战略是指企业提供与众不同的产品和服务，满足客户的特殊需求，并在此基础上形成竞争优势的战略。这种战略的核心是取得某种对客户有价值的独特性，而不是产品和服务的成本。企业要突出自己产品与竞争对手的差异化特征，可以从多个方面着手，如极高的品质、出色的产品设计和功能、快速的产品创新、领先的技术、良好的品牌形象、与众不同的外观特点、优质的售后服务、稳定的经销网络等。

1. 差异化战略的优势及风险

实施差异化战略，可以很好地防御行业中的五种竞争力量，获得超过行业平均水平的利润。具体来说，差异化战略的优势主要表现在：

（1）形成进入障碍。由于差异化提高了客户对企业的忠诚度，潜在进入者如果要参与竞争，就需要克服这种产品的独特性，同时投入大量的资源，还要保持寻求客户忠诚度的极大耐心，这就增加了潜在进入者进入该行业的难度。

（2）避开行业内竞争。差异化可以培养客户对该产品或服务的忠诚度，降低客户对价格上升的敏感度。企业可通过采用产品差异化的战略，在行业的竞争中形成一个隔离带，避免与竞争对手发生正面冲突。

（3）增强企业对供应者的讨价还价能力。差异化战略可以使企业利润增加，为企业带来较高的边际收益，以此弥补原材料的高成本，增强企业与供应者讨价还价的主动性和灵活性。另外，由于客户对价格不敏感，企业可以通过提高这些特有产品的价格，把供应者的额外成本转嫁给最终客户。

（4）削弱购买者的讨价还价能力。企业通过实施差异化战略，使得购买者缺乏与之具有可比性的产品选择，降低购买者对价格的敏感度。此外，由于产品差异化使购买者具有较高的转换成本，从而对企业形成一定的依赖性。

（5）防止替代品的威胁。企业的产品或服务具有特色，能够取得客户的信赖，增强客户对品牌的忠诚度，可以在与替代品的较量中处于更有利的地位。

企业在实施差异化战略时，可能会面临三种主要的风险：一是企业未能形成适当的差异化，如企业提供产品的差异化特征超出目标客户群的需求，导致竞争对手提供的性价比更高的产品能更好地迎合客户的需求。二是在竞争对手的模仿和进攻下，行业的条件发生变化时，企业不能保持差异化。企业在保持差异化上普遍存在如下几种威胁：差异化的溢价过高；企业提供的差异化不被市场认可；企业的差异化被模仿；技术突破削弱了差异化的效果；只重视产品差异化，而忽视对整个价值链的培养。三是不断重复的体验可能会降低客户对差异化特征的价值的认同感，这就要求企业不断创新，升级被客户认可的差异化特征。

2. 差异化战略的实施条件

实施差异化战略的外部条件有：客户对产品或服务的需求多种多样；采用类似差异化途径的竞争对手很少；技术变革很快，市场上的竞争主要集中在不断地推出新的产品特色；可以有很多途径创造企业与竞争对手产品之间的差异，而且这种差异被客户认为是有价值的。

除上述外部条件外，企业实施差异化战略，还需要具备相应的内部条件：具有很强的研发能力，研究人员要有创造性的眼光；具备快速应对客户需求变化的灵活系统；生产工艺能满足独特性产品的加工要求；企业具有产品质量或技术领先的声望；具有强大的市场营销能力，各种销售渠道通力合作；产品研发、生产制造、市场营销等职能部门之间具有很强的协调性等。

（三）集中战略

集中战略是指企业经营活动的重点集中放在一个特定的目标市场上，为特定的地区或特定的购买者集团提供特殊的产品或服务。集中战略与前述两个基本竞争战略不同。成本领先战略和差异化战略面向全行业，在整个行业的范围内进行活动，而集中战略则是围绕一个特定的目标市场进行生产经营活动，要求能够比竞争对手提供更加有效的服务。集中战略一般有两种变化形式：一种是低成本集中，另一种是差异化集中。实行低成本集中时，企业在所处目标市场中寻求低成本优势；实行差异化集中时，企业则寻求在目标市场中的独特差异化。

1. 集中战略的优势与风险

同其他两种基本竞争战略一样，集中战略也可以防御行业中的五种竞争力量，使企业获得高于本行业一般水平的收益。主要表现在:集中战略便于集中使用企业的各种资源,更好地服务某一特定的目标市场;企业可以更好地有针对性地调研与产品有关的技术、市场、客户及竞争对手等方面的情况;战略目标集中明确,战略过程易于控制。

根据中小企业在规模、资源等方面的特点,集中战略可以说是对中小企业最适宜的战略。但集中战略在运用中也存在相当大的风险:由于企业生产力量都投入到某一特定的目标市场,当客户偏好发生变化、技术出现革新或有新的替代品出现时,企业就会受到很大冲击;竞争对手打入企业选定的目标市场,并且采取优于企业的更集中的战略;产品销量可能变小,产品要求不断更新,造成生产费用的增加,使得采取集中战略的企业成本优势受到削弱。

2. 集中战略的实施条件

企业采用集中战略应具备的条件主要有:购买者群体之间在需求上存在差异;在相同的目标市场中,其他竞争对手不打算实行集中战略;企业的目标市场在市场需求量、获利能力、成长速度等方面具有一定的吸引力;企业的资源实力有限,不允许其追求更大的目标市场。

三、 职能战略

职能战略是在总体战略和竞争战略的统率下,由企业各个职能部门制定的战略,如市场营销战略、研究与开发战略、生产战略、人力资源开发战略、财务战略等。职能战略在整个战略管理过程中起着非常重要的作用。制定职能战略可使总体战略和竞争战略具体化,将战略目标和任务落到实处。

职能战略具有以下特点:

(1) 从属性。职能战略是为总体战略和竞争战略服务的,它规定了企业某一领域的努力方向,服从于企业发展的总方向。

(2) 单一性。它是从企业的某一职能部门或某一生产经营环节的需要出发制定的战略,如价格战略、组织战略等。

(3) 针对性。它是针对企业某一优势或解决企业某一薄弱环节、某一经营问题而制定的,因而具有较强的针对性。

职能战略是按不同的专业职能划分的,它包括很多类型。下面我们简要分析主要的若干职能战略,具体内容在各专业管理中详细分析。

(一) 市场营销战略

市场营销战略是指为实施企业总体战略,而对企业通过营销手段的组合,进入、占领和扩大市场所做出的长远性谋划与方略。市场营销战略是企业重要的职能战略,有效的市场营销战略是企业成功的基础。

市场营销战略包括市场细分战略、市场选择战略、市场进入战略及市场营销竞争战略。

（二）研究与开发战略

研究与开发战略是企业不可缺少的职能战略。在技术竞争、产品竞争、市场竞争和人才竞争的外部环境中，企业必须配合市场营销等活动制定研究与开发战略，以保持企业在技术上的领先地位，实现长期发展的总体战略。制定研究与开发战略，有利于促进企业科技进步，加快产品的更新换代；有利于保持企业竞争优势，增强市场竞争能力；有利于企业降低成本，提高经济效益。

研究与开发包括科学技术基础研究和应用研究，以及新产品、新工艺的设计和开发。对于企业来讲，研究与开发涉及市场、技术、产品、生产、组织等多方面，其中主要是技术、产品和生产方面的研究与开发。

（1）技术研究与开发战略。技术研究与开发战略规定企业开发和应用技术的途径。由于技术进步对产品竞争结构和企业竞争能力的影响很大，因此，技术研究与开发战略成为企业战略中很重要的一个组成部分。它需要解决的主要问题有：研究开发什么技术；是否要在研究与开发的技术中追求领先地位；什么时候和怎样进行技术转让等。

（2）产品研究与开发战略。产品研究与开发是指企业运用新原理、新技术对产品进行改革和创新，以满足社会和市场新的需求而进行的一系列开发活动。产品研究与开发涉及开发有新用途的新产品，改进现有产品的性能和本质，改善产品的包装、装潢等。

（3）生产研究与开发战略。生产研究与开发是指设计新产品的生产工艺系统，改善现有产品的生产系统，设计污染防治和处理技术，提高能源的使用效率及废物的再利用等。

（三）生产战略

生产战略是指依据企业总体战略的要求，为适应市场环境变化，取得竞争优势而对产品的生产模式所进行的长远性的谋划与方略。

生产战略在企业战略中占据着重要地位。企业总体战略及企业其他职能战略的实施，必须建立在生产战略正确实施的基础之上。这是因为生产活动是企业创造物质财富、为社会提供物质产品的最基本的活动，是企业生产经营活动的基础。只有在正确的生产战略指导下，为市场提供适销对路的产品，才能为企业各项活动及各类战略的实施奠定可靠的物质基础。离开了生产战略，其他任何战略的实施将成为无源之水、无本之木。

生产战略有多种类型。按生产类型可将生产战略分为大批量生产战略、中批量生产战略和单件小批量生产战略。按接受用户订货的方式可将生产战略分为存货生产战略和订货生产战略；按其内容可将生产战略分为生产能力战略和生产质量战略等。

（四）人力资源战略

人力资源战略是指根据企业总体战略的要求，为适应企业生存和发展的需要，对企业人力资源进行开发，提高员工队伍的整体素质，从中发现和培养大批优秀人才而进行的长远性的谋划和方略。人力资源是企业最重要的经营资源，正确地制定和选择人力资源战略，努力开发人力资源，充分发挥各类人才资源的积极作用，是企业长期稳定发展的关键。

人力资源战略是为实现企业总体战略服务的，因此人力资源战略目标的确定应符合企业总体战略的要求。人力资源战略要实现的目标主要包括：

(1)根据企业中长期发展规划的要求,保证其对人力资源总量的需要。

(2)优化人力资源结构,形成合理的人才结构,满足企业对各层次、各专业人才的需要。

(3)提高员工队伍的整体素质,发挥人力资源的整体效能。

(4)促进劳动者成才,发挥员工的积极性、主动性和创造性,为企业发展做出贡献。为实现上述目标,可以把企业人力资源战略分为人力资源开发战略、人才结构优化战略和人才使用战略。

(五)财务战略

财务战略是指根据总体战略、竞争战略和其他职能战略的要求,对企业资金进行筹集、运用、分配以取得最大经济效益的方略。财务战略的基本目的,就是在企业内外部条件的制约下,有效地利用企业资金,实现企业战略计划所规定的战略目标。合理的财务战略可以为企业资金的有效运动提供保证,为取得良好的经济效益奠定基础。

本章小结

财务战略主要包括资金筹集战略、资金投资战略和利润分配战略等。

思考题

1. 企业战略包括哪几个层次?分析各层次之间的关系?
2. 行业环境的五种基本竞争力量是什么?
3. 分析影响行业进入障碍的主要因素。
4. 简述价值链分析的主要内容。

案例讨论

第十章　研究与开发管理

【学习目标】

1. 理解研究与开发管理的含义。
2. 熟知研究与开发管理的基本任务。
3. 学会确定研究与开发战略制定的基本原则。
4. 能够制定组织的产品开发战略、集成的产品开发流程。
5. 把握科研课题管理的基本程序、研发成果管理、专利管理等。
6. 掌握研究与开发的协调与控制的内容。

【基本概念】

研究与开发　产品开发战略　集成的产品开发流程　科研课题管理　专利

案例讨论

第一节　研究与开发的职能

一、研究与开发的含义

研究与开发(Research and Development, R&D)是国际上通用的科学技术领域的术语。人们对研究与开发概念的表述尚未统一。联合国教科文组织对研究与开发的定义是:为增加知识总量(包括人类、文化和社会方面的知识)并运用这些知识去创造新的应用而进行的系统的创造性工作。国际合作与发展组织的定义是:一种系统的创造性工作,其目的在于丰富有关人类文化和社会的知识宝库,并利用这些知识去进行新的发明。由此可见,虽然表述用语不同,但基本意思是一致的。研究与开发一般由三部分组成,即基础研究、应用研究和试验开发。

现代化大生产是具有高度科学性和技术性的有组织的活动,即使是生产过程本身也无处不体现着科学技术的应用。为了适应经济全球化和科技进步加速的国际环境,为了使科学研究更好地与生产结合,实现技术和经济的一体化发展,必须把研究与开发提高到战略高度来认识。为了组织协调好企业的生产经营活动,解决生产发展中的实际问题,必须加强研究与开发工作的管理,为经济发展和社会进步注入强大的动力。

二、 企业研究与开发管理的基本任务

企业研究与开发管理的基本任务包括两方面:一是致力于促进企业科研开发能力和生产技术水平的提高,推动企业的技术进步;二是合理有效地进行组织管理,使科研、技术力量形成最佳组合,保证生产技术工作的正常进行,为提高企业的经济效益和发展经济服务。其任务的具体内容包括以下八个方面:

1. 创建企业创新体系

自主创新是企业运用自身的资源与能力来开发新的产品或服务的实践。即以自身的研究与开发为基础,通过自身的努力和研究产生技术突破,实现科技的商品化、产业化和国际化,以此获取商业利益的创新活动。自主创新属于全新的、突破性的重大技术创新。构建以企业为主体、市场为导向、产学研相结合的技术创新体系是时代的要求,也是竞争的要求。这一体系的建立可以形成一系列的优势:第一,以推动科技自主创新为中心,努力实现科技发展思路的重大转变;第二,有利于创新主体在一定时期内掌握和控制某项产品或工艺的核心技术,在一定程度上影响行业的发展,从而赢得竞争优势;第三,大部分技术领域的自主创新往往能带来一系列的技术突破,促使一批新产品的诞生,推动新兴产业的发展;第四,有利于创新企业积累生产技术和管理经验,获得产品成本和质量控制方面的经验;第五,自主创新产品在初期都处于完全独占性垄断地位,有利于企业较早地建立原料供应网络和牢固的销售渠道,获得超额利润。然而,与高收益相伴的是自主创新所具有的高风险性及高投入性。能否产生技术突破、何时产生技术突破、何时及如何将新技术商业化等都是企业难以预料的,这就使企业面临着极大的风险,而且在自主创新中,这种风险是由单个企业承担的,所以自主创新中的财务风险、技术风险及市场风险较高。

2. 制订科研规划和计划,设计研究与开发管理制度

企业的研究与开发管理应根据国家当前的经济政策和科技发展政策,把握国内外科技发展的特点和趋势,结合本企业实际,为决策者提供长期科技发展方向和技术方针的决策咨询。在目标和任务确定之后,结合目标和任务为企业制订研究与开发发展的战略规划和短期计划。在短期计划中,对战略计划进行分解落实,做出具体的战术计划和进度安排。此外,要合理安排企业的资源、劳动力、信息和时间等要素,建立、健全各项技术日常管理制度(如技术标准、技术责任制度、内部审核制度等)和各项研究与开发管理制度(如管理标准、工作标准、科研机构的经济核算制度、成果奖励制度等)。

3. 维护正常的生产技术工作秩序,保证企业生产的顺利进行

企业的生产技术工作是围绕产品生产进行的。研究与开发管理要做好生产技术准备工作,提供先进的技术装备并解决生产过程中的各种技术问题。要保持技术结构合理化,使生产的各环节、各阶段和各层次之间,在时间和空间、纵向和横向关系上紧密衔接和协调,保持各生产力要素之间在数量和质量上的动态比例关系。只有做好以上两个方面的工作,形成稳定的生产技术工作秩序,才能保证生产的顺利进行。

4. 选拔科技人才，搞好技术培训

在保持一定能级结构的前提下，对引进人才及每项科研任务人员的选拔工作，应当引入竞争机制，实行优胜劣汰机制；对入选的科研人员进行合理分工、量才使用，从而充分发挥每个人的积极性和潜能。同时，有计划地对科研人员和技术工人分层次地进行教育培训，使科研人员不断补充新知识，以适应科技的发展；使技术工人掌握设备、装置的结构性能，熟悉工艺流程和质量标准，自觉按照设计使用。

5. 为研究与开发提供必要的物质条件

企业的研究与开发管理要提供并合理地分配物资、经费、装备和场地等物质条件，提高资源的利用率或效率。

6. 开展科技信息研究，提供有关的科研资料和市场信息

跟踪国内外技术发展的动态，把市场需要与企业产品的更新换代紧密结合起来，采取多渠道、多层次、多种手段获取信息，对信息进行加工、综合分析，为新技术、新产品开发提供及时、准确的信息和资料；广泛开展学术交流活动；建立管理信息系统，提高企业的管理现代化水平。

7. 组织科技成果的鉴定和推广

每项科技成果的成功都来之不易，但只有在充分发挥其作用时，才能体现出它的价值——使潜在的生产力转化为直接的生产力。因此，要加紧对科技成果的鉴定，并将科技成果与专利管理工作密切配合，使科技成果顺利地投入生产应用，向更大范围推广。

8. 对接国际标准，建立质量体系

为与国际市场接轨，获取质量管理和质量保证的国内外认证，有必要按照 ISO 9000 国际标准建立并完善高效、精干、有质量保证能力的质量体系。其建立的程序包括：做好组织上的准备，对本企业的质量体系现状进行分析；编制、发布并实施体系文件等，实现文件化管理。

三、 企业研究与开发管理的主要内容

企业研究与开发管理的主要内容一般涉及以下几个方面：

（1）选择和确定科研课题，制订科研计划。即在对市场需求、发展趋势及条件进行认真调查研究的情况下搜集有关情报、资料，并且结合企业的基本状况，进行科研课题的选择和确定、编制科研计划和科研经费预算。这里需要对企业的研究与开发指标做系统地整理、研究和设计。这些指标要能够对以下因素进行分析和评价：企业研发各投入和产出要素的总量、结构、水平、利用效率，企业研发的效果，企业研发实力等。

（2）研发资源与条件的管理。对研发课题、研发条件、情报、相关合同、合作交流、运作过程、经费使用等进行管理。

（3）研发组织管理。进行研发机构的配置、研发人员的使用和培训管理。

（4）研发成果管理。对研发成果的鉴定、推广应用、奖励及转让等进行管理。

随着市场经济的深入发展,市场竞争的日趋激烈以及研究与开发工作的日趋重要,企业必须加大对研究与开发的投入力度,以充分发挥其作用。

第二节　研究与开发战略

一、研究与开发战略的性质和特点

研究与开发战略是关于科学技术全局的重大谋划。各个国家、地区和企业,凡涉及研究与开发领域这种全局性问题的研究都属于研究与开发战略研究的范畴。企业研究与开发战略是一种以企业科技发展全局为谋划对象的跨学科、综合性研究与谋划。研究与开发战略的性质和特点如下:

1. 全局性

全局性是指事物的整体及发展全过程。研究与开发战略是指为发展技术所进行的带有全局性或决定全局的重大谋划。因此,在研究、制定、论证、执行、检验研究与开发战略时,必须考虑它的全局性。如果离开全局性这一性质和特点,就不可能有研究与开发战略研究的存在。而且,这种全局性既受企业总体发展战略的制约,又作用于企业总体发展战略。

2. 主导性

战略有总体发展战略和部门发展战略之分。作为部门发展战略的研究与开发战略,一方面与其他各个部门发展战略并列;另一方面又不是一般的部门发展战略,而是一种极为重要的、起着主导作用的部门发展战略。这是由科学技术在企业发展中的地位和作用决定的,尤其是现代科学技术的发展对形成企业核心竞争力、参与市场竞争、推动组织变革与企业文化建设、开展员工教育和培训具有深刻的决定性影响。它不仅改变着整个企业的面貌,而且影响着企业的命运和前途。因此,研究与开发战略的制定,主导着企业各个部门发展战略的制定。

3. 稳定性

任何一种研究与开发战略都是对一定时期科学技术全局的谋划,因此,某时期的研究与开发战略一经确定就具有相对的稳定性。只要形成这一时期研究与开发战略的各种主要条件没有发生根本变化,那么,这一时期的研究与开发战略在主要内容上也不会发生重大变化。这与科技发展策略不同,策略是为完成一定时期的战略任务,根据形势变化而采取的具体手段,它在一定时期的战略原则允许的范围内将随着情况的变化而变化,具有较大的灵活性。

4. 制约性与风险性

科学技术的发展除遵循自身的发展规律外,其具体发展方向、规模、速度要受企业各种条件的制约。特别是环境的不确定性、企业制度因素和企业发展水平或所处阶段,对于形成研究与开发战略思想,确立研究与开发战略目标和任务,选择研究与开发战略重点,采取研究与开发战略措施、步骤和途径,进行研究与开发战略决策和转移等,往往起着极为重要的作用。此外,研究与开发新产品又面临着很大的风险。在所有的研究与开发项目中,能否生产出适销的产品,推向市场的产品能否达到预期的利润目标,都是不确定的,存在较高的失败率。

此外,由于研究与开发战略是人们出于一定目的而有意识地制定,并且积极主动地加以实现,因此它又具有自觉活动的性质和特点。

二、 制定研究与开发战略的基本原则

原则是指人们观察和处理问题的准则。制定研究与开发战略的基本原则如下:

1. 大系统、大科学原则

制定研究与开发战略的目的就在于通过对全局的谋划,制定牵动全局的对策以促进科学技术、经济与社会的协调发展。因此,它必须以科学的认识为基础,失去了科学性的要求也就失去了制定研究与开发战略的真谛。现代科学技术高度综合的现状早已突破了传统的自然科学和社会科学的划分,正在迅速成长为有机的大系统。而对大系统运动规律的认识,如果没有科学工作者的全方位密切配合,尤其是科技工作者的艰苦努力是难以完成的。同时,由于科技、经济和社会的快速发展,其复杂程度仅依靠一两门学科或少数科学家是很难解决的。因此,仅凭自然科学不行,仅凭社会科学也不行,必须借助现代科学技术、经济和社会的一体化发展,才可能为制定研究与开发战略的科学性提供必要的保证条件。

大系统、大科学原则是尊重科学、按科学规律办事这一普遍适用的基本原则在研究与开发战略制定活动中的具体化。历史事实证明,不尊重科学、不按科学规律办事的人,终究要受到历史的惩罚。大系统、大科学原则要求我们在热情而又积极的工作过程中,保持一个以科学理论为指导的清醒头脑,要有一种长远的眼光,才能使发展战略从经验水平上升到大系统、大科学水平。

2. 目的性原则

目的性是一切有意识活动的特征。一切有现实意义的战略都必须以明确的目的为前提,不存在没有追求目标的战略。制定明确的研究与开发战略就是在现代科学技术、经济和社会发展形势下探寻科学技术、经济、社会协调发展的机制,以及找出衔接现实与理论的途径和措施。研究与开发战略中的目的应体现在一个目标体系之中,再按系统的实际联系进行逐层分解,直到具体化的要求为止。目标分解是解决大系统问题的必经之路。例如,载人航天系统的总目标是载人进入太空,据此派生出载人航天器、运载器,航天器发射场和回收设施,航天测控网及其他地面服务保障系统等针对不同系统、不同方面的目标要求,经过反复地分解协调,并由此进行设计、制造和试验,最终达到载人进入太空的总目标。

目标是客观条件和主观愿望结合的纽带,它关系到决策的全过程,若目标不明确或目标的评价标准不一致,不但达不到目标,甚至会造成失误。同时,研究与开发战略是一

个多因素、多目标决策参考系统的基准坐标系统，因此，正确地选择战略目标并科学地分解目标应视为制定研究与开发战略的重要问题。

3. 系统性原则

系统学科群的出现和演化已经成为时代的主要特征之一。系统方法是现代科学方法论体系的总称。所谓系统性原则，就是现代系统方法论发展过程中所提出的一系列基本原则所组成的思维和行动的准则体系。这里的系统性原则同前面的大系统原则的侧重点是完全不同的。制定研究与开发战略时必须将系统性原则贯穿始终。具体到企业的研究与开发，则要贯彻“一个中心、两个结合、三个提高”的系统性原则。

（1）企业在研究与开发中必须坚持“一个中心”。即以提升企业技术研究开发能力、高新技术成果转化能力和竞争力及提高企业经济效益为中心，在技术研究与开发中突出技术创新的指导思想，强调以市场为导向、以效益为中心，而不是以成果为导向、以水平为中心。也就是说，首先从市场和销售开始，根据市场需求和客户可以接受的价格，反过来决定采取何种工艺、需要什么技术，并把上述各个环节作为系统工程来抓，而不是就技术论技术；强调已有科技成果的综合集成，并以产品为龙头带动生产要素的优化配置，最终形成规模生产能力，并获得商业利益和良好的社会效益，而不仅仅是追求单项科技成果的开发和应用。技术中心的效益体现在整个企业经济效益和市场竞争力的提升上。

（2）技术研究与开发中必须坚持“两个结合”。第一个“结合”是大力开展产学研合作。目前，多数企业在技术研究与开发上都开展了产学研合作。合作的形式多种多样：一是将高等院校和科研院所的科研成果拿到企业共同进行试验或工程化、产业化研究，加速科技成果的转化；二是由企业根据市场需求提出目标，然后进行合作研究；三是企业将部分偏基础性的课题委托给高校或科研院所来做，有的单位出资在高校建立科研机构；四是共建技术中心；五是吸引企业外的科技力量以课题组、研究室等形式进入企业，成为企业技术研究与开发的重要组成部分。第二个“结合”是引进智力和利用国外的科技力量。有实力的企业都在这方面做了大量有效的工作。有些企业将技术研究与开发的分部建到海外，也取得了较好的成效。

（3）研究与开发中要努力做到三个“提高”。一是提高现有研发水平，即要有高水平的研发课题。技术研究与开发要重视吸收国内外科技成果和引进技术的消化、吸收和创新，提高技术开发的起点，开发适销对路或有较大潜在市场需求的高附加值产品，并在增加超前研究开发课题的比例方面有较大的进展。以前技术开发力量和企业实力都较强的企业，多数也只能考虑未来2—5年的产品和技术。现在，时代要求我们的企业能开发10—20年后的技术。二是提高人才素质，即积极创造条件吸引、培养和造就高水平的科技人才。企业技术研究与开发部门要在工作条件和生活条件等方面采取一定的措施，使企业技术研究与开发的各类专家人数明显增加。企业可将本企业的科技骨干送出去攻读硕士、博士学位，并在工作中给年轻人压担子，促使他们尽快成长，建立有利于科技人才脱颖而出的机制。三是提高经费投入的力度。这是前两个“提高”的重要保证。

三、研究与开发战略的任务

研究与开发战略的主要任务可概括为以下五个方面。

1. 明确研究与开发战略的地位和作用

现代科学技术已经成为现代经济、社会发展的一种重要的战略资源。发达国家无一不使科学技术与经济、社会之间形成一个良性循环，无论是在法律上还是在政策上都积极推动科学技术尽快转化为生产力。要想迅速发展科学技术，必须从总体上研究科学技术在经济、社会发展中的重要地位和作用；分析科学技术发展的经济背景、社会背景以及经济、社会发展对科学技术的需求；探讨科学技术与经济、社会三者之间的内在联系和协调发展机制，以此作为制定研究与开发战略的理论依据。

2. 研究与开发总体目标和主攻方向的确定以及重点领域和项目的选择

现代科学技术门类繁多，纵横交错，相互交叉，相互渗透，形成了极其复杂的、多层次的学科体系。任何地区、任何企业为了发展自己的科学技术，首先必须确定总体目标和主攻方向，选择重点领域和项目。只有从全局高度把握科学技术发展的趋势以及世界科学技术与经济、社会协调发展的动机，并深入细致地研究本地、本企业的实际情况，充分考虑经济、社会发展的需要，认真分析企业科学技术发展的基础和条件，才能正确地树立企业研究与开发的总体目标和主攻方向，恰当地选择研究与开发的重点领域和项目。

3. 研究与开发管理的基本原则和方法的战略研究

现代社会发展表明，现代化的科技管理与先进的科学技术具有同等的重要性，是促进经济高速增长的一双“翅膀”，缺一不可。科学成就和技术进步是通过管理工作转化为生产力的。因此，必须从全局观点出发，科学分析优秀企业在研究与开发管理方法上成功的经验和失败的教训，结合本企业的实际情况和科技战略目标，探讨与掌握正确的管理原则和科学的管理方法。

4. 研究与开发条件、能力的战略考察

研究与开发的推进，需要有一定的物质条件、人员条件和信息条件。这些条件是与经济基础、教育方针、教育水平和现有信息手段及其发展状况密切相关的。研究与开发能力体现在研究与开发资金投入、研究与开发人员水平、基础性研究状况、研究与开发产出（专利和技术）管理状况等方面。因此，从全局观点来考虑这些条件的提供、创造和利用，使研究与开发建立在稳固的基础之上，也是制定研究与开发战略的一项重要内容。

5. 研究与开发策略的确定

研究与开发策略是企业在一定历史时期内，为实现研究与开发任务而规定的行动准则与方案，它是实现研究与开发总目标、总任务、总方针的措施保证，具有极强的针对性和约束力。研究与开发策略的制定，要与整个企业总体战略相一致，与企业文化发展相一致，与经济、社会协调发展等基本原则相一致。合理的研究与开发策略还有利于对企业研究与开发活动的各种组合做出及时调整，保证活动的健康发展。因此，必须从总体上来探索研究与开发策略制定的理论依据，促使正确的研究与开发策略的形成。

实施企业研究与开发策略的机构可分为四种类型:

(1) 技术跟踪型。技术跟踪型就是跟随已经进入成熟期甚至成熟后期的市场。企业设立这种策略执行机构的目的是跟踪其他企业的技术进步与市场变化,它们本身并不从事技术开发活动,但它们可以被视为企业整个研究与开发结构中的一个有机部分。这种策略完全失败的风险小,主要靠产品开发链中各个环节高效率的运作增值,而不是创新。由于付出的劳动基本是简单劳动,所以增值有限,只能获取平均利润。依靠这种策略是难以进入行业的第一阵营的,因此对企业价值的贡献也十分有限。这种策略在产品开发链中的投入重点通常是生产和销售环节。缺乏技术能力和创新精神的企业倾向于采取这种做法。这类机构负责将其他企业的技术与市场变化信息及时传递给企业的研究与开发部门,并由后者针对这些信息进行创新开发,然后再将创新成果转移到生产部门。从跟踪的方式与内容来考察,这类机构又分为两种类型:一是专门监视技术领先企业技术进步的机构,这类机构一般都设在相关技术高度发达的地区,如许多微电子企业都在美国硅谷设有技术跟踪机构;二是跟踪当地市场变化的机构,这类机构设置在企业的主要目标市场地区,以跟踪当地客户消费行为变化,为企业的研究与开发决策提供市场依据。

(2) 技术支持与技术改进型。企业设立这类机构的目的是为企业制造活动和市场行为提供技术上的支持。这类机构的组织目标包括向企业的各个产品线提供技术,从目标市场需求出发对产品进行改进,与供应商进行技术合作,为客户提供技术服务等。这类机构完成的是技术创新最后一个阶段的工作,技术创新的主体阶段仍由企业的研究与开发部门来完成。

(3) 技术开发型。企业设立技术开发型机构主要着眼于充分利用各种科技资源来为企业开发新产品和设计新的生产工艺。这类机构具备完整的独立开发功能,能为企业的发展战略提供全方位的技术支持。这类机构主要采取以下三种策略类型:其一是边缘型。这种选择是不进入现实的主流市场,而是从边缘市场做起,关注大厂商不愿意做的产品或市场。这种做法通常初期投入少,利润率也能有保证。如果产品本身就是边缘型产品,那就难以进入主流产品市场并掌握核心技术,给企业带来的增值也有限;但是,如果其进入的边缘市场逐步发展为一个主流市场的话,企业发展将因此进入一个新的境界。或者产品本身是主流产品,只是市场是边缘型市场,企业也有机会借助积累而成功进入主流市场。但是,这种转换要付出相当大的努力和代价。此外,由于市场容量有限,产品开发链的某些环节一般是通过外包或者合作的方式构建的,企业自身掌握的是一些有关键技术的环节。这是新创小企业普遍采用的一种方式。

其二是强攻型。即在短时间内,倾注足够的资源,直接杀进上升期的主流核心产品市场,靠资金、技术等多重优势参与竞争。这种做法具有高投入和高风险的特征,可能有很高的利润回报,引致企业价值的大幅增值。这种战略的产品开发链构建得比较完整,投入均衡。有冒险精神并具有较强实力的企业,最有可能走这条路。

其三是机遇创新型。即凭借对未来新兴产品市场机遇的把握,争取在一个将要形成的主流市场上,与强大的对手站在同一起跑线上展开竞争。在这种方式下,企业的竞争,更多的是靠对未来的把握能力和创造力，特别是对于关键时间点和市场核心需求（关键竞争点）的准确把握。如果把握得好，可以用少量的投入打败强大的对手，并进入产业的核心。每当新的机遇来临后，通常都会使一批新的企业一夜成名，并产生出新的巨头。这种战略是靠风险和智力（创造力）增值。企业在构建产品开发链时，会将运作型环节外包出去或寻求合作。这种策略对于富有创新精神的小企业，具有特别的价值。

（4）基础技术研究型。该类机构主要是从企业的长远发展目标出发，从事超前性的技术研究工作，为确立将来的技术规范进行知识储备。其目标是使企业获取新的技术能力，维持企业的长久竞争力。知识和技术的系统性和累加性，往往能使企业通过不同类型的研究与开发活动的组合获得更大的整合效应。因此，企业研究与开发活动更多的是各种形式的组合，如基础研究与应用研究的组合、产品开发与工艺改进的组合、根本性开发与渐进性开发的组合等。

需要指出的是，知识与技术存量的增加会使技术的发展产生路径依赖，影响对未来开发项目的选择，并形成企业的技术范式或技术轨道。这种渐进式的技术累积为根本性技术突变奠定了基础。基础研究和应用研究的重大进展可以使企业的技术轨道跃升到一个新的技术领域，而产品开发与工艺开发则是这种跃升的实现手段。

四、 企业的产品开发战略

企业的产品开发战略包括以下四个层次：

（1）产品战略愿景。它在整个产品开发战略结构的最上部，是一个明确方向和内容的愿景，它对下一层次产品平台战略的性质、时间安排和竞争定位进行指导。

（2）产品平台。它是共同技术要素的一个集合，特别是一系列产品实施过程中采用的核心技术。例如，PC 产品平台主要是微处理器及相结合的操作系统，如 Intel/Windows 或 Alpha/NT 平台。产品平台开发包括产品平台概念的评估、产品平台规划。

（3）产品线。它是基于产品平台的同类产品集合，是一个分时间段的、有条件的计划，它决定具体产品的开发路标和升级替代策略。而且，它可以根据市场竞争要求和资源状况的变化而做相应的调整。

（4）产品开发项目。它是基于产品线规划的单项新产品的开发。

五、 集成的产品开发流程

研究与开发战略的制定是一个滚动展开的过程，但是每一个战略方案从提出到执行又有一定的周期性，因此，研究与开发战略的制定应遵循一般程序。

集成的产品开发流程（Integrated Product Development）最初是由美国 PRTM 公司于 1986 年提出的，又称为产品及周期优化（Product and Cycle-time Excellence，PACE）。该方法是美国企业（如 IBM、杜邦、摩托罗拉等）普遍采用的产品开发流程。

它的有效采用和实施给企业带来的典型效益如表 10-1 所示：

表 10-1 PACE 方法的效益

项目	变化幅度(%)
新产品收益(占全部收益的百分比)增加	100
产品投入市场的时间缩短	40～60
产品开发的浪费减少	50～80
产品开发的生产率提高	25～30

该方法概括起来就是“一个流程、五个阶段、七个要素”。必须把产品开发看作一个流程,它根据市场的需求和公司产品发展战略的要求,投入各种资源,最终开发出产品,并大规模推向市场。产品开发流程按其逻辑性可以划分为五个阶段,分别是概念、计划、开发、测试和发布,如图 10-1 所示。

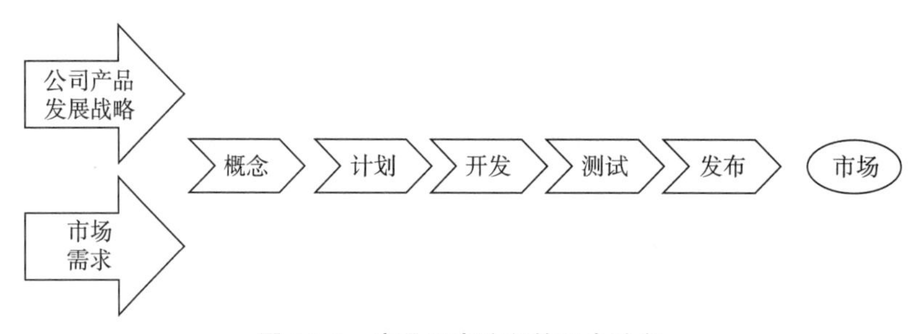

图 10-1 产品开发流程的五个阶段

从研究与开发战略的制定到实施大体上可以分为五个阶段,即前期工作阶段、明确目标阶段、战略方案形成阶段、方案决策阶段、战略方案的实施和调整阶段。

1. 前期工作阶段

前期工作可分为两个部分,一是基础性工作,二是具体准备工作。

基础性工作主要有基础研究工作和战略资料库的建设工作,这是一项必不可少的环节。基础研究是经常性的、不断进行的长期研究活动,只有坚持了长期的、深入的基础研究活动,才能为发展战略的制定提供可靠的理论依据,从而保证战略决策的科学性。基础研究可采取科研合同制,即委托一些专门的研究机构或组织承担研究任务,其研究方向、题目及有关要求等则由主管战略的组织提出。

战略资料库是指搜集、存储有关影响战略抉择的各种因素的重要情报并按制定战略的要求进行处理的信息库。从动态的角度来看,它是不断将各种情报资料转化成战略信息的过程;从静态的角度来看,它是一个情报信息机构。在制定战略过程的不同阶段,对战略信息的要求也有所不同。战略资料库的建设是战略研究、制定总体战略的一项重要基础工作。

前期工作还包括确定组织机构和确定程序等具体准备工作。组织机构有总部和研究网络系统,研究网络系统负责战略方案各种模式的研制工作,人数较多,由从事实际工作和理论研究工作的有关领域的专家组成。确定程序是指对制订战略方案的整个活动过程进行总体规划、设计,提出研究活动的总程序、时间安排、组织安排等。这项工作主要由组织机构来承担，根据总部提出的时间要求来制定。

2. 明确目标阶段

本阶段由明确指导思想和总任务、分析和预测形势、确定战略目标三个步骤组成。

明确指导思想和总任务是研究与开发战略制定过程中事关全局的环节，它将对诸如“发展什么，不发展什么”“优先发展什么，后发展什么”这类根本性问题以及战略目标的选择产生决定性的作用。指导思想和总任务的提出是否科学，主要取决于基础研究水平和总部水平的高低。

分析和预测形势是战略研究的一项基本工作，它是制订战略方案过程中的各环节都离不开的工作。其工作量最大，质量要求最高。主要内容是了解和分析内部条件和外部环境，并对企业的市场前景进行预测。

确定战略目标是整个战略制定的关键环节。因为全部战略措施都是围绕着实现战略目标而制定的，同时战略目标与战略发展的效果（结果）之间还具有“目标×效率＝效果”的关系。由此可知，方向正确时效果是正值，方向错误时效果则会成为负值，所以战略目标的地位可谓至关重要。一个科学的战略目标应具有全面性、长期性、综合性、相对稳定性、多层次性、阶段性、客观性等特点。

3. 战略方案形成阶段

此阶段的主要工作包括提出实现战略的途径、重点、步骤以及确定战略发展指标体系，最后形成总体战略方案。

为实现战略目标而准备采用的主要办法就是战略途径；为实现战略目标而集中力量完成的主攻方向就是战略重点；战略途径和重点在时间上表现出来就是战略步骤。途径、重点、步骤三者形成战略措施。一个正确的战略目标确定之后，还必须有合理的战略措施，才能顺利实现目标。

4. 方案决策阶段

战略方案形成后，即可进入评价、论证和决策定案阶段。战略方案的评价、论证，需要动员各方面的专家、学者和实际工作者参加。在这一步骤中，要更多地从各种不同的角度、不同的假设、不同的场合、不同的要求、不同的结果对拟订的草案提出不同的看法。

决策是由总部做出的，它是在经过充分评价、论证后进行的，这是一种创造性工作，与决策者素质有极大的关系。

战略方案实施之前，还需做好应变方案、行动计划和战略方案文本的完善工作。

应变方案是指战略预测与未来的实际发展差距很大时，实现既定方案有困难，需要采取相应的行动。每一项战略方案都不可避免地带有一定程度的主观性，它基于许多假设、判断和预测。一旦出现重要的预测失误时将会发生什么情况，必须对此加以认真考虑并制定出应对方案。如果缺少这种应变方案极易引起混乱，并迫使人们在匆忙中做出新的决策，这种决策的科学性是没有保证的。

行动计划是把战略方案具体化的一系列规划、计划、政策、实施细则等。无论多么完美的战略方案，如果不转化为贯彻战略、落实目标和完成任务的各种行动计划，都只是一纸空文而已。因此，必须制定出落实战略方案的长期、中期、短期计划和有关政策等。需要指出的是,战略方案与长期计划是有区别的,前者侧重于定性分析,后者侧重于定量分析;后者要根据前者拟出实现它的各种有实际效果的数量上的要求;在表达形式上前者是比较简明扼要的,后者则是较详细地、具体地提出要求。

战略方案文本是指把整个战略方案从指导思想分析到实施细则形成一系列相互关联的文件。

5. 战略方案的实施和调整阶段

行动计划的执行过程就是战略方案的实施。在实施过程中,要根据实际进展情况不断地对原方案进行调整,事物总是在不断地变化和发展中,战略重点、途径、步骤要相应地做出不同程度的调整。调整的幅度因环境和时局的变化有大有小,直至最后战略方案的形成。值得指出的是,调整既要慎重又要及时,切莫贻误时机。

第三节　企业研究与开发管理

企业坚持科学的发展观,坚持科学技术是第一生产力的发展理念,加强研究与开发管理,就是要以研究与开发为主导,让研究与开发同企业经营紧密结合,使研究与开发成为企业生产经营的主导推动力,防止研究与开发同生产脱节的局面。要重视研究与开发人才的作用,尊重、爱护、培养并积极、大胆地使用研究与开发人才。要从研究条件、工作环境、生活条件等多方面提供保障,使他们对自己的工作充满热情、信心,调动起一切积极因素把研究与开发工作做好;要加大研究与开发经费的投入,现在各项工作都在开展,需要资金的地方很多,要认识到研究与开发的重要性,在这方面多投入一些,可能会带来一本万利的效果;要在研究与开发体制上下功夫,制度上调整好,政策上明确好。企业研究与开发要走出去,加强与国内外的交往,并在此基础上做好下述具体工作。

一、 科研课题管理

科研课题是研究与开发的中心,它明确规定了研究与开发活动的基本方向、内容及范围。科研课题管理是以科研课题为管理对象,从课题选择到论证、评审、实施乃至课题的结束全过程的组织、计划、领导、控制等过程。

加强课题管理十分重要,它是获得研究与开发成功的前提,是使企业充满活力、不断兴旺、不断进取的基础,也是合理、充分利用人力、物力、财力等资源的有效保证。

1. 选择科研课题

由于研究与开发有很大的风险和不确定性,因此,在企业研究与开发核心技术时,选择课题是关键,也是难题。选择重点科研课题时,要综合考虑技术发展前景、技术相关性、技术研发成功的可能性以及研究与开发资源状况等因素。

企业科研课题的来源十分广泛,归纳起来有自选课题、与外单位合作的课题、外单位委托的课题等。

在自选课题中,主要有:根据市场调查、用户需求、社会需要而选择的课题;符合企业生产发展和技术改造需要的课题;根据科技情报、信息反映的情况而提供的课题;按企业的发展规划、技术进步要求而开发的课题等。这些课题突出强调企业自身的实际及发展需要。

与外单位合作课题也是客观要求。随着科学技术的发展、分工的精细化,以及科研条件的要求提高,仅仅靠一个单位难以完成某项科研任务,需要通过跨企业、跨学科、跨部门的横向联合来进行。这种课题的选择对于一些重大科研活动是常见的,也是可以取得良好效果的有效途径。

外单位委托的课题是充分利用本单位科研资源,取得良好社会效益和经济效益的选题形式。

科研课题选择必须遵循以下原则:

(1) 选择科研课题必须紧紧围绕市场的需要和较好的发展前景进行。市场是企业的舞台,坚持以市场为导向的原则,是企业经营的根本原则之一。同样,选择课题必须为市场服务,使企业在市场竞争中站稳脚跟,只有这样,选择的课题才具有实际价值。技术发展前景是基于相关技术发展的可能性对企业主营业务未来市场进行的展望。例如,对于生产光开关的企业来说,如果光纤到户,则光开关的市场需求量激增;如果不能实现光纤到户,则光开关的市场需求量增速有限。这就是该企业面对的两种技术发展前景。在企业确定是否将微机械加工、微电子和微光学技术作为核心技术进行重点研究和开发时,这些技术的发展前景是该企业首先要考虑的因素。

(2) 坚持技术上先进、经济上合理、生产上可行,以保证研发成功的可能性。在技术上立足于创新,走在前头。创新是技术的生命力、活力之所在。经济上要讲求经济效益,要认真分析投入与产出之比,使企业具有良好的竞争能力。生产上要强调因地制宜,即紧密结合本企业的实际去选择课题,不脱离现实。研发成功的可能性是指对某项技术进行研究与开发会存在技术商业风险,这种风险会导致该技术研究与开发预期目标的实现是不确定的。预期目标实现的可能性即技术研发成功的可能性。其中,技术商业风险是指采用了某项技术的产品在未来不能给企业带来较好经济效益的可能性。如果随着技术的发展,某些技术的指标相等或接近,那么该技术的商业风险就小;反之,如果某项技术的技术相关性变化显著,则该项技术的商业风险就大。技术风险是指企业在一定时期以一定的方式对某项技术进行研究与开发,最终能否在预期水平上掌握、利用该技术是不确定的。某项技术研究与开发的技术风险越大,研发成功的可能性越小;反之,则研发成功的可能性越大。核心技术研发成功的可能性往往较小。

(3) 坚持充分考虑技术相关性和发挥企业各方面的科研力量去选择科研课题。技术相关性是指产品对某项技术的依赖程度和依赖该技术的这些产品的销售额在总销售额中的比例。如果某种产品对某项技术的依赖程度大,而且这种产品的销售额占总销售额的比例也大,就意味着该技术的技术相关性高;反之,则技术相关性低。要强调主动去开拓局面,不使科研资源荒废。资源的浪费是最大的浪费。要充分发挥和调动广大科研人员的积极性,主动、有效地去寻找和挖掘课题,企业的有关领导要认真做好组织、协调工作。

(4) 坚持研究与开发资源的平衡。研究与开发资源是指影响研究与开发活动的一切内部和外部人力资源、硬件系统、技术水平等状况的综合。具体包括:

① 在研究与开发机构中,人力资源能力更加重要,它由研究与开发人员的技能、知识、信念、价值观、态度等确定。预测研究与开发机构的人力资源核心能力,可以预测出该机构能够胜任哪些技术的研究与开发。

② 研究与开发机构与其他职能部门之间的整合程度。它是指在研究与开发过程中,企业其他职能部门特别是市场部门的参与程度。

③ 对未来产品有重要意义的某项技术,如果其他机构在该项技术上的研究与开发成效大,则该机构在该项技术上的研究与开发能力就相对较弱,其在该技术上的研究与开发资源就较差;相反,则该公司在该项技术上的研究与开发资源就较好。

④ 如果研究与开发机构能够很容易地实现技术成果的产品化,研究与开发资源就较好;反之,则研究与开发资源就较差。

⑤ 研究与开发机构通常具备一定的可供研究与开发活动使用的试验设备,但这些设备对不同技术的研究与开发所构成的支持力度是不同的。如果对某项技术研究与开发的支持力度大,说明其在该技术的研究与开发上有较好的设备资源。

(5) 坚持经济效益和社会效益相统一。在实践中,有些企业为了提高经济效益,在开展项目研究的过程中对环境造成了污染,使生态平衡遭到破坏,这是不对的。我们必须把社会效益摆到重要位置上来考虑,否则,局部受益却危害了整体利益,甚至会影响企业可持续发展的战略目标。

(6) 将眼前利益和长远发展结合起来。随着社会的不断进步、人们需求的多样化,必然会引起外部环境和内部条件的变化,所以在选择科研课题时一定要统筹兼顾,全面、科学地加以分析、论证,以免因选择不当而陷入被动。

2. 课题论证

科研课题的选择是有风险性的。对课题进行论证,就是要尽量做到使研发工作顺利、平稳地进行,并最终取得预期效益,规避风险。

课题报告要根据选题报告来进行,首先应从总体上明确以下内容:①科研课题的来源;②课题研究的目的、作用、现实意义、长远意义,以及国内外有关问题的研究现状、趋势;③课题研究的主要内容,预计将要达到的水平和结果;④课题研究过程,需要解决的主要问题及方法,应准备的条件、措施;⑤课题需配备的人员、搭建的团队;⑥课题需要的经费情况;⑦课题结果的表现形式等。

在了解和掌握以上情况的基础上,对科研课题进行论证。在论证中常用的方法有五种:

(1) 历史比较法。这是将某种问题在历史上表现出的不同结果进行全面分析和对比,以得到一些规律性的东西,从而为再遇到此类问题时提供可取的借鉴依据,使选题准确、可行。在使用历史比较法进行选题认证时,要注意定性与定量相结合。

(2) 现状调查法。这是最基础的方法,它通过详尽周密地调查现状,掌握实际情况,归纳整理分析,从而全面、真实、可靠地把握现状,以便进行选择。

(3) 未来预测法。这种方法是在对历史进行比较、对现状进行把握的基础上,对选题的未来发展趋势进行科学预测,以便提出更好的决策方法。

(4) 系统综合法。这是在选择大的课题时的论证方法。它强调系统分析、综合判断,运用多方面知识去分析、判断。

(5) 优选决策法。该法主要用于分析、判断几种选题时的优化抉择。

以上几种方法可单独使用,也可相互配合使用。在配合使用时,要注意有序性问题。在选题论证中应强调经济评价。经济评价法的基本思路是对科研课题的预计收益与预计费用进行比较,以计算该科研课题的收益率。其计算公式为

$$E = \frac{M}{P \times C} \tag{10-1}$$

式中(10-1)中:E 是课题收益率,也称为课题收益指数;M 为课题预测收益额;C 为课题预计费用;P 为课题研究的成功概率。

E 越大,选题经济评价越高;由于 C 很大程度上取决于选题的大小,所以要结合实际,合理地加以确定。C 主要包括材料费、仪器费、设备费、调研费、研制外协费、情报资料费、研制人员工资及管理费等;对成功概率 P 的确定要把影响因素都考虑在内。

3. 课题评审

在选定课题并进行论证后,就进入了课题的评审阶段,它是决定该课题能否实施的关键一步。

评审课题的主要工作是送交选题及论证报告,组织经过审查及必要的咨询、答辩,正式批准课题。为了保证评审质量,使课题真正做到可取、有效,在评审中一定要做到全面、详尽地掌握材料,了解其背景、基本内容、影响因素、运作中可能遇到的问题、带来的相关影响和问题等,力求想得周全一些,从而保证决策的科学、合理,以做到课题评审的准确。经过审慎、周密地考评审议,就可以进行审批决策了。

4. 课题的实施

在决策之后就可以按计划开始实施课题。实施阶段要严格地按预定计划去执行。要在组织协调及人力、物力、财力的配置上下功夫;要及时检查实施进度,一旦出现临时情况,应该灵活处理,以确保实施计划的实现。

5. 课题完成后的收尾工作

课题完成后,要做好一系列的收尾工作,主要包括提供课题的工作报告,说明整个课题进展情况、取得的效果、存在的问题、解决的对策等。要对经费使用进行事后决算,对所用仪器、设备等进行清理,要做好成果及有关材料、资料的整理归档。

二、 研发成果的管理

研究与开发成果(以下简称“研发成果”)是在选定课题的条件下,通过领导的精心组织,科研人员的调查研究、试验、分析、思考,所创造出的有一定科学、应用和经济价值

的成果,是人们智慧、劳动的结晶。它具有创造性、先进性和一定的实用价值。因此,必须高度重视对研发成果的管理。

研发成果的管理是研究与开发工作的重要组成部分,绝不可认为研究与开发主要工作完成了,后续工作可有可无。事实上,它是研究与开发工作不可缺少的环节。对成果的管理,是研究与开发活动的继续;成果的积累是新的研究与开发活动的又一起点;在市场经济条件下,做好研发成果管理,防止有形资产和无形资产流失,是企业保值、增值的重要内容。

研发成果的管理主要包括对研发成果的鉴定、评价、应用、推广、奖励等内容。

(一)研发成果的鉴定

研发成果鉴定是研发成果管理的首要环节,它是对研发人员辛勤劳动、刻苦钻研取得的成果的准确鉴定。

研发成果鉴定包括的内容主要有:①对资料进行审查、实验,以确定成果的准确程度;②确定该成果的理论水平、应用价值,说明与国内外同类问题研究水平的比较情况;③指明其应用范围、涉及问题及应用条件;④讲明其存在的问题及需要注意或应加以改进的东西;⑤规定其密级;⑥介绍推广应用、进行交流、予以奖励的建议。

研发成果的鉴定分为两个阶段。第一阶段是小试鉴定,又称为初样研制成果鉴定。这一阶段是对初样成果进行鉴定。这一阶段,企业研究与开发机构已经完成了研究工作,但还未进行实践检验。它主要针对研发成果是否达到原来预定的指标、技术上能否达到先进、经济上是否合理等方面进行鉴定。第二阶段是中试鉴定,又称为试样成果鉴定。它在小试鉴定做出肯定结论后,转到使用单位进行。这种鉴定以使用单位为主,由使用单位与研究与开发机构联合组成鉴定组织,并邀请上级部门和有关专家参加,全面鉴定研发成果在投入使用时的工艺准备、工艺规程、工艺装备等。

鉴定要对试样成果进行综合评价,同时对可行性给出明确答案。经使用单位和研究与开发单位共同填写鉴定证书,报主管部门审批。

成果鉴定按项目的大小、重要程度可分为国家级鉴定、省市(自治区)级鉴定、部级鉴定、基层鉴定等四类。

(二)研发成果的评价

研发成果的评价主要包括学术评价、经济评价、社会影响等几个方面。

学术评价主要是指该成果在学术水平上达到的高度,它主要侧重于与同类成果的比较上,并从创新性、技术水准、应用范围、实用性、可靠性等方面加以体现。

经济评价主要是评价该成果在应用后的经济效益。通常考虑推广应用效益、资金利用率、投资回收期、生产组织效果等。

社会影响主要是指该成果应用后,给社会带来的影响。对社会带来的影响应当是多方面、全方位的。这既有对人们需求满足的程度,又有对客观环境的影响,如安全、污染等。

研发成果评价不仅是对研发成果给予正确的肯定,也为其推广应用开拓了道路,增强了其实用价值。

从定性和定量两种角度划分,研究与开发评价的一般方法大体上可以归结为五类:

(1) 主观分析和经验方法。其中,最具代表性的是同行评议。同行评议可以定义为由从事该领域或接近该领域的专家来评定一项工作的学术性和重要性的一种机制。同行评议是一种古老而又年轻的方法,它在评审研究与开发项目的申请、评定研发成果、决定科学基金的资助、对研究与开发人员的绩效进行评价等方面应用十分普遍。但它也存在一些需要完善的地方:①同行评议的主观性。同行专家的个人世界观、学识、年龄、修养及个人偏好等因素不可避免地会对评议过程和结果产生一定的影响,并且当碍于人情关系或涉及利益冲突时,其公正性往往受到挑战。②知识的不规范性。通常许多专家的知识体系已成规范,往往习惯于在固有知识体系范围内来论证和思考,而倾向于排斥有创见的新思想,所以在某种程度上不利于创新和新兴学科及交叉学科的发展。③控制的滞后性。对同行评议的监督往往因保密性而无法适时控制,从而不能及时防止和纠正错误的同行评议。

(2) 科学计量学方法。具体包括文献计量学、情报计量学及最新出现的信息计量学方法等。该方法主要分析评价对象的论文数量(反映科学生产能力)和质量(发表在核心期刊)以及论文被引用频次(反映其科学价值、社会价值和影响力)、专利授权数等指标,定量评价个人、企业、科研院所以及国家或地区的研究与开发能力和影响力。该方法主要适用于以论文和学术出版物为主要产出形式的基础研究和部分应用研究领域的绩效评价。由于企业最终不是以学术性成果为最终产品,该方法目前只是企业研究与开发评价中的一个参考和补充。

(3) 经济学方法。主要包括宏观经济学中的生产函数法、计量经济学方法,微观经济学中的技术经济方法,如成本—收益分析、回报率测算等。

(4) 数学方法。主要包括模糊综合评价法、运筹学方法(如线性规划、目标规划、动态规划等)、层次分析法、相关分析法、效用函数法等。这些方法主要是通过数学手段来量化对象变量间的关系并确定权重。

(5) 综合评价法。其基本思想是将评价对象的各个方面分解成不同层次的指标,然后对这些指标进行赋值并确定权重。最后采用综合评价模型求得综合评价值。在这里,指标权重依据各层次指标对总目标评价贡献程度的大小来确定,具体可通过德尔菲法或加权优序法等来确定。

(三) 研发成果的应用与推广

将研发成果加以应用与推广是将科学研究转化为现实生产力的重要措施,要特别强调成果应用率。对于在实践中已明确显示出具有适用性和成熟性的成果,一定要及时把握,以强烈的事业心、高度的责任感、加倍的热情,不失时机地去进行应用和推广。要积极地以多种形式在多种场合加以宣传、介绍,要阐明它的效果、作用,提高人们对其认识的程度,增强对其应用推广的主动性。现在有越来越多的条件、形式和场合,可以让人们展示科研成果,应选择恰当的时机和方式把它们介绍出去。在应用与推广上,要注意有关政策、法规的掌握,要在组织建设、经济手段、相应措施等方面下功夫,力保成果尽快应用并收到实效。

(四) 研发成果的奖励

对科研人员辛勤劳动所取得的研发成果,一定要进行奖励。这是对他们工作的肯定,也能激励他们不断努力贡献新的科研成果。研发成果有大有小,要依据不同情况,分别给予国家奖、地方奖、企业单位奖等。评奖要认真、严肃、慎重,按制定的条例、政策规定评定,不凑合,不走过场,要公平、公正、公开,让人心服口服。在奖励时要敢于对优异成果进行重奖,形成一种良好的科研氛围和奖勤罚懒的机制,树立争创一流的工作精神风貌,推动科研工作健康、有序地发展。

三、 专利管理和保护

为保护和鼓励研究与开发人员的发明创造活动,确保其及时将成果转化为现实生产力,取得良好的社会效益和经济效益,《中华人民共和国专利法》(以下简称《专利法》)提供了申请专利的有益指导。专利实际上是专利权,它是指一个主权国家在一段时间内授予发明创造者独占并实施其发明创造的权利。专利的种类在《专利法》中有明确规定,分为发明专利、实用新型专利、外观设计专利三种。

《专利法》规定的发明,属于技术范畴,具有法律意义,必须是兼具新颖性、创造性、实用性的前所未有的创造或设计的东西。授予专利权的发明创造不能违反国家法律、公序良俗,不损害公共利益。发明包括产品发明和方法发明两种。

实用新型专利主要指的是对机器、设备、装置、器具等在形状、构造及其结合上提出的有实用价值的新方案。它是在原有物品基础上进行的,所以较之发明要容易一些。实用新型专利更适合于中小企业。

外观设计专利主要是指对产品的形状、图案、色彩及其结合所做的既美观又实用的一种新的设计。它强调外观部分,对产品内在部分不予考虑。

在形成专利之前,一般要做好准备、申请、审批三方面工作,前两项工作主要由申请人来完成,后一项由专利局去做。

准备工作主要是对发明创造具不具备专利条件,应不应该申请专利进行调查及评价。调查的内容主要是该项发明创造是否具备新颖性和创造性。作为新颖性的判定,主要是查看专利文献、国内外的出版物及现实使用的同类或近似物品。对于创造性的判定,主要是和已知技术进行比较,看该项发明是否具有自己的特点。如果新颖性和创造性的判定合格,就可以进行经济效益的评价。要分析获取专利后实施的条件,以及可能取得的经济效益,以便考虑花钱申请专利是否合算。

一旦决定申请专利,还要考虑何时申请,以及是申请国内专利,还是国外专利。在这些确定后就应做一系列文件的准备。申请国内专利所需要的主要文件有申请书、说明书、权利要求书、有关图纸等。

在做好以上准备后,就可以正式申请专利了。在申请时还应考虑的问题有:①申请的具体日期。《专利法》由于实行优先申请原则,所以,申请日期的早晚是极其关键的。②优先权声明。这是指一项发明创造在一个缔约国第一次提出申请后,在一定时间内又向其他缔约国提出申请时,有权要求以第一次提出的申请日作为后来的申请日,这要在后来申请时提出书面说明。③修正和撤回。专利申请以后,发现申请文件有明显错误,可以更正和修改,但修改内容不可超过原说明书内容,此外,申请人也可以撤回专利申请书。

申请专利后要等待专利局审批。专利的审批一般流程为:初步审查→实质性审查→异议审查→批准专利权→授予专利证明,这些均由专利局去完成。待专利证明发给申请人后,此项专利便开始生效,并受到法律保护。

认真做好本企业的专利申请及支持科研人员的专利申请、保护、应用与推广、资料保管等工作是研究与开发的一项十分有意义的活动。

第四节 研究与开发的协调与控制

协调好各相关因素的关系是研究与开发成功的重要保证,研究与开发活动是典型的跨部门、跨组织活动,来自不同职能部门、不同组织的参与者在信息拥有量、专业知识结构、价值取向等方面存在较大差异,容易造成研究与开发目标及程序工作上的分歧,从而导致项目开发的失败。

企业研究与开发活动要做好界面管理。界面是指企业内部各职能部门之间为了完成同一任务或解决某一问题进行信息等资源交换,相互作用、相互联系的连接面。

界面管理的重点是信息流,即信息在这些实体之间的交互。产品开发活动可视为一个把市场机会数据和技术可能性数据转化为商业化生产所需的信息资产的过程。在这个过程中,信息被产生、筛选、储存、分解、综合以及在不同载体上转移。这些信息在不同职能部门或企业实体之间的分布是不均匀的,研究与开发活动的顺利进行在很大程度上依赖于参与者之间技术交流的效果。所以,研究与开发的协调与控制需要做好以下七个方面的工作。

一、 研究与开发机构同生产部门的协调

在企业生产过程中,通常将技术称为诀窍。这主要包括产品技术和加工技术两个方面。在企业的经营实践中,迫于市场竞争的压力和企业发展的驱动力,经营者多倾向于把主要的精力集中在与产品相关的技术上。然而,如果没有一定的生产能力所提供的加工技术同研究与开发技术相协调,仅依靠产品技术是很难为企业奠定长期竞争优势的。例如,青霉素是由英国人弗莱明(Fleming)首先发现的,然而却由当时美国的一家小公司——辉瑞(Pfizer)公司完善其加工技术(发酵过程),从而使该公司成为世界领先的青霉素制造商。世界上第一台喷气式发动机也是由英国人研制成功的,却由美国的波音公

司完善其生产工艺技术,从而使该公司成为喷气式飞机市场上的领先者。由此可见,研究与开发新产品和改进生产制造技术对成功推出新产品均是不可或缺的。

二、研究与开发机构同营销部门的协调

有关研究表明,当研究与开发活动和市场营销界面存在严重问题时,68%的研究与开发项目将在商业转化过程中失败,21%的项目将无法取得预期效果。由于营销人员从事业务活动的性质,他们比其他部门的人员能更清楚地了解客户的需求。最终决定是否购买产品的是客户,而不是研究者本人。因此,企业必须协调好研究与开发机构同营销部门的关系,使研究与开发机构通过营销部门对客户有一个充分的了解,从而开发出为客户所欢迎的产品。

三、 生产部门与营销部门之间的协调

为了企业的整体利益和开发出更适合消费者需求的产品,生产部门与营销部门也应该协调一致。生产部门与营销部门之间常有矛盾产生,其冲突起源于各自关注的焦点不同。产品和部件都实行标准化,这有利于生产部门提高效率、降低成本。而营销部门所关注的是满足客户更为广泛的需求。这就要求生产部门产品线拓宽并不断对产品进行改进,这样无疑会增加产品的制造成本。处理好两者之间矛盾的策略有:①核心部件标准化;②推出系列产品设计;③生产全性能通用产品;④灵活定位通用产品。在企业的研究与开发活动中,要努力协调好生产部门与营销部门之间的关系,在不牺牲营销灵活性的前提下,使生产制造更为合理,在降低生产成本的同时,迅速实现新产品的商品化。

四、 研究与开发地点的选择

一般而言,新产品研究与开发的速度是由科学研究、需求状况、竞争形势等因素所决定的。也就是说,在其他条件相同的条件下,研究与开发速度在满足以下条件的地方是较为理想的:①对基础研究和应用研究投入较多。这是因为基础研究和应用研究是进行新产品研究与开发的重要基础。②市场需求旺盛。旺盛的需求和富有的消费者可以为新产品提供广阔的市场。③市场竞争激烈。激烈的竞争会推动企业进行技术改进,从而获取竞争优势。为获得成功,企业经常需要在几个发达国家同时推出新产品。企业前沿的研究与开发工作也在世界的许多地方同时进行。有实力的企业有必要将自己的研究与开发活动分散到许多地方。这样可以使企业靠近研究与开发前沿活动的中心,以便及时获取竞争信息,并利用当地的技术资源。但这有可能造成研究与开发活动的重复。以往人们认为研究与开发的集中可以避免重复劳动,但今天人们普遍看好这种分散所带来的好处。例如,为了能够接近美国市场,中国海尔集团在美国设立了研究中心。同样,微软公司在中国北京也成立了研究院。很多美国企业,如康宁、德州仪器、IBM 等,在欧洲

和日本均设有研究与开发中心。为使自己的企业能在研究与开发方面走向国际化,同时也为获得美国的研究人才,欧洲和日本的很多企业也在美国大量地设立自己的研究与开发中心。

五、 研究与开发的风险控制

研究与开发活动本身的风险性和无边界组织的多样性构成了研究与开发过程中的不确定因素。为了保证研究与开发项目的顺利开展,企业应根据项目的进展及内外条件的变化情况,对项目进行实时监控。除了监控项目本身的进展,还需要密切注意本行业技术和相关技术的发展动态,尤其要重视可能对本企业构成威胁的技术动态。

六、 加强研究与开发经费的管理和控制

研究与开发活动的不确定性,使研究与开发经费的管理同企业日常财务管理有很大区别。要对研究与开发项目的费用进行精确计算是不可能的,可以借鉴的办法有两种:一是直接计算,就是根据事先估算的工作量预测经费;二是经验计算,就是根据过去的经验和类似的研究与开发情况,确定一个基本定额。企业可以根据研究与开发活动所处的不同阶段进行费用管理。对于基础研究和应用研究,由于其周期长、不确定性大,可以采用研究与开发人员费用定额管理的办法。一般来说,虽然基础研究和应用研究项目的内容不同,但是两者的项目费用支出结构具有很大的相似性。企业可以根据研究与开发人员的平均人工费用来估算经费支出。人均费用管理标准要保证一定的资金弹性,应以发挥研究与开发人员的研究潜力为主要目标。

七、 清除研究与开发活动中的文化障碍

在研究与开发活动中,如果孤立地看待技术,把技术和研究视为与组织文化毫无关系的东西,在研究与开发活动的管理中会造成不可挽回的恶果。

在某一行业经营的企业,必定围绕其技术组织生产经营活动,不可避免地用技术体系、管理体系、组织措施、有形的教育和无形的引导来保障企业目标的实现,从而形成企业特有的文化氛围。因此,技术观念会深深根植于企业文化之中,企业文化也有力地保证了技术的效率。这种文化一旦形成,就具有相当大的稳定性。在企业研究与开发组织中,技术研究与开发人员往往来自不同的经济单元,受到原有技术的“文化偏好”影响,会有意无意地偏袒原有技术,沿袭原有研究途径。这种心理阻力往往会造成研究与开发人员之间的隔阂,影响现有技术研究的进展。因此,组织中的管理者应该有意识地清除研究与开发活动中的文化障碍,建立组织中的合作创新意识。

本章小结

思考题

1. 试述研究与开发职能在组织管理中的地位。
2. 试述研究与开发战略与组织战略的互动及其相互影响。
3. 试述研究与开发的计划管理的要点和难点。
4. 如何使研究与开发的控制更科学有效?
5. 专利管理和保护的意义与要点各是什么?
6. 如何协调好研究与开发同生产部门之间的衔接?
7. 试述协调研究与开发部门与营销部门的工作关系的必要性。
8. 怎样促进生产部门与营销部门之间的协调一致?
9. 如何加强研究与开发经费的管理和控制?
10. 怎样清除研究与开发组织中的文化障碍?

案例讨论

第十一章　营销管理

【学习目标】

1. 了解市场营销管理的概念和任务，比较不同营销观念的特点。
2. 掌握目标市场细分和目标市场定位的方法。
3. 熟悉市场营销组合理论的发展。
4. 掌握整合营销传播的内涵。

【基本概念】

市场营销　营销观念　目标市场　市场定位　市场营销组合

案例讨论

第一节　市场营销与市场营销观念

一、市场与市场营销

市场营销学是20世纪初从经济学中分离出来的新兴学科。在学科发展初期，许多概念（包括市场的定义）都是沿用经济学中的定义。随着学科的发展，才逐步形成自身的定义。

（一）市场的界定

1. 市场是商品交换的场所

美国市场营销协会（American Marketing Association，AMA）于1948年将市场定义为“一些买主和卖主发生作用的场所（地点）或地区”。“场所论”主要是关于参与市场交换活动的买卖双方及其交易条件的研究。然而，在现代营销中，“场所论”已不能反映市场的本质，也不利于营销者对市场的分析。

2. 市场是某种商品的购买者的集合

市场营销学学科的发展，要求营销学者必须适应企业市场营销的实际需要，从微观角度去研究企业所经营的某种特定产品的市场，从而重新对市场进行界定。

传统市场营销学单纯以顾客需求为导向，将市场界定为对某种特定商品具有需求的购买者集合。哪里有对企业所经营的产品的需求，哪里就是企业的市场。人群、购买意向和购买能力是构成市场的不可或缺的三个基本要素。

“购买者论”认为:商品的供应者构成行业,商品的购买者才构成市场,并按照市场上购买者的属性和购买目的,将市场划分为消费者市场、生产者市场、中间商市场和政府市场。对这四类市场的购买者及其购买行为的研究构成了市场研究的主要内容。

3. 市场是卖方、买方、竞争者的集合

对某种特定商品具有需求的购买者构成这种商品的总体市场,而总体市场不可能由某一家企业所垄断。从企业经营的角度来看,市场应是卖方、买方、竞争者的集合。企业与其他竞争者的优势比较则是影响企业市场大小的决定因素。用公式表示为“市场=对某种特定商品具有需求的购买者×(企业优势/竞争者优势)”。

4. 市场是利益相关者的集合

20 世纪 80 年代以后,有的学者从“关系营销”的角度将市场界定为:市场是所有利益相关者的集合。企业市场营销中对市场的研究,必须研究与企业利益相关者的各类市场(主要包括顾客市场、供应商市场、内部市场、竞争者市场、分销市场、相关利益者市场),通过分析研究各类市场的需求和利益所在,以及企业自身的核心优势和能力,来制定能充分发挥企业竞争优势,而且能满足各方利益、实现各方目的的营销战略与策略。

(二) 市场营销的界定

1960 年,美国市场营销协会将市场营销界定为商品流通过程中的企业活动,“营销”等同于“销售”。2004 年,该协会重新对市场营销进行了定义:市场营销既是一种组织职能,也是组织为了自身及利益相关者的利益而创造、传递客户价值及管理客户关系的一系列过程。

营销管理学派的代表人物——美国西北大学菲利普·科特勒(Philip Kotler)教授于 1994 年所给出的市场营销的定义是:市场营销是个人和集体通过创造、生产,并同别人交换产品和价值,以获得其所需、所欲之物的一种社会和管理过程。

这一定义一方面将价值的交换纳入市场营销的范畴:市场营销不仅包括对营销者的产出物——产品的交换,而且包括对营销者所拥有的一切“价值”的交换。对于企业而言,营销不仅是营销部门的职能,也是企业高层管理者的职能。营销不仅仅是面向市场提供产品,更重要的是使消费者获得更大的价值。另一方面,将市场营销界定为一个社会和管理的过程,打破了宏观营销与微观营销的界限,使市场营销成为一切面向市场的个人和组织的活动过程。

每一门学科都有自己的核心概念,营销学的核心是“交换/关系”。只有通过交换,即通过提供他人所需、所欲之物来换取自己所需、所欲之物的过程才是营销;只有通过交换,实现多赢,从而发展企业与多方利益相关者的关系才是营销的目的。

营销作为一种经营哲学,必须将企业的利益相关者视为自己的客户,通过满足其需求来实现多赢;作为营销部门的一种职能,它又必须与其他职能管理部门一样,从事营销的分析、计划、实施与控制等活动。在实施营销职能的全过程中,通过建立、维持、巩固与消费者及其他参与者的关系,来贯彻营销哲学,实现各方目的。

（三）现代市场营销理论发展中的重要概念

20世纪初，营销学从经济学中分离出来，以一系列独特概念为支撑，形成了以满足需求为中心的现代营销学，并随着营销实践的发展，不断涌现出一些新的概念，促进了营销理论的不断发展。下面仅对部分重要概念进行简要介绍。

（1）交换：通过向市场提供他人所需、所欲之物为回报，以获取自己所需、所欲之物的过程。

（2）需要、欲望与需求：需要是指没有得到满足而产生的客观感受；欲望是指为了得到满足而对具体物品的需要；需求是指有货币支付能力的欲望，即具有购买意向、具有支付能力的对具体物品的需要。需要、欲望、需求是一组相互关联又相互区别的概念，需求是一定条件下的欲望，欲望是需要的具体化。

企业营销活动中，首先要通过对“需要”的分析，从总体上把握当前人们需要的发展阶段；然后通过对与企业经营业务相关的“欲望”的分析，来把握人们在本企业业务范围内的需求发展趋势，为企业的长远发展战略的制定奠定基础；而当前最关键的是对企业所经营的产品的“需求”分析，通过分析，制定有关战略和策略，满足需求、创造需求、引导需求，变潜在需求为现实需求。

（3）价值：消费者对产品满足各种需要的能力的评价（经济、安全、快捷等），是“在最低的获取、拥有、使用成本之下所要求的顾客满意”。

（4）市场细分：根据顾客的购买行为及购买习惯的差异，将某种特定产品的整体市场划分为若干消费者群，以确定目标市场的过程。

（5）品牌形象：通过优良的质量、优质的服务、优秀的广告宣传来建立品牌形象。

（6）社会营销：营销不仅要注重消费者利益、企业利益，还要注重社会利益。

（7）定位：通过营销努力去创立产品在顾客心目中的特定形象。

（8）行业专门的研究。

（9）关系营销：与关键成员（顾客、供应商、分销商）建立长期满意的关系，以维持长期的业务和绩效的活动过程。

（10）大市场营销：在贸易壁垒面前，企业的首要任务是进入市场并在那里从事业务经营，为此必须运用政治、经济、心理、公共关系等手段，取得当地顾客的理解和支持，以实现预期目标。

（11）整合营销：以整合企业内外部所有资源为手段，重组、再造企业的生产行为与市场行为，充分调动一切积极因素，以实现企业目标为目的的全面的一致化营销。

（12）绿色营销：在绿色消费的驱动下，从保护环境、资源的角度出发，企业向消费者提供科学的、无污染的、有利于节约资源使用和维护社会生态的产品或服务。

（13）体验营销：企业从感官、情感、思考、行为、关联等方面来影响消费者在消费前后感受的营销策略。它强调关注顾客体验，考察消费场景，以及顾客是感性和理性相结合的动物。

二、市场营销哲学

市场营销哲学就是企业在做市场营销决策、组织和从事市场营销活动时所遵循的观念,是企业开展市场营销活动的出发点和行动指南。

(一)产品导向营销观念

1. 生产观念

生产观念产生于20世纪20年代前,是以产品生产为中心,以提高效率、增加产量、降低成本为重点的营销观念。

以生产观念为导向的营销活动具有以下特点:①生产活动是企业经营活动的中心和基本出发点;②降低成本、扩大产量是企业成功的关键;③不重视市场需求;④追求的是短期利益;⑤坚持“我生产什么,商家就卖什么,消费者就买什么”的经营观念。

生产观念是一种只适用于卖方市场的营销哲学,具有明显的局限性。其适用条件有两个:①产品需求超过供给;②产品成本高,必须通过提高生产力来扩大市场,以降低成本。

2. 产品观念

产品观念是以产品的改进为中心,以提高现有产品的质量和功能为重点的营销观念。

以产品观念为导向的营销活动具有以下特点:①生产与质量是企业经营活动的中心,“质量第一”而不是“客户第一”;②加强生产管理、提高产品质量是企业成功的关键;③忽视消费者的需求与推销活动;④追求的仍是短期利益;⑤坚持认为“拥有质量就拥有购买者”的经营理念。

产品观念同样只适用于卖方市场。这种营销观念过分强调质量在营销中的地位,导致“市场营销近视”,看不到市场需求的变化,致使企业经营陷入困境。

3. 推销观念

推销观念产生于由卖方市场向买方市场转变的过程中,是以产品的生产和销售为中心,以鼓励销售、促进购买为重点的营销观念。

以推销观念为导向的企业营销活动具有以下特点:①现有产品是企业经营活动的中心和出发点;②强力推销是企业成功的关键;③忽视消费者的需求,注重产品生产出来以后的推销工作;④追求短期利益。

推销观念尽管走出了只顾生产、眼光向内的狭隘与偏见,开始把眼光转向市场,但存在营销工作滞后、工作重心错位等严重缺陷,只适用于未成熟的买方市场。

(二)顾客导向营销观念

1. 单纯市场营销观念

单纯市场营销观念是单纯以顾客市场需求为中心,以研究如何满足市场需求为重点的营销观念。这一观念的确立,标志着企业在营销观念上发了根本的、转折性的变革。

在这种观念的指导下，企业的一切活动都以顾客需求为中心，在满足消费者需求的基础上实现企业的利润。

在单纯市场营销观念指导下的营销活动具有如下特征：①消费者需求是企业经营活动的出发点；②发现目标市场和消费者的潜在需求，并集中企业的一切资源占领目标市场是企业成功的关键；③营销活动贯穿于企业经营活动的全过程；④追求企业的长远利益和长久发展。

与推销观念相比，单纯市场营销观念在营销重点、营销目的、营销手段、营销程序、营销机构设置等方面都存在明显的不同。

2. 大市场营销观念

大市场营销观念是以市场需求为中心，以引导需求、创造需求为宗旨的营销哲学。大市场营销是指企业为了成功地进入特定市场，并在那里从事业务经营，在策略上协调地使用经济、心理、政治和公共关系等手段，以获得有关方面的支持的活动过程。

企业在市场营销过程中，首先是运用政治权力和公共关系，以打开市场、进入市场。然后，运用传统的产品、价格、渠道、促销策略去满足该市场的需求，进一步巩固市场地位。

大市场营销观念与单纯市场营销观念在对环境因素的态度和企业营销目标、市场营销手段、诱导方式等方面有所差异。

3. 顾客满意营销观念

顾客满意是顾客将感知到的产品实际状况与他们的期望值相比较后，所形成的愉悦或失望的感觉状态。20 世纪 90 年代以来，企业要长期保持技术和生产率上的领先以取得竞争优势，已非易事。企业只有坚持顾客导向，以顾客满意作为营销活动的基本准则，建立与顾客的良好关系，才能从根本上赢得竞争优势。而实现顾客满意的关键是提高让渡顾客价值。

让渡顾客价值是指顾客总价值与顾客总成本之间的差额。顾客总价值是指顾客购买某一产品与服务所期望获得的所有利益。顾客总成本是指顾客为获得某一产品所花费的时间、精力以及所支付的货币等成本。

企业要提高让渡顾客价值，可以从两个方面改进自己的工作：

（1）增加顾客购买的总价值。顾客购买的总价值由产品价值、服务价值、人员价值和形象价值组成，其中每一项价值因素的变化均会对总价值产生影响。

（2）降低顾客购买的总成本。顾客购买的总成本不仅包括货币成本，还包括时间、精力等非货币成本。

实现顾客满意的营销对策包括合理确定目标顾客、建立顾客满意度监控体系、建立价值让渡的顾客满意战略系统等。

（三）市场导向营销观念

1. 生态营销观念

生态营销观念是以市场为导向，以市场需求和市场竞争为中心，以寻找和满足最能发挥企业优势的市场需求、提高企业经营效益为重点的营销观念。

生态营销观念认为，市场上的需求多种多样，任何一个企业都不可能满足市场上的所有需求，而只能将那些最能发挥企业优势的市场需求作为企业的营销方向，设法去满足它。

在生态营销观念的指导下，企业一方面坚持以顾客需求为中心，另一方面强调发挥自身的优势和特长。

2. 社会市场导向营销观念

社会市场导向营销观念是市场导向营销观念的进一步发展，主要包括社会市场营销观念和绿色市场营销观念。

（1）社会市场营销观念。社会市场营销观念认为，企业的营销活动不仅要满足顾客的欲望和需求，而且要符合顾客和全社会的长远利益，要变“以顾客为中心”为“以社会为中心”。因此，企业在市场营销中，一方面要满足市场需求，另一方面要发挥企业的优势；同时，还要注重社会利益，确保顾客的身心健康和安全，确保社会资源的合理、有效利用，防止环境污染，保持生态平衡，要将市场需求、企业优势与社会利益三者结合起来。

（2）绿色市场营销观念。该观念认为，企业在营销活动中，要顺应可持续发展战略的要求，注重生态环境保护，促进经济与生态的协同发展，以实现企业利益、顾客利益、社会利益和生态环境利益的统一。

（四）关系导向营销观念

关系导向营销观念是20世纪80年代末提出的一种营销观念，这一理论由于迎合了现代企业的营销实践，所以一经提出就受到企业界的重视，并得以迅速发展。

关系导向营销观念的基本含义是：①强调交易与关系的结合。它认为营销策略既是一个管理过程，又是一个社会过程，营销中既要通过相互交换实现交易活动，又要通过履行承诺建立和巩固各方关系。②强调“关系”的多元性。不仅要注重与顾客的关系，而且要注重与一切同营销活动有关的参与者的关系；不仅要注重关系的识别与建立，而且要注重关系的维持与巩固，通过利益相关者之间的相互沟通和磨合，形成一种稳定的、相互依赖的关系。③强调实现多赢的目的。关系导向营销观念强调营销必须兼顾企业、顾客及利益相关者的利益，建立、维持、巩固三者之间的良好关系，在实现企业利润目标的同时，实现各方的目的。

可见，关系导向营销观念打破了以往营销观念中只注意与顾客进行一次性交易的做法，而把交易的重点放在与顾客建立长期的关系上，使企业的长期目标得以实现，并为现代市场营销理念开辟了更为广阔的领域，扩大了市场营销范围和营销策略组合。

三、市场营销管理及其任务

企业在现代市场营销观念指导下有计划地从事市场营销活动的过程，就是市场营销管理的过程。

（一）市场营销管理的内涵

第二次世界大战结束后，美国管理学者赋予了市场营销理论鲜明的“管理导向”，即他们着重从市场营销管理决策的角度研究企业的市场营销问题。从此，美国的市场营销理论就发展成为企业市场营销管理理论。

所谓的市场营销管理，是指为了创造、建立和保持与目标市场之间的互利交换关系，以保证企业目标的实现，而在主客观条件分析的基础上，对市场营销活动进行计划、组织、协调和控制的过程。

（二）市场营销管理的任务

市场营销管理的核心是针对市场需求及其变化情况，对市场营销活动进行计划、组织、协调和控制。不同的地区、不同的产品、不同的时期均有不同的市场需求状况，因而，企业就需要相应地开展不同的市场营销活动。所以，在某种程度上，市场营销管理的实质就是对市场需求的管理，即面对不同的市场需求，采取不同的营销措施，使市场需求状况得到改善，从而有利于企业的经营。在不同的市场需求状况下，市场营销管理的任务是不同的，市场需求的各种状况与相应的营销管理任务如表 11-1 所示。

表 11-1　市场需求状况及相应的营销管理任务

需求状况	市场营销管理主要任务
负需求	改变需求
无需求	刺激需求
潜伏需求	开发需求
下降需求	恢复需求
不规则需求	平衡需求
充分需求	维持需求
过量需求	降低需求
有害需求	消除需求

（三）市场营销管理过程

企业的市场营销管理过程是一个计划、组织、协调和控制的过程。具体包括五个主要的步骤：分析市场机会，选择目标市场，制定市场营销战略，制订市场营销计划以及组织执行和控制市场营销工作。

第二节　市场营销战略

一、市场营销战略计划

市场营销战略是指营销经理对企业在计划期内的营销目标、战略措施、行动方案以及计划实施和控制的筹划。它实质上是营销管理部门在经理的组织之下,通过市场调研、战略分析和恰当的市场机会评估,应用市场细分选择目标市场,从竞争角度研究市场定位以形成自己的特色,进而有机整合企业内外一切可利用的营销要素,最终形成既有创新性又有可操作性的、能实现预期目标的营销方案。因此,营销战略既是营销经理对营销管理过程筹划的产物,也是营销经理指导和协调营销活动的主要依据和工具,具体包含以下七个方面。

(一)分析企业当前营销状况

分析企业当前的营销状况,主要是尽可能详尽地获取有关市场、产品、竞争、分销渠道及宏观环境等方面的背景资料,为今后的营销发展指明方向。

(二)SWOT 分析和问题分析

SWOT 分析和问题分析常常又称为机会点和问题点分析,是指在综合分析企业当前营销状况的基础之上,辨别因环境变化而可能出现的市场机会和环境威胁,结合企业自身的优势、劣势等战略要素,找出企业经营中应该解决的主要问题。

(三)确定目标

企业在计划期内必须实现的目标通常有多个,主要包括财务目标、营销目标及其他目标。

1. 财务目标

财务目标是指企业在计划期的任务完成后必须实现的赢利目标,如利润、税金、投资回报率、现金流量等。

2. 营销目标

营销目标是指与产品及市场相关的目标,如销售收入、销售增长率、市场份额、相对市场份额、品牌知名度及美誉度和忠诚度、市场覆盖面(分销范围)、市场覆盖率、市场风险的分散等。

3. 其他目标

其他目标包括企业形象塑造、员工素质提高、“三废”防治及环境保护、股票市场表现等。

(四)部署营销战略

营销战略的部署要依靠细分—瞄准—定位(Segmenting-Targeting-Positioning, STP)战略和市场营销组合战略来落实。STP 战略是指通过市场细分将整体市场分割为多个子市场,根据企业的具体目标和优势等酌情选择目标市场,即确定企业准备为之提供产品和服务的目标顾客群;然后进行市场定位,即确定企业产品和经营的特色,尽可能将良好的市场机会与企业自身优势有机结合起来,以赢得竞争优势。

(五)执行方案

为了落实营销战略,将目标和任务具体化和细分化,需要制订可实际操作的具体执行计划和行动方案，即要明确将由谁在何时、何地花费多少，采用何种方法、步骤，来完成何项工作。

（六）编制预算

编制预算，即表述实施营销计划所需的各项费用以及在该预算条件下预期的销售收入和利润等。预算一经通过，即成为制订和实施市场营销战略计划的基础。

（七）制订控制计划

制订控制计划，目的在于监测市场营销战略计划的执行情况，并根据反馈的信息强化营销管理。此外，为防范和及时化解因内外环境的突变带来的巨大市场风险，还应该有备选方案并制定各种应急措施。

二、市场细分

（一）市场细分的含义和基础

市场细分是指企业根据消费者对产品的需求、购买行为与购买习惯的差异，把整个市场划分为两个或两个以上消费者群体，从而确定企业目标市场的过程。每个需求特点大体相同的消费者群叫作一个细分市场或子市场。

市场细分和目标市场营销的差异性，首先在于市场需求的差异性，以及由此决定的购买者动机和行为的差异性。此外，市场细分和目标市场营销的客观基础还在于市场需求的相似性。消费者需求的差异性使得市场细分成为必要，消费者需求的相似性使得市场细分成为可能。市场细分就是按照求大同存小异的原则进行的，并且这种划分会随着市场需求的差异性和相似性的变化而不断变化。

（二）市场细分的意义

进行市场细分对企业具有重要的意义表现在以下三个方面：

（1）有利于企业巩固现有市场阵地，通过市场细分把握各类消费者的不同需要，并有针对性地开展营销活动，从而更好地满足消费者需求，稳定企业的现有市场，提高企业经济效益。

（2）有利于企业发现新的市场机会，选择新的目标市场。通过市场细分，企业可以了解市场的购买能力、潜在需求、顾客满足程度和竞争状况，从而可以及时发现新的市场机会，采取对策，赢得竞争优势。

（3）有利于企业制定适当的营销战略和策略，把有限的资源集中于企业的目标市场上，以取得最佳效果。

（三）市场细分的标准

凡是形成需求差异性的因素，都可以作为市场细分的标准和依据。由于市场类型不同，市场细分的标准也有所差异。

1. 消费者市场

一般而言,对消费者市场的细分所依据的标准可以概况为四大类:

(1) 地理因素。包括地理区域、地形、气候、人口密度、生产力布局、交通和通信条件等。

(2) 人口统计因素。包括年龄、性别、职业、收入、教育背景、国籍、宗教信仰等。

(3) 行为因素。包括消费者购买使用某种产品的时机、消费者所追求的利益、使用者情况、消费者对某种产品的使用率、对某品牌的忠诚度等。

(4) 心理因素。包括消费者的生活态度、个性偏好、购买动机、消费习惯等。

消费者对价格、服务、广告等因素的敏感度也可以作为市场细分的标准。

2. 产业市场

产业市场的细分标准与消费者市场细分标准部分相同,如追求利益、使用率、品牌忠诚度等。但两者也有差异:一是产业市场上的购买者是产业用户;二是产业市场上的购买决策是由专业人士做出的,一般属于理性行为,受感性因素影响较少。因此,产业市场细分的标准应增加变量,主要有:①最终用户;②用户规模;③参与购买决策的成员特点;④用户购买情况;⑤用户所处的地理位置。

(四) 有效市场细分的条件

(1) 可衡量性。即用来细分市场的依据和细分后的市场是可以衡量的。

(2) 可占领性。即细分后的市场是企业利用现有的人力、物力、财力可以进入和占领的。

(3) 有价值性。指细分后的市场有值得占领的价值。

(4) 相对稳定性。市场细分后的子市场具有相对稳定性,以便企业可以长期有效地占领市场。

三、目标市场选择

目标市场是企业决定要进入的细分市场,是企业选择和确定的营销对象,即企业能为之提供有效产品和服务的顾客群。选择目标市场主要包括以下三个步骤:

(一) 评估细分市场

企业为了选择适当的市场目标,需要对各个细分市场进行评估。企业评估细分市场主要有三个方面:市场规模和潜力、市场吸引力、企业本身的目标和资源。

(二) 选择和确定目标市场

目标市场的选择要依据企业对各细分市场及企业自身的条件的研究情况而定。

假设一家企业生产三种产品(P_1,P_2,P_3),同时服务于三类顾客(M_1,M_2,M_3),那么企业面临的市场就是九个细分市场。在主客观市场条件都已经具备的条件下,可供企业选择的目标市场覆盖模式就有五种。如图 11-1 所示,图中各阴影部分或画线部分为企业所确定进入的目标市场。

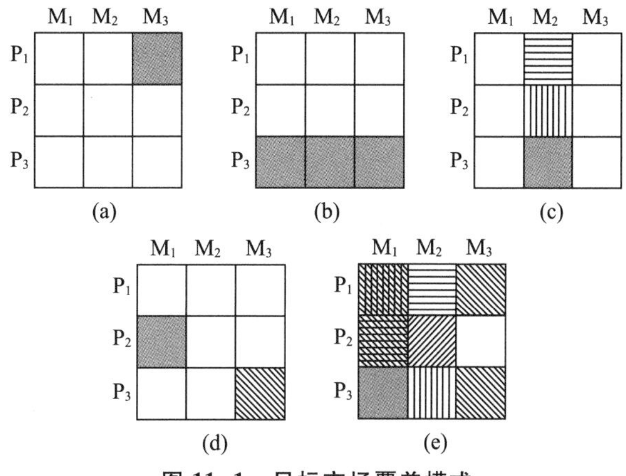

图 11-1　目标市场覆盖模式

1. 单一市场集中化

企业进入某一个细分市场,为其提供一种适销对路的产品,如图 11-1(a)所示。

2. 产品专门化

企业为所有细分市场提供一种能满足其共同需求的产品,这实际上是实施非市场细分化战略,即不分割整体市场,如图 11-1(b)所示。

3. 市场专门化

企业为某一个市场提供多种产品,以满足此顾客群体的多种需求,如图 11-1(c)所示。

4. 有选择地专门化

企业进入少数细分市场,分别提供各细分市场所需要的产品,如图 11-1(d)所示。

5. 全面覆盖

企业进入所有细分市场,但是分别提供各细分市场所需要的产品,如图 11-1(e)所示。

研究进入细分市场方案时,还需考虑以下因素:

(1) 企业的产品应与所进入的细分市场的需求有效匹配;

(2) 产品的市场覆盖面要适度;

(3) 企业进入多个细分市场时,应确定是同步进入还是分步进入。

(三) 确定目标市场营销战略

1. 无差异性目标市场营销战略

企业只推出一种产品,运用一种市场营销组合,试图吸引尽可能多的顾客,为整个市场服务(见图 11-2),这就是无差异性目标市场营销战略。企业采取这一战略的前提是顾客需求的同质性,即面对的市场是同质的,顾客需求是无差异的。此时,企业不进行市场细分,而是将产品的整体市场作为目标市场,针对顾客的共同需求,推出单一产品。

图 11-2　无差异性目标市场营销战略

无差异性目标市场营销战略的优点是可以降低成本,但并不能满足顾客的差异性需求和偏好,容易受到竞争冲击。

企业采取无差异性目标市场营销战略必须满足以下条件:①企业有进行大规模生产的能力;②企业有广泛的分销渠道,能把产品送达所有顾客;③企业产品质量好,在顾客中有广泛影响。

2. 差异性目标市场营销战略

企业分别设计不同的产品,运用不同的市场营销组合为若干个细分市场服务,满足每个细分市场的不同需求,这是差异性目标市场营销战略。企业采取这一战略主要着眼于顾客需求的差异性,在进行市场细分的基础之上,针对各个子市场的不同需求和偏好,制定相应的市场营销组合,迎合顾客的需求,如图 11-3 所示:

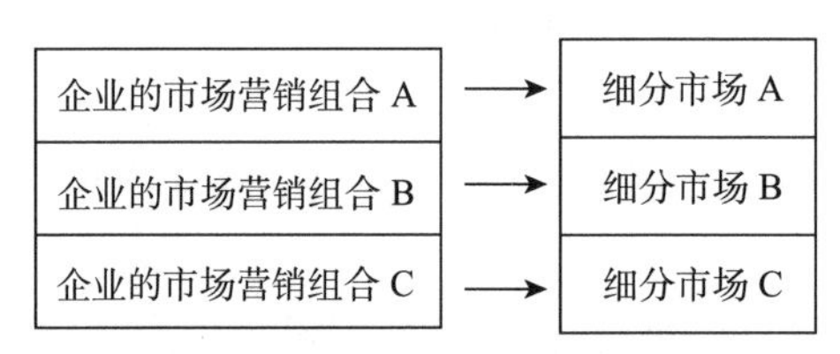

图 11-3　差异性目标市场营销战略

这种战略的优点是:①可以更好地满足不同顾客的需求和偏好,争取更多的顾客,从而扩大销售规模,获得更大的利润;②在某些细分市场上的优势能带动其他子市场的发展。不足之处是:①采用多种营销战略,势必增加销售费用;②加大经营管理难度。

企业采取差异性目标市场营销战略一般应满足以下条件:①企业的人力、物力、财力比较雄厚,能进行多品种生产;②企业的技术水平、设计能力能够适应多品种生产的要求;③企业营销管理人员水平高,能适应多种市场的要求;④产品销售额增加的比例大于营销费用增加的比例。

3. 集中性目标市场营销战略

集中性目标市场营销战略又叫密集性目标营销战略,是指企业集中所有力量,以一个或少数几个性质相似的子市场为目标市场。该战略通常不是追求一个大市场的小份额,而是追求一个或少数几个子市场的大份额,如图 11-4 所示。实行集中性目标市场营销战略的企业,一般是资源有限的中小企业,或是初次进入新市场的大企业。

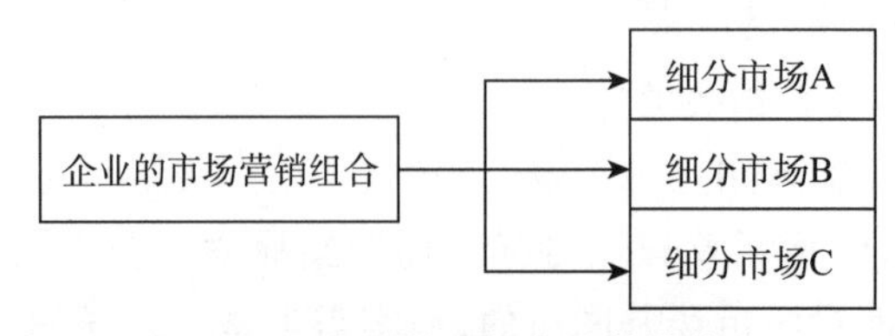

图 11-4　集中性目标市场营销战略

实行集中性目标市场营销战略的优点是:①可以提高企业在一个或几个细分市场的占有率;②可以降低成本和减少销售费用;③有利于企业树立品牌形象,增加销售量,提高利润率。这种营销战略的缺点是风险较大。由于这种战略所确定的目标市场范围比较狭窄，一旦市场形势突然恶化，如顾客需求发生变动，或者出现强有力的竞争对手，企业就有可能立即陷入困境。企业实行这种战略时要做好应变准备，增强风险意识。

四、市场定位

企业在确定了目标市场后，接下来要进行市场定位。定位理论是20世纪70年代由美国管理学者艾·里斯(Al Ries)和杰克·特劳特(Jack Trout)提出来的。

（一）市场定位的含义

市场定位即企业为在目标顾客心目中确定独特地位的活动过程。科特勒认为，定位是为了适应顾客心目中的某一特定地位而设计公司产品和营销组合的行为。在里斯和特劳特看来，定位主要是沟通问题，因此，有人称这种定位为沟通定位。

事实上，市场营销组合的其他因素，包括产品、价格、分销渠道、促销因素，以及营销的过程都会影响特定的产品或服务在顾客心目中的地位。现代市场营销中，除了针对某一特定产品或服务的个别定位，定位还可以是：①行业定位，即就整个行业来定位；②组织定位，即把某个组织作为一个整体来定位；③产品组合定位，即把组织提供的一组相关产品或服务作为一个整体来定位。

关于定位概念的内涵，可以从以下几方面理解：

(1) 定位本质上是攻心术，即企业通过在目标顾客心智上狠下功夫而实现两者在心灵上的双向沟通，以促成顾客对企业品牌的高度认同，并最终选购企业的产品。

(2) 能否创造性地塑造被目标顾客高度注意、认同和乐于接受的鲜明个性，以便在顾客心目中扩大与竞争者之间的差距，是企业定位成败的关键。

(3) 定位属于营销战略要素，是企业制定市场营销组合战略和各项营销策略的前提和依据。

(4) 定位的出发点和终极目标，均是寻求和造就差异优势以赢得市场竞争。

(5) 定位是企业为赢得市场竞争的主动权和战略优势而主动实施的市场行为。

（二）市场定位的步骤

1. 确定定位层次

确定定位层次是指明确所要定位的客体，这个客体是行业、公司、产品组合，还是特定的产品或服务。

2. 识别重要属性

即识别影响目标市场顾客购买决策的重要因素。这些因素就是所要定位的客体应该或者必须具备的属性，或者是目标市场顾客具有的某些重要的共同特征。

3. 绘制定位图

在识别出重要属性之后，就要绘制定位图，并在定位图上标示本企业和竞争者所处的位置,一般都使用二维图。

4. 评估定位选择

里斯和特劳特曾提出几种定位选择:一是强化现有位置,避免正面打击冲突;二是寻找市场空隙,获取先占优势;三是给竞争者重新定位,即当竞争者占据了它不该占有的市场位置时,让顾客认清对手“不实”或“虚假”的一面,从而使竞争者为自己让出它现有的位置。

无论采取何种选择,一种定位要想获得成功,必须满足以下三个条件:①定位必须有意义;②定位必须可行;③定位必须是唯一的。

5. 准确地传播与执行定位

定位最终需要通过各种沟通手段(如广告、员工的行为举止以及服务的态度、质量等)传递出去,并为顾客所认同。要避免因传播不当而在公众心目中造成误解。同时,成功的定位还取决于协调一致的内部和外部营销策略。

(三)市场定位战略选择

1. 定位因素选择

(1)特色定位。侧重于企业或产品主要特色的定位。

(2)利益定位。侧重于顾客主要利益的定位。

(3)使用定位。企业服务于提出某些特殊需求的顾客群的定位。

(4)使用人定位。企业按顾客类型确定定位。

(5)竞争定位。针对市场竞争态势,力求凸显企业优势的定位。

(6)产品品目定位。在企业名称或产品类别上别出心裁的定位。

(7)质量/价格定位。即以企业产品的质量价格比为主要依据的定位。

2. 定位战略选择

(1)对抗定位战略。它是指企业选择与现有竞争者相同的市场位置,争夺同样的目标顾客,使用相同的市场营销组合策略,在战略上采取正面交锋的对抗性做法。

(2)补缺定位战略。企业定位于市场的“空白”地带或市场缺口。通常,那些对市场变化反应灵敏且富有创新精神和具有强大开发能力的企业,常使用这种见缝插针式的定位战略,以开拓新的细分市场。

(3)侧翼定位战略。企业选择与现有竞争者相近的市场位置,避实就虚,与主要竞争对手适当拉开距离,使用相异的市场营销组合策略,在战略上突出自己的特色。此战略可避免与强大对手的正面竞争,从而赢得更大的生存和发展空间及宝贵的时间,是许多中小型企业常选用的市场定位战略。

企业在研究和选择定位战略时应注意:

(1)要认真研究目标顾客、竞争者及本企业三者之间的战略关系。

(2)要尽可能消除一切偏见,客观地评价本企业与竞争者的品牌和产品在目标顾客心目中的形象和地位。

(3)要以潜在顾客的心智为起点,努力实现心灵的双向沟通。即定位时要从外向内看,而不是相反。

五、市场营销组合

（一）市场营销组合的概念

市场营销组合是指企业为达到营销目标对其可控因素的综合应用。市场营销组合因素实际上有许多种，美国市场营销学家杰罗姆·麦卡锡（Jerome McCarthy）将这些因素概括为四类：产品（Product）、价格（Price）、分销（Place）、促销（Promotion），即“4P”。

产品是指企业提供给市场的有形或无形物体，包括产品质量、设计、性能、品牌和包装等；价格是顾客要得到某个产品所必须支付的货币数量，价格应该与产品的认知价值相符，否则买方就会转向购买竞争者的产品；分销是指企业为使目标顾客能够接近和得到其产品而进行的各种活动；促销是企业将其产品告知目标顾客并说服其购买而进行的各种活动。

市场营销组合四因素所包含的主要营销因素及其与目标市场的关系如图 11-5 所示。

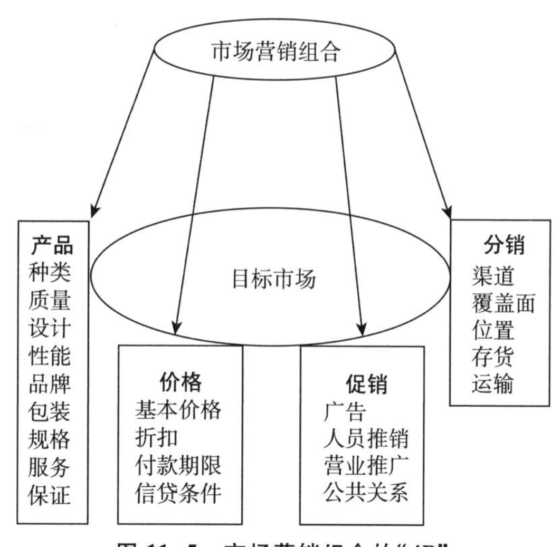

图 11-5　市场营销组合的“4P”

（二）市场营销组合决策

市场营销组合决策决定了在特定的时间内不同的营销因素如何配合使用，即产品、价格、分销、促销中所包含的营销因素具体定在什么水平。在确定各种营销因素后，市场营销组合就完成了。为了获得最佳的市场营销组合，企业进行市场营销组合决策时，必须遵循以下原则：

（1）整体性原则。因为市场营销组合中的各因素是相互关联的，所以企业决策时必须在符合营销目标的前提下，坚持以市场需求为中心，对产品、价格、分销和促销进行全面考虑、综合决策。

（2）差异性原则。进行市场营销组合决策时，必须进行创新，使市场营销组合独具特色，充分发挥企业的自身优势，反映企业的个性和特点，与竞争者的市场营销组合方案存在明显差异,吸引更多的顾客。

(3)主次分明原则。坚持市场营销组合整体性原则的同时,必须主次分明、重点突出、统一协调。

(4)适应性原则。企业环境和市场需求千变万化,企业的市场营销组合必须不断进行调整,以适应变化。

(三)市场营销组合理论的发展

4P 理论在本质上是以企业自身为中心的经营思想,极易导致企业经营者不恰当地将目光局限在片面追求市场份额上。20 世纪 80 年代以来,一些学者提出了新的营销组合理论,对 4P 加以补充和修正。

1. 4C 理论

1990 年,美国市场营销专家罗伯特·劳特朋(Robert Lauterborn)针对传统的营销组合 4P 理论,提出了以顾客价值需求为导向的 4C 理论。

(1)顾客需求和欲望(Consumer's Needs and Wants)。企业重视顾客要甚于重视产品。企业首先要了解、研究、分析顾客的需求和欲望,而不是考虑企业能生产什么产品。

(2)顾客成本(Cost to the Customer)。顾客可接受的价格是企业制定生产成本的决定因素,企业应首先了解顾客为满足需求和欲望愿意付出多少成本,而不是先给产品定价。

(3)方便性(Convenience)。企业提供给顾客的便利比营销渠道更重要。

(4)沟通(Communication)。企业应重视与顾客的双向沟通,以积极的方式回应顾客的情感,建立基于共同利益的新型企业—顾客关系。

2. 4R 理论

4C 理论的实质是凸显顾客的需求导向。但是,企业必须在市场需求导向的基础上强化竞争导向,以赢得竞争优势。在此基础上,美国管理学者唐·E.舒尔茨(Don E. Schultz)提出了 4R 理论,作为对 4P 和 4C 理论的补充和修正。

(1)关联(Relate)。在竞争性市场中,要提高顾客的忠诚度,赢得长期而稳定的市场,企业就应该通过某些有效的方式在业务、需求等方面与顾客建立关联,以实现企业与顾客的互动、互利、共生和双赢。

(2)反应(Reaction)。在当今相互影响的市场中,对经营者来说最现实的问题在于如何站在顾客的角度倾听顾客的渴望和需求,并迅速做出反应,满足顾客的需求。

(3)关系(Relation)。在企业与顾客的关系发生了本质性变化的市场环境中,企业面临的关键问题是如何与顾客建立长期而稳固的关系。

(4)回报(Return)。对企业来说,市场营销的真正价值在于其为企业带来短期或长期赢利的能力,使企业能够在激烈的市场竞争中实现可持续发展。

3. “3R+4P”理论

20 世纪 80 年代,美国管理学者瑞查德(Riochheld)和塞斯(Sasser)研究后发现,在当今新的市场条件下,顾客满意度和品牌忠诚度越来越成为影响企业获利水平的重要因素。据此,他们提出,企业在制定市场营销组合战略和策略时,应在 4P 的基础之上加上

3R,才能更好地实现预期经营目标。

(1) 顾客保留(Retention)。企业应该和顾客建立良好的、长期稳定的互惠互利的关系,使自己有一个相对稳定的忠诚的顾客群体。这样有利于降低买卖双方的交易成本。

(2) 相关销售(Related Sales)。顾客忠诚度的提高将有利于企业在顾客中推广新产品,大幅度降低新产品的市场推广费用,提高赢利水平,从而降低新产品投放市场失败可能引发的种种市场风险。

(3) 顾客推荐(Referral)。通过成功实施关系营销,不仅有利于培养和提高原有顾客群的满意度和忠诚度,还可以通过他们向潜在顾客传播企业的正面信息,从而为企业带来新的顾客,大大降低开发新市场的成本,提高企业市场份额的“质量”。

目前,一般的看法是在制定市场营销组合战略和策略时,仍应以 4P 理论为基础,再综合考虑 4C、4R 和“3R+4P”理论。同时,需要指出的是,这些理论均应提升到整合营销战略的高度,从企业实际出发,研究在运营层面上如何有机整合企业内外的一切营销要素,使企业既能更好地满足目标顾客的需求,又能在使顾客满意的同时使社会、股东和员工以及经销商等实现多方共赢,并在此基础上搞活经营,提高效益,增强市场竞争力特别是提升企业的核心竞争力,最终在竞争中赢得持续优势。

第三节 市场营销组合策略

一、 产品策略

(一) 产品概念

从市场影响的角度来看,对产品的理解应该从整体出发,将产品作为一个整体概念。整体产品是指能够提供给市场以满足顾客需求的任何东西,它由三个基本层次构成:

(1) 核心产品。它是产品最基本的层次,指整体产品提供给购买者的基本的实际利益和效用。

(2) 形式产品。它是核心产品的表现形式,是核心利益得以实现的物质实体外形,包括产品的品质、特色、造型、品牌和包装等。

(3) 附加产品。它是指整体产品提供给顾客的一系列附加利益,包括维修、运送、安装、保证等在消费领域中所给予顾客的好处。

整体产品历经生产、流通、消费等领域而形成。顾客所追求的是整体产品,企业所提供的也必须是整体产品,同时还要依据整体产品概念来确定和选择多种不同的产品策略。

(二) 产品组合

产品组合是指企业经营的全部产品项目、产品线的结构或结合方式。其中,产品项目是指按产品目录中列出的每一个明确的产品单位,具有同一种型号、品种、尺寸、价格、外观等的产品就是一个产品项目;产品线是一组密切相关的产品项目。

产品组合包括四个变化因素:

(1) 产品组合宽度,指一个企业拥有产品线的数量;

(2) 产品组合长度,指一个企业的产品组合中所包含的产品项目的总数;

(3) 产品组合深度,指一个企业的产品线中的每一产品的品种数量;

(4) 产品组合关联性(密度),指一个企业的所有产品线之间的相关程度,即产品种类之间的一致性。

(三) 产品组合策略

产品组合策略是指企业根据市场需要及企业的内部条件,选择适当的产品组合宽度、长度、深度、关联性来确定经营规模和经营范围的策略。

企业可以选择的产品组合策略通常有以下三种:

(1) 扩大产品组合。该策略是指拓展产品组合的宽度和长度,增加产品组合的深度,即增加产品或产品项目,扩大经营范围,生产更多的产品以满足市场的需要。

(2) 缩减产品组合。该策略是指企业根据市场变化和自身的实际情况,收缩产品组合的宽度、长度和深度,适当删减部分产品线或产品项目,力图从生产较少的产品中获得较多的利润。

(3) 延伸产品线。延伸产品线是针对产品的档次而言的,指在原有档次的基础上增加企业的经营档次。

(四) 产品生命周期与营销策略

产品生命周期是指一种产品在市场上出现、发展直至被淘汰的过程,它是一种产品更新换代的经济现象。

产品生命周期可分为四个阶段:导入期、成长期、成熟期与衰退期,如图 11-6 所示。

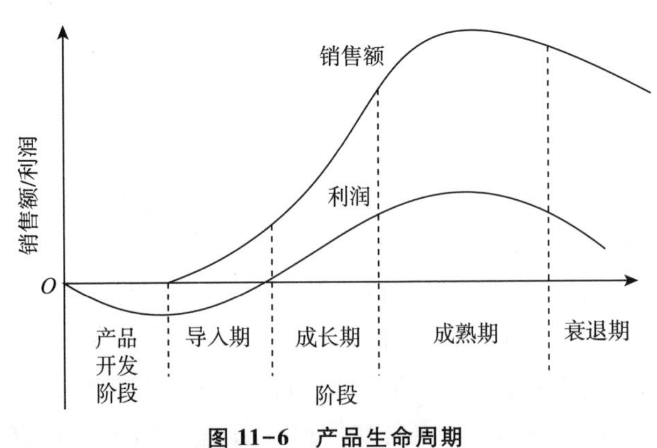

图 11-6 产品生命周期

产品生命周期各阶段的特点及营销策略如下。

1. 产品导入期的特点与营销策略

产品导入期的特点是:产品销量小且销售额缓慢增长;产品的利润低甚至亏损;产品质量不稳定;市场竞争者较少甚至没有竞争者。

建立新产品的初级需求，努力提高新产品的知名度，是这一阶段的营销策略重点。具体的营销策略有：

(1) 控制投资规模，待销量有明显增加时才逐步扩大投资；以单一品种或品牌进入市场，待新产品被市场接受后再不断多样化和差异化。

(2) 尽快修正新产品的缺陷，保证新产品的质量。

(3) 加大促销力度，尽快使新产品能被潜在顾客接受。

(4) 根据企业的自身条件和潜在的市场需求，控制好新产品的市场投放。

2. 产品成长期的特点与营销策略

产品成长期的特点是：产品被顾客接受，产品的销售额迅速上升，利润迅速增加；生产规模扩大，生产成本下降；市场竞争者日渐增多，竞争开始加剧。

产品成长期的营销策略重点应放在创立名牌、提高忠诚度上，促使顾客在出现竞争性产品时更喜爱本企业的产品以扩大市场份额。具体策略有：

(1) 修正缺陷，改进产品的质量；改进款式，赋予产品新的特性，使整体产品优于同类产品。

(2) 进入新的细分市场，发展销售网点，扩大销售额。

(3) 树立起本企业及产品的良好形象。重点宣传品牌商标，提高品牌的知名度与忠诚度，促使潜在顾客认牌购买。

(4) 采用高价进入市场的产品，此时可根据竞争形势的要求适当降低价格，争夺对价格敏感的潜在顾客。

3. 产品成熟期的特点与营销策略

产品成熟期是整个产品生命周期中最长的一个阶段，其特点是：产品销售增长率变化过程表现为“缓慢增长—接近或等于零—缓慢下降”，销售额达到整个产品生命周期的最高峰；只有少量迟缓购买者进入市场，顾客购买多属于重复购买；销售利润达到最高后开始下降；替代新产品出现，部分顾客开始转向购买新产品；生产过剩的威胁增大，市场竞争极为激烈。

产品成熟期的营销策略重点应放在延长产品生命周期、提升产品竞争力上，以此获得竞争优势，巩固市场占有率，从该产品中获得尽量多的利润。具体策略如下：

(1) 改进市场，即尽量根据使用者的人数和用量采用不同的策略。

(2) 改进产品，它与改进市场相辅相成，改进产品将更有效地改进市场。

(3) 改进营销组合，以适应激烈的市场竞争形势。

4. 产品衰退期的特点与营销策略

产品衰退期的特点是：产品销售额明显下降或急剧下降，利润下降甚至出现亏损；行业内价格竞争激烈；竞争者立即或缓慢地退出市场；顾客的消费习惯发生改变。

这一阶段的营销策略重点是把握时机、退出市场，并部署新产品的引入。具体策略包括：

(1) 放弃策略，即放弃迅速衰退的产品，将企业的资源投入到其他有发展前途的产品上去。使用该策略时，应妥善处理现有顾客的售后服务问题。

(2) 维持策略,衰退期由于部分竞争者退出市场,留下了一定的市场空缺,此时留在市场上的企业仍然有赢利的机会。企业既可以继续沿用过去的营销策略,也可以将资源集中在最有利的细分市场,维持老产品的集中营销,还可以大幅度削减营销费用,让老产品继续衰退下去,直至退出市场。

(3) 重新定位。通过产品的重新定位,为老产品寻找到新的目标市场和新用途,从而延长产品的生命周期,甚至使它成为一个新产品。

(五) 品牌策略

品牌属于产品整体概念中的形式产品,是产品的一个重要组成部分。一个好的品牌,有利于顾客接受本企业产品,扩大产品的市场占有率,提升产品的价值,是企业一项重要的无形资产。

1. 品牌的含义

品牌是指用来识别出售者的产品或服务的某一名词、标记、符号、图案和颜色或它们的组合,以使企业的产品或服务与竞争者区别开来。品牌是一个集合的概念,包括:

(1) 品牌名称。即品牌中可以用言语表达的部分。

(2) 品牌标志。即品牌中可以被识别,但不能用言语表达的部分。

(3) 商标。它指经过注册登记,受到法律保护的品牌或品牌中的某一部分。品牌只有根据商标法的规定进行登记以后,才能成为商标,受到法律的保护。在企业营销实践中,品牌具有识别、保护、促销和增值四大功能。

2. 常用的品牌策略

(1) 品牌有无策略。指企业决定是否给其产品规定品牌名称。产品是否选用品牌,要根据产品的具体特点而定。由于品牌具有识别、保护、促销和增值的功能,大多数产品都应具有品牌,但有些产品可以不具有品牌。

(2) 品牌使用策略。制造商在决定对产品使用品牌后,还要决定如何使用,一般有三种选择:①制造商品牌策略。该策略可以使生产者获得自立品牌的效益。②中间商品牌策略。受资源约束,无力建立自己品牌的生产企业常采用该策略。③混合策略。制造商对自己生产的一部分产品采用制造商品牌,而对剩下的产品则用中间商品牌。

(3) 统分品牌策略。如果企业决定采用自己的品牌,那么一般有以下两种选择:①统一品牌,即企业对自己生产的多种产品统一使用同一品牌名称。该策略有利于新产品进入市场,节约广告费用。但其中任何一个产品的失败都会使整个品牌受到损失。使用该策略的企业,必须对所有产品进行严格的质量控制。②个别品牌。即企业对不同产品分别使用不同的品牌名称。该策略避免了企业的剩余产品受某个失败产品影响的风险,同时有助于发展多种产品线和产品项目,开拓更加广泛的市场。主要缺点是品牌过多,不利于创立名牌,同时促销费用也比较高。该策略适用于产品线较多而相关性较小、生产技术条件有差异的企业。

(4) 品牌延伸策略。即企业利用已取得成功的品牌的声誉来推出改良产品或新产品。该策略可以节约新产品的推广费用,但新产品失败也会影响到品牌声誉。

(5) 多品牌策略。企业为一种产品设计两个或两个以上互相竞争的品牌的策略。

该策略的优点主要有:①可以在零售商店占据更多的销售空间,减少竞争者的机会;②可吸引那些有求新心理的品牌转换者;③发展多品牌可使企业占领不同的细分市场;④发展多种不同的品牌能促进企业内部各个产品部门和产品经理之间的良性竞争,提高企业整体的效益。应注意,每种品牌都应有一定的市场占有率,具有赢利空间,否则会浪费企业的有限资源。

(6) 品牌重新定位策略。当顾客偏好发生变化或者竞争者推出新的品牌时,市场对企业品牌的需求就会减少,这时应重新评估原品牌与细分市场,对品牌进行重新定位。此时企业必须考虑:①将品牌转移到另一个细分市场的费用;②重新定位的品牌的赢利。企业要对各种品牌重新定位方案进行经济可行性分析,选定一个赢利最多的方案。

3. 品牌资产的运营

品牌资产是指商品和服务冠以品牌后,所产生的超越产品功能价值的附加价值。这种附加价值是顾客愿意购买有品牌的产品,并为此支付较高价格而使企业获得的额外收益。从顾客的角度来看,它表现为顾客对品牌的偏好、态度和忠诚度;从财务的角度来看,它可以直接用货币的价值衡量,比如为收购其他品牌而支付的价格。一个强有力的品牌能形成巨大的品牌资产,而巨大的品牌资产又能为企业提供强大的持续竞争优势。因此,品牌资产对企业当前的市场竞争和未来发展都具有重要的意义。

品牌资产一般包括以下几个要素:

(1) 品牌忠诚度。它指因对品牌的特殊信任、偏好而形成的一种热爱,以及由此产生的长期认牌购买和使用。品牌忠诚度越高,品牌资产价值越大。品牌忠诚度是品牌资产的重要组成部分,是经营品牌资产的最终目的。

(2) 品牌知晓度。它指人们对品牌名称的知晓程度。知晓度越高的品牌往往其市场占有率越高,销量越大,品牌资产价值也越大。

(3) 品牌品质形象。它指顾客对产品或品牌的总体质量的感知。品牌品质形象越好,顾客购买意愿越强,品牌资产价值也越大。

(4) 品牌联想。它指品牌让顾客联想到它所代表的产品特征和利益等。各种品牌的联想在强度和唯一性上有所不同,品牌联想的强度越高,越不可替代,品牌资产价值就越大。

(5) 品牌资产的其他内容。它指附属于品牌之上的专利、技术和分销渠道等专有资产。这些内容有助于企业构筑核心竞争力,是企业品牌资产的重要内容。

品牌资产能使企业保持持续的竞争力,为企业的长远发展提供保证。因此,企业应重视品牌资产的运营。根据品牌资产的构成,企业在运营品牌资产的过程中,应首先从创立品牌知晓度入手,建立良好又鲜明的品牌形象,以此提高品牌忠诚度,形成企业的品牌资产。在此基础上,企业可通过转让、外包、特许经营和品牌延伸等形式,综合运营品牌资产。

二、定价策略

(一)影响定价策略的因素

1. 成本

成本是定价的基础,也是定价的下限。

2. 市场和需求

必须了解价格及其产品需求之间的关系,市场和需求是定价的上限。

3. 竞争

企业在选择定价策略时,必须考虑竞争者的成本、价格及对企业的价格变化可能做出的反应。

根据市场上企业的数量和大小、产品的差异化程度以及新企业进入市场的可能性等特征,市场可以分为完全竞争、完全垄断、垄断竞争和寡头竞争四种结构类型。市场结构类型不同,企业定价策略也不同。

4. 营销策略的一致性

定价策略应与其他营销策略相适应,以发挥最大的综合效应。

5. 法律政策

定价策略应遵循法律政策的规定。

(二)企业定价目标

在不同的市场条件下,企业的内部资源和外部环境不同,其追求的战略目标会发生显著的变化,进而定价目标也有所不同。

1. 利润导向型目标

(1)利润最大化目标。利润最大化可分为短期利润最大化和长期利润最大化。追求短期利润最大化的企业一般通过实行高价策略,获得超额利润以实现其目标。采用这种策略的企业一般应具备三个条件:产品在市场上处于优势地位;产品在市场上供不应求;产品的生命周期短。但价格过高,可能引起需求减少、替代品出现和竞争者增加,导致企业失去原有顾客和市场,最终损害企业的长期利益。故企业通过高价策略只能获得短期最大利润。

长期利润最大化是追求持续经营的企业的长期经营目标。企业有时为实现长期利润最大化,甚至需要放弃短期利益。企业可采用低价策略先占领市场,再逐步提价以取得高额利润;或当企业某种产品利润低甚至没有利润,但企业所有产品综合起来能获得较大利润时,企业就给该产品定较低的价格,以招徕顾客,带动其他产品的销售,谋求最大的综合利益。如此可取得较大的竞争优势,占领更大的市场,实现长期利润最大化的目标。

(2)满意利润目标。满意利润是一种既不太高也不太低,能使企业经营者和股东都感到比较满意、比较适当的利润。该目标的实现必须充分考虑企业的生产销售能力、投资成本、竞争格局和市场可接受程度等因素。采用这种定价目标的企业通常属于无法与实力强的企业抗衡的小企业,它们为保全自己、降低风险,多采取跟随或补缺战略,将价格定在同行业平均利润水平上,适当保持与竞争者之间的价格距离,以获取平均利润。

(3) 预期投资收益率目标。这是指企业以一定的投资收益率或资金利润率为目标,产品定价是在成本的基础上加上一定比例的预期收益。

确立预期投资收益率目标,必须全面考虑行业性质、产品特点、市场竞争状况、市场可接受程度和法律政策等因素,事先进行充分的预测分析,结合投资额和回收期,核定价格、销量和预期利润水平。

采用这种定价目标的企业,一般是实力雄厚、经营状况稳定、生产规模较大和具有一定市场垄断力的大中型企业。

2. 销售导向型目标

(1) 销售收入最大化目标。这种定价目标是指企业在保证一定利润水平的前提下,谋求销售收入的最大化。销售收入是衡量企业绩效的重要尺度,销售收入的多少反映了顾客对产品的认可程度、企业在市场上的竞争地位和企业的经营规模。追求销售收入的最大化,前提是必须保证总利润不低于一定的水平。此外,至少要具备两个条件:第一,产品需求的价格弹性较大,低价或降价可以促使产品销售收入迅速增加;第二,产品的生产具有规模经济特征,产品成本随产量的增加而减少。

(2) 保持和扩大市场占有率目标。具有战略眼光的大中型企业,经常采用这种定价目标,以低价策略来保持和扩大市场占有率,增强竞争力,最终获得长期利润。当然,企业如果盲目追求高市场占有率,那么其结果可能会适得其反。此外,采用市场占有率目标还要注意法律政策问题。

(3) 保持与分销渠道良好关系目标。渠道中的每一个成员都会追求自身利益的最大化,这就要求企业必须充分研究价格对渠道成员的影响。在制定价格时,应考虑渠道成员的利益,制定一个有吸引力的价格,激励渠道成员积极推销本企业产品。这种定价目标适合刚刚进入市场的新企业和对中间商依赖性较强的企业。

3. 竞争导向型目标

(1) 避免和应对竞争。这种定价目标是在激烈竞争的市场上,企业为了适应竞争的需要而制定的。为避免竞争,市场领导者一般以适当的低价策略主动防御现实和潜在的竞争者。而那些实力有限、知名度较低的企业,为了扩大市场占有率,通常将价格定得低于主要竞争者的价格。只有处于绝对优势的企业,才可以将价格定得高于其他竞争者。一般情况下,只要竞争者维持原价,企业也可以维持原价;竞争者改变价格时,企业也应该适当调价。为了避免价格竞争,企业更应重视在产品质量、促销、分销渠道等方面与竞争者展开竞争。

(2) 稳定价格。稳定的价格能降低经营风险,避免恶性价格竞争,为企业带来较为稳定的收益。为了达到稳定价格的目标,同一市场的各个企业之间有时候会形成一种默契,即由行业中的领袖企业决定产品的价格,其他企业则采取跟随定价。如此,可以使市场价格在一个较长时间内保持稳定,避免因价格战带来的不必要损失。稳定价格是寡头垄断市场上的企业通常采取的一种定价目标。

(三) 定价方法

在综合考虑影响因素和定价目标的基础上,企业所选择的定价方法通常有以下三种。

1. 成本导向定价法

这是一种基本定价方法,它以产品成本为定价基础,强调企业定价必须以此为最低界限,在保本的基础上综合考虑不同的情况去制定价格。具体方法主要有:

(1) 成本加成定价法。即以单位产品全部成本加上按加成比率计算的利润额来定价。

(2) 变动成本定价法。此法的基本原理是,只要单位产品价格高于单位变动成本,产品的边际收入就大于零,销售量增加就能导致总收入增加,该价格就可以接受。

(3) 盈亏平衡定价法。即以企业总成本与总收入保持平衡为依据来确定价格。

2. 需求导向定价法

这是一种以顾客对产品的需求和可能支付的价格水平为依据来制定价格的方法。其特点是企业产品价格随需求的变化而变化,与成本的关系不大。具体方法主要有:

(1) 认知价值定价法。即根据顾客对产品的认知、感受或感知的价值水平来定价。

(2) 零售价格定价法。即根据顾客的购买能力,确定市场零售价格,以此为基础,推定销售成本和生产成本,决定出厂价格。

(3) 差别定价法。即同一种产品在不同的细分市场采取不同的价格。

3. 竞争导向定价法

这是一种以市场上主要竞争者的同类产品价格为定价依据,并根据竞争态势的变化来调整价格的定价方法。具体方法主要有:

(1) 随行就市定价法。即企业跟随行业中的主要竞争者的价格,或跟随各企业的平均价格,或跟随市场上的一般价格来确定自己的产品价格。

(2) 限制进入定价法。即企业制定低于利润最大化的价格,以限制其他企业的进入。

(3) 密封投标定价法。采用此法定价时,是以设想的竞争者的价格为基础,而不是以自己的成本或需求为基础。企业的目的既然是中标,其要价必须低于其他竞争者。但是,定价不能低于成本水平。

(四) 定价策略类型

1. 新产品定价策略

(1) 撇脂定价策略。即企业以高价推出新产品,以便在产品生命周期的开始阶段取得较大利润,尽快收回成本,然后再逐步降价的策略。

撇脂定价的条件包括:要有足够的潜在顾客,愿意按较高的初始价格立即购买这些新产品,其销售有利可获;这种高价不会吸引新竞争者;顾客认为该产品定高价是由于它具有很高的质量。

(2) 渗透定价策略。即企业对新产品制定一个较低的初始价格来迅速吸引大量购买者,形成大众市场并赢得很大的市场份额,待产品在市场上站稳脚跟以后,再视具体情况将价格适当提高的策略。

渗透定价的条件包括:该市场中的许多细分市场具有较高的价格意识;较低的初始价格足以阻止竞争者进入该市场;随着产量的提高,单位生产成本和单位营销成本会急剧下降。

(3) 温和定价策略。即企业为了综合撇脂定价和渗透定价的优点,将价格定在适中水平的价格策略。

2. 心理定价策略

这种策略是指运用心理学的原理,根据各类顾客购买商品或服务时的心理动机制定产品或服务的价格,引导和刺激购买的价格策略。主要有尾数定价、整数定价、小计量单位定价、声望定价、招徕定价等。

3. 地理定价策略

这种策略是指企业依据商品的特性、所在地区的市场态势、交货条件、费用分摊等情况,对不同地区实行不同的价格的策略。

4. 折扣和折让策略

这是企业为了更有效地吸引顾客,鼓励顾客购买自己的产品而给予顾客一定的价格减让的策略。具体形式主要有:

(1) 现金折扣。指对那些迅速付款或用现金购买的购买者给予一定的价格折扣。

(2) 数量折扣。对那些批量购买的购买者按购买量的不同分别给予不同的价格折扣。

(3) 功能折扣。又称贸易折扣,是由销售者提供给那些执行一定贸易职能的分销渠道成员的折扣。

(4) 季节折扣。指对在淡季购买商品或服务的顾客降低价格。

(5) 折让。折让是折扣的另一种形式,通常有以旧换新折让和促销折让两种形式。

三、 分销渠道策略

分销渠道是促使商品从生产者流转到顾客手上的一整套相互依存的组织。由于生产者与顾客之间总是存在空间距离,而且顾客处于分散状态,因此,生产者必须借助一定的分销渠道网络,把商品及时地送到每一个顾客愿意光顾和购买的销售场所或者顾客手上。

(一) 分销渠道的类型

根据生产者是否自己销售产品,分销渠道可以分为以下两种类型:

1. 直接分销渠道

直接分销渠道是生产者和顾客直接进行商品交换的渠道。这里没有利用任何中间商,既可以由生产者来承担销售渠道的全部功能,也可以由顾客或用户来承担。

直接分销渠道是生产者市场上商品销售的主要渠道。直接分销渠道的优点有:①生产者能够快速且具体地了解顾客的需要,及时做出相应的市场营销决策;②便于全面周到地为顾客提供服务,切实满足顾客需要,并防止假冒伪劣商品对企业声誉的不良影响;③可减少流通费用,缩短商品流通时间,提升企业竞争力。

直接分销渠道的缺点有:①因为生产者要把一部分资源投入流通领域,所以会降低生产规模;②产品的销售范围和数量将受到很大限制;③生产者要承担商品销售中的全部风险。

2. 间接分销渠道

间接分销渠道是生产者通过流通领域的中间环节把商品销售给顾客的渠道。间接分销渠道有批发商、零售商等商业机构加入,使商品销售要经过一个或多个中间环节。目前市场上绝大多数的商品都是通过间接渠道销售给最终用户或顾客的。

按照具有接续关系的中间商数量的多少,间接分销渠道可分为长渠道和短渠道。

按照具有分配关系的中间商数量的多少,间接分销渠道可分为宽渠道和窄渠道。

按照中间商参与所有权转移的情况,间接分销渠道可以分为经销渠道和代销渠道。

间接分销渠道的优点有:①利用众多企业外部资源,在广泛的市场空间进行商品分销,既可以减少生产者对流通领域的投入,又可以扩大商品销售量,从而大大提高生产者的生产规模和规模经济收益,促进生产分工的发展;②中间商可以帮助生产者融资,更加有效地推销商品,加快商品流通速度,分担市场风险。

间接分销渠道的缺点有:由于增加了中间商环节,必将增加商品流通中的交易次数,从而带来流通费用的增加,使生产者管理和控制分销渠道、向顾客提供专业服务变得困难。此外,产销信息沟通也会不方便。

(二)分销渠道设计

分销渠道设计要解决的主要问题是渠道目标和渠道方案的确定,具体步骤为“确定渠道目标—制订渠道方案—评估渠道方案”。

1. 确定渠道目标

确定渠道目标是指企业想把渠道建设成一个什么样的渠道。渠道目标通常有:①强调速度;②体现便利;③突出选择;④重视服务。

渠道目标问题实际上是企业准备提供什么样的“渠道产品”,“渠道产品”的实质是服务,渠道的价值也由此体现。企业的渠道目标,一般在考虑顾客的需要和一些对渠道选择起限制作用的因素的基础上确定。在确定渠道目标时,必须要考虑以下两个方面的因素。

(1) 分析目标顾客的需要。实质上,顾客的需要就是企业分销渠道的目标。在确定渠道目标时,要了解企业的目标顾客群希望中间商提供什么样的购买服务水平,然后根据这种购买服务水平来确定本企业的渠道目标。这就需要对目标顾客群进行调查研究,了解他们所需要的服务类型和水平。

(2) 分析影响分销渠道选择的因素。正确地选择分销渠道,制订有效的分销渠道方案,必须对影响销售渠道的主要因素进行分析和判断。影响销售渠道的主要因素有:①产品因素。包括产品单位价值,产品的大小与重量,产品的耐腐性、技术性和服务性,产品的款式、标准化程度,以及企业开发的新产品等。②市场因素。包括市场范围的大小、潜在顾客的地理分布情况、顾客的购买习惯、市场上竞争者使用分销渠道的情况、销售的季节性变化等。③企业自身的因素。包括企业的声誉与资金、企业自身的销售力量和销售经验、企业对分销渠道的控制要求、企业提供服务的态度和能力。④经济效益因素。企业选择哪种分销渠道,要通过分析、比较、衡量采用各种渠道的利弊,视其综合经济效益的大小来决定。⑤社会环境及传统习惯因素。主要是指社会的风俗习惯,以及产品分销渠道受限制的情况。⑥中间商因素。选择中间商主要应考虑中间商的地理位置、信誉、资本实力、经营能力、合作意愿及其与政府、顾客的关系。

选择中间商是分销渠道建设中一项十分重要的工作,必须采用科学的程序和方法,谨慎进行。从程序上看,选择中间商必须首先确认渠道目标,明确需要选择什么类型的、具备什么条件和功能的,以及具体多少数量的中间商;然后,调查研究,掌握中间商资料;最后经过全面分析和科学论证,选择符合要求的中间商。从方法上看,对中间商的评价和选择应当坚持主观条件与客观条件相结合,历史表现评价与现实表现评价相结合,财力分析、营销经验分析和管理运作效率分析相结合的原则,用满意标准选用合格的渠道成员。

2. 制订渠道方案

渠道方案的制订主要考虑渠道成员的类型、数量、条件和责任。

(1) 确定渠道成员的类型。企业首先应考虑是使用中间商还是使用自己的销售队伍。如选择使用中间商,就要考虑是使用经销商还是代理商。确定渠道成员的类型需要综合考虑渠道目标和企业的实力及竞争状况。

(2) 确定渠道成员的数量。渠道中应包含的中间商数量又称市场展露度,有三种可供选择的策略:①广泛分销策略,又称密集分销策略。它是指企业广泛利用众多的中间商经销自己的产品。这种策略可充分利用场地,占领尽可能多的市场供应点,以使产品有充分展露的机会。该策略通常用于日用消费品和工业品中标准化、通用化程度较高的产品的分销。这种策略的优点是产品与顾客接触机会多、广告效果好。缺点是采用这种策略时,企业基本上无法控制渠道,与中间商的关系也较松散;采用这种策略的企业要负担较高的促销费用,并设法鼓励和刺激中间商积极推销本企业的产品。②选择性分销策略。它指企业从愿意合作的中间商中选择一些条件较好的中间商去销售本企业的产品。它适用于顾客需要在价格、质量、花色、款式等方面精心比较和挑选后才能决定购买的产品。这种策略的优点有:减少了制造商与中间商的接触,每个中间商可获得较大的销售量,有利于培植企业之间的合作关系,提高渠道的运转效率;有利于维护产品在用户中的声誉;有利于企业对渠道进行适度的控制。③专营性分销策略。它指企业在一定的市场区域内仅选用一家经验丰富、信誉卓著的中间商销售本企业的产品。这种策略主要适用于顾客挑选水平很高、品牌商标价值大的特殊品,以及需要现场操作表演和介绍使用方法的产品。该策略的优点有:易于控制市场的营销价格;可以提高中间商的积极性和销售效率,更好地服务于市场;有利于产销双方较好地互相支持和合作。其缺点有:生产者过于依赖该中间商,容易受其支配;中间商如果选择不当或客观条件发生变化,可能会完全失去市场;可能因为推销力量不足而失去许多潜在顾客。

(3) 确定渠道成员的条件和责任。在渠道方案中,必须规定渠道成员的条件和责任。主要在以下几个方面予以明确:①价格政策。由生产者制定价目表和折扣细目表。②销售条件。包括付款条件和生产者的担保。③中间商的地区权利。表明对中间商的地区安排和特许权分配。④双方的服务和责任。明确规定生产者和中间商各自的服务内容和服务水平以及相应的责任,特别是采取特许经营和独家代理等渠道形式时。

3. 评价渠道方案

经过前面的步骤,得出几套可供选择的渠道方案后,最后还需要对这些方案进行评价,得出一个最佳方案。评价依据的标准一般包括:

(1) 经济性。需要分析每一种渠道方案能达到的销售额,以及每一种渠道方案实现某一销售额所需要花费的成本。

(2) 可控制性。由于使用不同类型的渠道成员,对渠道的控制程度会有所不同,因此需要选择相对来说控制性较强的渠道方案。

(3) 适应性。为了能及时实施渠道战略和策略调整,企业应选择具有最大控制程度的渠道结构的方案。

四、 整合营销传播策略

买卖双方的信息沟通是现代营销得以进行的必要条件之一。整合营销传播是协调各种促销活动,使之产生面向顾客的、连贯的、统一的信息的沟通方法。营销传播组合(也称促销组合),是市场营销组合的一个重要组成部分,是企业整个销售活动中的重要环节。

(一) 整合营销传播的内涵

整合营销传播是一种综合性的营销传播计划,它通过评估各种传播方法在营销传播中的战略作用,将这些方法组合起来,对分散的信息进行无缝结合,以便对目标受众产生明确的、连续一致的和最大的传播影响。

整合营销传播是对传统的促销或促销组合概念的扬弃,它以关系营销为目标,通过对各种营销传播工具的整合,同以顾客为核心的全部利益相关方进行互动式的沟通,对长期的顾客购买过程进行有效管理。

作为整合营销传播目标的关系营销,是指企业与利益相关者中的关键成员(如顾客、供应商、分销商等)建立起长期、互信和双赢的满意关系的实践活动。这些关系是靠不断承诺和给予对方高质量的产品、优质的服务和公平的价格来实现的。关系营销的最终结果是建立起公司的最优资产——营销网络。这个营销网络由公司及其所有利益相关者组成。企业与其利益相关者建立良好的经济、技术和社会方面的关系之后,不仅可以减少市场营销的交易成本和时间,而且可以以最有利的方式利用社会资源,从而使企业实现长期利润最大化。

（二）整合营销传播的工具

（1）广告。它指以付费方式进行的对创意、商品和服务的非人员展示和促销活动。

（2）人员推销。它指企业通过销售人员与一个或多个可能的购买者面对面接触，介绍产品和回答问题，以取得订单的促销活动。

（3）销售促进。它又称为营业推广，是指企业实施的旨在对商品的购买活动或销售活动进行鼓励的各种短期激励。

（4）公共关系。它指为树立、改善和保护公司形象和品牌形象，寻求公众的理解、信赖与支持所开展的各种信息沟通活动。

（5）直复营销。它又称直效营销，是指企业利用各种便于顾客直接回复的沟通媒介向顾客发布产品或服务信息，并通过回复工具直接接受顾客的订货或测量顾客反应的一种促销方式和活动。其主要形式包括：面对面推销、直接邮寄营销、目录营销、电话营销、电视或其他直复媒体营销、购物亭（顾客订货机）营销、互联网营销。

（三）影响信息传播效果的主要因素

信息传播过程由五个要素、三个阶段构成（见图 11-7）。五个要素分别为发送者、接收者、信息符号、媒体和噪声，三个阶段是信息译出阶段、信息译入阶段和信息反馈阶段。信息传播的一般过程为：信息发送者将信息译出为信息符号，并通过一定的媒体进行传播，再由接收者将信息译入还原为信息并予以接收，接收者对所接收的信息做出反馈，并将部分反应反馈给发送者。

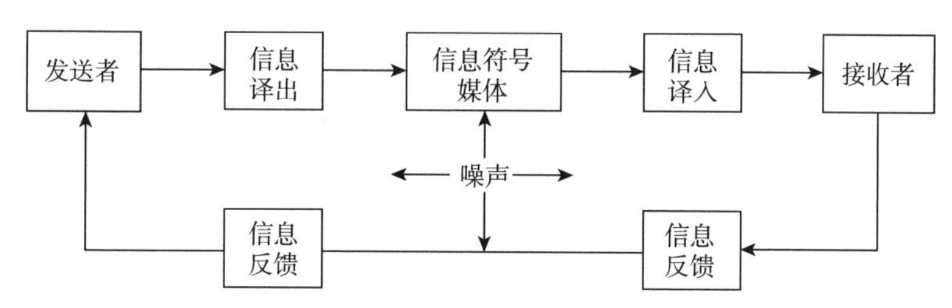

图 11-7　信息传播过程

信息传播的效果受到许多因素的影响，其中最主要的因素有：

（1）发送者在发送信息符号时，其思想表达的完整性和准确性；

（2）信息符号与接收者的注意、理解和记忆等知觉特点的吻合性；

（3）信息符号借助于各种媒体进行传播的可能性和范围；

（4）噪声的大小及防噪程度；

（5）信息与接收者主观意识（意见、信仰、倾向等）的一致性；

（6）发送者的权威性与亲和力；

（7）反馈的及时性、全面性及内容相关性。

企业在开展整合营销传播时，必须充分考虑上述因素及其他相关因素的影响，对传播的目标、信息、工具和策略进行审视和调整，不断提高营销传播的有效性。

(四)整合营销传播方案的制订和实施

1. 确定目标受众

目标受众是指企业营销传播的沟通对象,是营销传播者所确定的信息接收者。

2. 确定传播目标

确定从目标受众那里寻求什么样的反应。

3. 设计有效的信息

在理想状态下,营销传播者所设计的信息应能在目标受众中引起注意,提起兴趣,唤起欲望,导致行动。为了实现这种效果,在设计信息时应着重解决好四个问题:说什么(信息内容),如何合乎逻辑地说(信息结构),用什么符号去说(信息形式),由谁来说(信息源)。

4. 选择传播渠道

信息传播渠道分为人员信息传播渠道和非人员信息传播渠道两大类。

(1) 人员信息传播渠道。它指两个或两个以上的人之间直接进行信息传播的渠道。他们可能面对面,或是通过电话、信函、邮件直接进行信息传播。人员信息传播渠道又分为三种:提倡者渠道(由公司销售人员与目标顾客接触所构成)、专家渠道(由具有专门知识的独立的个人对目标顾客进行评述所构成)、社会渠道(由邻居、家庭成员与目标顾客的交谈所构成)。

(2) 非人员信息传播渠道。它指不需要人员接触就能传播信息的各种媒介,包括媒体、气氛和事件。受众能接触到的媒体主要有新媒体(互联网媒体)、印刷媒体(报纸、杂志)、广播媒体(收音机、电视)、电子媒体(录音磁带、录像带、录像盘)和显示媒体(广告牌、公示牌、海报)。气氛是指在消费场所形成的与目标顾客购买和消费有关的"整体配套环境",包括光线、颜色、声响、装饰物、气味、设备、人员着装与神态等各种要素及其搭配。事件是偶然用来向目标受众传递特别信息的活动。

5. 编制总营销传播预算

目前经常使用的方法主要有以下几种:

(1) 量入为出法。即根据企业对促销费用的承担能力来安排促销费用的投入水平。

(2) 销售百分比法。即企业以一个特定的销售量或销售价的百分比来安排促销预算。

(3) 竞争对等法。即根据竞争对手在促销方面的大致费用来决定自己的促销预算。

(4) 目标任务法。该法要求经营人员通过明确自己的特定目标,确定达到这一目标必须完成的任务以及估算完成这些任务所需要的费用,来决定促销预算。

6. 制定和实施促销组合

促销组合决策要求营销传播者根据需要和可能,确定广告、人员推销、销售促进、公共关系、直复营销五种促销工具的具体形式以及重点、次重点和非重点,同时确定如何把总促销预算分摊到这些促销工具上去。为了创造销售机会,企业必须根据具体情况,在推式策略或拉式策略这两种促销组合策略中做出选择。推式策略要求使用人员推销和贸易促销，通过销售渠道自上而下地推销产品。拉式策略则是以广告和顾客促销为主的促销组合策略，借此唤起顾客的需求和欲望，促使顾客向零售商购买产品，进而促使零售商向批发商购买产品、批发商向制造商购买产品。

7. 衡量促销结果

促销计划得以贯彻执行后，营销传播者必须衡量其对目标受众的影响，即一方面了解目标受众接收信息的情况（如识别率、显露率、记忆率、记忆内容、对信息的感觉、对产品和企业的前后看法等），另一方面收集受众反应的行为数据（如多少人购买了这一产品，多少人喜爱它并与别人谈论过它等）。

8. 管理和协调整合营销传播

实施整合营销传播的最大阻力来自组织内部。这些阻力表现在：

（1）企业习惯于使用一种或两种传播工具来完成其传播目标，习惯于依据产品特性而非目标受众的需求和特征来制订传播计划。

（2）企业的销售经理、广告经理、公关经理、直复营销经理都从个人利益或部门利益出发，彼此争夺促销预算，无法形成合力。

（3）许多品牌经理自身缺乏各种营销传播的训练，只具有在少数种类的媒体上进行传播的狭隘经验，不懂得各种营销传播工具的特点和使用知识。

管理和协调整合营销传播，就是要努力排除上述阻力，依靠企业最高管理层、专家和整个企业团队的力量，以营销总经理或品牌经理为执行官，在观念、知识、目标、计划、资源和行动上进行高度整合，形成最大合力，以便顺利实施和完善综合性的营销传播计划。

成功的整合营销传播，能产生更多的信息一致性和巨大的销售影响。它把责任加到每个人头上，经过反复多次的企业实践，把企业和品牌的形象与信息统一起来。整合营销传播将会提升企业的营销能力，使之将恰当的信息，在恰当的时间和恰当的地点传播给恰当的顾客。

本章小结

思考题

1. 从企业营销的角度来看，应如何界定市场？
2. 营销观念的发展演进给我们带来了哪些启示？
3. 顾客导向营销观念的意义何在？
4. 请对单纯市场营销观念与大市场营销观念进行比较分析。
5. 怎样认识市场营销战略的重要性？
6. 请对市场细分的基础及其作用进行深入分析。
7. 为什么要把握有效市场细分的条件？
8. 请比较各种目标市场战略的优劣。
9. 试述市场定位的重要性。

10. 如何认识4P营销策略在企业营销管理中的作用？
11. 如何理解整体产品概念？
12. 试述产品市场生命周期各阶段的特点及营销策略。
13. 试述品牌资产的重要性。
14. 企业定价目标是怎样影响企业的定价策略的？
15. 试说明分销渠道的设计对企业营销的重要性。
16. 如何理解整合营销传播的内涵？

案例讨论

第十二章　运作管理

【学习目标】

1. 理解运作、运作管理、运作战略的含义，以及运作管理各阶段的特点。

2. 理解产品设计的内容、流程类型的选择、设施位置选择的影响因素与布置的基本类型。

3. 理解运作计划体系、库存的作用与分类、减少库存的措施、准时生产方式思想、物料需求计划思想。

4. 掌握设施位置选择、布置、确定库存水平的方法。

【基本概念】

运作　运作管理　生产率　运作战略　库存　准时生产方式　物料需求计划

案例讨论

第一节　运作管理导论

一、运作

（一）运作职能及地位

任何一个企业要实现其特定目的和功能，都必须执行必要的职能，包括市场营销、生产运作、财务会计、人力资源利用和开发、技术研究与开发等。其中，市场营销、生产运作、财务会计是企业的三项基本职能。这三项基本职能是相互独立，但又相互关联的，它们是一个整体的三个不同侧面，常常是在共同协作和相互作用中完成的，如图 12-1 所示。

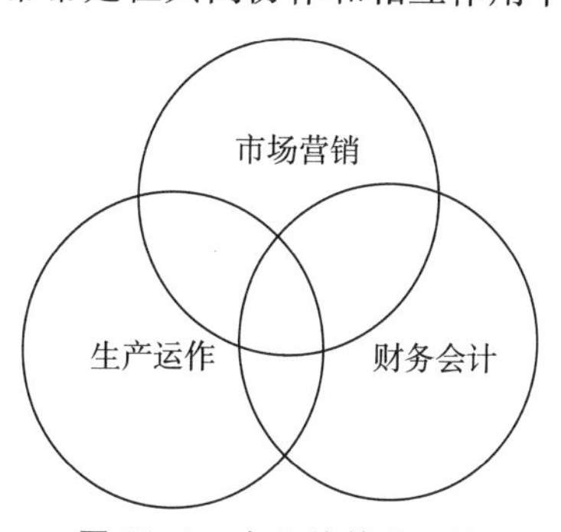

图 12-1　企业的基本职能

运作,传统上又称为生产,是人类最基本的活动。人们通过生产活动创造财富,创造人类所需要的一切。就其基本形式而言,运作是将输入(生产要素)转化为输出(产品或服务)的过程,即创造产品或服务的活动。因此,运作职能是一切企业的基础或主体,是企业实力的根本所在。

运作作为企业的一项基本职能,与营销、财务等职能并列,但又处于基础地位。由于运作同时与其他职能相联系,因而,在对运作职能进行研究和管理时,必须考虑其他职能的特殊要求和约束,这样才能取得实效。

过去,运作主要是指生产,即物质实体或有形产品的制造。但随着社会经济和服务业的迅速发展,人们对服务业越来越重视。于是,人们开始将有形产品的制造过程仍叫生产,而将无形产品(服务)形成的过程称为运作。虽然生产和运作两者之间有许多不同,但基本形式是一样的,即输入—转化—输出,两者具有相同或类似的运动规律。于是,传统的生产运作(Production Management, PM)加上对服务过程的管理,便形成了生产与运作管理(Production or Operation Management, P/OM),当前更一般化地称为运作管理(Operation Management, OM)。

将输入—转化—输出的过程视为一个有机整体,它是一个服从于特定目的的人造系统——运作系统,生产或提供特定的产品或服务,并实现增值。运作系统包括输入、转化、输出、反馈等主要组成单元,其基本框架如图 12-2 所示。

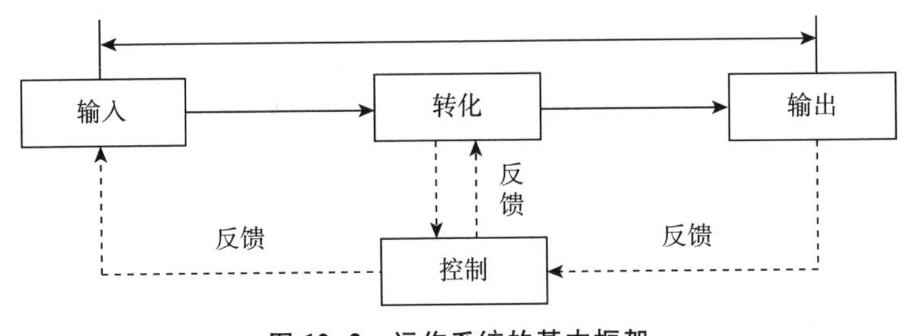

图 12-2　运作系统的基本框架

转化是运作系统的核心,它反映了系统的实质,决定运作系统的绩效,因而是运作管理的重点。有多种形式的转化:实物的,如制造厂;位置的,如运输公司;交换的,如零售商店;储藏的,如分配中心;生理的,如医院;信息的,如电信公司等。

(二)运作的类型

所谓运作的类型,是指从对运作管理(包括计划、组织和控制等)的影响的角度,将运作系统分成的类别。每种类别都有一些明显的共同特点,了解和掌握它们,对搞好运作管理有很重要的作用。

1. 按输出的性质分类

根据运作系统的主要输出是有形的还是无形的,可将运作分为制造和服务。

如果主要输出的是有形的产品,那么这样的运作就是制造;如果主要输出的是无形的产品——服务,那么这样的运作就是服务。

制造与服务的一个非常重要或显著的区别在于“生产”与“消费”是否同时进行。前者基本上是非同时性的，而后者几乎是同时性的。这个重要的区别又可派生出一些具体的区别，如顾客是否直接干预运作活动？运作环境对顾客是否有直接影响？运作的结果是否可以储存、运输、修理、更换？运作能力的利用率是高还是低？运作效率是高还是低？运作人员的技能是强还是弱？等等。

2. 按运作的依据分类

根据运作的依据，可将运作分为备货型运作、订货型运作和订装型运作。

备货型（Make-to-Stock, MTS）运作主要是根据对需求的预测来安排运作的内容、数量和时间，将其产出置于仓库，通过库存来随时满足顾客的需要。现在也常称此类系统为“推系统”。即将已有的产出“推”给市场或顾客，而无论他们的特殊需要是什么。备货型运作的运作效率很高，满足需求的时间较短，但其代价是较高的库存，且有较大的失效和过时的风险。

订货型（Make-to-Order, MTO）运作主要是根据已接到的顾客的订单来安排特定的运作内容、数量和时间，以满足特定顾客的特定需求。现在也常称此类系统为“拉系统”，即运作由市场或顾客直接拉动，在未得到具体顾客的需求前，不生产或不提供最终产品和服务，其实质是定制。订货型运作能有针对性地满足特定顾客的需求，几乎没有最终产品的库存，但运作效率较低，满足需求的时间较长。

订装型（Assemble-to-Order, ATO）运作主要是根据已接到的顾客的订单来安排特定的最终产品的装配内容、数量和时间，以满足特定顾客的特定需求。其物料的采购、零部件的生产是根据对需求的预测进行的，发生在最终产品或服务的订单到达之前。此类运作为备货型运作和订货型运作的综合，即“前拉后推”系统，这种运作方式部分弥补了两者的不足。目前，新型的大量定制生产模式采用的就是此种运作。

二、运作管理

（一）运作管理的基本内容

所谓运作管理，是指对运作活动或运作系统进行计划、组织、控制等，它是对运作系统的建立、运行所进行的管理。

运作管理的基本目的是有效地建立和高效地运行一个运作系统，满足顾客需要，实现企业的战略目标，生产或提供有竞争力的产品或服务。简言之，就是要为企业获得强劲而持续的竞争能力和长期成功做出贡献。

运作管理包含三个层次的决策：战略决策、战术决策和作业决策。

1. 战略决策

运作管理的战略决策是确定企业如何开发自己的生产资源或能力，以支持和保证企业战略的实现。这类决策将关系到企业战略的实施效果或顾客需要的满足程度，因此，要以企业战略为前提或约束。决策涉及战略重点的确定，运作战略重点一旦确定，将对

以下主要内容进行决策:

(1) 生产或提供什么产品或服务?

(2) 用什么样的方式进行生产或服务?

(3) 生产或服务的设施位置在何处?

(4) 需要多大的规模或能力?

(5) 生产或服务的场所如何布置?

(6) 采用什么样的作业方法?

实现战略决策的时间较长,一般需要若干年。所以,以上决策都属于长期决策。

2. 战术决策

运作管理的战术决策是在战略决策的约束下,确定如何有效地对物料和人力进行计划或安排。其主要的决策内容有:

(1) 在什么时候,需要多少人力?

(2) 每天工作几个班次?

(3) 是否需要加班? 加班多少时间?

(4) 何时交付物料? 交付多少?

(5) 是否需要成品库存? 库存多少?

战术决策涉及的时间范围一般是一年左右,属于中期决策。

3. 作业决策

运作管理的作业决策是在战术决策的约束下,确定如何有效地进行日常的运作活动。其主要的决策内容有:

(1) 某周或某天应做什么工作?

(2) 安排谁? 去做什么?

(3) 应先做什么,后做什么?

作业决策涉及的时间范围一般是一周左右,属于短期决策。

(二) 运作管理的发展阶段

尽管运作管理在很早以前就出现了,但直至20世纪科学管理的出现才迎来运作管理的一个划时代的里程碑。从泰勒的科学管理理论产生至今,运作管理发展的整个历史过程可以大致归纳为以下四个阶段:

1. 手工生产

手工生产是指具有较高水平和较全面技能的工人利用通用型的简陋工具,生产单一或少量特殊产品的生产模式。其最大的优点是能生产各种各样的定制产品,满足顾客的特定需要;其主要的缺点是生产效率低、成本高。泰勒时代以前的生产基本上是手工生产模式。

2. 大量生产

大量生产是指具有较低水平和较窄技能的工人利用专业化程度极高的设备,进行大规模生产,生产大量标准化产品的生产模式。其最大的优点是生产效率高、成本低;其主要的缺点是生产系统缺乏柔性，产品缺乏多样性，不能满足顾客的特定需要。从泰勒时代开始直到20世纪80年代，企业主要采用大量生产模式进行生产制造，其典范是福特流水装配线的应用。

3. 精益生产

精益生产是指具有较高水平和较全面技能的工人利用先进的柔性设备，生产从少量到大量的多种产品的生产模式。它同时具备手工生产和大量生产的优点，能以相当高的生产效率生产较多种类的产品；但不是通过扩大生产规模的方式，而是通过强调质量、柔性、缩短时间、协同工作、改进生产系统等方式，以更少的制造资源（空间、库存、设施、工人等）生产同样多的产品。这一新的模式产生于20世纪90年代，它是由日本丰田汽车公司的准时生产（Just In Time，JIT）方式演化而来的。

4. 大量定制

大量定制的主要特点是采用延迟差异的方式（产品的差异尽可能延迟到顾客需要时）和模块化设计制造方式（有限种类的标准零部件，不同种类零部件的标准接口或互相兼容）进行产品的设计、制造和装配，在产品零部件的层次上用大量生产方式，而在装配层次上采用定制方式。这样，既能做到生产过程中拥有较高的生产效率、较低的成本、较短的反应时间，又能生产出多样化的产品。

（三）运作管理的发展趋势

随着社会、经济、技术的发展，以及运作系统环境的变化，运作管理也在不断发生变化。因而，运作管理总是面临着一些新的问题和挑战，不断涌现出新的特征。特别是自20世纪70年代以来，社会需求、市场条件和科学技术飞速发展，而且它们相互作用、相互促进，使得过去传统的运作方式及管理发生了根本性的变化。

1. 运作系统环境的新特点

（1）需求越来越个性化，多品种、小批量的需求成为主导性需求；

（2）市场对产品的质量、交货、服务等方面的要求越来越高；

（3）产品更新换代越来越快，产品生命周期越来越短；

（4）市场竞争越来越激烈，范围越来越大，手段越来越高级；

（5）技术发展越来越快，技术寿命越来越短；

（6）社会对运作管理的约束越来越强；

2. 运作管理的新趋势

（1）强调质量、反应时间、柔性、服务等；

（2）强调运作战略的开发和应用；

（3）强调运作系统的开放；

（4）强调不同职能、环节的集成，管理、技术和人的集成；

（5）强调员工参与和团队工作；

（6）强调在世界范围内最优地配置运作资源；

（7）强调新技术的开发和利用；

(8) 强调绿色产品、绿色设计、绿色工艺和绿色制造;

(9) 强调运作系统的持续性和根本性改进。

三、 生产率、竞争力与运作战略

生产率、竞争力和运作战略是运作管理中三个相互关联的问题:提高生产率和增强竞争力是运作管理的重要职责或基本任务,生产率的提高有助于竞争力的增强,而提高生产率和增强竞争力则是通过拟定和实施运作战略来实现的。从目前来看,实施运作战略是提高生产率和增强竞争力最重要的途径和方法。

(一) 生产率

运作管理的一项重要的职责就是要有效地利用企业的生产性资源或提高生产率。生产率是对资源有效利用程度的一种度量,通常表示为一个系统的输出与输入的比率,即生产率=输出/输入。其中,输出是产品或服务,而输入是为生产或提供产品或服务所用的资源。生产率反映了一个企业和一个国家创造财富、改善人民生活水平的能力,反映了运作的综合实力。因而,它是评价企业或国家运作绩效的一个非常好的综合尺度。生产率是一个相对性的概念,即只有在比较的场合才有意义:横向比——与同行业中具有相似运作模式的企业相比较;纵向比——同一运作的过去与现在、某一时期与另一时期相比。

由于一个运作系统有多种性质的输出和输入,因而有多种计算生产率的方式,以度量或反映运作系统的具体效果,如度量具体单项输入的劳动生产率、物料生产率、能源生产率,以及度量多项输入的多种综合生产率。

(二) 竞争力

运作管理的另一个重要职责,就是要为增强企业的竞争力做出贡献。所谓竞争力,是指相对于生产或提供相似产品或服务的企业来说,满足顾客需求的有效性。有竞争力的企业,才能在市场中生存;竞争力强的企业,才能在市场中获得更多的顾客,实现可持续发展。所以,竞争力是关系企业生存与死亡、成功与失败的一个非常重要的因素。不断增强企业的竞争力,是企业获得长期成功的根本途径。

从运作管理的角度来看,运作在以下几个方面对企业竞争力有直接的影响或贡献。

1. 成本

价格竞争是一种最基本、最常见的竞争方式。运作成本是企业产品或服务价格的重要组成部分,一般占销售额的70%左右。在其他条件相同的情况下,成本越低,价格就可能越低,就会赢得更多的顾客。此时,即使不降低价格,企业也能获取更多的边际利润。

2. 质量

质量的高低决定了产品或服务满足顾客需求的程度,或决定了顾客对产品或服务的接受程度。在运作系统中,产品或服务的质量主要涉及设计的能力、所用的物料、制作的技艺水平等因素。运作系统只有稳定地生产或提供高质量的产品或服务,才能持续地满足顾客的需求。在技术水平和人们生活水平提高到一定程度时,质量成为企业间竞争的重点。

3. 交货

交货涉及两个方面:速度和可靠性。交货速度强调以尽可能短的时间向顾客交付产品或服务;交货可靠性强调准时、按量、保质地向顾客交付产品或服务。快速、可靠地向顾客交付产品或服务,是赢得顾客或战胜竞争对手的一个重要手段。在社会经济活动节奏明显加快、强调减少库存及成本的情况下,越是能够快速地、按时地生产或提供一定数量的产品或服务,就越能满足顾客的需要,从而赢得更多的顾客。

4. 柔性

柔性是企业和运作系统对产品或服务需求变化的反应能力。它涉及两个方面:对数量变化的反应能力,以及对种类变化的反应能力。提高柔性意味着扩大产品或服务的数量变化范围和种类变化范围,同时还要求在尽可能短的时间内做出相应的变化或反应。当市场需求的种类很多、每种数量不定或很小且变化很快时,高度的柔性有助于企业把握市场机会,满足多种顾客的需求,从而取得竞争优势。

(三)运作战略

1. 运作战略的提出

运作战略是确定企业开发利用运作资源或能力的广泛性政策和计划,以支持和保证企业战略的实现。它关系到企业战略的实施效果或顾客需要的满足程度,也会影响其他职能战略的实施,因此,它必须以企业战略为前提或约束,并与市场营销战略(如何开发营销资源或能力)、财务会计战略(如何最优地利用财务资源)等相互协调、相互配合。运作战略是保证企业长期成功的一个重要竞争武器。运作战略的制定和实施是一个长期的过程,必须充分考虑到其间可能发生的各种不可避免的变化,并有所准备。

2. 运作战略的重点及选择

运作战略的根本目的是增强企业的竞争力。在运作领域中,那些有助于增强企业竞争力的因素都可能成为运作战略的重点。目前,已经确认的战略重点有成本、质量、交货、柔性等。

(1)当市场需求严格建立在低价格的基础上时,可考虑以低成本为重点。这时,产品是典型的大众化商品,市场很大,顾客以价格作为购买的决定因素。

(2)随着越来越多的企业降低产品成本,企业的战略重点就会从成本转移到质量上来,以高质量的产品来获取竞争优势。在顾客特别强调产品质量的情况下,质量自然就是战略的重点。

(3)随着社会生产和生活节奏的加快,更多的企业开始采用准时生产方式,交货速度和交货可靠性日益成为顾客购买决策的一个重要考虑因素,因而快速和准时交货成为企业获得竞争优势的另一种手段。

(4)现在,小批量、多品种、变化莫测的需求逐步成为主导性的需求模式,企业开始将运作战略的重点放在柔性上,以取得快速开发新产品、快速转换生产、提供高度顾客化产品的能力。

在实际中,企业必须根据市场的特点和自身的条件,适当地选择自己的运作战略重点。由于企业的性质和所处条件不同,企业可在不同时期选择不同的运作战略重点。一般情况下,一个企业的运作集中于一个重点。其理由是,一个企业的资源或能力是有限的,不可能同时在所有方面都做到最好。对于那些拥有多条产品线的大型企业,可运用威克汉姆·斯金纳(Wickham Skinner)提出的"厂中厂"概念,为每个工厂都确定一个合适的战略重点。当然对于一些能力特别强的世界一流企业,它们可能会对所有可能的战略重点进行排序,以做到统筹兼顾。

战略重点应随着企业外部环境和内部条件的变化而有所转移。从历史发展的一般情形来看,战略重点也在随时间的推移而转移。前面列出的一些战略重点如成本、质量、交货、柔性等,基本上是按企业发展历史和逻辑的顺序,从低级到高级排列的。

第二节 产品与流程设计

一、 产品设计

(一) 产品设计的内容

产品设计是把顾客需要转化成材料、产品和过程的技术规范,即确定产品以及各个零部件的具体物料、形状和公差等的活动。产品设计包含三项内容:

(1) 功能设计。开发产品的某种工作功能模型,而不涉及产品最终的形态。

(2) 工业设计。出于审美需求而进行的设计。

(3) 制造性设计。将功能性设计的产品转换为可制造的产品的设计,涉及能否制造、是否经济等。前两项是面向顾客的产品设计,最后一项是面向制造的产品设计。

(二) 面向顾客的产品设计方法

产品设计首先要体现顾客的需要,否则就是失败的设计。另外,在产品设计中,设计工程师常常可能对顾客的需要不太了解或是一厢情愿地增加了一些顾客并不需要的功能,反而造成顾客操作过于复杂、功能闲置等。为将顾客的需要很好地体现在产品设计中,可以使用或开发出如下质量功能展开的方法来辅助产品设计和开发。

质量功能展开(Quality Function Deployment, QFD)是一种将"顾客的声音"转化为产品设计规范的系统方法。使用这种方法的主体是跨职能团队,其主要工具是"质量屋"。

构造"质量屋"的步骤是:

(1) 列出顾客对产品的要求,将这些要求按照重要性程度排序;

(2) 确定能满足顾客要求的产品的技术特征;

(3) 构建顾客要求与技术特征关联程度的矩阵——关系矩阵;

(4) 相对于主要竞争对手,对顾客要求与技术特征进行竞争性评价;

(5) 根据技术特征、顾客要求重要性权数和竞争性评价的结论,确定目标规范。

(三) 面向制造的产品设计方法

面向制造的产品设计或制造性设计(Design For Manufacturability, DFM),是为实现经济的制造而进行的产品设计。其思想为:在考虑产品的性能和市场目标的前提下,设计产品时把设计、制造、装配、运输、销售、维修,甚至回收等环节统一为一个有机系统,将设计工作的注意力在开始时就集中于制造、装配、质量、对法规的遵守、材料和供应链、运输,以及分销、服务、维修等各个方面,强调从产品设计开始就要考虑降低产品成本。

为实现制造性设计,可具体考虑应用或开发多种具体方法。

(1) 模块化设计。模块化设计是以企业的标准件、通用件为基础,设计出种类有限的若干模块,然后根据需要,选用不同的模块组合成许多种类不同的产品的设计方法。形象地说,这种方法是采用组合方式或“堆积木”的方式来设计新产品。这样在保证足够多的产品种类的前提条件下,可大量减少零部件的种类,从而减少采购、制造、装配、运输、维修等成本,同时还增强了对市场需求的快速反应性。在机电产品设计中,这种方法应用很普遍。

(2) 回收设计。回收设计是为回收报废产品中的某种物料,实现物料的再利用而进行的产品设计。通过回收物料,既可以减少物料成本,还可以保护资源。

(3) 拆卸设计。拆卸设计是为回收报废产品中的某种零部件,实现零部件的再利用而进行的产品设计。通过拆卸,一方面降低了零部件的回收成本,另一方面也可避免或减少零部件受损。

(4) 田口方法。日本专家田口玄一认为,不要总是依靠购置先进生产设备、严格选购材料等过程控制来保证质量,而应将产品设计得足够稳健,从而使材料和生产或装配过程中的小变动不损及产品质量。这样,不仅能取得更高的质量,而且能大大降低采购、制造、检验和管理成本。

(5) 价值工程。它指在产品设计时将“价值”融入产品。这里的“价值”是产品功能与成本的比率,即 $V = F/C$ 。价值工程用于识别和消除不必要的功能和成本,简化产品和过程,将价值植入产品,其目的是以尽可能低的成本向顾客提供必需的功能。

二、 流程选择与工艺设计

(一) 流程类型及其选择

流程是将输入品(如原材料、病人等)转换成输出品(如产成品、健康人等)的过程,包括人员、设备、技术、方法、步骤等。通常可将流程分为连续、线流、批流、零杂四大类型。

(1) 连续流程。连续流程是指高度重复地或连续地生产或提供一种或极少种类,但数量极多的产品或服务。这种类型的流程高度标准化,流动路线相同,连续封闭地进行。化工、造纸、炼油、供热、冷冻等流程属于这种类型。

(2) 线流流程。线流流程是指重复程度较高地生产或提供种类很少,但数量很多的产品或服务。这种类型的流程标准化程度很高,流动路线基本相同,但不是连续封闭的。汽车、电器等装配线或流水生产线是其典型代表。

(3) 批流流程。批流流程是指中等重复程度地生产或提供种类较多、数量适中的产品或服务。这种类型的流程标准化程度较高,流动路线大致相同。食品、服装、涂料、机床等加工制造流程属于这种类型。

(4) 零杂流程。零杂流程是指重复程度很低地生产或提供种类很多,但数量很少的产品或服务。这种类型的流程标准化程度很低,流动路线基本不同。修理厂、医院、咨询公司等属于这种类型。

不同类型的流程,需要不同的设备、人员和管理方式,适用于不同的条件。因此,应根据企业内部条件和外部环境,选择适当类型的流程。

海斯(Hayes)和惠尔赖特(Wheelwright)于1997年提出了一种流程选择的工具——产品—流程矩阵(Product-Process Matrix, PPM),如图12-3所示。根据这个模型,在矩阵的对角线上,流程是与产品匹配的。因此,选择相应类型的流程是适当的,远离对角线的区域是不合适的。

流程	产品				柔性	效率
	较低产量 较多品种	低产量 多品种	高产量 少品种	较高产量 较少品种		
零杂	建筑装修 中餐制作			不合适	高	低
批流		重型机械 食品加工			↕	↕
线流			汽车装配 汉堡制作			
连续	不合适			钢铁冶炼 啤酒制造	低	高

图12-3　产品—流程矩阵

(二) 工艺设计

工艺设计是指为实现产品设计而设计和开发出的由原材料形成产品所需的加工顺序、设备和工具等,是确定对象(原材料、零部件、顾客等)的移动过程或被加工、处理、服务的过程,是把产品的设计规范数据转换成制造数据的过程。工艺设计包括如下四项主要内容:

(1) 对产品设计进行工艺性审查。对产品的结构、加工要求等在工艺上能否实现,能否制造出来，是否经济合理进行审查，并通过审查结果的反馈来进一步改进设计。

(2) 拟订工艺方案。工艺方案是指导整个工艺工作的总纲，是进行具体工艺设计的指导性文件。它规定了各项工艺工作，如技术装备水平、工艺路线、工装制造等的原则，以及各种关键问题的解决方案。

(3) 编制工艺规程。工艺规程包括产品及零部件的加工方法和顺序、所需的工艺装备和装配的技术条件等。它是指导具体加工和装配的最主要的工艺文件，也是以后编制生产计划、进行生产调度、供应原材料和工具的一个基本依据。

(4) 工艺装备的设计和制造。工艺装备是实现工艺过程所需的刀具、模具、量具、夹具、工位器具等各种工具的总称。工艺装备分为专用装和通用装两大类。前者一般自行设计制造，后者一般是外购。

第三节　设施位置选择与设施布置

一、设施位置选择的考虑因素

设施位置选择是指选定企业或工厂、仓库、服务点等设施的适宜地理位置，也即为进行活动选择一个良好的内、外部环境。新企业的产生、企业产能的扩大(如建新设施)、企业外部条件的变化(如生产资源的成本或数量的相对变动)、社会制度或经济政策的变动(如税收政策的改变)等都将可能使企业面临设施位置的选择问题。

(一) 设施位置决策的基本目标

设施位置决策的基本目标是，营利性组织以潜在的利润为依据进行设施位置决策，而非营利性组织则追求实现费用与对顾客的服务水平的平衡。对于营利性组织来说，虽然设施位置决策的目标一般是使潜在利润最大化，但对于制造型企业来说大多是使成本最小化，而对于服务性企业，则往往要求靠近顾客使收益最大化。

在大多数情况下，没有一个设施位置是绝对优于其他设施位置的。由于可能有很多设施位置可供选择，这使得决策的工作量很大，因此大多数企业并不企图去寻求一个最优的设施位置，而只希望找到一个次优的设施位置。

(二) 影响因素

影响设施位置决策的因素很多，根据它们与生产经营活动成本之间的关系可以分为两类：一是有形成本因素，即那些确定的、能为会计部门和管理部门所辨别且能直接以货币单位来精确计量各备选设施位置实际成本值的因素；二是无形成本因素，即那些不确定的，且不能或难以以货币单位计量各备选设施位置的实际成本值，但对未来长期成本的变化可能产生重要影响的因素。在决定设施位置时，必须同时考虑这两类因素，才有可能做出正确的决策。以下是影响设施位置决策的一般因素：

（1）资源（人力、原材料、能源、资本、土地的价格及供应状况）；
（2）市场（需求量、结构、竞争、价格、顾客分布及需求特点）；
（3）运输（费用及设施状况）；
（4）建筑（费用及条件）；
（5）税收、保险（种类、政策及水平）；
（6）自然条件（气候、地理位置、地质状况）；
（7）经济条件（基础设施、生活质量）；
（8）社会条件（文化习俗、公众态度）；
（9）政治条件（政府政策及态度、政治稳定性）。

二、设施位置选择的分析方法

对于有形成本因素，容易进行数量化的分析；而对于无形成本因素，则并不容易。在进行设施位置选择的分析时，主要有两大分析方法：客观分析法和主观分析法。客观分析法主要用于对有形成本因素的分析；主观分析法主要用于对无形成本因素的分析，也可用于对有形成本因素和无形成本因素的综合分析。客观分析法包括重心法、数量—成本法等，主观分析法实质上都是因素加权评分法。这里仅介绍几种有代表性的方法。

（一）因素加权评分法

因素加权评分法是一种根据选址因素的重要程度分别赋予特定加权值，并根据备选设施位置的实际情况予以评分，从而确定较好设施位置的方法。由于该方法可对主观因素进行分析，且分析过程又较为简单，所以被企业广泛使用。

（二）数量—成本法

数量—成本法，是假定在各备选设施位置面临的产品市场基本相似的条件下，将影响设施位置选择的客观因素分为可变成本和固定成本两类，通过计算或画图，求得两类成本之和最小的设施位置的方法。

例 12-1 表 12-1 列出了四个备选工厂所对应的固定成本和可变成本：

表 12-1 备选工厂的固定成本和可变成本

设施位置	年固定成本（万元）	单位变动成本（元）
A	25	11
B	10	30
C	15	20
D	20	35

如果所选工厂位置的期望产出是 8 000 单位/年，则选择哪个位置？

图 12-4 显示了各个备选地点的总成本最低时所对应的产量区间。各范围的区间值可由直线 B、C 和 D 的交点计算得到，即令总费用相等，计算出临界产出量：B 和 C 的产出

量为 5 000 单位,C 和 A 的产出量为 11 111 单位。当所选工厂的期望产出量是 8 000 单位/年时,位置 C 最好。

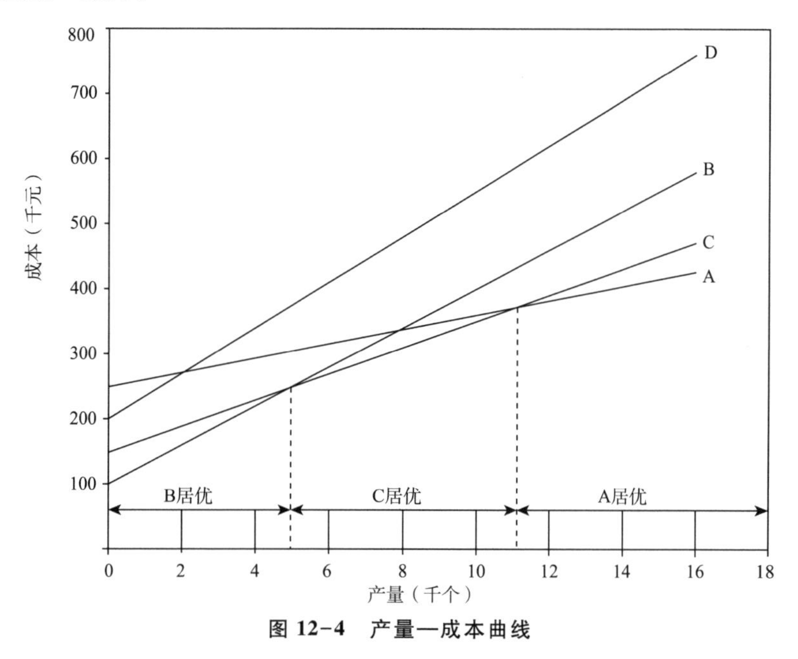

图 12-4　产量—成本曲线

（三）重心法

重心法是一种确定一个与多个现有或已确定具体设施位置间运输成本最小的新设施位置的方法。当要确定位置的新设施与其他设施之间具有大量往返运输时,该方法是非常有用的,如确定一个物流配送中心、一个总装配中心等设施的具体位置。新设施的最优位置坐标的近似解为

$$x^* = \frac{\sum_i W_i x_i}{\sum_i W_i}, \quad y^* = \frac{\sum_i W_i y_i}{\sum_i W_i} \tag{12-1}$$

式(12-1)中:W_i是第 i 个现有设施与新设施之间的运输量;(x_i, y_i)为第 i 个现有设施的坐标;(x^*, y^*)为新设施的坐标。

例 12-2　现有四个零售店 D_1、D_2、D_3 和 D_4,已知各店所在的坐标、新建的配送中心与各店之间的运输量如表 12-2 所示。用重心法确定新建配送中心的位置。

表 12-2　零售店坐标与运输量

零售店	(x, y)	每周运输量
D_1	(2,2)	800
D_2	(3,5)	900
D_3	(5,4)	200
D_4	(8,5)	100
总计		2 000

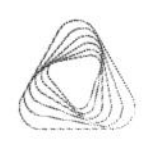

$$解:x^{*}=\frac{\sum_{i}W_{i}x_{i}}{\sum_{i}W_{i}}=\frac{800\times 2+900\times 3+200\times 5+100\times 8}{2\ 000}=\frac{6\ 100}{2\ 000}=3.05$$

$$y^{*}=\frac{\sum_{i}W_{i}y_{i}}{\sum_{i}W_{i}}=\frac{800\times 2+900\times 5+200\times 4+100\times 5}{2\ 000}=\frac{7\ 400}{2\ 000}=3.7$$

三、 设施布置的类型

设施布置是指在选定的设施位置,对所需的设施、设备等在一定的空间范围内进行合理的分布和安置,这里仅指对部门、加工中心和设备等的空间分布形式的设计过程。设施布置的类型较多,因布置的具体对象不同而不同。常见的两种基本类型的布置为面向过程布置和面向产品布置。

(一)面向过程布置

面向过程布置(按工艺原则布置)是指按加工或服务的性质分别设置相应的运作单位,使产品或顾客依次经过相应的各生产单位,接受所需的特殊加工处理或服务。一个运作单位是一种同性质的设备、员工等的集合体。它能处理各种具有不同加工要求但加工性质相同的产品或服务。

这种布置以部门化或职能化为特征。图 12-5 描述了典型的面向过程布置的部门安排。在这种布置中,各部门只有使用通用设备和具有高水平技能的熟练人员才能适应大范围的加工处理要求。这种布置的最大优点是适应需求变化的能力强,最大缺点是部门间的运输量很大。面向过程布置适用于批流流程和零杂流程。

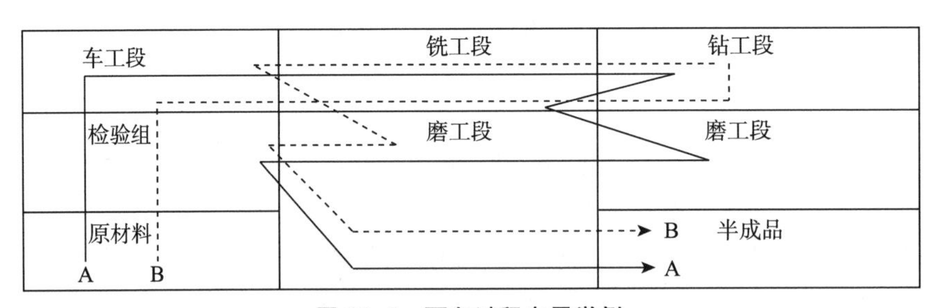

图 12-5　面向过程布置举例

(二)面向产品布置

面向产品布置(按对象原则布置)是指按产品或顾客的性质分别设置相应的运作单位,使某种产品或顾客在一个运作单位里得到所需的几乎全部的加工处理或服务。一个运作单位是多种性质的设备、员工等的集合体,进行规定的各种性质的加工或处理。

面向产品布置借助于高度标准化的产品或服务、高度标准化的作业和高度专业化的设备实现运作的高效率。在这种布置下,将所需要的设备和工人按加工和处理的顺序排列布置,形成一条如图 12-6 所示的生产线或装配线。这种布置的最大优点是运作的高速度或高效率,最大缺点是适应需求变化的能力很弱。面向产品布置对连续流程和线流流程是很有利的。

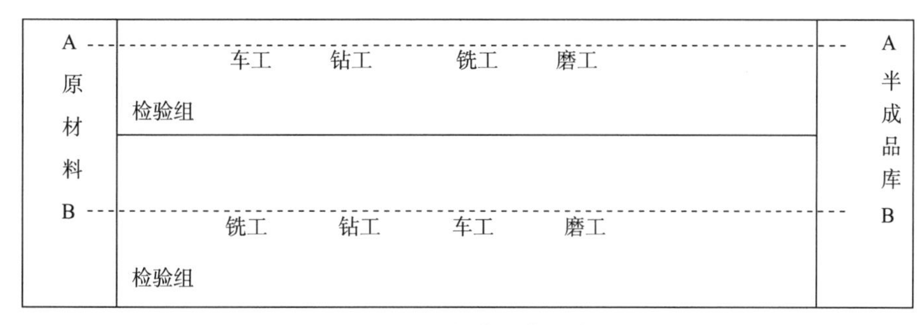

图 12-6　面向产品布置举列

四、设施布置的方法

(一)面向过程布置的方法

面向过程或按工艺原则进行设施布置,须按已设计的流程,根据工艺性质的不同,划分出若干个部门,然后确定各部门的相对空间位置。由于产品制造的完成须先后经过空间上相对分离的多个部门,所以,影响布置的关键因素是各部门之间的物料运输总量或费用,其数量之大是面向过程布置的一个突出缺点。确定各部门的最优相对位置,使其相互之间的总运输量最小,是面向过程布置的主要目标。

对于有许多个运作部门的布置问题,通常是利用一些启发式规则(如关系密切的部门尽量靠近),寻求一个满意的布置方案(而不一定是最优方案)。

例 12-3　A、B、C、D 四个部门之间的运输量如表 12-3 所示,当前的位置如图 12-7 所示,当前布置下部门之间的距离如表 12-4 所示。如何重新布置使得总的运输费用最低?假设部门间的运输费用与物流方向无关,单位运输费用相同,都为 1 元。

表 12-3　四个部门间的流量

部门	A	B	C	D
A	0	450	550	50
B	250	0	200	0
C	0	0	0	750
D	0	0	0	0

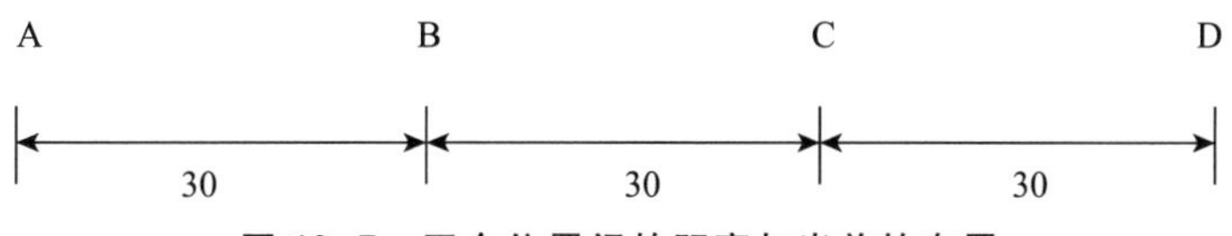

图 12-7　四个位置间的距离与当前的布置

表 12-4　当前布置下四个部门间的距离

部门	A	B	C	D
A	0	30	60	90
B	30	0	30	60
C	60	30	0	30
D	90	60	30	0

当前布置对应的总运输费用为:

450 × 30 + 550 × 60 + 50 × 90 + 250 × 30 + 200 × 30 + 750 × 30 = 87 000(元)

采用关系密切的生产单位尽量靠近的原则对原有方案进行改进:使 A 部门与 C 部门靠近,对调 A 部门与 B 部门的位置。改进后的位置如图 12-8 所示,部门间的距离如表 12-5所示。

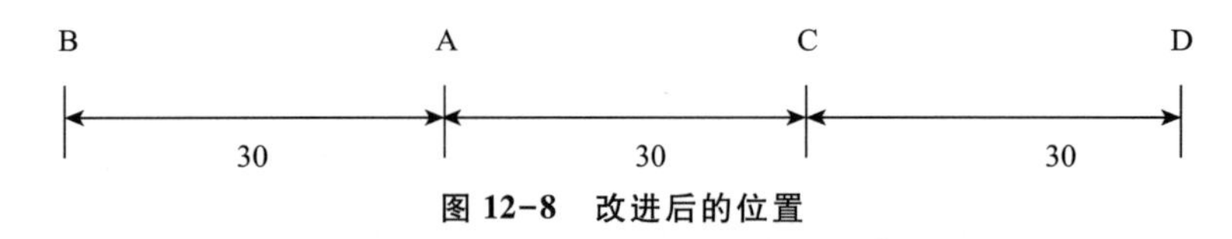

图 12-8　改进后的位置

表 12-5　改进后四个部门间的距离

部门	A	B	C	D
A	0	30	30	60
B	30	0	60	90
C	30	60	0	30
D	60	90	30	0

改进布置后的总运输费用为:

450 × 30 + 550 × 30 + 50 × 60 + 250 × 30 + 200 × 60 + 750 × 30 = 75 000(元)

(二) 面向产品布置的方法

面向产品或按对象原则进行设施布置,是按所生产或加工处理的对象(产品或零部件)来划分生产单位的,因此,各生产单位是封闭的,彼此之间几乎没有实质性的生产联系。所以,布置的中心内容是各生产单位内部的作业分配和工作的排列,即设计一条合适的生产线(或装配线)。此类布置问题通常被称为生产线平衡:在既定的产品设计、工艺设计条件下,确定生产线的周期时间(节拍)、工作地数量以及各工作地应完成的作业,使生产线的效率最高。生产线的效率由式(12-2)决定:

$$\text{效率 BD} = \frac{\text{各工作地工作时间之和}}{\text{各工作地可用时间之和}} \tag{12-2}$$

当生产线的生产能力和有效工作时间给定时,生产线周期时间或节拍(出产两件相邻产品的间隔时间)由式(12-3)决定:

$$节拍\ CT = \frac{实际工作时间}{实际工作时间内的产出量} \tag{12-3}$$

求解生产线平衡问题的具体方法较多,一般没有最优解法存在,通常是应用一些启发式规则生成多种不同方案,供比较选择。运用启发式规则能获得比较满意的解,但不能保证得到最优解。启发式规则种类很多,以下是三种常用规则:

(1)最长作业时间规则,即作业时间最长的首先被考虑分配。

(2)最多后续作业数规则,即作业数最多的首先被考虑分配。

(3)随机规则,即作业等可能(同概率)地被考虑分配。

在运用各种启发式规则确定布置方案的过程中,一定要满足两个基本约束条件:一是作业间的先后顺序关系;二是各工作地的总作业时间不超过周期时间。满足第一个条件的作业叫作可选择作业,同时满足两个条件的作业叫作可分配作业。

例 12-4　某装配线每天可以使用的生产作业时间是 480 分钟,生产计划要求装配线每天完成的产量是 40 件。该装配线共有 9 道装配作业,各作业之间的关系及作业时间如表 12-6 所示。

表 12-6　作业关系及时间

作业	A	B	C	D	E	F	G	H	I
紧前作业	无	A	B	B	A	C,D	F	E	G,H
时间(分)	10	11	5	4	12	3	7	12	3

解:

$$由式(12-3),节拍 = \frac{480}{40} = 12(分)$$

$$最小工作站数 = \frac{总工作时间}{节拍} = \frac{67}{12} = 5.583 \approx 6(个)$$

采用最长作业时间规则确定布置方案。工作地的安排如表 12-7 所示,各工作地的安排如图 12-9 所示。

表 12-7　最长作业时间规则下的工作地安排

工作地	可用时间	可选择作业	分配作业	工作地空闲时间
1	12	A	A	2
2	12	B,E	E	0
3	12	B,H	B	1
4	12	C,D,H	H	1
5	12	C,D	C	7
	7	D	D	3
	3	F	F	0

（续表）

工作地	可用时间	可选择作业	分配作业	工作地空闲时间
6	12	G	G	5
	5	I	I	2

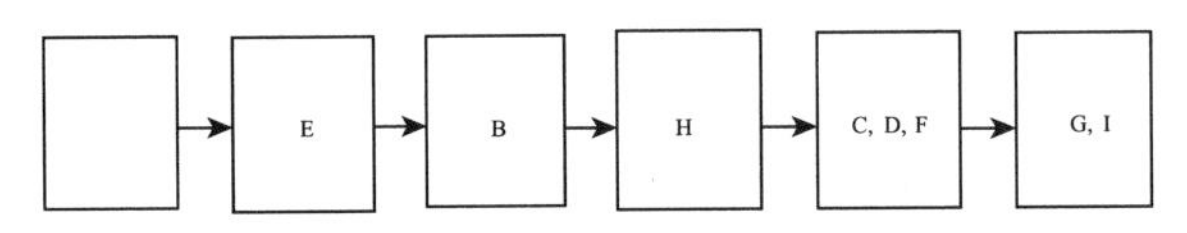

图 12-9　采用最长作业时间规则的装配线布置

由式（12-2），效率 = 67/(6 × 12) ≈ 91.7%

第四节　库存管理与准时生产方式

一、库存及其作用

（一）库存的存在形式

库存一般定义为企业为满足未来需要而储备或准备的资源。换言之，库存就是企业暂时闲置的资源。在运作管理中，库存主要是指未出售之前物料的实际等价物形态或与之相对应的价值形态。传统上，一般将处于“停滞状态”的物料（未被加工的原材料、零部件、产品或等待处理的事务等）视为库存，但现在将处于“运动状态”的物料（正被加工或运输的原材料、零部件、产品，正被处理或流动的事务等）也视为库存。

（二）库存的作用

库存不仅占用资金，还需要投入一定的人力和设施来管理，会降低企业的利润，但库存为什么会存在，而且还经常是无处不在、无时不有？这是因为库存有许多特殊的作用。

（1）防止供应意外短缺。从供应角度来看，供应商有时不能按时、按量、按质供应企业运作所需的原材料和零部件，那么，为防止供应的短缺、保证生产的正常进行，就需要有一定的物料储备。

（2）应对生产意外故障。运作过程是一个多环节、多阶段、相互关联的加工或服务的过程，前一个环节的产出就是后一个环节的输入，前一个环节一旦出现故障，就会影响后一个环节的正常运作。为避免这种运作间断现象的发生，在每一个环节之前都保留一定零部件的储备，这样即使前一个环节暂时停止工作，后一个环节也能使用这些储备，在一定的时间内可以连续地运作。

（3）满足意外增加的需求。顾客的需求往往是多变的，当需求突然增加时，企业为不失去这种机会收益，提高满足顾客需求的水平，就必须有高于一般需求的特殊的产品储备。

（4）降低生产设备和订货费用。企业在采购或生产中，频繁地采购或转换生产的产品品种，将会产生较高的订购或生产转换费用。因此，通过大量采购或大量生产特定产品，可以减少采购或生产转换的次数，从而降低相应的费用。由于超过实际需求，在某个特定时间势必导致一定的剩余物料或零部件。

（5）享受数量折扣。企业有时为了享受由于大量或提前采购的价格折扣，宁愿按高于当时需求的数量进行购买。这样，高于需求的那部分物料就只能先存储起来待以后使用。

（6）防止通货膨胀。当企业得知将来所需物料的价格将要上涨时，可能会提前购买，这样提前购买的物料就只能以存货的方式留待以后使用。

（7）平滑生产。企业所需的有些物料的供应是季节性或周期性的，如烟叶、粮食等，企业只能在供应季节大量采购以供将来陆续使用，保证生产的连续进行。这样，这种季节性的物料将在下一个供应季节来临之前一直或多或少地存储着。另外有些企业的产品需求是季节性的，如空调、滑雪板等，企业在保证能满足旺季需求的前提下，为了能充分利用自身的生产能力，稳定平滑地生产，在需求的淡季也会生产，将产品先储存起来，然后在旺季出售。

（8）维持一定的产出率。企业为了能保证不间断地向市场和顾客提供产品，始终维持一定的产出率，就必须在整个生产过程的各阶段连续不断地生产，这意味着各阶段就必须有足够的正在加工的在制品。运输过程中的产品也有这样的作用，保证到达市场的产品源源不断，持续满足市场的需求。

每类库存都有特定的作用或存在的原因，但对企业而言，库存毕竟不增值。因此，应力求减少库存，使库存越少越好。只有从库存产生的具体原因着手，才有可能达到减少库存的目的。

（三）库存的分类

根据以上库存的特殊作用，可将企业物料的库存做如下分类。

1. 安全库存

安全库存指为保证在意外情况发生时，仍能满足生产或顾客的需要而生成的库存。它是用以应付意外或不确定情形的，所以称为安全库存或保险库存，要减少这类库存，就必须减少供应、生产、需求的不确定性。

2. 周期库存

周期库存指为取得订货采购、生产转换准备和数量折扣的经济性而生成的库存。它呈周期性变化和重复。减少这类库存的主要方法是减少订购或生产转换费用。

3. 投机库存

投机库存指为在预期通货膨胀发生时取得一定经济性而生成的库存。它是以投机为目的的。

4. 季节库存

对于季节性的原材料供应或产品需求，为保证生产得以平滑稳定地进行和生产能力得以充分利用而生成的库存，称为季节库存。

5. 管道库存

为使供应得以连续不间断地进行而生成的库存称为管道库存。这种库存类似管道中始终存在的且不断流动着的水。在运输过程中,这种库存又被称为在途库存。减少这类库存的基本方法是缩短生产过程的流程时间和运输时间,即缩短“管道的长度”。

(四) 库存费用

这里所研究的费用是与库存相关的主要费用。

1. 物料费用

它指特定物料的价值或成本。当物料采购价格与采购数量相关时,或者有关的库存费用与物料的价值相关时,物料费用才在库存管理中予以考虑。

2. 保管费用

它指保管一定物料实际发生的费用,包括资金费用(利息或投资报酬率)、储存费用(仓库折旧或租赁费用等)、特殊费用(冷藏等)。这类费用通常占物料价值的10%—40%。

3. 订购/转换费用

它指每次订购的费用或每次生产的准备费用,主要包括订购和验收工作、调整设备和更换工具工作的费用。这类费用与订购量或生产量无关。

4. 缺货费用

它指由于没有存货而延迟交货的代价或损失销售的机会成本。延迟交货的代价主要是罚款,机会成本是企业有货时应赚取的利润。当然也包括由于缺货丧失信誉造成的潜在销售损失,这种损失是相当可观的,也是最难度量的。库存管理的目标是要以最低的库存费用满足一定水平的顾客或生产需求。

二、 周期库存的确定

周期库存的大小取决于一次订购或生产的数量——批量,而批量的大小可由一定的模型计算,这里介绍最简单、最基本的订购模型——经济订购批量(Economic Order Quantity, EOQ)模型。

(一) 假设

仅需一种物料;需求率已知,且为常数;提前期已知,且为常数;一次订购或转换的费用为常量;无数量折扣;不允许缺货;瞬间入库。

(二) 模型

如果每次订购或生产的数量——批量为 Q,周期库存可用平均库存度量,等于批量的一半。可由如下数学模型导出经济批量和经济周期库存:

$$\mathrm{TC} = \frac{D}{Q}S + H\frac{Q}{2} \tag{12-4}$$

式(12-4)中:TC——年总库存费用;D——年需求量;Q——订购或生产批量;S——一次订购或转换费用;H——单位库存年保管费用(通常表示为单位库存价值的百分比)。

关于 Q 对 TC 求导,并令其等于零,于是得到经济订购或生产批量 Q^*,由此可导出其他相关最优量:

$$Q^* = \sqrt{\frac{2DS}{H}}$$

$$n^* = \frac{D}{Q^*} = \sqrt{\frac{DH}{2S}}$$

$$\mathrm{ROP} = d \times \mathrm{LT}$$

$$\mathrm{TC}^* = \sqrt{2DSH}$$

其中:Q^*——经济订购或生产批量;n^*——年订购或生产批次;ROP——再订购点;TC^*——年最小库存费用;LT——订购或生产提前期;d——单位时间的需求。

那么,此时的最经济的周期库存 CI^* 为:$\mathrm{CI}^* = \frac{Q^*}{2} = \sqrt{\frac{DS}{2H}}$

例 12-5 某企业一年 360 个工作日中每天需要某种物料 4 吨,一次订购费用为 80 元,每吨库存物料一年的保管费用为 16 元,订购提前期为 5 天。求最经济周期库存及总费用。

解:

$$Q^* = \sqrt{\frac{2DS}{H}} = \sqrt{\frac{2 \times 4 \times 360 \times 80}{16}} = 120\ (\text{吨})$$

$$n^* = \frac{D}{Q^*} = \frac{4 \times 360}{120} = 12(\text{次/年})$$

$$\mathrm{ROP} = d \times \mathrm{LT} = 4 \times 5 = 20(\text{吨})$$

此种订购方式下的最经济周期库存和相关费用为:

$$\mathrm{CI}^* = \frac{Q^*}{2} = 60(\text{吨})$$

$$\mathrm{TC}^* = \sqrt{2DSH} = \sqrt{2 \times 4 \times 360 \times 80 \times 16} = 1920(\text{元/年})$$

(三)减少周期库存的方法

由上可知,减少订购或转换费用是降低周期库存的可行方法,具体方法如下:

1. 减少订购费用

(1)通过电子数据交换或网上采购;

(2)与供应商结成伙伴关系;

(3)集中采购。

2. 减少转换费用

(1)标准化、模块化产品设计,减少零部件的种类;

(2)应用成组技术(Group Technology, GT),将类似的零部件集中加工;

(3) 对转换所用工具、设备、程序、方法等进行改进,使转换或调整工作简单化;

(4) 对工人进行培训,提高工人转换的技能和熟练程度。

三、 安全库存的确定

(一) 模型

如果供应和需求是不确定的,为防止一定程度的缺货或保持一定的服务水平,应留有一定的安全库存。安全库存的多少要依这种不确定性程度的大小而定。这里我们仅考虑在随机需求下,为满足一定的需求应留有的安全库存的量,库存模型如图 12-10 所示。假定需求率服从正态分布,均值为标准差为 δ;提前期为常量 LT。

此时,若以提前期的总需求的平均值作为再订购点,那么在提前期内不发生缺货的概率仅为 50%,这样的服务水平就太低了。所谓的服务水平,是指一个订货周期不缺货的概率或没有缺货发生的订货周期的比例。为了提高服务水平,降低缺货损失,企业就必须引入一定的安全库存,那么这时的再订购点 ROP 就为:

$$ROP = \bar{d} \times LT + SS$$

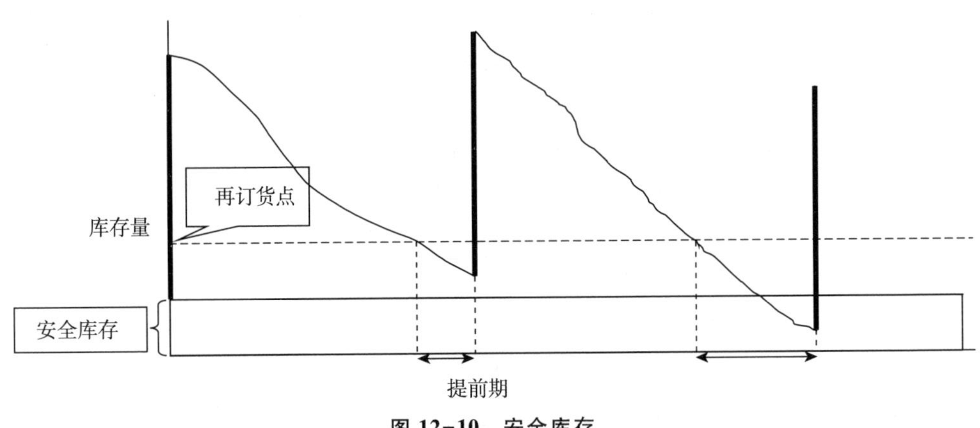

图 12-10 安全库存

由图 12-10 和统计学的原理可知,安全库存 SS 由要求的服务水平、提前期和需求的标准差决定,即

$$SS = z\sqrt{LT}\delta_d \qquad (12-5)$$

式(12-5)中:LT——提前期的时间长度;SS——安全库存;z——与服务水平相对应的常数;δ_d——单位时间需求的标准差。

例 12-6 一种产品一年中(360 天)的日需求量服从均值为 60 件、标准差为 7 件的正态分布,一次订购的费用为 100 元,每件年库存费用为 27 元,供应提前期为 6 天,服务水平要求为 95%。问至少应留多少安全库存才能满足管理要求?当库存降至多少时发出订单?每次订货数量为多少?此时的总库存为多少?

解:当服务水平为 95%时,由标准正态分布表可得 $z=1.645$。

$$SS = z\sqrt{LT}\delta_d = 1.645 \times \sqrt{6} \times 7 \approx 29\ (件)$$

$$ROP = \bar{d} \times LT + z\sqrt{LT}\delta_d = 60 \times 6 + 29 = 389\ (件)$$

$$Q^* = \sqrt{\frac{2DS}{H}} = \sqrt{\frac{2 \times 60 \times 360 \times 100}{27}} = 400\ (件)$$

总库存(周期库存+安全库存)为:

$$TI = \frac{Q^*}{2} + SS = 200 + 29 = 229\ (件)$$

(二)减少安全库存的方法

由上可知,安全库存的多少主要由需求与供应的不确定性决定,因此减少安全库存的具体方法包括以下两个方面:

1. 减少需求的不确定性

(1)与需求方保持长期合作关系,固定客户,稳定需求;

(2)改进需求方的流程,减少故障;

(3)改进产品设计,减少零部件的种类;

(4)提升对需求的预测能力,减少预测误差;

(5)将分散的同类物料集中储存。

2. 缩短提前期的长度

(1)与良好的供应商建立长期合作关系;

(2)采用安全可靠的运输方式;

(3)与良好的第三方物流企业建立长期、稳定的合作关系。

四、准时生产方式

(一)准时生产方式的思想

准时生产(Just In Time, JIT)方式于20世纪60年代由日本丰田汽车公司提出,因此常被称为丰田生产方式。所谓的准时生产,是指在需要的时候,按需要的量,生产所需要的产品。它对生产的基本要求是:既不提前,也不滞后;既不多,也不少;不生产现在不需要的产品,即使以后需要。就其实质而言,它是一种关于生产运作管理的新思想或新理念,其实质是永无止境地改进生产运作系统,追求一种具有零库存、零缺陷、零故障的尽善尽美的"理想生产方式"。由于这种生产方式追求零库存,因此也常被称为零库存生产方式。

传统方法是通过增大生产批量来降低单位产品的成本,这是自福特汽车公司创造大量生产模式以来的主导做法。准时生产方式则是通过彻底消除浪费来实现系统或过程的彻底改进,从而实现成本的根本降低。

在准时生产方式中,所谓的浪费是指一切对顾客不带来任何附加价值的,仅使成本增加的因素。准时生产方式的创始人之一大野耐一总结出以下七种浪费:过量生产、等待、搬运、无效的加工、库存、不必要的动作,以及产品缺陷。

这些浪费的存在指示着可能的改进机会;不断地识别浪费并予以消除,就能持续地改进生产系统,逐步逼近"理想生产方式"。

(二)减少库存

库存的存在是有其具体原因的(参见本节前面有关库存作用的内容),但库存毕竟是一种闲置的资源,是一种浪费,更何况库存具有一定的"缓冲"或"保险"作用,这将导致人们有意或无意地利用它,而同时将产生库存的一些相关问题隐藏下来,得不到解决。尤其是当各种问题经常出现时,将库存视为主要的"解决问题的方法",不仅会导致库存量的剧增,而且还致使这些问题长期积累下来得不到解决。

实现准时生产的基本方法如图 12-11 所示。解决问题的方法参见本节前面有关减少各种库存的方法。

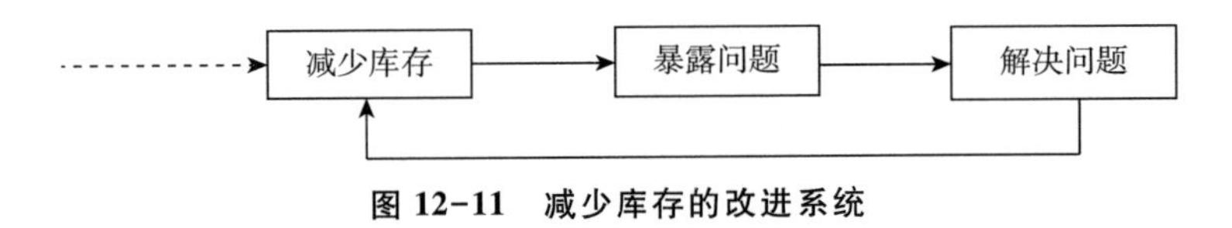

图 12-11　减少库存的改进系统

准时生产的基本要求是生产系统能够以最低的库存运行。实际中,由于问题的存在是绝对的,因此库存总是或多或少地存在着,不可能达到零库存,但零库存始终是准时生产永远追求的理想。

(三)小批量生产

实行准时生产,进行小批量的甚至是单件的生产、移动和交付是非常必要的,同时也是减少(周期)库存的必然要求。小批量生产有如下好处:

(1) 生产系统有足够高的柔性,因为小批量能使生产按需求的变化相应变化;

(2) 系统中的在制品库存较少,从而降低维持库存的成本;

(3) 当发生质量问题时,检验和返工的成本较低;

(4) 当发生质量问题时,有助于准确地找出原因,并及时予以排除;

(5) 较易平衡作业任务,有利于增强生产的可行性和最优性;

(6) 在实施产品改进之前要处理的库存较少。

在传统生产方式下,为了抵消一定的生产转换费用,通常是每次较长时间地生产足够多的某种产品,这样既增加了库存,又降低了系统的柔性。相反,在准时生产方式下,则是小批量地、频繁地转换生产多种产品,这样使得生产系统能更快地对需要的变化做出反应。准时生产的终极目标是:批量为 1。但这不一定总是现实的,因为最小批量受到许多实际条件的限制。但无论如何,准时生产总是要求尽可能地减少批量。

(四)减少转换时间

转换(或生产准备)时间虽用于每次生产或服务前的准备工作,但不直接用于生产或服务，导致生产过程时间的延长，对产品或服务来说却不增加任何价值，因而是一种“浪费”。而且，转换时间对系统的柔性有负效用，它直接导致了一定大小的批量。因此，减少转换时间是持续改进运作系统的一个重要内容。

小批量生产需要频繁的供应和运输转换活动。如果转换时间很长且费用较高，那么小批量生产或柔性生产将因此失去经济性。由经济订购批量公式可知，一次转换的时间越短或费用越低，经济的批量才能越小。为减少转换时间，可参阅前述减少周期库存的方法。

（五）看板系统

物料可以以两种方式流过生产系统：“推”或“拉”。在“推”系统中，当物料在某个环节被加工完成后，就将被“推”到下一个环节；相反，在“拉”系统中，每个环节在需要加工时，就从前一个环节将所需的物料“拉”来。“推”系统中的物料按预测、计划移动，随着加工的完成，物料就不断向下推动，而不考虑此时下一个阶段对物料是否真的需要。结果，物料可能在那些因设备故障或质量问题而落后于进度计划的生产环节堆积起来，形成多余的库存。准时生产方式使用“拉”的方法来控制物流，使每个生产环节的产出与下一个环节的需求相匹配，物料因下一个环节的需要而“准时”移动和加工。因而，物流是协调的，并且各环节之间库存的过度积累也得以避免。

“拉”系统的实质是物流由“下一环节的需要”来指挥。这种需要可以通过多种形式来传达，包括呼叫、亮灯、变换颜色、计算机终端显示、卡片、容器等，但到目前为止最普遍使用的形式是“看板”或“卡片”。看板一般是指用以传达紧前生产环节对物料需要的卡片或装置，其含义是可视的“需求信号”。实际上，看板是移动或加工零部件的指令。在看板系统中，任何生产环节如果没有接到任何这种性质的需求信号，就不能移动或加工任何零部件。

看板的数量控制着系统的松紧程度。看板量越大，相应的库存就越多，生产系统也就越松（生产越容易顺利地进行）；相反，系统就越紧。有意识地适当减少看板量，从而减少库存，这样就能暴露、发现生产过程可能存在的问题，导致生产系统的改进。

（六）与供应商建立密切的伙伴关系

准时生产方式是非常紧凑的，不可靠的、不良质量的外购物料会中断生产过程，导致库存积压，造成损失。另外，到货检验本身也是一种浪费，因为它是非生产性的或对产品不增加任何价值的活动。为此，供应商必须能够持续保证高质量供应。为此，买方要与供应商协同工作，协助它们达到所期望的质量水平。买方的最终目标是要确保某个供应商能可靠地交付高质量的物料，而无须买方检验，也不需要额外的库存。

为减少不必要的库存和降低缺货风险，准时生产要求供应商也必须愿意且能够在一定程度上实现小批量地、准时地、可靠地运送。理想的情况是，供应商自己也采用准时生产方式。买方要经常以自己的经验来帮助供应商向准时生产方式转换，使供应商成为供需一体化的、扩展准时生产的一部分。

要达到以上要求,必须与供应商建立密切的伙伴关系,而仅当供应商数量很少时,才能建立起这种长期稳定的、高质量的伙伴关系。所以,采用准时生产方式的供应商数量一般都较少,由于对频繁的小批量交付的需要,许多买方还努力在当地寻找供应商,以缩短交货提前期和减少提前期的不确定性。拥有较近的供应商的另一个优点是出现问题时能做出快速的反应。

第五节　运作计划

一、运作计划的体系

运用已有的运作系统并提供相应的产品和劳务,是企业经常性的活动。这就需要拟订运行运作系统、安排日常运作活动的运作计划。企业的生产运作,一方面要满足社会的需求,另一方面又要以较低的成本进行。

这里所谓的运作计划是关于运作系统的运行计划,即为实现企业计划,对运作活动做出的统筹安排,规定了一定计划期内生产或提供产品或服务的品种、质量、数量和进度,是进行运作活动的纲领和依据。它是根据企业计划和一定时期的具体需求(由市场营销计划给出),考虑现有的可用生产能力的约束编制而成的。因此,它关系到顾客需求的满足、企业计划(包括市场营销计划和财务会计计划)的实现,决定了生产资源的利用程度。运作计划总览如图 12-12 所示:

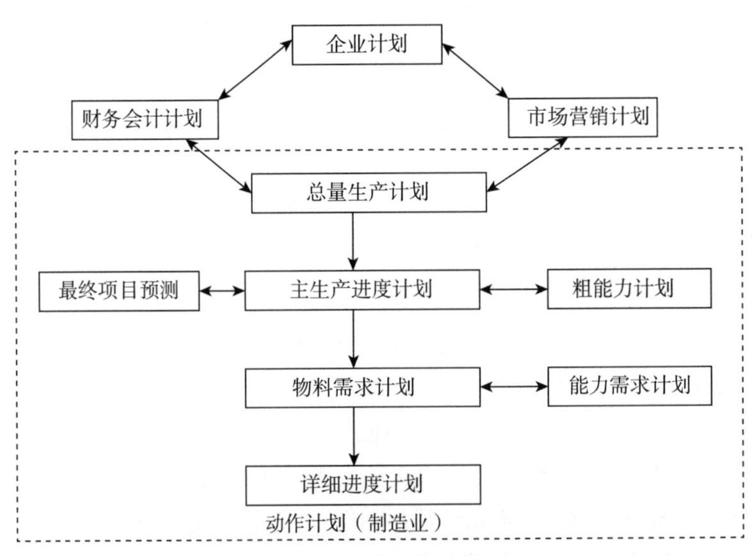

图 12-12　运作计划总览

1. 总量生产计划

总量生产计划确定一年左右的时间内各月对主要产品组的产出需求,即对生产的总量需求,寻求各月的人力水平、工作时间、库存水平以及外包数量的最优组合。

2. 主生产进度计划

主生产进度计划确定具体的最终产品或项目在半年左右的时间内各周的生产数量。

3. 物料需求计划

物料需求计划分解主生产进度计划中的最终产品或项目，确定产品各级零部件制造或采购的数量、时间以及完成的时间。

4. 详细进度计划

详细进度计划是各种关于详细需求和具体运作安排的计划，是物料需求计划的具体化，用于指导日常的运作活动。

以上所有计划都力图在需求与可用能力之间寻求平衡，既尽可能地满足需求，又尽量充分地利用现有能力，保证各项计划的可行性和有效性。因此，在编制以上计划的同时，还要确定相应的能力需求，编制相应的能力需求计划。

二、 总量生产计划概述

（一）总量生产计划的特点

总量生产计划是指在一定的计划期限内，以现有的生产条件为基础，根据预测的市场需求的特点，确定各期（一般为月）的产品大类或系列的产出水平（总生产量、总外包生产量）以及所需的一般人力水平（总人力需求量）和库存水平（总库存量）等，并使它们达到最优组合。总量生产计划的主要特点如下：

（1）它以公共单位对所有不同产品进行计量；

（2）它是中期的综合生产和能力计划，而不涉及具体产品种类和资源种类；

（3）它以市场各期（月）需求的预测为依据，不涉及所需要的具体产品；

（4）它是一种序贯决策或动态决策的方法，追求整个计划期内总运作成本最低。

（二）总量生产计划的策略

总量生产计划的策略可分为纯策略和混合策略两大类。纯策略是指仅考虑一种因素的计划策略，混合策略是指同时考虑多种因素的计划策略。现实中所用的基本上都是混合策略，但它们都是以下面的纯策略作为基础的。

1. 使用库存

按一个固定不变的生产率进行生产，在低需求期间补充库存，在高需求期间使用库存，库存量随需求的变化而反向变化、起伏不定。这种策略适合于制造业。

2. 改变人力数量

根据需求的高低确定所需的人力数量，高需求时录用人力，低需求时辞退人力，总是使生产率与相应的需求率保持一致。

3. 改变工作时间

在保持恒定的人力数量条件下，改变工作时间的长短，以改变生产率，使生产率与需求率保持一致。需求高时加班生产，需求低时则按正常工作时间生产或暂停生产。因为加班或停工的时间非常有限，所以，该方案有时只能满足小部分的需求变化。

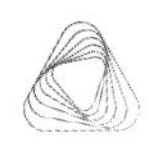

4. 外包

在市场需求超过企业自有的生产能力时,把部分生产任务外包给其他企业完成,以相对提升生产能力,满足过大的市场需求。

5. 延迟交货

接受订单,但不按期提供订货或服务。这种策略虽能从数量上满足用户的需求,但却在时间上延迟满足了用户的需求,可能要付出较多的罚款,甚至在未来会失去原有的用户。所以,使用这种策略时应相当谨慎。

(三) 总量生产计划方案的拟订

拟订和选择总量生产计划方案的方法很多,基本上可分为两类:图表法和数学法。图表法是一种手工试错的方法,它不能保证得到最优的方案,但由于简单易懂、计算量不大且简便,因而被广泛地应用。数学法是一种采用数学模型描述总量计划问题,通过求解,直接得到最优计划方案的方法。这种方法虽能取得最优的结果,但可能因模型简化现实而导致结果失效,因而在实际应用中有一定的限制。以下仅对图表法予以介绍。

图表法使用作图或制表的技术,探索一系列可行的方案,通过相互比较,从中选取一个较好的方案。以下通过例 12-7 说明该方法的一般应用过程。

例 12-7 某企业将编制未来 6 个月的总量生产计划,已得到如表 12-8 所示的数据资料。

表 12-8 总量生产计划

<table>
<tr><th colspan="8">需求与工作天数</th></tr>
<tr><td>月份</td><td>1</td><td>2</td><td>3</td><td>4</td><td>5</td><td>6</td><td>合计</td></tr>
<tr><td>需求预测(件)</td><td>1 800</td><td>1 500</td><td>1 100</td><td>900</td><td>1 100</td><td>1 600</td><td>8 000</td></tr>
<tr><td>工作天数(天)</td><td>22</td><td>19</td><td>21</td><td>21</td><td>22</td><td>20</td><td>125</td></tr>
<tr><th colspan="8">费用(不包括材料费:100 元/件)</th></tr>
<tr><td colspan="2">库存(元/件・月)</td><td colspan="2">1.5</td><td colspan="2">招录和培训(元/人)</td><td colspan="2">200</td></tr>
<tr><td colspan="2">延迟交货(元/件・月)</td><td colspan="2">5</td><td colspan="2">辞退(元/人)</td><td colspan="2">250</td></tr>
<tr><td colspan="2">外包(元/件)</td><td colspan="2">20</td><td colspan="2">正常工资(元/小时)</td><td colspan="2">4</td></tr>
<tr><td colspan="2">加班工资(元/小时)</td><td colspan="2">6</td><td colspan="2"></td><td colspan="2"></td></tr>
<tr><th colspan="8">其他</th></tr>
<tr><td colspan="2">期初库存(件)</td><td colspan="2">400</td><td colspan="2">正常工作时间(小时/人)</td><td colspan="2">8</td></tr>
<tr><td colspan="2">期初人数(人)</td><td colspan="2">35</td><td colspan="2">工时消耗(人・小时/件)</td><td colspan="2">5</td></tr>
</table>

计划 1:改变人力数量,以正常工作时间(每天 8 小时),准确按月需求生产。

例如,1 月的平均需求 $=(1\ 800-400)/22 \approx 64$(件 / 天)

所需人力 $=64 \times 5/8 \approx 40$(人/天)

具体计划见表 12-9。

表 12-9 计划 1

时间	期初	1 月	2 月	3 月	4 月	5 月	6 月	合计
需求预测(件)		1 800	1 500	1 100	900	1 100	1 600	8 000
工作天数(天)		22	19	21	21	22	20	125
生产量(件)		1 400	1 500	1 100	900	1 100	1 600	7 600
加班量(件)		0	0	0	0	0	0	0
外包量(件)		0	0	0	0	0	0	0
月末库存(件)	400	0	0	0	0	0	0	0
延迟交货(件)		0	0	0	0	0	0	0
生产时间(小时)		7 000	7 500	5 500	4 500	5 500	8 000	38 000
加班时间(小时)		0	0	0	0	0	0	0
人力需求(人/天)	35	40	50	33	27	31	50	230
招录工人(人/天)		5	10	0	0	4	19	38
辞退工人(人/天)		0	0	17	6	0	0	23
库存费用(元/件·月)		0	0	0	0	0	0	0
延迟费用(元/件·月)		0	0	0	0	0	0	0
正常工资(元/小时)		28 000	30 000	22 000	18 000	22 000	32 000	152 000
加班费用(元/小时)		0	0	0	0	0	0	0
外包费用(元/件)		0	0	0	0	0	0	0
招录费用(元/人)		1 000	2 000	0	0	800	3 800	7 600
辞退费用(元/人)		0	0	4 250	1 500	0	0	5 750
合计		29 000	32 000	26 250	19 500	22 800	35 800	165 350

计划 2:维持一定数量的人力不变,按计划期内平均需求进行生产。需求低时,库存积累;需求高时,则可能暂时缺货,待以后补上。

$$6\text{ 个月的平均需求} = (8\ 000 - 400)/125 \approx 61(\text{件} / \text{天})$$

$$\text{所需人力} = 61 \times 5/8 \approx 38(\text{人}/\text{天})$$

具体计划见表 12-10。

表 12-10 计划 2

时间	期初	1 月	2 月	3 月	4 月	5 月	6 月	合计
需求预测(件)		1 800	1 500	1 100	900	1 100	1 600	8 000
工作天数(天)		22	19	21	21	22	20	125
生产量(件)		1 338	1 155	1 277	1 277	1 338	1 216	7 601
加班量(件)		0	0	0	0	0	0	0

(续表)

时间	期初	1月	2月	3月	4月	5月	6月	合计
外包量(件)		0	0	0	0	0	0	0
月末库存(件)	400	0	0	0	147	385	1	533
延迟交货(件)		62	407	230	0	0	0	699
生产时间(小时)		6 690	5 775	6 385	6 385	6 690	6 080	38 005
加班时间(小时)		0	0	0	0	0	0	0
人力需求(人/天)	35	38	38	38	38	38	38	228
招录工人(人/天)		3	0	0	0	0	0	3
辞退工人(人/天)		0	0	0	0	0	0	0
库存费用(元/件·月)		0	0	0	220.5	557.5	1.5	799.5
延迟费用(元/件·月)		310	2 035	1 150	0	0	0	3 495
正常工资(元/小时)		26 760	23 100	25 540	25 540	26 760	24 320	152 020
加班费用(元/小时)		0	0	0	0	0	0	0
外包费用(元/件)		0	0	0	0	0	0	0
招录费用(元/人)		600	0	0	0	0	0	600
辞退费用(元/人)		0	0	0	0	0	0	0
合计		27 670	25 135	26 690	25 760.5	27 317.5	24 321.5	156 914.5

这两个计划分别对应两种不同的“纯策略”:改变人力数量和使用库存。相比较,计划 2 稍好一些,但不一定最好,可以用类似做法产生多种不同的计划方案,也能采用“混合策略”编制出更多的可行计划方案,从中能得到更好的计划方案。

三、 物料需求计划

(一) 物料需求计划的思想

物料需求计划(Material Requirement Planning, MRP)是一个基于计算机的、用以处理相关需求项目(如原材料、零部件和装配件)的订货和生产进度的计划信息系统。该系统将一个关于一定数量最终项目的主生产进度计划逆向转换成对各级零部件和原材料的需求,由此确定生产、装配或订购的数量和时间。

MRP 的基本思想是,按物料的实际需求准时进行生产和订购。这种思想直到 20 世纪 60 年代才被正式提出。在此以前,制造业编制企业内部的生产和采购活动的计划和控制方法通常是再订购点法,即对各种零部件和原材料的需求进行预测,各自确定一个生产和订购批量及再订购点,每当实际库存降至再订购点或以下,就按固定的批量进行生产和订购(参见本章第四节)。1965 年,美国 IBM 公司的约瑟夫 · A. 奥列基(Joseph A. Orlicky)博士提出了不同于以上传统做法的新观点,他指出企业有两种不同的需求:一是独立需求,即源自企业外部顾客对产品或服务的需求;二是相关需求,即源自企业内部对另一种物品的需求。

独立需求与相关需求的主要区别如表 12-11 所示。

表 12-11　独立需求与相关需求的区别

比较项	独立需求	相关需求
需求源	顾客	上一级物料
需求模式	随机、连续	确定、离散
确定需求的方法	预测	计算
物料类型	成品	原材料、在制品
计划方法	经济订货批量、再订货点	物料需求计划

对于独立需求,采用再订购点法安排生产或采购是经济的;但对于相关需求,采用再订购点法安排生产或采购将是不经济的,应有一种新的方法予以处理。这种处理相关需求的新方法就是物料需求计划。

（二）基本的 MRP 系统

MRP 系统基本上是一个计算机信息管理系统。从物质形态来看,它包括硬件和软件两大部分,其核心是后者。从运行过程来看,它一般包括输入、处理和输出三大部分,其基本框架如图 12-13 所示。MRP 始于一个关于最终项目的主生产进度计划,该计划被转换成一个对在规定时间内生产该项目所需装配件、零部件和原材料的生产或采购进度计划。MRP 最终回答了如下三个问题:需求是什么？需求是多少？何时产生需求？

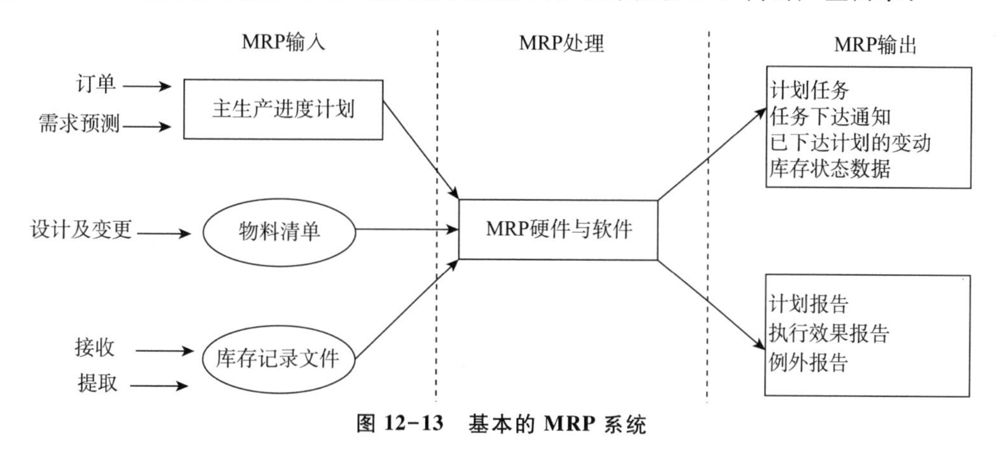

图 12-13　基本的 MRP 系统

如图 12-13 所示,MRP 系统的主要输入包括:

1. 主生产进度计划

主生产进度计划,是关于最终项目(成品和外售零部件)的需求数量和时间的计划,它表明将要为销售提供什么具体成品、何时需要,以及需要多少数量。主生产进度计划包含用于市场营销和生产的重要信息。MRP 直接由主生产进度计划来驱动。

2. 物料清单

物料清单(Bill of Material, BOM),即产品结构文件,是一张包含生产单位某种成品所需的所有装配件、子装配件、零部件和原材料的列表。每种成品都有一份自己的物料清单。

物料清单中的列表是分级的:最高级(最终项目)为0级,其次是1,2,3……直到最末级(外购件和外购原材料)。图12-14是某种产品A所需的生产物料清单的一种表示方法——产品结构树,从上向下表示制造或装配较高一级某项目(父项)所需的下一级项目(子项)的种类和数量。

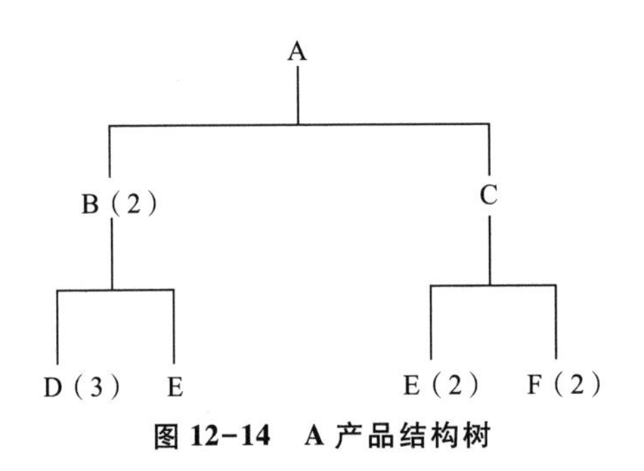

图12-14 A产品结构树

3. 库存记录文件

库存记录文件是用于逐期存储关于每个项目状态信息的文件。它包括总需求、预期收到和预期可用库存量,也包括每个项目的供应者、提前期以及批量等其他详细情况。提前期是库存记录文件中的一项重要内容。所谓提前期,是指发出(或接到)生产或订购任务到任务完成所需要的时间。它主要由生产周期、加工时间、排队规则、任务量大小等因素决定,一般难以确定,常根据过去的经验和对未来情况的预计予以综合地估计。

(三) MRP系统的运行

MRP系统的数据处理是自上而下逐级逐项进行的,从需求的最终项目开始,直到最后需要的外购件或外购原材料结束。

例12-8 产品结构树如图12-15所示,产品需求如表12-12所示,每个细项的生产提前期都是1周,期初有110单位D的持有库存。表12-13列出了物料D的物料需求计划。

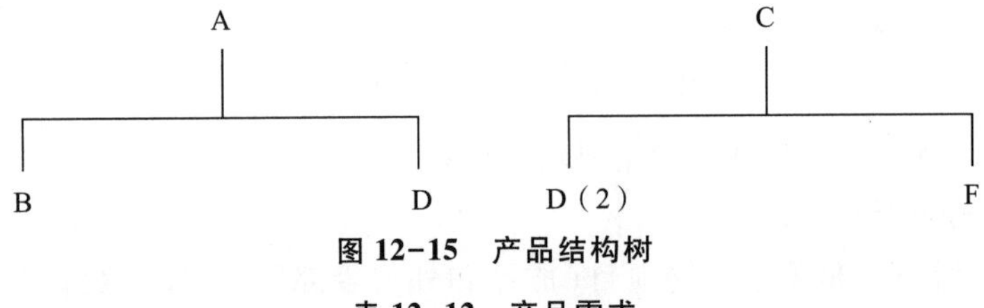

图12-15 产品结构树

表12-12 产品需求

周数	1	2	3	4	5	6
A				80		
C					50	

表 12-13　物料 D 的物料需求计划

A　LT=1	期初库存	1	2	3	4	5	6
总需求					80		
预期到货							
预期库存							
净需求					80		
计划订单入库					80		
计划订单下达				80			

C　LT=1	期初库存	1	2	3	4	5	6
总需求					50		
预期到货							
预期库存							
净需求					50		
计划订单入库					50		
计划订单下达				50			

D　LT=1	期初库存	1	2	3	4	5	6
总需求				80	100		
预期到货							
预期库存	110	110	110	110	30		
净需求					70		
计划订单入库					70		
计划订单下达				70			

(四) MRP 系统的扩展

前面所介绍的基本的 MRP 系统仅涉及物料的需求,并未考虑对能力的需求或能力对其的约束,也没有考虑对其他资源的需求,对将来实际执行过程中的问题也不能做出适当的反应。这种 MRP 系统是一种开环系统,它自身不能保证其计划的可行性和有效性。所以,对这种 MRP 系统进行功能扩展或改进是必要的。

1. 闭环 MRP 系统

当 MRP 系统具有来自其有关输出的反馈时,就成了闭环 MRP 系统。反馈意味着将问题和输出数据送回给系统的有关环节,以做出必要的修改或调整,使系统的输出符合既定要求和实际情况,从而保证系统结果的可行性和有效性。

在基本的物料需求计划基础上,再增加一个能力需求计划模块,该模块将 MRP 的结果转化成对生产能力(人力和机器等)的需求,并核实是否有充足的能力予以保证;如果没有,则向 MRP 模块反馈,以进行修改,直到有充分的能力保证为止。当生产指令下达到生产系统,在执行能力计划和物料计划的过程中,须对实际执行情况进行监控。生产、能力和物料的任何变化都要反馈到 MRP 系统,根据实际情况对计划做出必要和适当的调整。目前,实际使用的 MRP 系统大多是闭环系统。

2. 制造资源计划

生产计划不仅受生产资源或能力的制约,而且还受市场营销、财务等资源的制约,因此,可行的生产计划必须同时满足这些资源的约束或要求。基本的 MRP 系统和闭环 MRP 系统都没有考虑这些资源约束。为克服此缺陷,MRP 系统必须进一步扩展。另外,为取得整体的最佳效果,企业的所有职能领域须面向一个共同目标,为减少不同职能部门之间的不一致或矛盾,原来的 MRP 也应向企业的其他职能扩展。这种扩展后的计划方法就是制造资源计划(MRPⅡ)。MRPⅡ并不替代原来的 MRP,也不是原来的 MRP 的一种改进,而是包含原来的 MRP 在内的一种更广泛的、功能更为齐全的计划,它实现了计划过程中采购、生产、市场营销、财务、人事、工程等职能的一体化或集成。

3. 企业资源计划

在供应链管理的要求下,通过互联网将 MRPⅡ进一步与企业外部的供应商、顾客等系统相互连接,又扩展成企业资源计划(Enterprise Resource Planning, ERP)。ERP 是一个更大范围的、功能更强的信息交流及处理、计划和控制的平台,在此平台上可以实现供应链上相关企业运作活动的更高水平的协调。

四、 详细进度计划

详细进度计划是具体运作活动安排的计划,包括将具体的运作任务分派到具体的个人、小组、设备、工作中心,确定任务完成的先后顺序,确定各种任务具体的开始和完成时间(周、日、小时)。它用于指导日常的运作活动,是整个计划体系中的最终计划或实施计划。对于连续或大量、大批类型的运作系统来说,详细进度计划由于其编制的频率较低和相对稳定而显得不甚重要,但对于零杂或单件小批量类型的运作系统而言,详细进度计划由于其编制的多变性和频繁性而显得异常重要。

(一) 负荷

负荷是向工作中心分派任务。工作中心是企业中生产资源的一种特定组合,用于进行某种特定的工序、加工或处理。一个工作中心可以是一台或一组机器、一个或一组人,或者一个工作地。可用甘特图辅助任务的分派,通常有两种负荷方法。

1. 无限负荷

将任务分配到各工作中心,而不考虑其能力的大小。这种负荷方法的结果是超负荷或欠负荷,超负荷意味着不可行。这种方法时常要求积极地去探索其他可能的方法或措施(加班、外包、改进工作方法等),力求完成任务。当加工中心有一定的潜在能力或替代能力时可考虑采用此种方法。

2. 有限负荷

将作业或任务分配到各工作中心,考虑其能力的大小,使任务量不超出各中心能力范围。这种负荷方法的结果总是可行的。当工作中心的能力很特殊、极其有限、不可替代时,可考虑采用此种方法。

（二）排序

排序是确定任务在工作中心的加工或处理顺序。负荷只是将任务分派到有关工作中心,一段时间内一个工作中心可能有多个任务。任务的不同排序将对满足顾客要求、完工时间、在制品库存、设备利用率等产生不同的影响。

可用以下指标度量排序的效果(i 为第 i 号任务;j 为第 j 号工作中心;n 为任务总数;m 为工作中心总数)。

1. 流程时间

流程时间:

$$F_i = \text{加工时间} + \text{等待时间}$$

最大流程时间:

$$F_{\max} = \max(F_i)$$

平均流程时间:

$$\text{MF} = \frac{\sum F_i}{n}$$

2. 延误时间

延误时间(D_i 为第 i 号任务的交货时间):

$$T_i = F_i - D_i$$

平均延误时间:

$$\text{MT} = \frac{\sum T_i}{n}$$

3. 利用率

$$U = \frac{\sum t_{ij}}{m \times F_{\max}}$$

其中,t_{ij}为第 i 号任务第 j 号工作中心的单位加工时间。

对于大规模复杂的排序问题,至今没有统一的最优算法,常用一些启发式规则(优先规则)来产生排序方案。方案可能好也可能不好,为此可以比较多个方案,从中选取一个满意方案,常用的三个简单的启发式规则如下:

(1) 先到先服务(First Come First Service, FCFS);

(2) 最早交货期(Earliest Due Date, EDD);

(3) 最短作业时间(Shortest Operating Time, SPT)。

排序问题可根据其规模、复杂程度分为:$n/1$(n 个任务/1 个加工中心);$n/2$(n 个任务/2 个加工中心);n/m(n 个任务/m 个加工中心)。这些问题还可以根据加工路线是否相同再分为不同排序问题。以下仅以 $n/1$ 排序问题为例,说明如何按不同优先规则排序以及如何评价不同的排序效果。

一般而言,虽然 FCFS 下的方案对顾客是最公平的,但对企业运作而言,综合效果并不一定好;EDD 下的方案平均延误时间较短;而按 SPT 规则得到的方案综合效果较好。

例 12-9 有 5 项任务被分派到某工作中心,具体数据如表 12-14 所示。

表 12-14 到达某加工中心的 5 项加工任务

单位:天

任务(到达顺序)	加工时间	交货期
A	5	10
B	10	15
C	2	5
D	8	12
E	6	8

按 SPT 规则排序,结果见表 12-15。

表 12-15 按 SPT 规则排序

单位:天

加工顺序	开始时间	加工时间	流程时间	交货期	延期
C	0	2	2	5	0
A	2	5	7	10	0
E	7	6	13	8	5
D	13	8	21	12	9
B	21	10	31	15	16
合计		31	74		30
平均流程时间	14.8				
平均延误时间	6				

还可以用其他规则进行排序,得到不同的排序方案,通过比较相关的指标,从中选取一个满意的方案。

本章小结

思考题

1. 结合实际说明运作管理在企业中的重要作用。

2. 企业为何要制定和执行运作战略？指出并解释若干实际企业所选定的战略重点。

3. 产品设计为什么特别重要？怎样确保产品设计是一个成功的设计？

4. 流程类型对企业的运作管理有何具体影响？

5. 为什么许多发达国家的企业在我国进行产品的加工制造？而我国有些企业为什么在发达国家进行产品的加工制造？

6. 从企业的角度来看，库存有哪些作用？又有哪些坏处？应如何降低库存？MRP 与传统的库存管理方法相比有何不同？

7. 为什么许多企业都在积极地推行准时生产的理念？如何推行？

8. 某大型商业公司欲在某一城市开设多家连锁商店，并同时建立一个向各家连锁店配送货物的配送中心。通过调查分析，已决定在 7 个居民区建立 7 家连锁店，7 个居民区所在的位置以及每天的需求量如表 12-16 所示，试据此决定配送中心的位置。

表 12-16　居民区位置与需求量

居民区	所在位置(x,y)	每天需求量
A	(10,5)	3
B	(3,8)	3
C	(4,7)	2
D	(15,10)	6
E	(13,3)	5
F	(1,12)	3
G	(5,5)	10

9. 某百货公司明年某种电视机的销量经估算为 5 万台，一年中销售量基本均衡。该电视机由一家电视机制造厂制造，百货公司向该电视机制造厂直接订购，每次订购费用为 500 元(与一次的订购量大小基本无关)。在百货公司存放保管一台电视机的年费用为 200 元。该百货公司应怎样向电视机厂订购？

10. 某工作中心在第 211 个工作日开始处理 5 项任务，有关数据如表 12-17 所示：

表 12-17　任务处理表

任务	交货日	加工时间(天)
A	260	30
B	258	16

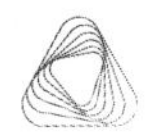

(续表)

任务	交货日	加工时间(天)
C	260	8
D	270	20
E	275	10

如果5项任务按表中顺序到达,试分别用FCFS、EDD、SPT三种规则排定处理顺序,并对三种排序方案进行比较分析。

案例讨论

第十三章　物流与供应链管理

【学习目标】

1. 理解物流的概念及其演变过程。
2. 掌握物流系统的概念、特征及其构成。
3. 了解物流的分类方法。
4. 掌握供应链的概念和特征。
5. 理解物流管理的目标和内容。
6. 理解供应链管理的概念和内容。

案例讨论

【基本概念】

现代物流　物流系统　国际物流　第三方物流　供应链　供应链管理

第一节　物流的基本概念

一、物流概念的产生与发展

作为物资资料流通活动组成部分的“物流”，其历史与商品经济的历史一样久远，也就是说，从商品经济产生以来就有了“物流”。但是，对物流活动实施系统化的科学管理是20世纪50年代前后才开始的。

“Physical Distribution”的概念最初产生于西方发达国家。1956年，日本将其引进，并译成日文“物的流通”。1976年，美国物流管理协会对物流定义的表述为：对原材料、半成品及产成品由生产地送到消费地的有效移动所进行的计划、执行、控制等各种活动的集合。长期以来，我国一直沿用日本的物流定义，虽然版本不同，但差别不大。2001年8月1日，我国首次颁布并实施了国家标准《物流术语》，其中将物流定义为：物品从供应地向接收地的实体流动中，根据实际需要，将运输、储存、装卸、搬运、包装、流通加工、配送、信息处理等基本功能有机结合起来实现用户需求的过程。

随着经济的发展，特别是经济全球化及企业竞争战略的变化，物流在企业经营乃至整个国民经济中的地位和作用越来越重要，物流概念的内涵和外延也随之发生了变化。

这种变化主要体现在两个方面:一方面,从社会层面上说,物流合理化、物流系统化逐渐受到重视,物流进而从微观领域进入了宏观领域,物流已为全社会所重视,成为国民经济发展的一个重要组成部分;另一方面,从物流自身的整合范围来看,物流的整合范围从最初的只限于销售领域扩展到企业生产经营的其他领域,进而扩展到供应链上的上下游企业。与此相适应,反映物流概念的词汇也发生了变化,物流英文用语从“Physical Distribution”转变为“Logistics”。这一转变的主要标志是美国物流管理协会于 1985 年率先用“Logistics”取代了“Physical Distribution”。

各国对现代物流给出了多种定义,其中最具代表性的还属美国物流管理协会的定义:以客户需求为目的,对原材料、半成品、成品以及与此相关的信息由产出地到消费地的有效且成本效果最优的流动与保管进行计划、执行与控制。

一般认为,现代物流具有以下特点:

(1) 把向客户提供的物流服务目标体现在现代物流的定义中,强调了物流客户服务的重要性。

(2) 现代物流的活动范围极其广泛,既包括原材料采购与供应阶段的物流,也包括生产阶段、销售阶段、退货阶段及废弃物处理阶段等整个生产、流通、消费过程中的全部物流活动。

(3) 现代物流不仅重视效率,更重视效果,强调物流过程中的投入(成本)与产出(利润)之间的对比关系。

(4) 现代物流不仅强调物流构成要素的整体最优,而且还强调物流活动与其他生产经营活动之间的整体最优。

(5) 现代物流强调生产、营销、物流是企业经营的三大支柱,将物流视为同生产、营销相并列的企业经营战略之一。

二、 物流在经济活动中的地位

物流在经济活动中的地位是由其所发挥作用的重要程度决定的。与物流管理的内容相一致,物流在经济活动中的地位也包括三个层次,即物流在工商企业生产经营活动中的地位、在物流企业经营活动中的地位以及在国民经济中的地位。

物流是工商企业生产经营活动的重要组成部分,物流管理是企业管理的重要方面之一,其管理水平和实施效果对企业收益具有直接影响。主要体现在:①物流是企业生产经营活动的重要组成部分;②物流是企业实现生产经营目标的重要手段;③物流是企业的“第三利润源泉”;④物流是增强企业竞争力的重要途径。

从某种意义上说,物流企业是服务型企业,即为需求者提供物流服务的专门性企业,因此,对物流的管理就是物流企业的核心业务,是其实现企业收益的全部经营管理活动。物流企业只有采用最先进的物流设备和技术,运用最先进的手段,同时实行最先进的管理,才能满足客户的服务要求、实现其自身的目标。物流企业虽然不生产有形的产品,但是提供无形的产品——物流服务。因此,如何通过管理提高自身的素质和服务水平是物流企业永恒的话题。

在现代社会中,物流和商流共同起着沟通生产和消费的作用,是国民经济的重要领域。从某种意义上说,物流的现代化程度反映了一个国家的现代化程度。

由此可见,物流管理在社会经济生活中,无论是在微观领域,还是在宏观领域,都发挥着重要的作用,是社会经济不可或缺的组成部分。

三、 物流管理的目标和内容

物流服务是对客户商品利润可能性的一种保证,包含备货保证、输送保证和品质保证,其最终目的是使客户满意。根据国家标准《物流术语》中的定义,物流管理是指为了以最低的物流成本达到用户所满意的服务水平,对物流活动进行的计划、组织、协调与控制。

我们可以从以下几个层面来理解物流管理的概念:首先,物流管理既要实现成本最低化,又要确保客户对物流服务质量满意,可见,成本和服务是物流管理的侧重点。其次,对物流活动进行计划、组织、协调与控制,是指对物流各个环节的管理,因此,物流管理不仅是对单个环节的管理,而且是对所有环节的一个动态的、全过程的管理。最后,因为物流系统中存在"效益背反"现象,物流管理就是要通过有效的计划、组织、协调与控制等手段,合理地安排各环节,实现整体最优。

现代物流问题涉及的范围广泛,生产企业、流通企业、物流企业和政府等各方面所面临的物流管理问题性质各不相同。生产企业和流通企业的物流管理问题是在企业经营中提出的,并且始终是物流研究和实践的主要问题。如何才能更好地为客户服务,开拓物流服务的市场是物流企业面临的首要问题。物流是国民经济的一个重要组成部分,物流的现代化管理实际上是与整个国家现代化的整体程度相一致的。物流基础设施的规划和建设,现代物流发展的宏观环境的创造、培育,以及物流市场的发展等问题,必须由政府从宏观上规划和实施才能得以解决。

从企业经营的角度来看,物流管理同其他管理一样具有计划、组织、协调、控制职能。物流计划主要包括物流量计划、采购计划、存储计划、装运计划等;物流管理的组织职能是把经营活动的各个要素、各个环节以及各个方面进行合理组织,形成有机整体,从而有效地开展物流活动;物流管理的协调职能主要是指对物流管理过程中各种关系的协调,以使企业的物流活动处于一个良好的运行机制下;控制是保证物流活动高效性的一项重要职能,一般包括质量控制及成本控制。从物流活动的全过程来看,物流管理包括:①对物流活动诸要素的管理,即对运输、仓储、包装、装卸搬运、配送、流通加工等环节进行管理;②对物流系统诸要素的管理,即对人、财、物、设备、方法和信息六大要素进行管理;③对物流活动中具体职能的管理,主要包括物流计划、质量、技术、经济等职能的管理。

物流管理可划分为三个层次,即物流战略管理、物流系统设计和运营管理以及物流作业管理。物流战略管理根据企业的总体发展战略和长远目标,明确物流在企业经营中的地位，对企业物流的发展目标、物流服务的内容和水平等做出整体规划。物流战略确定后，如何保证战略目标的实现是一个至关重要的问题。因此，就需要有一个实施战略的手段（工具），即物流运作系统。此时，物流管理的任务是设计物流系统和相应的物流网络，规划物流设施，确定物流运作的方式和程序等，从而形成一定的物流能力。同时，还要对物流系统进行实时监控，及时根据需要进行必要的调整。物流作业管理是物流活动中的具体管理活动。具体而言，就是根据业务的需要，按照计划的要求对物流作业活动进行具体的现场监督和指导，对物流作业的质量和数量进行监控，以保证物流战略目标的最终实现。在上述三个层次中，物流作业管理构成了现代物流管理的基础，其他层次的物流管理都是围绕作业管理展开的，或者说是在作业管理基础上的延伸。

四、 现代物流观念

现代物流观念是建立在经济发展和科学进步的基础上的。

1. 全球化观念

随着全球化的发展，世界大市场概念在今天已经成为现实，经济全球化对企业的运营方式产生了巨大的影响。通过全球采购和多地点制造，将全球化产品销往国际市场，必然导致物流的全球化。全球化物流是全球战略的支持和保证。

2. 物流一体化观念

物流一体化是指从企业内部作业观察，将所有涉及物流的功能和工作结合起来，形成内部物流一体化。虽然内部物流一体化是企业取得成功的必要条件，但它并不足以保证企业实现其经营目标。在 21 世纪的激烈竞争形势下，企业必须将其物流活动扩展到与顾客和供应商相结合，这种通过外部物流一体化的延伸被称为供应链管理。

3. 以顾客满意为第一的观念

进入 20 世纪 90 年代以后，经济社会向国际化、信息化、多元化的方向发展，人们对生活的追求从温饱型、数量型开始转向小康型，消费开始向个性化和多样化发展。这种消费行为的变化对企业的生产和经营产生了深远的影响。多品种、少批量生产方式应运而生，由此而产生的看板管理、准时生产方式、柔性化生产、拉动生产管理、零缺陷服务等，都充分体现了以顾客满意为第一的观念。

4. 绿色物流观念

绿色物流是指在物流过程中减轻物流对环境造成危害的同时，实现对物流环境的净化，使物流资源得到充分利用。环境保护、资源持续利用、企业可持续发展等战略同样适用于物流活动。环境共生型的物流管理就是要改变原来经济发展与物流，以及消费生活与物流的单向作用关系，在减轻物流对环境造成危害的同时，形成一种能同时促进经济发展和人类健康发展的物流系统，即向绿色物流、循环型物流转变。

此外，现代物流观念还包括物流服务社会化、物流管理专门化、物流信息化、物流网络化等。

第二节　物流系统

现代物流系统是以信息系统为中心的一个综合性有机整体,是一个完整的现代化物流系统。物流系统内部是由若干相互依赖和相互制约的各部分要素组成的,在各要素的综合作用下,形成一个具有特定结构、功能与性质的有机整体。其中,每一个要素的功能的发挥都必须有利于整体系统功能的发挥,有利于整体系统目标的实现。因此,在整体物流系统中,要做到各要素的最优化,从而实现整体物流系统的合理化和高效化,进而提高物流服务水平,降低整体物流系统的成本,增强竞争力。

一、 物流系统的含义

用系统观点来研究物流活动是现代物流的核心问题,而要理解物流系统的概念首先要理解系统的概念。"系统"一词来源于古希腊语,有"共同"和"给以位置"的含义。在人类社会中,任何事物都是以"系统"的形式存在的。现代关于系统的定义很不统一,一般可以理解为系统是由两个以上相互区别或相互作用的单元之间有机地结合起来,完成某一功能的综合体。每一个单元也可以称为一个子系统。系统与系统的关系是相对的,一个系统可能是另一个更大系统的组成部分,而一个子系统也可以继续分成更小的系统。系统的主要特点是:各个系统都具有一定的目的,在系统中通常存在多个要素,系统诸要素是相互联系的。系统的一般模式可以归纳为输入、处理和输出。

物流系统是指在特定的社会经济大环境里由所需位移的物资、包装设备、装卸搬运设备、运输工具、仓储设施,以及人员和通信联系等若干相互制约的动态要素所构成的、具有特定功能的有机整体。

物流系统是一个复杂、庞大的系统。这个大系统中有众多的子系统,系统间又具有广泛的横向和纵向的联系。物流系统具有一般系统所共有的特点,即整体性、相关性、目的性、环境适应性等;同时,还具有规模庞大、结构复杂、目标众多等大系统所具有的特性。物流系统的边界是广阔的,随着科学技术的进步、生产力的发展、物流技术的提高,物流系统的边界范围还将不断地向内深化、向外扩张。

二、 物流功能及其合理化

物流系统同其他任何系统一样,是由人、财、物等相关要素构成的。人、财、物是物流系统的基本要素,即物流系统的劳动者要素、资金要素和物的要素。其中,人员的要素是核心要素,提高人员素质是建立合理化物流系统的根本条件。物流系统的物质基础要素包括物流设施、物流装备、物流工具、信息技术及网络、物流组织及管理等。物流系统还可以按照功能区域划分为储存、运输、包装、装卸搬运、配送、流通加工、信息处理等,它们是物流系统的基本功能要素。物流系统还需要有一定的支撑要素,包括各类体制和制度、法律规章及标准化系统等。

一般认为,物流的环节包括运输、仓储、装卸搬运、包装、流通加工、配送、信息处理等内容,这些环节之间相互联系、相互作用,也可将这些环节称为物流子系统、物流活动、物流功能等。上述子系统又可以继续分解,这体现了物流系统的复杂性。物流系统的输入是配送、储存、装卸、搬运、包装、物流信息、流通加工等环节所消耗的人力、设备、材料等资源,经过处理转化,变成物流系统的输出也就是物流服务。

仓储(或保管)是指对物品进行储存及对其数量、质量进行管理控制的活动。在社会经济中,仓储发挥着调节生产和消费在时间上偏离的功能,以创造物流的时间效用。仓储活动普遍存在于商品生产和商品流通活动之中,伴随着商品的生产和流通活动,必将产生商品的暂时储存、生产储存、季节储存、转运储存、消费储存和长期储存等物资的保管活动,这些仓储活动主要涉及接货入库、提货出库、安全保存、库存管理等仓库业务。仓储活动的主要场所是仓库,此外,车站码头的临时保管库、货物中转站等物流节点设施也从事仓储活动。随着经济的发展,物流从少品种、大批量转变为多品种、小批量,仓储功能从重视保管效率逐渐变为重视如何才能顺利地进行发货和配送作业。为了合理化仓储,可采用面向通道进行仓储、高层堆码、先入先出、网络化仓储等手段。

在物流系统中,运输和仓储是同样重要的功能因素。运输过程不改变物品的形态,也不改变其数量,而是通过解决物品的生产地点与消费地点之间的空间距离问题,创造商品的空间效用,实现商品的使用价值,满足社会需求。货物的运输手段共有五种,即铁路运输、公路运输、船舶运输、航空运输及管道运输。影响运输合理化的因素有运输距离、运输环节、运输工具、运输时间和运输费用。一般可通过合理配置运输网络、选择最优运输方式、提高车辆运行效率、发展社会化运输体系、采用先进运输技术设备等途径,消除对流运输、倒流运输、迂回运输、过远运输、重复运输、无效运输等不合理运输状况。

装卸搬运是指在同一地域范围内进行的、以改变物的存放状态和空间位置为主要内容和目的的活动,具体包括装上、卸下、移送、分类、堆垛、入库、出库等活动。装卸搬运是伴随仓储和运输而产生的必要的物流活动,但是和运输产生空间效用、仓储产生时间效用不同,它本身不产生任何价值。但物流的主要环节是靠装卸搬运活动连接起来的,物流活动其他各个环节的转换也要通过装卸搬运连接起来。装卸搬运不仅发生次数频繁,而且其作业内容复杂,又是劳动密集型、耗费人力的作业,它所消耗的费用在物流费用中也占有相当大的比重。由此可见,在物流系统的合理化中,装卸搬运环节占有重要地位,可以借助降低作业次数、最小化移动距离或时间、提高灵活性、单元化、机械化、利用重力等手段实现装卸搬运的合理化。

为使物流过程中的商品完好地运送到客户手中,并满足客户和服务对象的要求,需要对大多数商品进行不同方式、不同程度的包装,因此包装已不再仅作为生产的终点,同时也成为社会物流的起点。包装发挥着保护物品、便于储运、促进销售、方便使用等功能。按照包装在流通领域中的作用,可以将其分为工业包装(也称运输包装)和商业包装(也称销售包装)两大类。现在,包装合理化正朝着包装尺寸标准化、包装作业机械化、包装成本低廉化、包装单位大型化、包装材料的资源节约化等方向不断发展。

流通加工是指物品从生产地到使用地的过程中，根据需要施加包装、分割、计量、分拣、组装等简单作业的总称。流通加工是为了弥补生产过程的加工不足，更有效地满足用户或本企业的需要，使产需双方更好地衔接，将这些加工活动放在物流过程中完成，而成为物流的一个组成部分。流通加工是生产加工在流通领域中的延伸，也可以看成流通领域为了更好地服务，而在职能方面的扩大。流通加工与一般的生产加工在加工方法、加工组织与管理方面并无显著区别，但在加工对象、加工程度方面差别很大。为了实现流通加工的合理化，可以考虑将流通加工同配送、配套、合理商流和节约等相结合。

配送处于现代物流的末端，是现代物流的一个重要功能要素。现代物流中的配送不仅仅局限于送货与交货，也不等同于运输，配送活动主要由配送中心开展。配送是在经济合理区域范围内，根据用户要求，对物品进行拣选、加工、包装、分割、组配等作业，并按时送达指定地点的物流活动。由此可见，配送以满足用户需求为出发点并强调时效性；是以终端用户为出发点的末端运输；并作为多种业务的有机结合体，追求综合的合理效用。实现配送合理化的做法包括实行共同配送和区域配送，推行准时配送系统，实现配送的信息化和自动化等。

以上划分侧重于物流的基本功能，特别是物流作业功能的描述。很多学者认为，现代物流概念更强调的是物流的管理属性，即通过对物流各环节和各要素的系统化、集成化管理，提高物流能力和物流服务水平，同时有效地控制物流成本。

三、 物流系统化

物流系统可以被认为是有效达成物流目的的机制，物流系统的目的是追求以低物流成本向客户提供优质物流服务。因此，物流系统化管理就是为了实现既定的物流系统目标，提高向客户供应商品的效率，而对物流系统进行设计、组织、指挥、监督和调节的活动。从当今物流活动的发展来看，担当这种物流系统化管理的正是现代物流。在实现物流系统化的过程中，以系统方法论、系统理论和系统工程方法为主体的物流系统科学发挥了至关重要的作用。

物流系统要实现的目标，可以归纳为如下五点，即物流系统的“5S”目标：

（1）服务性（Service）。在为用户服务方面要求做到无缺货、无货物损伤和丢失等现象，且费用便宜。

（2）快捷性（Speed）。要求把货物按照用户指定的地点和时间迅速送到。为此，可以把物流设施建在供给地区附近，或者利用有效的运输工具和合理的配送计划等手段。

（3）有效地利用面积和空间（Space Saving）。对面积和空间的有效利用必须加以充分考虑，应逐步发展立体化设施和引进有关新型物流机械。

（4）规模适当化（Scale Optimization）。应该考虑物流设施集中与分散是否适当，机械化与自动化程度如何合理，信息系统的集成化所要求的电子计算机等设备的利用等。

（5）库存控制（Stock Control）。库存过多不仅需要更多的保管场所，而且会产生库存资金积压,造成浪费。因此,必须按照生产与流通的需求变化对库存进行控制。

也有学者加入安全性(Safety),构成物流系统的“6S”目标。美国密歇根大学的斯麦基教授倡导的物流系统的目的可以归纳成“7R”,即优良的质量(Right Quality)、合适的数量(Right Quantity)、适当的时间(Right Time)、恰当的场所(Right Place)、良好的印象(Right Impression)、适宜的价格(Right Price)、适宜的商品(Right Commodity)。

在进行物流系统化管理的过程中,必须注意的是,物流系统作为一个有机整体,其要素之间存在效益背反的关系。效益背反是指同一资源的两个方面总是处于相互矛盾的关系之中,想要较多地达到其中一个方面的目的,必然使另一方面的目的受到部分损失。效益背反在物流中随处可见,即在物流系统的仓储、运输、装卸搬运、包装、流通加工、配送等各要素之间如想要较多地达到其中某一方面的目的,就必然使另一方面受到部分损失。例如,减少库存据点并尽量减少库存,势必使库存补充变得频繁,必然增加运输次数;提高物流服务水平则要以增加物流成本为代价。利用效益背反的原理对物流要素进行最优组合,对于正确理解和把握物流系统中各要素间的关系是十分重要的。

综上所述,物流系统就是以成本为核心,按最低成本的要求,使整个物流系统化。也就是说,物流系统就是要调整各个子系统之间的矛盾,使它们有机地结合成一个整体,使成本最小化,以实现部门的最优效益。

第三节　物流类型

一、 物流分类

社会经济领域中的物流活动无处不在,由于物流对象不同、物流目的不同、物流范围不同,形成了不同类型的物流。为了全面认识物流,有必要对存在于各个领域的不同层次、不同表现形式的物流进行分类。目前在分类标准方面并没有统一的看法,综合已有的论述,我们采取如下的划分方法:

(一) 按照物流对象进行分类

按照物流对象的不同,可把物流划分为宏观物流和微观物流。

宏观物流是指社会生产和消费领域中全部物流活动的总和,是从社会再生产的总体角度认识和研究物流活动。宏观物流的参与者是构成社会生产总体的企业。概括来说,宏观物流包括社会物流、国内物流、国际物流等。

微观物流是相对于宏观物流而言的,既包括各类企业和经济组织实施的实际的、具体的物流活动,也包括整个物流活动中的一个局部、一个环节的具体物流活动,如地区性的物流活动,或针对某一产品所进行的物流活动。

(二) 按照物流的目的进行分类

按照物流目的的不同,可把物流划分为社会物流和企业物流。

社会物流是指在社会范围内，主要由物流企业进行的服务于全社会的物流活动。社会物流的主要特点是社会性、广泛性。

企业物流是指在企业的范围内进行的，为企业生产经营服务的具体物流活动。企业物流又可按照物流的作用分为不同的具体物流，包括供应物流、销售物流、生产物流、回收物流和废弃物物流等。

（三）按照物流活动的空间范围进行分类

按照物流活动的空间范围的不同，可把物流划分为国际物流和区域物流。

国际物流是指在国际贸易、国与国的经济交往中，以及其他国际交流中发生的物流活动。国际物流具有涉外、规模大、要求高、环节多、距离远等特点。

区域物流是指在一定区域内（一个国家、一个地区或一个城市）进行的物流活动。区域物流是分为不同层次的、具有地区特点的、与地区经济发展水平相适应的物流活动。

（四）按照物流的性质进行分类

按照物流性质的不同，可把物流划分为一般物流和特殊物流。

一般物流是指适用于社会经济需要的、具有普遍性的物流活动。它的一个重要特点是涉及全社会的广泛性，物流系统的建立及物流活动的开展必须有普遍的适用性。

特殊物流是指相对于一般物流而言的、具有特殊性的物流活动，是在遵循一般物流规律基础上，带有特殊制约因素、特殊应用领域、特殊管理方式、特殊劳动对象、特殊机械装备特点的物流。特殊物流可进一步细分，如按照物流服务方式分为配送物流、快递物流等。

（五）按照物流的范畴进行分类

按照物流范畴的不同，可把物流划分为综合性物流和功能性物流。

综合性物流是指由物流企业受货主委托开展的全方位的物流活动，包括物流系统规划设计、物流方案执行、货代或船代、装卸搬运、仓储、运输，以及流通加工、配送等。综合性物流代表了现代物流的发展趋势。

功能性物流是指物流企业受货主委托进行的单一功能的物流活动（如单纯提供运输服务）。

二、企业物流

按照企业的性质，可将企业物流大致划分为生产企业物流和流通企业物流两大类。生产企业物流是指贯穿生产企业的原材料采购、生产制造、产品销售等经营过程的物流活动，包括生产物流、供应物流、销售物流、回收物流、废弃物物流等。流通企业物流是贯穿流通企业经营过程的物品从生产商到本企业再到客户之间的实体流通，包括采购物流、销售物流等。

（一）生产物流

生产物流一般是指原材料、燃料、外购件投入生产后，经过下料、发料，运送到各加工点和存储点,以在制品的形态,从一个生产单位(或仓库)流入另一个生产单位(或仓库),按照规定的工艺过程进行加工、储存,借助一定的运输装置,在某个点内流转,又从某个点内流出,始终体现着物料实物形态的流转过程。所以,生产物流的边界起源于原材料、燃料、外购件的投入,止于成品仓库,贯穿生产的全过程。物料随着时间的推移不断改变自己的实物形态和场所位置,不是处于加工、装配状态,就是处于储存、搬运和等待状态。

由此可见,生产物流为制造产品的生产企业所特有,它与生产流程同步。生产物流对工厂的生产秩序、生产成本有很大的影响。生产物流均衡稳定,可以保证在制品的顺畅流转,能缩短生产周期。在制品库存的压缩、设备负荷的均衡化,也都与生产物流的管理和控制有关。生产物流研究的核心是如何对生产过程中的物料流和信息流进行科学的规划、管理与控制。

(二)供应物流和销售物流

生产企业、流通企业或客户购入原材料、零部件或商品的物流过程称为供应物流,也就是物资生产者、持有者至使用者之间的物流。对于生产领域而言,供应物流是指生产活动所需要的原材料、备件等物资的采购、供应活动所产生的物流。对于流通领域而言,供应物流是指交易活动中,从买方角度出发的交易行为中的物流。

生产企业、流通企业售出产品或商品的物流过程称为销售物流,是指物资生产者或持有者到使用者之间的物流。对于生产领域而言,销售物流是指售出产品;对于流通领域而言,销售物流是指交易活动中,从卖方角度出发的交易行为中的物流。销售物流是企业物流系统的最后一个环节,是企业物流与社会物流的又一个衔接点,并与企业销售系统相配合,共同完成产成品的销售任务。

供应物流和销售物流是生产过程物流的外延部分(上伸和下延),发挥着重要的作用。首先,供应物流和销售物流受企业外部环境影响较大(如政策与市场环境、仓储与运输环境以及一些间接环境等);其次,原材料及零部件购入的费用在生产成本中具有最重要的地位;再次,产成品的销售在买方市场条件下已成为一个生产企业能否发展的关键问题,市场营销中销售物流的组织及合理化具有十分重要的作用;最后,企业供应物流和销售物流不通畅,企业生产就无法连续进行,社会物流网络也就不能正常运转。

(三)回收物流和废弃物物流

企业在生产、供应、销售等活动中,不可避免地会产生各种边角余料和废料,这些物品需要回收并加以利用,因此产生了回收物流。例如,由于金属具有良好的再生性,金属废弃物可以回收并重新熔炼成有用的原材料。但由于回收物资品种繁多,流通渠道也不规则且多有变化,因而加大了管理和控制的难度。

生产和流通过程中所产生的废弃物,包括生产过程中产生或共生的副产品或废弃物,以及生活消费品中的废弃杂物等,不但没有再利用价值,还可能产生环境污染。对这类物资的收集、分类、加工、处理、运输等过程就产生了废弃物物流。

回收物流和废弃物物流的管理不仅要从经济效益方面考虑,也要从社会效益方面考虑。首先,回收物流是社会物资大循环的组成部分。在资源日渐枯竭的今天,人类社会越来越重视通过回收物流将可以利用的废弃物收集、加工,重新补充到生产消费的系统中去。其次,回收物流具有经济意义,回收物资重新进入生产领域作为原材料会带来很高的经济效益。最后,尽管废弃物物流没有经济效益,但是具有不可忽视的社会效益。为了减少资金消耗,提高效率,更好地保障生活和生产的正常秩序,对回收物流和废弃物物流的研究很有必要。

三、第三方物流

（一）第三方物流的概念和特点

物流企业是指独立于生产领域之外,专门从事各种物流经营活动的自主经营、自负盈亏、自我发展、自我约束的具有法人资格的企业。由此可见,物流企业是相对于生产企业而言的,其经营内容主要是提供诸如仓储、运输、配送等物流服务。物流企业的职能一般包括承担社会物流活动,支持社会商品流通,承担社会物品储存,管理社会物流信息。

根据服务主体的不同,通常将物流企业分为第一方物流企业、第二方物流企业、第三方物流企业和第四方物流企业。第一方物流企业是指生产企业自营的物流企业;第二方物流企业是指提供仓储、运输等物流服务的企业;第三方物流企业是指借助第二方物流企业资源提供一体化服务的物流企业;第四方物流企业是指提供综合物流解决方案或咨询服务的企业。其中,第三方物流是随着物流业的发展而发展的,是物流专业化的重要形式,在近年来得到了迅猛发展,在国际上已经引起了学术界和业界的极大兴趣和高度重视。但直至目前,对其还没有明确统一的定义。国家标准《物流术语》中,将第三方物流定义为:由供方与需方以外的物流企业提供物流服务的业务模式。

一般认为,第三方物流是指从生产到销售的整个流通过程中提供服务的第三方,它本身不拥有商品,而是通过签订合作协议或结成合作联盟,在特定的时间段内按照特定的价格向客户提供个性化的物流代理服务。在这个定义中,个性化的物流代理服务的提供者就是第三方物流企业,而这里所说的业务模式就是第三方物流。在某种意义上,第三方物流是物流专业化的一种形式,并具有以下特点:

(1) 关系契约化。第三方物流也叫契约物流或外包物流。也就是说,所有的业务都是通过合同或契约来实施和完成的。

(2) 服务个性化、功能专业化。第三方物流代表着专业化与一体化的物流服务,是物流服务的一种高级形态,是现代化的物流业务模式,一般可按照客户需求提供一系列个性化的服务。

(3) 与客户之间建立长期的战略合作伙伴关系。一般而言,第三方物流企业为客户提供的是具有长期契约性质的综合物流服务,其最终职能是保证客户物流系统的高效运作和物流管理的不断优化。

(4) 管理系统化、信息网络化。相对于传统物流企业,大多数的第三方物流企业是建立在信息化的基础之上的,并采用先进的管理模式。

(二)第三方物流的兴起和意义

关于第三方物流的来源目前有两种说法:一种是源自美国物流管理协会在1988年进行的一项客户服务调查,其首次提到"第三方服务提供者"的概念,并用其来描述"与服务提供者的战略联盟",尤其指"物流服务提供者"。另一种是源自管理学中的"外包",意指企业动态地配置自身和其他企业的功能和服务,利用外部的资源为企业内部的生产经营服务。大致上,可以将第三方物流兴起的原因总结为四点:竞争加剧的必然趋势,企业对核心竞争力的关注,企业自营物流存在诸多弊端,以及物流业发展的必然趋势。

从宏观上来讲,第三方物流的产生与发展的最大意义就是推动了物流社会化的发展,并通过信息系统的集成应用,将传统的物流功能加以整合,使得现代物流有了更丰富的发展内涵。从微观上来讲,企业利用第三方物流服务,获得了第三方物流的专业化优势、服务质量优势、信息优势、管理和人才优势、规模优势,增强了企业竞争能力。

(三)第三方物流服务

1. 第三方物流服务的提供者

第三方物流服务的提供者来自各行各业。目前,第三方物流服务最大的供应者来自仓储企业,这些企业均提供一体化的物流服务,包括运输、仓储、电子数据交换信息处理及其他增值服务。运输企业也正在经历一场大的变革,逐渐成为第三方物流服务的主要供应者之一。国际上一些提供第三方物流服务的著名运输公司,在开发契约关系和建立战略联盟上表现积极。此外,一些制造商为利用自身过剩物流服务的空间与能力,也成了第三方物流服务的提供者。虽然总体上看其市场占有率还不大,但是它们都在发展自身业务并针对有限的客户提供服务。

2. 第三方物流服务的客户

第三方物流服务的最大客户群主要是一些大型工业制造企业。这些企业具有的共同倾向,就是把物流作为一个增值过程来管理,为赢得并保持客户满意而采取有力的行动,并在灵活性上做了额外的投入,特别是在适应特殊的或非常规的需求方面。这些企业力图通过良好的物流系统运作和管理来获得并保持竞争优势,寻求为其产品或服务增加价值。它们往往通过与第三方物流服务的供应者结成战略联盟来改善自身的资产质量,确保满足客户的需求。由于经济全球化的发展以及不同地区的特殊性,越来越多的企业倾向于委托第三方开展物流活动。原因在于,小企业自身没有足够的技术和财力保障,而大企业既没有时间也不具备专门技术去完成它们要做的每件事。那些想在竞争中占优的企业将不得不向外寻求第三方物流合作。此外,那些已经将物流业务外包的企业也会继续增强生产能力,这将使它们需要更多的供应商,并更好地满足客户需求。

3. 第三方物流服务的内容

第三方物流是现代化的物流,与传统物流有着本质的区别。但是,它毕竟还是属于物流行业,其主要的业务范围基本上与传统物流是一致的。运输、仓储、包装、装卸搬运、流通加工、配送等环节和作业,无论是对于传统物流还是第三方物流,都是必不可少的。第三方物流企业作为物流需求者的受托人,仍可通过再委托的形式把这些具体的作业委托给其他专业运输公司、配送公司等完成，而自身负责统一管理。因此，第三方物流企业业务中的主要部分是物流系统设计与运营管理，以及利用以计算机为核心的技术手段对物流作业系统进行整合。

四、国际物流

（一）国际物流的概念与发展

所谓的国际物流是相对于国内物流而言的，是不同国家（地区）之间的物流。国际物流是国内物流的延伸和进一步扩展，是跨国界的、流通范围扩大了的物的流通，有时也称其为国际大流通或大物流。国际物流的实质是按国际分工协作的原则，依照国际惯例，利用国际化的物流网络、物流设施和物流技术，实现货物在国家间的流动与交换，以促进区域经济的发展和资源的优化配置。国际物流是国际贸易的一个必然组成部分，各国之间的贸易往来最终都将通过国际物流来实现。

国际物流是现代物流系统中重要的物流领域，近些年来有很大的发展，也是种新的物流形态。关于国际物流的概念有广义和狭义两种理解。广义的国际物流，也可以称作全球物流，是相对于国内物流而言的不同国家（地区）之间的物流，是跨国界的物品的实体流动。狭义的国际物流是指，当生产和消费分别在两个或两个以上的国家（地区）独立进行时，为了克服生产和消费之间的空间隔离和时间隔离，对物品进行物理性移动的国际商品贸易或交流活动，以完成国际商品交易为最终目的。

国际物流的概念虽然最近才提出并得到重视，但国际物流活动一直随着国际贸易和跨国经营的发展而发展着。具体来说，国际物流发展大体经历了三个阶段：

第一阶段是20世纪50年代至70年代。这一阶段，物流设施和物流技术得到了极大的发展，一些国家建立了本国的物流标准化体系，国际集装箱、国际联运大幅度增加，物流活动已经超出了一国范围。但在这一阶段，物流国际化的趋势还没有得到重视。

第二阶段是20世纪80年代。随着技术的发展和国际经济往来的日益增加，物流国际化趋势开始成为世界性的共同问题。这一阶段，物流机械化、自动化水平显著提高，物流技术突飞猛进，电子数据交换系统得到广泛运用。但这一阶段物流国际化的趋势主要局限在美国、日本和欧洲一些发达国家。

第三阶段是20世纪90年代至今。这一阶段，国际物流的概念和重要性已为各国政府和外贸部门所普遍接受。世界各国广泛开展国际物流理论与实践的探索。网络技术、条码技术以及卫星定位系统在物流领域得到普遍应用，各大物流企业纷纷斥巨资于物流信息系统的建设，物流信息化水平和物流服务水平大幅度提高。“物流无国界”的理念被广为接受。

（二）国际物流的特点

国际物流的总目标是为国际贸易和跨国经营服务，即选择最优的方式与路径，以最低的费用风险，保质、保量、适时地将货物从某国（地区）的供方运到另一国（地区）的需方。国际物流为跨国经营和对外贸易服务，使各国（地区）物流系统相互“接轨”，因而与

国内物流系统相比,具有如下特点:

(1) 各国(地区)物流环境存在差异。由于物流环境存在差异,尤其是物流软环境的差异,迫使国际物流系统在多个不同法律、人文、科技的环境下运行,这大大增加了国际物流开展的难度和物流系统实施的复杂性。

(2) 物流系统范围广。物流本身的功能要素、系统与外界的沟通已经很复杂,国际物流再在这一复杂系统上增加不同国家(地区)的要素,不仅覆盖的地域广阔,而且涉及的内外因素更多,所需的时间更长,带来的直接后果是物流的难度和复杂性增加,风险增大。

(3) 必须要有国际化信息系统的支持。国际化信息系统是国际物流,尤其是国际联运非常重要的支持手段。国际化信息系统建立的难点一是管理困难,二是投资巨大。由于世界上区域物流信息化水平高低不一,所以会出现信息化水平不均衡,使信息系统的建立更为困难。

(4) 标准化程度要求较高。要使国际物流畅通起来,统一标准是非常重要的。如果没有统一的标准,国际物流水平将难以提高。目前,美国、欧洲各国家基本实现了物流工具、设施的标准化,从而大大降低了物流费用及转运的难度,而不向这一标准靠拢的国家,必然在转运、换车等许多方面多耗费时间和费用,从而削弱了自身的国际竞争能力。

(5) 经营风险更高。国际物流不仅是空间的拓展,而且所涉及的内外因素更多,所需时间更长,带来的直接后果是经营风险的上升。国际物流风险主要包括政治风险、经济风险和自然风险。

(三) 国际物流业务和经营方式

在国际物流活动中,为了实现物流合理化,必须按照国际商务活动的要求来开展国际物流活动。同时,不仅要降低物流费用,而且要提高客户服务水平,提升销售竞争能力和增加销售收入,即提高国际物流系统的整体效益,而不仅仅是提高局部效益。

除与国内物流相同的基本业务外,国际物流还包括一些所特有的业务。例如,国际物流中,运输活动具有路线长、环节多、手续繁杂、涉及面广、时间性强等特点,运输方式多样,而海洋运输是最普遍的运输方式。国际物流的特有业务包括进出口业务商检、报关、保险、理货等。

国际物流的主体活动是国际货物运输,是发生在国与国之间的货物在空间和时间上的转移活动。国际物流的经营方式主要是指国际物流的运输方式。国际物流的运输方式除一般的海洋运输、铁路运输、公路运输、航空运输、管道运输及邮政传递外,还包括多式联合运输、大陆桥运输等特有方式。

第四节　物流管理

一、 物流服务管理

物流服务的基本内容主要包括运输、储存与配送、装卸搬运、包装、订单履行、物流信息、存货预测等以及与其相联系的活动。现代物流管理是以客户满意为第一目标的,应打破“物流的管理就是成本管理”这一传统认识,重新认识和评价对物流服务的管理。

现代物流强调服务功能,这是坚持以客户需求为导向的具体表现。可以从两个方面来理解物流服务的作用。其一,物流服务对经济增长具有促进作用,具体体现为:降低物流成本,提高流通效益;加快流通速度,提高流通效率;满足客户多样化、个性化的物流需求。其二,物流服务在企业经营中也发挥着重要作用,具体体现为:物流服务是企业实施营销差异化战略的一个重要环节;物流服务标准的确立对企业经营绩效具有重大影响;物流服务方式的选择对降低流通成本具有重要意义;物流服务也是有效连接供应商、生产商、批发商和零售商的重要手段。

物流服务有三个层次:基础服务、延伸服务、最高服务。在基础服务层次,物流服务是企业满足客户需求的必要条件,但这一层次为客户增加价值的机会是有限的。在延伸服务层次,强调利用绩效指标衡量服务情况,这种评价提供了测量改进的基准。在最高服务层次,不再把服务仅仅作为某一项活动,而是将其上升为整个企业的活动,它渗透于整个企业的所有活动中,企业能够通过提供较高水平的物流服务取得竞争优势。

由于物流服务的重要性,它已经被很多企业纳入战略规划。通过物流服务获得竞争优势的战略包括缩短周期时间战略、提高资产利用率战略、应用技术战略和关系战略等。而作为提供专业化物流服务的物流企业,服务更是生存之本,服务管理不仅要面向委托方,还要面向委托方的最终客户。

二、 物流战略管理

物流战略管理的目标与物流管理的目标是一致的,即在保证物流服务水平的前提下,实现物流战略成本的最小化。根据物流战略的内容和目标,有关专家提出了物流战略管理的框架,把物流战略划分为四个层次,即全局性战略、结构性战略、功能性战略和基础性战略。

物流管理的最终目标是满足客户的需求,因此,客户服务应该成为物流战略管理的最终目标,即全局性战略的目标。要实现客户服务的战略目标,必须建立客户服务的评价指标体系,包括平均响应时间、订货满足率、平均缺货时间、供应率等。

结构性战略包括渠道设计和网络分析。渠道设计是供应链设计的一个重要内容,包括重构物流系统、优化物流渠道等。通过优化渠道,提高物流系统的敏捷性和响应性,使供应链获得最低的物流成本。网络分析是物流管理中另一项重要的战略工作,它为物流系统的优化设计提供参考依据。网络分析的内容主要有库存状况分析、用户服务的调查分析、运输方式和交货状况的分析、物流信息及信息系统的传递状态分析、合作伙伴绩效的评价和考核等。

功能性战略包括物料管理、仓库管理、运输管理三个方面。其中,物料管理与运输管理是物流管理的主要内容,必须不断地改进管理方法,使物流管理向零库存这个极限目标努力。

基础性战略的主要作用是为物流系统的正常运行提供基础性保障,其内容涉及组织系统管理、信息系统管理、政策与策略制定、基础设施管理等。

三、 物流成本管理

物流成本管理是物流管理中的一项重要内容,降低物流成本与提高物流服务水平构成了企业物流管理最基本的课题。“物流是经济的黑暗大陆”“物流是第三利润源”以及“物流成本冰山说”等观点都说明了物流成本问题是物流管理初期人们关心的主要问题。同时,物流成本管理又同物流服务、物流技术及物流管理水平等有着很大的关系。

物流成本是指伴随物流活动而发生的各种费用,是物流活动中所消耗的物化劳动和活劳动的货币表现。物流成本由三部分构成:①伴随着物资的物理性流通活动发生的费用,以及从事这些活动所必需的设备、设施费用;②完成物流信息的传送和处理活动所发生的费用,以及从事这些活动所必需的设备和设施费用;③物流综合管理所发生的费用。

物流成本管理的目的不是管理物流成本,而是通过成本去管理物流,即以成本为手段的物流管理,通过对物流活动的管理来降低物流成本。因此,要深入理解物流成本及其管理,还需要从以下几个方面加以把握:①物流成本的削减对提高经济效益具有显著的效果;②物流成本管理要以相应的核算体系为基础;③现代物流成本管理超越了单个部门或企业的边界。

物流成本管理的意义在于,通过对物流成本的有效把握,利用物流各要素之间的效益背反关系,科学、合理地组织物流活动,加强对物流活动过程中费用支出的有效控制,降低物流活动中的物化劳动和活劳动的消耗,从而达到降低物流总成本、提高企业和社会经济效益的目的。

物流成本管理的具体内容包括物流成本预测、物流成本决策、物流成本计划、物流成本控制、物流成本核算、物流成本分析和物流成本检查等。要想准确地进行物流成本管理,必须掌握物流成本的管理方法,如比较分析法、综合评价法、排除法和责任划分法等。实践证明,降低物流成本的途径包括物流合理化、提升物流服务质量、提高物流效率、培养和使用物流人才等。

四、 物流质量管理

物流质量管理是指以全面质量管理的思想为指导,运用科学的管理方法和手段,对物流过程的质量及其影响因素进行计划、控制,使物流质量不断改善和提高的过程。物流质量管理是物流管理的重要组成部分。

物流质量是一个整体的概念,既包含物流对象的质量,又包含物流手段和物流方法的质量,还包含工作质量,内涵十分丰富,因而是一种全面的质量观。根据物流质量管理的要求,一方面物流企业要保证各种资源和技术是可以控制的,易于确定质量规格和操作标准;另一方面,物流企业需要根据客户的不同需求提供差异化的服务,以通过客户期望来评价物流质量。因此,物流质量是根据物流运动规律所确定的物流工作量化标准,与根据物流经营需要而评价的物流服务对客户要求满足程度的有机结合。

物流质量管理的主要内容包括物流对象质量保证、物流服务质量提升、物流工作质量保证和物流工程质量提高。这是因为,物流对象在生产过程中形成了实体质量,在物流过程中不仅要保护和转移物流对象,还要采用流通加工等手段改善和提高商品的质量;物流行业有极强的服务性质,整个物流的质量目标就是提升其服务质量;在物流活动的各环节,需要保证具体工作质量;提高工程质量是进行物流质量管理的基础工作,能提高工程质量,就能做到"预防为主"的质量管理。

物流质量管理具有"三全"的特点,即管理对象全面、管理范围全面、全员参与管理。因此,全面质量管理的一些原则和方法(如"PDCA"循环①),同样适用于物流质量管理。但应注意,物流是一个系统,各个环节之间的联系和配合是非常重要的。物流质量管理必须强调"预防为主",明确"事前管理"的重要性,即在上一个环节就要为下一个环节着想,估计下一个环节可能出现的问题,预先做好防备。树立物流整体质量管理的思想,采取有效的物流质量管理措施是加强物流质量管理的基本途径。

五、 物流标准化管理

国家标准《标准化基本术语》(GB 3935.1-83)给出了标准化的具体定义:标准化是指在经济、技术、科学及管理等实践中,对重复性事务或概念,通过制定、发布和实施标准,达到统一,以获得最佳秩序和社会效益。物流标准化则是指将物流作为一个大系统,在运输、仓储、装卸搬运、加工、整理、配送、信息等物流活动中,对重复性事物和概念,通过制定、发布和实施有关技术、管理和作业方面的标准,达到协调统一,以获得最优秩序和社会效益。

物流标准化管理是物流管理的重要手段,是物流合理化的重要内容,对物流成本、效率起着重大决定作用。随着信息技术和电子商务的快速发展,国际物流业已经进入快速发展阶段。而物流系统的标准化和规范化,已经成为先进国家提高物流运作效率和效益、提升竞争力的必备手段。物流标准化作为物流行业的一种基准,对物流业的发展有着深远的意义。可以说,物流标准化是实现物流管理现代化的重要手段和必要条件;它保证了整个物流系统功能的发挥;它是物资在流通中的质量保证;它可以消除贸易壁垒,促进国际贸易的发展;它可以降低物流成本,提高经济效益。

对比一般的标准化系统,物流标准化管理的特点体现为:①物流标准化涉及面较为

---

① PDCA:P,Plan(计划);D,Do(执行);C,Check(检查);A,Act(处理)。

广泛,涉及的部门多;②物流标准具有很强的国际性;③物流标准系统属于二次系统,组成物流大系统的各个子系统在归入物流系统之前就已经制定了自身的标准。

物流标准化的内容很多,按照工作应用的范围可以划分为技术标准、工作标准和作业标准。技术标准是指对标准化领域中需要协调统一的技术事项所制定的标准,在物流系统中,主要指物流基础标准和物流活动中采购、运输、装卸搬运、包装、配送、流通加工等方面的技术标准。工作标准是指对工作的内容、方法、程序和质量要求所制定的标准,物流工作标准是对各项物流工作制定的统一要求和制度规范。作业标准是指在物流作业过程中遵循的物流设备运行、作业程序、作业要求等标准。

物流标准化包括三个方面的含义:从物流系统的整体出发,制定各子系统的技术标准和工作标准;研究各子系统技术标准和工作标准的配合性,并按照配合性的要求,统一整个物流系统的标准;研究物流系统与其他相关系统的配合性,谋求物流大系统的标准统一。

六、 物流信息管理

物流信息一般由以下两部分组成:物流系统内信息和物流系统外信息。前者是伴随物流活动而发生的信息,包括物料流转信息、物流决策层信息、物流控制层信息和物流管理层信息。后者是在物流活动以外发生,但提供给物流活动使用的信息,包括供应商信息、客户信息、订货合同信息、交通运输信息、市场信息、政策信息,还有来自企业内生产、财务等部门的与物流有关的信息。

同其他信息相比,物流信息具有其自身的特点。首先,物流信息量大、分布广,信息的产生、加工和应用在时间、地点上不一致,在方式上也不相同。其次,物流信息动态性强,信息的价值衰减速度快,这对信息管理的及时性要求就比较高。最后,物流信息种类多,不仅本系统内部各个环节有不同种类的信息,而且由于物流系统与其他系统密切相关,因而还必须收集这些物流系统外的有关信息,这就使物流信息的分类、研究、筛选等工作的难度增加。

物流信息管理是借助物流信息技术实现的。物流信息技术主要包括条形码技术、无线射频技术、计算机网络技术、多媒体技术、地理信息技术、全球卫星定位技术、电子数据交换技术等。

此外,物流信息管理还要借助物流信息系统。物流信息系统是以物流为特定对象,把物流和物流信息结合成一个有机系统,采用多种方式输入物流计划、业务、统计和作业控制的各种有关数据,按照特定的要求和目的,通过计算机加以处理,将结果信息进行传输和输出,用于管理、决策和作业控制的系统。

物流信息系统具有一般信息系统的基本功能,包括数据的收集和录入、信息的存储、信息的传输和交换、信息的加工处理、信息的输出。开放性、可扩展性、灵活性、安全性、协同性、动态性和信息集成性是物流信息系统的基本特征。此外,物流信息系统还要能够实现快速反应,支持远程处理,具备检测、预警和纠错能力等。由于整个物流过程是一个多环节的复杂过程,因此物流信息系统中的各个子系统必须有机结合起来,使各环节协调,做到物流信息畅通,从而保证物流活动正常而有效地进行。

按照垂直方向可将物流信息系统划分为三个层次,即管理层、控制层和决策层。按照水平方向,物流信息系统贯穿供应物流、生产物流、销售物流、回收物流和废弃物物流的运输、仓储、装卸搬运等各个环节。由此可见,物流信息系统是物流领域的神经网络,遍布物流系统的各个层次、各个方面。实施物流信息管理,有利于提高管理效率和降低成本,加强与外部环境之间的联系,通过开发新产品和新服务创造更高的效益等。

七、 物流组织管理

物流组织管理是指企业中以物流管理中枢部分为核心,分工协作地履行物流管理各项职能。随着企业物流管理活动的发展及其重要性的不断提高,工商企业越来越重视物流管理组织的构建。物流企业为了进行物流管理活动,实现企业目标,也必须建立合理的企业组织。建立合理的企业组织的目的是协调组织内部各种不同的活动,使物流组织管理水平达到最优。

随着企业的发展,物流管理组织形式不断革新,其职能也在不断发生变化。虽然企业各不相同,但其物流管理组织的职能却具有共性。一般而言,可以将其分为两个层面:一是基本业务管理,二是系统协调。基本业务管理是指对企业物流活动计划的制订及调整实施、执行评价等,主要包括编制各种物流计划、执行物流预测分析、设计和改进物流系统、编制物流预算方案并进行物流成本分析、控制和调整实际的物流业务活动等。企业的物流组织管理与其他管理具有交叉性,物流活动把企业的供应、采购、生产、销售,乃至售后服务连接在一起,并贯穿整个供应链。因此,与其他部门之间的系统协调也是物流管理组织的一项重要职能。

物流企业对物流的任务和职权进行分解、组合,就形成了一定的组织结构。由于受行业特征、信息化水平、企业规模等因素的影响,物流企业的组织结构各不相同。以美国为代表的发达国家的物流企业组织结构大都经历了多个发展阶段:从功能分散的组织形式,到简单功能集合的组织形式,到物流功能独立并逐渐走向集中的组织形式,再到过程一体化的组织形式,最后发展为以供应链为基础的信息一体化水平组织形式。

在进行物流企业组织结构的设计时,需要从企业的实际出发,综合考虑企业规模和生产经营特点、企业组织形态及管理水平等多种因素。在设计过程中,既要遵循组织设计的一般原则(如精简、统一、自主、高效的原则),又要考虑企业物流组织特有的一些原则(如物流合理化原则)。物流管理组织作为物流系统的一个组成部分,其设计同样也要坚持物流系统设计的原则。四种典型的物流管理组织形式为总部型组织、子公司型组织、事业部型组织和职能型组织。

第五节 供应链管理

一、供应链的概念与特征

(一)供应链的概念

供应链的提法在欧美发达国家也并未出现太久时间,关于供应链的定义尚不统一,界限也不十分明晰。早期的观点认为供应链是制造企业中的一个内部过程(见图13-1),它是指把从企业外部采购的原材料和零部件,通过生产转换和销售等活动,再传递到零售商和用户的过程。传统的供应链概念局限于企业的内部操作层上,注重企业自身的资源利用。后来供应链的概念注意到与其他企业的联系,开始关注供应链的外部环境,认为它应是通过供应链中不同企业的制造、组装、分销、零售等环节将原材料转换成产品,再到最终用户的转换过程,这是更大范围、更为系统的概念。而到了最近,供应链的概念更加注重围绕核心企业的网链关系。

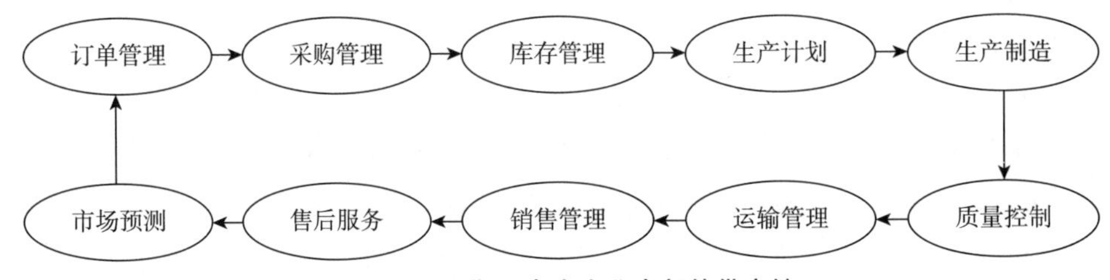

图13-1 早期观点中企业内部的供应链

许多学者从不同的角度对供应链给出了许多不同的定义。国家标准《物流术语》对供应链的定义是:供应链是生产及流通过程中,涉及将产品或服务提供给最终用户活动的上游与下游企业所形成的网链结构。本书采纳张成海在《供应链管理技术与方法》中的观点,在考虑下述几个方面的基础上对供应链进行定义。

首先,供应链应该由一些实体组成。这些实体有三种类型:法律实体、功能实体(某个部门等)和物理实体(仓库、物流中心等)。这些实体跨越了生产领域和流通领域,包括产品(服务)的生产、交换和消费,它们在产品的生产、交换和消费中,一环扣一环,错综复杂,形成一种链状结构或网状结构。

其次,应考虑实体的各项活动,正是这些活动保证了产品或服务在供应链中的传递。

最后,必须以系统的观点来看待供应链,还应该考虑到实体之间的互动关系、依赖关系,共同完成产品或服务的供需平衡。

综上,本书将供应链定义为:在产品或服务的生产和流通过程中涉及的所有实体,以及它们的活动及相互关系组成的网络系统(见图13-2)。

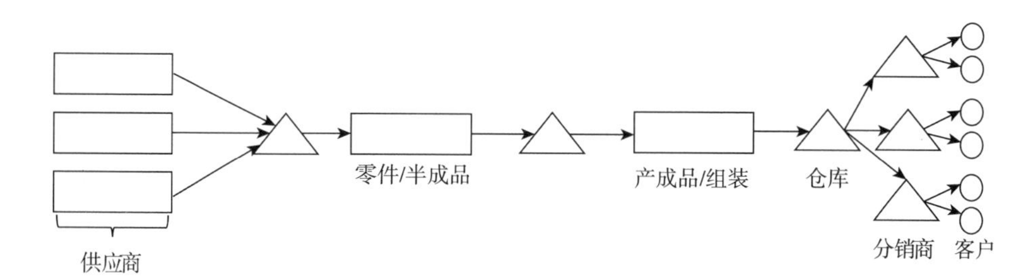

图 13-2　广义的供应链

（二）供应链的特征

从图 13-2 可知，供应链是一个网链结构，由围绕核心企业的供应商、供应商的供应商、客户及客户的客户组成。一个企业是一个节点，节点企业和节点企业之间是一种需求与供应关系。供应链主要具有以下特征：

（1）复杂性。因为供应链节点企业组成的跨度（层次）不同，供应链往往由多个、多类型甚至多国企业构成，所以供应链结构模式比一般单个企业的结构模式更为复杂。

（2）动态性。供应链中的企业都是在众多企业中筛选出的合作伙伴，合作关系不是固定的，而是在动态中调整的。因为供应链需要随目标的变化而变化，随服务方式的变化而变化，因而它随时处在一个动态调整的过程中。

（3）面向用户需求。供应链的形成、存续和重构，都是基于一定的市场需求而发生的，并且在供应链的运作过程中，用户的需求拉动是供应链中信息流、产品/服务流、资金流运作的驱动源。

（4）交叉性。节点企业可以是这个供应链的成员，同时又是另一个供应链的成员，众多的供应链形成交叉结构，增加了协调管理的难度。

（5）协调性。供应链本身就是一个整体合作、协调一致的系统，它有多个合作伙伴，为了一个共同的目的或目标协调动作、紧密配合。每个供应链成员企业都是链条中的一个环节，都要与整个链条的动作一致，绝对服从于全局，做到方向一致、动作也一致。

（三）供应链的类型

有关供应链的分类，目前研究尚不多见。乔恩·休斯（Jon Hughes）等人在《供应链再造》（*Supply Chain Recycling*）一书中，将供应链分为九种类型；马士华在《供应链管理》中将供应链按照三种方法进行分类。张成海在《供应链管理技术与方法》中总结了相关文献的研究成果，根据不同的划分标准，将供应链分为以下四种类型：

（1）稳定的供应链和动态的供应链。根据供应链的稳定性，可以将供应链分为稳定的供应链和动态的供应链。基于相对稳定、单一的市场需求而组成的供应链稳定性较强，而基于变化相对频繁、复杂的需求而组成的供应链动态性较高。在实际管理运作中，需要根据不断变化的需求，相应地对供应链进行调整。

（2）平衡的供应链和倾斜的供应链。根据供应链容量与用户需求的关系，可以将供应链划分为平衡的供应链和倾斜的供应链。一个供应链具有一定的、相对稳定的设备容量和生产能力，但用户需求处于不断变化的过程中，当供应链的容量能满足用户需求时，供应链处于平衡状态。而当市场变化加剧,造成供应链成本增加、库存增加、浪费增加时,企业不是在最优状态下运作,供应链则处于倾斜状态。

(3)有效性供应链和反应性供应链。根据供应链的功能模式(物理功能和市场中介功能),可以将供应链划分为有效性供应链和反应性供应链。有效性供应链主要体现供应链的物理功能,即以最低的成本将原材料转化成零部件、半成品、产品,以及在供应链中的运输等。反应性供应链主要体现供应链的市场中介功能,即把产品分配到满足用户需求的市场,对未预知的需求做出快速反应等。

(4)推动式供应链和拉动式供应链。推动模式是传统的供应链模式,指根据商品的库存情况,有计划地将商品推销给客户。而当前更多的是拉动模式,该供应链模式源于客户需求,客户是供应链中一切业务的原动力。

二、 供应链管理概述

(一)供应链管理的概念

供应链管理的概念是在20世纪80年代初产生的,但其真正快速发展却是在20世纪90年代后期。尽管供应链管理概念产生的时间不长,但是由于国际上一些著名的公司(如IBM、戴尔等)在供应链管理实践中都取得了巨大的成绩,从而使各界坚信,供应链管理是进入21世纪以后企业适应全球竞争的一种有效途径,并引发了学术界和工商界研究和实践供应链管理的热情。

目前,国际上还没有公认的供应链管理的定义,国内外的许多学者对此有着不同的看法。美国物流管理协会认为供应链管理是以提高企业个体和供应链整体的长期绩效为目标,对传统的商务活动进行总体的战略协调,对特定公司内部跨职能部门边界的运作和在供应链成员中跨公司边界的运作进行战术控制的过程。张成海认为给供应链管理下定义应从以下几个方面考虑:首先,供应链管理是一种运作管理技术,它能够使企业的活动范围从仅仅最佳的物流活动扩展到所有的企业职能。其次,供应链管理是物流一体化管理的扩展,对物流环节的集成是供应链运作管理的一个重要方面。最后,供应链管理还应加入至关重要的战略内容,供应链管理战略能使供应链中的合作伙伴达成共识,构筑和发展互利的供应链联盟,管理客户和供应商之间的复杂关系,以便在市场中居于领导地位,并开拓业务,探索新的机遇。

通过以上讨论,供应链管理的定义可归纳为:供应链管理是企业为寻求在快速多变的市场中处于领导地位,而对企业所处的供应链中(包括企业内部和企业外部)的各种竞争能力和资源进行集成,并对供应链中的各种运作进行同步化、集成化管理,从而形成自身的竞争力,为客户提供最大价值。

(二)供应链管理的原则和目标

在供应链管理中,应该坚持七个原则:①按照客户服务需求的差异来划分客户群;②根据客户需求和企业可获利情况,设计企业的物流网络;③倾听市场的需求声音,统一整个供应链的需求计划；④采取时间延迟策略；⑤与供应商建立战略联盟；⑥构建供应链信息技术支撑体系；⑦遵从共同的标准和规范。

供应链管理的目标是：①根据市场需求的扩大，不断地满足客户价值；②根据市场的不断变化，缩短产品从生产到达客户手中的时间；③根据市场的不确定性，缩短供应和需求的距离；④根据物流在整个供应链中的重要性，企业要消除各种损耗，从而降低整个物流成本和费用，使供应链中的库存下降；⑤不断对供应链中的资源及各种活动进行集成；⑥持续不断地提高企业在市场上的领导地位；⑦提高整个供应链中所有物流活动的运作效率，降低供应链的总成本，并赋予经营者更大的能力来适应市场需求并做出及时反应。

（三）供应链管理的内容和职能

在相关文献中，对供应链管理所涉及的范围和内容的论述比较少见。事实上，供应链管理的范围和内容与对供应链管理的定义是分不开的。由供应链管理的定义可知，供应链管理的内容涵盖了供应链中各个企业的全部活动，包括渠道联盟建立、信息和通信技术支持、业务预测、联合产品设计、定价和促销、需求与供应计划、寻找资源和获取原料、生产制造及物流管理等。供应链管理的主要职能包括营销管理、物流一体化管理、生产过程管理及财务管理等。

供应链管理的主要流程包括计划、实施和评价三个阶段。计划阶段执行需求预测和补货，旨在使正确的产品在正确的时间和地点交货，还可以使信息沿着整个供应链流动。这需要深入了解客户的需求，同时也是成功管理供应链的根本所在。实施阶段关注运作效率，包括客户订单执行、采购、制造、存货控制以及物流配送等应用系统，其最终目标是综合利用这些系统，提高货物和服务在供应链中的流动效率，其中关键是要将单个商业应用提升为能够运作于整个商业过程的集成系统。评价阶段对供应链运作情况进行跟踪，以便制定更开放的决策，更有效地应对市场需求变化。

由此可见，相对于传统的企业管理方式，供应链管理的目标更加多元化，范围有了更大的拓展，要素更加多样，系统的复杂程度增加。但是，供应链管理与传统企业管理的最根本区别在于两者的出发点截然不同：传统企业管理以分工理论为基础；供应链管理则突出了一体化的思想，集成贯穿了供应链管理活动的全过程，从而促进了整个管理活动的效果和效率的提升。由于供应链管理与物流管理有着十分密切的关系，许多学者将供应链管理视为物流一体化管理的代名词。实际上，供应链管理是从物流管理发展而来的，但是供应链管理已经超出了物流管理的范围。一般可从下面三个方面说明供应链管理和物流一体化管理的区别：①供应链管理是物流运作管理的扩展；②供应链管理是物流一体化管理的延伸；③供应链管理是物流管理的新战略。

（四）供应链管理的方法

供应链管理近年来发展迅猛，为许多企业所接受，各种各样的供应链管理方法更是层出不穷，其中较为典型的有快速反应（Quick Response，QR）系统和有效客户反应（Efficient Customer Response，ECR）系统等。虽然由于行业的性质不同，各种供应链管理方法的侧重点不同,但其实施目标都是相同的,即减少供应链的不确定性和风险,从而积极地影响库存水平、生产周期、生产过程,并最终提高对客户的服务水平,其核心内容是系统优化。

QR 系统是指在供应链中,为了实现共同的目标,零售商和制造商建立战略伙伴关系,利用 EDI 等信息技术,进行销售时点信息交换以及订货补充等其他经营信息的交换,用多频次、小数量配送方式连续补充商品,以实现缩短交货周期、减少库存、提升客户服务水平和企业竞争力的供应链管理方法。QR 系统的成功实施必须具备五个条件:①改变传统的经营方式,革新企业的经营意识和组织架构;②开发和应用现代信息技术;③与供应链上下游成员建立战略伙伴关系;④改变对企业商业信息保密的传统做法;⑤供方必须缩短生产周期和减少商品库存。

ECR 系统指制造商、批发商和零售商等供应链中的各方相互协调和合作,目的是以更好、更快的服务和更低的成本满足客户需要。ECR 系统的优势在于供应链各方为提高客户满意度这一共同的目标进行合作、分享信息和决策,它是一种把以往处于分散的供应链节点有机联系在一起以满足客户需求的工具。应用 ECR 系统时,必须遵守五个基本原则:①以较低的成本,不断致力于向客户提供更优的产品、更好的分类、更好的库存服务及其他更多的便利服务;②必须由相关的商业带头人启动;③必须利用准确、及时的信息以支持有效的市场、生产及物流决策;④从生产到包装,直到流动到最终客户的购物篮中,确保客户能随时获得所需产品;⑤必须建立共同的成果评价体系。一般认为,ECR 系统包括四大要素,即有效的产品引进、有效的店铺分类组合、有效的促销及有效的补货。

本章小结

思考题

1. 物流的概念经历了哪些演变?
2. 什么是现代物流? 现代物流与传统物流有什么不同?
3. 为什么说物流系统是一个有机的整体?
4. 物流有哪些分类方式?
5. 什么是物流企业? 什么是第三方物流?
6. 什么是国际物流? 国际物流有哪些特点?
7. 试述物流管理的职能和内容。
8. 简述物流成本管理和物流服务管理的含义。
9. 试述供应链管理的基本思想。

案例讨论

第十四章　人力资源管理

【学习目标】

1. 理解人力资源、人力资源管理的含义。
2. 掌握人力资源管理的职能。
3. 掌握员工招聘和培训的工作内容和基本方法。
4. 明确绩效管理和薪酬管理的基本内容。

【基本概念】

人力资源　人力资源管理　员工招聘　员工培训　绩效管理　薪酬管理

案例讨论

第一节　人力资源管理概述

一、人力资源的概念

1954年,美国著名的管理学家彼得·德鲁克在《管理的实践》中,首次提出了人力资源的概念。在该著作中,德鲁克指出人力资源与其他所有资源唯一的区别在于它的主体是人。20世纪80年代,人力资源的概念开始传入我国并且逐渐产生了较大的影响。人力资源是指能够推动企业发展的劳动者的能力,即企业组织内外处在劳动年龄阶段的已直接投入劳动或尚未投入劳动的人口的总和。人力资源具有能动性、时效性、增值性、社会性和相对稀缺性的特征。

(一) 人力资源管理的含义

人力资源管理是现代工商管理体系的重要组成部分,从管理内容的角度来看,人力资源管理分为宏观人力资源管理和微观人力资源管理。

宏观人力资源管理是指一个国家或地区通过制定一系列政策、法律制度和行政法规,对该区域的人力资源进行相应管理的活动。其主体是国家或地区的政府机构,管理的对象包括该区域所有的人力资源。政府通常采取一些举措促使人力资源的形成,为人力资源的开发利用提供条件,对人力资源的利用加以协调。

微观人力资源管理是指为实现组织的战略目标,对人力资源进行开发和利用等一系列管理活动。其主体是组织，管理的对象是在该组织内从事体力劳动或脑力劳动的员工。它的侧重点是如何有效地管理已经进入该组织工作的人力资源，如何有效地发挥人力资源的价值和劳动能力，调动员工的积极性和创造性，为达成组织目标做出贡献，创造更多的社会财富和企业绩效，从而推动组织的发展。

（二）人力资源管理的基本任务

在企业中，人力资源管理的基本任务是贯彻执行国家有关方针、政策；合理组织劳动，正确处理劳动者之间以及劳动者与劳动手段、劳动对象之间的各种关系；有计划地引进人才、使用人才、保护人才；不断开发和利用人力资源，提高劳动者的素质，促进员工的全面发展；充分调动员工的积极性，保证企业目标的实现。

（三）人力资源管理的重要性

现代人力资源管理是超越传统人事管理的全新的管理模式，近年来，人力资源管理所面临的环境发生了重大的变化，如人力资源结构多样化、组织结构重组与升级、组织管理模式的改变以及人工智能信息工作系统的出现等，使得人力资源管理面临着许多更大的挑战。

人力资源是现代企业中最重要的资源，在企业中，其他资源的获得相对比较容易，而高质量的人力资源的获得则比较困难，高水平员工跳槽、高管离职等现象已司空见惯。而科学有效的人力资源管理能够有效地调动企业员工的积极性，为企业创造效益。因此，在人力资源稀缺且流动性较强的现代管理背景下，企业在人才的引入和培养中可以通过深入了解员工的个人需求、积极研究企业管理制度对员工需求的影响机制，以期制定出合理的人力资源管理制度。

二、人力资源管理职能体系

人力资源管理职能体系是把人力资源管理的内容进行一系列精细的分工，通过工作职能的划分对企业人力资源管理工作所涵盖的内容进行的一种总结，具体包括以下六个部分。

（一）人力资源规划

人力资源规划，又称人力资源计划，它是人力资源管理的一项基础性工作。在企业中，人力资源规划通常包括预测企业未来的组织结构及制订人力供求平衡计划、人力资源招聘补充计划、人员培训计划、人力使用计划等内容。在制订这些计划的前期，主要通过工作分析的方法，帮助管理者全面获取、了解与工作有关的详细信息。工作分析是一切人力资源管理活动的基础，不仅对于人力资源部门的人力资源规划、招聘、培训、绩效管理、薪酬管理等活动非常重要，而且对于直线管理人员来说也是十分重要的。在制订这一系列计划时要遵循充分考虑企业内外部环境的变化、确保企业充足的人力资源、使企业和员工都得到长期利益这三个原则。

人力资源规划是整个人力资源管理职能体系的起点，对整个人力资源管理活动起到统领的作用,是企业人力资源管理的基础,直接影响着企业人力资源管理的效率和效果。有效的人力资源管理规划工作通过分析未来人力资源管理的发展方向,预测组织在未来一段时间内的人力资源供给和需求,根据预测的结果制定出应对措施,以确保企业在需要的时间和岗位上获得所需的人力资源(包括数量和质量两个方面),从而使企业的人力资源得到有效的开发和利用。人力资源规划不仅有助于确保企业对人力资源的需求,有利于人力资源管理活动的有序化,有助于实现企业内部对人力资源的合理配置,而且可以满足企业员工的需求及调动员工的积极性和创造性,有效地控制人力资源成本。

(二)员工招聘与配置

员工招聘与配置职能包括两个部分:一是员工招聘,主要是指组织通过各种途径发布招聘信息、获取人力资源的过程;二是员工配置,利用管理学、心理学、人才学等理论和方法对应聘者进行测评,通过筛选后把员工分配到适合的岗位上。员工招聘与配置对组织实施人力资源战略、落实人力资源规划起到十分重要的作用。

员工招聘与配置是在人力资源规划的基础上进行的。有效的招聘工作不仅可以提高企业员工的素质、改善人员结构,还为后期的员工培训、绩效考核、工资福利、劳动关系等管理活动打下坚实的基础。在员工配置方面,企业应当遵循公开竞争、双向选择、因事择人、全面考核的原则,及时补充短缺的专业人才,为企业注入新的管理思想,增添新的活力。

(三)培训与开发

在企业的生产经营活动过程中,由于环境的不断变化,以及各种主客观因素的影响,企业常出现一些技术落后、知识欠缺、管理方法不当的问题。为了尽快地解决这些问题,培训与开发显得至关重要。培训与开发是指为了实现组织的战略目标,通过一定的方法有针对性地对员工进行有计划的培养和训练,使员工能力不断提升、知识技能不断丰富,以更好地胜任工作岗位的要求。

对人力资源管理来说,培训与开发是相互联系又相互区别的。一般而言,培训是企业向员工提供工作所必需的知识与技能的过程,强调即时成效,关注企业的短期目标。而开发是根据员工需求与组织发展要求对员工的潜能开发与职业发展进行系统设计与规划的过程,关注的是企业的长期目标。虽然二者有一定的区别,但是目的是一样的,都是提升员工的能力和素质,进而增强企业的核心竞争力,促进企业的长远发展。因此,用现代的观点来看,培训与开发之间的界限已经变得越来越模糊,往往不再进行严格的区分。

(四)绩效管理

绩效管理是现代企业广泛采用的一种以开发人力资源潜能为中心的科学管理模式。它从员工和企业的需求出发,以组织的既定标准为依据,通过对员工在其工作岗位上的工作行为表现和工作成果等方面进行评价和分析,改进企业的管理模式,提高员工的工作效率,从而充分地调动企业员工的积极性和创造力,激发员工的潜能,提升企业的核心竞争力,更好地实现企业各项工作目标。

作为人力资源管理的一项核心职能,绩效管理的重要性不言而喻,其最根本的目的就是通过有效的管理来调动员工的积极性和创造力,激发员工的潜能。为实现这个目的,一个高效的绩效管理系统不可或缺。通过绩效计划、绩效监控、绩效评价、绩效反馈将组织战略目标的实现与员工的职业生涯发展有机地结合起来,即员工要想实现自己的个人价值,必须先实现组织的绩效目标,所以绩效管理对组织的持续发展具有重要的意义。从企业角度来看,绩效管理可以促进企业管理者与员工之间的持续有效的沟通,促进组织战略的确定、调整和实施,同时也可以节约管理者的时间成本;从员工角度来看,绩效管理可以提高员工的技能,明确个人的职业发展目标,帮助改进上下级关系,有效避免管理者与员工之间的冲突,从而促进员工和企业的共同发展。

(五)薪酬管理

薪酬包括工资、物质奖励和员工福利三个部分,它的实质是企业对其员工为企业所付出劳动的一种物质回报,科学合理的薪酬体系关系到员工队伍的稳定和发展。薪酬管理是指企业在发展战略和经营理念的指导下,综合考虑战略规划内各种因素的影响,确定员工的薪酬水平、薪酬结构和薪酬形式,并进行薪酬实施、调整和控制的过程。薪酬管理包括薪酬体系设计、薪酬日常管理两个方面:薪酬体系设计包括薪酬水平设计、薪酬结构设计和薪酬形式设计,它是薪酬管理最基础的工作;薪酬日常管理则包括薪酬预算、薪酬支付和薪酬调整。

薪酬管理是人力资源管理的一项重要内容,能够起到吸引人才、留住人才、激励人才和增强企业竞争优势的作用。做好薪酬管理,关键是建立合理的薪酬管理制度。薪酬管理制度是指根据国家法律和政策制定的、与薪酬决策及薪酬分配有关的一系列准则、标准、规定和方法的总和。从企业角度来看,主要包括工资制度、奖金制度和福利制度。合理的薪酬管理制度,必须能够有利于调动员工的工作热情,激发他们创造良好绩效的干劲,使员工的积极性和创造力得以充分发挥。

(六)劳动关系管理

随着《中华人民共和国劳动法》的出台及修订,劳动关系管理在人力资源管理中变得越来越重要,许多企业开始按照《中华人民共和国劳动法》的规定来规范企业的劳动关系行为。从法律意义上看,劳动关系是指依照国家劳动法律法规,劳动者与用人单位之间以实现劳动过程为目的,一方提供劳动力,另一方使用劳动力将其与生产资料结合并提供劳动报酬而形成的社会关系。劳动关系在企业管理中具有重要作用,是人力资源管理的一项重要职能。企业只有处理好劳动关系,才能够实现其基本的使命、目标,履行其社会责任。同时,建立并保持良好的劳动关系,不仅有助于提高企业的盈利能力,帮助其避免不必要的员工纠纷,而且有助于企业处理日常管理中的很多问题。劳动关系管理还有利于构建和谐的劳资关系,促进社会劳动生产力的发展,捍卫广大劳动者的合法权益。

以上概述了企业人力资源管理职能体系的六部分内容,下面将介绍其中的员工招聘、员工培训、绩效管理和薪酬管理。

第二节　员工招聘

一、员工招聘的概念及原则

员工招聘是指组织为了发展的需要，根据人力资源规划和工作分析的要求，采取一定的科学方法，按照一定的程序，从组织内部和外部吸收人力资源的过程；同时，员工招聘还是提高员工队伍素质的重要途径。因此，做好员工招聘工作，是人力资源管理的重要内容。

在员工招聘过程中，必须贯彻以下原则：

（一）公开原则

公开原则是运用各种方式公开发布招聘公告，制造社会舆论，形成竞争局面，达到广招人才的目的。公开招聘为求职人员提供了信息，便于他们选择，同时也提高了招聘的透明度，防止不正之风。

（二）自愿原则

自愿原则是求职人员根据招聘要求，自愿地申请自己喜欢的岗位。自愿原则充分体现了求职人员的志向和职业爱好，这是求职人员为社会发展和运用自己才能的动力。当然，在此之前，应给求职人员必要的信息指导，如组织概况、所招岗位的工作性质、工作条件以及从事该工作应具备的心理、生理素质等，以引导求职人员的自愿趋向。

（三）考核原则

考核原则是对求职人员进行考察和测试，以鉴别优劣。这是保证所招人员质量的前提，也是求职人员平等竞争的重要条件。考核要全面，要对求职人员进行德、智、体综合考察，既要考察专业知识，也要考察工作能力；既要考察文化水平，也要考察心理素质；既要注重年龄标准，也要注重思想品德。

（四）择优原则

择优原则是在全面考核的基础上择优录用。择优的标准是具体的岗位或职务任职所需要的资格条件；择优的依据是对应聘者全面考核的结论，两者的统一为优。择优必须有严格的执行标准，对任何人都不能例外，否则整个招聘工作就会失去客观性、科学性和公平性。

（五）务实原则

员工招聘应当建立科学的标准，所定的标准既不能过高也不能过低。标准过高，对人力资源是一种浪费，也会为新进人员不安心工作留下隐患；标准过低，则会出现工作不称职的后果。在招聘过程中，执行招聘标准应有一定的弹性，以适应当时当地的情况。如果人力需求大于供给，可暂时降低其资格要求，对所聘人员在上岗前再进行培训，以补充所需技能;如果人力供给大于需求,可适当提高其资格标准,以便招募到高质量的优秀人才。

二、 员工招聘的程序

员工招聘的程序是否科学、合理,直接关系到录用人员的质量,同时也影响着招聘工作的效率。员工招聘的程序,一般分为以下几个阶段,应循序进行。

(一) 准备阶段

在准备阶段要做的主要工作有以下五方面:

1. 成立招聘小组

员工的招聘工作涉及很多方面,为了做好这项工作,必须成立专门的小组来具体负责该项工作。小组应以分管员工招聘的领导为组长、以人力资源管理部门为办事机构,要求相关方面人员参加。

2. 挑选和培训工作人员

招聘小组成立后,还要挑选一部分工作人员。招聘者素质的高低不仅直接关系到招聘工作质量的高低,而且会影响到组织在公众面前的形象。因为他们不单纯是招聘人员,还担负着公关宣传的任务。因此,招聘者的言谈举止,甚至外观形象,都会影响到应聘者的印象。通常,招聘者是由人力资源管理部门的成员和用人部门的负责人担任。

3. 确定拟招的工作岗位

即确定拟招收人员的原因和数量。在招聘之前,首先要明确招聘的岗位;工作岗位确定后,也就知道了招聘的原因和数量。

4. 规范标准

即确定所需人员的条件。条件的制定应以工作规范为依据,在对实际情况进行研究的基础上,具体规定不同工作岗位所招人员应具备的资格和要求。

5. 确定招聘的范围和渠道

招聘的范围对招聘工作质量的影响甚大。人力资源丰富、素质高,招聘就顺利,否则就难以招到合适的人才。所以,在确定招聘范围前,要广泛搜集有关地区的人力资源信息。另外,招聘的渠道也会影响所招人员的质量。常见的渠道有:广告求才;派人直接到院校物色人才;委托职业服务机构代理甄选;接受推荐和从求职广告中物色。组织应从招聘成本和招聘质量两个方面综合考虑来确定招聘的渠道或是组合使用哪几种渠道。

(二) 宣传阶段

宣传工作是整个员工招聘过程中最重要的工作之一,它直接影响招聘的效果。在确定工作岗位和用人标准后,就应大力宣传、吸引和鼓励求职人员踊跃应聘。应聘的人越多,就越有可能招募到高质量的合适人员。如果应聘的人太少,选择的余地就小,用人的标准就有可能降低。在这一阶段,应做好以下三方面的工作:

1. 制定招聘简章

招聘简章既是“安民告示”,又是宣传大纲。一般应包括组织的概况、招收的岗位、福利待遇、报名条件、报名的起止时间、报名手续、报名地点以及考核的内容和方式等。

2. 发布招聘简章

发布招聘简章是招聘工作面向社会、面向大众的开始。发布的方式一般有两种：一种是在确定的招聘区域内公开登报或张贴；另一种是在特定的互联网网站发布。

3. 受理报名

招聘信息发布后，接下来的工作就是准备接洽、登记、联络求职人员。受理报名的主要任务有两个：一是通过填写招聘应考登记表和检验有关证件，确认报考者的报名资格，然后发放准考证；二是全面考核的初步面试。招聘工作人员按照初步面试情况，对初试合格者填写报考工种或职位的志愿给予指导。对初试不合格者，应耐心做出解释。

（三）测试阶段

这是招聘工作的重要环节，也是招聘组织工作的重点。测试阶段所做的工作十分具体且繁杂，需要精心组织和指挥。其主要工作任务是：具体确定应聘者的测试内容和测试方法；组织对应聘者的测试工作；对应聘者进行体格检查。

（四）录用阶段

这个阶段的主要任务就是把多种考核和测验的结果综合起来，决定被录用者的名单并发出录用通知。确定录用名单是一项严肃的工作，是招聘工作成败的关键，必须坚持原则、认真对待。

三、员工招聘测试的原则

测试就是对应聘者的各方面情况进行考核，其目的就是客观、公正地挑选人才。它是员工招聘过程中最关键的一环，应遵循的原则如下：

（一）正确性原则

正确性原则指测试的内容必须正确、合理，符合工作要求。测试的结果应该是：成绩高者，其工作能力强；成绩低者，其工作能力差；测试不合格者，表示应聘者不能胜任所要求的工作。

（二）客观性原则

客观性一方面是指应聘者的成绩不受评分人主观因素的影响（这里的主观因素是指评分人的个性、偏好、感情等）；另一方面是指应聘者的成绩也不因应聘者的身份、性别、籍贯、年龄和容貌的差异而受影响。总之，试卷上分数的评定，必须完全依照答案的内容，任何因其他因素渗入而影响到实际分数的评定，都破坏了客观性原则。

（三）可靠性原则

可靠性原则是指应聘者所得分数的高低，必须要与应聘者的工作能力成正比。测试成绩的高低，一定要能反映应聘者水平的高低。如果应聘者设备检修的测试成绩为 90 分，该应聘者实际检修设备的水平应确实有 90 分的水平。如果测试成绩高而实际水平低，或者测试成绩低而实际水平高，则表明测试缺乏可靠性。

(四) 广博性原则

广博性原则指每一项测试必须能测出所要担任工作应具备的每一种能力,以及所需的各种知识。如果测试内容太窄,就不能全面反映应聘者的知识水平、技能水平和个人特质,就可能会将优秀人员排除在外。

四、 员工招聘测试的方法

在招聘员工的过程中经常采用的测试方法有以下几种:

(一) 面试

即由招聘人员与应聘者面对面地进行谈话,通过应聘者对所提问题的回答及其言谈举止,来了解应聘者的仪表、言辞、知识、能力和志趣等情况,以判定他们是否符合录用要求。面试是招聘员工中普遍采用的一种测试方法,其优点是能了解到应聘者多方面的情况,可得到综合考察的效果。如果要了解其学识,可提各种知识性问题;要了解其能力,可问解决各种实际问题的方法;要了解其性格的稳定性,可用施加压力的办法进行面谈。面试法也存在不足:一是评分缺少客观标准,两个或两个以上的主持人,对同一位应聘者的评价会存在差异,因而降低了面试的可信度;二是主试人与应聘者之间有串通作弊的可能。

面试主要是通过向应聘者提出问题,来达到了解应聘者的目的。因此,向应聘者提出什么问题、问题提到什么程度,是影响面试效果的重要因素,必须事前设计好。设计问题的依据在于招聘人员的具体目的和条件,因此所提问题需要根据各单位每次招聘人员的具体目的和条件准备。

(二) 笔试

笔试是一种具有悠久历史的人才选择方法,我国古代科举制度采用的就是笔试,这种方法能避免人才选择中任人唯亲的弊端,有利于做到公平竞争。

笔试有测验式笔试和论文式笔试两种形式。测验式笔试主要考察应聘者对许多零碎的问题是否了解或记忆清楚,此种形式的优点是:评分公正客观,免除模棱两可或取巧的答案;试题抽样广泛,有充分的代表性。论文式笔试是就某问题阐述自己的看法,并表达应聘者所具有的知识。其优点是易于考察应聘者的推理能力、创新能力和材料整理能力;缺点是缺乏客观性,评分没有统一的标准,评分时容易受其他因素(如书写)的影响。

(三) 实地操作测试

实地操作测试是指对应聘者的能力或技巧进行实际考察。一般由应聘者实地操作,以测试其工作能力和工作技能。这种方法主要用于对工作较具机械性、技术性、专业性的员工招聘测试中,如打字、速记、修理等。对一名生产线上的作业人员来说,对生产线上的作业是否熟练,与他是否具备某种知识同等重要,甚至更为重要。特别是一些技术性工作,若不考察其真正的操作技能,则不知其是否能胜任工作。比如说招聘打字员,测试方式就应以实际打字为主。主试人可提供一篇文章,故意写些别字,或故意标错标点,交由应聘者打出，谁能在更正错误的同时做到速度最快、错误最少，谁就是最佳人选。如果招修理工，实地操作是重要依据。测试时，可假设各种故障情况让应聘者排除，或将零件拆散后令其组装，就可测出应聘者的修理能力。实地操作测试所需时间一般比面试、笔试长，但准确性高。

（四）心理测验

这是国外许多企业挑选人员所采用的一种重要的测试方法。它是根据抽样原理制定测验标准，以此测量个人的人格、智力和兴趣等。心理测验的目的有两类：挑选和安置。用于挑选目的的心理测验的着眼点是工作，即找到合适的人担任某一工作，在许多职业候选人中挑选能胜任某项工作的人；用于安置目的的心理测验的着眼点是个人，是为某一个人找到适合于他的工作，常常用于技术性较强的工种或某些特殊岗位的人选。心理测验根据其内容不同，又可分为人格测验、智力测验和兴趣测验等。

（五）评价中心法

评价中心法是一种选拔高级管理者和专业人才的综合性人才测评技术。它采用情景模拟为核心的测评方法，把应聘者置于模拟的工作情景中，要求其完成该系统环境下对应的各种工作，然后由多名评价者运用各种测评技术，观察和评价应聘者在特定情境下的实际行为表现，从而判断其与应聘岗位的匹配程度，预测其潜力和发展前景。评价中心法包含多种测评方法和技术，常见的有公文筐测试、无领导小组讨论、角色扮演、即兴演讲等形式。

1. 公文筐测试

公文筐测试又称文件筐测试、公文处理，是评价中心法中使用频率最高的一种形式。应用该方法时，应该在应聘者进行测试之前，向其介绍企业的背景材料。之后，把应聘者置于一个特定的职位或管理岗位的模拟场景中，由主试者提供一批岗位经常需要处理的文件，文件是随机排列的，包括电话记录、备忘录、上级主管的指示、待审批的文件、函电汇报、申明、投诉、请示、通知等，有日常琐事，也有重要的大事。这些文件，要求在一定的时间和规定的条件下处理完毕。此外，应聘者要以口头或书面的形式解释其做出某种处理的原因。在处理过程中，评价人员根据被试的处理结果、处理效率以及是否可以判断轻重缓急、是否可以恰当地授权给下属等一系列评价标准，做出自己的评价。由于测试时间比较长（一般约为 2 个小时），因此它通常被作为选拔和考核的最后一环使用。

2. 无领导小组讨论

无领导小组讨论是指通过将若干个应聘者组成一个临时小组，给他们提供一个待解决的问题和大约一个小时的讨论时间，在此讨论过程中，不指定谁是组长，组员须在给定的时间内充分讨论最终得出统一的结论。小组成员一般是 4～8 人，各成员在讨论问题时的地位是平等的，他们之间是平等的合作关系。本方法旨在通过讨论，考察应聘者的表现，尤其是看谁会在讨论中脱颖而出，成为自发的领导者。评价者最后通过对应聘者的语言表达能力、分析归纳能力、说服力、洞察力、协调组织能力、集体意识及反应与控制能力等进行分析和评价。

无领导小组讨论适用于挑选具有领导潜质的人或某些特殊类型的人群。随着招聘要求的不断提高,无领导小组讨论适用的对象越来越广,例如大企业的校园招聘以及中高层管理者、人力资源管理者、行政管理人员、营销人员等人才的选拔。

3. 角色扮演

角色扮演是一种比较复杂的测评方法。在角色扮演的情景模拟中,通过设定一定的场景,测评应聘者人际关系的处理能力。测评者需要设置一系列尖锐的人际矛盾和人际冲突,然后要求应聘者分别扮演指定的某一角色并进入角色情景,去处理各种问题和矛盾。

测评者通过对应聘者在扮演不同角色的情景中所表现出来的行为进行观察和记录,以便了解其心理素质和潜在能力。角色扮演通常用于测评人的判断力、决策力、应变能力、角色把握能力、表现力、人际关系技巧等方面。

4. 即兴演讲

即兴演讲是由应聘者按照给定的材料组织并表达自己的观点和理由的过程。在演讲之前,由测评者给应聘者出一个主题,让应聘者准备 5～10 分钟后,按题目要求进行发言,以便了解其有关的心理素质和潜在能力。正式演讲一般控制在 5 分钟左右,有时演讲完毕后,测评者可以针对演讲内容对应聘者提出疑问。

即兴演讲旨在了解应聘者的快速反应能力、理解能力、思维发散性、语言表达能力、言谈举止、风度气质等。它往往以一次动员报告、一次新闻发布会、在职工联欢会上致辞等为主题。

第三节　员工培训

一、 员工培训的含义与原则

员工培训,也称职工培训,是指组织为适应业务工作及培育人才的需要,采用多种方式对全体职工进行有目的、有计划的培养和训练的管理活动。简而言之,员工培训就是根据实际工作的需要,为提升员工的素质和能力,而对其实施的培养和训练。

员工培训是全员培训,即对全体人员的培训。员工培训,就其内容来说,既包括思想教育,也包括科学文化、业务技术和管理知识方面的学习。在培训过程中,要注重理论联系实际,提升他们运用知识解决实际问题的能力。

做好员工培训工作,必须遵循以下四个方面的原则:

(1) 培训的普遍性(全员培训)和培训的连续性(终身教育)相结合的原则。员工培训要求全体成员都要接受现代教育,只有全体人员的文化技术水平提高了,才能为组织发展创造有利的条件。不仅要对所有成员实行全员培训,而且对每个成员的培训必须是不间断的,每个员工从进入组织的第一天起就要不断地接受在职教育,直至退休。

（2）通识教育与专业教育并重、普及与提高相结合的原则。通识教育应特别注意组织能力和领导能力的培养，专业教育应特别注意专门学识与专门技能的培训。另外，由于我国员工队伍整体素质还不高，离现代化建设的要求还有距离，因此普及性教育还是一项重要任务。不抓好普及性教育，提高就缺乏应有的基础；不以提高为目标，普及性教育也势必迷失方向，效果也必然不佳。所以，在抓好普及工作的同时，必须抓好提高工作，逐步把主要精力转到中级乃至高级专业、技术培训上来，使员工队伍的整体素质有一个大的提高。

（3）科学文化教育和思想道德教育并重的原则。员工素质不仅包括科学文化素质，也包括思想道德素质。开展员工培训，必须对这两类素质的培养提高予以统筹兼顾，不得畸轻畸重。科学文化是物质文明建设的重要保障，也是提高广大员工思想道德觉悟的重要条件。当今时代科学文化迅猛发展，并越来越成为推动历史进步、经济发展的巨大力量。我们进行社会主义现代化建设应该自觉地依靠科学文化，不断汲取新知识，抓好员工文化、技术、业务方面的培训。

但是，强调科学文化素质的培养提高，绝不能忽视思想道德素质的培养提高。没有思想道德素质的培养提高，科学文化素质的培养提高就会迷失方向，也就不可能建立一支高质量的员工队伍。所以，在开展员工培训时，不仅要抓好科学文化教育、业务培训，而且要抓好思想道德教育，使广大员工成为爱祖国、爱人民、爱科学、爱社会主义的有文化的劳动者。

（4）理论与实践相结合的原则。理论是行动的指南，只有学好理论并以理论为指导，才能更好地把握事物的本质和发展的规律性，避免经验主义，把工作做好。要从根本上提高员工的素质，在开展员工教育时，就必须注意加强理论学习，向员工系统地传授马克思主义和生产、技术、经营管理等方面的基本原理，使员工在理论上求理解、求提高。但是，理论来自实践，学习理论是为了更好地服务实践、指导实践。所以，理论学习必须与实践紧密结合，坚持按需施教、学以致用的教学方法，根据生产经营活动的需要和员工的素质高低，结合实际进行教学，促使其把学到的理论运用到实际工作中去。

二、 培训需求分析

培训需求分析是采用科学的方法收集组织及其成员现有绩效的有关信息，确定现有绩效水平与应有绩效水平的差距，从而进一步找出组织及其成员在知识、技能和态度等方面的差距，为培训活动提供依据。培训需求分析一般包括三个层次：组织层次分析、工作层次分析和个人层次分析。

（1）组织层次分析主要是通过对组织的目标、资源、环境等因素进行分析，准确地找出组织存在的问题及原因，以确定培训是否是解决此类问题最有效的方法。具体来说包括组织目标分析和组织资源分析两方面。

（2）工作层次分析的主要对象是组织内的各个职位。其步骤主要包括：确认各个职位所需执行的任务清单；明确各项任务所要达到的工作标准；确定达到工作标准所需的知识、技能和态度等。

(3) 个人层次分析主要通过分析员工现有状况和应有状况之间的差距,来确定谁需要培训和需要培训什么内容。个人层次分析的重点是评价员工实际工作绩效及工作能力,主要包括个人绩效考核记录、知识技能测验和员工态度测量等内容。

三、员工培训的形式和方法

(一) 员工培训的形式

员工培训的形式,可以按不同的标准进行分类。

1. 按脱产程度划分

(1) 全脱产培训。它指员工在一定时间内完全脱离工作岗位到各类学校或培训班学习,这是目前采用较多的一种形式,它的优点是学习时间有保证,精力集中,过程连贯,易于系统掌握培训内容。领导干部和其他经营管理干部的进修培训、晋升培训和员工转岗培训基本上都采用这种形式。采用这种形式的首要条件是员工要在一定的时期内完全脱离工作岗位,这就要根据具体情况统筹安排。

(2) 半脱产培训。员工不完全脱离工作岗位,每天或每周抽出一部分工作时间学习。这是较为灵活的培训形式。员工每次学习的时间可长可短,学习课程可齐头并进,也可各个击破,学一门考一门,分期学完应学的课程,一切依学员、工作和教学条件而定。这种培训形式对那些不能完全脱产的人员比较适用。员工参加函授大学、自学考试等基本属于这种培训形式。

(3) 不脱产培训。员工不占用工作时间或不脱离工作岗位进行学习。前者是指员工参加各种类型的夜校、业余学校学习,后者是指企业开展的与现实生产经营活动密切相关的员工文化技能训练,如岗位培训、各种形式的政治思想教育等。这种培训形式,无论是在内容上还是在方法上,都密切结合生产实际,联系员工的思想和文化技术的实际,针对性强、见效快,因此是企业员工培训经常采用的形式。

2. 按教学组织方式划分

(1) 企业自办。它指企业自己创造条件举办的培训,如企业办的各种类型的员工学校、培训班等。企业自办便于组织领导,能紧密结合企业生产经营活动的需要,但要自己筹集资金,调配师资,建设和调剂校舍等。因此,它一般只适用于大型企业。

(2) 联合培训。这是由两个以上企业共同举办的培训。实行联合培训的企业最好是同行业、同类型的。由于它们生产经营性质相近,培训要求大体相同,教者好教,学者好学,能取得较好的效果。这种培训形式比较适用于师资力量薄弱、场地有限的中小企业,对企业经理等高层领导人员的培训,可采取联合培训形式。

有的地方发展出一种由企业和学校联合举办的员工学校,由学校负责系统的理论知识教育,企业负责生产操作技能的训练和提供实习场所。这种形式能充分发挥企业和学校的优势,因而对大中小型企业都适用。

(3) 委托代培。它指企业提出员工培训的具体要求,由学校或学术机构代为培训,并收取一定的培训费。对企业而言,采用这种形式可解决师资、教材等不足的问题;对学校而言,则有利于理论与实际的结合。

企业在选择培训形式时,要考虑以下两个方面的因素:

(1) 企业员工的素质和要求。企业有各类员工,他们的素质各不相同,企业对他们的要求也有很大差别。因此,在选择培训形式时,要根据培训对象、培训目标、培训时间的长短等因素灵活选用。

(2) 企业生产经营活动的需要。企业应将各种办学形式合理结合起来,相辅相成,形成科学的员工培训体系和制度。

(二) 员工培训的方法

员工培训的具体方法有多种。为了增强培训效果,在选择方法时,一要注意培训的目的和要求,二要考虑受训者的实际情况。

1. 课堂讲授法

课堂讲授法是一人讲、多人听,主要形式包括讲座、演示和演讲。课堂讲授法的优点是一次性传授的内容较多且全面,应用条件比较宽松,有利于讲授者水平的发挥。缺点是讲授内容较多,学员记忆和消化存在难度;教师与学员之间交流机会不多,无法顾及个体差异。

2. 视频培训法

它是指以幻灯片、视频等作为工具进行培训。其特点是展示预先录制的内容来说明问题,达到培训目的。视频培训法的优点是充分利用人的感官去体会培训内容,印象深刻;教学过程形象生动,易引起学员的学习兴趣;能较好地适应学员的个体差异和不同水平的要求。缺点是要受到视频教材内容的制约。

3. 模拟培训法

它是指以脱产的形式让学员使用工作中的设备或模拟设备进行学习的一种方法。这种方法能有效地提升学员的能力,同时也能降低培训成本。

4. 案例研究法

它是指通过对某一种特定真实情景的书面描述或介绍来进行培训的方法。

这种方法的步骤是,首先让学员阅读书面描述,然后要求学员找出问题并提出解决问题的办法。案例研究法的优点是受训者参与性强,有利于提升他们解决问题的能力,激发其学习的主动性,发挥学员的潜能。

5. 角色扮演法

这种方法是为学员提供某种情境,要求学员担任角色并进行表演,表演结束后进行总结;扮演者、观察者可以联系情感体验来讨论表演过程中学员所表现出来的行为。这种方法的优点是学员参与性强,有利于学员和教师之间的互动交流,培训的实效性强。缺点是控制过程比较困难,对教师和学员双方的素质都有比较高的要求。

6. 网络培训法

这是一种新型的计算机网络信息培训方式,企业通过互联网提供学习网址,或者直接建立自己的网页,开设网上课程,给学员发放学习卡,准其进入并监督其学习时间和进度。网络培训法的优点是不受时间和空间的限制,有利于对课程和教学进程进行管理,节约培训成本。缺点是研发费用高,互动不足。

四、培训效果评估

培训效果评估是指企业在培训过程中,针对培训计划及实施过程,系统地收集培训项目的信息,并运用适当的评估指标和评估方法,检查和评定培训效果,为未来培训计划的修改和开展提供参考。

目前,柯氏评估模型是最有影响力的、被广泛采用的评估模型之一。柯氏评估模型将培训效果分为四个递进的层次:反应层、学习层、行为层、效果层。

(1) 反应层评估是指学员在培训过程中及培训后,对培训项目的感受、看法和意见等。反应层评估可以采用调查问卷的方式,问卷的回答可作为改进培训内容、培训方式、教学进度等方面的参考,但不能显示培训是否达到了预期目标,因此不能作为评估的结果。

(2) 学习层评估是测量学员对原理、技能、态度等培训内容的理解和掌握程度。学习层评估通常采用笔试、实地操作和工作模拟等形式,以了解学员在知识和技能掌握方面提升的程度。它测量学员培训后的收获。

(3) 行为层评估是指考查在培训结束后的一段时间里,学员的行为是否发生了变化,是否将所学的知识和技能运用到实际工作中。行为层评估需要借助行为观察、工作访谈等方法来衡量。

(4) 效果层评估主要判断培训是否能给组织战略目标的实现带来具体而直接的贡献,其指标包括生产率、次品率、离职率等。通过对这些指标的分析,管理层能够了解培训带来的具体效果。

第四节 绩效管理

绩效分为组织工作绩效和员工工作绩效。本节主要讨论的是对员工工作绩效的管理问题。员工工作绩效是指那些经过组织考核的工作行为和工作结果。绩效管理是人力资源管理的一个重要内容,它既是检验其他人力资源管理活动的手段,又是人事决策的依据。

绩效管理在本质上是一个 PDCA 循环过程,即计划(Plan)、实施(Do)、检查(Check)、行动(Action),而不是一个阶段或时点的工作,其基本流程包括如下四个环节:绩效计划、绩效实施、绩效考核、绩效反馈。

一、绩效计划

(一) 绩效计划的含义

绩效计划是被考核人和考核人双方对员工应该实现的工作绩效进行沟通的过程,

并将沟通的结果落实为正式书面协议。绩效计划必须能够清楚说明期望员工达到的结果，以及为达到该结果所期望员工表现出来的行为和技能。

（二）绩效计划的制订流程

制订绩效计划，一般应遵循如下三个步骤：

1. 绩效计划的准备

绩效计划是管理者与员工双向沟通的结果，为了使沟通取得预期的结果，必须做好以下六个方面的准备工作：全员绩效基础理念培训；收集相关信息；诠释企业的发展目标；将企业发展目标分解为各个部门的特定目标；员工自己制订绩效计划草案；管理者审核员工制订的绩效计划。

2. 绩效计划的沟通

绩效计划是双向沟通的过程，绩效计划的沟通阶段也是整个绩效计划的核心阶段。管理者和员工应该确定一个专门的时间用于绩效计划的沟通，沟通的时候气氛要尽可能宽松，把焦点放在提高员工沟通意愿和应取得的成果上。在进行绩效计划的沟通时，首先要回顾准备好的信息，明确公司的要求、发展方向以及与具体工作职责有关的其他信息，包括企业经营计划信息、员工的工作描述和上一个绩效期间的评价结果等。

3. 绩效计划的审订与确认

在绩效计划的审订与确认过程中，要注意以下几点：

（1）管理者与员工应该就大部分相关问题达成共识，例如：员工在本绩效期内的工作职责是什么，员工所要完成的目标是什么，员工应在什么时候完成这些目标，管理者会为员工提供哪些支持和帮助等。

（2）管理者协助员工制订具体的行动计划。每个绩效计划都要有一个行动计划，管理者要善于协助员工就绩效计划制订详细周密的行动计划。同时，在以后的绩效辅导与实施过程中，还应该及时监督并控制员工行动计划的实施情况。

（3）形成绩效协议书，并经双方签字认可。绩效协议书应该包括员工的工作目标、主要工作结果、衡量工作结果的指标和标准、各项工作所占的权重以及每项工作目标的主要行动计划等内容。绩效协议书主要用于明确当事人的绩效责任，并且管理者和员工双方都要在协议书上签字确认。

二、绩效实施

制订了绩效计划之后，员工就按照其绩效计划开展工作。在工作过程中，管理者要对员工的工作进行指导和监督，对发现的问题予以及时解决，并随时根据实际情况对绩效计划进行调整。绩效实施过程管理主要包括持续的绩效沟通、绩效信息的收集和分析两个方面。

（一）持续的绩效沟通

持续的绩效沟通就是管理者和员工共同沟通和分享有关信息的过程。这些信息以及沟通的内容,主要包括工作进展情况、潜在的障碍和问题、可能的解决措施以及管理者如何才能帮到员工等。持续的绩效沟通是连接绩效计划与绩效考核的中间环节。

沟通方式的选择在很大程度上决定着绩效沟通的有效性。绩效沟通的形式有正式和非正式之分。正式沟通包括书面报告、定期面谈、团队会议等,其优点是管理者与员工可以系统地就相关信息和困难进行交流;其缺点是程序烦琐,安排难度大。非正式沟通的优点是形式多样,时间、地点灵活;能及时解决问题,办事效率高;可以提高员工的满意度,增强员工与管理者的亲近感。其缺点是缺乏正式沟通的严肃性,且并非在所有情况下都适用。

(二)绩效信息的收集与分析

绩效信息的收集与分析是一种有组织地系统收集有关员工、工作活动和组织绩效信息的方法。收集与分析信息,旨在解决问题或证明问题,具体包括:

(1) 提供一份以事实为依据的员工工作情况的绩效记录,为绩效考核和相关决策提供依据;

(2) 及时发现问题,提供解决方案;

(3) 掌握员工自身行为和态度的信息,发现其长处和短处,以便有针对性地提供培训和再教育;

(4) 为法律纠纷提供依据。

为此,应收集记录如下信息:

(1) 目标和标准实现的情况;

(2) 员工受表扬和批评的情况;

(3) 证明工作绩效高低所需的具体证据;

(4) 管理者与员工就绩效问题进行谈话的记录,必要时要求员工和管理者双方签字。

收集信息可以采用观察、工作记录、工作日志、他人反馈和自我评价等手段。提倡综合运用多种手段与方法,以便对同一个员工进行全方位的了解。

三、 绩效考核

绩效考核着重解决“谁采用什么方法来考核谁以及考核什么”的问题。它既是一个实施阶段,也是一个开发阶段。下面主要介绍绩效考核的常用方法。

1. 排列法

又称排队法。它是通过对被考核人之间的相互比较,以每人绩效的相对优劣程度确定相应的等级或名次,即排出全体被考核人的绩效优劣顺序。这种方法的实质是以被考核人总的表现为基础,对其工作中行为的表现进行排列比较,以分出最好的、较好的、中等的、较差的及最差的。排列法按其排列程序不同还可具体分为简单排列法、交替排列法、典型对比法和对偶比较法。

2. 强制分布法

也称强制分配法。顾名思义，强制分布就是在考核前，人为地使整个考核结果呈正态分布。即先确定好各等级在总数中所占的比例。例如，若划分为优、中、差三等，则分别占总数的30%、40%和30%；若划分为优、良、中、一般、差五等，则分别占总数的15%、20%、40%、20%与5%。然后按照每人绩效的相对优劣程度，强制列入其中的一定等级。

3. 图尺度考核法

图尺度考核法是最简单的一种绝对评价法，即选择企业所期望的绩效要素，如工作量的大小、工作态度、工作能力等，并列出每一个工作绩效要素达到的等级范围，形成一个可以度量员工绩效的"尺子"。在进行绩效考核时，将员工的日常表现及绩效成绩与"尺子"进行比较，找出最符合其绩效状况的等级及分数，然后将每一位员工所得到的所有分值进行汇总，即得到其最终的工作绩效评价结果。

4. 关键事件法

这种方法是指为了对某一个人进行考核，要把他在工作中的重要、关键的行为记录下来，以此作为判别一个人工作绩效优劣的依据。其之所以能作为依据，是因为通过考察一个人在某些方面所表现出来的关键行为，能预测他在这些方面的工作表现与结果。

运用此法须为每一位被考核人准备一本"绩效记录"，由考核人（一般为被考核人的直接上级）随时记载，所记载的内容是被考核人在完成某一项任务时所表现出的特别有效的行为与特别无效的行为。即所记录的必须是较突出的、与工作绩效直接相关的事，而不是一般的、琐碎的、生活细节方面的事；所记载的是具体的事件与行为，而不是对某种品质的评判（如"此人是认真负责的"）。因此，记载的内容不是评语，而是素材。有了这些素材，我们可以以这些具体事实作为根据，经归纳、综合得出考评的结论。

5. 行为锚定等级评定法

该方法通过对员工在其工作中可能发生的各种典型行为进行分析，根据行为产生的后续作用对其进行等级划分，建立一个行为锚定评分表；并以此为依据，对员工工作中的实际行为进行评级的考核方法。该法有效融合了图尺度考核法和关键事件法的优点，解决了图尺度考核法不能有效指导行为的问题，也确定了关键事件法中缺少的评定标准。它不像其他的考核方法将重点放在员工的绩效评价上，而是更加关注员工的职业行为。

6. 关键绩效指标法

关键绩效指标（Key Performance Indicator, KPI），是指将企业宏观战略目标经过层层分解而产生的具有可操作性的战术指标，这些指标是衡量员工和部门关键绩效贡献的依据，是组织绩效管理的基础。企业运用这些关键绩效指标对员工进行绩效考核的方法被称为关键绩效指标法。

企业关键绩效指标体系来自对企业战略目标的层层分解，由企业关键绩效指标、部门关键绩效指标和具体岗位关键绩效指标三个层次构成。企业关键绩效指标是根据企业宏观战略目标建立起来的；部门关键绩效指标是在企业关键绩效指标的指导下，结合部门职责建立起来的；而具体岗位关键绩效指标是对部门关键绩效指标的分解。

关键绩效指标可以通过鱼骨图分析法建立。鱼骨图分析法是一种透过现象看本质的分析方法。这种方法用来分析特定问题(或状况)及成因,并把它们按照一定的逻辑层次表现出来(见图 14-1)。

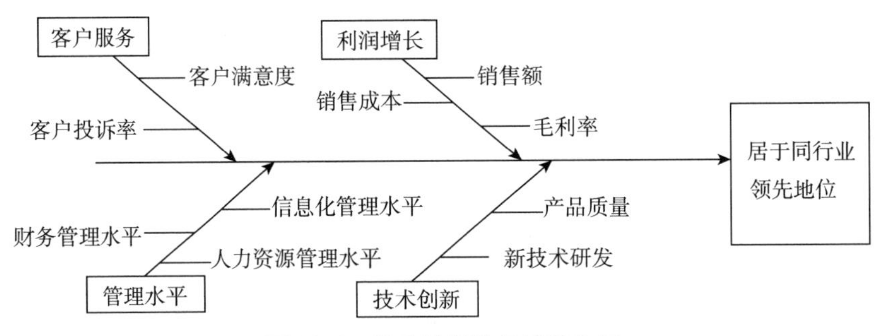

图 14-1　战略目标及鱼骨图分析

7. 目标管理

目标管理(Management by Objective, MBO)是由著名管理学家德鲁克于 20 世纪 50 年代提出的。目前,目标管理已不仅是一种绩效考核方法,而且已成为一种管理制度在全世界普及。这种方法的实质是强调人的作用,强调员工参与目标的制定、实施和考核,因而运用此法进行绩效考核,能极大地调动员工的积极性。

运用目标管理的过程是:首先由上下级共同讨论和制定在一定绩效考核周期内要达到的绩效目标;经过贯彻执行后,上下级在规定的时间内(一般在绩效考核周期末)对照原定目标,测评成绩与不足;然后在总结的基础上,共同制定下个绩效考核周期的目标。综上,此法的具体实施可分为设置目标、贯彻执行、考核总结三个阶段。

(1) 设置目标。设置目标要以被考核人的工作说明为基础,以企业一定时期内所确定的总体经营目标为依据。其具体做法是:首先,由上级提出下级应做的工作。这些工作须对实现预期绩效发挥关键作用。上级在确定下级应做工作的过程中,必须听取和尊重下级的意见。其次,上下级一起协商确定为做好所定工作必须完成的具体目标(如工作数量指标和工作质量指标)。这些目标应当是可行的,并且应是能量化的。在所定的具体目标体系中,还应包括目标完成的进度、期限、成本预算等内容。最后,上下级还应共同协商,确定如何测量和判断目标实现的程度,包括所用的测评方法与工具,以使被考核人能进行自我测评。

(2) 贯彻执行。在这一阶段中,上级应按权责相称的原则,根据目标要求,授予下级相应的权力,让他们有责有权、自主地开展工作,自行决定实现目标的方法和手段,实行自主管理,以使下级的积极性和创造力得以充分发挥。上级的责任是了解情况,保证良好的工作条件,当好参谋和顾问,以期解决问题。

(3) 考核总结。其目的一是考核绩效,得出结果,为奖惩提供依据;二是总结经验,以便改进工作,为制定下一周期的绩效目标奠定基础。考核总结可分两步进行,首先由被考核人(下级)按照事先商定的测评方法进行自我评定,总结经验教训。然后在下级评定的基础上,上级可采取面谈的方式,与下级共同研究、协商,得出考核结果。考核结果不仅要包括对被考核人所取得工作成果的评价,还应归纳出他们的优缺点。对于缺点要进一步找出原因,并据此制定出有针对性的改进措施。

8. 360度考核法

360度考核法就是让与被考核人有关的各方对其进行评价,从而得到全面的评价结果。绩效考核主体包括被考核人的上级,同一层级的员工,被考核人的下属、客户以及被考核人本人,评价的指标可以从三个方面来设计:努力程度、工作态度和行为结果。在实施360度考核法时,不同评价者都从各自工作角度考察和评定被考核人,因而评价的结果反映了员工在不同场景、不同方面的行为特征,综合这些评价结果能够对员工进行较全面、客观的评价;同时,不同角度的评价结果也在一定程度上反映了评价者的利益取向和性格特征。但是,这种方法的主观性较强,评价结果一般不用于员工的晋升等重要决策,而且采用这种方法需要花费大量的时间去收集和统计考核结果。

四、绩效反馈

绩效反馈是绩效管理的最后一个环节,也是一个重要的环节。主管人员将被考核员工召集起来,通过谈话的方式告知考核最终结果,同时依据考核结果采取相应的奖励、惩罚、调动或辞退等措施。

(一)绩效反馈面谈

绩效反馈面谈一般都由做过绩效考核的上级进行。由于谈话往往具有一定的批评性,随后又与一定的奖惩相联系,容易使被考核人产生抵触情绪。因此,在谈话的过程中,应该注意做到以下几点:

(1)对事不对人。要做到这一点,关键在于绩效考核的结果,要以事实为依据,要尽量以数据说话。在谈话的过程中,首先应该表明,考核者所关心的是哪些方面的绩效,也就是进一步说明绩效考核的标准;然后,要说明下级的实际情况与目标要求之间的差距。这个差距,要上下级一起来找,绝不能用威胁性的语言,简单地去追究当事者个人的责任与过错。

(2)谈具体,避一般。在谈话中,要避免进行泛泛的、抽象的一般性评价,要拿出具体的数据与事例来说明考核结果是怎样得出的。同时,也要就下级如何改进提出具体的方法和要求。

(3)不仅要找出差距,还要分析产生差距的原因。指出下级工作中存在的差距是面谈的重要内容。但在谈话的过程中,人们往往忽略对产生差距原因的挖掘与分析。只有对产生差距的原因分析透彻了,所制定的措施才会有针对性,才会有效。原因需要上下级一起去找,上级要善于引导和鼓励被考核人自己去分析产生问题(差距)的原因。

(4)要注意倾听被考核人的意见。绩效反馈面谈的过程应该是一个双向交流过程。在面谈时,上级应该认真听取下级的看法,不能搞“一言堂”。做到这一点,不仅有利于下级感受到上级的真心诚意,使他们能清楚地、心情舒畅地接受考核结果,而且还有利于修正考核结果中可能出现的误差。

(5) 要制订书面计划。绩效反馈面谈只有产生工作改进的实效,才算是成功的。为了避免面谈流于形式,在找出了产生差距的原因后,还要将一起商量制定的改进措施用书面计划的形式记录下来。所制订的书面计划既要全面,又要突出重点,同时还要便于检查。对实现所制订计划的奖励措施,也应成为计划的内容之一。

(二) 绩效考核结果的应用

绩效考核不是绩效管理的最终目的,绩效考核结果要运用到日常的人力资源管理中,促进人力资源管理各个环节的有效运行,使绩效管理的作用真正发挥出来。一般来说,绩效考核结果的应用表现在以下几个方面:

(1) 薪酬的调整。薪酬的调整是绩效考核结果最直接的一种应用,也是员工经过绩效考核后最关注的一个方面。员工薪酬体系中有一部分是与绩效考核结果挂钩的,如绩效工资、绩效年薪、年终奖金等。通过将员工薪酬与绩效考核结果联系起来,有助于提升员工对绩效目标的重视程度,有利于企业战略目标的实现。

(2) 职位的调动。绩效考核结束后,往往会对不同考核结果的员工进行职位调整。一般情况下,对于考核结果不佳的员工,如果认定其不太适合现有岗位,会采取内部调动的方式,将其调整到其他岗位;如果连续多次考核都不合格,企业一般会予以辞退。对于连续多次绩效考核结果都比较优秀的员工,会予以职位晋升。

(3) 员工培训。通过绩效考核,能够发现员工个人素质与职位要求的差距,并以此为依据,组织相关的培训活动。对于工作能力欠缺的员工,可以通过针对性的培训活动,开发员工潜力,提升其工作能力;对工作态度有问题的员工,可以通过适应性培训、拓展训练等方式使其端正态度。

(4) 员工职业生涯规划。把绩效考核结果反馈给个人,可以使员工了解自身的优缺点和工作改进的依据与目标。企业可以针对员工在培养和发展方面的特定需要,制订培训开发计划,以便最大限度地发挥他们的优点,明确企业内部晋升渠道,帮助员工确立和执行自己的职业生涯规划。

第五节　薪酬管理

一、 薪酬的含义与内容

薪酬是指员工提供组织所需要的劳动和服务,而从组织获得的一切形式的报酬,包括工资、佣金、奖励、红利及福利待遇等多种报酬形式。这种回报实际上是对员工为企业所做贡献的一种答谢。从市场经济角度来看,它又是对员工所付劳动力与技能及所创造的绩效与价值的交换。在我国,它还是企业的一种社会责任。薪酬的内容十分广泛,我们这里讲的薪酬主要由工资、物质奖励(奖金)和员工福利三部分构成。

（一）工资

它是以货币的方式，依据每个人对企业所贡献的劳动数量的多少，分给个人的劳动报酬。它是企业劳动报酬的基本形式。工资是员工收入的主要来源，是满足员工生存等物质需要的主要渠道。它的主要性质是维护员工的基本生活水准。相对而言，工资对激励员工努力工作与提高绩效所起的作用有限，但较为稳定。

（二）物质奖励

从本质意义上讲，奖励应包括物质奖励和精神奖励。这里主要是研究物质奖励，即奖金。奖金是对员工超额劳动的报酬，是工资分配的一种补充形式。它带有更直接的物质激励性质。与工资不同，它的支付是以阶段性考核结果为基础的，反映了员工近期阶段性的贡献和绩效。奖金的形式多种多样，发放对象既可以是个人，也可以是集体。

（三）员工福利

这是企业通过改善集体生活设施和建立补贴制度等方式，为员工提供生活便利、解决员工生活困难、改善员工生活条件、提高员工生活水平的一项社会福利事业。它是员工劳动报酬的一种辅助分配形式。

员工福利贯彻的不是按劳分配原则，而是一种物质帮助原则，因为福利基金不是员工必要劳动创造的价值，而属于“社会扣除”部分。员工福利贯彻的也不是按需分配原则，因为福利的分配是有条件的，它只是对员工的特殊生活困难以及员工共同性、普遍性的困难所给予的一种物质上的帮助。我国企业员工不仅享受企业发放的员工福利，而且还享受社会福利。《中华人民共和国劳动法》第七十六条规定：国家发展社会福利事业，兴建公共福利设施，为劳动者休息、休养和疗养提供条件。用人单位应当创造条件，改善集体福利，提高劳动者的福利待遇。

二、建立薪酬制度的要求

薪酬管理是人力资源管理的重要内容。这是因为，一方面，薪酬是调动员工积极性的重要手段；另一方面，由于它既涉及员工的物质利益，又涉及组织对员工地位与价值的认识。因而，薪酬管理是员工十分关心的问题，同时也是一项难度较大的工作，必须引起高度重视。

薪酬管理是指管理者对本单位员工薪酬支付的要素、支付水平和支付方法进行确定、执行和调整的过程。做好薪酬管理，关键是建立合理的薪酬制度。薪酬制度指根据国家法律和政策制定的与薪酬决定及薪酬分配有关的一系列准则、标准、规定和方法的总和。从企业角度来看，薪酬制度主要包括工资制度、奖金制度和福利制度。合理的薪酬制度，必须要有利于激发员工良好的工作动机，使他们鼓起创造良好绩效的干劲，充分发挥积极性和创造力。

企业建立薪酬制度，必须贯彻国家规定的以按劳分配为主、多种分配方式并存的原则。具体要把握以下四个方面：

(一) 公平性

保证员工对薪酬分配的公平感是建立薪酬制度的第一要求。员工对薪酬发放是否公正的判断与认识,将直接影响到他们的工作积极性。因此,合理的薪酬制度必须满足公平要求。具体而言,一是外部公平,即同一行业、规模和地区的企业同类职务的薪酬应有可比性;二是内部公平,即同一企业中不同职务所获薪酬应与其所做贡献成正比,比值一致,才是公平的。

(二) 激励性

企业在制定各类、各级职务的薪酬水准上,要适当拉开差距,并在实际执行过程中做到员工薪酬主要由其岗位和绩效来决定,真正体现按劳分配、按贡献分配的原则,以发挥薪酬制度的激励作用。

(三) 竞争性

在社会人力资源市场中,企业的薪酬标准要有吸引力,只有这样才能战胜竞争对手,引进所需人员。企业的薪酬标准,应根据企业的薪酬策略、财务状况以及所需人员可获得性的高低等具体条件而定,但一定要有竞争力。

(四) 经济性

一般而言,提高薪酬水平有利于激发员工的积极性和创造力,但同时会引起人力成本的上涨,所以薪酬制度的建立必然要受到企业经济状况的制约。不过在考虑人力成本时要注意,我们不仅要看到薪酬水平高低对成本的影响,还要看到员工绩效水平与薪酬水平高低的关系。因此,在建立薪酬制度时,考虑经济性的实质就是要处理好投入与产出之间的关系。

三、 薪酬决策

(一) 薪酬决策的内容

建立薪酬制度必须做好决策工作。随着我国社会主义市场经济体制的建立以及各生产要素市场的日趋完善,将会有越来越多的问题摆在企业领导者面前,需要他们做出选择。其中,涉及薪酬问题的主要有如下五个方面:

1. 企业的薪酬水平

企业的薪酬水平是指本企业员工一定时期收入的平均水平与同行业或本地区其他企业员工收入相比较所处的地位。企业面临的问题是,本企业的员工收入水平应定在哪一条线上:是高于其他企业,还是低于其他企业或者是与其他企业持平。这里隐含的矛盾是,如果企业的薪酬水平过低,就不能吸引和留住企业所需的人力资源;如果薪酬水平过高,就会导致人力成本过高,影响企业产品的竞争力。

2. 企业内部分配政策

企业内部分配政策要符合按劳分配的原则,这是毫无疑问的。但是如何从企业的实际情况出发,制定贯彻按劳分配的具体政策是十分重要的。政策正确,能使有限的物质资源产生极大的激励效应;否则,不仅不能发挥激励作用,还可能涣散人心,影响员工的团结。这方面的问题很多,例如:薪酬分配是严格按贡献付酬,重赏重罚,拉大收入差距,还是照顾大多数,适当平均;若实行薪酬与工作绩效挂钩,是与个人绩效挂钩,还是与集体绩效挂钩,或者两者兼而有之;薪酬采取什么结构,即工资、奖金与福利三方面各占多大比例,奖金是否封顶,是否保底等,这些都是比较敏感的问题,也是政策性很强的问题,需要企业领导者慎重考虑。

3. 企业薪酬总额

前面所讲的企业的薪酬水平主要还是原则性、定性的问题,这里讲的薪酬总额则是定量的,它主要是决定企业一定时期所发放薪酬总额的绝对数或相对数。对这一问题的决策需要考虑的因素较多,如劳动力市场的竞争状况、企业现有员工的思想状况、企业的经济效益等,同时还要考虑企业现有经营状况和今后发展的趋势,处理好眼前利益和长远发展的关系。

4. 薪酬支付及提升的方式

薪酬支付的方式很多,就工资来讲,既要考虑采用何种工资制度,如是采用岗位技能工资制,还是实行结构工资制度;还要考虑采用何种工资形式,如是选用计时工资,还是采用计件工资。从提高员工薪酬的方式来讲,是以个人为单位,即按每人绩效来提升,还是到一定时间全体员工一起调整,或者兼而有之。上述这些都需要明确规定。

5. 每一特定职务或职位的工资水平

对这一问题的决策,要在企业既定政策的指导下,在系统分析各层级职务之间的相互关系的基础上,按统一的具体原则来确定。这一问题决策的内容,除了要确定最低一级职务的薪酬标准,还要解决各层级职务间的薪酬差距问题。

(二) 影响薪酬决策的因素

影响薪酬决策的主要因素,可分为企业外部因素和企业内部因素两大类。

1. 企业外部因素

(1) 劳动力市场供求关系与竞争状况。这是影响薪酬决策的重要因素。从市场经济角度来看,劳动力市场是劳动力供给方(寻找工作的人)与劳动力需求方(寻找工作人员的单位)相互作用,从而决定劳动力价格的区域。当劳动力需求超过劳动力供给时,企业薪酬(主要指工资)上升,反之则下降。具体到某个企业,在确定薪酬水平时,不仅要考虑劳动力市场的供求关系,还要考虑本行业、本地区的其他企业,尤其是竞争对手对其员工所制定的薪酬政策和薪酬水平。如果本企业薪酬水平低于竞争对手,就不能吸引、保留企业所需的人才。

随着社会主义市场经济体制的逐步建立和完善,我国劳动力市场已逐步规范化,劳动力供求关系的状况对企业薪酬水平高低的影响将会越来越大。因此,企业领导者在进行决策时,必须要充分考虑这一因素所带来的影响。

(2) 基本生活费用。保证员工及其家庭的基本生活费用是确定工资的基础。基本生活费用是指员工及其家属日常生活中衣、食、住、行的费用。这一因素从两个方面影响企业的薪酬政策。一方面,基本生活费用高,说明物价指数持续上涨,因为决定生活费用高低的主要是物价。为了保证员工生活至少不致恶化,企业往往也要相应上调工资。另一方面,基本生活费用高也可从一定程度上说明员工生活水平提高了。随之而来的是,员工对个人生活水平的期望也越来越高了,这就必然会影响到企业薪酬标准的制定。

(3) 政府的法律和法规。企业薪酬政策和水平的确定,必须要遵守国家颁布的有关法律和法规,绝不能违反。随着我国法制建设的日趋完备,这类法律必将日益增多。企业领导者对这些法律法规一定要熟悉并掌握,以避免在决策时出现重大失误。

2. 企业内部因素

(1) 企业的生产结构特点。企业(以工业企业为例)按生产结构特点划分,可分为劳动密集型、资金密集型和知识技术密集型三类。劳动密集型的特点是技术装备程度低,用人多,产品成本中活劳动消耗所占比重大。资金密集型和知识技术密集型这两类与劳动密集型相比,其最大特点是用人少,产品成本中活劳动消耗所占比重小。这一多一少必然会对企业的薪酬政策制定产生影响。一般而言,劳动密集型企业员工的工资水平要比资金密集型和知识技术密集型企业员工的工资水平低。

(2) 企业经营状况与盈利能力。一般而言,资本雄厚、盈利能力强、经营状况好的企业的员工所获薪酬要比资本微薄、盈利能力弱、经营状况差的企业的员工所获薪酬高。但是,在分析这一因素的影响时要注意,一个企业的经营状况是变化的,经营好坏不能绝对地去衡量。在分析企业经营状况时,既要看现实的情况,还要看发展的趋势。因此,企业经营状况对薪酬的影响可以说是较为间接的。

(3) 企业管理哲学和企业文化。这方面涉及的问题很多,核心问题是企业领导者如何看待员工,或者说企业领导者对本企业员工的思想状况是如何认识的。那种认为员工所想的仅是物质需求,只有用经济刺激的方法才能使员工好好干活的领导者,与那些认为员工不仅有物质需求,也有精神追求,要用多种方法去调动员工积极性的企业领导者,在薪酬政策的制定上显然会做出不同的选择。

影响薪酬决策的因素还有很多,以上仅列举了一些主要因素。企业领导者在决策过程中,要从企业的实际情况出发,综合权衡各方面的因素,仔细分析各种因素的影响程度,以做好选择。

四、 工资制度

工资是薪酬的基本形式。在薪酬管理中,贯彻按劳分配原则,主要是通过建立工资制度来体现的。我国目前实行的工资制度主要有三类:

(一) 结构工资制

结构工资制是根据劳动者潜在的、流动的和物化的三种形态的劳动,将员工的工资分解为几个部分,并确定各部分工资的职能、比例和工资标准,然后据以确定员工劳动报酬的一种工资制度。

员工的工资一般可分解为固定工资和变动工资两大部分。

1. 固定工资

这是员工的基本收入,其与劳动者的绩效没有直接关系。固定工资包括基础工资和年功工资两部分。

(1) 基础工资。这是劳动保障工资,用于劳动者维持劳动力简单再生产的生存消费,是劳动者最基本的劳动报酬。凡是在业并参加规定劳动的员工,均可得到基础工资的数额。基础工资的数额,是根据一定时期个人消费的物资总量和物价水平来确定的。

(2) 年功工资。这是劳动积累工资,是对基础工资的补充。它随员工工龄的增加而增长,其职能是保证员工生活水平逐年有所提高,从而起到保护老员工利益的作用。

2. 变动工资

这部分工资具有很大的灵活性,是随劳动者实际劳动量的变化而变化的,体现了劳动报酬与企业经营好坏和个人贡献大小的直接联系。变动工资由技能工资、岗位或职务工资、超额工资构成。

(1) 技能工资。这是劳动素质工资。它是根据员工的专业技术水平和工作能力来确定的。不论工龄多短或年龄多小,只要达到了某一技术能力标准的要求,就可领取相应等级的技能工资。因此,技能工资能够起到促进员工努力学知识、学技术的积极作用。

(2) 岗位或职务工资。这是劳动调节工资。对于工人来说,这指的是岗位工资,根据工人从事劳动岗位的难易程度、责任大小、劳动条件的优劣来划分等级和确定各等级的工资标准。对于干部(包括工程技术人员和管理者)来说,这指的是职务工资,根据干部所担任的职务或职称、工作责任的大小等来划分等级和确定各等级的工资标准。岗位或职务工资随岗位或职务的变动而变动,即干什么活拿什么工资。这样就有利于鼓励员工勇挑重担,到条件艰苦、工作责任重大的岗位去工作。

(3) 超额工资。这是超额劳动的报酬。超额工资是根据企业经营状况的好坏、经济效益的高低,按照员工超额劳动的多少来支付的,多超多得,少超少得,不超不得。因此,它能起到鼓励员工多做贡献的作用。

实行结构工资制的关键在于合理确定各部分工资占工资总量的比重。从推行结构工资制的企业情况来看,工资中各部分之间的比例关系不尽相同。例如,就基础工资来说,有的定为50%,有的则高于或低于50%,究竟定多少恰当,还有待进一步探索。但总的认为,基础工资不宜定得太高,如果太高,就难以体现按劳分配的原则,起不到奖勤罚懒的作用。

实行结构工资制,能够充分发挥工资中各部分的职能作用,克服等级工资制中把各职能混同起来,而不能有效发挥各自职能作用的弊端;能够较好地体现按劳分配原则,有利于克服工资分配中的平均主义。

(二) 岗位技能工资制

岗位技能工资制是我国在企业中推行的一项基本工资制度。岗位技能工资是指把企业各部门的各项工作逐一划分,确定各个岗位;然后根据每个岗位的工作要求,划定它们的职责范围以及规定完成该项职责所需的知识和技能;最后,根据这个岗位工作责任的大小、劳动强度、劳动条件及劳动技能要求,确定出该岗位的岗位技能工资标准。

这种工资制度的主要特点是:能够较全面地体现劳动中的各种动态因素和构成;员工工资随岗位职务变动而变动;能够调节各方面的关系;能够促进企业劳动工资的科学管理。

1950年,国际劳工组织把各种劳动对人提出的要求归纳为劳动责任、劳动技能、劳动强度、劳动条件四个方面,这被称为日内瓦范本岗位评估法,后来成为国际惯例,也值得我们借鉴。岗位技能工资,就是按劳动责任、劳动技能、劳动强度、劳动条件等要求来评价和制定工资结构和标准的。从实践来看,由于它根据上述四个方面来确定工资标准,能够合理拉开不同岗位的工资分配差距,特别是拉开苦、脏、累、险工种和高技术工种与一般工种的工资差距,使工资分配向一线生产员工倾斜,鼓励员工在一线和艰苦岗位劳动,因而能较好地体现按劳分配的原则。同时,岗位技能工资制要求担任该岗位职务的员工必须具有符合其职务要求的技能,否则不能上岗或者被调离该岗位。这样能做到竞争上岗,并且为科学用人提供依据。

岗位技能工资由基本工资和辅助工资两部分组成。基本工资主要分为技能工资和岗位工资,确定技能工资标准和岗位工资标准是岗位技能工资制的主要内容。

辅助工资主要是在基本工资之外,当企业经济效益高时,可发给员工的奖金和特殊作业、工种的津贴等,它主要根据企业的具体情况而定。

(三)谈判工资制

谈判工资制是一种灵活反映企业经营状况和劳动市场供求状况的工资制度。国际劳工组织一直致力于谈判工资制的建立与实施。我国劳动保障部门也在积极推动谈判工资制的实行。从程序上讲,工资由企业根据操作的技术复杂程度与员工当面平等协商,最后达成一致意见,并将一致意见签订为专门的工资契约,作为双方处理工资分配的行为准则。从一定意义上讲,工资水平的高低取决于劳务市场的供求状况和企业经营状况。当某一工种的人员紧缺、企业经营状况较好时,工资水平就会上升。此外,企业对生产经营需要的专业技能水平高的员工也愿意支付较高的报酬。

谈判工资制具有明显的优点。由于工资是企业和员工共同商定的,一般情况下双方对达成的工资是满意的,至少是可以接受的,这有利于协调劳动关系,避免经营者将劳动者的工资压到劳动力价值以下。如果员工对所得工资不满,可以与企业协商调整,也可以另谋职业。随着企业经营状况和劳务市场供求状况的变化,企业工资水平(行业工资水平)也会发生一定的变化,这就能促使员工转向紧缺职位,从而有利于保持企业人员结构的合理性。

当然,谈判工资制也有弊端。由于这种工资制度的实施与双方的谈判能力、人际关系等相关,因而员工所得工资弹性较大,容易出现同工不同酬的问题。在管理制度不健全、监督机制不完善的情况下,容易导致以权谋私者从中舞弊,产生亲者工资高、疏者工资低等不合理现象。

五、奖金制度和福利制度

（一）奖金制度

对工作绩效优异的员工，企业必须对其进行奖励。奖励包括物质奖励和精神奖励。用现金支付的物质奖励就是奖金。奖金制度是关于奖励条件、奖励方法和奖励标准的规定。

工资和奖金都是贯彻按劳分配原则的劳动报酬形式。工资是劳动报酬的基本形式，奖金则是工资的一种必要的辅助形式，是超额劳动的报酬。

按劳分配原则要求按照劳动者劳动的数量和质量来支付劳动报酬。一般而言，工资基本上能反映劳动的质量和数量。但是，工资不可能在任何情况下都能如实地按劳动者劳动的数量和质量来支付。例如，在实行简单计时工资的情况下，工资只是同级劳动者平均水平的劳动报酬，而在同一劳动时间内，工人实际支出的劳动是不同的，有的工人提供了超过平均水平的超额劳动，由此形成劳动成果上的差别，这在计时工资中是得不到反映的。这就需要以奖金的形式进行补偿，以弥补计时工资的不足。同时，奖金还具有机动灵活、适应性强和比较准确的特点。

奖金的形式多种多样，要根据企业的需要及具体条件选用。常用的形式大体可以归纳为两类。

1. 综合类

这是一种以员工全面完成各项技术经济指标为得奖条件，其中有的指标为主要条件，其他指标作为辅助条件的奖金形式。有的企业是把各项指标折合成百分比，总分是100分，对关键性指标给以较高的分，然后根据各项指标的执行情况计分，再将奖金总额折合成分值给予奖励。

2. 单项奖

这类奖金是以员工完成某一项指标为得奖条件，并以完成其他有关的指标作为得奖的前提。如质量奖，是以产品质量指标作为得奖的条件，以保证产量、节约原材料作为得奖的前提。超额奖是以超额绩效为得奖的条件，以保证产品质量和安全生产为得奖的前提。

除了上述的奖金形式，还有以完成某项任务或以所做的贡献为依据进行奖励。这些奖金形式有一个共同特点，就是把奖金与工作责任以及所做的贡献紧密联系在一起。具体选用哪种形式，应从工作需要和工作特点出发。

奖励条件是奖金制度的核心。它是一定时期内员工在生产（工作）中要努力达到的目标，也是考核员工生产（工作）的绩效和评判是否得奖的依据。

奖励条件要根据生产（工作）的特点和要求来规定，不能千篇一律，并且在工作情况和工作条件发生变化时，奖励条件也应进行相应的修订。奖励条件应力求先进合理、明确具体，凡是能用数字表示的，就应该规定具体的数量指标；凡是不能用数字表示的，也应力求具体，便于计奖。

正确确定奖金标准也是奖金制度中的一个重要问题,奖金标准越高,则激励程度越高,反之亦然。激励程度的高低主要根据激励目标而定。因此,企业应按员工在生产或工作中的作用、完成奖励条件的难易程度以及预期经济效益的大小,来合理确定从事不同工作的员工的奖金标准。

奖金是超额劳动的报酬,它应从超额劳动所创造的价值中提取。由于个人劳动是企业生产劳动的组成部分,一般而言,个人的超额劳动只有在整个企业的劳动得到社会的承认后,才是有效的超额劳动。因此,奖金不能只根据个人的超额劳动来提取,而应该首先按照整个企业的超额劳动来提取,把奖金同企业的经营成果联系起来。从理论上讲,刨除自然条件的影响因素,在产品价格比较合理的情况下,利润是企业生产经营成果的综合表现。因此,奖金应从企业的利润中提取。这样可以促使员工更全面地关心企业的经营成果,因为它使企业经营的成果与员工的物质利益直接联系起来了。

奖金制度是一项涉及企业全体员工的复杂工作,只有将其与加强员工思想政治工作、建立和健全企业各项管理制度、提高企业管理水平结合起来,才能起到促进生产和各项工作的积极作用。

(二)福利制度

福利的发展水平是由社会生产力的发展水平、劳动者短期利益和长远利益的统一、局部利益和整体利益的统一来决定的,它反映的是国家、集体与个人之间的关系。

《中华人民共和国宪法》第四十二条规定:国家通过各种途径,创造劳动就业条件,加强劳动保护,改善劳动条件,并在发展生产的基础上,提高劳动报酬和福利待遇。《中华人民共和国劳动法》第七十六条规定:用人单位应当创造条件,改善集体福利,提高劳动者的福利待遇。做好员工福利工作,不仅是企业应尽的社会责任,而且它对企业吸引和留住人才,提高企业的劳动生产率,降低运营成本,培育员工的归属感都具有重要的作用。

1. 员工福利的主要内容

企业员工福利制度虽然涉及的问题比较多,但主要解决的问题有两个:一是从企业实际出发,确定本企业员工福利的内容;二是福利基金的提取和使用。

福利的意义在于它属于工资以外的措施,其存在的目的在于维护员工的健康,安定员工的生活。具体来看,员工福利的内容包括:

(1)为减轻员工生活负担和家务劳动,向员工提供多种便利的集体生活福利设施;

(2)为活跃和丰富员工文化生活建立的各种文化福利设施;

(3)为解决员工及其家属的生活困难而建立的补助制度和其他补贴制度。

员工福利的内容,即福利项目及其享受的范围在不同时期是不尽相同的,而且同一时间各个单位也不完全一致。其项目的多少和范围的大小,是由企业依据有关政策,从实际需要与可行性两个方面进行权衡后决定的。通常包括:员工食堂、宿舍、托儿所、幼儿园、浴室、理发室、图书馆、俱乐部、体育场等设施,以及生活困难补助、探亲路费、房租补贴、水电费补贴等。

2. 福利基金的提取和使用

正确地提取和使用福利基金,是做好员工福利工作的关键。我国现阶段福利基金的提取有以下几种方式:企业从工资总额中按一定比例提取;事业单位从行政事业费的基金部分按一定比例提出;企业从税后留利中提取。

目前,我国员工福利基金在提取使用中亟待解决的问题是:

(1) 由于客观上员工福利费和员工工资总额之间不存在正比例关系,因此,统一按一定的百分比从工资总额中提取员工福利费不尽合理,往往产生苦乐不均的现象。

(2) 企业从税后留利中提取福利基金,从表面上看,是同企业经营的好坏挂了钩,但实际上,企业的经营成果在很大程度上还受外部条件的制约,如资源、价格等。因此,企业留利多少,不能完全反映企业经营效益的高低。

(3) 我国现行员工福利尚不规范,许多不属于福利性质的开支也列入了员工福利费。例如,上下班交通补贴应列入工资;企业医药费与福利费捆在一起使用的做法,实际上挤占了用于员工福利的费用。

针对以上存在的问题,有人主张,员工福利基金中的一部分,应按员工人数提取,以保障员工的基本生活需要;基金的另一部分可与企业经济效益挂钩,用以提高和改善员工生活水平。在福利基金的使用上,有人主张,把员工福利分为必保的和浮动的两部分。必保的部分如食堂、浴室、取暖补贴等;浮动部分如托儿所补助费等,可以和企业的经济效益挂钩。

员工福利基金的使用应有计划性和针对性,当前应着重用来解决满足员工基本需要的问题。今后,随着社会生产的发展和人民生活水平的提高,将逐步增加用于满足员工享受需要和发展需要的项目。

六、 宽带薪酬

宽带薪酬始于20世纪80年代末90年代初,是一种新型的薪酬结构设计方式,是对传统带有大量等级(层次)的垂直型薪酬等级结构的一种改进或替代,它减少了薪酬等级的数量,扩大了每一等级薪酬变动的幅度。

(一) 宽带薪酬的优势

与传统的等级薪酬结构相比,宽带薪酬结构具有以下优势:

(1) 减少了工作之间的等级差别。有利于企业提高效率以及创造学习型的企业文化,同时有助于企业保持自身组织结构的灵活性和有效适应外部环境的能力。

(2) 引导员工重视个人技能和能力的提高。在传统等级薪酬结构下,员工的薪酬增长往往取决于个人职务的提升而不是能力提高,因为即使能力达到了较高的水平,但是在企业中没有出现职位的空缺,员工仍然无法获得较高的薪酬。而在宽带薪酬结构下,即使是在同一个薪酬宽带内,企业为员工所提供的薪酬变动范围也可能会比员工在原来的多个薪酬等级中可能获得的薪酬范围还要大,这样,员工就不需要为了薪酬的增长而去计较职位晋升等方面的问题,而只要关注企业发展所需要的那些技术和能力就可以获得相应的报酬。

(3)有利于员工职位轮换。在传统的等级薪酬结构系中,员工的薪酬水平与其所担任的职位严格挂钩。由于同一职位级别的变动并不能带来薪酬水平上的变化,所以员工不愿意接受职位的同级轮换。而在宽带薪酬结构下,由于薪酬的高低是由能力而不是由职位来决定的,员工乐意通过相关职能领域的职务轮换来提升自己的能力,以此来获得更大的回报。

(4)有利于提升企业的竞争优势。在宽带薪酬结构中,上级对下级员工的薪酬有更大的决策权,从而促进组织的灵活性和创新的出现,有利于增强企业适应外部环境的能力,进而提升企业的竞争优势。

(二)宽带薪酬的设计流程

1. 确定人力资源战略

企业通过制定人力资源战略,将企业战略、核心竞争优势和核心价值观转化为具体的行动计划和指标,并借助激励性的薪酬体系强化员工的绩效行为,增强企业的战略实施能力,有力地促进企业战略目标的实现。在这里,人力资源管理体系不仅仅是一套对员工贡献进行评价并予以肯定激励的方案,更是将企业战略及文化转化为具体行动,以及支持员工实施这些行动的管理流程。

2. 确定企业薪酬战略

根据企业的人力资源战略、外部的法律环境、行业竞争态势及企业的发展特点,制定切合企业需要的薪酬战略。在进行薪酬体系设计时,薪酬策略的选择、薪酬计划的制订、薪酬方案的设计、薪酬的发放及沟通,均应符合企业战略、竞争优势、价值导向及激励机制的要求。

3. 选择适合运用宽带技术的职务或层级系列

传统的金字塔型组织结构强调个人贡献,在这种文化氛围中,往往采用等级薪酬结构;但随着组织等级逐渐趋于平坦,更强调团队协作而不是个人贡献,在组织中相应地用更大的结构工资范围和等级范围来代替以前较多的工资级别,在这种情况下,宽带薪酬结构应运而生,以此减少了工作之间的等级差别。

4. 运用宽带技术建立并完善企业的薪酬体系

(1)确定宽带的数量。首先企业要确定使用多少个工资带,在这些工资带之间通常有一个分界点,不同的工资带对人员的技能、能力的要求都是不同的。

(2)根据不同的工作性质及不同层级员工的需求建立不同的薪酬结构,以有效地激发不同层级员工的积极性和主动性。

(3)确定宽带内的薪酬浮动范围。根据薪酬调查的数据及职位评价结果确定每一个宽带的浮动范围及级差,同时在每一个工资带中每个职能部门应根据市场薪酬情况和职位评价结果确定不同的薪酬等级和水平。

(4)宽带内横向职位轮换。同一工资带中薪酬的增加与不同等级薪酬的增加相似,在同一工资带中,鼓励不同职能部门的员工跨部门流动以增强组织的适应性,提升多角度思考问题的能力。因此,职位的变化更多的是跨职能部门,而从低宽带向高宽带的流动则会很少。

（5）做好任职资格及工资评级工作。宽带薪酬虽然有很多的优点，但由于管理层在决定员工工资时有更大的自由，人力成本就有可能大幅度上升。为了有效地控制人力成本，克服宽带薪酬结构的缺点，在建立宽带薪酬结构的同时，还必须构建相应的任职资格体系，明确工资评级标准及方法，营造一个以绩效和能力为导向的企业文化氛围。

本章小结

思考题

1. 人力资源的含义是什么？
2. 人力资源管理的含义是什么？
3. 员工招聘的原则和程序是什么？
4. 员工测试的方法有哪几种？
5. 绩效管理包括哪些内容？
6. 绩效考核的方法有哪些？
7. 绩效考核的结果有哪些应用？
8. 薪酬决策包括哪些内容？
9. 建立薪酬制度的要求是什么？

案例讨论

第十五章　财务管理

【学习目标】

1. 了解财务分析的三种主要方法，理解财务比率的基本类型及计算方法。

2. 理解货币时间价值的含义，掌握货币时间价值与长期证券定价的计算方法。

3. 明确风险的分类及其衡量，理解风险与收益的关系。

4. 了解营运资金管理的内容，掌握投资管理的主要手段及计算方法。

5. 掌握短期融资和长期融资的手段及特点，了解几种常用的股利分配政策。

【基本概念】

货币时间价值　风险　资本成本　最优资本结构　现金流量　营运资金管理　净现值

案例讨论

第一节　财务分析

财务分析是以企业财务报告及其他相关资料为主要依据，采用专门方法，对企业的财务状况和经营成果进行评价和剖析，反映企业在运营过程中的利弊得失、发展趋势，从而为改进企业财务管理工作和优化经济决策提供重要的财务信息。财务分析的起点是财务报表，分析使用的数据大部分来源于公开发布的财务报表。因此，财务分析的前提是正确理解财务报表。财务分析的结果是对企业的偿债能力、运营能力、盈利能力和发展能力做出评价或找出存在的问题。财务分析既是已完成的财务活动的总结，又是财务预测的前提，在财务管理的循环中起着承上启下的作用。

开展财务分析，需要运用一定的方法。财务分析的方法主要有：财务比率分析、趋势分析和结构百分比分析。

一、财务比率分析

财务比率分析就是将相互依存、相互影响的财务指标进行对比，计算出比率，来分析、评价企业财务状况和经营水平的一种方法。它是从财务现象到财务本质的一种深化，能够把某些条件下的不可比较的指标变为可以比较的指标，而且适用于不同经营规模企业之间的比较。传统上,财务比率分成五类:清偿能力比率、财务杠杆比率、涵盖比率、开工率、盈利能力比率。

(一) 清偿能力比率

清偿能力比率用于衡量公司的短期偿债能力。它是将短期债务与可得到的用于偿还这些债务的短期(流动)资金相比较。从这些比率可以清楚看出公司目前的现金偿付能力及在困境时的偿付能力。

1. 流动比率

$$流动比率 = 流动资产 / 流动负债 \tag{15-1}$$

为方便说明,我们以瑞夫公司[①]为例,表15-1、15-2为该公司的财务报表。

表 15-1　瑞夫公司资产负债表

单位:千元

资产	截至3月31日		负债和所有者权益	截至3月31日	
	2016年	2015年		2016年	2015年
现金及等价物	178	175	银行借款和应付票据	448	356
应收账款	678	740	应付账款	148	136
存货	1 329	1 235	应交税金	36	127
待摊费用	21	17	其他应付款	191	164
累计预付税款	35	29	流动负债	823	783
流动资产	2 241	2 196	长期负债	631	627
固定资产	1 596	1 538	所有者权益		
减:累计折旧	(857)	(791)	普通股(面值1美元)	421	421
固定资产净值	739	747	资本公积	361	361
长期投资	65		保留盈余	1 014	956
其他长期资产	205	205	所有者权益总计	1 796	1 738
资产总计	3 250	3 148	负债和所有者权益总计	3 250	3 148

表 15-2　瑞夫公司损益表

单位:千元

	截至3月			截至3月	
	2016年	2015年		2016年	2015年
销售净额	3 992	3 721	税前利润	351	310
产品销售成本	2 680	2 500	所得税	114	112
毛利	1 312	1 221	税后利润	201	198
销售和管理费用	912	841	现金股利	143	130

① 瑞夫公司为电力企业;后文提及的各指标行业平均值均为已知,不单独列示。

单位:千元 (续表)

	截至3月			截至3月	
	2016年	2015年		2016年	2015年
息税前利润	400	380	保留盈余的增长	58	68
利息费用	85	70			

瑞夫公司在2016财务年度的流动比率是2 241/823 ≈ 2.72。

瑞夫公司的流动比率略高于本行业的平均比率2.1。尽管与行业平均比率相比不一定能反映出其财务状况的好坏,但这对于发现公司是否偏离标准有一定的意义。通常,流动比率越高,公司偿债能力也越强。

2. 速动比率(酸性测试比率)

速动比率或酸性测试比率是对流动性更保守的一种衡量:

$$速动比率 = (流动资产 - 存货)/流动负债 \tag{15-2}$$

瑞夫公司在2016财务年度的速动比率为(2 241 - 1 329)/823 ≈ 1.11。

速动比率在分析流动性时是作为流动比率的补充。二者的作用是相同的,只是速动比率的分子中扣除了存货这种被假设为流动性最差的资产。速动比率主要考虑变现能力较强的流动资产——现金、有价证券和应收账款及其与流动负债的关系。这样,速动比率就比流动比率能更敏锐地衡量变现能力。瑞夫公司的速动比率与行业平均值1.10接近,表明该公司与行业总体情况基本一致。

(二)财务杠杆(负债)比率

1. 债务股本比率

为估计公司利用借款的程度,我们可以用到几个不同的负债比率。债务股本比率等于公司的负债总额(包括流动负债)除以公司股东权益总额:

$$债务股本比率 = 负债总额/股东权益 \tag{15-3}$$

瑞夫公司在2016财务年度的债务股本比率为1 454/1 796 ≈ 0.81。

债务股本比率告诉我们股东每提供1元,债权人就提供81分借款。债权人一般希望该比率越低越好。债务股本比率越低,公司由股东投资形成的融资水平越高,当出现资产减值或巨额损失时,债权人利益的保证程度越高。电力行业的平均债务股本比率是0.80,瑞夫公司的情况和行业情况相一致。所以,我们可以假设,该公司不会因过度负债而穷于应付债权人。

考虑到债务股本比率使用的目的,在计算该比率时优先股有时包括在负债里而不属于权益。从普通股投资者的角度来看,优先股有优先求偿权。因此,在进行公司财务分析时,投资者也许将优先股作为负债。债务股本比率随公司经营性质和现金流量的变化而变化。现金流量稳定的电力公司通常具有比现金流量极不稳定的机械制造公司高的债务股本比率。将某家公司的债务股本比率与类似的公司相比较,一般能反映出该公司的信用价值和财务风险。

2. 资产负债率

资产负债率是由公司的负债总额除以资产总额得到：

$$资产负债率 = 负债总额 / 资产总额 \tag{15-4}$$

瑞夫公司在2016财务年度的资产负债率为1 454/3 250 ≈ 0.45。

资产负债率与债务股本比率具有相似的目的。它通过显示公司债务融资占总资产的百分比，突出债务融资对于公司的重要性。这样，我们知道瑞夫公司45%的资产是通过各种形式的举债筹资而来，剩余的55%的资产来自股东权益。理论上讲，如果该公司立即清算，资产的清算价值降低到45%以下时，债权人才会受到损失。再次强调，股东权益提供资金的百分比越高，对公司债权人的保障程度也就越高。简而言之，资产负债率越高，财务风险越高；反之，该比率越低，财务风险也越低。

（三）涵盖比率（利息保障比率）

涵盖比率（利息保障比率）是将公司的财务费用与支付及保证它的能力联系起来。该比率是由某特定报告期间的息税前利润除以同期利息费用得到的：

$$涵盖比率 = 息税前利润 / 利息费用 \tag{15-5}$$

瑞夫公司在2016财务年度的涵盖比率为400/85 ≈ 4.71。

该比率用以衡量公司偿付借款利息和避免破产的能力。一般地，涵盖比率越高，公司顺利偿还借款利息的可能性就越大。该比率也清楚地显示了公司筹措新债的能力。与行业平均值4.0相比，瑞夫公司经营利润是所需支付利息的4.71倍，其偿付能力显示出良好的安全性。

（四）开工率（周转率）

开工率又称为周转率，是衡量公司使用资产的有效程度的比率。

1. 应收账款管理比率

（1）应收账款周转率。该比率反映公司应收账款的质量和公司收账的业绩。此比率由年销售净额除以平均应收账款计算而来：

$$应收账款周转率 = 年销售净额 / 平均应收账款 \tag{15-6}$$

$$平均应收账款 = (年初应收账款 + 年末应收账款)/2$$

若假设瑞夫公司2016年的销售收入全部是赊销收入，则该比率为3 992/(678 + 740)/2 ≈ 5.63。

应收账款周转率说明应收账款年度内变现的次数。应收账款周转率越高，销售实现时间距离收到现金的时间就越短。对于瑞夫公司来说，2016年应收账款转变为现金的平均次数为5.63次。

瑞夫公司所在行业的应收账款周转率的平均值是8.1，它提示我们，瑞夫公司的应收账款周转同行业平均水平相比较慢。这也许表明该公司较宽松的收账政策或者存在大量过期账款仍未收回。另外，如果应收账款的流动性较差，我们也许不得不重新估计公司的流动性。如果我们把所有应收账款都视为流动的，而事实上其中很大一部分已经过期时，就会高估所分析公司的流动性。应收账款只有在合理的时间内被收回，才视为具有流动性。

(2) 应收账款周转天数(平均收现期)。计算方法为:

应收账款周转天数 = 一年内天数 / 应收账款周转率

或者,

应收账款周转天数 =(平均应收账款 × 一年中的天数)/ 年度赊销金额 (15-7)

瑞夫公司的应收账款周转率已计算出为 5.63,它的平均收现期则是 $365/5.63 \approx$ 65 天。

此数据说明了从取得应收账款权利到收回款项的平均天数。因瑞夫公司所处行业的应收账款周转率的平均值是 8.1,则该行业的应收账款周转天数为 $365/8.1 \approx 45$ 天。则瑞夫公司的应收账款表现同所在行业的差距再次被凸显出来。

然而,在做出瑞夫公司存在收账问题的结论前,我们应先看看瑞夫公司给予客户的信用条件。若应收账款周转天数是 65 天,信用条件是“2/10,全额/30”,则绝大部分的应收账款都超过了 30 天的最后付款期限。如果信用条件是“全额/60”,则通常应收账款只超过最后付款期 5 天就被收回。

尽管过多的应收账款周转天数通常不好,但很少的应收账款周转天数也未必就好,因为这可能意味着信用政策过于严格。账面上应收账款余额很低也许是件好事,但也会因为过于严格的信用政策而使销售额和相应的利润大幅度减少。在这种情况下,可能应该适当放松信用标准。

2. 应付账款周转期

该比率是研究公司向供应商或潜在信用客户付款及时性的。

应付账款周转期 = 一年内天数 / 应付账款周转率

或者,

应收账款周转期 = 应付账款 × 一年内天数 / 年赊购金额 (15-8)

式(15-8)中,应付账款是年末未付款的余额(或者是平均数),年赊购金额是指年内外购金额。计算结果表示公司应付账款的平均账龄。

3. 存货管理比率

该比率有助于我们判断公司存货管理的有效程度,同时也获得存货流动性的指标,一般我们用存货周转率和存货周转天数来衡量。

(1) 存货周转率。

存货周转率 = 销售成本 / 平均存货 (15-9)

瑞夫公司在 2016 财务年度的存货周转率等于 $2\ 680/[(1\ 329 + 1\ 235)/2] \approx 2.09$。

式(15-9)中作为分子的销售成本是指所分析期间(通常是一年)的金额。存货周转率表明年度内存货销售额转换为应收账款的次数。类似其他比率,对该比率的判断必须联系公司过去的和预期未来的比率,联系类似公司的比率或行业平均比率进行比较。

一般来说,存货周转率越高,公司对存货的管理越有效,存货越“新鲜”,越具有流动性。但有时某一高存货周转率暗示着“勉强糊口”的情况,即它实际上可能是存货占用水平过低和频繁发生的存货缺货的信号。相对而言,低的存货周转率通常是存货占用过量、周转速度慢或者存货报废的信号。报废的存货可能需要被大幅度调低账面价值，这将使至少一部分存货不应再被视为流动资产。因为存货周转率只是一个粗略的衡量，我们尚需进一步调查存货管理中可能存在的无效行为。

瑞夫公司的存货周转率 2.09 与行业平均值 3.3 相比具有显著的差距。这个令人不满意的比较结果表明公司存货管理效率低于行业平均水平，同时表明瑞夫公司存货占用资金过多。这样就产生了一个问题，即账上存货的实际价值是否等于账面价值。若两者不相等，公司的流动性将低于流动比率或速动比率单独显示的情况。一旦我们掌握了存货管理存在问题的线索，就必须进行更具体的调查以判断其产生的原因。

（2）存货周转天数。

$$存货周转天数 = 一年内天数 / 存货周转率$$

或者，

$$存货周转天数 = 存货平均值 \times 一年内天数 / 销售成本 \tag{15-10}$$

我们已计算出瑞夫公司的存货周转率是 2.09，则存货周转天数等于 365/2.09 ≈ 175 天。

这个数据说明存货通过销售转换为应收账款平均需要的天数。根据瑞夫公司所在行业的存货周转率平均值 3.3 计算存货周转天数，即 365/3.3≈111 天。这样可看出瑞夫公司的存货周转天数比行业平均水平多 64 天。

4. 营业周期和现金周期

公司营业周期是指从外购承担付款义务开始到收回因销售商品或提供劳务而产生的应收账款为止的这段时间。就好比公司在购入原材料时按下计时器，然后在商品销售后收到现金时才停止计时，这样计时器上显示的时间（通常是天数）就是公司的营业周期。计算公式是：

$$营业周期 = 存货周转天数 + 应收账款周转天数 \tag{15-11}$$

需要强调的是，是从外购承担付款义务时开始计时，而不是现金实际支付时开始。这个细微区别的原因在于，大多数公司购买原材料时并不立即付款，而是采用信用购买方式，将其作为应付账款。从外购实际支付现金到销售收回现金为止的这段时间，叫作现金周期，它的计算很简单：

$$现金周期 = 营业周期 - 应付账款周转天数 \tag{15-12}$$

为什么尤其关心公司营业周期呢？因为营业周期的长短是决定公司流动资产需要量的重要因素。一个营业周期很短的公司，虽然流动资产数量相对较少，流动比率和速动比率相对较低，但其经营效率很高。从动态意义上讲，该公司流动性相对较好，体现在其产品生产、销售、收回现金的周期都相对较短。它不必过分依靠高的“静态”的流动性，正如流动比率或速动比率反映的那样。这就好比判断花园软管中水的流量。这个流量不仅依赖于任何时间软管中水的“静态”数量，也依赖于水流过软管的速度。

由存货周转天数和应收账款周转天数构成的营业周期反映了资产管理水平。例如，一个相对较短的营业周期一般表示对应收账款和存货的有效管理。但是，正如刚才我们提到的那样，营业周期也补充提供了公司流动性的信息。一个相对较短的营业周期也反映出令人满意的公司流动性。相反,一个相对较长的营业周期可能成为应收账款或存货占用过度的信号,并且反映出公司实际的流动性较差。

瑞夫公司的营业周期为240天,而行业平均水平为156天,瑞夫公司较多的存货周转天数和应收账款周转天数产生的累计效果很明显。相对于行业平均水平,该公司从生产、销售直至收款所需的总时间要多出84天,营业周期过长应促使我们重新考虑公司的流动性。瑞夫公司的流动比率和速动比率的数值要高于本行业的平均值。可是,在对该公司的流动性下最终结论之前,我们还必须详细考察其应收账款和存货的情况。瑞夫公司的这两种资产的周转比率,以及由此求出的营业周期,远远不如行业的平均情况好。这意味着这两种资产不是全部具有流动性的,从而不能单凭该公司良好的流动比率及速动比率来判断其流动性,必须同时考虑上面因素产生的负效应,即相当一部分应收账款回收缓慢,而且存货管理缺乏效率。基于上述分析,我们得出结论:从在合理时间内转换成现金这一意义上说,这两种资产的流动性不是特别好。

5. 总资产(资本)周转率

销售净额与总资产的关系可以用总资产(资本)周转率表示,即

$$总资产周转率 = 销售净额 / 平均总资产 \tag{15-13}$$

2016财务年度瑞夫公司的总资产周转率为3 992/[(3 250 + 3 148)/2] ≈ 1.25。

行业总资产周转率的平均值为1.66,所以可以很清楚地看出,瑞夫公司每1元的资产所产生的销售收入要低于行业平均水平。总资产周转率就是表示某公司利用其总资产产生销售收入的效率。从这方面来考虑,瑞夫公司的效率是低于行业平均水平的。根据我们前面对瑞夫公司应收账款和存货的分析,可以知道,应收账款和存货占用了过多资金很可能是产生这一低效率的症结所在。如果在销售收入不变的情况下,瑞夫公司能够在应收账款和存货上占用较少的资金,那么其总资产周转率将会有所提高。

(五) 盈利能力比率

盈利能力比率包括两种类型:一种与销售额有关,一种与投资额有关。这两种比率共同反映了公司的综合经营效果。

1. 与销售额有关的盈利能力比率

(1) 销售毛利率。

$$销售毛利率 = (销售净额 - 销售成本) / 销售净额 \tag{15-14}$$

或者简单地说就是毛利除以销售净额。瑞夫公司在2016财务年度的销售毛利率为1 312/3 992 ≈ 32.9%。

这个比率告诉我们,每一年销售收入扣除产品销售成本后剩余的利润有多少,可以用于衡量公司的经营效率,同时也表明了公司的定价政策。瑞夫公司销售毛利率为32.9%,远远高于行业平均值23.8%,这表明瑞夫公司在销售产品方面要更有效率。

(2) 销售净利率。

$$销售净利率 = 税后利润 / 销售净额 \tag{15-15}$$

瑞夫公司在2016财务年度的销售净利率为201/3 992 ≈ 5.04%。

销售净利率衡量公司的销售收入在扣除所有费用及所得税后的盈利能力，即每 1 美元销售收入带来的净利润。对于瑞夫公司来说，大约每 1 元的销售收入能带来 5 分的税后利润。瑞夫公司的销售净利率高于行业平均值 4.7%，这表明了该公司在销售盈利方面要强于行业内大多数公司。

通过将上述两个比率结合起来考虑，我们能够对公司的经营情况有相当程度的理解。如果连续几年公司的销售毛利率基本上没有变化，而同时销售净利率却不断下降，我们就会知道原因要么是销售及管理费用相对于销售收入在上涨，要么是所得税税率在提高。如果销售毛利率下降，我们就会知道相对于销售收入来说，销售成本提高了。而这可能是由于降低了价格，也可能是经营效率下降了。

2. 与投资额有关的盈利能力比率

这主要是指投资回报率，又称资产回报率，其表达式为

$$投资回报率 = 税后利润 / 平均资产总额 \tag{15-16}$$

瑞夫公司在 2016 财务年度的投资回报率等于 201/[(3 250 + 3 148)/2] ≈ 6.28%。

该比率低于行业平均值 7.8%，不太令人满意。同行业平均水平相比，瑞夫公司每美元销售收入盈利能力较强而投资回报率却稍低。因此可以推出，瑞夫公司每 1 元的销售收入的取得是利用了比同行业平均水平公司更多的资产。

3. 投资回报率和杜邦财务分析方法

大约在 1919 年，杜邦公司开始利用一种特殊的比率分析方法来评价公司的经营效率。杜邦财务分析方法的不同之处与对投资回报率的理解有特殊关系。用公司的销售净利率乘以总资产周转率就得到了投资回报率，又称总资产盈利能力。

$$总资产盈利能力 = 销售盈利能力 \times 资产管理效率$$

$$投资回报率 = 销售净利率 \times 总资产周转率$$

$$投资回报率 = 税后利润 / 资产总额$$

$$净边际利润 = 税后利润 / 销售净额$$

$$总资产周转率 = 税后利润 / 资产总额 \tag{15-17}$$

总资产盈利能力（投资回报率）衡量可利用资产获得利润的综合效率；销售盈利能力（净边际利润）衡量因销售产生的盈利能力；资产管理效率（总资产周转率）衡量利用资产获得销售收入的能力。

瑞夫公司在 2016 财务年度的投资回报率为 5.04% × 1.25 = 6.3%。

销售净利率和总资产周转率本身都不能充分说明公司综合效率。因为销售净利率忽视了资产的利用情况，而总资产周转率忽视了销售盈利能力。投资回报率则弥补了两者的缺点。公司盈利能力的提高要么是由于总资产周转率的提高，要么是由于销售净利率的提高，或者是由于两者同时提高。

4. 权益报酬率

权益报酬率是概括衡量公司综合经营绩效的指标。权益报酬率等于税后利润和平均股东权益的比值：

$$权益报酬率 = 税后利润 / 平均股东权益 \tag{15-18}$$

瑞夫公司在2016财务年度的权益报酬率等于201/[(1 796 + 1 738)/2] ≈ 11.40%

该比率说明股东账面投资额的盈利能力,并在同行业两个或两个以上公司比较时经常使用。高的权益报酬率通常反映出公司抓住了好的投资机会,并且对费用进行了有效的管理。但是,如果公司选择使用较行业标准高的债务水平,则此时高的权益报酬率可能就是过高财务风险的结果。瑞夫公司的权益报酬率较行业平均值14.04%低。

为了更深入地考察该比率,我们利用杜邦分析方法,将该指标分解为几个因素:

$$税后利润 / 股东权益 = (税后利润 / 销售净额) \times (销售净额 / 资产总额) \times (资产总额 / 股东权益)$$

$$权益报酬率 = 销售净利率 \times 总资产周转率 \times 权益乘数 \tag{15-19}$$

则瑞夫公司在2016财务年度的权益报酬率为5.04% × 1.25 × 1.81 ≈ 11.40%。

采用杜邦分析法分析权益报酬率,有助于解释为什么瑞夫公司的权益报酬率低于行业平均水平。虽然瑞夫公司的销售净利率较行业平均水平高,其权益乘数与行业正常水平相当,但是其总资产周转率低于行业平均水平,从而降低了该公司的权益报酬率,使之低于行业平均水平。这表明,瑞夫公司与大多数公司相比,带来相同销售收入所利用的资产数目很大,这是它的权益报酬率低于行业平均水平的根本原因。

将一个公司与类似公司或行业标准的所有盈利能力比率相比,是很有价值的。只有通过比较,才能判断出某一特定公司的盈利能力是好还是坏并分析其原因。绝对数值可能提供了一些信息,但相对绩效是最能说明问题的。

二、趋势分析

以上我们主要介绍了各种财务比率,解释其在财务分析上的作用,然后以瑞夫公司为例计算了各种比率,并与行业平均水平进行了比较。正如前面提到的那样,比较特定公司一段时期内的财务比率是很重要的,这种分析能够发现公司财务状况和经营成果方面的改善或恶化,该方法叫作趋势分析法。即通过对比两期或数期财务报表中的相同指标,确定其增减变动的方向和幅度,来说明企业财务状况和经营成果的变动趋势的一种方法。

为了认识这个问题,表15-3列示了瑞夫制造公司2014—2016年的部分财务比率及2016年对应的行业平均值。从表15-3可看出,虽然流动比率和速动比率在这段时期有一定程度的下降,但是仍然高于2016年的行业平均水平。应收账款周转天数和存货周转天数虽在2015年有所减少,但总体增长,且超过同期行业平均水平。这个趋势说明应收账款和存货占用资金水平相对增大。周转天数变长揭露了关于资产质量和变现能力的问题。将应收账款和存货的趋势结合分析并与行业平均水平进行比较时,只可能得出公司存在问题的结论。分析者应调查瑞夫公司的信用政策、收现情况及坏账损失。此外,还应调查存货管理、存货报废、存货构成的失衡(如原材料与在产品及产成品的关系)。也就是说,尽管瑞夫公司的流动比率和速动比率高于行业平均水平,但是应收账款和存货呈明显的恶化情况仍是一个需要关心和深入调查的问题。

债权人希望看到公司的负债比率比较稳定,而且当前负债水平与行业平均水平相近。瑞夫公司的销售毛利率和销售净利率最近三年内稳步提高,并且当前盈利水平明显高于行业平均水平。投资回报率在这段时间内相对稳定,但低于行业标准。同期较低的资产周转率削弱了高于行业平均水平的销售盈利能力的积极影响。从对开工率的分析可知,产生这种情况的主要原因在于数量较大并且相对上升的应收账款和存货。

表 15-3 瑞夫公司 2014—2016 年的部分财务比率及 2016 年对应的行业平均值

财务比率	年份			2016 年行业平均值
	2014 年	2015 年	2016 年	
清偿能力比率				
流动比率	2.95	2.80	2.72	2.10
速动比率	1.30	1.23	1.11	1.10
负债比率				
债务股本比率	0.76	0.81	0.81	0.80
资产负债率	0.43	0.45	0.45	0.44
涵盖比率	5.95	5.43	4.71	4.00
开工率				
应收账款周转天数(天)	55	73	65	45
存货周转天数(天)	136	180	175	111
总资产周转率	1.25	1.18	1.25	1.66
盈利能力比率				
销售毛利率(%)	30.60	32.80	32.90	23.80
销售净利率(%)	4.90	5.32	5.04	4.70
投资回报率(%)	6.13	6.29	6.3	7.80
权益报酬率(%)	10.78	11.36	11.40	14.04

通过瑞夫公司的例子,我们知道对公司一段时期内的财务比率进行趋势分析,并结合与行业平均水平的对比,能使分析者得出对公司财务状况和经营成果一段时期内发生的变化有价值的见解。

三、 结构百分比分析

结构百分比分析是把损益表、资产负债表转换成结构百分比报表,将资产负债表的各构成项目表示为总资产的百分比,把损益表项目表示成相对销售净额的百分比。结构百分比报表用于发现有显著问题的项目,揭示进一步分析的方向。它评价了公司一段时期内财务报表百分比的水平变化趋势，从而使财务分析者能够对公司财务状况和经营成果的潜在的改善和恶化有正确的认识。

表 15-4 将瑞夫制造公司 2014—2016 年的结构百分比形式的资产负债表和损益表与常规报表列示在一起，从表 15-4 我们能发现，这三年内，瑞夫公司的流动资产所占的百分比提高了，其中尤以现金提高最明显。此外，我们还发现应收账款在 2015—2016 年呈相对上升趋势。从资产负债表中负债和所有者权益部分来看，可发现在 2014—2015 年的公司负债无论是相对数，还是绝对数都有所下降。然而，由于公司资产在 2015—2016 年大幅度增长导致其负债比率在 2015—2016 年出现上升。债务融资的大幅反弹主要表现在应付账款上，该公司的应付账款在 2016 年无论是绝对数还是相对数都大幅度上升。

表 15-4　瑞夫公司资产负债表(截至 12 月 31 日)

	绝对数(千元)			结构百分比(%)		
	2014 年	2015 年	2016 年	2014 年	2015 年	2016 年
资产						
现金	2 507	11 310	19 648	1.0	3.8	5.1
应收账款	70 360	85 147	118 415	29.3	28.9	30.9
存货	77 380	91 378	118 563	32.2	31.0	31.0
其他流动资产	6 316	6 082	5 891	2.6	2.1	1.5
流动资产	156 563	193 917	262 517	65.1	65.8	68.5
固定资产净值	79 187	94 652	115 461	32.9	32.2	30.1
其他长期资产	4 695	5 899	5 491	2.0	2.0	1.4
资产总计	240 445	294 468	383 469	100.0	100.0	100.0
负债和所有者权益						
应付账款	35 661	37 460	62 725	14.8	12.7	16.4
应付票据	20 501	14 680	17 298	8.5	5.0	4.5
其他流动负债	11 054	8 132	15 741	4.6	2.8	4.1
流动负债	67 216	60 272	95 764	27.9	20.5	25.0
长期负债	888	1 276	4 005	0.4	0.4	1.0
负债总计	68 104	61 548	99 769	28.3	20.9	26.0
普通股	12 650	20 750	24 150	5.3	7.0	6.3
资本公积	37 950	70 350	87 730	15.8	23.9	22.9
保留盈余	121 741	141 820	171 820	50.6	48.2	44.8
所有者权益总计	172 341	232 920	233 700	71.7	79.1	74.0
负债和所有者权益总计	240 445	294 468	383 469	100.0	100.0	100.0

表 15-5 瑞夫公司损益表(截至 12 月)

	绝对数(千元)			比重(%)		
	2014 年	2015 年	2016 年	2014 年	2015 年	2016 年
销售净额	323 780	375 088	479 077	100.0	100.0	100.0
产品销售成本	148 127	184 507	223 690	45.8	49.2	46.7
毛利	175 653	190 581	255 387	54.2	50.8	53.3
销售和管理费用	131 809	140 913	180 610	40.7	37.6	37.7
折旧费	7 700	9 595	11 257	2.4	2.5	2.3
利息费用	1 711	1 356	1 704	0.5	0.4	0.3
税前利润	34 433	38 717	61 816	19.6	10.3	12.9
所得税	12 740	14 712	23 490	3.9	3.9	4.9
税后利润	21 693	4 005	38 326	6.7	6.4	8.0

表 15-5 中的结构百分比损益表,显示出销售毛利率在三年间上下浮动。2016 年销售毛利率的提高,再加上相对较好的销售和管理费用的控制,引起 2016 年盈利能力较 2014 年和 2015 年显著提高。

第二节 定 价

一、 货币时间价值

(一) 货币时间价值的含义

个人和企业的大部分财务决策都必须考虑货币时间价值,货币时间价值是指货币经历一定时间的投资和再投资所增加的价值,也称为资金时间价值。

如果现实中的所有现金流量都是确定的,则货币时间价值可以用利息率来表示。比如,你是选择今天的 1 000 元还是 10 年后的 2 000 元呢? 为了回答这个问题,就有必要把不同时点的现金流量调整到一个统一的时点,以便进行公平的比较。如果把不确定情形下的现金流量放入我们的分析框架,就有必要在利息率中加入风险报酬率,把它作为对现金流量不确定性的补偿。

(二) 货币时间价值的计算

1. 单利

单利是指只按借贷的原始金额或本金支付(收取)的利息,而所生利息均不加入本金重复计息。

在货币时间价值的计算中,经常使用以下符号:

p——本金,又称期初金额或现值;

i——利息率,通常指每年利息与本金之比;

I——利息;

s——本金与利息之和,又称本利和或终值;

t——时间。

单利利息的计算公式:

$$I = p \cdot i \cdot t \tag{15-20}$$

在货币时间价值的计算中,经常使用到终值和现值的概念。所谓终值,就是现在的一笔钱或一系列支付款项按给定的利息率计算所得到的在某个未来时间点的价值。所谓现值,就是未来的一笔钱或一系列支付款项按给定的利息率计算所得到的现在的价值。

(1) 单利终值的计算公式:

$$s = p + p \cdot i \cdot t = p \cdot (1 + i \cdot t) \tag{15-21}$$

(2) 单利现值的计算公式:

$$p = s - s \cdot i \cdot t = s \cdot (1 - i \cdot t) \tag{15-22}$$

但要指出的是,在财务管理中的大部分情形下,货币是有时间价值的。它的计算是不用单利的,经常使用的是复利,但是对单利的理解将有助于更好地理解复利。

2. 复利

复利就是不仅借(贷)的本金要支付(收取)利息,而且前期的利息在本期也计息。

(1) 复利终值的计算公式:

$$s = p \cdot (1 + i)^n \tag{15-23}$$

式(15-23)中, $(1 + i)^n$ 称为复利终值系数,用符号 $(s/p,i,n)$ 表示,该系数可通过查复利终值系数表获得。

(2) 复利现值的计算公式:

$$p = \frac{s}{(1 + i)^n} = s \cdot (1 + i)^{-n} \tag{15-24}$$

式(15-24)中, $(1 + i)^{-n}$ 称为复利现值系数,用符号 $(p/s,i,n)$ 表示,该系数可通过查复利现值系数表获得。

例 15-1 现有 1 200 元,欲在 19 年后使其达到原来的 3 倍,该投资机会的最低可接受报酬率为多少?

解:

$$3\ 600 = 1\ 200 \times (1+i)^{19}$$

$$(1 + i)^{19} = 3$$

查复利终值系数表,得出 $(s/p,6\%,19) = 3$,所以 $i = 6\%$,即投资机会的最低报酬率为 6%,才可以使现有货币在 19 年后达到本金的 3 倍。

3. 普通年金

年金是指等额、定期收付的系列款项。年金分为普通年金和先付年金。普通年金是指各期期末收付的年金,先付年金是指各期期初收付的年金。先付年金可以调整为普通年金进行计算。

（1）普通年金终值的计算公式：

$$s = A \cdot \frac{(1+i)^n - 1}{i} \tag{15-25}$$

式(15-25)中,A 是每年的收付金额；$\frac{(1+i)^n - 1}{i}$ 是普通年金为 1 元、利率为 i、经过 n 期的年金终值系数,记作 $(s/A, i, n)$,该系数可通过查普通年金终值系数表获得。

（2）普通年金现值的计算公式：

$$p = A \cdot \frac{1-(1+i)^{-n}}{i} \tag{15-26}$$

式(15-26)中,$\frac{1-(1+i)^{-n}}{i}$ 是普通年金为 1 元、利率为 i、经过 n 期的年金现值系数,记作 $(p/A, i, n)$,该系数可通过查普通年金现值系数表获得。

例 15-2　假设以 10%的利率借款 20 000 元,投资于某个寿命为 10 年的项目,每年至少要收回多少现金才能还清贷款本利？

解:据普通年金现值公式可知：

$$p = A \cdot \frac{1-(1+i)^{-n}}{i}$$

$$\begin{aligned} A &= p \cdot \frac{i}{1-(1+i)^{-n}} \\ &= 20\,000 \times \frac{10\%}{1-(1+10\%)^{-10}} \\ &= 20\,000 \times 0.1627 \\ &= 3\,254(\text{元}) \end{aligned}$$

因此,每年至少要收回现金 3 254 元,才能还清贷款本利。

二、长期证券的定价

本部分运用货币时间价值和复利的概念去决定各种证券的价值。我们所考虑的长期证券价值是证券的内在价值,它指在对所有影响价值的因素(资产、收益、预期和管理等)都正确估价后,所测算出的该证券应得的价格。证券的内在价值是它的经济价值,如果市场是有效率的、信息是完全的,那么证券的时价应围绕其内在价值上下波动。

（一）债券定价

债券是一种在发行公司全部偿付之前,须逐期向持有者支付定额利息的证券。在对债券或其他证券定价时,我们最关心的是,在证券有效期内,持有人所获得的现金流的贴现值或资本化值。

如果债券有到期日,那么在对该债券定价时,不仅要考虑各期利息,而且要考虑它的

到期面值。若一种债券的利息是在每年年末支付的,则该债券的价值为

$$V=\frac{I}{(1+k_d)^1}+\frac{I}{(1+k_d)^2}+\cdots+\frac{I}{(1+k_d)^n}+\frac{M}{(1+k_d)^n} \qquad (15-27)$$

式(15-27)中:V 是债券价值;I 是每年的利息;M 是到期的本金或面值; k_d 是贴现率,一般采用当时的市场利率或投资人要求的最低报酬率;n 是债券到期前的年数。

例 15-3 现有一张面额为 1 000 元的债券,其票面利率为 10%,9 年后到期。若投资者要求的报酬率是 12%,求债券价值;若报酬率是 8%,求债券价值。

$$\begin{aligned}解:V&=\frac{100}{(1+12\%)^1}+\frac{100}{(1+12\%)^2}+\cdots+\frac{100}{(1+12\%)^9}+\frac{1000}{(1+12\%)^9}\\&=100\times(p/A,12\%,9)+1000\times(p,12\%,9)\\&=80\times5.328+1\ 000\times0.361\\&=893.80(元)\end{aligned}$$

若确定的贴现率不是 12%而是 8%,则等式变为:

$$\begin{aligned}V&=\frac{100}{(1+8\%)^1}+\frac{100}{(1+8\%)^2}+\cdots+\frac{100}{(1+8\%)^9}+\frac{1000}{(1+8\%)^9}\\&=100\times(p/A,8\%,9)+1\ 000\times(p/s,8\%,9)\\&=100\times6.247+1\ 000\times0.500\\&=1\ 124.70(元)\end{aligned}$$

在贴现率为 8%时,债券的现值超过了债券的面值,这是因为投资者要求的报酬率小于票面利率,此时,投资者愿意支付一笔溢价去购买该债券。在贴现率为 12%时,投资者要求的报酬率大于票面利率,因此,债券的现值小于其面值,债券只能以低于面值的价格出售,投资者才会愿意购买该债券。若投资者要求的报酬率等于票面利率,则债券的现值将等于其面值。

(二) 优先股定价

优先股在发行时不规定到期日,但它有固定支付股利的性质,这与永久债券是类似的。正是由于这一点,优先股定价的一般方法就很自然地等同于永久债券定价的一般方法。所以,优先股现值为

$$V=D_p/k_p \qquad (15-28)$$

式(15-28)中, D_p 是事先规定的每股优先股一年的股利; k_p 是确定的贴现率。

例 15-4 如果某公司发行在外的优先股的股利率为 9%,面值为 100 元,投资者要求的报酬率为 14%,求每股该优先股的价值。

解: $V=9/0.14\approx64.29$(元)

(三) 股票定价

通过计算债券和优先股提供给投资者的现金报酬的折现价值,可以计算出债券和优先股的价值。用与此类似的方法,普通股的每股价值可以这样计算:对在持有人放弃持有之前所有的由发行公司提供的预计现金股利进行折现,即

$$V = \sum_{t=1}^{\infty} \frac{D_t}{(1 + K_e)^t} \tag{15-29}$$

式(15-29)中，D_t 是第 t 期期末的现金股利；k_e 是投资者对权益资本要求的报酬率或资本化率。

倘若我们只准备将股票持有 2 年，则定价模型变为

$$V = \frac{D_1}{(1 + k_e)^1} + \frac{D_2}{(1 + k_e)^2} + \frac{P_2}{(1 + k_e)^2} \tag{15-30}$$

式(15-30)中，P_2 是第二年年末股票的预期售价。

这里假定两年后有投资者愿意购买我们的普通股。相应地，这些潜在的购买者则把该股票未来预计的股利和售价(或期末值)作为他们判断是否购买该股票的基础。这一传递过程将在投资者之间持续下去。

上述股利贴现模型是一种用来计算普通股每股内在价值的模型。该模型假设未来的股利增长模式是可预计的，还假设事先确定了贴现率。公司的股利是经常波动的，如果预计股利会以固定的增长率 g 增长，则式(15-30)变为

$$V = \frac{D_0(1 + g)}{(1 + k_e)^1} + \frac{D_0(1 + g)^2}{(1 + k_e)^2} + \cdots + \frac{D_0(1 + g)^n}{(1 + k_e)^n} \tag{15-31}$$

式(15-31)中，D_0 是目前的每股股利。

所以，第 n 期期末的预计每股股利等于最近一期的每股股利乘以因子 $(1 + g)^n$。如果假定 $k_e > g$(这是一个很合理的假设，因为如果股利增长率 g 大于资本化率 k_e，那么股票的价值将是无穷大)，公式就可以简化为

$$V = D_1/(k_e - g) \tag{15-32}$$

该模型称为戈登股利定价模型。

该模型变形后，可以把投资者要求的报酬率表示为

$$k_e = (D_1/V) + g \tag{15-33}$$

该定价模型的关键性假设是：每股股利预计会永远以 g 的几何速度增长。对很多公司而言，该假设有些脱离现实。但对于处在成熟期的公司而言，永久增长模型常常是合理的。

例 15-5 某公司每期股利为 2.24 元，年增长率为 12%，公司贴现率为 16%，求股票的每股价值。

解：

$$V = \frac{2.24}{16\% - 12\%} = 56(\text{元})$$

到此为止，本节讨论的内容是，如何通过按贴现率(或投资者要求的报酬率)对证券的收入流量资本化而实现对长期金融工具的定价。其中，贴现率(或要求的报酬率)是由该证券的风险所决定的。在定价公式中，如果用证券的市场价格代替内在价值，那么就能求出市场要求的报酬率。该报酬率所决定的预期现金流量的贴现值等于证券目前的市场价格，它反映了证券的市场收益。

三、 风险和收益

(一) 风险的概念、衡量及分类

1. 风险的概念

风险是指在一定条件下和一定时期内可能发生的各种结果的变动程度,即预期收益的不确定性。其大小随时间推移而变化,是"一定时期内"的风险。

2. 风险的衡量

我们常常用概率分布来衡量风险,概率分布用两个标准衡量:期望收益率和标准差。期望收益率表示分布的集中程度,标准差反映分布的离散程度。

(1) 期望收益率。

期望收益率($\overline{R}$),又称预期收益率,是可能收益率在以收益发生的可能性为权数时的加权平均数。

$$\overline{R} = \sum_{i=1}^{n} (P_i \cdot R_i) \tag{15-34}$$

式(15-34)中,P_i为第 i 种结果出现的概率;R_i为第 i 种结果出现后的可能收益率;n 是所有可能结果的数目。

(2) 标准差。

标准差(σ)是一种衡量变量的分布与其平均数偏离的统计量,它是方差的平方根。

$$\sigma = \sqrt{\sum_{i=1}^{n} (R_i - \overline{R})^2 \cdot P_i} \tag{15-35}$$

某项资产的收益方差或标准差越大,表示该资产实际收益率围绕预期收益率的波动程度越大,从而投资的风险越大。

例 15-6 有三种资产,市场条件为好、一般或差的概率都为 1/3,其收益率与风险如表 15-6所示。

表 15-6 各资产收益与风险计算表

项目	A 资产		B 资产		C 资产	
	市场条件	收益率(%)	市场条件	收益率(%)	市场条件	收益率(%)
	好	15	好	16	好	19
	一般	9	一般	10	一般	10
	差	3	差	4	差	1
平均收益率(%)	9		10		10	
方差	24		24		54	
标准差	4.90		4.90		7.35	

在 A 资产和 B 资产中进行选择时,理性投资者会选择 B 资产,因为两者风险相同,而 B 的收益率更高。在 B 资产和 C 资产之间进行选择时,投资者会偏好于风险更低的 B 资

产。在A资产和C资产之间做选择时,A资产的收益率比C资产低,但其风险也较小。这时我们可使用相对指标即方差系数进行比较。

(3) 方差系数。

方差系数(CV)是概率分布的标准差与期望值的比率。它是相对风险的衡量标准,即每单位期望收益率所含风险的衡量标准。方差系数越大,投资的相对风险也越大。

$$CV = \sigma/\overline{R} \tag{15-36}$$

在例15-6中,A资产的方差系数为0.544,C资产的方差系数为0.735,则C资产的风险高于A资产的风险。

3. 风险的分类

总风险由两部分构成,即

$$总风险 = 系统风险 + 非系统风险 \tag{15-37}$$

系统风险是由那些影响整个市场的风险因素所引起的,这些因素包括国家经济的变动、税收政策或世界能源状况的改变等。这一部分风险是影响所有证券的风险,因此不能被分散掉。

非系统风险是一种特定公司或行业所特有的风险,它与经济、政治和其他影响所有证券的系统因素无关。

对大多数股票而言,非系统风险占总风险或总标准差的60%到75%。但是,通过分散投资,非系统风险能被降低。而且,如果分散是充分有效的,这种风险还能被消除。因此,投资者所持有的股票的全部风险并不都与投资者相关,因为股票的非系统风险是可以分散的。所以,在一种股票的风险中,重要的是系统风险。投资者期望得到补偿的风险也是这种系统风险。他们不能期望市场对可避免风险有任何超额补偿。这就是资本资产定价模型隐含的逻辑思路。

(二) 资本资产定价模型

资本资产定价模型(Capital Asset Pricing Model, CAPM)是一种描述风险与期望(需求)收益率之间关系的模型。在这一模型中,某种证券的期望(需求)收益率就是无风险收益率加上这种证券的系统风险溢价。

CAPM模型成立的限制性假设主要有以下几条:

(1) 投资决策是针对一个确定阶段而言的;

(2) 投资者的投资决策是基于预期收益和风险的;

(3) 投资者的投资标准是使其预期收益最大化;

(4) 投资者预测有同质性,即都有相同的估计;

(5) 投资者可通过无风险利率进行无限制的卖空;

(6) 投资者可通过无风险利率进行无限制的借贷;

(7) 所有资产都是完全可分的;

(8) 每一投资者都单独进行决策,个人的投资行为不可能影响到整个市场的价格;

(9) 无个人所得税,无交易成本;

(10) 市场处于均衡状态。

CAPM 模型用公式表示为

$$\overline{R_j} = R_f + \beta_j \times (\overline{R_m} - R_f) \tag{15-38}$$

式(15-38)中,R_f 是无风险收益率,可用中短期国库券的利率代表;$\overline{R_m}$ 是市场组合的期望收益率;β_j 是 j 股票的贝塔系数,贝塔系数是一种系统风险指数,用于衡量个人收益率的变动对于市场组合收益率变动的敏感性。

换一种思路重新考虑这个问题。投资者对个股所要求的收益率应等于市场对无风险投资所要求的收益率加上风险溢价。而风险溢价是下面两个因素的函数:①市场组合的期望收益率减去无风险收益率,这是市场上代表性股票要求的风险溢价;②个股的贝塔系数。

例 15-7 假定国库券的短期期望收益率是 8%,市场组合的期望收益率是 13%,某公司的贝塔系数是 1.3。该贝塔系数表明该公司股票比代表性股票(贝塔系数为 1.0 的股票)有更大的系统风险。在此假定下,运用 CAPM 模型,求该公司股票要求的收益率。

解:

$$\overline{R_j} = 0.08 + (0.13 - 0.08) \times 1.3 = 14.5\%$$

这个计算结果说明,市场预期该公司有 14.5%的年收益率。由于该公司有更大的系统风险,因此它的收益率要高于市场上代表性股票的收益率。

第三节 投资管理

一、营运资金管理

营运资金是公司日常经营中短期占用的资金,表现为现金、短期有价证券、应收账款、存货等。营运资金的周转速度即平均占用余额直接影响到公司对资金,尤其是短期资金的需求量。因此,加速营运资金周转,减少营运资金占用,成为公司财务人员的一项重要的日常工作。

(一)现金管理

现金是企业中流通性最强的资产。企业的现金资产主要包括库存现金、各种形式的银行存款和银行本票、银行汇票。企业库存现金,总的来说在于满足其交易性需要、预防性需要和投机性需要。现金管理的目的就是要在资产流动性和盈利能力之间做出选择,以获取最大的长期利润。现金管理的内容主要有:确定最合理的现金持有量;编制现金预算;建立和完善现金收支的管理制度;运用科学的现金管理手段;实行现金考核。

现金既是一种流动性最强的资产,又是一种盈利性最差的资产。现金过多,会使企业盈利水平下降,而现金太少,又有可能出现现金短缺,影响生产经营。在现金余额问题上,也存在风险与报酬的权衡问题。在西方财务管理中,确定最佳现金余额的方法很多,结合我国实际情况,以下介绍最常用的几种方法。

1. 现金周转模式

现金周转期是指从现金投入生产经营开始，到最终转化为现金的过程。它包括三个方面：存货周转期、应收账款周转期和应付账款周转期。

$$现金周转期=存货周转期+应收账款周转期-应付账款周转期$$

现金周转期确定后，便可确定最优现金余额。其计算公式如下：

$$最优现金余额=\frac{企业年现金需求总额}{360}\times 现金周转期 \tag{15-39}$$

例 15-8 某企业预计存货周转期为 90 天，应收账款周转期为 40 天，应付账款周转期为 30 天，预计全年需要现金 720 万元，求最优现金余额。

解：

$$现金周转期=90+40-30=100（天）$$

$$最优现金余额=\frac{720}{360}\times 100=200（万元）$$

2. 存货模式

确定最优现金余额的存货模式来源于存货的经济批量模型。在存货模式中，假设收入是每隔一段时间发生的，而支出则是在一定时期内均匀发生的。在此时期内，企业可通过销售有价证券来获得现金。

现金余额总成本包括两个方面：现金持有成本和现金转换成本。

$$现金余额总成本=现金持有成本+现金转换成本$$

$$最优现金余额=\sqrt{\frac{2\times 企业年现金需求总额\times 现金转换成本}{短期有价证券利息率}} \tag{15-40}$$

例 15-9 某企业预计全年需要现金 6 000 元，现金与有价证券的转换成本为每次 100 元，有价证券利息率为 30%。求最优现金余额。

解：

$$最优现金余额=\sqrt{\frac{2\times 6\ 000\times 100}{30\%}}=2\ 000（元）$$

3. 因素分析模式

因素分析模式是根据上年现金占用额和有关因素的变动情况，来确定最优现金余额的一种方法。其计算公式如下：

$$\begin{aligned}最优现金余额=&（上年现金平均占用额-不合理占用额）\\&\times（1\pm 预计销售收入的变化）\end{aligned} \tag{15-41}$$

例 15-10 某企业 2015 年现金平均占用额为 1 000 万元，经分析其中有 50 万元的不合理占用额，2016 年销售收入预计较 2015 年增长 10%。求 2016 年最优现金余额。

解：

$$最优现金余额=（1\ 000-50）\times（1+10\%）=1\ 045（万元）$$

（二）有价证券管理

有价证券是指票面载有一定金额，代表财产所有权或债权，可以在证券市场上有偿转让的一种凭证。证券投资包含风险，即实际收益不同于预期收益的可能性。只有科学地进行证券投资管理，才能最大限度地增加公司收益、降低风险，取得最优投资效果并实现公司财务目标。

公司在进行有价证券投资管理时,必须针对不同的投资目的,权衡收益与风险,选择符合自身需要的投资组合。综合考虑风险性、流动性和盈利性,是有价证券管理的基本原则。公司有价证券管理可分为定性管理和定量管理两种方式。在实践中,这两种方式常常被结合在一起运用,以便更好地实现投资目标。

1. 定性管理

财务人员首先应明确公司有价证券投资所要达到的目标是追求稳定收入来源,还是侧重资本投机收入。目标确定之后,就可选择若干证券,构成证券组合,以实现投资目标。

财务人员首先应了解每种证券的特点,从而确定证券组合的风险水平。证券组合大致有三种类型:高风险组合,指销路好、预期盈利超过平均收益的公司股票组合,如制药、高科技公司的股票等;中等风险组合,指债券和一些公用事业或成熟工业的股票组合,如汽车、化工公司的股票;低风险组合,指政府债券和一些高质量的股票组合,收益不高但可靠。随后,按分散化原则选定具体证券品种。例如,种类的分散化,要求债券和股票搭配;到期日分散化,要求债券到期日在不同年份搭配,以分散利率风险;部门或行业分散化,要求工业和服务业搭配,新兴产业和成熟产业搭配;公司分散化,要求在整个股市涨落时大起大落的股票和变化不大的股票搭配。具体的选择过程比较复杂,应反复比较,才能最终确定。一般来说,有 5～10 种证券就可以达到分散风险的目标。若组合内的证券种类过多,一方面增大了管理的工作量;另一方面会使预期收益率降低。

在确定了证券组合之后,财务人员还应加强市场监督,审查投资是否达到原定目标。若投资未达到原定目标,就需要修改投资目标。若某种证券出现异常情况,财务人员应考虑更换证券品种或搭配比例,改变原有组合。

2. 定量管理

定性管理大多依靠投资人的综合判断,没有精密的计算方法。随着经济与技术的发展,我们获得信息的渠道更为宽广,速度更快,内容更准确,而且计算机技术使进行极为复杂的计算成为可能,因此,定量管理日益蓬勃发展,为我们提供了更可靠的管理模式。

定量管理以投资组合理论和资本资产定价模型为基础,通过搜集大量数据,分析出各种证券的主要特征值以及证券之间的相关关系,建立一整套模型,最终确定出组合内的证券品种及所占比例。并且,当市场条件改变时,会及时调整模型或改变输入量,从而建立起一个动态的管理过程。

(三)应收账款管理

应收账款的存在是企业采取赊销和分期付款方式销售产品所引起的。它的存在是适应市场竞争的需要,也是销售和收款时间上的差异所形成的。应收账款管理的目的,是要制定科学合理的应收账款信用政策,并在这种信用政策所增加的销售盈利和采取这种政策预计要负担的成本之间做出权衡。只有当增加的销售盈利超出所增加的成本时,才能实施和推行这种信用政策。同时,应收账款管理还包括对企业销售前景和市场情况的预测和判断，以及对应收账款安全性的调查。

1. 信用政策的确定

应收账款赊销的效果好坏，依赖于企业的信用政策。信用政策包括信用期间、信用标准和现金折扣政策。

（1）信用期间。信用期间是企业允许客户从购货到付款之间的时间，或者说是企业给予客户的付款期间。例如，若某企业允许客户在购货后的50天内付款，则信用期为50天。信用期过短，不足以吸引客户，在竞争中会使销售额下降；信用期过长，对销售额增加固然有利，但只顾及销售增长而盲目放宽信用期，所得的收益有时会被增长的费用抵消，甚至造成利润减少。因此，企业必须慎重研究，确定出恰当的信用期。

信用期的确定，主要是分析改变现行信用期对收入和成本的影响。延长信用期会使销售额增加，产生有利影响；与此同时应收账款、收账费用和坏账损失增加，会产生不利影响。当前者大于后者时，可以延长信用期，否则不宜延长。如果缩短信用期，情况与此相反。

例 15-11　某公司现在采用30天按发票金额付款的信用政策，拟将信用期放宽至60天，仍按发票金额付款即不给折扣，该公司投资的最低报酬率为15%，其他有关的数据如表15-7所示。

表 15-7　信用政策分析

项目	信用期	
	30天	**60天**
销售量(件)	100 000	120 000
销售额(5元/件)	500 000	600 000
销售成本(元)		
变动成本(4元/件)	400 000	480 000
固定成本(元)	50 000	50 000
毛利(元)	50 000	70 000
可能发生的坏账费用(元)	3 000	4 000
可能发生的坏账损失(元)	5 000	9 000

在分析时，先计算放宽信用期得到的收益，然后计算增加的成本，最后根据两者比较的结果做出判断。

解：① 收益的增加

$$\text{收益的增加} = \text{销售量的增加} \times \text{单位边际贡献}$$
$$= (120\ 000 - 100\ 000) \times 1 = 20\ 000(\text{元})$$

② 应收账款占用资金的应计利息增加

应收账款应计利息 = 应收账款占用资金 × 资本成本

应收账款占用资金 = 应收账款平均余额 × 变动成本率

应收账款平均余额 = 日销售额 × 应收账款周转天数

$$30\text{天信用期应计利息} = \frac{500\ 000}{360} \times 30 \times \frac{400\ 000}{500\ 000} \times 15\% = 5\ 000(\text{元})$$

$$60\text{天信用期应计利息} = \frac{600\ 000}{360} \times 60 \times \frac{480\ 000}{600\ 000} \times 15\% = 12\ 000(\text{元})$$

应计利息增加 = 12 000 - 5 000 = 7 000(元)

③ 收账费用和坏账损失增加

收账费用增加 = 4 000 - 3 000 = 1 000(元)

坏账损失增加 = 9 000 - 5 000 = 4 000(元)

④ 改变信用期的净损益

$$\begin{aligned}\text{净损益} &= \text{收益增加} - \text{成本费用增加}\\ &= 20\ 000 - (7\ 000 + 1\ 000 + 4\ 000)\\ &= 8\ 000(\text{元})\end{aligned}$$

由于收益的增加大于成本费用增加,故应采用 60 天的信用期。

上述信用期分析的方法是比较简略的,一般可以满足制定信用政策的需要。如有必要,也可以进行更细致的分析,如进一步考虑销货增加引起存货增加而多占用的资金,以及在信用期内提前付款给予现金折扣造成收入和成本的变化等。

(2) 信用标准。信用标准是指客户获得企业的交易信用所应具备的条件。如果客户达不到信用标准,便不能享受企业的信用或只能享受较低的信用优惠。

企业在设定某一客户的信用标准时,往往先要评估它赖账的可能性。这可以通过“五 *C*”系统来进行,即评估客户信用品质的五个方面:品质(*Character*)、能力(*Capacity*)、资本(*Capital*)、抵押(*Collateral*)和条件(*Conditions*)。

(3) 现金折扣政策。现金折扣是企业对客户在商品价格上所做的扣减。向客户提供这种价格上的优惠,主要目的在于吸引客户为享受优惠而提前付款,缩短企业的平均收款期。另外,现金折扣也能招揽一些视折扣为减价出售的客户前来购货,借此扩大销售量。折扣的表示常采用如“5/10,N/30”这样的符号形式:5/10 表示 10 天内付款,可享受 5%的价格优惠;N/30 表示付款的最后期限为 30 天,此时付款无优惠。

企业采用什么程度的现金折扣,要与信用期间结合起来考虑。比如,要求客户最迟不超过 30 天付款,若希望顾客 20 天内、10 天内付款,能给予多大折扣? 或者,给予 5%、3%的折扣,能吸引客户在多少天内付款? 无论是信用期间还是现金折扣,都可能给企业带来收益,但也会增加成本。现金折扣带给企业的好处前面已讲过,它使企业增加的成本则指的是价格折扣损失。当企业给予客户某种现金折扣时,应当考虑折扣所能带来的收益与成本孰高孰低,权衡利弊后再做出选择。

2. 应收账款的收账政策

应收账款发生后,企业应采取各种措施,尽量争取按期收回款项,否则会因拖欠时间过长而发生坏账,使企业蒙受损失。这些措施包括对应收账款回收情况的监督和制定适当的收账政策。

（1）对应收账款回收情况的监督。企业已发生的应收账款时间有长有短,有的尚未超过收款期,有的则超过了收款期。一般而言,拖欠时间越长,款项收回的可能性越小,形成坏账的可能性越大。对此,企业应实施严密的监督,随时掌握应收账款的回收情况。实施对应收账款回收情况的监督,可以通过编制账龄分析表进行。

账龄分析表是一张能显示应收账款在外天数(账龄)长短的报告,其格式见表15-8。

表15-8 账龄分析表(截至2016年12月31日)

应收账款账龄	账户数量	金额(千元)	百分比(%)
信用期内	200	80	40
超过信用期1—20天	100	40	20
超过信用期21—40天	50	20	10
超过信用期41—60天	30	20	10
超过信用期61—80天	20	20	10
超过信用期81—100天	15	10	5
超过信用期100天以上	5	10	5
合计	420	200	100

利用账龄分析表,企业可以了解到以下情况:

第一,有多少欠款尚在信用期内。表15-8显示,有价值80 000元的应收账款处在信用期内,占全部应收账款的40%。这些款项未到偿付期,欠款是正常的;但到期后能否收回还不确定,故及时的监督仍是必要的。

第二,有多少欠款超过了信用期,超过时间长短的款项各占多少,有多少欠款会因拖欠时间太久而可能成为坏账。表15-8显示,有价值120 000元的应收账款已超过了信用期,占全部应收账款的60%。不过,其中拖欠时间较短的(20天内)有40 000元,占全部应收账款的20%,这部分欠款收回的可能性很大;拖欠时间较长的(21—100天)有70 000元,占全部应收账款的35%,这部分欠款的回收有一定难度;拖欠时间很长的(100天以上)有10 000元,占全部应收账款的5%,这部分欠款有可能成为坏账。对不同拖欠时间的欠款,企业应采取不同的收账方法,制定出经济、可行的收账政策;对可能发生的坏账损失,则应提前做出准备,充分估计这一因素对损益的影响。

（2）制定适当的收账政策。企业对不同逾期账款的催收方式,包括准备为此付出的代价,就是它的收账政策。比如,对逾期较短的客户,不过多地打扰,以免将来失去这一客户;对逾期稍长的客户,可以措辞婉转地写信催款;对逾期较长的客户,频繁地进行信件催款并电话催询;对逾期很长的客户,可在催款时使用严厉措辞,必要时提请有关部门仲裁或提请诉讼等。

催收账款会发生费用,某些催款方式的费用还会很高(如诉讼费)。一般而言,收账的花费越大,收账措施越有力,可收回的账款越大,坏账损失也越小。因此,制定收账政策要在收账费用和所减少的坏账损失之间做出权衡。制定有效、得当的收账政策很大程度上依赖于有关人员的经验;从财务管理的角度来看,也有一些数量化的方法可作参照。根据评价收账政策的优劣标准在于应收账款总成本最小化的道理,可以通过比较各收账方案成本的大小对其加以选择。

(四) 存货管理

进行存货管理,就要尽力在各种存货成本与存货收益之间做出权衡,以达到两者的最优组合。

1. 存货的决策

存货的决策涉及四项内容:决定进货项目、选择供应单位、决定进货时间和决定进货批量。决定进货项目和选择供应单位是销售部门、采购部门和生产部门的职责。财务部门要做的是决定进货时间和进货批量。按照存货管理的目的,需要通过确定合理的进货时间和进货批量,使存货的总成本最低,这个批量叫作经济订货量或经济批量。有了经济订货量,可以很容易地计算出最适宜的进货时间。这一部分内容介绍具体见“运作管理”这一章。

2. 存货日常管理

存货日常管理的目标是在保证企业生产经营正常进行的前提下尽量减少库存,防止积压。常用的有存货 ABC 分类控制管理法(以下简称“ABC 分类法”)。ABC 分类法是将存货划分为三个等级加以管理,是一种科学的存货控制方法。大中型企业存货品种很多、价格悬殊,如果同样对待,就难以管好。ABC 分类法就是按照各种存货的资金占用额将存货划分为 A 类、B 类、C 类,A 类存货的特点是金额巨大,但品种数量较少;B 类存货金额一般,品种数量相对较多;C 类存货品种数量繁多,但金额却很小。分类的时候先计算每一种存货在一定时期内(通常为 1 年)的资金占用金额,然后计算每一种存货资金占用额占全部存货资金占用额的百分比,最后根据测定的标准划分为三类:A 类为最重要的存货,应加以重点规划和控制;B 类为一般的存货,应进行次重点的管理;C 类为不重要的存货,只进行一般的管理。

例 15-12 某公司共有材料 20 种,共占用资金 30 万元,按各类存货的占用金额和比重加以排序,并将其划分为 A、B、C 三类,如表 15-9 所示。

表 15-9 存货管理的 ABC 分类法

存货类别	存货占用金额和比重		存货种数和比重	
	存货占用金额(元)	比重(%)	存货种数(种)	比重(%)
A	210 000	70	2	10
B	60 000	20	5	25
C	30 000	10	13	65
合计	300 000	100	20	100

根据表15-9,A类存货虽然只有2种,但占用金额占总额的70%,因此,应集中主要力量对其进行管理,对其经济订货量应认真规划、严格控制;C类存货虽有13种,但占用金额比重仅为10%,因此,不必花费大量人力、物力对其进行管理,其经济订货量可以凭经验确定;B类存货种数和占用金额比重介于A类和C类之间,应适当给予重视,但不必像对A类存货那样进行严格的控制。

二、长期投资决策

本小节所指的投资主要是生产性资产投资,而不是金融性资产投资。这些生产性资产投资决策,都需要企业创造出各种不同的可供选择的投资方案,然后利用投资决策方法从中选择出最优方案。这里主要讨论生产性投资的程序和方法。

投资决策的程序通常包括以下五个步骤:

第一,估算出投资项目的预期现金流量;

第二,估计预期现金流量的风险;

第三,确定资本成本的一般水平;

第四,确定投资方案的收入现值;

第五,通过收入现值与所需资本支出的比较,决定拒绝或接受投资方案。

(一)投资项目的现金流量

估计投资项目的预期现金流量是投资决策的首要环节。所谓现金流量,在投资决策中是指一个项目引起的企业现金支出和现金收入增加的数量。这里的现金不仅包括各种货币资金,还包括需要投入企业的非货币资源的变现价值(或重置成本)。现金流量包括现金流出量、现金流入量和现金净流量三个方面的内容。

1. 现金流出量

一个方案的现金流出量,是指该方案引起的企业现金支出的增加额。例如,企业购置一条生产线,通常会引起三种现金流出:购置生产线的价款,生产线的维护、修理等费用,以及垫支的流动资金。

2. 现金流入量

一个方案的现金流入量,是指该方案所引起的企业现金收入的增加额。例如,企业购置一条生产线,通常会引起下列现金流入:

(1)营业现金流入。

$$营业现金流入 = 销售收入 - 付现成本$$

其中,付现成本 = 销货成本 - 折旧。

如果从每年现金流动的结果来看,增加的现金流入来自两部分:一部分是利润造成的货币增值;另一部分是以货币形式收回的折旧。因此:

$$营业现金流入 = 税后利润 + 折旧$$

(2)该生产线出售(报废)时的残值收入。

(3)收回的流动资金。

3. 现金净流量

现金净流量是指一定期间现金流入量和现金流出量的差额。在确定投资方案的相关现金流量时,所应遵循的最基本原则是:只有增量现金流量才是与项目相关的现金流量。所谓增量现金流量,是指接受或拒绝某个投资方案后,企业总现金流量因此发生的变动。只有那些由于采纳某个项目引起的现金支出增加额,才是该项目的现金流出;只有那些由于采纳某个项目引起的现金流入增加额,才是该项目的现金流入。

例 15-13 瑞夫公司欲投资 1 200 万元改进生产工艺,预期税前的付现成本节约额:第一年为 500 万元,第二年为 700 万元,第三年为 900 万元。第三年年终有残值 60 万元。公司资本成本为 10%,适用所得税税率为 50%,采用直线法计提折旧(残值率为 5%),计算瑞夫公司每年的现金流量,并评估这一投资方案是否可行?

若进行该投资,瑞夫公司最初会有 1 200 万元的现金流出量:在第一年至第三年,每年税前付现成本将有所减少,而折旧额将每年增加 380 万元,所得税也会发生变化;在第三年年底,有 60 万元残值收入的流入量。我们可用表 15-10 给出该项目每年的现金流量以及项目净现值的推导过程。

表 15-10 瑞夫公司投资项目现金流量计算表

单位:千元

时期	初始	第一年	第二年	第三年
技术改造投资(a)	(12 000)			
付现成本节约额(b)		5 000	7 000	9 000
折旧增加额(c)		3 800	3 800	3 800
税前利润增加额(d)		1 200	3 200	5 200
所得税增加额(e)		600	1 600	2 600
残值(f)				600
现金流量(g)	(12 000)	4 400	5 400	7 000
现金流量现值(h)	(12 000)	3 999.60	4 460.40	5 257

在表 15-10 中:

$$d = b - c$$

$$e = d \times 50\%$$

$$g = b - e + f - a$$

$$h = g \div (1 + 10\%)^{i}, i = 0,1,2,3$$

因此,瑞夫公司第一年年初会有 1 200 万元的现金流出量,在第一年至第三年的年末,现金流入量分别是 440 万元、540 万元、700 万元。

我们也可以求出该投资的净现值:

$$NPV = 5\ 257 + 4\ 460.40 + 3\ 999.60 - 12\ 000 = 1\ 717(\text{千元})$$

该投资能带来正的净现值,因此是可行的。

（二）投资决策的基本方法

投资决策分析使用的方法分为两类：一类是贴现方法，即考虑了货币时间价值因素的方法，主要包括净现值、获利能力指数、内部收益率等方法；另一类是非贴现方法，即没有考虑货币时间价值因素的方法，主要包括回收期、会计收益率等方法。本文主要介绍回收期、净现值、获利能力指数和内部收益率这四种方法。

1. 回收期

回收期是企业利用投资项目所得的现金净流量来回收项目初始投资所需的年限。用符号 CF_0 表示初始投资，CF_t 表示项目经营期间的税后现金净流量，T_p 表示回收期，则有下列关系：

$$\sum_{t=1}^{T_p} CF_t - CF_0 = 0 \tag{15-42}$$

式(15-42)表明，当投资项目经营期间税后现金净流量之和减去初始投资等于零时，即项目累计现金净流量为零的那一年，初始投资刚好被完全收回。

运用该方法决策应遵循的原则是：若实际回收期大于企业要求的回收期，则项目被拒绝；若实际回收期小于或等于企业要求的回收期，则项目可接受。回收期表明了初始投资回收的快慢。企业的投资项目早期收益大，则回收期短，风险小。因此，回收期是反映投资风险的一个指标，初始投资的尽早回收可避免将来经营环境变化的不利影响。

2. 净现值

净现值是项目寿命期内逐年现金净流量按资本成本折现的现值之和，用 NPV 表示。净现值的表达式为

$$NPV = \sum_{t=1}^{n} \frac{CF_t}{(1+r)^t} - CF_0 \tag{15-43}$$

式(15-43)中，CF_t，CF_0的意义同前，r 是贴现率。若投资分多年支出，CF_0为各年投资现值之和。

净现值的判别准则是：若 $NPV \geq 0$，则项目应予以接受；若 $NPV < 0$，则项目应予以拒绝。

例 15-14　某项目初始投资 1 000 万元，当年获益。项目寿命期为 4 年，每年现金净流量为 400 万元，若贴现率为 10%，求项目的净现金值。

解：按式(15-43)计算，此项目净现值为

$$NPV = -1\,000 + \frac{400}{1.1} + \frac{400}{1.1^2} + \frac{400}{1.1^3} + \frac{400}{1.1^4} = 267.96(\text{万元})$$

此项目净现值为正值，说明项目寿命期内的现金净流量按资本成本折现后的总和抵消初始投资后仍有盈余。这是项目对企业的贡献。净现值越大，企业的价值增加越多。

3. 获利能力指数

获利能力指数是指项目经营期间现金净流量的现值之和与初始投资的现值之比，表明项目单位投资的获利能力，记为 PI。

$$PI = \frac{\sum_{t=1}^{n} CF_t}{CF_0} \tag{15-44}$$

式(15-44)中,分子为项目经营期间逐年收益的现值,分母为投资支出现值,故又称为收益成本比。

例15-14中项目的获利能力指数:

$$PI = \frac{400(P/A, 10\%, 4)}{1\ 000} = \frac{1\ 267.96}{1\ 000} \approx 1.268$$

PI ≥ 1,项目可接受。

4. 内部收益率

内部收益率就是使项目在寿命期内现金流入的现值等于现金流出现值的折现率,即使项目净现值为零的折现率,用IRR表示。当NPV = 0时,有

$$\sum_{t=1}^{n} \frac{CF_t}{(1 + IRR)^t} = CF_0 \tag{15-45}$$

由式(15-45)可得IRR,一般用试算法求IRR。

求IRR的插值公式为

$$IRR = r_1 + \frac{NPV_1}{NPV_1 + |NPV_2|}(r_2 - r_1) \tag{15-46}$$

接例15-14,求出不同折现率下项目的净现值(见表15-11)。

表15-11　某投资项目不同折现率的净现值计算表

年末	净现金流量(万元)	现值系数($r=15\%$)	现值(万元)	现值系数($r=20\%$)	现值(万元)	现值系数($r=22\%$)	现值(万元)
0	-1 000	1.0000	-1 000.00	1.0000	-1 000.00	1.0000	-1 000.00
1	400	0.8696	347.84	0.8333	333.32	0.8197	327.88
2	400	0.7561	302.44	0.6944	277.76	0.6719	268.76
3	400	0.6575	263.00	0.5787	231.48	0.5504	220.28
4	400	0.5718	228.72	0.4823	192.92	0.4514	180.56
		NPV = 142.00		NPV = 35.48		NPV = -2.52	

根据表15-11中所列数据:

$r_1 = 20\%$, $NPV_1 = 35.48$(万元)

$r_2 = 22\%$, $NPV_2 = -2.52$(万元)

代入式(15-46),得

$$IRR = 0.2 + \frac{35.48}{35.48 + 2.52}(0.22 - 0.2) = 0.2178$$

内部收益率的判断准则是：若 IRR 大于或等于筹资的资本成本，则项目可接受；若 IRR 小于资本成本，则项目不可接受。

第四节　融资管理和股利政策

一、公司融资形式

（一）短期融资

由于经营活动的周期性或季节性而出现资金需求时，短期融资是解决这些资金需求的一个较优途径。与长期融资比较，短期融资有三个比较突出的特点：融资速度较快、相对成本较低和借款人风险较高。

从生产经营的角度来看，公司对短期资金的需求有波动性和稳定性的特征，根据公司短期资金需求的特征，短期融资管理具有以下三种原则：

（1）中庸性融资原则。即对波动性资产采用短期融资的方式筹资，对永久性资产采用长期融资的方式筹资。这种融资政策，可以避免因资金来源期限太短引起的还债风险，也可减少由于过多地借入长期资金而支付的高额利息。

（2）积极性融资原则。公司以长期资金来源满足永久性资产对资金需求的一部分，余下的永久性资产和全部波动性资产，全部靠短期资金来融通。积极性融资具有较大的风险，这个风险包括旧债到期可能借不到新债，以及利率上升带来的成本增加。当然，高风险有高收益。

（3）稳健性融资原则。公司不但用长期资金融通永久性资产，还融通一部分甚至全部波动性资产。

一般来说，如果利率不变化，短期融资的成本要低于长期融资成本，因此采用激进型的融资政策，可以有效地降低成本。在预期未来利率下降的情况下，缩短融资期限将有助于降低融资成本；相反，如果预期未来利率上升，延长融资期限就是明智之举。因此，在利率波动的环境下，公司的融资期限策略不应当是一成不变的，应根据利率变化趋势调整融资期限结构，以降低融资成本。

短期融资的主要方式有商业信用、短期银行借款、商业票据和应计费用四种。

1. 商业信用

商业信用是指商品交易中的延期付款或延期交货而形成的借贷关系，它是企业之间的一种直接信用行为。商业信用是用应付账款的形式采购商品，这是商业信用的一种最原始、最典型的形式。后来，商业信用又发展出应付票据和商业承兑汇票等形式。

例 15-15　某企业按 2/10、*N*/30 的条件购入货物 10 万元。如果该企业在 10 天内付款，可享受 10 天的免费信用期，并获得折扣 0.2 万元（$10 \times 2\%$），免费信用额为 9.8 万元。

倘若买方企业放弃折扣，在 10 天后（不超过 30 天）付款，该企业便要承受因放弃折扣而造成的隐含利息成本。一般而言，放弃现金折扣的成本可由式（15-47）求得：

$$放弃现金折扣的成本 = \frac{折扣百分比}{1 - 折扣百分比} \times \frac{360}{信用期 - 折扣期} \qquad (15\text{-}47)$$

运用上式,该企业放弃折扣所负担的成本为 $\frac{2\%}{1-2\%} \times \frac{360}{30-10} \approx 36.7\%$。

式(15-47)表明,放弃现金折扣的成本与折扣百分比的大小、折扣期的长短同方向变化,与信用期的长短反方向变化。可见,如果买方企业放弃折扣而获得信用,其代价是较高的。然而,企业在放弃折扣的情况下,推迟付款的时间越长,其成本便会越小。比如,如果企业延至50天付款,其成本则为 $\frac{2\%}{1-2\%} \times \frac{360}{50-10} \approx 18.4\%$。

在附有信用条件的情况下,因为获得不同信用要负担不同的代价,买方企业便要在利用哪种信用之间做出决策。一般说来:

如果能以低于放弃折扣的隐含利息成本(实质是一种机会成本)的利率借入资金,便应在现金折扣期内用借入的资金支付货款,享受现金折扣。比如,与例15-15同期的银行短期借款年利率为12%,则买方企业应利用更便宜的银行借款在折扣期内偿还应付账款;反之,企业应放弃折扣。

如果在折扣期内将应付账款用于短期投资,所得的投资收益率高于放弃折扣的隐含利息成本,则应放弃折扣而去追求更高的收益。当然,假使企业放弃折扣优惠,也应将付款日推迟至信用期内的最后一天(如例15-15中的第30天),以降低放弃折扣的成本。

如果企业因缺乏资金而欲展延付款期(如例15-15中将付款日推迟到第50天),则须在降低了的放弃折扣的成本与展延付款带来的损失之间做出选择。展延付款带来的损失主要是指因企业信誉恶化而丧失供应商乃至其他贷款人的信用,或日后招致苛刻的信用条件。

如果面对两家以上提供不同信用条件的卖方,应通过衡量放弃折扣成本的大小,选择信用成本最低(或所获利益最大)的一家。比如,例15-15中另有一家供应商提出1/20、N/30的信用条件,其放弃折扣的成本为 $\frac{1\%}{1-1\%} \times \frac{360}{30-20} \approx 36.4\%$。

与例15-15中2/10、N/30信用条件情况相比,后者的成本较低,如果买方企业估计会拖延付款,那么宁肯选择第二家供应商。

2. 短期银行借款

短期银行借款是指偿还期在1年或1年以上的一个营业周期内的借款,即利用银行短期贷款来融通短期资金。短期银行借款主要有两种形式:担保贷款和无担保贷款(又称信用贷款)。

(1) 担保贷款。担保贷款又称抵押贷款,是指借款公司以本公司的某些资产作为偿债担保品而取得的贷款。借款公司可以用自己拥有的应收账款、存货、固定资产或其他资产作为担保品。担保贷款需要借贷双方签订抵押贷款合同,在合同中必须注明担保品的名称及有关说明,同时应将该合同送一份到有关政府机关备案,以保证债权人的权益。

银行贷款的安全程度取决于担保品的价值大小和变现速度。在借款者不能偿还债务时,银行就可变卖担保品,当出售担保品所得价款超过债务本息时,要将其差额部分归还借款者;当所得价款低于债务本息时,其差额部分则变为一般无担保债权。通常担保品的价值越大,变现力越强,银行贷款的风险就越低。

(2)无担保贷款。无担保贷款是指公司凭借自身的信誉从银行取得的贷款。贷款条件主要有信用额度、周转信贷协议和补偿性余额。

第一,信用额度。信用额度是借款公司与银行之间正式或非正式协议规定的公司向银行借款的最高限额。信用额度的确立一般以银行出具的信函通知书为准,上面写明银行的信用额度、期限或贷款条件等。虽然大部分信用额度的时间以 1 年为限,但只要借款人的信用风险维持不变,而且银行能够接受,那么信用额度的约定到期后往往可再续约。当信用额度更新时,信用限额、利率及其他条件也会随之变化。例如,在正式协议下,约定某公司的信用额度为 100 万元,该公司已借用 80 万元尚未偿还,则该公司仍可申请借 20 万元,银行将予以保证。但在非正式协议下,银行并不承担按最高贷款限额保证贷款的法律义务。

第二,周转信贷协议。周转信贷协议是指银行具有法律义务承诺提供不超过某一最高限额的贷款协议。在协议的有效期内,只要公司的借款总额未超过最高限额,银行必须满足公司任何时候提出的借款要求。公司享用周转信贷协议,通常要对贷款限额的未使用部分付给银行一笔承诺费。这是因为尚未使用的信用额度仍属稀缺资源,尤其那种订立了有法律约束力的信用额度协议。承诺费一般按信用额度总额中尚未使用部分的一定百分比计算。如果周转信用额度为 100 万元,借款公司年度内使用了 60 万元,余额为 40 万元,借款公司该年度内应向银行支付承诺费,假设承诺费率为 0.5%,则公司在该年度内享用周转信贷协议所付出的代价为 0. 2 万元。周转信贷协议不仅可以满足公司季节性资本需要,还可以满足一般流动资本需要。

第三,补偿性余额。补偿性余额是银行要求借款公司在银行中保持按贷款限额的一定百分比(10%—20%)计算的最低存款余额。从银行的角度来看,补偿性余额可以降低贷款风险;对于借款公司来说,补偿性余额则提高了借款的实际利率。

例 15-16　某公司按 8%向银行借款 100 000 元,银行要求维持贷款限额 15%的补偿性余额,那么,公司实际可用的借款只有 85 000 元,该项借款的实际利率为 $\frac{100\,000 \times 8\%}{100\,000 \times (1 - 15\%)} \times 100\% \approx 9.4\%$。

3. 商业票据

商业票据是由信用较高的企业发行的短期无担保的本票。发行商业票据已成为各类大型公司的主要筹资方式。按发行方式来分,商业票据主要有两种:经纪人代销的商业票据和直接销售的商业票据。发行商业票据筹资必须具备一定的严格条件,并非任何一家需要短期资金的公司都可以使用它。

4. 应计费用

应计费用是指形成在前支付在后的各种费用,在费用发生日至实际支付日之间,形成了供公司暂时使用的资金来源,它是一种最为典型的自然筹资形式。企业中最常见的应计费用包括应交税金、应付租金、应付工资、应付职工福利和奖励金等。

(二)长期融资

1. 普通股融资

股票是股份有限公司为筹集自由资本而发行的有价证券,是投资入股并借以取得股利的一种凭证。发行股票是企业获取其他类型资金的基础。

普通股融资的优点有以下四点:

(1) 发行普通股筹措资本具有永久性,无到期日,无须偿还。这对保证公司对资本的最低需要,以及维持公司的长期稳定发展极为有益。

(2) 发行普通股融资没有固定的股利负担。股利支付与否和支付多少,视公司有无盈利和经营需要而定。由于普通股融资没有固定的到期还本付息的压力,此种融资实际上不存在不能偿付的风险,所以融资风险较小。

(3) 发行普通股融资能提高公司的信誉,增强公司的举债能力。发行普通股筹集的资本是公司最基本的资金来源,它反映了公司的实力,可作为其他方式融资的基础。企业发行较多的普通股,意味着有了更多的自有资本,为债权人提供了更大的保障,从而能提高公司的信用价值,有效地增强公司的举债能力。公司发行股票并成功上市,还可以提高其在市场上的地位,有利于公司筹集新的资本。

(4) 发行普通股融资限制较少。利用优先股或债券筹资,通常有许多限制,这些限制往往会影响公司经营的灵活性,而利用普通股融资则没有这种限制。

普通股融资的缺点有以下两点:

(1) 普通股的资金成本较高。这主要是因为:一是普通股的发行成本高于优先股、公司债券和长期借款。企业股票的发行,需要聘请承销商、注册会计师、律师、评估师等一大批专业人士从事咨询、调查、评估、审核工作,因此整个发行工作需要投入大量人力、物力、财力,股份制企业承担的发行费用较高;二是对于投资者来说,投资普通股的风险要高于投资优先股、公司债券的风险,高风险即要求高报酬,因此企业必须向股东支付较高的报酬;三是对于融资公司而言,普通股股利从税后利润中支付,不像债券利息那样作为费用从税前支付,因而不具有抵税作用。

(2) 普通股融资容易分散控制权。由于普通股股东享有对企业的经营管理权,因而发行新股票会把投票权和控股权扩大到进入企业的新增股东,分散了企业的控制权。此外,新股东分享公司未发行新股前积累的盈余,会降低普通股的每股净收益,从而可能引发股价的下跌。

2. 优先股融资

优先股是相对于普通股而言的,它是指优先于普通股股东分取公司收益和剩余资产的股票,但是优先股股东不能参与公司的管理。优先股兼具权益资本和债务的特征,是一种混合型的证券。

优先股融资的优点有以下四点:

(1) 优先股一般没有到期日,不用偿还本金。优先股实质上是一种永久性借款,企业不承担还本义务,股利的支付和优先股的回收对公司来说有很大的机动性,使公司的财务安排更富有弹性。

（2）一般而言，优先股没有表决权，因而发行优先股可以避免公司股权的稀释，原有股东不必担心他们对公司的管理权和控制权的分散，从而维持企业经营的稳定和经营方针、政策的一贯性。

（3）优先股股本是公司的权益资本，可以保护债权人的利益。因此，发行优先股可增强公司未来的偿债能力和借款能力。

（4）优先股可以为投资者提供相当固定的收入，在企业破产清算时，对企业剩余财产的分配要比普通股优先，因而投资风险较普通股要低。因此，优先股对投资者有较大的吸引力。

优先股融资的缺点有以下三点：

（1）融资成本高。优先股股利是以公司的税后利润发放，不能抵减税收。与负债相比，优先股的资本成本要比负债的资本成本高。同时，由于投资优先股的风险较债券高，因而，优先股股利高于债券的利息，使得企业的资本成本也较高。

（2）财务负担重。优先股需要支付固定股利，但又不能在税前支付，所以，当利润下降时，优先股的股利会成为一项较重的财务负担，有时不得不延期支付。

（3）融资限制较多。发行优先股通常有许多限制条款，例如对公司借债的限制、对普通股股利支付的限制等。

股份制企业的财务人员在利用优先股融资时，应充分考虑和利用优先股的优点，尽量克服优先股的缺点。

3. 长期债券融资

债券是一张向社会公众借款，并允诺按规定的利率，每间隔一定期间支付利息，且在未来的某一特定日期偿还一定金额的契约（或长期应付票据）。

长期债券融资的优点有以下三点：

（1）资金成本较低。利用债券融资的成本要比股票融资的成本低。因为债券的发行费用较低，债券的利息费用可以享受税前抵扣的优惠，而股票融资的股利则不能。

（2）保持控制权。债券持有人无权干涉企业的管理事务，因此，发行债券不会影响企业的控制权，有利于维护企业经营方针政策的连续性。

（3）可以发挥财务杠杆作用。债券的持有者只能获得固定的利息，不能参与企业超额利润的分配，因此，当企业的资产报酬率高于债券的利息率时，利用债券融资可以发挥财务杠杆作用，增加股东的财富。

此外，当企业发行可转换债券或可提前赎回的债券时，便于企业调整资本结构、降低企业的财务风险。

长期债券融资的缺点有以下三点：

（1）融资风险高。债券有固定的到期日和利息费用，财务风险较高。特别是当企业经营状况较差时，易使企业陷入财务困境，有时甚至导致企业因此而破产倒闭。

（2）限制条件多。债券一般要比长期借款和融资租赁的限制条件严格，往往附有多种限制性条款，可能给企业财务的灵活性带来不利的影响，甚至会影响到企业今后的融资能力。

(3) 融资额有限。如根据《中华人民共和国公司法》规定,企业发行债券的总额不得超过企业净资产的40%。

4. 长期借款融资

长期借款是指直接向银行或其他金融机构商借的、偿还期限在三年以上的借款。长期借款是公司长期资金筹集的主要方式之一。长期借款主要有以下三种:商业银行借款、保险公司借款和政府贷款。

长期借款融资的优点有以下三点:

(1) 融资速度快。与发行证券相比,银行借款一般所需时间较短,可以迅速地获取资金。

(2) 融资成本低。银行借款利率普遍低于债券利率,而且融资费用也较低。

(3) 借款弹性较大。由于借款企业可以和贷款发放人直接面对面地谈判,在开始借款时,双方可以就借款的数额、偿还的时间、利率等事项进行充分的协商,借款企业认为可以接受时便借款;在借款后,当企业的财务状况或经营环境发生重大变化时,则可以与贷款机构进行磋商,修改某些借款条款。借款到期后,如果有正当理由,还可以延期归还。

长期借款融资的缺点有以下三点:

(1) 财务风险较高。如企业扩大长期借款融资的规模,将使企业的偿债能力下降,提高企业的财务风险。

(2) 限制条款较多。企业与银行签订的借款合同中,一般都有一些限制性条款,企业必须严格遵守,从而使企业在理财和生产经营上受到种种制约,可能会影响企业今后的筹资活动和投资活动。

(3) 融资数额有限。融资数额一方面受贷款机构贷款能力的限制,另一方面银行一般也不愿借出巨额的长期借款,因此,利用银行借款融资都有一定的上限,一般不能像股票、债券那样一次就能筹集到大笔资金。

5. 融资租赁

租赁是一种契约性协议,规定资产所有者(出租人)在一定时期内,根据一定条件,将资产交给使用者(承租人)使用,承租人在规定的期限内,分期支付租金并享有对租赁资产的使用权。现代租赁是融通资金与融通物资相结合的特殊筹资方式。

融资租赁的优点有以下五点:

(1) 限制条款少。企业如果通过负债筹资,在许多债务契约上,往往会对企业的负债程度、流动比率、股利的发放、不动产的抵押等做出种种限制。而租赁契约也可能会有限制性条款,但与一般的债务契约相比,承租人更容易接受。

(2) 速度快,能及时解决承租人资金短缺的困难。融资租赁可以使企业在缺乏资金的情况下,迅速获得所需设备,有利于企业尽快形成生产能力,占领市场,打开销路。

(3) 财务风险低。许多借款都须在到期日一次性偿还本金,这会给财务基础较弱的公司带来相当大的困难,有时会形成不能偿付的风险。而融资租赁的租金会在整个租赁期内分期支付,可以均衡企业各期的财务负担,也降低了不可偿付的风险。

(4) 税收负担轻。租金可以在税前扣减,减少上缴的所得税额。

(5) 设备淘汰风险低。在当前科技迅速发展、固定资产更新周期日趋缩短的情况下,企业设备陈旧过时,风险较高,而利用融资租赁可以降低这种风险。

融资租赁最主要的缺点是资本成本较高。承租企业在租赁期内所支付的租金总额通常要高于购买租赁资产的成本,因为,承租企业在租赁期内所支付的租金总额中已包含了出租企业的利润及风险报酬。也就是说,其租金要比银行借款和发行债券所负担的利息高得多。当企业出现财务困难时,固定的租金也会构成企业一项较沉重的负担。

二、资本成本和资本结构

(一) 资本成本的定义及作用

企业使用资金必须付出代价,这一代价称为资本成本。为使企业价值最大化,除企业的生产和经营成本支出要最小化以外,融资的成本也要最小化。其重要性体现在两方面:

(1) 在企业的长期投资决策中,必须以资本成本作为折现率来计算现值。投资方案的选择取决于项目的投资收益是否大于筹资的资本成本。

(2) 企业的资本有多种来源,如股票、债券、长期借款和短期借款,不同资本的数量及成本的大小会影响企业总的资本成本,因此在企业筹措资金时都要进行资本成本的估算,以便找到使企业筹资总成本最小的筹资方案。

(二) 资本成本的计算

1. 债务资本成本

债务资本成本可以通过如下方法得出:令债务发行的市场价格等于利息和本金支付的现值,解出折现率 k_d,即所谓的到期收益率,求解公式如下:

$$P_0 = \sum_{t=1}^{n} \frac{I_t + P_t}{(1 + k_d)^t} \tag{15-48}$$

此处及以下公式符号的含义与第一节内容相同,这里不再赘述。

然后再将所得的资本成本进行利息支付减税方面的调整,即债务的税后成本,我们用 k_i 表示:

$$k_i = k_d(1 - t) \tag{15-49}$$

式(15-49)中,t 为公司的所得税税率。

2. 优先股资本成本

优先股的股息是固定的,按照股息固定的股票估值公式,优先股资本成本的计算公式为

$$K_p = \frac{D_p}{P_0} \tag{15-50}$$

式(15-50)中,K_p 即优先股成本,由于优先股息是税后支付的,K_p 属于税后成本;D_p 为优先股股利;P 为股价。

3. 普通股资本成本

与优先股相比,普通股股东的收益一般不固定,它随企业经营状况的变化而变化。普通股股东承担的风险比债权人和优先股股东高,因此普通股股东要求的收益率也较高。通常可用三种方法估算,然后互相印证,取一个合理数值。

(1) 资本资产定价模型。

根据资本资产定价模型,普通股股东对某种股票的期望收益率 $\overline{R_j}$ 可表示如下:

$$\overline{R_j} = R_f + \beta_j \times (\overline{R_m} - R_f) \tag{15-51}$$

(2) 股利折现模型法。

根据普通股估值公式,普通股每股的当前市场价格等于每股股利现金流量序列的现值之和:

$$P_0 = \sum_{t=1}^{\infty} \frac{D_t}{(1 + k_e)^t} \tag{15-52}$$

如果已知股票的市场价格和期望的未来股利率,就可求出普通股股东要求的收益率。如果预期股利按某一固定的比率 g 增长,此时该模型称为戈登股利定价模型。该模型变形后,投资者要求的报酬率也就是普通股资本成本可以表示为

$$k_e = (D_1/V) + g \tag{15-53}$$

(3) 税前债务成本加风险溢价法。

这是一种相对比较简单、"快而粗糙"的方法,税前债务成本构成了企业权益成本估计的基础,企业的税前债务成本将比无风险利率多一个风险溢价。企业的风险越高,这一溢价也就越大,企业为借款需支付的利息也就越高。除了风险溢价,公司的普通股还必须提供比同一公司债务更高的期望收益,原因是含有更多的系统风险。公司股票的期望收益超过公司债券的风险溢价的历史数据大约在3%左右。我们可以以企业的税前债务成本为基础,加上一个3%左右的溢价从而估计出权益资本成本。

4. 加权平均资本成本

在计算出企业融资的各单个组成要素的成本之后,我们将根据某些标准对每种融资来源赋予一个权重,然后计算出加权平均资本成本(Weighted Average Capital Cost, WACC)。因此,企业的加权平均资本成本的计算公式为

$$\text{WACC} = \sum_{i=1}^{n} W_i \cdot K_i \tag{15-54}$$

式(15-54)中,W_i 是第 i 种资本在总资本中所占的比例;K_i 是第 i 种资本的税后资本成本。

例 15-17 假如某企业最近的资产负债表具有如下融资构成,如表 15-12 所示:

表 15-12 某企业的融资构成及资本成本计算表

	各渠道融资金额(美元)	资本成本(%)	融资比重(%)	加权资本成本(%)
负 债	30 000 000	6.6	30	1.98
优先股	10 000 000	10.2	10	1.02

（续表）

	各渠道融资金额(美元)	资本成本(%)	融资比重(%)	加权资本成本(%)
普通股	60 000 000	14.0	60	8.40
合　计	100 000 000	30.8	100	11.40

表 15-12 中的各渠道融资金额代表市场价值,企业计算出了各融资组成要素的税后成本,这些成本是基于目前金融市场状况的现行成本。给定本例中的各项假设,11.40%就是各渠道融资的加权平均资本成本。

（三）资本结构

当我们分析一家公司的资金来源时,可能会有这样一些问题:怎样的负债与资产比例是最好的？怎样的资产与负债比例对公司才是最理想的？这些问题就是有关资本结构的问题。

资本结构是指公司各种长期资金筹集来源的构成和比例关系。短期资金不列入资本结构的管理范围,而作为营运资金管理。通常情况下,公司的资本结构由长期债务资本和权益资本构成,因而资本结构指的就是长期债务资本和权益资本各占多大比例。在资本结构中,合理利用债务筹资,安排债务资本的占比,对企业具有重要的作用,因为使用债务筹资,可以降低企业的资本成本,获取财务杠杆利益。

公司的资本成本是投资者和债权人所要求的报酬率,公司平均资本成本越高,计算公司价值所使用的贴现率就越高,公司的价值就越低。公司平均资本成本相当于各资金来源成本的加权平均值。因此,讨论资本结构与公司价值的关系,或者说资本结构理论研究的内容,实际上是各种资金来源占多大比重,才能使平均资本成本最低、公司价值最大的问题。

从理论上讲,各企业都有最优资本结构,就是使企业的价值最大而加权平均资本成本最低的资本结构。确定企业的最优资本结构,并无一种固定的决策模型,通常采取测定不同筹资决策或资本结构的加权平均资本成本的方法来加以选择。

例 15-18　某企业初创时有如下三个融资方案可供选择,有关资料经测算如表 15-13 所示:

表 15-13　不同融资方案的金额与成本

单位:万元

融资方式	融资方案Ⅰ		融资方案Ⅱ		融资方案Ⅲ	
	融资额	资本成本	融资额	资本成本	融资额	资本成本
长期借款	40	6%	50	6.5%	80	7.0%
债券	100	7%	150	8.0%	120	7.5%
优先股	60	12%	100	12.0%	50	12.0%
普通股	300	15%	200	15.0%	250	15.0%
合计	500	40%	500	41.5%	500	41.5%

下面分别测算三个融资方案的加权平均资本成本,并比较其高低,从而确定最优融资方式,即最优资本结构。

方案Ⅰ:

(1) 各种融资方式占融资总额的比重。

长期借款　$40 \div 500 = 0.08$

债券　$100 \div 500 = 0.2$

优先股　$60 \div 500 = 0.12$

普通股　$300 \div 500 = 0.6$

(2) 加权平均资本成本。

$0.08 \times 6\% + 0.2 \times 7\% + 0.12 \times 12\% + 0.6 \times 15\% = 12.32\%$

方案Ⅱ:

(1) 各种融资方式占融资总额的比重。

长期借款　$50 \div 500 = 0.1$

债券　$150 \div 500 = 0.3$

优先股　$100 \div 500 = 0.2$

普通股　$200 \div 500 = 0.4$

(2) 加权平均资本成本。

$0.1 \times 6.5\% + 0.3 \times 8\% + 0.2 \times 12\% + 0.4 \times 15\% = 11.45\%$

方案Ⅲ:

(1) 各种融资方式占融资总额的比重。

长期借款　$80 \div 500 = 0.16$

债券　$120 \div 500 = 0.24$

优先股　$50 \div 500 = 0.1$

普通股　$250 \div 500 = 0.5$

(2) 加权平均资本成本。

$0.16 \times 7\% + 0.24 \times 7.5\% + 0.1 \times 12\% + 0.5 \times 15\% = 11.62\%$

将以上三个融资方案的加权平均资本成本进行比较,可得方案Ⅱ为最低。即在其他有关因素大体相同的条件下,方案Ⅱ是最好的融资方案,其形成的资本结构可确定为该企业的最优资本结构。企业可按此方案筹集资本,以实现其资本结构的最优化。

三、股利政策

公司的股利政策就是确定股利的支付比率,即用多少盈余发放股利,多少盈余为公司所留用(内部筹资)的决策。如果支付高股息,股票价格就会上升。但公司利润分配的多,保留的收益就少,又会使公司未来的增长率下降,股票价格也会下降。公司董事会必须在利润分配的决策中,制定出能在边际投资者的股息偏好上取得现在与未来平衡的最优股息政策,从而使公司的股票价格最大化。

公司在确定一种适当的股利政策时，一般经过三个步骤：首先，公司必须预测未来的剩余资金总量；然后，决定适当的股利支付比率；最后，决定每季度或每年股利的多少。公司常用的股利政策有以下四种。

（一）剩余股利政策

剩余股利政策就是在公司有良好投资机会时，根据一定的目标资本结构，测算出投资所需的权益资本，先从盈余中留用，然后将剩余的盈余作为股利予以分配。奉行剩余股利政策，意味着只将剩余的盈余用来发放股利。这样做的根本理由在于保持理想的资本结构，使平均资本成本最低。

采用剩余股利政策时，应遵循四个步骤：

（1）设定目标资本结构，即确定权益资本与债务资本的比率，在此资本结构下，加权平均资本成本将达到最低水平；

（2）确定目标资本结构下投资所需的股东权益数额；

（3）最大限度地使用保留盈余来满足投资方案所需的权益资本数额；

（4）投资方案所需的权益资本已经满足后，若有剩余的盈余，再将其作为股利发放给股东。

例 15-19　假定某公司某年提取了公积金、公益金后的税后净利润为 600 万元，第二年的投资计划所需资金为 800 万元，公司的目标资本结构为权益资本占 60%、债务资本占 40%，那么，按照目标资本结构的要求，公司投资方案所需的权益资本数额为

$$800 \times 60\% = 480\ (\text{万元})$$

公司当年全部可用于分配股利的盈余为 600 万元，可以满足上述投资方案所需的权益资本数额并有剩余，剩余部分再作为股利发放。当年发放的股利额即

$$600 - 480 = 120\ (\text{万元})$$

假定该公司当年流通在外的只有普通股 100 万股，那么每股股利即

$$120 \div 100 = 1.2\ (\text{元})$$

奉行剩余股利政策，意味着公司只将剩余的盈余用于发放股利。这样做的根本原因在于保持理想的资本结构，使加权平均资本成本最低。如上例，如果公司不按剩余股利政策发放股利，将可向股东分配的 600 万元全部留用于投资（这样当年将不发放股利），或全部作为股利发放给股东（这样当年每股股利将达到 6 元），然后再进行债务筹资，这两种做法都会破坏目标资本结构，导致加权平均资本成本的提高，不利于提高公司的价值（股票价格）。

（二）固定或持续增长的股利政策

这一股利政策是将每年发放的股利固定在一个水平上，并在较长时间内不变。只有当公司认为未来盈余将会显著地、不可逆地增长时，才提高年度的股利发放额。若遇到长时期的通货膨胀，股利也应有所提高。固定或持续增长的股利政策旨在避免出现由于经营不善而削减股利的情况。采用这种股利政策的理由在于：

（1）稳定的股利向市场传递着公司正常发展的信息，有利于树立公司的良好形象，

增强投资者对公司的信心,稳定股票的价格。

(2) 稳定的股利有利于投资者安排股利收入和支出,特别是对那些对股利具有很高依赖性的股东更是如此。而股利忽高忽低的股票,则不会受这些股东的欢迎,股票价格会因此而下降。

(3) 稳定的股利政策可能会不符合剩余股利理论,但考虑到股票市场会受到多种因素的影响,其中包括股东的心理状态和其他要求,因此为了使股利维持在稳定的水平上,即使推迟某些投资方案或者暂时偏离目标资本结构,也可能要比减少股利或降低股利增长率更为有利。

该政策的缺点在于股利的支付与盈余脱节:当盈余较低时仍要支付固定股利,这可能导致资金短缺,同时也不能像剩余股利政策那样拉低资本成本。

(三) 固定股利支付比率政策

固定股利支付率政策是公司确定一个股利占盈余的比率,长期按此比率支付股利的政策。在这一股利政策下,各年股利额随公司经营状况的好坏而上下波动,即在获得盈余多的年份,股利额高,反之则低。

实行固定股利支付比率政策,能使股利与公司盈余紧密结合,以体现多盈多分、少盈少分、无盈不分的原则,真正做到了公平地对待每一位股东。但是,在这种政策下各年的股利变动较大,极易形成公司不稳定的印象,不利于稳定公司股票价格。

(四) 低正常股利加额外股利政策

在该政策下,股利由正常股利和额外股利构成。每年的正常股利较低,但盈余较多的年份可临时发放额外股利。不过额外股利并不固定化,不代表公司永久地提高了规定的股利率。

这种股利政策可使公司具有较大的灵活性。当公司盈余较少或投资需用较多资金时,可维持设定的较低但正常的股利,股东不会有股利跌落感;而当盈余有较大幅度增加时,则可适度增发股利,使股东增强对公司的信心,这有利于稳定股票的价格。同时,这种股利政策可使那些依靠股利度日的股东每年至少可以得到虽然较低,但比较稳定的股利收入,从而留住这部分股东。

采用上述各种股利政策,要考虑多种因素。影响股利政策的因素可分为内部因素和外部因素。内部因素有盈利状况、变现能力和融资能力。其中,盈利状况是公司决定股利政策时首先应当考虑的因素。外部因素包括法律因素、合同上的限制、投资机会和股东因素。上述种种因素的影响也说明,股利政策与公司的价值(股票价格)就是相关的。

本章小结

思考题

1. 比较终值的计算与现值的计算,说明它们有什么不同。
2. 债券和优先股在定价的处理上有哪些相同点?

3. 如何利用股利折现模型来估计权益资本成本？这一模型的关键变量是什么？

4. 如果按资本资产定价模型估计，一种证券的价值被低估了，那么当投资者意识到这种价值低估时，市场会出现什么情况？

5. 为什么高增长率的公司愿意保持低股利支付率，而低增长率的公司愿意维持高股利支付率？

6. 下面的行为将会对一个公司的流动比率产生怎样的影响？假设其净营运资本为正值。

（1）出售存货；

（2）支付货款给供应商；

（3）偿付短期银行贷款；

（4）提前偿还一笔长期负债；

（5）某客户付清其赊购账款；

（6）存货以成本价出售；

（7）存货以含利润价格出售。

7. 请将下面的事件划分为系统性或非系统性风险。

（1）未料到的短期利率上升；

（2）某公司的短期借款利率被银行提高；

（3）石油价格突然下降；

（4）一艘油轮失事，造成大量原油泄漏；

（5）一家制造商在涉及数百万美元的法律诉讼中败诉；

（6）一家高级法院的决策在很大程度上扩展了生产厂家对产品用户的伤害责任范围。

8. 假如一个财务主管说了如下的话："我们的公司采用独立决策原则。由于在评估过程中我们将项目当作一个小公司来对待，我们将财务费用包含进来，因为从公司的角度来看融资费用是相关的。"请从财务角度对这一论述进行严格的评价。

9. 你将如何回答下面的争论？（Q：问题，A：回答）

Q：如果提高债务融资的量，股权资本的风险就会上升，这难道不对吗？

A：是的，那是 M&M 命题Ⅱ的精髓。

Q：当一个企业增加借款额时，违约风险就会上升，从而提高企业债务资本的风险，是这样吗？

A：是的。

Q：也就是说，借款额的增加会提高股权和债务的风险？

A：当然是这样。

Q：好，假定一个企业采用了债务和股权融资，而二者的风险都随着借款额的增加而上升，那么，是否可以得出"债务的增加会提升企业的总体风险，从而降低企业价值"的结论呢？

第十六章　创新和创业

【学习目标】

1. 理解创新、创业的内涵。
2. 掌握创新、创业的种类。
3. 明确创新、创业的流程。

【基本概念】

创新　创新流程　创业　创业流程

案例讨论

第一节　创新管理

一、创新的内涵

（一）创新的含义

美籍奥地利政治经济学家约瑟夫·A. 熊彼特（Joseph A. Schumpeter）于1912年在其著作《经济发展理论》（*The Theory of Economic Development*）中首次提出"创新"的概念，他认为创新是企业家对生产要素实行新的组合。作为资本灵魂的企业家的职能就是实现创新。它包括五种情况：

（1）引入一种新产品或提供一种产品的新功能；

（2）采用一种新生产方法；

（3）开辟一个新市场；

（4）获得一种原料或半成品的新供给来源；

（5）实行一种新的企业组织形式，例如建立一种垄断地位或打破一种垄断地位。

需要注意的是，熊彼特提出的"创新"是经济概念，而非技术概念，强调在经济上引入一种新东西，技术发明只有应用在经济上，才可称为"创新"。

20世纪50年代，德鲁克将创新概念引入管理学，他认为创新是指企业为了维持可持续发展，满足客户未被满足的需求或潜在的需求、创造出新的客户需求，在企业家的领导下，通过对生产要素的优化而改变资源产出，进而赋予资源获利能力的一种行为和手段。

霍默·G. 巴尼特(Homer G. Barnett)于 1953 年在《创新:文化变迁的基础》(*Innovation: The Basis of Culture Change*)一书提出,创新是在质的方面所出现的不同于现存形式的任何新思想、行为或事物的总称。他认为在某种范围内,创新与发明同义。然而,大多数人认为创新包括发明与发现。前者指人们有意图地为适应环境、改造环境而创造出物质的或非物质的新事物;后者则指对客观存在于自然界中的各种物质的和非物质的新事物的发现。

综上所述,我们认为:创新是指为了满足或者创造社会需求,以及实现组织利益可持续增长,个人或组织在不同于常规思路的指导下,运用现有技术和资源对组织内部的管理制度、业务流程、产品和服务进行改进的一系列活动。

理解创新这一定义应掌握以下几点:

1. 创新来自外部变化引起的经济或社会机遇

(1) 意外事件带来的创新。当外部环境发生重大变化时,人们的需求也会随之发生改变,事物原来所提供的特性已经不能满足人们当前的需求,为了解决这种需求和供给不匹配的问题,企业必须对原有事物进行创新。

(2) 竞争的需要。随着行业的不断发展,业内平均技术水平不断提高,企业为了维持自身在行业内的竞争优势,需要对现有流程进行优化和再造,进而提高效率、降低成本,此时对现有流程的优化和再造过程就会产生创新。

2. 创新的目的是通过改变产品和服务满足社会需求

企业为了获取可持续性的超额利润,需要满足客户未被满足的需求或潜在的需求。推出新产品、新服务、新流程就是提供新的客户价值的途径和手段。

3. 创新包含发明和发现

创新的内容包含两方面:一方面是“发明”,即完善或改进现有产品、服务及流程等;另一方面是“发现”,即对客观存在却未被世人熟知的事物或物质进行的探索活动。“发现”既包括对大自然已存在的客观规律的探寻和认识,也包括通过对同一类客观事物的提炼和总结,找寻事物的普遍发展规律。

4. 创新的核心是对物资的优化

未经加工的物资所带来的价值很低,因而企业需要对物资进行优化从而提高其附加值。比如,简单的橡胶原材料只有经过技术加工和再生产等过程才能变成具有高附加值的产品,所以对物资进行的优化加工可被认为是创新的核心。在对原材料优化加工的过程中,最重要的是对加工流程进行技术创新,同时为了使原材料更好地优化也要兼顾企业财务运营状况、质量控制过程、人才的培养和开发等。

(二) 创新的主要类型

由于创新的主体及其所处行业的技术水平、规模及创新程度不同,创新会表现出不同的类型。可以从几个不同的角度对创新类型进行划分,具体如图 16-1 所示:

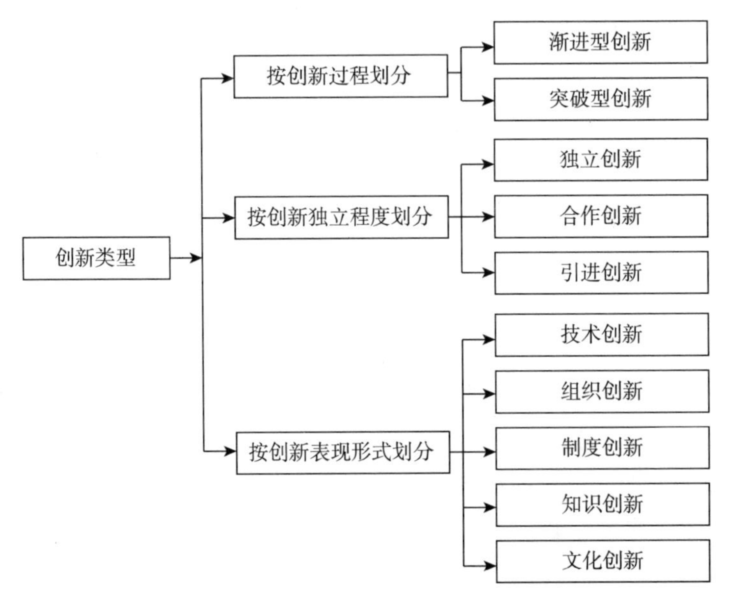

图 16-1　创新的主要类型

1. 按创新过程划分

根据创新过程是质的变化还是量的变化,可以将创新分为渐进型创新和突破型创新。

(1) 渐进型创新。如果创新过程是量变过程,那么这种创新就是渐进型创新。渐进型创新是通过连续不断的小创新来逐渐实现创新的目的。例如,通过对已有产品的设计做出微调来增强或补充其功能,使产品更加符合顾客和市场的需求。单个创新带来的变化虽小,但十分重要,主要表现在两个方面:一是小创新能对大创新产生辅助作用,多数大创新都是在许多小创新的辅助下实现的;二是当小创新积累到一定程度常常会引发大创新。渐进型创新的周期相对较长,但是效果不错。

(2) 突破型创新。突破型创新的创新程度很大,会对现有系统产生较大的冲击,但一般都是在一个较短的时间内完成,过程不会很长。突破型创新容易突破传统观念和习惯的阻碍,适应外部环境的变化,迅速提升企业的竞争力,从而使企业达到整体最优。

但是突破型创新也存在一定的风险,比如大幅度地精简机构和裁员会严重挫伤员工的积极性,可能会产生很大的阻力。压缩组织机构和裁员会带来短期成本的节约,但可能会不利于企业的长期利益。因此,突破型创新的风险比渐进型创新的风险要更高。

2. 按创新独立程度划分

(1) 独立创新。独立创新是指企业不依靠其他组织,独立自主地研究开发,获得新的技术成果。其成果往往具有首创性,能够使企业处于行业竞争中的领先地位。但是,独立创新对企业的要求较高,企业需要拥有足够的财力、物力和人力资源,以及先进的技术和管理能力。

(2) 合作创新。合作创新是指企业通过与其他组织建立技术合作关系,如科研机构和企业之间的合作网络等。在保持各个合作主体拥有相对独立的利益的前提条件下,基于共同研究目标开展合作,共同从事技术或产品的研发及技术创新活动。当今全球性的技术竞争不断加剧,企业所面对的技术问题也极其复杂,仅仅依靠一家企业的力量独自取得技术进步已变得十分困难。合作创新通过将外部资源内部化,实现资源共享和优势互补,有助于企业攻克技术难关,缩短创新时间,增强竞争力。

(3) 引进创新。引进创新是指企业通过逆向分析创新成果的方式,对引进的技术和产品进行消化、吸收、再创新的过程。引进创新可以为企业节省大量的研发经费,弥补企业在技术及人才方面的不足,节省自行探索的时间,降低研发风险,更有效地生产高质量的新产品。但引进专有技术、知识和专利所需要的费用可能较高,并且需要对引进的技术、知识和专利进行认真的评估和消化。

3. 按创新表现形式划分

(1) 技术创新。技术创新主要包括两方面:一是通过创新开发新的技术;二是应用现有的技术来进行创新活动。技术创新是创新的核心内容,是提升企业竞争力的关键。只有通过技术创新,企业才能在激烈的市场竞争中掌握主动权,占据优势地位。

一方面,技术创新利用新技术和新工艺来提高效率和降低成本。如改善生产过程能减少资源消耗、降低人工成本。另一方面,技术创新往往会为企业带来全新的产品,从而获得新的收益和新的市场。企业如果能抓住市场机会,加强技术创新,对企业的发展和竞争力的提升都有极强的促进作用。

(2) 组织创新。组织创新是指改变企业原有的财产组织形式或法律形式,使其更适合经济发展和技术进步。组织创新需要通过优化配置各种管理要素(员工、财务、时间和信息等资源)结构,将企业资源进行重组和重置,采用新的管理方式和组织结构,使企业发挥更大的效益。

由于组织形式会受到企业规模、特点和活动内容等因素的影响,因此在不同的时期,随着经营活动的变化,企业的组织结构也需要随之不断调整。

(3) 制度创新。制度创新是企业对自身运行方式、原则规定的调整和变革,以满足自身发展的需要和适应外部环境和内部条件的变化。

制度创新的目的是建立一种更优的制度安排,调节企业各层级之间的关系,使企业的活动效率更高。制度创新把技术创新和组织创新活动制度化、规范化,同时又引导技术创新和组织创新的进行。

企业制度主要包括产权制度、经营制度和管理制度。其中,产权制度是最根本的制度,决定着其他制度,规定了企业所有者的权利、利益和责任;经营制度是对企业经营方面的原则规定,包括对条件、范围及经营权归属的规定;管理制度是行使经营权及企业日常运作的各种规则的总称。制度创新要体现企业运作的客观要求,充分调动组织成员的劳动积极性,使各个方面的权利及作用得到充分的体现和发挥。

(4) 知识创新。知识创新是指企业在获取知识、处理知识、共享知识的基础上将知识应用到创新领域中去。其目的是探索创新规律、创造创新方法和积累创新知识。知识

创新是技术创新的基础,它为企业发展提供了创新理论和创新方法,促进了科技进步和经济增长,使企业核心竞争力不断增强。

企业知识创新一般有两种形式:累积型知识创新和激进型知识创新。累积型知识创新是指企业在原有知识基础上的创新,需要结合外部资源持续进行创新,这意味着学习过程必须是连续的;而激进型知识创新是指企业突破惯性思维,发现原有知识中没有的全新知识,这既包括科技创新给企业带来的根本性变革,也有企业效仿竞争对手引进的新知识、新技术与新理念。但无论是哪种形式的知识创新,都要求企业具备包容新知识的素质和才能。

(5)文化创新。文化创新是指企业不断创新和发展体现企业共同价值观的企业文化,使其与企业的发展和环境相匹配。其目的是突破与企业实际经营管理相脱节的企业文化的束缚,实现向新型经营管理方式的转变。

企业文化是指在企业长期生产经营过程中形成的具有企业特色的文化观念和文化形式,体现了企业及其成员的经营哲学、价值准则和共同信念。良好的企业文化能够激发员工的潜能,增强企业的凝聚力,为企业的创新和发展提供强大的精神动力。企业文化创新要以已形成的企业文化为基础,对企业文化的各种要素进行重建或重新表述,使其与企业的生产力发展和外部环境变化相适应。

二、 创新流程的分析

(一)变革与创新的过程

组织与环境之间是合作与竞争共存、互动的共同演化关系。在日益复杂的动态环境中,组织需要通过持续性地变革与创新来保持其与环境之间的最优适应能力,以达到推动组织发展的目标。

企业变革的意义在于加强了员工目标与企业目标之间的一致性,增强了员工对企业价值的认同感,降低了内部不良问题的发生率,为员工提供了自主学习的条件。变革管理就是当经营环境发生变化时,企业需要制定组织变革策略,对内部层级、工作流程及企业文化进行必要的调整与改善,以达到企业顺利转型的目的。

库尔特·勒温(Kurt Lewin)于 1951 年提出经典的组织变革三阶段(解冻、变革、再冻结)模型,如图 16-2 所示。

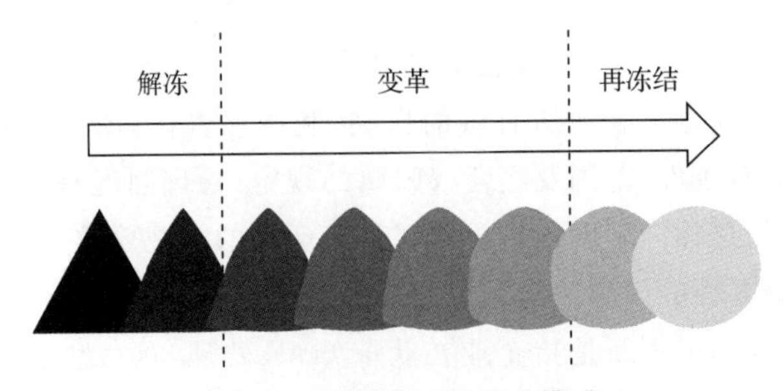

图 16-2 组织变革三阶段模型

解冻阶段的主要任务是根据企业现阶段所面临的危机确立变革的动机,鼓励员工摒弃原有的行为模式,采取新的有助于组织目标实现的行为模式;变革阶段是组织变革的关键阶段,组织要打破现有系统的惯性,通过引进新资源和利用现有资源的方式在此阶段创造并应用新的工作模式;再冻结阶段,即实施与变革策略相匹配的措施,保证组织变革活动的后续开展和效果稳固,使组织达到一种新的平衡状态。

约翰·科特(John Kotter)在其著作《领导变革》(*Leading Change*)中提出:成功的变革过程要经历八个步骤,大多数重大的转变都是由很多小规模和中等规模的变革所组成的。这八个步骤分别是:

(1) 营造紧迫的气氛;

(2) 建立联合委员会;

(3) 构建一个愿景和战略;

(4) 把变革的愿景传递给组织中的每个人;

(5) 授权;

(6) 获取短期收益;

(7) 巩固变革结果并实施新的变革;

(8) 把变革的方法扎根于组织文化之中。

威廉·罗斯威尔(William Rothwell)于2000年构建了创新活动阶段模型,该模型首次指出了创新过程各阶段的主要任务(见图16-3)。

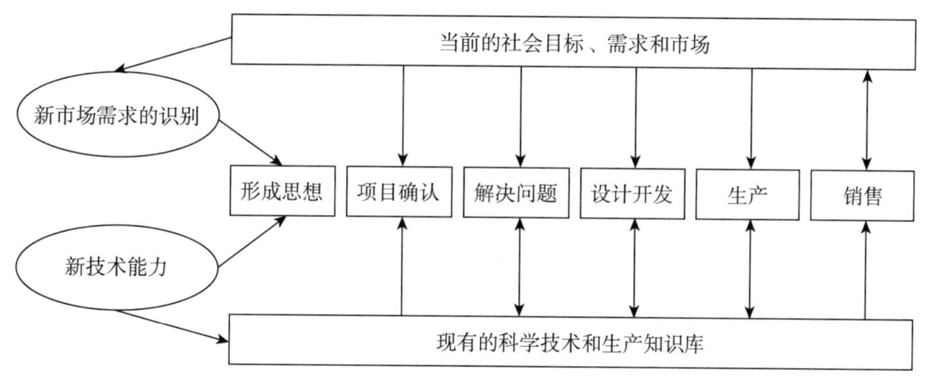

图16-3　创新活动阶段模型

企业可以通过调研了解当前的社会目标、需求和市场,结合企业现有的技术能力形成创新思想;然后确认创新项目,利用现有的科学技术解决创新过程中遇到的问题;达到商用效果后进行设计开发,生产出产品进行销售,新产品又会影响社会目标和需求。上述过程互相影响、互相促进,最终形成促进创新的正向循环。

创新过程是一个探索性很强、风险很高的控制过程,要高效率地完成一个控制过程,需要具备三个基本要素,分别是推动过程发展的持续动力、明确而可行的控制目标和灵活有效的控制方法。与之相对应,创新过程的三个基本要素是创新动机、创新敏感和创新方法。创新动机驱使人们主动寻找创新目标;创新敏感使人们能够较快地确定正确的创新目标;创新方法使人们能够高效地实现创新目标,三者有机统一才能构成一个成功的创新过程。

变革与创新相互交织,企业变革的核心是创新,而创新的成功来自变革管理。组织变革一般指宏观层面的变革,即运用行为科学和相关管理办法,对组织进行有目的、系统的调整和革新,以适应内外环境、技术特征的变化,从而达到提高组织效能的目的。

(二) 工作流程再造的途径

工作流程再造是在对企业生产经营的各个环节进行调查分析后,重新设计和安排整个流程,对不合理和不必要的环节进行改造,使工作流程更符合企业的生产经营要求。

重新设计企业的生产经营流程,最大化流程的增值内容,可以获得绩效的跃进,从而塑造和培育组织的核心能力,提升企业的市场竞争力。

如何通过流程再造获得理想的工作流程,从而取得绩效的显著改善? 一般可以通过系统改造法和全新设计法这两种方法来实现。

1. 系统改造法

系统改造法是在现有流程的基础上,对工作流程进行理解分析,系统地设计更好、更省、更快的新流程。调整核心增值活动和消除非增值活动是系统改造法关注的重点。系统改造法的基本内容可以概括为四个词:清除(Eliminate)、简化(Simplify)、整合(Integrate)、自动化(Automate),即 ESIA 法。主要内容如表 16-1 所示。

表 16-1　系统改造法的重点内容

清除	简化	整合	自动化
过量生产	表格	工作	脏活
等待时间	程序	团队	难活
运输	沟通	客户	险活
加工	技术	供应商	乏味的工作
库存	流		数据收集
缺陷	流程		数据传递
重复	问题区域		数据分析
重排格式			
检验			
协调			

系统改造法的具体实施步骤如下:

(1) 清除。清除是实施系统改造法、进行流程再造的第一步。清除是指清除非增值活动,这些活动通常是由于流程设计不合理或生产经营环境改变而形成的,不会为企业带来价值的增加。

(2) 简化。在清除了非增值活动后,进一步简化剩下的活动,提高运作效率,使流程可以根据条件的改变而变化。

(3) 整合。整合是ESIA法的核心内容,也是最难解决的内容。对简化过的活动继续进行整合,通过各部门的横向联合,协调各方面的技能,整合不同的能力,从而使流程更加连贯流畅,以满足客户的需求。

(4) 自动化。在做好流程的清除、简化和整合后进行自动化。自动化可以加速流程,提高服务质量。如果流程设计得不够合理,在进行自动化后可能还需要再一次清除、简化和整合。

2. 全新设计法

全新设计法是从零开始设计新的流程,主要是考虑如何为客户提供合适的产品和优质的服务。全新设计法是要从企业所定的目标开始倒推,来设计可以达到目标要求的新流程。实施全新设计法的具体步骤如下:

(1) 从全局角度理解现有流程。全新设计法和系统改造法的不同在于,全新设计法无须了解所有流程的细节,但是需要找出核心流程,分析每个流程的关键步骤和现有流程的产出结果。

(2) 标杆瞄准、集思广益和奇思妙想。这个阶段的主要任务是从各个角度进行思考,以发现新思路。标杆瞄准可以发现不同的工作方式,而集思广益和奇思妙想可以产生新思路。

(3) 流程设计。此步骤需要对上一步思考产生的流程做进一步探讨,完善所需注意的细节。流程设计要坚持全新设计的立场,对流程的思考应深入到每一个细节,并对其进行反复筛选,一定要注意不能回到传统的思考方式。

(4) 检验。设计好新流程后,可以模拟流程在现实中的运行来检验其是否合理、高效。可辅之以流程图来完善流程的整体建造。此外,还可以通过应用系统改造法来检验新流程,看其是否可以作为所需产出的最优选择。

综上所述,系统改造法一般用于短期绩效改进,其优点在于流程变化是通过逐渐积累实现的,对正常的业务干扰较小,能够快速取得成效,所带来的风险也较低;缺点是仍以现有流程为基础,不容易实现流程设计的创新。全新设计法一般是从中长期的角度考虑,其优点是摒弃了现有流程中全部假设的干扰,从根本上重新思考企业生产经营的方式;缺点是风险较高,全新变革的实现相当困难,对正常业务的运行干扰较大,员工很难适应新流程和现有流程之间的巨大差别。

两种流程再造方法的选择取决于企业的外部环境和具体情况。一般而言,经营环境比较稳定时,企业偏向于选择系统改造法;而经营环境变动较大时,企业偏向于选择全新设计法。无论企业选择哪种流程再造方法,都需要以现有的分析为基础,以取得显著的绩效改善为目标。两种方法之间存在广阔的中间地带,因而许多企业在进行业务流程再造时,更偏向于采用系统改造法和全新设计法相结合的策略。

(三) 创新过程的主要模型

创新过程的模型大致有三种:线性创新模型、交互作用创新模型和集成创新过程模型。

1. 线性创新模型

线性创新模型认为创新是一个单向的、逐次渐进的过程,如图 16-4 所示。

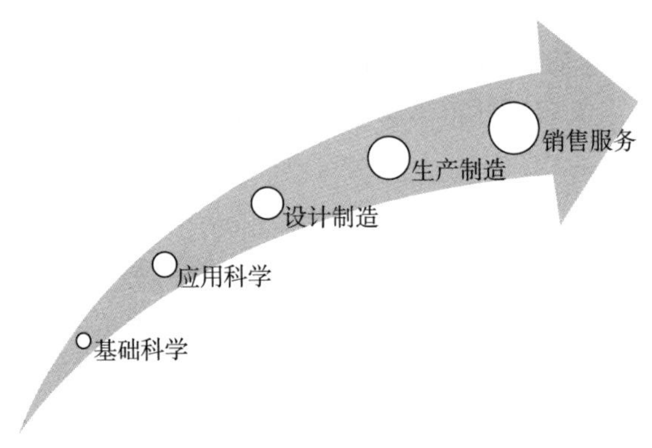

图 16-4　线性创新模型

该模型认为创新过程中知识呈线性流动,从上游增加对基础科学的投入,进而促进应用科学的发展,经过进一步开发用于设计和生产,最终投入市场进行销售。线性创新模型又可细分为技术推动型创新模式和市场拉动型创新模式。技术推动型创新突出科学和技术在产品开发中的主导作用;而市场拉动型创新则强调客户需求和客户体验在渐进型创新过程中的巨大影响力。

过去很长时期里,线性创新模型在人们对创新过程的认识中占据主导地位。但由于线性创新模型忽视了创新过程的开放性、创新各阶段之间的复杂联系及反馈等因素,它逐渐被更加全面的创新系统方法取代。

2. 交互作用创新模型

戴维·H. 罗森布鲁姆(David H. Rosenbloom)在前人对线性模型研究的基础上,构建出交互作用创新模型。具体框架如图 16-5 所示。

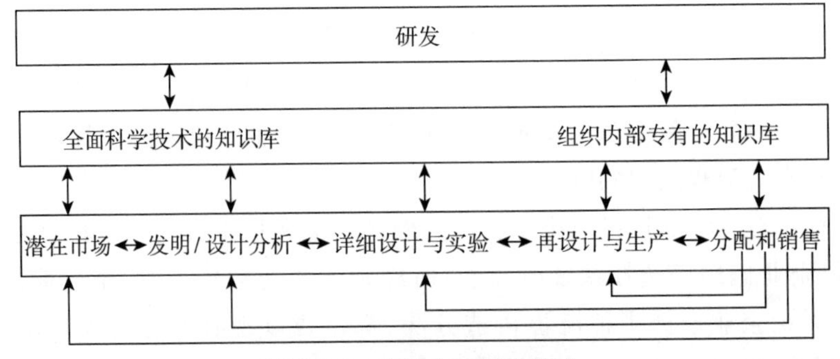

图 16-5　交互作用创新模型

罗森布鲁姆认为创新过程不再是一个线性的链条,而是一个不断受外部影响的交互过程,其交互作用主要表现为两方面:一方面,组织内部对产品研发过程进行的反馈会影响创新,例如组织内部的知识库、分配和销售方式会对研发产生影响;另一方面,外部其他利益相关机构也会对组织产生影响,进而影响组织内部创新过程,例如全国科学技术的知识库和潜在市场会影响企业研发活动。

3. 集成创新过程模型

2006 年,杰克・伯恩斯坦(Jake Bernstein)通过对澳大利亚 9 家生物技术企业和 1 家权威行业机构进行案例研究发现:创新过程不仅受行业内科学技术(技术推动)和市场环境变化(市场拉动)的影响,还会受到组织内部管理制度的影响,因此提出在创新过程中加入三个链条:创新过程核心链、管理结构链、交流控制链。该模型具体框架如图 16-6 所示。

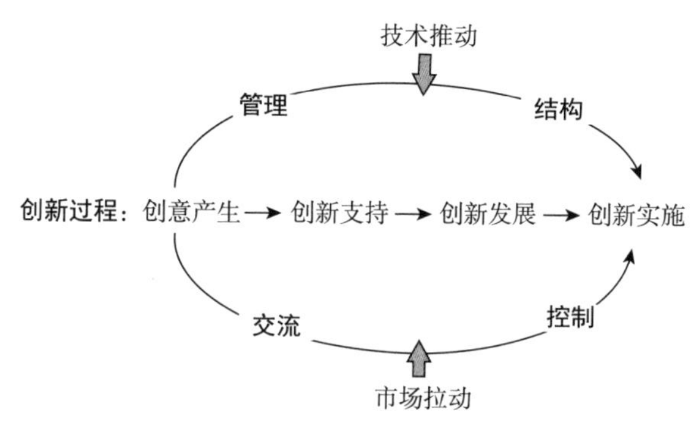

图 16-6　集成创新过程模型

综上所述,线性创新模型是对创新过程的描述,对此后的研究具有启发性的指导作用,但线性创新模型容易忽视组织内外部因素对创新过程的影响,例如管理制度、组织文化和外部环境等。交互作用创新模型开始注意到组织内部知识和外部环境等因素的作用。集成创新过程模型则更进一步关注和挖掘组织内部因素,如管理制度等,还强调外部环境对组织创新的影响,如业内科技的发展状况和市场环境的变化。

三、 创新管理职能的实施

(一) 技术创新

技术创新是企业创新的重要内容,技术创新直接影响企业的生产与发展。企业用来进行市场竞争的产品以及用来生产这些产品的人员和物资设备,都要以一定的技术水平为基础。因此,技术创新对一个企业来说至关重要。

1. 技术创新的内涵

技术创新作为创新活动的一个重要组成部分,可能是新技术的发明和应用,也有可能是对企业已有技术的重新组合。具体来说,技术创新的内涵包括以下几个方面:

(1) 产品技术创新。产品技术创新是指运用技术创新来开发新产品。对于一个企业而言,产品在市场上的受欢迎程度是企业赢得市场竞争的主要影响因素。企业需要通过产品创新,不断推出受客户青睐的产品,来保持并扩大自身在市场中的竞争优势。

产品创新可以分为两种形式:第一种形式是前向创新,这种创新形式是指创造一个全新的产品来满足客户的需求,利用新原理、新技术、新结构开发新产品,比如计算机和汽车的出现都是典型的前向创新。第二种形式是后向创新,这种创新形式是指在原有产品的基础上,对性能、规格和款式等进行改进,使其符合现在客户的需求,比如计算机和汽车的不断更新换代就是典型的后向创新。产品创新是企业技术创新的核心内容,其他创新都是围绕着产品创新而进行的,最终结果也会反映到产品创新上。

(2) 设备技术创新。企业需要借助机器设备进行生产制造,如果生产使用的设备过于陈旧,其产品质量必定缺乏保证,这就会导致生产成本上升和生产效率下降。因此,企业应当注意设备技术创新,生产优质、低成本的产品以占领市场。

对设备进行技术创新,首先要提高生产过程的机械化和自动化程度。其次要加强现有设备的技术改造,将先进的科技成果应用于企业的现有设备,延长设备的寿命或提高设备的效能。最后要积极地加快设备的更新,用先进的设备取代陈旧的设备,使企业生产建立在更加先进的物资基础上,从而保证产品的更新换代。

(3) 工艺技术创新。工艺技术创新是指生产工艺的改革和工艺操作方法的改进。生产工艺包括工艺过程、工艺参数和工艺配方等,是企业制造产品的总体方法和流程;工艺操作方法是劳动者利用生产设备在具体生产环节对原材料、零部件或半成品进行加工的方式。生产工艺和工艺操作方法的创新既可以通过机器设备创新来实现,也可以在现有设备的基础上进行。

(4) 降耗技术创新。原材料和能源是产品和物资生产的基础,这两部分的消耗费用在企业产品成本中占比较大,因此,节约原材料和能源是每个企业都不容忽视的问题。目前多数企业的原材料和能源利用效率低,浪费严重,降低原材料和能源的消耗有利于增加企业收益和增强产品竞争力。可以通过设备技术创新或工艺技术创新来降低原材料和能源的消耗,也可以创造出新的低耗材料,比如随着科学技术的发展,利用新知识和新技术制造的合成材料不断出现,这些合成材料可以替代不可再生能源。

2. 技术创新的模式

技术创新的过程涉及众多因素,正是由于这些因素组合配置方式的差异及结构上的不同形成了技术创新的不同模式。按照技术创新动力的不同,可以将技术创新模式划分为以下三种:

(1) 技术推动模式。技术推动模式认为企业所拥有的新发现、新发明推动了技术创新活动的开展。当技术和科学研究取得重大突破,科学技术走在生产之前时,就会创造出全新的市场需求,或者激发出市场的潜在需求。在这种模式中,基础研究是根基,应首先取得技术研究成果,然后寻找市场将该成果商品化。

熊彼特是技术推动模式的最初倡导者,他认为技术创新和经济增长的“发动机”是技术。技术推动模式认为技术创新是企业在寻求技术发明时完成的,并同时满足或创造了市场需求。在实际发展过程中,许多创新的模式属于技术推动创新,比如无线电、核电站、尼龙的创新。这种模式的创新过程如图 16-7 所示。

图 16-7　技术推动模式的创新过程

(2) 市场需求拉动模式。市场需求拉动模式认为技术创新由市场需求拉动而展开。企业为了满足市场上已有的或潜在的需求,可以通过研发等创新活动制造出合适的产品,从而实现技术创新。市场需求拉动模型的主要倡导者是雅各布·施穆克勒(Jacob Schmookler),他在自己的著作《发明与经济增长》(*Innovation and Economic Growth*)中提出发明创造受外部市场需求的引导和限制。美国学者詹姆斯·M. 厄特巴克(James M. Utterback)曾得出一个结论:60%—80%的重要创新是由市场需求拉动的。

随着社会和经济的不断发展,人们的需求也在不断发生变化,很多技术创新随之产生,比如发生在通信产业、汽车产业等领域的创新就是由市场需求拉动的技术创新。这一模式的创新过程如图 16-8 所示。

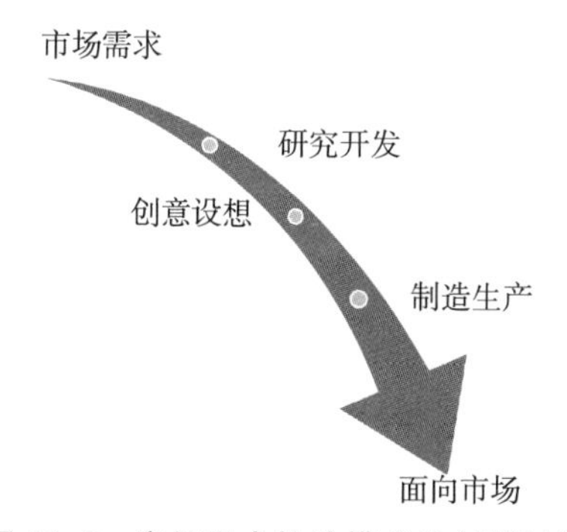

图 16-8　市场需求拉动模式的创新过程

(3) 双重作用模式。双重作用模式认为技术创新不是由技术或市场中某一个因素推动或拉动的,而是由这两个因素相互作用产生的。内森·罗森伯格(Nathan Rosenberg)认为,创新活动由需求和技术共同决定,需求决定了创新的报酬,技术决定了成功的可能性及成本。该模式认为企业在已经拥有技术发明的情况下,发现了相关的市场需求,从而开展了技术创新活动。如今技术创新活动涉及的因素越来越多,情况也变得更加复杂,仅仅依靠某一因素推动的技术创新活动已很难实现。双重作用模式强调科技与市场在创新过程中所形成的合力作用。这一模式的创新过程如图 16-9 所示。

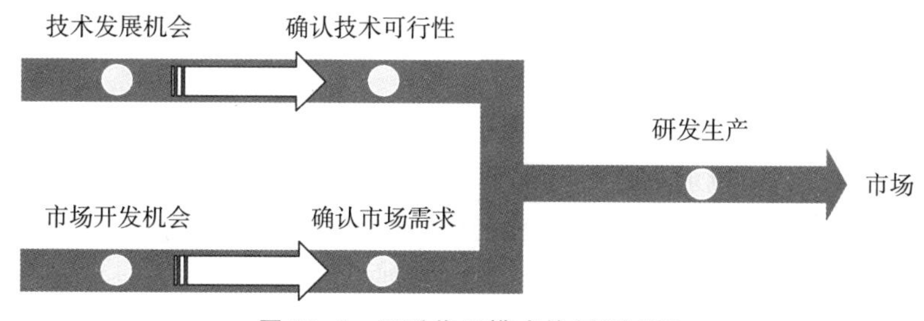

图 16-9　双重作用模式的创新过程

三种技术创新模式各有特点,具体分析如表 16-2 所示。

表 16-2　技术创新模式的比较分析

	技术推动模式	市场需求拉动模式	双重作用模式
创新主要诱因	技术发明	市场需求	技术发明和市场需求
技术与需求关系	技术创造需求	需求促进发明	双向作用
创新难度	难	较难	较容易
创新周期	长	较短	短
成功关键人物	科学家	企业家	科学家和企业家
创新遵循规律	技术发展规律	经济发展规律	经济与技术双重发展规律
创新成果应用	难	容易	容易
创新效果	根本性创新,导致技术的根本变化以及全新产品的形成	渐进性创新,成果容易商业化,迅速产生经济效益	创新成果易于商业化,技术与经济发展相互促进

3. 技术创新的风险

技术创新活动涉及许多环节和影响因素,这使得创新结果具有随机性,并存在一定风险。企业在决定进行技术创新之前,要对影响技术创新的风险因素进行全面分析,尽量将风险降到最低。技术创新活动存在的风险主要有以下几种:

(1) 技术风险。技术风险主要产生在构思和实施阶段。企业的技术不仅包括生产过程中的科学技术,也包括组织管理能力以及创新的预测和确定能力。技术创新受到多方面的影响,企业无法完全预测技术创新的转化成果和投入市场后的前景,因而会产生技术风险。

(2) 市场风险。市场风险主要包括两个方面:一方面是由于产品技术仍不成熟,导致新产品没有被市场接受,或者被竞争对手攻击,这是技术化风险。另一方面是技术创新本身是成功的,但新产品没有被市场接受,或者被其他产品替代,没有带来所预期的收益,这种风险是商业化风险。市场风险的损失一般表现为本期收益的减少,而技术创新的市场风险则包括技术创新开发、转让、转化过程中的投入损失和机会损失。

(3) 政治风险。国家对经济和产业进行宏观调控会给技术创新带来政策性风险。国家宏观政策的变化是企业无法确定的,但企业为了追求长久发展必须进行创新活动。宏观政策的变化会给企业的技术创新活动带来市场和资金方面的风险,甚至可能产生由于政策变化导致无法将新技术应用于产品的情况,从而给企业技术创新带来了极大的不确定性。

(4) 管理风险。领导者为了实现利润最大化,追求技术含量高、市场需求量大、潜在经济效益高的新技术,不顾企业是否有配套的技术力量和相应的设备、原材料及资金的支撑,最终做出错误的决策,这种做法会使技术转化失败,从而产生决策风险。与此相反,领导者对技术创新的关注不够也不利于技术创新的发展。在进行技术创新时,如果因组织协调问题,导致各部门配合不好,便会产生技术创新的管理风险。

（二）组织创新

组织创新，即企业为了适应组织内外部环境的变化，在将员工个人发展计划与组织战略结合的基础上，对企业组织结构及管理方式进行科学调整，以达到提高组织绩效的目的。众多学者自研究组织创新以来，从多种维度对组织创新内容提出看法，但目前学术界尚未就组织创新的定义达成共识。本书采用使用范围相对广泛的《奥斯陆手册》一书中的论述，组织创新即采用科学的方法改进或完善组织处理日常事务的流程，其内容可以归纳为三个方面：组织结构变革、管理技术进步和组织战略实施。

组织创新通过以下途径对企业产生影响：一是运用科学的手段发现业务流程中的缺陷，进而降低组织管理或交易成本、提升企业绩效；二是学术界普遍认为工作氛围可以影响员工绩效，因此组织可通过改善工作环境以提高企业绩效；三是对组织结构进行扁平化改革，减少层级冗余，以促进员工开展创新活动。组织结构决定了企业内部沟通互动的方式，优化组织结构有利于企业内部各层级更有效地利用资源，从而为组织创新提供适宜的环境。

组织创新活动发生的频率和规模受三种因素的影响，分别是组织战略、组织结构和组织规模。组织战略作为组织开展活动的指导方针，对组织发展方向起决定作用，组织创新活动的开展必然也要符合组织战略。企业高层管理者为了应对不断变化的外部环境，运用和调动组织资源开展变革，改善产品或服务，实施创新活动。层级较多的组织结构由于其权力的集中导致沟通渠道不畅，因而不利于产品创新；而扁平化组织结构由于集权化程度较低，不同部门之间沟通效率高，因此员工或部门更容易实施创新活动。大规模企业为了保持运营的稳定性，倾向于执行那些不确定性较低的创新活动；而小规模企业面对风险具有更强的应变能力，倾向于开展不确定性高的创新活动。

组织创新作为一种活动，其结果的表现形式分为过程创新和产品创新，目前最具代表性的组织创新模式是根据创新幅度的大小划分的渐进型创新和跃进型创新。过程创新这一模式能成为主流，既与其符合我国产业转型时期的特点有关，又与其适应当前全球知识化发展趋势有关。人们可以看到：即使在市场经济相对发达的国家，由于近年来高新技术的飞速发展和产业经济结构的调整，经济发展逐渐由资源依赖型向知识依赖型转变。传统企业在人才和知识的积累中多进行渐进型创新活动，高新技术企业在全球信息化浪潮下进行的创新活动多为引发生活方式变革的跃进型创新。

（1）渐进型创新。渐进型创新是组织在经验和知识积累的基础上，对现有技术进行调整和优化的过程，其关注点在于通过优化和改变现有知识，提升业务流程效率，目的是为客户提供更好的服务和产品。

克莉丝汀·科伯格（Christine Koberg）认为渐进型创新是指创新幅度较小的活动，主要分为：在管理者带领下对公司流程的改进；生产或制造的方法改进；组织操作上用于制造产品或提供服务的技术改进；组织结构调整和改进等。我国管理学者刘学认为渐进型创新是在原有技术模式基础上对产品进行局部改进，以提供新的特色或功能。还有学者认为渐进型创新是指那些涉及简单技术和修改现有技术的创新活动。这类创新侧重于降低成本或改进企业现有的生产过程和管理流程，所涉及的资源承诺程度相对较低。

(2) 跃进型创新。跃进型创新是指组织运用较多的新知识,如与以前完全不同的科学技术与经营模式,对产品、服务和工作流程进行的战略性改变或技术突变,其结果表现为市场与产业发生翻天覆地的变化。跃进型创新往往与技术上的重大突变相联系,常伴随着一系列异质性的产品创新和工艺创新,并在一段时间内引起产业结构的重大变化,应用这种创新模式一般需要较长的时间才能看到创新的成果。

我国管理学者陈劲认为跃进型创新是指基于突变性技术的创新,它并不是按照公司主流用户的需求进行的创新,可能无法满足公司主流用户的需求。国内外学者虽然尚未就跃进型创新的定义达成一致,但还是有一些共同点:跃进型创新能够创造新的需求和引领客户需求;它对产品或服务的创新改变较大;它的出现往往会使行业发生翻天覆地的变化。

渐进型创新与跃进型创新是创新活动的两种典型模式,有共同点也有各自的特殊性,可从以下角度对两者进行比较:

第一,从创新目标角度。渐进型创新的目标是维持和增强企业现有能力,寻求利用当前有价值的知识和机会;跃进型创新的目标是破坏企业现有能力,改变游戏规则,寻求开拓未来机会。

第二,从创新关注点角度。渐进型创新关注原有产品成本和性能的提升,多为领先企业所采用;跃进型创新关注新产业、新产品和新工艺过程的开发,多为新创企业所开展。

第三,从创新与惯例的关系角度。渐进型创新依赖于有利于组织创新的惯例迭代及与之相匹配的核心能力优化,连续的惯性行为的积累形成了创新演化的路径;跃进型创新依赖于组织突破思维模式的束缚、打破常规惯例禁锢的能力,形成持续性的核心竞争能力。

第四,从对现有核心业务的影响角度。渐进型创新所采用的方式相对成熟,表现为维持现有技术性能的改进且速度较缓,因此不确定性低,使得组织核心资产和核心业务均不改变;跃进型创新所采用的方式起初很不成熟、难以识别,表现为重塑业务流程且速度较快,因此不确定性高,使得组织核心资产和核心业务受到威胁。

组织创新活动是由企业以市场和客户为导向开展的,企业在现有知识的基础上,运用新的生产技术、操作程序对产品或服务进行改善,其中对产品或服务的改善程度较小的是渐进型创新,改善程度较大的是跃进型创新。组织创新活动类型受到内外部环境的影响,比如社会、经济、文化环境和组织内部管理制度、组织结构等;而组织创新活动会对企业绩效造成直接影响,因此企业应根据内外部环境进行组织创新。

(三) 知识创新

知识创新是企业核心竞争力的基础。新知识会为企业带来发展动力,推动企业的发展,使企业在激烈的市场竞争中保持优势。

1. 知识创新的特征

知识创新不同于其他类型的创新,有其独有的特征:

（1）独创性。知识创新往往是创新企业独创的，是不同于其他企业的，往往带来独特的新观念、新方案等。

（2）前瞻性。与许多企业只重视当前经济利益不同，知识创新更加注重未来的利益，具有前瞻性。

（3）科学性。知识创新是探索新规律、创造新方法和积累新知识的，是以科学理论为基础的，具有科学性。

（4）风险性。知识创新是创造新知识、新规律的活动，没有可以直接使用的方法，而且需要相当多的投入，且其结果具有不确定性，风险较高。但是收益和风险是成正比的。

（5）系统性。知识创新不可能只产生或作用于企业生产经营的某个环节，它是一个复杂的系统，将对整个企业产生影响。

2. 知识创新的作用

知识创新自身可以对企业起到促进作用，提升企业的核心竞争力，还可以与其他形式的创新相互作用，共同推动企业的发展。其相互作用主要表现在以下几个方面：

（1）知识创新是技术创新的基础。通过新知识、新规律的发现创造能推动企业技术创新，提升企业的技术创新能力。知识创新还能提高企业员工的工作技能和专业知识水平，为企业带来更多的知识积累、创造，从而提升企业的创新能力和竞争能力。

（2）知识创新拉动制度创新。企业要进行知识创新，就要调整企业的管理制度和组织结构等要素，使企业的制度和结构更符合知识创新的要求，从而促进知识创新的发展。企业不进行制度创新，知识创新就无从谈起。

（3）知识创新推动管理创新。企业竞争市场瞬息万变，为了跟上市场的步伐，相应的管理措施也要进行创新。知识创新会带来管理创新，进而促进技术创新和制度创新的实现。管理创新能够整合企业现有的资源和能力，使其系统化、综合化，从而促进企业的效益和效率提升。

（4）知识创新促进人力资源创新。通过知识创新，员工会产生新思想，进而掌握新知识和新技能。员工所拥有的新知识会自动融入企业的知识系统，推动企业的创新活动。同时，拥有了新知识的员工可以对自己的工作流程进行再造，提高自身工作的效率，进而促进企业的效率提升。

3. 知识创新模型

（1）知识创新的演化过程模型。世界知名研究机构知识研究所（Knowledge Research Institute）从知识的进化角度研究知识创新的过程，在对知识的类型及转换机制的研究中提出了知识创新的演化过程模型，如图 16-10 所示。

该模型不仅阐释了知识的类型及表现形式，还展示了知识的演化过程。在知识创新的演化过程模型中，将知识创新按其演化的进程划分为五个部分：个体隐性知识、愿景和范式知识、系统化和方法论的知识、制定决策的知识、自动化的程序知识。按照知识的演化过程，知识创新演化得以实现，使得创新在从个体隐性知识到自动化的程序知识之间不断地演化。

图 16-10 知识创新的演化过程模型

(2) SECI 模型[①]。日本学者野中郁次郎等人在《哈佛商业评论》和《斯隆管理评论》等国际知名管理学刊物上连续发表了有关知识创新的论文,提出了 SECI 模型。SECI 模型的基础是将知识分为显性知识和隐性知识。

随后,野中郁次郎在 SECI 模型的基础上又提出了场理论。“场”是知识被转移、分享、利用、创造时所处的情境,它可以是如办公室一般的物质空间,也可以是如电子邮箱一般的虚拟空间,甚至是共享理念般的精神空间,还可以是这三者之间的任何组合。“场”的引入使 SECI 模型中的社会化、外部化、组合化、内部化四个认知维度分别与场理论中的发起场、对话场、系统场、实践场四种空间维度相互对应(见图 16-11)。

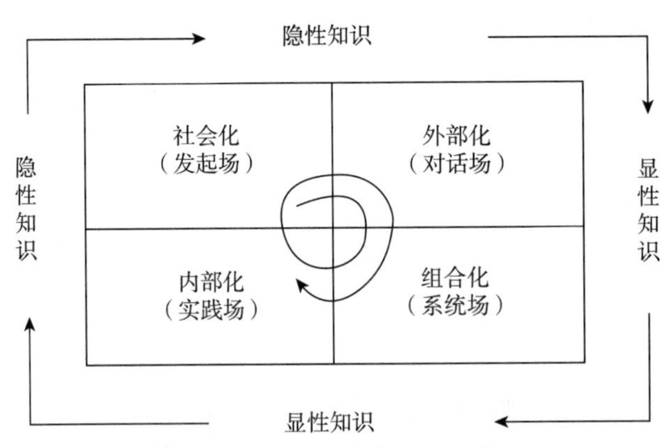

图 16-11 引入“场”的 SECI 模型

社会化是通过分享经验把模糊知识汇聚到一起的过程,如交流经验和讨论看法等,是从隐性知识到隐性知识。比如学徒制就是社会化的典型例子,师傅将自己的工作经验和技巧传授给学徒。外部化是知识创新的关键,是从隐性知识到显性知识。这个过程是

① SECI 模型指知识转化有四种基本模式,即社会化(Socialization)、外部化(Externalization)、组合化(Combination)和内部化(Internalization)。

运用模型和类比等方式将难以描述的隐性知识通过简单易懂的文字、图形和图片等展示出来。组合化是将零碎、分散的显性知识进行交换和组合，使其成为一个知识系统，这是从显性知识到显性知识。内部化是指将显性知识吸收、内化为个体的隐性知识，是从显性知识到隐性知识。通过内部化，企业和个人的知识在质量和数量上都得到了提升。

SECI 过程是连续的、动态的、螺旋上升的过程，个人的隐性知识经过社会化、外部化、组合化、内部化这样一个过程，最终又产生了新的隐性知识，从而进入下一轮过程，引发知识创新的螺旋上升，并且知识在人与人之间、组织内及组织间不断地进行扩散。在 SECI 模型中，产生的新知识继承了旧知识中合理的部分，而否定了其不合理的部分，是对知识的自我超越。

（3）组织知识创新模型。芮明杰认为 SECI 模型准确揭示了知识生产的起点和终点，清晰辨识了知识生产模式的常规类别，是对知识创新过程深入、透彻的分析。但是，SECI 模型也存在一定的缺陷：①没有区分创造与创新；②主要针对隐性知识，而忽视了显性知识的共享；③缺乏对组织作为知识创新系统的特质的描述。

因此，芮明杰在 SECI 模型的基础上，提出了组织知识创新模型，将知识创新的过程划分为六个阶段，即知识获得、知识选取、知识融合、知识创造、知识扩散和知识共享。其中，知识创造和知识共享两个环节是知识创新的核心环节，主导着知识价值链的其他环节（见图 16-12）。

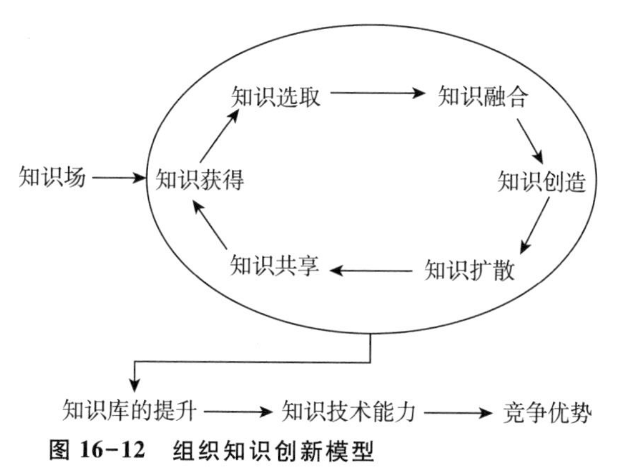

图 16-12 组织知识创新模型

案例讨论

组织知识创新各阶段的目标和具体方式如表 16-3 所示。

表 16-3 知识创新各阶段的目标和具体方式

知识价值链的不同阶段	目标	具体方式
知识获得	从外部获取新知识	搜寻、并购、学习等
知识选取	筛选知识	过滤、分类、提取等
知识融合	管理知识	整合、优化、吸收等
知识创造	创造新知识	SECI 模型
知识扩散	传递知识	教育、培训、分送、解读和应用
知识共享	个人、团体和组织分享知识	知识社区

第二节　创业管理

一、创业的内涵

(一) 创业的含义

现代创新理论的提出者熊彼特认为,创业首先要有一个梦想和创建个人王国甚至王朝的意愿,尽管这不一定是必需的;其次要有一种征服的欲望,即战斗的冲动,为了证明自己比其他人强大,为了寻求成功,不在意成功带来的后果,而在乎成功本身。从这个角度讲,经济上的活动和体育运动有了某种共性,经济上的最终收益只是次要的问题,或者其价值主要在于彰显成功和胜利,其更重要的作用通常在于激发更多的投入,而不只是致力于产品本身。最后,创业要能在创新、胜任某项工作或是运用自己能力和智慧的过程中体会到愉悦感。在他看来,创业是挑战自我的过程,能否获得报酬并不是至关重要的。

现代管理学之父德鲁克认为,创业精神是一种行为,而不是个人性格特征。只有那些能够创造出一些新的、与众不同的事情并能创造价值的活动才是创业,它与管理是一体两面。在德鲁克看来,管理和创业相互联系,不应孤立地对二者进行研究,这种视角极大地开阔了学术界的思想。

"创业教育之父"杰弗里·蒂蒙斯(Jeffry Timmons)认为,创业是一种思考、推理结合运气的行为方式,它为运气带来的机会所驱动,需要在方法上全盘考虑并拥有和谐的领导能力。蒂蒙斯将运气作为一种影响创业的因素,使创业研究更加严谨和完善。

综上所述,虽然不同学者从不同角度对创业做出了不同的解释,但可以通过对创业主要特征加以归纳将创业定义如下:创业是指创业者在可容忍的风险范围内,通过创建企业或创新组织结构,整合资源和能力,并把握商机向市场及时推出新颖的产品或服务,创造个人价值和社会价值的过程。由此,创业特征可以总结为以下几点:

(1) 创业的本质是把握机会。创业机会是指创业者有条件地加以利用各种能创造出对新产品、新服务、新原材料和新组织方式需求的情景。机会面前,人人平等,但机会隐藏在暗处,不具备敏锐观察力的人很难发现并加以利用。拥有创业精神的管理者可以在适当的时间把握属于自己的机会,并最终实现价值创造。

(2) 创业的目标是创造价值。企业以价值最大化为目标,创业也是进行价值创造的过程,因此,价值最大化也是创业的根本目标。在创业过程中,短期利益是创业者需要关注的,但对长期可持续发展的追求也不可忽视,创业者不但要追求自我价值的实现,还要为客户、员工、股东、政府等利益相关者创造相应的价值。

(3) 创业的手段是要素整合。生产经营要素是指企业为了提供产品和服务所应具备的资源以及运用这些资源的能力。资源获取能力和整合能力的强弱将直接关乎创业活动的成败。要实现企业的可持续发展,创业者必须突破各类稀缺资源的阻碍,增强资源整合能力,提高资源配置效率,进而更有效地利用外部商业机会。

(4) 创业的关键是精准创新。创新和创业有各自的边界,但它们之间也存在密切的联系,创新是创业活动的源泉,创业又可以激发和鼓励创新。随着经济全球化的日益扩张,以及信息化和高新技术发展的日益迅猛,创业者必须利用创新来降低成本、提高效率、扩大销售量、提升竞争力。创业者通过机会、价值、要素的创新,适时推出符合市场需求的新产品或服务是把握创业机会的内在要求,也是实现和发展创新的基础。

(5) 创业的保障是风险防范。创业本就是一个危机重重的创造过程,现代社会的复杂多变又给创业增加了更大的不确定性。面对复杂多变的外部环境,创业者只有在创业的整个过程和各个方面加强风险防范,才能实现企业的快速崛起和可持续发展。

(二) 创业的主要类型

随着国家对创业的鼓励和推动,创业活动蓬勃开展起来,创业类型也越来越多元化。属于不同创业类型的企业具有不同的创业环境、资源禀赋、战略目标和风险偏好,其创业战略、组织形式和管理模式也存在较大的差异。创业的主要类型如图 16-13 所示。

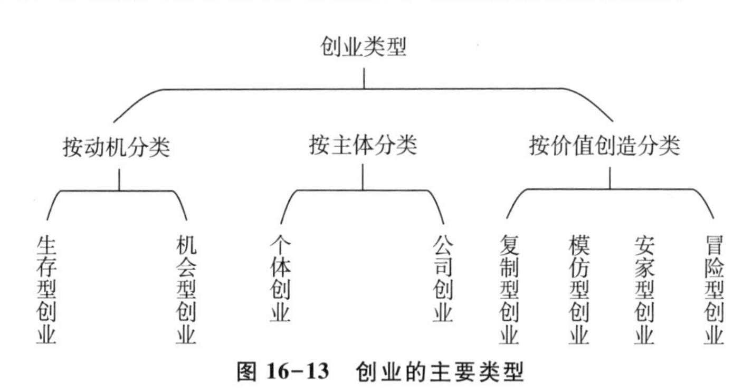

图 16-13 创业的主要类型

1. 按动机分类

根据创业初始动机的不同,可以分为生存型创业和机会型创业。生存型创业的创业者,起初可能并没有创业的概念,只是出于对生存的考虑,通过自己的努力在创业的道路上不断积累经验、财富、人脉等,最终取得了令人瞩目的成就。机会型创业是一种主动型创业,相比生存型创业,机会型创业不仅能解决自己的就业问题,而且能解决更多人的就业问题。另外,机会型创业着眼于新的市场机会,拥有更高的技术含量,有可能创造更大的经济效益,从而改善经济结构。

2. 按主体分类

根据发生创业活动的场所和创业的个体差异,可以分为个体创业和公司创业。个体创业是指创业者不依赖某个组织而开展的创业活动。公司创业是由在组织中工作的个体或某个团队推动的。虽然在创业本质上,公司创业和个体创业有许多共同点,但是由于最初的资源禀赋、组织形态、战略目标皆不同,导致二者在创业的风险承担、创业环境、创业成长等方面有很大的差异。

3. 按价值创造分类

(1) 复制型创业。该类型的创业所包含的创新成分很低,主要是复制其他企业的经营模式。例如一个曾在餐厅担任过厨师的创业者,辞职后开了一家与原所在餐厅相似的餐馆。很多新创企业都属于复制型创业,该创业模式缺乏创新性,不能体现创业精神的内涵。创业管理一般不研究复制型创业。

(2)模仿型创业。模仿型创业与复制型创业既有相同之处也有不同之处。两种类型的创新成分都很低,都不能给市场创造新的价值,但模仿型创业的创业者在创业过程中要承担较高的风险,例如一家餐厅的经理辞职选择去开设一家纺织公司。模仿型创业具有较高的不确定性,创业者需要不断进行学习,一旦犯错将会付出极高的代价。

(3)安家型创业。这种创业形式给社会创造了新的价值,但对创业者而言,却并没有为其带来改变。安家型创业看重的是创业精神,也就是创新活动,并不强调新企业的创造。例如某个研发小组在一个部门开发出新产品后,转而投入另一个新产品的开发。

(4)冒险型创业。冒险型创业使创业者的个人前景面临着较高的不确定性,将为其个人带来极大的改变。冒险型创业风险高、难度大、失败率高,但成功后的报酬却极为丰厚。冒险型创业者要想获得成功,就需要协调好创业时机、创业者能力、创业过程管理等各个方面。

二、创业过程的分析

(一)创业机会的识别及其影响因素

1. 创业机会的识别

创业机会的识别对于创业者来说十分重要。从创业过程角度来看,创业机会是创业者进行创业的起点。创业就是围绕创业机会进行识别、开发、利用的过程,识别并把握合适的创业机会是创业者应当具备的重要技能。那么,创业者应如何识别创业机会呢?

希尔斯(Hills)等人在创造力心理学理论的基础之上提出了创造力五阶段创业机会识别模型,包括准备、孵化、顿悟、评价和阐述。此后,诺埃尔·J. 林赛(Noel J. Lindsay)和贾斯汀·克雷格(Justin Craig)在希尔斯等人的基础上将创业机会识别的过程分为三阶段,如图 16-14 所示。

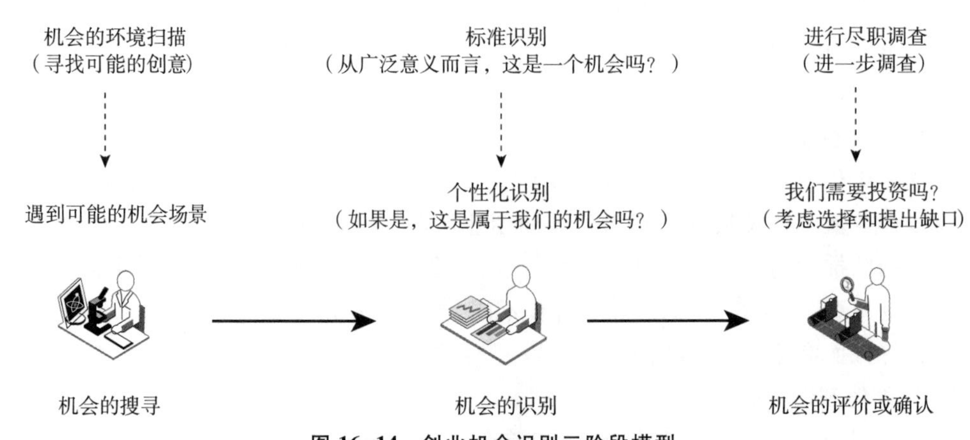

图 16-14 创业机会识别三阶段模型

第一阶段:机会的搜寻。在这一阶段,创业者在整个社会的经济系统中寻找创意。创意可能来源于个人的兴趣爱好,如果乔布斯对计算机没有强烈的热爱,是无法创立苹果公司的,更不会创造出一代又一代受人追捧的苹果手机。创意还可能来源于熟悉的和不熟悉的产品或服务,因为熟悉某种产品,所以最容易发现其弱点,从而产生解决问题的创意;因为不熟悉某种产品,不会受原有规则的约束,可以进行天马行空的想象,从而在各种奇思妙想中发现创意。在寻找到的所有创意中,如果创业者将某种创意进行识别,认为该创意具有潜力并能够转变为创业机会,那么就进入了创业机会识别过程的下一阶段。

第二阶段:机会的识别。在这一过程中,创业者需要从所有的创意中筛选出合适的机会。这个筛选的过程可以分为两步:第一步,对将要进入的行业及市场整体环境进行认真分析,然后判断筛选出的机会在广泛意义上是不是有利的商业机会。一般而言,好的商业机会可以创造较大的价值,给予创业者回报,这种回报不是一次性的或短暂的,而是长期可得的。另外,好的商业机会一般可以很快创造出商业价值。第二步,观察该机会对于创业者和投资者来说是否有价值,也就是个性化的机会识别阶段。

第三阶段:机会的评价或确认。创业机会的评价是创业活动中的一个重要问题。创业者通过对机会进行评价,然后决定是否对机会开展实际行动。一般而言,创业机会可以从产品、技术、市场和效益等方面进行评价。比如,产品是否具有创新性,技术是否先进,市场规模是否可以扩大,效益是否可观等。然而,创业机会往往比较模糊,有些指标无法准确地评估,在这种情况下就需要创业者凭借自己的创业警觉性来对指标进行分析。

2. 创业机会识别的影响因素

创业机会对于创业者来说是其事业的起点,一切创业活动都是围绕机会进行的。因此,对创业机会进行识别,是创业者开展创业活动的第一步,也是十分重要的一步。识别创业机会,要求创业者对影响机会识别的因素进行深入分析。创业机会识别的影响因素主要分为以下几类:

(1) 创业警觉性。罗伯特·A. 巴伦(Robert A. Baron)认为创业警觉性是由市场、技术、竞争、政策等因素发生变化而引起的一种对机会进行认知的能力,这种能力以个体拥有的独特认知能力(如高智商和创造力等)为基础,同时也依赖于个体拥有的认知结构——原型或事例。创业者依靠这种能力可以对满足市场和客户需求的解决方法进行识别,并最终形成当前市场没有的新产品或服务。在机会识别过程中,拥有较高警觉性的创业者往往会识别出更多的潜在机会,因为许多的创业机会本身具有很强的模糊性,这种模糊性会使警觉性低的创业者看不到其中的前景而放弃。因此,创业警觉性与创业机会的识别之间有直接的关系,即创业者的创业警觉性越高,其识别出创业机会的可能性越大。

(2) 先前经验。创业者能够识别出潜在的发展机会绝不是偶然的,以前的经验会影响其识别过程,这种经验可能来自学校里学习的理论知识和课题研究,也有可能来自以前长期从事某行业的工作实践。每个人的先前经验不同,对同一个机会就会有不同的认知。比如同样看到苹果落地,其他人对此视若无睹,而牛顿却从这种现象中发现了万有引力定律。这是因为牛顿拥有关于力学的大量知识,能够对其进行深入思考,从而得出这一伟大定论。机会识别也是如此,脑海中积累了丰富的背景知识和经验的人相比那些经验较少的人来说,能更加容易地识别出潜在的创业机会。

(3) 资源禀赋。资源禀赋是指创业者在机会识别时拥有的资源。学术界将这些资源分为人力资源、物质资源、技术资源、金融资源及社会资源等。创业者在机会识别时拥有的资源越多,机会识别的成功率就会越大。比如,一个需要巨额启动资金的优质房地产项目,对于金融资源较少的创业者来说可能不太现实,但是对于资金雄厚的创业者来说就是一个绝佳的投资机会。

(4) 社会网络。社会网络是指社会个体或组织之间因为互动而形成的相对稳定的关系体系,它关注的是人们之间的互动和联系。一个人的社会网络越广泛,了解的信息就越多,掌握的知识也就越丰富。在当今信息时代,谁拥有的信息多,谁就掌握了机会。对创业者来说,社会网络能够帮助其建立更多的信息渠道和资源通道,从而为创业者带来大量的信息和资源,使其能够更加容易地识别出有价值的创业机会。

(二) 创业资源的整合

1. 创业资源整合的内容

资源是创业者进行创业的一个重要前提条件。蒂蒙斯教授将机会、团队和资源看作创业的三大条件。他认为,资源就像画家的颜料和画笔,只有当画家具有创作灵感时才会在画布上挥毫泼墨,描绘出一幅幅精美绝伦的画面。对于创业者来说,并不是所有的资源在创业初期都会一应俱全,有些资源需要他们在创业过程中不断地去寻找,然后再对获得的资源进行有效的整合。大量的创业实践表明,拥有资源不是关键,关键的是对他人资源的控制和影响,即资源的有效整合。

一般而言,企业的资源整合主要包括四个方面:

(1) 个体资源与组织资源的整合。一方面,企业可以把独立的、零散的一些个体资源融入组织,使其系统化和组织化,进而变成组织资源。另一方面,组织资源可以被吸纳进组织载体,从而激发个体资源载体的潜能,提高个体资源的使用价值。

(2) 新资源与传统资源的整合。新资源与传统资源是相互作用的,主要表现在两个方面:一是引进新资源可以提高传统资源的利用效率;二是传统资源的合理使用可以激活新的资源,促使新资源不断涌现。

(3) 横向资源与纵向资源的整合。横向资源整合是指企业关注产业价值链的某一个环节,讨论并思考利用企业中的哪些资源以及如何利用这些资源才能使该环节的效用和价值达到最大化。纵向资源整合是把企业拥有的资源视为处于价值链上的不同位置,强调企业要找准自己的定位,利用自己的优势做最有利于企业发展的事情,并对不同环节的工作进行协调,使其共同发挥作用,最大化价值链的价值。无论是横向资源整合还是纵向资源整合,都考虑到将企业自身视为资源整合的一部分,然后联合其他资源以求得最优效果。

(4) 内部资源与外部资源的整合。内部资源整合就是企业尽可能少地投入外部资源,充分利用企业的内部资源,从而实现经营目标的一种发展过程。创业企业的内部资源可以概括为人力资源、财力资源、物力资源和技术资源四种类别。与人力资源相比,其他三种资源的作用是十分明确的,如果加以合理配置和利用,会对新创企业的发展起到强大的推动作用。外部资源是彼此独立的利益主体,它们不能轻而易举地得到,需要创业者自己发现和挖掘。因此,创业者对这些资源开发、配置和利用的难度往往较内部资源更大。整合企业内部资源的目的是协调企业内部的各种利益关系,提高资源效率,助推企业发展。整合企业外部资源,首先要考虑资源是否可以获得和整合,然后考虑资源效率是否可以提高。

2. 创业资源整合的方式

按照资源类型的不同,创业资源整合可以分为技术驱动型、资金驱动型和人力资源驱动型三种。按照资源整合的途径,创业资源整合可以分为利用价格机制的资源整合、利用溢出和扩散效应的资源整合、利用竞争合作关系的资源整合,以及利用指导性机制的资源整合四种。更多学者遵循的是大卫・G. 西蒙(David G. Simmons)对资源整合方式的划分,即稳定调整的资源整合方式、丰富细化的资源整合方式和开拓创造的资源整合方式。

(1) 稳定调整的资源整合方式。这种整合方式是指创业者在维持新创企业现有能力的基础之上,对企业现有资源组合进行略微调整,从而保持人力、技术、设备等基础性资源不发生明显的变化。

(2) 丰富细化的资源整合方式。这种整合方式是指创业者对新创企业的现有能力进行一定的扩展。通过学习新的知识和技能,或者给现有资源增加一种补充资源,可以实现资源整合方式丰富细化的目的。增加的补充资源可能是原来就已经存在于组织中的,也可能是新近开发的,或者是通过丰富某种能力而得到的。总之,对企业资源进行更为深入的整合,可以增强企业现有的能力。

(3) 开拓创造的资源整合方式。这种整合方式是指创业者使用全新的方式或者使用全新的资源进行整合,以创造新的能力。这种整合方式不是建立在原有的知识或经验基础之上,而是一种慢慢探索学习的过程,涉及全新资源的获取和整合。这些新资源是近来从战略要素市场获得的,然后将其以创新的方法进行整合,从而实现开拓创造的资源整合方式。

竞争优势往往属于那些善于进行资源整合的企业,而不是属于那些仅仅拥有大量资源,或者投入巨额资金开发新资源的企业。因此,学会整合资源是创业者需要掌握的一项重要技能。选择一种合适的资源整合方式对于创业的成功以及新创企业的发展都有重要的意义。一般而言,资源整合方式的选择应与创业者的性格特点、企业对资源的整合能力、外部的资源环境以及自身的资源现状相联系。对于初次创业的人来说,由于自身的资源条件有限,即使创业失败,承担的风险损失也相对较少。因此,如果此时自身的资源条件和外部的资源环境较好,就可以尝试开拓创造的资源整合方式。

(三) 创业商业模式的设计

创业者寻找到合适的创业机会之后,就需要构建一个与之相适应的商业模式。德鲁克曾说过,当今企业之间的竞争,不是产品之间的竞争,而是商业模式之间的竞争。通过对商业模式的设计,创业者可以考虑到企业在组建过程中遇到的诸多问题,从而可以对整个创业活动进行理性分析和精准定位。如果发现所设计的商业模式存在错误,创业者应该尽快放弃错误的商业模式,调整发展方向,明确可行的商业模式。

一般而言,创业商业模式设计有三个紧密联系的环节:模式策略、模式定位和模式构建。商业模式的设计不是一个静态的过程,而是需要不断进行完善、修正和变革的动态过程(见图16-15)。

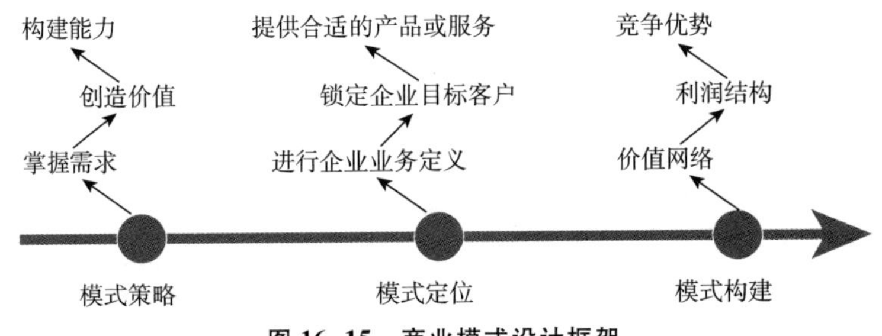

图16-15 商业模式设计框架

1. 模式策略

明确模式策略是商业模式设计的起点。模式策略涉及三个方面的内容:掌握需求、创造价值、构建能力。

(1) 掌握需求。如果新事业的价值主要在市场端和客户端呈现,那么创业者在进行创业活动之前,应对市场进行仔细调研,掌握市场中不同客户的需求。比如,施乐公司作为一家世界500强的公司,其客户主要是大型企业和专业影印公司,因此它不了解那些个人客户对影印便利的需求,从而错失了开发桌上型复印机的契机。佳能公司则通过市场细分分析,发掘出这部分需求,最终吸引了大批个人客户。

市场细分是指将客户依不同的需求、特征区分成若干个不同的群体,从而形成各个不同的消费群。市场细分不只是静态的概念,也是动态的过程。通过市场细分分析,了解并掌握某一特定客户群体的特定需求,寻求产品在市场中的精准定位,是商业模式设计过程中的一项重要工作。

(2) 创造价值。一般而言,一项活动或项目的创新程度越高,其创造出较大价值的潜力就越大。然而,价值创造的难点不在技术端和产品端,而是在不确定性极大的客户端。无论这项活动或项目的创新程度有多高,如果不能为客户创造出他们所需要的价值,那么这项活动或项目就是失败的。因此,如何将技术端的创新成果应用于市场端和客户端,并使其创造出显著的价值,是商业模式设计的一大难点。

(3) 构建能力。如果创业者希望技术创新产品能够满足客户需求,创造出客户价值,那么就需要构建可以实现客户价值的活动流程——价值链。

波特在价值链分析中指出,价值链中的不同环节会为企业创造出不同的利润。企业若想使利润最大化,就必须将自己摆放在最有利的市场地位,掌握关键资源和关键能力。因此,在商业模式的设计过程中,应该使企业处于最有利于创造利润的位置,并使企业本身所拥有的核心能力与价值链中最重要的环节紧密结合,以明确显示企业具备创造利润的能力。

2. 模式定位

商业模式定位需要创业者思考三个问题:企业的业务是什么?目标客户是谁?应该向他们提供什么样特征的产品或服务?

(1) 要想实现企业商业模式的定位,首先应该定义企业的业务,它可以帮助管理者抓住关键机会,从而过滤掉许多无用信息,节省时间成本。一家企业通过定义业务可以判断出自己的客户、合作者与竞争对手,还可以知道企业想实现经营发展应该具备的资源和能力。对“企业究竟处于何种行业”这一问题进行反复探讨是明确企业业务的一个很好的开始。企业可以通过以下四种方法来定义自己的业务(见图 16-16)。

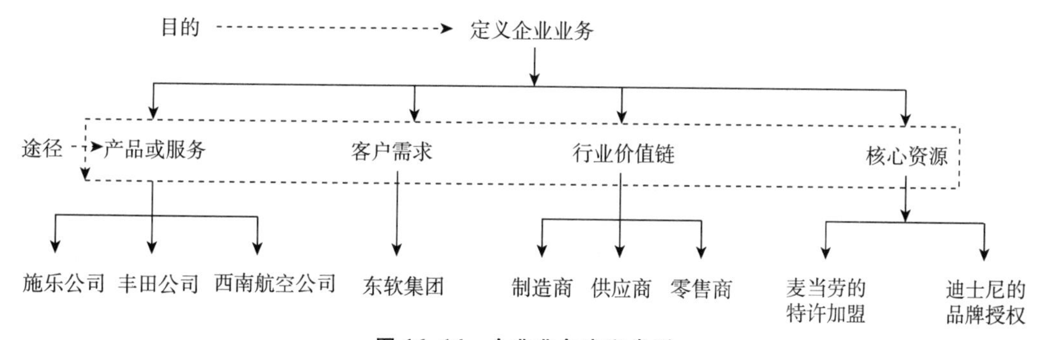

图 16-16　企业业务定义类型

具体来看,第一种方法是企业根据自己向客户提供的产品或服务来定义业务。例如,施乐公司向客户提供复印设施,丰田公司向客户提供汽车产品,西南航空公司向客户提供航空运输服务等。第二种方法是企业根据客户需求来定义业务。例如,东软集团负责向下游客户提供软件,并为客户提供 IT 解决方案与服务。第三种方法是企业依据其所处的行业价值链环节来确定业务,如各种品牌制造商、供应商、零售商等。第四种方法是企业根据其核心资源来定义业务,如麦当劳的特许加盟战略、迪士尼的品牌授权战略等。

(2) 进行商业模式定位需要思考的第二个问题是如何锁定企业目标客户。企业在对目标客户进行识别和确定时,应该考虑到地理区域对识别的影响,以及如何对客户进行细分。按照不同的标准,企业对客户群的划分方式也有所不同,但重点是企业如何创造性地划分已有的客户群,从而为企业带来最大的利润。识别潜在的客户需要创造性的方法,第一种方法就是打破现有的思维方式,把“谁是客户”这种直接想法转变为“客户需求”这种间接问题,即认真思考企业的产品满足的是客户的何种需求,并探寻企业客户是否有类似需求。第二种方法是从多种角度来思考问题。首先,企业应该建立一个适当的客户标准,然后测量客户是否满足这个标准,显然,在标准内的就是企业应该识别的目标客户;然后,企业应该确定某种做法,在被识别的目标客户中观察哪些客户会被企业的行为吸引,那么这些客户就是企业应该锁定的目标客户。第三种方法是“量力而行”,即企业根据自身拥有的资源和能力来选择客户。这种方法能否成功,其关键就在于企业是否可以找到与其资源和能力相匹配的客户。

(3) 进行商业模式定位需要思考的第三个问题是企业应向目标客户提供具有什么样特征的产品或服务。没有企业可以把所有的客户作为自己的服务对象,也不可能向一个客户提供所有的产品和服务,模式定位需要解决的就是在企业可提供的所有产品和服务中,应将哪种产品或服务作为重点。

3. 模式构建

商业模式构建的关键在于价值网络、利润结构和竞争优势三个环节。

(1) 价值网络。在由新创企业和其他企业形成的价值网络中,如果新创企业处于优势地位,能够运用网络创造显著的价值效果,企业就能够创造丰厚的利润。但在价值网络中,还存在供应商、客户和竞争者等,它们与企业形成了一种既竞争又合作的关系,会严重影响企业利润的实现。因此,创业者在为企业设计商业模式时,需要清楚认识潜在的竞争者,然后利用五力分析和竞合分析的框架,一方面采取战略联盟手段建立伙伴关系,另一方面采取专注策略,依据自身核心能力寻求最优定位,以求在价值网络中构建有利于创造竞争优势及实现价值的竞合关系。

(2) 利润结构。对于企业来说,一个完整的商业模式应清楚地陈述成本与收入结构以及预期的利润目标,并向投资者表明未来投资可能回收的方式。为了实现企业的利润目标,商业模式中有关成本与收入结构的内容应包括定价方式、收费方式、销售方式、收入来源比重等。

(3) 竞争优势。波特认为一个企业的竞争优势主要体现在三个方面:低成本、产品差异化及专一化。低成本要求企业建立高效的生产设施,对成本与管理费用进行严格控制;产品差异化要求企业向客户提供与众不同而又能创造价值的产品;专一化要求企业能够以更高的效率、更好的效果为某一狭窄的战略对象服务,从而超过更广阔范围内的竞争对手。因此,一个好的商业模式应该将波特提出的三种优势策略充分地融合运用,显示企业能够在利基市场有效率地提供差异化的产品,并创造价值以满足客户的需求。

明确了商业模式的设计过程之后,就需要进行模式的设计操作。对于创业者来说,设计的商业模式应该可以清楚地表明企业是如何创造利润的。不同的企业有不同的盈利模式,由于环境、政策等各种不可控因素的影响,市场环境在未来的境况不得而知,因此创业者无法获得完全的市场信息,无法保证企业的商业模式一定会为企业创造利润。因此,如何设计出一个有效的商业模式,使企业在现有资源背景下创造出最大利润,往往是创业者在创业过程中面临的重大难题。

三、 社会责任与创业伦理

(一) 社会责任

1. 社会责任的内涵

"企业社会责任"这一说法是 1923 年由英国学者欧利文 · 谢尔顿(Oliver Sheldon)率

先提出的。起初关于社会责任的探讨主要集中于道德伦理层面,后来慢慢侧重于法律层面。有一部分学者认为,应将社会责任的适用范围限定于企业,即企业社会责任;还有些学者则认为,社会责任可以适用于包括企业在内的一系列组织,即广义的社会责任。由于受到可持续发展观念的影响,社会责任的适用范围越来越广,包含的内容也日趋丰富,但它的核心仍是企业社会责任。关于企业社会责任的概念众说纷纭,概括起来有以下几种:

(1)经济责任说。诺贝尔经济学奖得主米尔顿·弗里德曼(Milton Friedman)认为:公司的社会责任就是为股东们赚钱。德鲁克也认为:企业首要的责任就是获取足够的利润以弥补将来的成本,如果这个社会责任没有实现,其他的社会责任也不可能实现,经济衰退中的企业不可能成为好雇主,或者对社会负责。随着对资本需求的迅速增加,用于非经济目的(尤其是慈善事业)的企业收入盈余不可能增加,它们几乎一定会缩减。基于以上说法,我国的部分学者认为,企业的最终目标就是追求利润,政府才应该去解决问题。有学者认为,与跨国企业相比,我国的企业规模相对较小,盈利能力也比较弱,如果一味地强调让企业承担社会责任,则必定会影响企业的健康成长,甚至影响企业的生存。因此,只要企业做好了应该做的事,就算是完成了企业应承担的社会责任。

(2)慈善责任说。菲利普·科特勒(Philip Kotler)及南希·李(Nancy Lee)认为,企业社会责任是企业的一种自我承担,企业通过其"自愿"的商业行为及"自愿"地贡献它所占有的资源去改善社区的福祉。社区福祉包含人类的幸福及环境的保护。法律并没有规定企业的这种"自愿"承担,社会公众也没要求企业进行此种承担。我国学者普遍认为,企业社会责任可以概括为以下四种:经济责任、法律责任、道德责任和社会责任。为社会创造财富、提供产品和服务是企业的经济责任;企业在法律准许的范围内进行生产、运营、销售是企业的法律责任;节约资源、保护环境、不欺诈等是企业的道德责任;企业所做的慈善可以理解为企业的社会责任。

(3)道德责任说。谢尔顿曾经断言,在企业社会责任中,最主要的应是道德责任。一些知名的学者和商业人士认为,企业社会责任即企业对社会所承担的道义责任。他们谈起社会责任,时常会用"公司活动的义务""企业行动是否有利于他人""企业要做有意义的事""企业家要用较高的道德标准来约束自己"等词句来描述。如我国学者认为,企业对社会的道义责任是一种理性、自觉的行为,是企业社会责任的实质所在,强迫企业承担社会责任只能应付形式问题,无法解决实质问题。

(4)法律责任说。对此观点持赞同意见的学者认为,企业责任由两部分组成:社会责任和道义责任。企业的社会责任是法律明确规定的、不可不履行的责任,最大的特点就是具有法制性和强制性,法律会监督企业是否履行社会责任,该责任是法制性责任;企业的道义责任则具有非法制性和非强制性的特点,属于道德性质的责任,社会捐赠就是其主要的表现形式。因此,企业在行动上应先完成法律规定的社会责任,在此基础上再完成道义责任。我国有学者就认为:跨国公司推行工厂守则,并非出于道义感或伦理价值的追求,更直接地说,这种行为也是具有商业目的的。但如果作为一种纯粹的商业行为,企业社会责任运动便会改变其社会性质,因此必须明确认识和强调企业社会责任的法律性质。

(5) 综合社会责任说。企业综合社会责任的观点是由美国经济发展委员会于 1971 年提出来的。该观点认为,企业社会责任包括经济责任、法律责任、道德责任和慈善责任。这几个责任之间的关系可以用同心圆模型来表示,如图 16-17 所示。

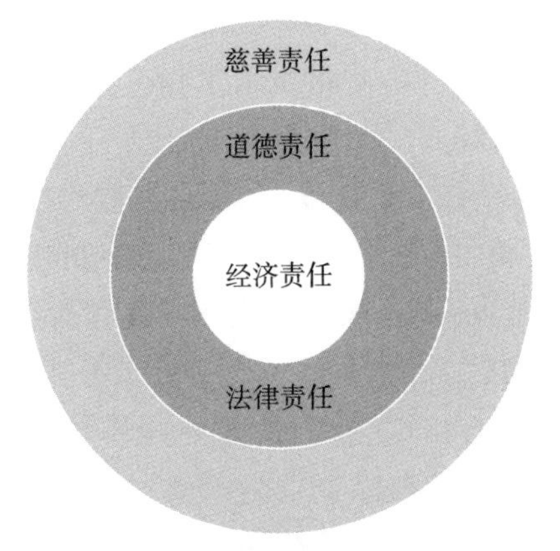

图 16-17 企业社会责任的同心圆模型

企业最基本的经济责任位于第一层,涉及的是企业的根本问题,如企业生产、人员雇佣等;法律责任和道德责任位于第二层,即企业在完成经济责任的同时要遵守法律,不违背道德和风俗习惯;最外层表示的是企业必须关注的法律、道德之外的社会和环境问题,企业可以自主选择是否承担该责任。以此为基础,阿奇 · B. 卡罗尔(Archie B. Carroll)提出了企业责任的金字塔模型,如图 16-18 所示。

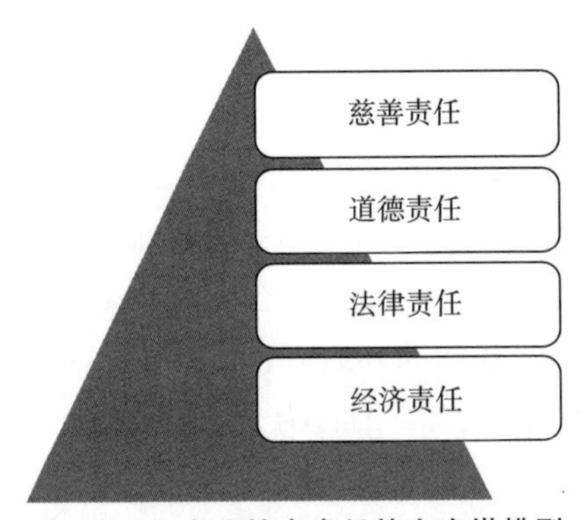

图 16-18 企业社会责任的金字塔模型

他认为第一层应为经济责任,因为经济是企业的基础,而企业也需要靠利润来生存和发展。第二层的法律责任也是企业运营过程中必须要严格遵守的。第三层的道德责任要求员工在日常工作中应保证公平、公正和正确地行事。而履行位于金字塔最顶端的慈善责任,则意味着企业成为一名合格的公民。慈善责任是企业应承担的最高层次的责任,它存在于经济责任、法律责任和道德责任的基础之上,只有前三项责任得以履行,才能计划承担慈善责任。

（6）利益相关责任说。爱德华·弗里曼（Edward Freeman）在《战略管理：利益相关者方法》（*Strategic Management: A Stakeholder Approach*）中指出，企业与众多的利益相关者有关，他将利益相关者定义为“任何能够影响企业目标或被企业实现目标影响的组织或个人”。利益相关者可以分为投资者、员工、客户、供应商、竞争者、环保机构、公益组织和政府，如图16-19所示。

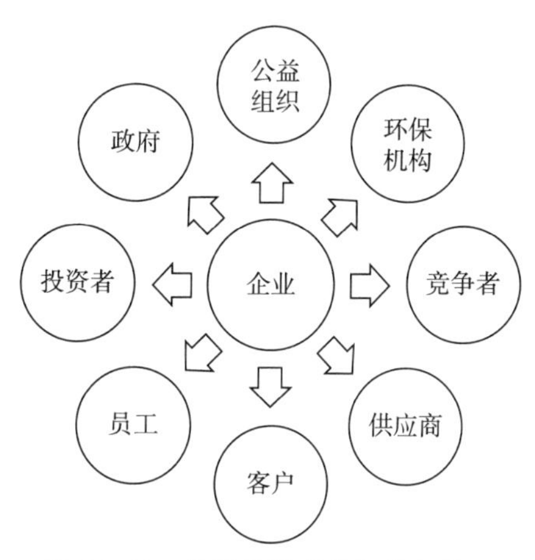

图16-19 弗里曼的利益相关者模型

企业社会责任不仅仅是创造利润，它要求企业在赚钱的同时必须回报股东，以及承担对员工的培训责任和对环境的保护责任，比如企业应遵守商业准则、安全生产、保护员工合法权益等。持这种观点的学者还指出，企业社会责任是指企业不仅要专注于谋求自身利益的最大化，还要履行维护和增进社会利益的义务。

在此基础上，斯蒂芬·P.罗宾斯（Stephen P. Robbins）对企业社会责任的内容进行了补充和完善。他认为，企业社会责任是工商企业追求有利于社会的长远目标的义务，而不是法律和经济所要求的义务，它是指企业对利益相关者所承担的除法律责任以外的增进社会利益的义务。因此，企业社会责任可以看作企业在承担经济责任、法律责任之外所应承担的“第三种责任”。

基于此，企业社会责任可以定义为：企业在谋求自身发展的同时，必须采取保护利益相关者利益和社会利益的行为。

2. 企业社会责任的主要内容

（1）企业对员工的责任。在现代企业中，员工作为企业的一种资源，占有越来越重要的地位。员工作为企业的人力资本，其命运与企业的命运紧密相连，企业应对员工承担相应的责任。首先，企业应努力为员工创造一个安全、舒适的工作环境，便于提高员工的工作效率；其次，建立公平、公正、有效的绩效考核和激励机制，对所有员工一视同仁；最后，为员工提供学习和提高的机会，增强其工作的参与感和责任感。

（2）企业对投资者的责任。企业的物资资本属于企业的股东或所有者，因此，企业应以所有者的利益为出发点，积极参与市场开拓与竞争，以确保投资者可以获得收益。同时，企业还应准确、及时地告知投资者企业的运作情况。

(3) 企业对服务对象的责任。企业以营利为目的,其服务对象就是产品和服务所面向的客户。例如,近些年我国食品安全问题、假冒伪劣问题等损害客户利益的恶劣行为频发,客户的合法权益因为企业未履行社会责任而不断受到威胁。在激烈的市场竞争中,企业要自觉维护客户权益,使买卖双方权利对等。为此,企业应向客户提供质量可靠的产品,给出公正公平的定价,提供高效快捷的售后服务等。

(4) 企业对环境的责任。现代企业的生产活动大量消耗自然资源,产生了大量的工业废料,严重影响了生态环境,阻碍了经济与社会的可持续发展。党的十九大再次提出生态文明建设,把环境保护上升到法律高度,治理环境问题刻不容缓。缓解企业发展和环境保护之间的矛盾,就要求企业在生产活动中,树立环境保护意识,采取有效措施控制生产活动可能对环境造成的破坏。比如:遵守环保法律法规,增加对环境保护的投入,开发绿色产品等。

(5) 企业对竞争者的责任。我国正在努力推进社会主义市场经济的现代化建设,而竞争是市场经济的核心部分,我们鼓励公平竞争,经营者不得采用不正当手段从事市场交易,损害竞争者。例如,企业在进行宣传时,不能靠贬低其他商品来抬高自己;不能采取非法手段来获取商业秘密;不能利用行政权力来干扰市场竞争。各企业应自觉遵守竞争规则,努力营造良好的市场秩序。

3. 企业承担社会责任的意义

(1) 企业承担社会责任有利于和谐社会的构建。人人安居乐业是构建和谐社会的关键,企业是其中重要的一环。企业发生的劳资纠纷、产品质量问题、环境污染、伤害赔偿等直接影响着社会的安定。和谐社会的构建需要全社会的努力,企业比社会其他组织的作用和力量更明显、更强大,可做的事更多、更广泛,而且最能发挥有效作用。企业对构建和谐社会的担子更重、责任更大、地位更重要。

(2) 企业承担社会责任有利于经济社会的可持续发展。企业是资源的直接消耗者,企业如何利用资源、利用程度如何将直接影响到经济社会的可持续发展。有社会责任感的企业会主动节约资源、减少污染,提高自身发展水平,努力扩大就业,从而促进自身及经济社会的可持续发展。企业不能仅仅关注自身的盈利,还应同时关注利益相关者的利益,通过企业对社会责任工作的重视和持续投入,最终实现经济社会的可持续发展。

(3) 企业承担社会责任有利于自身发展。随着社会的发展与进步,企业社会责任已成为一种趋势,在生产、贸易等各方面影响着企业。履行企业社会责任是对企业的一种要求,而且已上升到提升企业声誉和形象、增强企业竞争力的高度,越来越多的国家已把企业社会责任履行情况作为贸易的衡量条件之一。企业承担社会责任还可以使其与利益相关者的关系更加和谐,有利于企业吸引更优秀的人才。

(二) 创业伦理

1. 创业伦理的概念

在西方,伦理"ethics"一词源于古希腊语"ethos",表示驻地或公共场所,几经演变,人们把它用来专指一个民族特有的生活惯例,表示风尚、习俗等概念,同时该词又有品质、德行的意思。从亚里士多德开始,伦理一词专门用来表示研究人类德行的科学。在我国,伦理表示道德关系。综合来看,伦理就是处理人、群体、社会、自然之间利益关系的行为规范。

“创业伦理”是一个组合名词,它由“创业”和“伦理”两个词组合而成。关于创业与伦理之间的关系有如下几种观点:

（1）创业与伦理的“对立说”。该观点认为:讲伦理就意味着牺牲利益,为了谋求利润最大化就不能讲伦理。

（2）创业与伦理的“无关说”。该观点认为:创业活动中的道德规范就是遵纪守法,创业活动与伦理无关,只要不违反法律即可。

（3）创业与伦理的“辩证统一说”。该观点认为:遵守社会伦理和道德规范是创业活动得以顺利进行,并实现长远发展的前提和基本保证。

创业的动机问题,以及人们如何进行创业是创业伦理所关注的基本问题。创业伦理要求创业者在开展创业活动的过程中,不但要追求创业行为的有效性,还要追求创业动机、创业行为合乎道德原则与规范。在创业过程中,上述要求诉诸创业行为本身,形成了创业行为所应遵守的道德规范,即创业伦理。

2. 创业伦理的内容

创业伦理不仅是创业主体自律的体现,更是一个社会伦理原则的反映,其主要包含创业精神、创业品质、创业价值观和创业人格四方面的内容。

（1）创业伦理的核心:创业精神。创业精神是同风险、创新、机会等联系在一起的,指的是善于捕捉和利用机会,敢于承担相关风险,努力发挥创造力,实现创新价值的一种勇往直前的文化心态与思想理念。创业精神蕴含着强大的伦理动力,能够唤起社会活动中劳动个体承担创业的历史责任感,激发其艰苦奋斗、开拓创新的内在冲动,使创业者在创业实践中坚定信念、明确目标、磨炼意志,一步一步走向成功。创业精神把创业主体、创业活动、创业行为与高尚的思想理念和文化心态联系起来,使创业实践沿着正确的方向健康、有序地运作。

（2）创业伦理的基础:创业品质。创业品质是创业实践中表现出来的特有的精神结构,是创业伦理最直接的基础,是一定的道德原则和规范的具体体现,是个体在道德行为整体中所表现出来的比较稳定的特征和倾向。对于创业实践而言,诚信和责任是成功创业具有决定意义的品质因素。

诚信就是诚实无欺、恪守信用,它是创业者的底线,被中外贤者视为立身处世之本。诚信是市场经济最可靠、最坚实的基石和准则,创业者应当自觉遵守诚信原则,由此获得创业的成功和自我价值的实现。作为创业品质的责任,主要是指社会道德责任,包括两个方面:一是创业主体在历史实践活动中对社会、集体和他人自觉承担应尽的社会道德责任;二是创业主体要对自身经济行为的过失及其不良后果主动承担社会道义责任。创业主体应树立责任意识,切实承担起相关责任,推动创业实践的良性发展。

（3）创业伦理的根本:创业价值观。创业实践的伦理决策普遍由个体与社会的价值体系所控制,二者综合塑造创业价值观,以民为本、持续发展为其主导,对创业伦理起着统合作用。以民为本的创业价值观来源于创业实践“取之于民,服务于民”的基本出发点。客户是创业利益的最终来源,创业实践只有以社会和客户的需求为核心,提供优质的服务和产品,才能使创业活动健康发展。持续发展的创业价值观指重视自然环境的地位,避免市场对其掠夺和破坏,合理塑造社会利益制衡机制,形成良好的创业环境,使创业实践实现经济效益、社会效益与生态效益的协同统一。

(4) 创业伦理的宗旨:创业人格。创业者作为社会中最具活力和创造力的主体,不仅要注重提高个人的知识和能力水平,而且要注重提升自我的道德修养水平。创业者健康、高尚的道德品质的形成和良好行为习惯的养成,既是自身健康发展的需要,更是社会发展的要求。创业者应该站在时代的前列,把握时代的脉搏,倡导时代的伦理精神,形成独特的创业人格。

3. 对创业伦理的思考

我国正处在经济体制改革、塑造文化自信的新时期,不可避免地会产生这样或那样的问题。经济的某种失序、社会的某些失调、文化的冲突矛盾带来了人们价值观的失衡、心理的失重和道德的滑坡,继而冲击着创业文化的健康发展。构建新时期的创业伦理,不仅是社会主义市场经济健康发展的必然要求,也是推进创业文化建设的实际需要。为此,我们应把握以下几点:

(1) 以马克思主义为指导。随着我国社会主义市场经济的深入发展,经济成分、就业方式、分配方式、发展模式和社会组织形式越来越多元化,冲击着人们原有的生活方式、思维方式和思想观念。这种新的历史情境有助于激发创造活力,推动创业实践的顺利发展。但这并不意味着我们可以放弃马克思主义的指导地位,不管经济结构和社会思想多么复杂多变,我们都要坚持马克思主义的指导地位。从我国社会历史的发展轨迹来看,自马克思主义诞生以来,任何时代的伦理道德建设都有马克思主义的指导。马克思主义是我们正确认识世界和改造世界的强大思想武器,只有坚持马克思主义的立场、观点和方法,才能在错综复杂的社会现象中看清本质、明确方向。

(2) 融合民族精神。民族精神是一个民族在改造自然与社会的过程中所创造的一种具有社会主导意义的特殊精神现象,既是民族成员广泛认同的思想品格、道德规范、价值取向等的提炼升华,也是民族成员行为方式、思维方式、情感方式、审美方式等的集中体现,深深熔铸在民族的生命力、创造力和凝聚力之中,是一个民族自信心和力量的源泉。五千多年的文明史中,中华民族形成了“以义生利、勤劳敬业”“讲求诚信”等内蕴传统创业伦理的伟大民族精神。我们要融合民族精神,继承优良的传统创业伦理思想,构建新时期的社会主义创业伦理。

(3) 展现时代精神。时代精神是一个时代所特有的普遍精神实质,是人们在历史实践活动中体现出来的精神风貌和优良品格,彰显着一个时代的精神文明,是激励一个民族奋发图强的强大精神动力。市场经济快速发展,新技术变革突飞猛进,各种信息量空前扩展,各种文化互相激荡、交流……在这个时代,人们的生活方式、人际关系、价值观等都产生了许多新的变化。新时期的创业伦理必须要思考这种变化,展现这种时代精神。

(4) 立足于社会主义初级阶段的现实。党的十九大报告指出,我国处于社会主义初级阶段的基本国情并没有变。我们的经济建设、科学文化建设,包括伦理道德建设、创业伦理建设，既不能离开社会主义的初级阶段，又不能超越社会主义的初级阶段，必须与社会主义初级阶段的基本国情相适应，与我们在社会主义初级阶段的历史使命相协调。

本章小结

思考题

1. 什么是创新？创新的主要类型有哪些？
2. 简述创新过程的主要模型。
3. 影响创业机会识别的因素有哪些？

案例讨论

参 考 文 献

1. AI RIES, JACK TROUT. Positioning: the battle for your mind[M]. McGraw-Hill Companies, 2001.

2. DRUCKER P. The new meaning of corporate social responsibility[J]. California Management Review, 1984.

3. HIRSCHEY M. Organization structure and corporate governance: a survey[M]. Emerald Group Publishing Limited, 2003.

4. HUNTER III S D. Information technology and organization structure[M]. Duke University, 1999.

5. JACKSON S. Organizational culture and information systems adoption: a three-perspective approach[M]. Pergamon Press, Inc. 2011.

6. PERREAULT W D, MCCARTHY E J. Basic marketing: a managerial approach[M]. Irwin, 1975.

7. PHILIP KOHER, NANCY LEE. Corporate social responsibility[M]. Hoboken NJ: John Wiley&Sons, 2005.

8. ROB REIDER. Organization structure and the role of management[M]//Effective Operations and Controls for the Small Privately Held Business. John Wiley & Sons, Inc. 2015.

9. SCHULTZ D E, TANNENBAUM S I, LAUTERBORN R F. The new marketing paradigm: integrated marketing communication[M]. McGraw-Hill Companies, 1996.

10. TIMMONS J A, SPINELLI S. New venture creation: entrepreneurship for the 21st century[M]. Boston: Irwin, 1994.

11. VAN HORNE J C, WACHOWICZ J M. Fundamentals of financial management (13th edition)[M]. Prentice Hall, 2009.

12. VISWANADHAM N. Organization structure[M]//Analysis of Manufacturing Enterprises. Springer US, 2000.

13. YERGLER J D. Organizational culture and leadership[M]. Jossey-Bass, 2004.

14. 鲍勇剑,戴文渊,Oleksiy Osiyevskyy,徐石.“极限理性”和“有限可靠性”下的管理决策——展望人工智能对管理决策的革命[J].清华管理评论,2018(Z2):62-72.

15. 彼得·德鲁克.管理的实践[M].齐若兰,译.北京:机械工业出版社,2009.

16. 陈静,陈媛媛,陈婷.人力资源管理[M].上海:上海财经大学出版社,2016.

17. 储节旺,是沁.基于 SECI 模型的开放式创新机制研究[J].新世纪图书馆,2016(10):57-61.

18. 戴佩华.领导风格和团队冲突控制的实验研究[J].外国经济与管理,2018,40(2):82-92.

19. 邸晓燕,张赤东.企业创新动力:概念、模式及分析框架[J].科技管理研究,2017,37(17):16-22.

20. 段云龙,余义勇,张颖,刘永松,杨立生,周伟.创新型企业持续创新过程重大机遇识别研究[J].管理评论,2017,29(10):58-72.

21. 何筠,陈洪玮.人力资源管理理论、方法与案例分析[M].北京:科学出版社,2014.

22. 何婉姬.农业企业多元化选择的决策模型——基于隆平高科的案例研究[J].管理案例研究与评论,2017,10(5):523-534.

23. 康青.管理沟通[M].5版.北京:中国人民大学出版社,2018.

24. 李酣.以产品质量驱动经济增长质量提升的机制[J].宏观质量研究,2015,3(2):112-120.

25. 李随成.面向敏捷化的生产管理模式[J].工业工程与管理,2000,5(3):22-25.

26. 李贻宾.日本企业研究与开发管理的演变[J].现代日本经济,2001(5):41-45.

27. 李永海.价值链视角下企业商业模式创新的案例决策分析方法[J].科技进步与对策,2016,33(20):83-90.

28. 刘朝,张欢,王赛君,马超群.领导风格、情绪劳动与组织公民行为的关系研究——基于服务型企业的调查数据[J].中国软科学,2014(3):119-134.

29. 罗恩·阿什肯纳斯等.无边界组织[M].姜文波,刘丽君,康至军,译.北京:机械工业出版社,2016.

30. 马喜芳,钟根元,颜世富.组织激励与领导风格协同对组织创造力影响机制研究[J].管理评论,2018,30(8):153-167.

31. 迈克尔·希特,R. 杜安·爱尔兰,罗伯特·霍斯基森.战略管理:概念与案例:第12版[M].北京:中国人民大学出版社,2017.

32. 毛文静,唐丽颖.组织设计[M].杭州:浙江大学出版社,2012.

33. 斯蒂芬·P. 罗宾斯,玛丽·库尔特.管理学:第13版[M].刘刚,等译.北京:中国人民大学出版社,2017.

34. 谭昆智.组织文化管理[M].上海:华东师范大学出版社,2014.

35. 托马斯·S. 贝特曼等.管理学:竞争世界中的领导与合作:第10版[M].张婕,译.北京:北京大学出版社,2016.

36. 万全球."互联网+"时代的企业危机公关和媒体应对[J].新媒体研究,2018,4(24):114-115.

37. 王美茹."以人为本"人才管理理念在华为的应用与启示[J].企业改革与管理,2018(16):54-70.

38. 王勉.基于创新流程的创新战略与创新模式分析[J].科技管理研究,2014,34(6):11.

39. 夏洪胜,张世贤.人力资源管理[M].北京:经济管理出版社,2014.

40. 徐二明.战略管理[M].北京:经济管理出版社,2014.

41. 杨雷,张晓鹏.多阶段混流装配的看板控制系统设计及应用[J].系统工程理论与实践,2009,29(9):64-72.

42. 杨轶清,叶燕华,金杨华.企业家决策权力配置视角下的企业经营失败机制研究——基于大型民企集团倒闭的案例[J].中国人力资源开发,2016(4):65.

43. 赵鹤.再论创业的定义与内涵:从词源考古到现代释义[J].教育教学坛,2015,(1):84-86.

44. 周三多,陈传明,刘子馨,贾良定.管理学:原理与方法[M].7版.上海:复旦大学出版社,2018.

教辅申请说明

北京大学出版社本着“教材优先、学术为本”的出版宗旨，竭诚为广大高等院校师生服务。为更有针对性地提供服务，请您按照以下步骤通过**微信**提交教辅申请，我们会在1～2个工作日内将配套教辅资料发送到您的邮箱。

◎ 扫描下方二维码，或直接微信搜索公众号“北京大学经管书苑”，进行关注；

◎ 点击菜单栏“在线申请”—“教辅申请”，出现如右下界面：

◎ 将表格上的信息填写准确、完整后，点击提交；

◎ 信息核对无误后，教辅资源会及时发送给您；如果填写有问题，工作人员会同您联系。

温馨提示：如果您不使用微信，则可以通过以下联系方式（任选其一），将您的姓名、院校、邮箱及教材使用信息反馈给我们，工作人员会同您进一步联系。

教辅申请表

1. 您的姓名：*

2. 学校名称*

3. 院系名称*

••• •••

感谢您的关注，我们会在核对信息后在1~2个工作日内将教辅资源发送给您。

提交

联系方式：

北京大学出版社经济与管理图书事业部

通信地址：北京市海淀区成府路 205 号，100871

电子邮箱：em@ pup.cn

电　　话：010-62767312

微　　信：北京大学经管书苑（pupembook）

网　　址：www.pup.cn